W0378030

ILLUSTRIERTE DEUTSCHE GESCHICHTE

Vom Werden einer Nation

Genehmigte Sonderausgabe für Ranger Marketing
Wahler Straße 12, 40472 Düsseldorf
Tel.-Nr.: 0211/653065

Printed in Canada

ILLUSTRIERTE DEUTSCHE GESCHICHTE

Redaktion: Everhard Hofsümmer, Heike Rahm, Waltraud Still
Wissenschaftlicher Beirat: Prof. Dr. Martin Vogt, Darmstadt
Konzeption: Album Verlag, Berlin
Bildredaktion: Annette Godefroid, Berlin
Autoren: Dr. Siegfried Griesa (Kapitel 1–5),
Dr. sc. Kurt Wernicke (Kapitel 6–17),
Prof. Dr. Martin Vogt (Kapitel 18–20)
Register: Dr. Manfred Nebelin, Leverkusen
Grafische Gestaltung: Zembsch' Werkstatt, München
Schutzumschlag: Rincón Partners, Köln;
Zembsch' Werkstatt, München
Herstellung: Wolfgang Linnenberg
Satzarbeiten: Lichtsatzstudio Koch GmbH, Köln
Reproarbeiten: Reprotechnik Mirgel + Schneider GmbH, Bonn
Gesamtherstellung: Mainpresse Richterdruck GmbH, Würzburg

ISBN 3-625-10428-8

ILLUSTRIERTE DEUTSCHE GESCHICHTE

Vom Werden einer Nation

Vorwort

Aufgezeichnete Geschichte ist das Gedächtnis der Völker. Im Leben eines jeden Volkes kommen Augenblicke, in denen die Erinnerung an die eigene Geschichte notwendig wird. 1990, das Jahr der Vereinigung der beiden deutschen Staaten, ist ein solcher Moment, ein tiefer Einschnitt, ein Schlußstrich unter ein knappes halbes Jahrhundert Nachkriegsgeschichte, so oder so eine Wende für alle Deutschen. In jedem Fall Grund genug für eine Bilanz der jüngsten Ereignisse und für einen nachdenklichen Blick auf die ganze Geschichte der Deutschen.

Das vorliegende Buch behandelt Entstehung und Entwicklung eines Landes, in dem fast 80 Millionen Menschen leben, das in der Mitte Europas liegt und mehr Nachbarn hat als jedes andere. Es zeigt den Aufstieg der Bundesrepublik zum Wirtschaftsriesen, der nur in den USA und in Japan einen Rivalen hat. Wie ist eine solche Macht entstanden, aus welchen Quellen nährt sie sich? Wie auf einem bunten Bilderbogen breitet sich vor dem Leser der schwierige Weg eines Volkes aus, das mit sich selbst oft die meisten Schwierigkeiten hatte.

Das Beste am Neuen, sagt ein russisches Sprichwort, ist manchmal die Besinnung auf den Beginn des Alten. So ist denn dieses Buch zuerst eine sachliche Bestandsaufnahme. Aber über die Dokumentation des Tatsächlichen hinaus bietet es eine vergleichende Ideengeschichte – in den Texten, aber auch durch eine Fülle attraktiver Illustrationen: durch über 500 Abbildungen mit ausführlichen Beschreibungen und durch Karten, die speziell für dieses Buch entworfen worden sind.

Die Geschichte einer Nation, eines ganzen, oft zerrissenen Volkes in einem Buch unterzubringen, ist eine kaum lösbare Aufgabe, wenn sich damit der Anspruch auf Vollständigkeit verbindet. Den aber haben Herausgeber, Autoren und wissenschaftlicher Beirat gar nicht erst gestellt. Auch für den Historiker gilt, daß sich der Meister erst in der Beschränkung zeigt, nämlich im Aufspüren dessen, was wesentlich war für das Auseinanderfallen und Wieder-Zusammenwachsen eines Volkes im Herzen Europas. Weil Deutschland ein Industriestaat ist wie kaum ein anderer, findet die Entwicklung der Sozial- und Wirtschaftsgeschichte der Deutschen in diesem Buch besondere Aufmerksamkeit. Das heißt zugleich: nicht nur die Obrigkeiten stehen im Vordergrund, die Könige, die Fürsten, die Verwalter der politischen Macht – auch die Kleinen, die Unbekannten, die, denen oft genug nichts anderes übrig blieb, als die Entscheidungen der Mächtigen stumm und geduldig zu tragen.

In den ersten Wochen nach dem Zusammenbruch der DDR haben wir uns alle geirrt: Es wird noch lange dauern, bis sich die Deutschen an ihre neue Rolle in der Welt gewöhnt haben. Zuversicht ist erlaubt – das in zwei Kriegen verwüstete Europa wächst langsam, aber unaufhaltsam zu einer neuen Kraft zusammen. Nicht sie ist die Gefahr, sondern ihr Gegenteil: regionaler Egoismus, nationales Sektierertum, ethnische oder religiöse Verblendung. Von solchen Anfechtungen scheinen die Deutschen fast völlig frei. Aber genau deshalb hat Deutschland im neuen, größeren Europa eine besondere Verantwortung.

Für die Darstellung der jüngsten Vergangenheit bot sich die Chance, für dieses Buch bislang unentdeckte Quellen zu nutzen. Der Hitler-Stalin-Pakt zum Beispiel erscheint heute, nach der Öffnung der sowjetischen Archive, in einem neuen Licht. Gleiches gilt für die Beschreibung der Ereignisse, die im Herbst 1989 zum Ende des SED-Staates geführt haben. Geschichte lebt, Fortsetzung folgt.

Ur- und Frühgeschichte im mitteleuropäischen Raum

Die Altsteinzeit

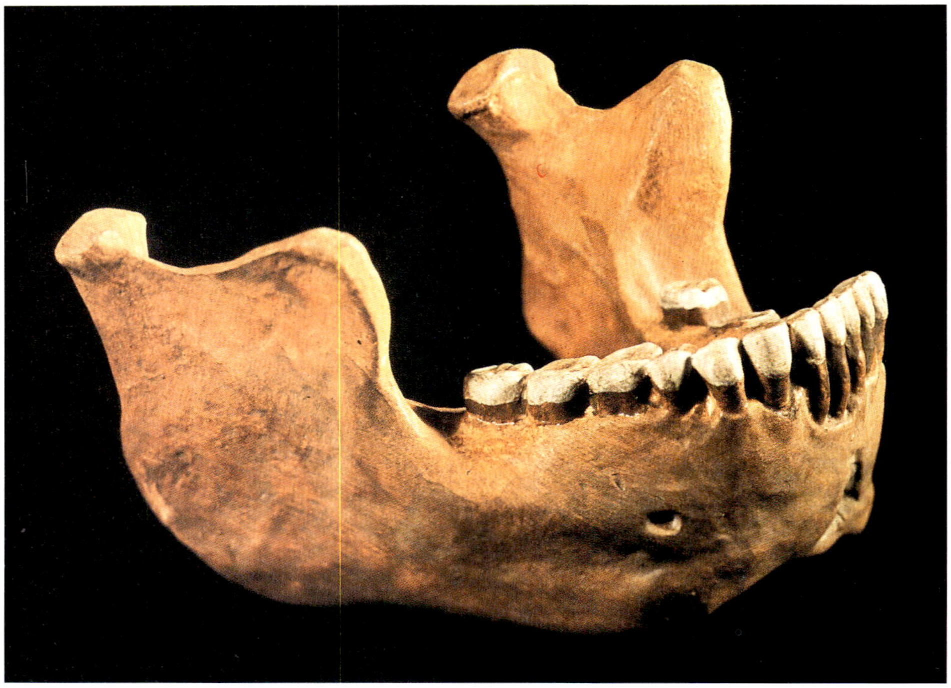

Dieser Unterkiefer eines Urmenschen gehört in einen Zeitraum, der mit 700 000 bis 900 000 Jahren angegeben wird. Es ist damit das bisher älteste Fossil in Mitteleuropa. Der vollständig erhaltene Unterkiefer wurde 1907 von einem Sandgrubenarbeiter bei Mauer am Neckar entdeckt. Der Rückgang der Knochensubstanz an den Zahnhälsen läßt darauf schließen, daß dieser Urmensch offenbar an Parodontose gelitten hat.

Der bisher älteste Fund eines menschlichen Wesens auf deutschem Gebiet wurde 1907 bei Mauer in der Nähe von Heidelberg entdeckt. Es handelt sich um einen Unterkiefer, den die Anthropologen eindeutig der „Homo erectus"-Gruppe zugeordnet haben. Das heißt, er gehörte einem jener Urmenschen, die vor mehr als einer halben Million von Jahren bereits in diesem Gebiet lebten und einst als schweifende Jäger und Sammler aus dem afrikanischen Kontinent, der als die Geburtsstätte der Menschen gilt, nach Europa gekommen waren.

Außerhalb Europas entdeckte Skelettreste sowie etwas jüngere Funde, z. B. aus Bilzingsleben (Kr. Artern) am Nordrand des Thüringer Beckens, geben uns Hinweise auf das Aussehen dieser frühen Menschen und Einblicke in ihre Lebensweise. Die Urmenschen, deren Körpergröße von 1,66 bis 1,81 m angegeben wird, hatten einen langgestreckten, niedrigen Hirnschädel, eine flache Stirn sowie eine schnauzenförmige Mundbildung und einen fehlenden Kinnvorsprung. Sie sind zweifellos bereits aufrecht gegangen und müssen ausgezeichnete Jäger gewesen sein, wie zahlreiche Tierknochen am Lagerplatz in Bilzingsleben belegen, die die Reste einer Jagdbeute darstellen. Hirsche, Nashörner, Waldelefanten, Wildrinder, Wildpferde und Bären, ja selbst Höhlenlöwen wurden gejagt. Diese Urmenschen waren bereits in der Lage, sich künstliche Behausungen zu schaffen, denn es wurden auch kreisrunde Grundrisse von einfachen Wohnbauten entdeckt. Bemerkenswert sind die Funde von bearbeiteten Knochen und Steinen, die Schnitt- und Ritzlinien in regelmäßiger Anordnung aufweisen und vermutlich irgendwelche Informationen vermitteln sollten.

Die Urmenschen lebten in Gruppen zusammen, die etwa 25 bis 30 Mitglieder umfaßten, denn nur in einer Gemeinschaft hatte der einzelne eine Überlebenschance. Während die Jünglinge und Männer auf die Jagd gingen, befaßten sich Greise, Frauen und Kinder mit dem Sammeln von pflanzlicher Nahrung.

Den Urmenschen folgten die Altmenschen, bekannter unter dem Namen „Neandertaler", deren früheste Vertreter sich vor etwa 250 000 Jahren ankündigten. Zahlreiche Funde von Neandertalern und ihren materiellen Hinterlassenschaften zeugen davon, daß sie in Mittel- und Westeuropa stark vertreten waren und sich in der letzten großen Weichselkaltzeit vor 80 000 Jahren in den eisfreien Regionen behaupten konnten. Um 40 000 v. Chr. verlieren sich jedoch ihre Spuren.

Zwischen den Ur- und den Altmenschen bestanden sowohl in ihrem äußeren Erscheinungsbild als auch in ihren Fähigkeiten und Fertigkeiten große Unterschiede. Obwohl bei ihnen immer noch mehr oder weniger deutlich Überaugenbögen vorhanden waren, entsprach ihre Physiognomie insgesamt schon weitgehend der eines modernen Menschen, zumindest läßt sich das für die entwicklungsmäßig progressiven Typen sagen. Schädelfunde bei Steinheim an der Murr (etwa 20 km nördlich von Stuttgart) und bei Weimar-Ehringsdorf belegen das sehr deutlich. Gewisse atavistische Züge weisen dagegen die sogenannten klassischen Neandertaler auf, zu denen auch der namengebende Fund von Neandertal bei Düsseldorf gehört, der 1856 entdeckt wurde.

Die Neandertaler waren keineswegs, wie sie früher gern dargestellt wurden, etwas nach vorn gebeugte, plumpe Wesen. Ihre Körpergröße betrug mindestens 1,60 m und eine gewisse Grazilität des Körperbaus ist durchaus erkennbar, auffallend ist jedoch die breite, massige Schädelform. Auf Grund der kulturellen Hinterlassenschaften wird bei den Neandertalern kaum noch bestritten, daß sie eine entwickelte Kommunikation besaßen. In diesen Gemeinschaften, die zwei bis drei Dutzend Mitglieder umfaßt haben mögen, mußten die Erfahrungen und Fertigkeiten – zum Beispiel bei der Herstellung komplizierter Jagdwaffen und Arbeitsgeräte – weitergegeben werden. Ebenso war es notwendig, sich bei der gemeinsamen Jagd auf Großwild und bei kultischen Handlungen zu verständigen.

Den Umweltbedingungen entsprechend stellte man sich auf die jeweiligen Tierarten ein und jagte in der Warmzeit vor allem Waldnashörner, Waldelefanten, Wisente, Wildrinder, Rothirsche, Bären sowie Wildschweine und in der Kaltzeitperiode Mammute, Wollnashörner, Wildpferde, Wildrinder und in den Hochgebirgsregionen Höhlenbären. Wie solche Treib- und Hetzjagden vonstatten gehen konnten, zeigt ein interessanter Fund bei Lehringen an der Aller. Hier entdeckte man 1947 im Uferbereich des Gewässers ein Waldelefantenskelett, zwischen dessen Rippen sich eine 2,5 m lange Eibenholzlanze sowie Feuersteingeräte befanden. Das von den Jägern verletzte Tier war offensichtlich in einen sumpfigen Untergrund getrieben worden und nun galt es, so schnell wie möglich Fleischstücke aus der versinkenden Beute herauszuschneiden.

Neben der Jagd war man stets bemüht, alles zu sammeln, was die Natur an Eßbarem bot. Die schweifenden Sammler- und Jägergemeinschaften nutzten als Unterkünfte Grotten und Höhlen. Sie waren aber auch in der Lage, sich künstliche Behausungen zu schaffen. Es dürften, wie das Beispiel von Molodova in der Westukraine zeigt, bereits geräumige Hütten gewesen sein. Entdeckte Zunderschwämme auf einem Rastplatz bei Salzgitter-Lebenstedt lassen darauf schließen, daß die Altmenschen auch schon in der Lage waren, Feuer zu erzeugen.

Bemerkenswert sind vor allem die bei Rastplätzen entdeckten Bestattungen. Den begrabenen Toten wurden mitunter von den Angehörigen einer Neandertalergruppe Steingeräte und Fleischstücke mitgegeben, was vermuten läßt, daß es bei den Altmenschen schon Vorstellungen von einem Weiterleben nach dem Tod gab. Es scheint auch ausgeprägte Tiermagien oder Tierkulte gegeben zu haben, da mehrmals Tierknochen und Höhlenbärenschädel in Steinsetzungen gefunden wurden.

Höhlenbärenknochen auf Lagerplätzen und in Höhlen, aus denen auch vom Neandertaler hergestellte Steingeräte stammen, deuten darauf hin, daß diese gewaltigen und gefährlichen Tiere gejagt worden sind. Um solche Höhlenbären zu erlegen, bedurfte es einer Gruppe von erfahrenen und mutigen Jägern, die das Tier stellten und ihm tödliche Verletzungen beibrachten. In den nördlichen Kalkalpen der Schweiz wurden in einigen Höhlen deponierte Bärenschädel entdeckt, die von Steinplatten umstellt waren und möglicherweise neben der Jagd auch auf einen Bärenkult schließen lassen.

Das kleine Elfenbeinköpfchen von Brassempuoy (Dep. Landes, Frankreich), Höhe 3,0 cm, ist etwa 20 000 bis 15 000 Jahre alt. Der Künstler der jüngeren Altsteinzeit hat hier eine sehr ansprechende Frauenplastik mit Gesicht und Haarschmuck geschaffen. (St. Germain-en-Laye, Musée des Antiquités)

Eine der schönsten Höhlen mit Kunstdarstellungen aus der jüngeren Altsteinzeit befindet sich bei Lascaux im Dep. Dordogne in Frankreich. Sie wurde durch Zufall am 12. September 1940 entdeckt. Die Entdecker, vier junge Burschen, die ihrem verschwundenen Hund in eine Erdspalte gefolgt waren, staunten nicht wenig, als sie in eine Höhle gerieten, deren Wände und Decken gigantische schwarze Stiere sowie Pferde und Hirsche schmückten. Die Malereien, vor etwa 15 000 Jahren entstanden, haben sich durch glückliche Umstände bis zum heutigen Tag erhalten.

Nach einer Vielzahl von Generationsfolgen bildete sich schließlich aus progressiven Neandertalergruppen eine moderne Menschenform – der „Homo sapiens“ – heraus. Dieser genetisch auf dem Prinzip der Selektion bestehende Entwicklungsprozeß war spätestens vor 30 000 Jahren abgeschlossen. Die Neumenschen, denen wir in Mitteleuropa noch während der letzten großen Eiszeit (ca. 100 000 – 8000 v. Chr.) begegnen, unterscheiden sich in den wesentlichen Merkmalen nicht mehr von den heutigen Menschen.

In den Kaltzeitphasen der Weichseleiszeit, in denen sich südlich der nordeuropäischen großen Eisbarriere arktische Wüsten, Tundren und Lößsteppen herausgebildet hatten, wurden Mammut und Wollnashorn sowie andere Tiere der Eiszeitfauna offenbar recht erfolgreich gejagt. Beispielsweise konnten auf dem Lagerplatz einer Jägergemeinschaft bei Dolni Vestonice in Mähren Überreste einer großen Anzahl von Mammuten festgestellt werden.

Mit dem allmählichen Abschmelzen der Eismassen veränderte sich die mitteleuropäische Landschaft ganz wesentlich. Flüsse und Seen entstanden, und das aus den Vergletscherungsgebieten frei werdende Wasser floß in die Ozeane und ließ den Meeresspiegel erheblich ansteigen. Spätestens um 4000 v. Chr. zeichneten sich an Nord- und Ostsee in etwa die heutigen Küstenlinien ab.

Als um 8000 v. Chr. die Eiszeit endgültig beendet war, entstanden ausgedehnte Waldgebiete und typische Waldtiere wurden in Mitteleuropa heimisch. Die Jägergemeinschaften mußten sich auf diese neuen Bedingungen einstellen. Sie fertigten mit viel Geschick Speer-, Pfeil- und Harpunenspitzen, Dolche und Fellschaber aus Feuerstein sowie Pfrieme, Nähnadeln, Speere, Bogen und Pfeile aus organischem Material. Die hölzerne Stoßlanze wurde zu einem Wurfspeer weiterentwikkelt, und für die Jagd auf schnellfüßiges Wild und Vögel kamen Pfeil und Bogen auf, was neben der kollektiven die individuelle Jagd an Bedeutung gewinnen ließ. In zunehmendem Maße spielte nun auch der Fischfang für die Nahrungsgewinnung eine Rolle. Eine dauernd seßhafte Lebensweise der Jäger- und Sammlergemeinschaften war in der Regel noch nicht möglich. Während man in der Mittelgebirgszone günstig gelegene Höhlen und Grotten nach wie vor als Unterschlupf nutzte, wurden im Flachland Zelte oder Hütten errichtet, die einen Durchmesser von 2,5 bis 6 m aufwiesen. Sie boten der ganzen, in der Regel aus rund 20–30 Personen bestehenden Jägergemeinschaft Platz.

Über die Vorstellungswelt dieser Menschen sagen entdeckte Gräber und Kunstäußerungen etwas aus. Die Gemeinschaften begruben ihre Toten in gestreckter Rückenlage oder in sitzender Haltung und versahen sie oftmals mit einer Rötelumhüllung, die wohl ein Symbol des Lebens bzw. Weiterlebens sein sollte. Die Toten wurden außerdem mit Geräten und Schmuck ausgestattet, das heißt, daß für die Menschen dieser Zeit der Glaube an ein Weiterleben im Jenseits existierte. Aufsehenerregend und faszinierend sind vor allem die zahlreichen Kunstäußerungen aus der jüngsten Alt- und Mittelsteinzeit. Die Jäger modellierten Kleinplastiken oder ritzten auf Gebrauchsgegenständen Tiere ein, die sie jagten. In Südwestfrankreich und Nordspanien wurden wundervolle Felsmalereien und Felsgravierungen sowie plastisch herausgearbeitete Tierfiguren entdeckt, die bereits eine beachtliche manuelle Geschicklichkeit und ein starkes Formgefühl zeigen. Die Jägergemeinschaften betrieben mit Hilfe dieser Darstellungen Jagd- und Tötungszauber.

Mit dem Aufkommen von Ackerbau und Viehzucht wurden die Menschen seßhaft und errichteten sich feste Behausungen. Die neue Wirtschaftsweise war eine wichtige Voraussetzung für die neu entstehenden vielfältigen Techniken. Neben einer verbesserten Bearbeitung und Herstellung von Werkzeugen aus Stein und organischen Rohstoffen entstanden die Töpferei sowie das Spinnen und Weben.

Die sogenannte Venus von Willendorf in Niederösterreich ist eine 11 cm große Kalksteinfigur. Hergestellt wurde sie vor etwa 20 000 Jahren. Bemerkenswert sind die starke Fettleibigkeit und die großen Brüste, während die Unterarme nur verkümmert und das Gesicht gar nicht dargestellt werden. Höchstwahrscheinlich handelt es sich bei dieser Figur um ein Idol, das zum Fruchtbarkeitskult gehörte und für ständige Nachkommenschaft sorgen sollte. (Wien, Naturhistorisches Museum)

Die Jungsteinzeit

Eine einschneidende Veränderung in der Nahrungsgüterversorgung vollzog sich zu Beginn des 5. Jt. v. Chr. mit dem Übergang zur bäuerlichen Wirtschafts- und Lebensweise. Durch die Kultivierung von Pflanzen und die Haltung und Züchtung von Tieren festigte sich die Ernährungsgrundlage entscheidend. Der neue Zeitabschnitt, der durch das Aufkommen der agrarischen Produktion gekennzeichnet ist, wird als Jungsteinzeit bezeichnet.

Die Kenntnis von Ackerbau und Viehzucht kam aus dem vorderasiatischen Raum, wo sich an den östlichen Mittelmeerküsten die bäuerliche Wirtschaftsweise bereits einige Jahrtausende früher durchgesetzt hatte. In Südosteuropa war sie durch einwandernde bäuerliche Bevölkerungsgruppen im 7. Jt. v. Chr. bekannt geworden und gelangte etwas später in die Donaugebiete, von wo Bauern nach Mitteleuropa vorgedrungen sein dürften. Anfangs lebten diese nur in den südlichen und mittleren Teilen der heutigen deutschen Gebiete, während im Norden weiterhin die Gemeinschaften der Jäger, Sammler und Fischer bestanden.

Die von Bodenbau und Viehzucht lebende Bevölkerung, die nun schon in Stämmen organisiert war, fertigte Geräte und Waffen aus Stein, Knochen und Holz. Eine Reihe neuer Verfahren und

Techniken wurde dabei angewandt, die es vorher nicht gegeben hatte, so zum Beispiel das Bohren, Schleifen, Polieren und Sägen der steinernen Gegenstände. Das Spinnen und Weben kam auf und machte es den Menschen möglich, sich nicht mehr ausschließlich mit Tierhäuten zu bekleiden. Neu war auch die Herstellung von Gefäßen aus Ton für die Vorratshaltung.

Bodenbearbeitung und Viehzucht erforderten, daß die jungsteinzeitlichen Gemeinschaften seßhaft wurden, zumindest solange die von ihnen durch Brandrodung freigelegten Flächen fruchtbar waren. Die Siedlungsgemeinschaften bauten daher stabile Langhäuser, die eine Breite von 5–8 m und eine Länge von bis zu 40 m aufweisen konnten. Mehrere solcher Langhäuser wurden an einem Platz errichtet, so daß man bereits von dorfartigen Ansiedlungen sprechen kann. In einem Langhaus lebte eine ganze Großfamilie, die etwa 20–30 Personen umfaßte. Die bäuerliche Bevölkerung baute auf den gerodeten Feldstücken verschiedene Weizenarten und Gerste sowie Rispenhirse, Erbsen, Linsen, Lein und Mohn an. Als Haustiere hielt man Rinder, Schafe, Ziegen und Schweine. Das Pferd kam als Großhaustier erst einige Jahrtausende später hinzu.

Im nördlichen Mitteleuropa war man am Ende des 4. Jt. v. Chr. ebenfalls zur agrarischen Wirtschaftsweise übergegangen. Ungeklärt ist die Frage, ob es sich um einheimische Jäger-, Sammler- und Fischergruppen handelte, die nun Ackerbau und Viehzucht betrieben, oder ob es wiederum einwandernde Bevölkerungsgruppen aus dem Südosten und Nordwesten waren, die für die Durchsetzung solcher einschneidenden Veränderungen sorgten. Tatsache ist, daß sich in dieser Zeit in den nördlichen Regionen eine ganz andere Bestattungsweise durchsetzte, die sich über eine breite Zone entlang der Küsten von Südwesteuropa bis in das östliche Mitteleuropa und das südliche Skandinavien erstreckte. Die Verstorbenen einer Großfamilie oder Sippe wurden unter herbeigeschafften riesigen Findlingsblöcken beigesetzt. Im Norden Deutschlands, insbesondere auf der Insel Rügen, kann man noch heute die in verschiedener Form errichteten steinernen Denkmale aus der Jungsteinzeit bewundern.

Handgefertigte Keramik und Werkzeuge wurden den Verstorbenen bei der Bestattung mitgegeben. Die abgebildeten Gegenstände stammen aus einem Grab in Trostrup (Dänemark) aus dem 3. Jahrtausend v. Chr.. In den Gefäßen befanden sich sicherlich Nahrungsmittel und Flüssigkeiten, die der Tote nach der Vorstellung der Hinterbliebenen benötigte. (Kopenhagen, Nationalmuseet)

Großsteingräber wie das in der Ahlhorner Heide bei Visbek in Niedersachsen sind im nördlichen Mitteleuropa, insbesondere in den Küstenbereichen, sehr zahlreich gewesen. Die vorwiegend im 3. Jahrtausend v. Chr. errichteten Grabanlagen aus tonnenschweren Findlingsblöcken, unter denen die verstorbenen Sippenangehörigen bestattet wurden, zeugen von beachtlichen technischen Leistungen. Das Aufsetzen der Decksteine auf die Grabkammern war nur durch Hebelwirkung und die Anwendung von Rollen möglich.

Die Bronzezeit

Am Ende des 3. Jt. v. Chr. lernten die jungsteinzeitlichen Stämme in Mitteleuropa neue Rohstoffe für die Herstellung von Schmuck, Geräten und Waffen kennen. In der Anfangszeit spielte das Kupfer noch eine große Rolle, später war man in der Lage, Kupfer mit Zinn zu legieren und dadurch ein wesentlich besseres und härteres Werkmaterial zu gewinnen, die Bronze. Von den Archäologen ist der im 2. Jt. v. Chr. beginnende Zeitabschnitt wegen der Verwendung dieses neuen Rohstoffes „Bronzezeit" genannt worden.

Die Kenntnisse mögen durch einwandernde Bevölkerungsgruppen in die westlichen und südlichen Gebiete Mitteleuropas sowie durch Kontakte mit den weiterentwickelten Gesellschaften im Mittelmeerraum vermittelt worden sein. Die benötigten Rohstoffe wurden durch einen ausgedehnten Tauschhandel erworben. Nicht auszuschließen ist, daß bei dem ständig zunehmenden Bedarf von der einheimischen Bevölkerung Kupfererze auch im deutschen Mittelgebirgsraum abgebaut wurden.

Schon bald, nachdem die Bronze bekannt geworden war, wurden auch Schwerter aus diesem neuen Material hergestellt, was eine völlig neue Kampfesweise ermöglichte. Die hier abgebildeten Bronzeschwerter mit verschiedener Griffbildung stammen aus der späten Bronzezeit (etwa 1250 bis 850 v. Chr.). (Wien, Naturhistorisches Museum)

Die Metallrohstoffe, die in Mitteleuropa am Ende des 3. Jahrtausend v. Chr. als neue Werkstoffe bekannt und genutzt wurden, hatten wiederum Auswirkungen auf die Lebensweise der Menschen. Kupfer und die später aus Kupfer und Zinn gewonnene Legierung Bronze fanden nicht nur Verwendung für den Schmuck, sondern dienten auch zur Herstellung von Arbeitsgeräten und Waffen.
Da Kupfer und Zinn in den mitteleuropäischen Gebieten nur in beschränktem Umfang oder gar nicht vorhanden war, entwickelte sich in der Bronzezeit ein ausgedehnter und reger Handelsverkehr.

Neben Kupfer und Zinn spielten auch Gold und Silber schon eine wichtige Rolle. Die Metallurgen, die diese Rohstoffe verarbeiteten, verstanden ihr Handwerk ausgezeichnet, wie zahlreiche Funde beweisen. Beim weichen Kupfer war es möglich, durch Kaltschmieden dem zu bearbeitenden Stück die gewünschte Form zu geben, die aus Bronze und Edelmetall gefertigten Gegenstände sind durch recht komplizierte Gußverfahren hergestellt worden.

In Mitteldeutschland gab es bereits in der Frühphase der Bronzezeit eine starke Hervorhebung einzelner Verstorbener gegenüber der Masse der Toten. Ihre Gräber lagen abseits der gleichzeitig angelegten Friedhöfe. Bei solchen Beisetzungen

Das halbmondförmige Rasiermesser aus Bronze aus der späten Bronzezeit gehört zur Ausstattung eines Toten. Das Bedürfnis, sich zu rasieren, scheint im ausgehenden 2. Jahrtausend sowie im 1. Jahrtausend v. Chr. weit verbreitet gewesen zu sein. Neben Rasiermessern spielten Pinzetten, Nagelreiniger und kleine Löffelchen zum Ohrensäubern in der ausgehenden Bronze- und frühen Eisenzeit als sogenanntes Toilettenbesteck eine Rolle. (Wien, Naturhistorisches Museum)

Der sogenannte Krieger von Hirschlanden (Kr. Leonberg) in Baden-Württemberg ist eine aus Stubensandstein bestehende Steinfigur, die 1963 am Rande eines großen Grabhügels entdeckt wurde. Ursprünglich hatte die aus dem 6. oder 5. Jahrhundert v. Chr. stammende Figur auf der etwa 2 m hohen Grabhügelspitze gestanden. Bemerkenswert ist, daß die noch erhaltene 1,50 m große Figur zwar nackt dargestellt wird, aber auf einen Helm oder kegelförmigen Hut, einen Halsring und einen Gürtel mit Dolch hat man nicht verzichtet. Die bei der Plastik wiedergegebenen Gegenstände waren höchstwahrscheinlich wichtige Stammessymbole. (Stuttgart, Württembergisches Landesmuseum)

handelte es sich offenbar um exponierte Häuptlingsbestattungen. Für die Verstorbenen wurden mächtige Grabhügel mit darunterliegenden großen Steinpackungen und Totenkammern errichtet. In dem Häuptlings- oder Fürstengrab von Leubingen (Kr. Sömmerda) stellte man außerdem fest, daß quer über dem beigesetzten älteren Mann eine junge Frau mitbestattet worden war. Möglicherweise handelte es sich dabei um eine gewaltsame Tötung – eine „Totenhochzeit“ oder ein „Witwenopfer“.

Für die ältere Bronzezeit im nördlichen Mitteleuropa ist auf Grund der konservierend wirkenden Baumsärge einiges über die Bekleidung bekannt. Die aus Schafwolle gefertigte Männerkleidung bestand aus einem Kittel, der aus mehreren Teilen zugeschnitten war und um den Körper gewickelt wurde, wozu ein Gürtel gehörte. Über dieses Gewand trug man einen mantelartigen Umhang. Die Kopfbedeckung bestand aus Filzmützen oder Tuchkappen. Da Hosen zu dieser Zeit noch unbekannt waren, wurden die Unterschenkel mit Gamaschen umwickelt. Die Füße waren mit Lederschuhwerk bekleidet. Für die Frauen kamen Wollblusen oder Jacken mit halblangen Ärmeln und lange Faltenröcke, die über der Hüfte durch einen gewebten Gürtel mit Quasten gehalten wurden, in Frage. Das Haar war mit einem einfachen Haarband zusammengebunden.

Zu Beginn der jüngeren Bronzezeit, im 13. Jh. v. Chr., bildete sich in großen Teilen Europas die „Urnenfelderkultur“ heraus. Die Toten wurden nun verbrannt und in Urnen beigesetzt. Die kulturellen Ausstrahlungen, die höchstwahrscheinlich vom Karpatenbecken ausgegangen sind, trugen dazu bei, daß sich der Umbruch in der Bestattungssitte in weiten Gebieten vollzog. Sicher war dieser Vorgang auch mit verschiedenen Bevölkerungsbewegungen verbunden, die dafür sorgten, daß ein radikaler Wechsel bei Totenkult und Glaubensvorstellungen Platz greifen konnte.

Aus Süd- und Südwesteuropa kamen neben Rohstoffen eine Reihe von Gegenständen in den rohstoffarmen Norden. Neben Waffen wie zum Beispiel Schwertern, Lanzen und vereinzelt auch Helmen und Schilden, waren es Schmuck, Toilettenbesteck, Pferdegeschirr und Bronzegefäße. In einer hervorragenden Begräbnisstätte, die an das Ende der Bronze- und den Beginn der frühen Eisenzeit zu setzen ist, dem Königsgrab von Seddin (Kr. Perleberg), befanden sich einige solcher Importstücke. Unter einem riesigen Hügel von aufgeschütteter Erde und Steinen entdeckte man 1889 eine hohe Steinkammer mit falschem Gewölbe. Die Asche des Verstorbenen war in einer bronzenen Urne nichtheimischer Herkunft verwahrt. Zur Beigabenausstattung gehörten ein Bronzeschwert, Trinkgeschirr, Toilettengerät sowie Schmuck, darunter auch zwei Nadeln aus Eisen, eine Rarität ohnegleichen, denn eiserne Gegenstände stellten zu dieser Zeit noch eine Seltenheit dar. Diesem hier bestatteten Stammeshäuptling oder Fürsten waren übrigens auch eine Frau und eine jugendliche weibliche Person ins Grab gefolgt.

Die Eisenzeit

In den ersten Jahrhunderten des letzten Jt. v. Chr. hatte sich von Süden und Südosten des europäischen Kontinents her die aus dem vorderasiatischen Raum stammende Kenntnis der Eisengewinnung und -verarbeitung auch in Mitteleuropa verbreitet. Im 7. Jh. v. Chr. vollzogen sich durch die Eisenproduktion im südlichen Mitteleuropa bedeutende kulturelle Veränderungen. Die spätbronzezeitliche Urnenfelderkultur wandelte sich unter den zunehmenden Einflüssen aus dem Süden und Südosten zur Hallstattkultur um. Diese – nach einem kleinen Ort im Salzkammergut benannt – gründete sich wirtschaftlich auf eine schnell wachsende Eisenerz- und Salzgewinnung. Auf dieser Grundlage war es möglich, einen regen Tauschhandel insbesondere mit den Gebieten an der Adria zu betreiben. Im 6. Jh.

Bei dem großen Grabhügel von Kilchberg bei Tübingen mit einer (rekonstruierten) steinernen Figur auf der Spitze handelt es sich um das Grab eines bedeutenden Verstorbenen im 6. Jahrhundert v. Chr. Solche steinernen Monumente auf Grabhügeln konnten bisher nur sehr selten nachgewiesen werden. Den Verstorbenen von Rang dürfte man jedoch diese oder ähnliche weithin sichtbare Aufbauten auf dem Grabhügel errichtet haben.

v. Chr. bestanden rege Kontakte zu den in Mittel- und Oberitalien siedelnden Etruskern sowie mit Massalia (Marseille), einer griechischen Handelskolonie am „Löwengolf“. Zahlreiche Luxusgüter aus griechischen, etruskischen und adriatischen Städten gelangten vornehmlich zu den Adels- oder Fürstensitzen nördlich der Alpen.

Einer dieser Herrensitze war die Heuneburg bei Hundersingen (Kr. Saulgau) in Baden-Württemberg. Man errichtete in südländischer Bauweise aus luftgetrockneten Lehmziegeln eine Befestigungsanlage. Der Lehmziegelbau war bis dahin in Mitteleuropa noch völlig unbekannt gewesen. Die Burgherren mit ihrem Gefolge bezogen aus dem Mittelmeergebiet kostbares Bronzegeschirr sowie Wein in Amphoren, ja selbst solche außergewöhnlichen Produkte wie chinesische Seide gelangten offenbar über viele Stationen zu ihnen.

Besonders prunkvoll wurden die verstorbenen Adligen von ihren Stammesangehörigen bestattet. Unter großen Erdhügeln in geräumigen Holzkammern waren die Toten auf Wagen gebettet und mit wertvollen Beigaben aus Gold, Silber, Bernstein, Elfenbein und anderen Materialien versehen worden. Neben Schmuckgegenständen und Kleidung waren es vor allem Trink- und Schöpfgefäße sowie Waffen.

Kelten und Germanen

Im Verlaufe des 5. Jh. v. Chr. gelangte zur Zeit der Herausbildung einer neuen kulturellen Periode, der Latènekultur, allmählich Licht in das Dunkel der bisher namenlosen Geschichte im mitteleuropäischen Raum. In den Berichten antiker Geschichtsschreiber wie Herodot (um 490– um 425 v. Chr.), Avienus (um 325 v. Chr.), Polybios (um 200– um 120 v. Chr.) und Poseidonios (135–51 v. Chr.) werden die Kelten erwähnt.

Die Kelten, die zu den antiken Mittelmeerländern einen besonders engen Kontakt hatten, nahmen die vielfältigen kulturellen Impulse auf und nutzten sie meisterhaft bei der Herstellung von Schmuck und Gebrauchsgütern. In Großsiedlungen wie beispielsweise dem Oppidum von Manching (Kr. Pfaffenhofen) an der Ilm befanden sich nicht nur die Adligen eines Stammes mit ihrer Gefolgschaft, sondern auch Handwerker und Händler. Hier entstanden Märkte, auf denen die Waren umgeschlagen wurden. Für diese sich entwickelnde Marktwirtschaft benötigte man schließlich ein allgemein anerkanntes Äquivalent, und seit dem 2. Jh. v. Chr. wurden auch von den Kelten Gold-, Silber- und Bronzemünzen geprägt und in Umlauf gebracht.

Der sogenannte Kultkessel von Gundestrup in Jütland wurde 1891 in einem Torfmoor entdeckt. Seine Höhe beträgt 42 und sein Durchmesser 69 cm. Er stammt aus dem 1. Jahrhundert v. Chr. Der Silberkessel wurde in einer keltischen Werkstatt hergestellt und gelangte wahrscheinlich als Beutestück oder Geschenk zu den Germanen. Die Reliefplatte zeigt als zentrale Figur den Hirschgott Cernunnos. (Kopenhagen, Nationalmuseet)

Die keltischen Stämme verehrten eine Anzahl von Naturgottheiten sowie Kriegsgötter. Für die Durchführung der verschiedenen Rituale waren die Druiden (Priester) verantwortlich. Neben den Druiden spielten die Euhagen (Deuter und Wahrsager) sowie die Barden in der geistigen Welt der Kelten eine große Rolle.

Seit der Mitte des 5. Jh. v. Chr. verließen einzelne keltische Kriegerscharen ihre Stammessitze und drangen in verschiedene Himmelsrichtungen vor. In den nachfolgenden Jahrhunderten gelang es ihnen, in Großbritannien, ganz Frankreich, Spanien, Italien, auf dem Balkan und in Kleinasien Fuß zu fassen. Im 2. Jh. v. Chr. begann die Bedeutung der Kelten allerdings zu schwinden, andere Völker gewannen an Einfluß und weiteten ihre Macht in Europa aus. Waren es zunächst die Römer, so kündigten sich allmählich auch die Germanen an.

Die germanischen Stämme waren nördlich und östlich des Siedlungsgebietes der Kelten zwischen Rhein und Weichsel beheimatet. Wurden sie in den ersten antiken Reisebeschreibungen wie beispielsweise bei Pytheas von Massilia, der in der Mitte des 4. Jh. v. Chr. eine Reise durch mittel- und nordeuropäische Gebiete unternommen hatte, nicht weiter genannt, weil man noch nichts Genaueres über die östlichen Nachbarn der Kelten wußte, so setzten im 2. Jh. v. Chr. konkretere Berichte ein. Poseidonios von Apamea berichtet zum Beispiel von den Kimbern, Teutonen und Ambronen, die um 120 v. Chr. von Jütland aus nach Süden zogen und im Alpengebiet und an der Rhone durch mehrere siegreiche Schlachten die Römer in Angst und Schrecken versetzten. Erst in der Begegnung bei Aquae Sextiae und Vercellae konnten Ende des 2. Jh. v. Chr. diese germanischen Stämme so vernichtend geschlagen werden, daß sie in der weiteren Geschichte keine Rolle mehr spielten.

An der Entstehung des deutschen Volkes sollten vor allem die Westgermanen, die unmittelbaren Nachbarn der Kelten, mit ihren Kult- und Stammesverbänden an der Nordseeküste sowie im Rhein-, Weser- und Elbgebiet großen Anteil haben.

Eisenschwerter und Helme (hier aus dem 3. Jahrhundert v. Chr.) gehörten zur Bewaffnung der keltischen Krieger. Die Kelten beherrschten die Verarbeitung und Herstellung von eisernen und bronzenen Gegenständen bereits meisterhaft. (Chalon-sur-Saône, Musée Denon)

Wohn-, Stall- und Speichergebäude der germanischen Gehöfte um Christi Geburt wurden noch nicht aus Feldsteinen oder Ziegeln errichtet, sondern bestanden aus einem Holzgerüst und lehmverschmierten Flechtwerkwänden. Die Dächer waren mit Schilf, Rohr oder Stroh bedeckt. Auf einem Gehöft lebte die germanische Großfamilie und betrieb Ackerbau und Viehzucht. Bei Kampfhandlungen nahmen die bäuerlichen Krieger am Stammesaufgebot teil.

Die Reliefs der Colonna Antonia in Rom zeigen u. a. eine germanische Ratsversammlung. An solchen Zusammenkünften nahmen nur die waffentragenden Männer teil. Im Stammesrat sowie in der Volksversammlung, dem Thing, wurden wichtige Entscheidungen, zum Beispiel über Krieg und Frieden, getroffen.

Mit der Eroberung Galliens waren die Römer unmittelbare Nachbarn der Germanen geworden. Die ständigen Kontakte und Auseinandersetzungen zwischen Römern und germanischen Stämmen führten in der Folgezeit dazu, daß die römischen Geschichtsschreiber die Germanen häufiger erwähnten. Eine ausführliche Schilderung über einzelne germanische Stämme findet sich in der „Germania“ von Tacitus (um 55 – um 118), die gegen Ende des 1. Jh. n. Chr. entstand.

Die im nördlichen Mitteleuropa und in Skandinavien ansässigen germanischen Stämme waren aus der spätbronzezeitlichen Bevölkerung im 6. Jh. v. Chr. hervorgegangen. Obwohl sie Gemeinsamkeiten in ihrer Kultur und Sprache aufwiesen, verstanden sie sich jedoch keineswegs als zusammengehöriges Volk. Spätestens im 1. Jh. n. Chr. waren durch die weitere Ausbreitung der Germanen in westlicher und südlicher Richtung drei größere Bevölkerungsgruppierungen zu unterscheiden: die Nord-, Ost- und Westgermanen. Die germanischen Stämme betrieben Ackerbau und Viehzucht sowie eine auf den bäuerlichen Bedarf ausgerichtete handwerkliche Produktion. Durch den Kontakt mit der benachbarten Bevölkerung, insbesondere mit den Kelten und später mit den Römern, nahmen sie eine Reihe neuer kultureller Anregungen auf, zum Beispiel bei der Herstellung von Schmuck, Geräten und Gefäßen.

Die Bevölkerung der Germanen gliederte sich in Familien, Sippen und Stämme. Als oberstes Stammesorgan fungierte das Thing (Volksversammlung), auf dem sich alle waffentragenden Männer einfanden. Hier wurde über Krieg und Frieden, über die Wahl der Heerführer und über Strafen für Verbrechen entschieden. Dem Thing zur Seite stand der Stammesrat, der ebenfalls von den Stammesangehörigen gewählt wurde. Neben dieser Stammesorganisation hatte sich das Gefolgschaftswesen herausgebildet. Der Gefolgsherr war ein einflußreicher und angesehener Stammesadliger, dem die um ihn gescharten Krieger unbedingten Gehorsam schuldeten.

In der geistigen Vorstellungswelt der Germanen spielte die Verehrung von Naturgewalten noch eine große Rolle. Allmählich wurden diese jedoch durch Götter wie Wotan, Tiu und Donar personifiziert. Sehr verbreitet war die Heil- und Vorbeugezwecken dienende Magie. Große Bedeutung hatte auch die Wahrsagekunst, zum Beispiel aus dem Vogelflug, dem Verhalten der heiligen weißen Pferde und geworfenen Losstäben. Das Wahrsagen übten oft Frauen aus, die als Seherinnen große Verehrung genossen und deren Rat auch bei kriegerischen Entscheidungen gefragt war.

Die Römer am Rhein

Caesars Gallischer Krieg

Rom hatte sich seit dem 7. Jh. v. Chr. durch ständige Gebietserweiterungen zu einem Weltreich entwickelt. Im letzten Jahrhundert v. Chr. war es dem Römischen Reich gelungen, seine Nord- und Nordostgrenzen bis an die Donau und an den Rhein vorzuschieben. Zur Gewinnung der nordöstlichen Gebiete bis zum Rhein hatte der Feldherr und Staatsmann Gaius Julius Caesar (100 - 44 v. Chr.) erheblich beigetragen, der 58 v. Chr. als römischer Konsul für fünf Jahre das Kommando über die Provinzen Illyricum, Gallia Cisalpina und Gallia Narbonensis erhalten hatte.

Ein willkommener Anlaß für die Ausdehnung der römischen Macht in bisher von Rom unabhängige Gebiete Galliens waren die Hilfegesuche verschiedener keltischer Stämme um Unterstützung bei militärischen Auseinandersetzungen mit anderen Stämmen oder Stammesfehden.

Bei einer dieser „Hilfsaktionen" stießen die Römer 58 v. Chr. beim Vorrücken erstmals auf ein germanisches Heer, das sich seit einiger Zeit unter Führung des Sueben Ariovist (um 100 - 57 v. Chr.) auf linksrheinischem Gebiet aufhielt und als besonders kriegerisch galt. Jedoch brachte Caesar den Germanen durch seine überlegene Schlachttaktik eine schwere Niederlage bei, und sie wurden über den Rhein zurückgedrängt. Auch der Vorstoß der germanischen Usipeter und Tenkterer, 55 v. Chr. auf linksrheinischem Gebiet Fuß zu fassen, wurde aufgehalten, indem Caesar die beiden Stämme in der Nähe von Koblenz schlug. Um seine militärische Macht und seinen Herrschaftsanspruch den Germanen augenscheinlich vorzuführen, überquerte er auf einer schnell errichteten Pfahlbrücke den Rhein und hielt sich 18 Tage auf der östlichen Uferseite auf.

Der römische Staatsmann Gaius Julius Caesar war einer der bedeutendsten Feldherren der Antike, der maßgeblichen Anteil an der Eroberung Galliens hatte. (Neapel, Museo Nazionale Archeologico)

Auf dem Feldzug gegen die Germanen im Jahre 9 v. Chr. gelangte der römische Feldherr Nero Claudius Drusus bis an die untere Elbe. Eine germanische Seherin soll ihn vor seinem weiteren Vordringen gewarnt und ihm auch sein baldiges Ende vorausgesagt haben. Auf dem Rückmarsch kam er durch einen Unfall mit seinem Pferd zu Tode.

Weitere militärische Auseinandersetzungen in Gallien und Britannien in den folgenden Jahren unter der Führung Caesars festigten die Position des Römischen Reiches in den eroberten Gebieten zunehmend. Gallien blieb auch nach Caesars Rückkehr nach Rom in römischer Hand, und der Rhein bildete eine feste Grenze. Ab 12 v. Chr. wurden mehrmals erfolgreiche militärische Vorstöße in rechtsrheinische Gebiete unternommen und die germanischen Stämme im Rhein-Wesergebiet unter römische Oberherrschaft gebracht. Durch Feldzüge 12 - 9 v. Chr. unter den römischen Feldherren Drusus (38 - 9 v. Chr.) und 4 - 6 n. Chr. unter Tiberius (42 v. Chr. - 37 n. Chr.), die weit in das Landesinnere Germaniens bis an die Elbe geführt hatten, wurde auch der größte Teil der hier siedelnden germanischen Stämme unterworfen oder geriet zumindest durch erzwungene Verträge in die Abhängigkeit Roms. Die Voraussetzung für die Bildung einer römischen Provinz „Germania magna" schien somit gegeben.

Im Jahre 7 n. Chr. übernahm Publius Quintilius Varus (um 46 v. Chr. - 9 n. Chr.) den Oberbefehl über die Truppen am Niederrhein. Varus war

Die Schlacht im Teutoburger Wald

An der Spitze dieser Erhebung stand Arminius (um 17 v. Chr.–20 n. Chr.), ein Adliger aus dem Stamm der Cherusker. Er hatte vor dem Ausbruch des Aufstandes in römischen Diensten gestanden und als ein äußerst fähiger Offizier gegolten, dem sogar die Würde eines Ritters zuteil geworden war. Arminius gelang es, ein Bündnis von germanischen Stämmen herzustellen, die sich gegen die Römer zur Wehr setzen wollten. Im Spätherbst des Jahres 9 zwang ein vorgetäuschter Aufstand eines entfernten germanischen Stammes Varus, mit insgesamt rund 30 000 Bewaffneten die Sommerlager zu verlassen und durch den Teutoburger Wald zu ziehen, wo die Römer von den Aufständischen angegriffen wurden. Für die Römer, die es gewöhnt waren, in geschlossener Formation zu kämpfen, ergaben sich durch die Unwegsamkeiten des Waldgeländes ungünstige Bedingungen, da sie ihre übliche Kampftaktik nicht anwenden konnten, während die in lockerer Formation kämpfenden Germanen alle Vorteile auf ihrer Seite hatten. Unter der geschickten Führung ihres Heerführers Arminius, dem die römische Kriegstaktik bestens

zuvor Statthalter des Kaisers Augustus in Syrien gewesen, und ein Zeitgenosse äußerte über ihn, er sei arm in ein reiches Land gekommen und habe reich ein armes Land verlassen. Varus versuchte nun offenbar, sich durch das Schwert und die Einführung des römischen Rechts die Einwohner der neuen Provinz gefügig zu machen und Tribute einzutreiben. Er stieß dabei jedoch auf heftigen Widerstand, und es kam zu einem für die Römer verhängnisvollen Aufstand, der für den weiteren Verlauf der historischen Ereignisse in dieser Region große Auswirkungen haben sollte.

Unter ihrem Anführer Arminius schlugen die vereinten westgermanischen Stämme in der Schlacht im Teutoburger Wald im Jahre 9 n. Chr. ein etwa 30 000 Mann starkes Heer der Römer. Die Schlacht sollte auf den weiteren Verlauf der Geschichte entscheidende Bedeutung haben, denn die Errichtung einer Römischen Provinz Großgermanien wurde dadurch verhindert.

Der Adler mit Eichenkranz und Palmenzweig war das Machtsymbol des Römischen Reiches, das im 1. Jahrhundert v. Chr. seine Grenzen im mitteleuropäischen Raum bis an den Rhein ausdehnte. (Wien, Kunsthistorisches Museum)

Arminius, der als Heerführer eine geniale Leistung vollbracht hatte, wurde in einem späteren Stammeszwist von einem seiner Verwandten ermordet. Dem Volke blieb er jedoch als Befreier Germaniens unvergessen und seine Taten wurden noch, wie Tacitus berichtet, hundert Jahre nach dieser Schlacht besungen. Über die Jahrhunderte dann doch in Vergessenheit geraten, befaßte sich erstmals wieder im 16. Jahrhundert Ulrich von Hutten mit der Schlacht im Teutoburger Wald und ihrem Heerführer. Bereits Hutten deklarierte dabei die germanische Geschichte als deutsche Vergangenheit, ein Gedanke, der dann im 19. Jahrhundert im Zuge des wachsenden Nationalismus verstärkt weitergeführt wurde. 27 m hoch ist allein die Statue, die das Hermannsdenkmal in Detmold ziert, das 1838–1875 errichtet und am 16. August 1875 feierlich eingeweiht wurde. Der Name dieses Denkmals kam durch die irrtümliche Gleichsetzung der Namen Arminius und Hermann zustande.

vertraut war, schlugen sie die Römer vernichtend. Kaiser Augustus soll nach dieser für die Römer so unrühmlichen und verlustreichen Schlacht ausgerufen haben: „Quintilius Varus, gib mir die Legionen wieder."

Obwohl die Römer recht bald durch mehrere Feldzüge über den Rhein versuchten, diese empfindliche Scharte in ihrem militärischen Ansehen wieder wettzumachen, gelang es ihnen nicht, ihre Herrschaft wiederherzustellen. Die Ausgangsbasen an Rhein und Donau blieben die Grenzbereiche zwischen Römern und Germanen. Das Ziel, eine Provinz Großgermanien zu errichten, war nicht erreicht worden. Der Sieg der germanischen Stämme über ein gut ausgerüstetes römisches Heer hatte den Germanen ihre Unabhängigkeit zurückgegeben.

Der Limes

Nach den erfolglosen Bemühungen der Römer, das freie Germanien in eine römische Provinz umzuwandeln, gingen sie dazu über, die Rheingrenze militärisch zu sichern. Unter Kaiser Domitian (81–96) wurde dieses Grenzgebiet in zwei Militärbereiche, die Provinzen „Germania superior" (Obergermanien) und „Germania inferior" (Niedergermanien) umgewandelt. Außerdem kam durch eine großangelegte Feldzugsaktion das zwischen Oberrhein und Donau gelegene „Dekumatenland" in den Besitz der Römer. Zur Abrundung der römischen Reichsgrenze verleibte man schließlich auch den Taunus, die Wetterau und das Odenwaldgebiet den römischen Gebieten ein.

Das von den Römern eroberte rechtsrheinische Gebiet wurde durch den Ausbau einer Grenzbefestigung - den „Obergermanischen Limes" - gesichert. Die Errichtung dieser Befestigung ging in mehreren Etappen vor sich. Zunächst baute man Holztürme als Aussichtsposten, die von schützenden Ringgräben umgeben waren. In der Nähe dieser Anlagen befand sich eine Reihe kleinerer Kastelle, in denen sich ständig Grenztruppen aufhielten. Eine durchgehend befestigte Grenze durch den Bau einer Holzpalisade entstand erst in der ersten Hälfte des 2. Jh. Um die Mitte des 2. Jh. legte man dann kleinere Steinbefestigungen an, und im 3. Jh. wurden an dem 383 km langen obergermanischen Limes nochmals durch die Anlage eines Grabens und eines dahinterliegenden Walles Verstärkungen an der Fortifikation vorgenommen.

Der Grenzverlauf an der oberen Donau wurde am Ende des 1. Jh. nach Norden bis Icinacum (Gunzenhausen) vorverlegt. Das hier vorhandene Grenzsystem, der „Rätische Limes", wies eine Länge von 166 km auf. Eine wichtige Verstärkung der Grenzanlage war im 2. Jh. der Ausbau von Castra Regina (Regensburg). Anfang des 3. Jh. führten die Einfälle der Alamannen schließlich dazu, daß man statt der Mauer Palisaden und einen Flechtwerkzaun setzte, um die Grenze in einen besseren Verteidigungszustand zu bringen. Im Niederrheingebiet kam es zur Verlegung neuer Legionen zur Sicherung der Grenzabschnitte. Außerdem wurden die Legionslager in Neuss, Bonn und Xanten erneuert und weiter ausgebaut.

Diese Rekonstruktion eines Wachtturms am Obergermanischen Limes befindet sich bei Lorch, dem römischen Laureacum (Baden-Württemberg).

Römische Stadtgründungen

Mainz spielte als wichtiger Standort römischer Legionen und Sitz des römischen Statthalters von Obergermanien eine bedeutende Rolle bei der Umwandlung des obergermanischen „Barbarenlandes" in eine römische Provinz. Die gleiche Funktion in der Provinz Untergermanien übernahm Köln, das von Kaiser Claudius (41–54) unter dem Namen Colonia Claudia Ara Agrippinensum zur ersten römischen Kolonie auf dem späteren deutschen Territorium erhoben worden war. Wesentlich begünstigt war Köln durch das verliehene italische Recht, welches der Colonia Steuerfreiheit zubilligte. Nach Köln erhielten auch Ulpia Traiana (Xanten) und Augusta Treverorum (Trier) den Status einer römischen Kolonie. Daneben gab es eine Reihe von Ansiedlungen, die Marktrecht besaßen und sich zu Städten entwickelten. Dazu gehörten Ortschaften wie Noviomagus (Nijmegen) am Niederrhein oder Augusta Vindelicorum (Augsburg) in Rätien.

Durch die Legionslager und die in den ersten zwei Jahrhunderten relativ friedlich verlaufende Entwicklung in Unter- und Obergermanien sowie in Rätien kam es zu einem raschen wirtschaftlichen Aufblühen der Städte in den Grenzgebieten. Zuzug erhielten die Grenzgebiete vor allem durch die Ansiedlung vieler aus dem Militärdienst entlassener Soldaten. Handwerker und Händler nutzten die günstigen Absatzmöglichkeiten und ließen sich hier nieder. In den Städten entstanden nach römischem Vorbild prunkvolle Marktplätze und öffentliche Bäder. Die Wohnräume in den städtischen und ländlichen Häusern waren mit einer Fußbodenheizung ausgestattet, die den Römern das unwirtliche Klima in diesen nördlicher gelegenen Landstrichen erträglicher machte. Wasserleitungen und Abwasserkanäle wurden gebaut, und ein ausgedehntes Straßennetz verband die Provinzen mit Gallien und Italien.

Bedeutend waren vor allem die sich entwickelnden Handwerkszweige in der Metall-, Keramik- und Glaserzeugung. Auch der Weinbau sowie Obst- und Gartenbaukulturen wurden bald in den germanischen Provinzen heimisch. Der germanischen Bevölkerung war die römische Kultur und Lebensweise zunächst noch fremd, und sie lernten sie erst allmählich durch den Kontakt mit den Römern in den Grenzgebieten kennen. Eine Reihe von Bezeichnungen und Begriffen aus dem römischen Heerwesen, der Steinbautechnik, der Baukunst, dem Gartenbau, dem Handel und dem Verkehr fanden als Zeugen der germanischen Übernahme dieser Lebens- und Wirtschaftsweise als Lehnwörter in die germanische Sprache Eingang.

Die Porta Nigra war das nördliche Stadttor von Augusta Treverorum (Trier), das 15 v. Chr. als römische Kolonie gegründet wurde. Trier war von ca. 265 – ca. 375 römische kaiserliche Residenz.

Das sogenannte Weinschiff von Neumagen, 2.–3. Jahrhundert n. Chr., ist das Fragment eines Grabmals für einen römischen Weinhändler, das in Neumagen an der Mosel gefunden wurde. (Trier, Rheinisches Landesmuseum)

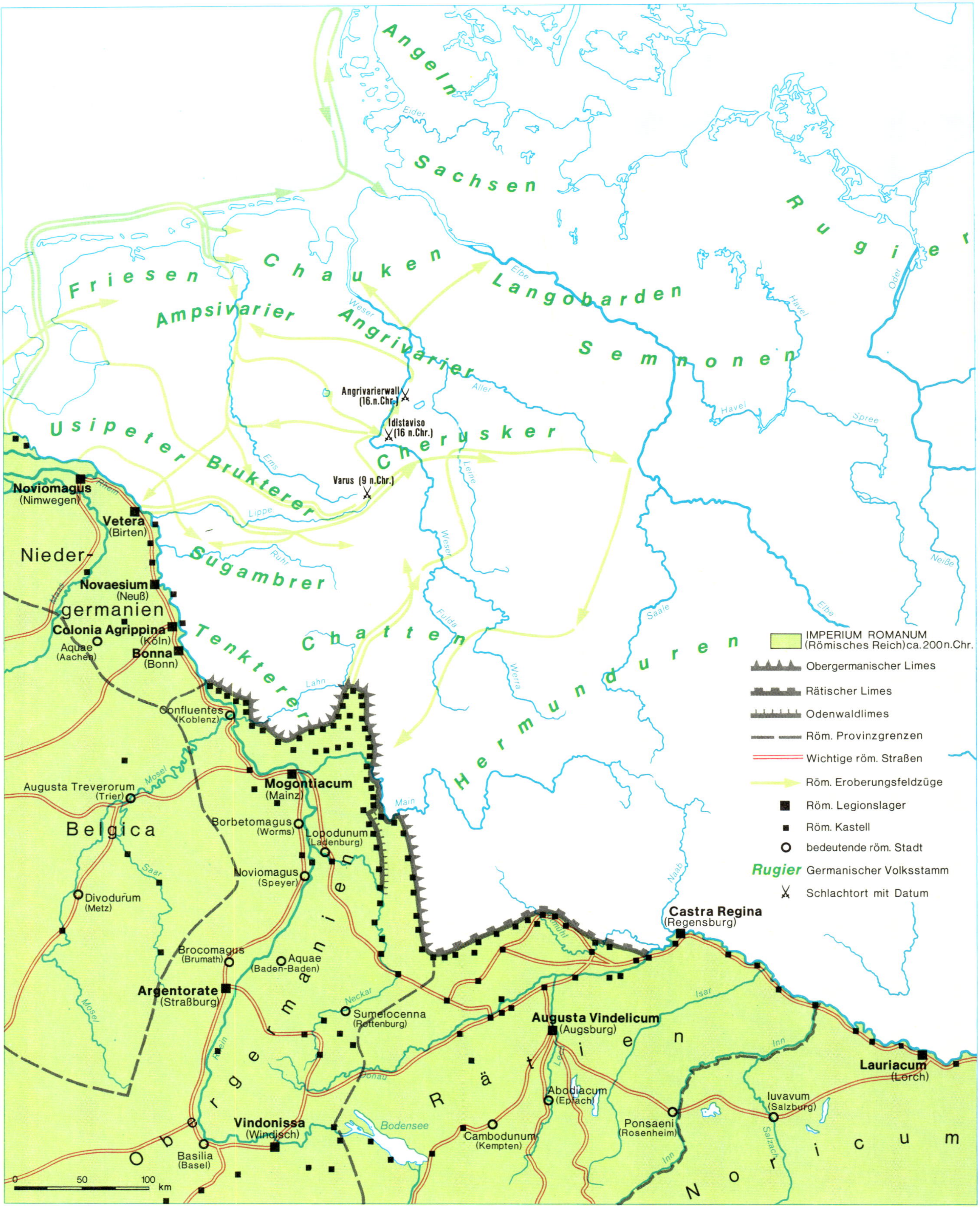

Die römischen Gebiete östlich des Rheins von Confluentes (Koblenz) bis Castra Regina (Regensburg) bedurften aus römischer Sicht einer Grenzbefestigung zum Schutz gegen feindliche Germanenstämme. Diese Grenzbefestigung hieß Limes.

Die Völkerwanderung

Um die Mitte des 4. Jh. drangen die Hunnen aus den eurasischen Steppengebieten nach Osteuropa vor und fielen um 370 in das ostgotische Stammesreich nördlich des Schwarzen Meeres ein, schlugen 375 das Heeresaufgebot der Ostgoten und unterwarfen ihr Reich. Die Westgoten versuchten dem Hunnenansturm auszuweichen, ein Teil zog sich in die Südkarpaten zurück, während die anderen sich mit Einverständnis Roms in der römischen Provinz Thrakien als Föderaten niederließen. Römische Beamte gingen jedoch gegen ihre neuen Bündnispartner so rigoros vor, daß es unter der Führung ihres Königs Fritigern (gest. 381) zu einem Aufstand kam, worauf Kaiser Valens (364-378) unverzüglich mit seinem Heer eingriff. In der entscheidenden Schlacht bei Adrianopel 378 wurden die Römer geschlagen und die Westgoten begannen, plündernd durch das Balkangebiet zu ziehen. 401 fielen sie unter der Führung von König Alarich (395-410) auch in Italien ein. Nach jahrelangen Eroberungszügen ließen sie sich schließlich 418 im südwestlichen Gallien nieder, wo sie das Reich der Westgoten errichteten.

Die Vorgänge auf der Balkanhalbinsel und ihre Folgeerscheinungen führten zu einer ernsthaften Krise im Römischen Reich. Anfang des 5. Jh. mußte der in römischen Diensten stehende Heermeister Stilicho, dessen Vater ein Vandale war, einen großen Teil der an Rhein und Donau sowie in Gallien stationierten Truppen zurückziehen, um die Westgoten aufzuhalten. Diese Situation wurde von den Vandalen, Alamannen, Burgunden, Quaden und anderen Stämmen genutzt, in die kaum noch militärisch geschützten Rheinlande und nach Rätien einzudringen.

429 war der aus altem römischen Adel stammende Aëtius (gest. 454) Heermeister geworden und versuchte, zumindest in Italien und Gallien die römische Herrschaft aufrechtzuerhalten. 437 zerschlug er mit Hilfe der Hunnen das am Mittelrhein entstandene Burgundenreich und siedelte die geschlagenen Burgunden ins Rhônetal um. In legendenhafter Form sind diese Ereignisse im Nibelungenlied überliefert worden.

Die Hunnen hatten mittlerweile weite Gebiete Ost- und Mitteleuropas unter ihre Oberherrschaft gebracht. Als ihr König Attila 450 versuchte, weiter nach Westen vorzudringen und auch Gallien einzuverleiben, gelang es Aëtius, gegen seine ehemaligen Helfer nicht nur galloromische Truppen aufzubieten, sondern auch Westgoten, Franken, Alanen und Burgunden zur Abwehr der Hunnen heranzuziehen. Nach einigen kleineren Gefechten kam es 451 auf den Katalaunischen Feldern bei Châlons-sur-Marne zur Entscheidungsschlacht. Die Hunnen erlitten zwar keine vernich-

Germanische Stämme im mitteleuropäischen Raum

Am Ende des 2. Jh. und zu Beginn des 3. Jh. bildeten sich bei den Germanen größere, dauerhafte Stammesverbände heraus, die weit über das unter Arminius Anfang des 1. Jh. kurzfristig gebildete lockere Bündnis westgermanischer Stämme hinausgingen. Es kristallisierten sich sogenannte Kernstämme heraus, zu denen sich verwandte oder benachbarte Stämme gesellten und die dann zu einem Stammesverband oder Großstamm verschmolzen, an dessen Spitze ein Stammeskönig stand, der über das gesamte Heeresaufgebot verfügen konnte und daher große Macht besaß. Der Vorteil dieses Auf- und Zusammengehens einzelner Stämme in eine größere Einheit bestand in einer erheblichen Steigerung ihrer militärischen Durchschlagskraft.

Zu dieser Form von Stammesverbänden oder Großstämmen gehörten Langobarden, Vandalen, Goten, Burgunden und Hermunduren. Aus den Hermunduren gingen später die Thüringer (Toringi) hervor, die in den schriftlichen Quellen erstmals um 400 genannt werden. Noch später als die Thüringer werden die Bajuwaren erwähnt, die erst im 6. Jh. in das Licht der schriftlichen Überlieferung treten.

Neben der Bildung von Großstämmen gab es den Zusammenschluß von Stämmen und Stammesresten, der eher zufällig aus einer gegebenen Situation heraus entstand, wobei es wahrscheinlich zu neuen Namen für diese Stammesvereinigungen kam. Stammesverbände, die sich auf diese Weise bildeten, waren vermutlich die Franken, die Mitte des 3. Jh. erstmals erwähnt werden, und eventuell auch die Friesen und Sachsen. Der Name der Sachsen scheint bereits im 1. Jh. für einen kleinen Stamm in Jütland gebräuchlich gewesen zu sein, zwei Jahrhunderte später war der sächsische Stammesverband einer der größten und wichtigsten zwischen Unterelbe, Weser und Ems. Auch die Alamannen, die erstmals 213 in den Quellen auftauchen, dürften zu dieser Gruppe gehört haben, denn ein römischer Chronist schreibt: „Die Alamannen sind zusammengelaufene Menschen und Mischlinge, das bedeutet ihr Name." Dieser Stammesverband war vorwiegend aus Siedlergruppen und Stammessplittern der Sueben, deren ursprünglicher Sitz sich wiederum im Gebiet zwischen Elbe und Havel befunden hatte, hervorgegangen. Sie dürften gegen Ende des 2. Jh. in südwestlicher Richtung abgewandert sein.

Zwei galloromanische Soldaten mit Helm, Schild und Pilum (einem leichten Wurfspeer). Das Relieffragment einer Säule stammt wahrscheinlich aus dem Prätorium von Montiacum (Mainz). (Mainz, Römisch-Germanisches Zentralmuseum)

Fibeln dienten sowohl als Schmuck als auch als Befestigungsmittel, um Kleidungsstücke, wie beispielsweise Umhänge, zu schließen. Die beiden hier abgebildeten Fibeln aus Gold und Silber wurden in einem germanischen Fürstengrab bei Breslau gefunden.

tende Niederlage, sahen sich aber gezwungen, das Schlachtfeld zu räumen und abzuziehen. Attila fiel daraufhin in Oberitalien ein, zerstörte Mailand und Pavia und bedrohte Rom. Er starb jedoch 453 unerwartet in der Nacht nach seiner Hochzeit mit der germanischen Königstochter Hildiko.

Die Hunnen, die wie ein Sturmwind über Europa gefegt waren und ein halbes Jahrhundert die damalige Welt in Angst und Schrecken versetzt hatten, zogen sich nach dem Tode Attilas schnell wieder zurück und spielten im weiteren Verlauf der Geschichte keine Rolle mehr. Die Auswirkungen der von ihnen ausgelösten großräumigen Völkerbewegungen waren allerdings auch nach ihrem Abzug in Mittel- und Westeuropa spürbar. Bereits vor der Hunnenschlacht ließen sich Angehörige der germanischen Angeln, Sachsen und Jüten in der römischen Provinz Britannica nieder. Die Zuwanderung dieser Germanen war für die Geschichte des heutigen Englands ein wichtiger Einschnitt, denn sie bildeten einen Kern des englischen Volkes und prägten Sprache und Kultur.

Die Slawen

Die germanischen Stammeswanderungen und der Hunneneinfall im 4. Jh. hatten sich auch auf die in Osteuropa siedelnden slawischen Stämme ausgewirkt und zur Folge gehabt, daß Teile davon in die Gebiete der unteren Donau vordrangen und seit dem 6. Jh. in das spätrömische bzw. byzantinische Reich einfielen. Mit dem Einbruch der aus Asien kommenden Awaren in südosteuropäische Gebiete erhielten seit der Mitte des 6. Jh. die Wanderungen der slawischen Stämme eine andere Richtung, und die bereits im Donaugebiet ansässigen Stämme scheinen nach Norden gezogen zu sein, um der awarischen Herrschaft zu entgehen.

Im Elb-Saale-Gebiet, das seit der Abwanderung großer Teile der germanischen Bevölkerung nur noch schwach besiedelt war, ließ sich im 6. Jh. eine größere Gruppe der slawischen Bevölkerung nieder, weitere slawische Gruppen kamen aus Mähren und der Slowakei hinzu. Um 630 wurden die dort ansässigen Einwanderer, die sich zu einem größeren Stammesverband mit einem Herzog an der Spitze zusammengeschlossen hatten, erstmals als „Sorben“ erwähnt. Im 7. Jh. dehnte sich das Gebiet der Sorben westlich der Saale bis weit nach Thüringen hinein aus, ein weiterer Teil ließ sich in Nordostbayern nieder. Hier kam es zu Vermischungen mit slawischen Siedlergruppen, die aus Böhmen eingewandert waren, und es bildete sich in der nordbayerischen Region ein geschlossenes Siedlungsgebiet der Main-Regnitz-Wenden heraus.

Weitere slawische Stammesgruppen waren in der zweiten Hälfte des 6. Jh. vom Donaugebiet kommend durch die mährische Pforte in das Odertal gelangt und dann an der Ostseeküste ansässig geworden. Möglicherweise handelte es sich hierbei um den Stammesverband der Obodriten, die aus späteren schriftlichen Quellen überliefert sind.

Ende des 6. Jh. und in der ersten Hälfte des 7. Jh. wanderten erneut slawische Gruppen aus dem nördlichen Karpatenland über Schlesien nach Mittel- und Ostmecklenburg und in das Lausitzer Gebiet ein. Im 8. Jh. werden für die nördliche Region die Wilzen schriftlich bezeugt, welche offenbar noch im 8. Jh. nördlich des Magdeburger Gebiets die Elbe erreichten, die von einigen Siedlergemeinschaften auch überquert wurde. Diese sich in der Altmark und im Osten von Hannover niederlassenden slawischen Siedlergemeinschaften bildeten den Grundstock für das bis in die Neuzeit bestehende hannoversche Wendland. Die Landnahme der slawischen Stämme im 6. und 7. Jh. der von den Germanen aufgelassenen Gebiete westlich der Oder und teilweise auch westlich von Elbe und Saale führte dazu, daß diese Gebiete wieder stärker besiedelt wurden und sich slawische Stammeskulturen und Sprachen ausbreiteten. Zwischen den slawischen Stämmen und den anwohnenden Sachsen, Thüringern und Bayern entwickelten sich vielfältige Beziehungen.

Auf ihren langjährigen Kriegs- und Beutezügen durch Italien eroberten die Westgoten 410 unter ihrem Anführer Alarich die Stadt Rom und plünderten sie gründlich. Sie hielten sich jedoch nicht lange dort auf, sondern zogen weiter über Süditalien nach Afrika. Alarich stirbt noch vor der Überfahrt nach Afrika in Cosenza. Von seinem Grab im Busento handelt eine bekannte Ballade von August Graf von Platen.

Unter ihrem am oströmischen Kaiserhofe als Geisel aufgewachsenen Anführer Theoderich eroberten die Ostgoten das Reich des Odoaker in Italien und errichteten dort 493 ein ostgotisches Königreich mit der Hauptstadt Ravenna, das jedoch nach dem Tode Theoderichs 526 bald zerfiel. Das Mosaik an der Südwand des Mittelschiffs von S. Appollinare Nuovo in Ravenna soll den prächtigen Palast des ostgotischen Königs darstellen.

Das kunstvoll gearbeitete vergoldete Riemenende ist das Werk eines slawischen Goldschmieds des 9. Jahrhunderts und stammt aus einem slawischen Grab bei Mikulcice (Tschechoslowakei).

Das Fränkische Reich

Nachdem das fast nur noch aus germanischen Söldnern bestehende römische Heer den Germanen Odoaker (gest. 493) 476 zum König erhoben hatte, der den letzten römischen Kaiser Romulus Augustulus absetzte, war der endgültige Untergang des Römischen Reiches besiegelt. Mit der Entstehung des Fränkischen Reiches unter Chlodwig (482–511) setzte eine neue und weitreichende Geschichtsepoche ein.

König Chlodwig

Chlodwig, aus dem Geschlecht der Merowinger, war seit 482 Herrscher eines salisch-fränkischen Kleinkönigreiches in Tournai. Verbündet mit einem anderen fränkischen Kleinkönig, Ragnachar von Cambrai, schlug er 486 bei Soissons Syagrius, der nach dem Zerfall des Römischen Reiches ein selbständiges Reich zwischen Somme und Loire gegründet hatte.

Der nächste Schritt zur Erweiterung des Herrschaftsgebietes Chlodwigs nach der Einverleibung des Reiches des Syagrius war 496 die Niederwerfung der Alamannen. Diese beherrschten zu der Zeit ein Gebiet, das sich vom Main bis zum Bodensee und vom heutigen Elsaß bis zum Lech erstreckte. Als die Alamannen nun versuchten, ihren Herrschaftsbereich nach Norden auszudehnen und dabei die ripuarischen Franken bedrohten, kam Chlodwig deren König Sigibert zur Hilfe, und vereint schlugen sie die Alamannen. Im Jahre 506 erhoben sich die Alamannen erneut, wurden jedoch blutig niedergeschlagen und verloren dabei die Herrschaft über das Elsaß sowie über die Gebiete zwischen Main und Neckar. Nach der schriftlichen Überlieferung wanderte daraufhin ein Teil der Alamannen nach Süden ab und wurde von dem ostgotischen König Theoderich (471–526) in Rätien angesiedelt.

Nach der Unterwerfung der Alamannen ging Chlodwig nun gegen seine südlichen Nachbarn vor. Er schloß 507 ein Bündnis mit den Burgunden und griff mit diesen und den ripuarischen Franken zusammen das Reich der Westgoten an, das sich von der Pyrenäenhalbinsel ausgehend über Gallien bis zur Loire ausgedehnt hatte. Die Westgoten wurden bei Vouillé schwer geschlagen und zogen sich in das heutige Spanien zurück, während Chlodwig das gallische Gebiet mit Ausnahme eines breiten Küstenstreifens am Mittelmeer und der Provence dem fränkischen Herrschaftsbereich eingliederte.

Die militärischen Erfolge der salischen Franken über Syagrius, die Alamannen und die Westgoten hatten ihnen einen erheblichen Machtzuwachs verschafft. Nun begann Chlodwig, die noch immer bestehenden fränkischen Teil- und Kleinstämme zu beseitigen, um seinen gesamtfränkischen Herrschaftsanspruch zu festigen. Als erstes ließ er seinen ehemaligen Bündnisgefährten Sigibert ermorden, annektierte das Reich der Ripuarier und ließ sich in Köln zum König krönen. Als nächstes sorgte er dafür, daß ihm auch niemand aus der salischen Linie die Herrschaft streitig machen konnte. Einige Konkurrenten wurden auf sein Geheiß hin ermordet, andere, wie Ragnachar von Cambrai, tötete er eigenhändig in offener Schlacht.

482 hatte Chlodwig als König eines unbedeutenden fränkischen Teilreiches seine Laufbahn begonnen, 511 starb er als unangefochtener Herrscher eines geeinten und territorial erheblich gewachsenen Fränkischen Reiches. Chlodwigs Nachfolgern gelang es aber nur noch zeitweise, das große Fränkische Reich zusammenzuhalten. Dagobert I. (629–639) war der letzte merowingische Herrscher, der das gesamte Reich noch einmal vereinigen konnte, doch nach seinem Tode verfiel das merowingische Staatswesen zusehends.

Die Christianisierung des Fränkischen Reiches

In dem von den Franken eroberten Gallien hatte spätestens seit dem 2. Jh. das Christentum Fuß gefaßt und sich nach seiner staatlichen Anerkennung 313 als Religion auch hier ungehindert ausbreiten und seine Stellung festigen können. Durch die Übernahme römischer Verwaltungsstrukturen für den Ausbau ihrer Organisation verfügte die Kirche über ein gut funktionierendes Verwaltungssystem, das auch Chlodwig zu nutzen wußte. 496 zum Christentum übergetreten, verfügte er auf der ersten fränkischen Synode 511, daß der Kirche die Oberherrschaft über ihren umfangreichen Grundbesitz zustehe, und bestätigte zugleich die kirchliche Hierarchie auf fränkischem Boden, um sich die Unterstützung dieser Macht zu sichern.

Die Kirche konnte in den folgenden Jahrhunderten nicht nur in den bereits christianisierten Gebieten des fränkischen Reiches ihre Position ausbauen, sondern war auch ständig bemüht, ihren Einfluß auszudehnen. Bei der Missionierung waren mehrere irische und angelsächsische Mönche tätig, von denen Winfried (um 675–754) der bekannteste gewesen sein dürfte, dem Papst Gregor II. (715–731) den Namen Bonifatius verliehen und ihn beauftragt hatte, „den trotzigen Völkern Germaniens das Wort Gottes zu predigen". In der 1. Hälfte des 8. Jh. durchzog Bonifatius unermüdlich die Gebiete östlich des Rheins. Zu seinen bekanntesten Wirkungsstätten zählt das von ihm gegründete Kloster Fulda, aber auch andere Klöster und Bistümer wie Fritzlar in Hessen, Ohrdruf und Erfurt in Thüringen sowie Würzburg in Bayern gehen auf ihn zurück. Von dem ihm übertragenen Erzbistum Mainz brach er bereits hochbetagt noch einmal zu den Friesen auf. Er wollte hier die im Jahre 716 begonnene Mission zu Ende führen. Am 5. Juni 754 ereilte ihn bei Dokkum im heutigen Holland der Märtyrertod. Seine Gebeine wurden im Kloster Fulda beigesetzt.

Der Legende nach soll Chlodwig sich lange dagegen gesträubt haben, zum Christentum überzutreten trotz aller Bekehrungsversuche seiner Frau Chrodechilde. In der Schlacht gegen die Alamannen 496 zeichnete sich eine Niederlage ab, und in seiner Verzweiflung gelobte er dem christlichen Gott, wenn er die Schlacht gewinne, sich taufen zu lassen. Chlodwig gewann. Am Weihnachtsfest 498 taufte Bischof Remigius von Reims (um 436–533) in seiner Kathedrale Chlodwig und weitere dreitausend seiner Gefolgsleute aus der fränkischen Oberschicht. (Altartafel des Meisters von Saint-Gilles; Washington, National Gallery of Art)

Zu den bedeutendsten Missionaren Germaniens zählt Bonifatius, der nicht nur zahlreiche Klöster und Bistümer als Stützpunkte für die Christianisierung gründete, sondern auch selbst predigte und taufte. Bei der Taufe stieg der Täufling übrigens im Gegensatz zu heute unbekleidet in das Taufbecken und wurde durch Untertauchen getauft. 754 zog der schon hoch betagte Missionar zu den Friesen, um ihnen Gottes Wort zu künden, die ihn aber erschlugen. Begraben wurde Bonifatius in seinem Lieblingskloster in Fulda. (Göttingen, Universitätsbibliothek)

Trotz gelegentlicher Rückschläge bei der Missionierung entwickelte sich die Kirche auch in den rechtsrheinischen Gebieten zu einer mächtigen Institution, auf die sich die fränkischen Herrscher stützten. Nicht nur in der Verwaltung des Reiches spielte die Kirche eine wichtige Rolle, sondern auch im geistig-kulturellen Leben, denn die Geistlichen waren damals fast die einzigen, die schreiben und lesen konnten. Die meisten literarischen Werke jener Zeit stammen aus der Feder von Geistlichen, die sich zu theologischen, philosophischen und historischen Themen äußerten. Beispielsweise verfaßte Gregor, Bischof von Tours, eine umfangreiche Chronik über den Aufstieg und Untergang der Merowinger, die eine unersetzliche Quelle zur Geschichte dieser Epoche darstellt. Bedeutende Gelehrte wie Alkuin (um 730–804), Hrabanus Maurus (um 780–856), Paulus Diakonus (um 720– um 799) und Einhard (um 770–840), dem die Nachwelt eine Lebensbeschreibung Karls des Großen (742–814) verdankt, wirkten am Hofe Karls des Großen oder in Kloster- und Domschulen. Nach dem kulturellen Niedergang in der Zeit der Völkerwanderung entstand im ausgehenden 8. Jh. eine neue Blütezeit, die sogenannte „karolingische Renaissance".

Die Gliederung des gesamten fränkischen Reiches in Kirchenprovinzen und Diözesen, in die auch relativ schnell die von Karl unterworfenen Landesteile wie zum Beispiel die ostfriesischen und sächsischen Stammesgebiete miteinbezogen wurden, waren für den Ausbau einer zentralisierten staatlichen Macht und der weltlichen Verwaltung, die sich an die kirchlichen Strukturen anlehnte, sehr förderlich.

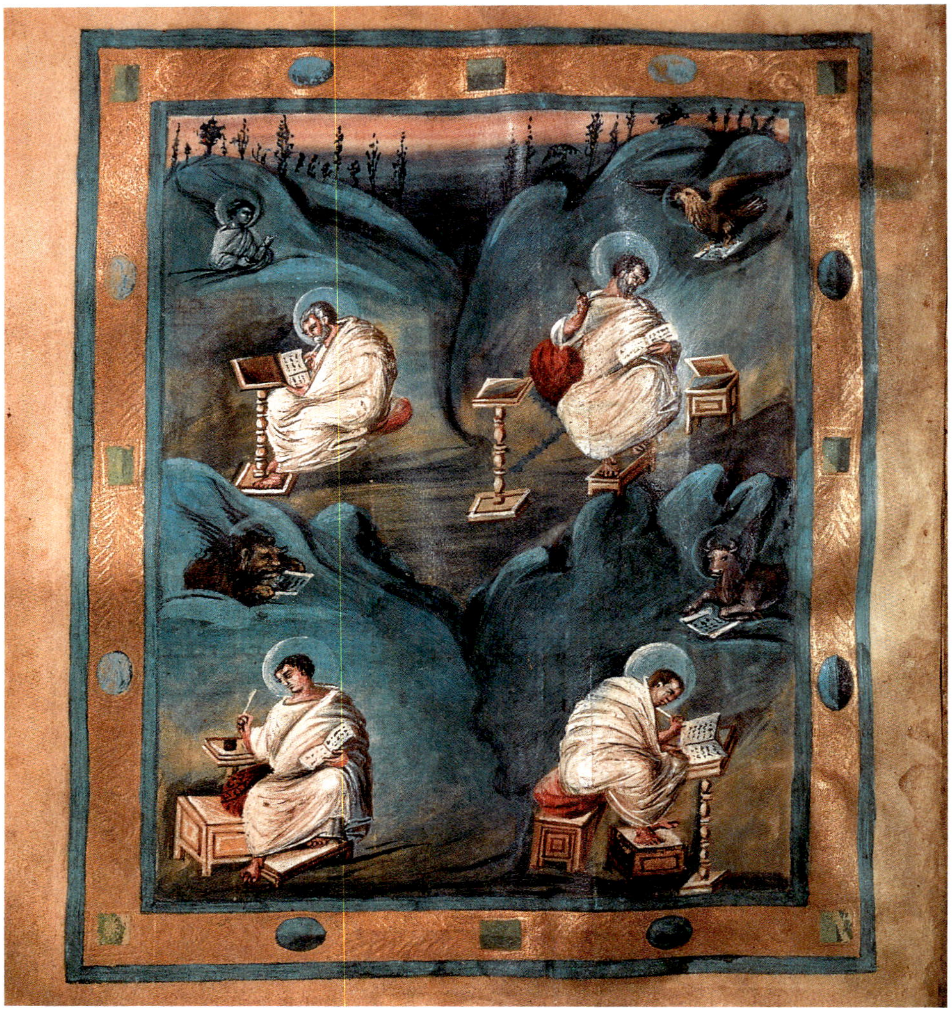

In der karolingischen Renaissance erlebte die Buchmalerei eine künstlerische Blütezeit. Diese Szene aus einem Evangeliar aus dem beginnenden 9. Jahrhundert zeigt die vier Evangelisten. Auch wenn die religiöse Thematik Gegenstand dieses Bildes ist, so gibt es gleichzeitig Auskunft über die damaligen Schreibgewohnheiten. Geschrieben wurde mit der Feder auf Pergament – Papier war damals noch unbekannt – an kleinen Schreibpulten. Aufbewahrt wurden die Dokumente in kleinen Truhen, die leicht transportiert werden konnten. Dies war vor allem wichtig für die kaiserliche Hofkanzlei, die ihre Unterlagen immer von einer Pfalz in die andere mitnehmen mußte. (Aachen, Domschatz)

Karl der Große erteilte auch den Auftrag, alte Heldenlieder aufzuzeichnen. Dieses Fragment des Hildebrandliedes ist das älteste schriftlich überlieferte Heldenlied auf Althochdeutsch. Es wurde vermutlich im Kloster Fulda, einem der wichtigsten kulturellen Zentren zur Zeit Karls des Großen, Anfang des 9. Jahrhunderts aufgezeichnet.

Karl der Große

Den Niedergang der Merowinger nutzte eine andere fränkische Familie, die Karolinger, um an die Macht zu gelangen, wobei sie sich auf die Kirche stützten, um ihre Herrschaft zu legitimieren. Bevor der Karolinger Pippin der Kleine (741-768) den letzten Merowingerkönig absetzte und im Kloster verschwinden ließ, schickte er eine Gesandtschaft nach Rom zu Papst Zacharias (741-752) mit dem Auftrag „wegen der Könige in Francien zu fragen, die damals keine Macht als Könige hatten, ob das gut sei oder nicht?" Der Papst bestätigte, „es sei besser, den als König zu bezeichnen, der die Macht habe, statt den, der ohne königliche Macht blieb". Daraufhin wurde 751 Pippin in Soissons „nach der Sitte der Franken zum König gewählt und gesalbt von der Hand des Erzbischofs Bonifatius".

Nach dem Tode Pippins im Jahre 768 wurde das Reich unter seinen Söhnen Karl und Karlmann geteilt, doch Karlmann starb bereits 771, und Karl wurde daraufhin Alleinherrscher des gesamten Frankenreichs. 772 begann Karl mit dem langwierigen und blutigen Krieg gegen die Sachsen. In der ersten von 772-785 dauernden Phase dieses Krieges ging es den Franken darum, den Widerstand des sächsischen Stammesverbandes militärisch zu brechen. 783 gelang es ihnen, in zwei großen Schlachten bei Detmold und an der Hase, einem östlich von der Ems gelegenen Nebenfluß, die Sachsen zu besiegen. 785 kam es zum Friedensschluß zwischen Karl und dem sächsischen Anführer Widukind (gest. um 800), der sich taufen ließ und sich der fränkischen Oberherrschaft unterwarf. Trotzdem kam es noch weiter zu Unruhen in Sachsen, und militärische Aktionen, vor allem im äußersten Norden des sächsischen Stammesgebietes, waren bis 804 wiederholt erforderlich.

Karl der Große (786-814), fränkischer König und Kaiser, war die beherrschende Figur des mittelalterlichen Abendlandes. Diese Statue von Karl ist zwar nicht zu seinen Lebzeiten, aber wohl noch im 9. Jahrhundert entstanden. Krone und Reichsapfel weisen ihn als Herrscher aus, aber ansonsten ist Karl vor allem ein fränkischer Kriegsherr. (Paris, Louvre)

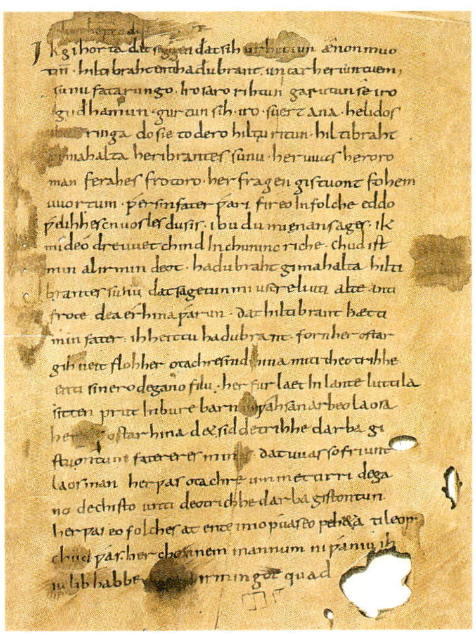

Bei der Unterwerfung der Sachsen in den Jahren 772-785 ließ Karl der Große Massentaufen durchführen. Die als Gestalten der Sage bekannten Adligen Helsis und Sigemort (vielleicht die Herzöge Hessi und Brun) gingen diesem Taufakt voran.

Die Kämpfe gegen die Sachsen waren mit äußerster Härte geführt worden. Um den erbitterten Widerstand der Sachsen zu brechen, wurden Massenhinrichtungen vorgenommen, darüber hinaus trieb Karl die Christianisierung gewaltsam voran und ließ Massentaufen durchführen. Besonders einschneidend waren seine Maßnahmen zur Zwangsumsiedlung. In den Annalen zum Jahr 804 wird berichtet: „Der Kaiser brachte den Winter in Aachen zu. Im Sommer zog er mit einem Heere nach Sachsen und führte alle Sachsen, welche jenseits der Elbe in Wihmuodi wohnten, mit Weib und Kind ins Frankenland ab." Noch während der Sachsenfeldzüge setzte sich Karl mit den Langobarden auseinander, die sich in Oberitalien sowie in Teilen Mittel- und Süditaliens niedergelassen hatten und zeitweise auch Rom bedrohten. Auf einen Hilferuf des Papstes hin fielen 773 fränkische Truppen in Italien ein und eroberten nach längerer Belagerung Pavia, die Hauptstadt der Langobarden. Die Zerschlagung des Langobardenreiches brachte Karl den Titel eines „Königs der Langobarden" ein.

Die Langobarden, ein elbgermanischer Stamm, hatten nach Wanderungen durch Pannonien und andere Gebiete 568 Norditalien erobert. Im 8. Jahrhundert führte die Eroberungspolitik König Liutprands zum päpstlich-fränkischen Bündnis gegen die Langobarden. Karl der Große nahm König Desiderius gefangen und ließ sich selbst 774 zum König der Langobarden krönen. Die Langobardische Königskrone soll der Legende nach 593 aus einem Nagel des Kreuzes Christi angefertigt worden sein. Wahrscheinlich stammt sie jedoch aus dem 9. Jahrhundert und wurde aus den weltlichen Materialien Eisen, Gold, Edelstein und Emaille hergestellt. (Dom zu Monza, Italien)

Im Jahre 784, als gerade die Auseinandersetzungen mit den Sachsen und den im Bereich der Wesermündung wohnenden Friesen die fränkischen Kräfte band, kam es zu bewaffneten Zusammenstößen an der bayerisch-italienischen Grenze zwischen Franken und Bayern. Ein bereits lange schwelender Konflikt zwischen dem bayerischen Herzog Tassilo und Karl nahm nun noch schärfere Formen an. 787 war die Situation für Tassilo, der sich den Franken nicht unterwerfen wollte, fast aussichtslos, und er ging ein Bündnis mit den Awaren ein, die 788 von Pannonien aus sowohl in fränkische als auch in bayerische Gebiete einfielen. Das Schicksal Tassilos war damit besiegelt. Auf der Reichsversammlung im Sommer 788 als Landesverräter zum Tode verurteilt, wurde er zwar von Karl begnadigt, mußte aber den Rest seines Lebens hinter Klostermauern verbringen. Gegen die Awaren eröffnete Karl 791 seine Feldzüge, die mit der Eroberung der awarischen Hauptbefestigung – dem „Ring" – im Jahre 796 erfolgreich endeten. An dem Heeresaufgebot hatten erstmals auch Kontingente aller zwischen Rhein und Elbe lebenden Stämme teilgenommen.

Karl strebte dem Höhepunkt seiner Laufbahn zu, der im Jahre 800 durch die Kaiserkrönung in Rom erreicht wurde. In den Reichsannalen heißt es dazu: „Als der König gerade am heiligen Weihnachtstag sich vom Gebet vor dem Grab des seligen Apostels Petrus zur Messe erhob, setzte ihm der Papst Leo eine Krone aufs Haupt, und das ganze Römervolk rief dazu: dem erhabenen Karl, dem von Gott gekrönten Großen und friedenbringenden Kaiser der Römer Leben und Sieg."

Diese Kaiserkrone, die ihm Papst Leo III. (795–816) aufs Haupt setzte, war Ausdruck der Macht, die Karl uneingeschränkt als weltlicher Herrscher im Abendland besaß. Sein Reich umfaßte damals Gebiete, die von der Atlantikküste im Westen bis zur Elbe im Osten und von der Nordsee bis nach Rom und Barcelona im Süden reichten. Karl der Große, eine der bedeutendsten Herrscherpersönlichkeiten des europäischen Mittelalters, starb am 28. Januar 814 und wurde in der Pfalzkapelle zu Aachen beigesetzt.

Um 796/800 entstand im päpstlichen Lateranpalast in Rom dieses Mosaik, das den Heiligen Petrus zeigt, wie er Papst Leo III. die Stola als Zeichen der geistlichen und Karl dem Großen die Fahne von Rom als Zeichen der weltlichen Macht übergibt. 796 hatte Karl den Titel „Patricius Romanorum" (Herr der Römer) erhalten, vier Jahre später wurde er vom Papst zum Kaiser gekrönt.

Die Reichsverwaltung unter Karl dem Großen

Mit der Unterwerfung des sächsischen Stammeslandes und der Beseitigung des bayerischen Stammesherzogtums war die Eingliederung der Germanen zwischen Rhein und Elbe in das karolingische Reich abgeschlossen. Es bedurfte nun einheitlicher Grundstrukturen und Organisationsformen, um das Reich unter den noch recht unterschiedlichen gesellschaftlichen und wirtschaftlichen Bedingungen zu verwalten.

Die Grundlage, auf der das Königtum beruhte, war das Reichsgut, das dem König die materiellen Mittel in die Hand gab, um seine Herrschaft auszuüben. Aus dem Reichsgut kamen sowohl die Ländereien, die an Kronvasallen als Lehen ausgegeben wurden, als auch jene, welche als Amtslehen an königliche Amtsträger fielen. Einen weiteren Teil des Reichsgutes, das königliche Eigen- oder Fiscalgut, hatte der König zur unmittelbaren Verfügung. Zentren der Verwaltung waren die „Fisci", die Fronhöfe der königlichen Grundherrschaft. An der Spitze eines Fronhofes stand der königliche Domänenverwalter,

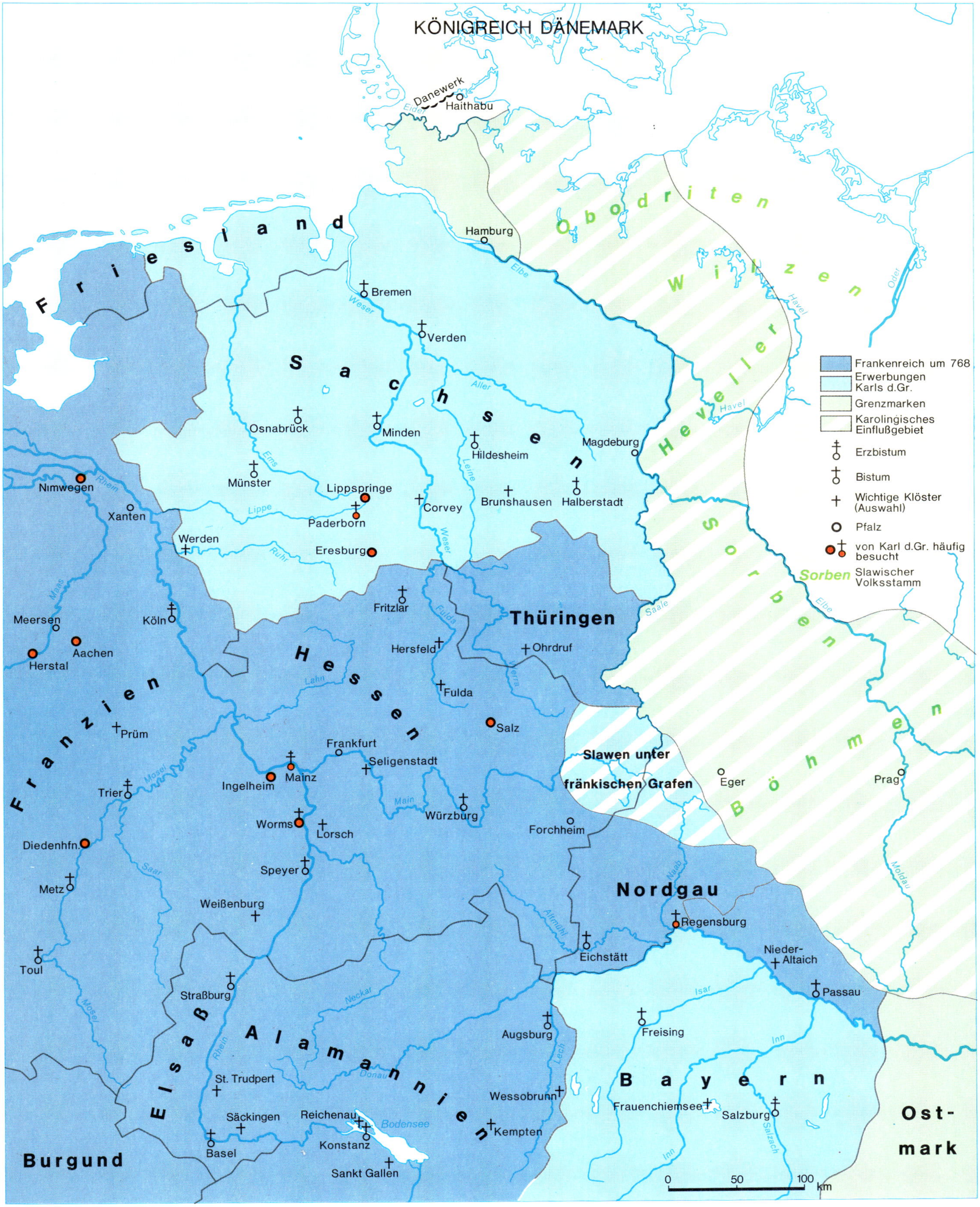

Von 772 bis zu seiner Kaiserkrönung in Rom im Jahre 800 führte Karl der Große für die Franken erfolgreiche Kriege u. a. gegen die Sachsen, Friesen und Bayern und konnte so das Frankenreich durch beträchtliche Gebietsgewinne erweitern.

der gleichzeitig auch für die Gerichtsbarkeit in seinem Amtsbereich zuständig war. Über die Organisation der königlichen Grundherrschaft gibt das von Karl verfaßte „Capitulare de villis“ genaue Auskunft, das, noch vor 800 entstanden, für das gesamte Reichsgebiet galt.

Unter Karls Herrschaft wurde die Gliederung des Fränkischen Reiches in Grafschaften erheblich ausgebaut. Die Grafen waren die wichtigsten Träger der weltlichen Macht. Zu ihren Aufgaben gehörte es, die Freien zum Heeresdienst aufzubieten und bei Kriegszügen auch selbst anzuführen, außerdem hielten sie im Auftrag des Königs Gericht und übten in ihrem Amtsbezirk die oberste Polizeigewalt aus. Eine Sonderstellung nahmen die Markgrafen ein, die an der Spitze der an den Grenzen eingerichteten Markgrafschaften standen. Sie hatten weitergehende Befugnisse als die Grafen, zum Beispiel war es ihnen erlaubt, ohne Befehl des Königs den Heerbann aufzubieten. Um die Tätigkeit der Grafen, der Domänenverwalter sowie anderer Amtsträger unter Kontrolle zu halten, bediente man sich des Instruments der Königsboten. Es wurden in der Regel zwei Königsboten – ein weltlicher und ein geistlicher – zur gemeinsamen Tätigkeit ernannt. Ihre Aufgabe war es, der weitverbreiteten Bestechlichkeit und den häufigen Amtsmißbräuchen zu begegnen. Die Königsboten hatten meist ausgedehnte Amtsbezirke, die im allgemeinen mit der Verwaltungsgliederung der Kirche identisch waren, zu beaufsichtigen.

Zentrum der königlichen Herrschaft war der königliche, später kaiserliche Hof, an dem führende Vertreter des weltlichen und kirchlichen Feudaladels versammelt waren. Dieser Hof, zu dem mehrere hundert Personen gehörten, besaß jedoch keine feste Residenz, sondern der König hielt sich mit seinem gesamten Gefolge abwechselnd in den verschiedenen Pfalzen auf. Zu den festen Hofämtern gehörten Truchseß, Marschall, Mundschenk und Kämmerer, die für die Versorgung und Verwaltung des königlichen Hofes zuständig waren. Zum Hof gehörte ferner die königliche Kanzlei, die für den gesamten Schriftverkehr zuständig war und die königlichen Urkunden ausfertigte.

Die gesetzgeberische Tätigkeit des Königs wurde in schriftlicher Form vor allem in königlichen Erlassen – „Kapitularien“ – festgehalten. Die Kapitularien befaßten sich mit den unterschiedlichsten Angelegenheiten wie Gerichts- und Heerwesen, der Tätigkeit der Amtsträger, königlichen Lehen, Steuern und Diensten, kirchlichen Angelegenheiten sowie Handel und Münzwesen.

Das Lehnswesen

Im 8. Jh. traten im fränkischen Militärwesen entscheidende Veränderungen ein: Statt des aus freien Bauern gebildeten Heeres und der bewaffneten Gefolgschaften erforderte die neue Kriegstechnik schwer bewaffnete, gepanzerte Reiter, die sogenannten Panzerreiter. Die entsprechende Voraussetzung hierfür schuf die Herausbildung des Lehnswesens, dessen Prinzip darin bestand, daß der Lehnsherr seine Mannen mit Grund und Boden ausstattete, indem er ihnen das Land leihweise – als „Lehen“ – übergab. Die Lehnsmänner verpflichteten sich dafür, eine entsprechende Zahl ausgerüsteter Panzerreiter zu stellen und selbst Kriegsdienst zu leisten. Die Vasallen schworen ihrem Lehnsherrn einen Treueeid und waren ihm zu unbedingtem Gehorsam verpflichtet, womit an germanische Traditionen im Gefolgschaftswesen angeschlossen wurde. Das ihnen zur Verfügung gestellte Land wurde als

Eine feste Residenz kannte der karolingische Kaiserhof nicht, sondern man zog in regelmäßigen Abständen von Pfalz zu Pfalz. Ein wesentlicher Grund für dieses Herumziehen waren die damaligen schlechten Verkehrsverbindungen und die Naturalwirtschaft. Zum einen konnte der Herrscher so an verschiedenen Orten seines Reiches Gericht halten und sich seinen Untertanen in Erinnerung bringen, zum anderen gab es auch einen ganz praktischen Grund: Sobald die vorhandenen Lebensmittel in der Pfalz vom Hof und seinem Gefolge verbraucht waren, zog man weiter zur nächsten. Karls Lieblingspfalz war Aachen, wo er eine Pfalzkapelle errichten ließ. Der Thron Karls des Großen befindet sich im Westjoch des oberen Umganges dieser Pfalzkapelle. Seit Otto dem Großen wurde Aachen zum Krönungsort der Könige. Zwischen 936 und 1520 bestiegen 30 deutsche Könige nach ihrer Weihe und Krönung am Marienaltar den Thron Karls des Großen.

Im Lehnswesen waren die Beziehungen der einzelnen Lehnsträger zueinander genau geregelt, und es bestand eine gewisse Rangfolge, die Heerschildordnung. Oberster Lehnsherr war der König, der die Lehen an seine Kronvasallen vergab, die wiederum ihrerseits Lehnsleute hatten. Theoretisch begab sich der Lehnsmann bei der Belehnung in die Gewalt des Lehnsherrn, was dadurch symbolisiert wurde, daß er seine Hände in die des Lehnsherrn legte. Bei einer Lehnserneuerung wiederholte sich dieser Akt. (Sachsenspiegel; Heidelberg, Universitätsbibliothek)

An der untersten Stufe der Lehnspyramide stand die Mehrheit der Bevölkerung, die Bauern. Da sie rund ums Jahr dafür sorgen mußten, die zum Leben notwendigen Güter für sich und den Adel zu produzieren, hatten sie weder Zeit noch Geld, ihren militärischen Pflichten nachzukommen, zu denen sie als „Freie" verpflichtet waren. Viele übertrugen diese Pflicht daher den nächstwohnenden Adligen, die zwar an ihrer Stelle Krieger entsandten und gegebenenfalls auch ihre Mannen schützten, dafür aber bäuerlichen Besitz beanspruchten, so daß die Bauern immer mehr zu Unfreien herabsanken. (Karolingische Buchmalerei; Wien, Nationalbibliothek)

„beneficium" und später, ab dem 9. Jh., als „feudum" bezeichnet. In der frühen Karolingerzeit war das Lehnsgut noch nicht erblich, so daß das Lehen beim Tode des Lehnsträgers wieder an den Lehnsherrn zurückfiel und neu vergeben wurde. Die großen Lehnsleute, die Kronvasallen, die ihr Lehen direkt vom König erhielten, umgaben sich selbst mit Lehns- und Gefolgsleuten, an die sie Land als Lehen austeilten und mit denen sie in den Krieg zogen. Auf diese Weise entstand eine Kette von Lehnsabhängigkeiten – eine Lehnspyramide –, an deren Spitze der König als oberster Lehnsherr stand. Kam ein neuer König an die Regierung, so belieh er alle Kronvasallen neu. In gleicher Weise verfuhren auch die großen Lehnsherren mit ihren Untervasallen.

Die Bauern, die für die Ausrüstung und Verpflegung der von ihnen zu stellenden Krieger nicht aufkommen konnten, übertrugen immer häufiger diese Pflichten einem benachbarten Lehnsherrn, der stellvertretend für diese Bauern Leute seiner Gefolgschaft in den Krieg schickte. Als Gegenleistung überließen ihm die Bauern ihre Rechte sowie ihren Grund und Boden, so daß die Feudalherren zu Grundherren der Bauern wurden. Die neuen Eigentümer überließen zwar das Land den früheren Besitzern zur Bewirtschaftung, aus den ehemals freien Bauern wurden jedoch unfreie, vom Grundherrn abhängige Bauern, die verpflichtet waren, jährliche Abgaben zu entrichten und auf dem Herrenhof unentgeltliche Arbeiten, sogenannte Frondienste, zu leisten. Grundlage des weitverzweigten und umfassenden Lehnswesens war die vorherrschende Naturalwirtschaft, denn eine gutfunktionierende Steuererhebung, die eine andere Bezahlung der geforderten Leistungen und Dienste ermöglicht hätte, fehlte noch völlig.

Der Vertrag von Verdun

Unter Karls Sohn Ludwig dem Frommen (814–840) traten die inneren Widersprüche des Großreiches immer stärker hervor und bewirkten letzten Endes eine Auflösung in Teilreiche. In dem von Karl dem Großen geschaffenen Reich gab es erhebliche wirtschaftliche und ethnische Unterschiede, die weder durch die eingeführte Verwaltung noch durch die übergreifenden kirchlichen Institutionen überbrückt werden konnten. Die ostrheinischen Gebiete waren gegenüber den westrheinischen Gebieten, die durch die Römer eine ganz andere kulturelle Entfaltung erlebt hatten, in ihrer Entwicklung zurückgeblieben, und im östlichen Reichsgebiet führte die Bevölkerung im Rahmen der alten Stammesstrukturen weiter ihr Eigenleben.

Ludwig I., genannt der Fromme, war der dritte Sohn Karls des Großen. Durch eine durchgreifende Christianisierung hoffte er, das von Karl dem Großen geschaffene Großreich vor dem Auseinanderbrechen bewahren zu können. (Wien, Nationalbibliothek)

Die sprachliche Differenzierung zwischen den westlichen und östlichen Gebieten nahm immer mehr Gestalt an, und die Sprachgrenze verlief quer durch Lothringen. Zu Beginn des 9. Jahrhunderts war selbst die germanischstämmige Bevölkerung der beiden Reichsteile nicht mehr in der Lage, sich problemlos zu verständigen, und die lateinische Sprache diente den Gebildeten als Kommunikationsmittel.

Nur eine starke Zentralgewalt konnte unter diesen Bedingungen ein solches Reich zusammenklammern. Ludwig der Fromme bemühte sich daher, das Auseinanderbrechen dieses Großreiches durch eine umfassende kirchliche und weltliche Reformgesetzgebung zu verhindern. Auf der Reichsversammlung zu Aachen 817 verabschiedete er die „Ordinatio Imperii", die die Einheit des Reiches auch nach seinem Tode gewähren sollte. Lothar (795–855), der älteste Sohn Ludwigs, wurde darin zum Thronerben und Mitkaiser bestimmt, während seine beiden jüngeren Söhne Pippin (geb. um 797), der jedoch bereits 838 starb, und Ludwig der Deutsche (um 804–876) Könige von Teilreichen werden sollten, die aber der kaiserlichen Oberherrschaft unterstellt blieben. Diesem Gesetz stimmten sowohl die Anhänger der Zentralgewalt als auch diejenigen, die für eine Unabhängigkeit der verschiedenen Teilreiche eintraten, zu, da beide Parteien hierin eine für sie annehmbare Lösung sahen.

Von Dauer war diese Übereinstimmung jedoch nicht, wobei Ludwig der Fromme selbst zur Verschärfung des Konfliktes beitrug, als er seinem 823 geborenen Sohn aus zweiter Ehe, Karl (gest. 877), später der Kahle genannt, ein Teilreich als Königtum sichern wollte. Als Ludwig der Fromme 840 starb, war der Konflikt unüberbrückbar. Karl der Kahle war darauf bedacht, für sich die westlichen Provinzen zu sichern, während Ludwig der Deutsche sich der östlichen Gebiete bemächtigte. Lothar gab sich mit Italien allein nicht zufrieden, sondern meldete seine Ansprüche auf die Kaiserkrone an, wodurch Karl und Ludwig ihre Unabhängigkeit bedroht sahen und sich gegen ihren großen Bruder verbündeten. Nach ergebnislosen Verhandlungen kam es 841 bei Fontenoy zu einer Schlacht, die Lothar verlor.

Doch hatten die beiden verbündeten Brüder in den von ihnen verwalteten Reichsteilen erhebliche Schwierigkeiten. Während Karl der Kahle sich gegen normannische Angriffe zur Wehr setzen mußte, war Ludwig damit beschäftigt, einen Aufstand sächsischer Bauern, die sich im „Stellingabund" zusammengeschlossen hatten, niederzuwerfen. Lothar nutzte die Gelegenheit, um erneut gegen seine Brüder anzutreten. Obwohl er wieder besiegt wurde, kamen nun Verhandlungen in Gang, und man einigte sich schließlich darauf, das Reich in drei gleichberechtigte Teile zu spalten, in denen jeweils einer der drei Brüder herrschen sollte. Nachdem die künftigen Grenzen der drei Teilreiche festgelegt worden waren, wurde im August 843 in Verdun ein Vertrag unterzeichnet. Lothar erhielt den mittleren Teil des Frankenreichs – Lotharingien – einschließlich Italien, Ludwig bekam den ostrheinischen Teil und Karl das westliche Reichsgebiet.

Mit dem Vertrag von Verdun war nun auch auf staatlicher Ebene die Trennung zwischen den romanisch und den germanisch geprägten Gebieten eindeutig vollzogen, und beide Teile des fränkischen Großreiches sollten von nun ab eine eigenständige Geschichte erleben. Für das ostfränkische Königreich kam im 9. Jh. die Bezeichnung deutsch, in althochdeutscher Form diutisc, auf. Der bereits Ende des 8. Jh. geprägte Begriff stammte aus dem Westfränkischen. Theodisc (lat. theodiscus) bezeichnete hier ursprünglich das Gesprochene nach Art des Stammes und wurde zur Unterscheidung vom Romanischen und Lateinischen für das Germanische verwendet. Im Laufe der Zeit nutzte man diesen Begriff dann ausschließlich für die Sprache und die Sprecher im ostfränkischen Reich. Das ostfränkisch-deutsche Königreich war aus der Teilung als ein Staat mit relativ starker Zentralgewalt hervorgegangen. Die Wikinger konzentrierten sich daher bei ihren regelmäßig stattfindenden Raubzügen mehr auf die westfränkischen Gebiete. Lediglich Hamburg wurde 845 von den Wikingern stark verwüstet, weshalb der Sitz des Hamburger Erzbischofs nach Bremen verlegt wurde.

Nach dem Tode Lothars versuchten sowohl Karl der Kahle als auch Ludwig der Deutsche, Lothringen an sich zu reißen. Schließlich einigte man sich 870 im Vertrag von Mersen: Der östliche Teil Lothringens ging an das Ostfrankenreich, während das westliche Lothringen dem Westfrankenreich zugeteilt wurde. Nach dem Tode Ludwigs des Deutschen 876 versuchte Karl der Kahle dennoch mit Waffengewalt, auch den ostlothringischen Teil an sich zu bringen. Er verlor jedoch die Entscheidungsschlacht bei Andernach, und dem ostfränkisch-deutschen König Ludwig III. (876–882) gelang es, auch noch den westfränkischen Teil Lothringens in seinen Besitz zu bringen, was die Westfranken in den Verträgen von Verdun 879 und Ribemont 880 anerkennen mußten. Die nun gezogene Grenze sollte mit kleinen Änderungen bis in die frühe Neuzeit hinein die Grenze zwischen Frankreich und Deutschland werden.

Der vergoldete Spangenhelm von Morken (Kr. Bergheim bei Köln), um 600 n. Chr., befand sich in einem sogenannten Fürstengrab und gehörte neben Langschwert, Lanze, Wurfaxt (Franziska), Schild, gläsernem Becher, Holzeimer, Lederbeutel und einer Münze im Munde des Toten zur Ausstattung eines verstorbenen fränkischen Herrn. (Bonn, Rheinisches Landesmuseum)

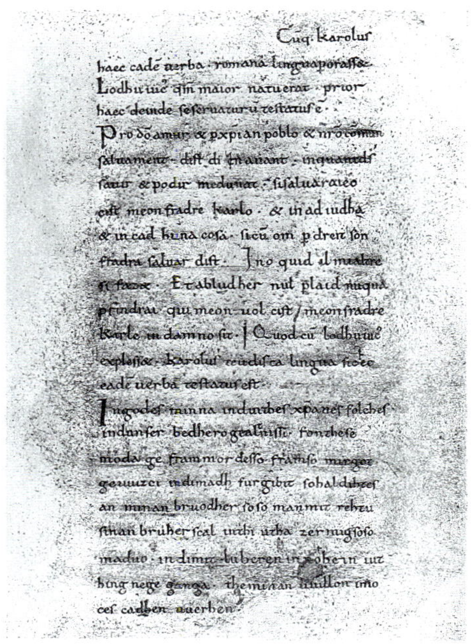

Cuq. karolus
haec cadē uerba · romana lingua perorasset ·
Lodhuuuic quīa maior natu erat · prior
haec deinde se seruaturū testatus ē ·
Pro dō amur & p xpian poblo & nro comun
saluament · dist di en auant · in quant ds
sauir & podir me dunat · si saluarai eo
cist meon fradre karlo · & in ad iudha
& in cad huna cosa · sicū om p dreit son
fradra saluar dist · In o quid il mi altre
si fazet · Et ab ludher nul plaid nunqua
prindrai qui meon uol cist / meon fradre
Karle in damno sit · Quod cū lodhuuuic
explesset · karolus teudisca lingua sic e
eadē uerba testatus est ·
In godes minna ind durh tes xpanes folches
ind unser bedhero gealtnissi · fon thesemo
dage framm ordes so fram so mir got
geuuizci indi mahd furgibit · so hald ih tes
an minan bruodher · soso man mit rehtu
sinan bruher scal · in thiu thaz er mig so so
madhu · in dimo lutheren in nohein nut
hing nege ganga · the minan uuillon imo
ces cadhen uuerhen ·

Am 14. Februar 842 verbündeten sich die beiden Brüder Ludwig der Deutsche und Karl der Kahle in Straßburg gegen ihren abwesenden Bruder Lothar. Aus der Chronik des Nithard sind die Eidesformeln der beiden Karolinger überliefert. Zuerst schwor Ludwig in der Sprache Karls – der „romana lingua", wie Nithard vermerkt: „Pro deo amur … meon fradre Karle", dann Karl in Ludwigs Sprache – der „teudisca lingua": „In godes minna … minan bruodher". Deutlich zeigt sich hier, wie sehr die sprachliche Differenzierung in den west- und ostfränkischen Reichsteilen schon fortgeschritten war. Der in den Straßburger Eiden überlieferte Schwur von Ludwig gilt übrigens als ältestes Zeugnis der französischen Sprache.

Die sächsischen Könige

Heinrich I.

911 erlosch mit dem Tode Ludwigs IV., mit dem Beinamen das Kind, die ostfränkische Linie der Karolinger. Für die erstarkten Herzogtümer im Ostfrankenreich kam als Nachfolger kein Karolinger aus dem Westfrankenreich in Frage, sondern sie wählten einen aus ihrer Mitte, den Frankenherzog Konrad. König Konrad I. (911-918) konnte sich jedoch nicht gegen die Mächtigen seines Reiches durchsetzen. Hinzu kamen seit Beginn des 10. Jh. die ständigen Einfälle der Ungarn in sein Territorium, gegen die Konrad nicht wirksam genug vorging.

Kurz vor seinem Tode 918 soll Konrad seinem Bruder Eberhard aufgetragen haben: „Wir haben Burgen und Waffen, haben die königlichen Abzeichen und alles, was die königliche Würde fordert. Doch uns fehlen Glück und königliches Ansehen. Beides aber hat Herzog Heinrich von Sachsen. Nimm darum die heilige Lanze, die goldenen Armspangen, das Obergewand, das Schwert und die Krone der alten Könige; gehe damit zu Heinrich und schließe Frieden mit ihm. Er möge König und Kaiser vieler Völker sein."

Heinrich I. (919-936), der in Fritzlar 919 zum König gewählt wurde und als eigentlicher Begründer des Deutschen Reiches angesehen wird, hatte sich zunächst mit zwei Rivalen im Süden des Landes auseinanderzusetzen. Noch im Jahr seiner Königswahl zog er gegen den schwäbischen Herzog Burchard I. (gest. 926), der sich kampflos ergab. Gegen Arnulf von Bayern (um 890-937), der 919 zum Gegenkönig aufgestellt worden war, unternahm Heinrich 921 zwei Kriegszüge, worauf sich auch Arnulf unterwarf und Heinrichs Herrschaft anerkannte.

Durch diplomatisches Geschick gegenüber den Herzögen und der Kirche gelang es Heinrich, alle Kräfte des Reiches im Kampfe gegen die Ungarn zu vereinen. Als die Ungarn 924 zum wiederholten Mal das Herzogtum Sachsen verwüsteten und 926 besonders Bayern und Schwaben heimsuchten, sah sich Heinrich I. noch nicht in der Lage, wirksam dagegen vorgehen zu können. Es gelang ihm aber, indem er sich zur Zahlung eines jährlichen Tributes verpflichtete, einen neunjährigen Waffenstillstand auszuhandeln. Er nutzte diese Frist intensiv zur Vorbereitung von Verteidigungsmaßnahmen: Man begann mit der Errichtung neuer Burgen und dem Ausbau bereits bestehender Anlagen sowie mit dem Aufbau eines kampftüchtigen Reiterheeres. Die neugeschaffene Panzerreiterei wurde zunächst gegen slawische Stämme erfolgreich eingesetzt, wobei die Überlegenheit der neuen Kampfesweise besonders deutlich in der Schlacht bei Lenzen 929 wurde, in der die slawischen Redarier und Obodriten eine Niederlage erlitten. Nachdem Heinrich I. 933 die fällige Zahlung des Tributes verweigert hatte, fielen die Ungarn in sächsisch-thüringisches Gebiet ein. Bei Riade an der Unstrut kam es zur Begegnung der beiden Heere. Schon beim Anblick der schwer gepanzerten Reiterei sollen die Ungarn die Flucht ergriffen haben. Dieser Sieg befreite die deutschen Herzogtümer zunächst von weiteren Einfällen der Ungarn.

Heinrich befand sich auf dem Höhepunkt seiner Macht. Mit einem erfolgreichen Feldzug gegen die Dänen 934 sicherte er durch die Wiederherstellung der dänischen Mark zwischen Eider und Schlei auch diese Grenze. Nicht mehr verwirklichen konnte er seine Pläne in Hinblick auf Italien. Dies blieb seinem Sohn und Nachfolger Otto vorbehalten.

919 wurde der sächsische Herzog Heinrich zum König gewählt. Er gilt als Begründer des Deutschen Reiches. (Gemälde von Johann Baptist Zwecker; Frankfurt/Main, Kaisersaal im Römer)

Die Adlerfibel aus dem sogenannten Giselaschmuck soll von Gisela, der ersten Gattin Konrads II., getragen worden sein. Die goldene, mit Saphiren und Emaille verzierte Fibel gehört zu dem Schmuck der deutschen Kaiserinnen, der aus Brustbehang, Kette, Ringen, Ohrgehängen, Fürspangen, Tasseln und zwei Adlerfibeln bestand. Seine ältesten Teile sollen bereits auf Kaiserin Theophano zurückgehen. (Mainz, Mittelrheinisches Landesmuseum)

Otto der Große

Auf dem Reichstag in Erfurt 936 hatte Heinrich I. seinen ältesten Sohn Otto (912–973) aus zweiter Ehe zum Nachfolger vorgesehen, den der sächsische und fränkische Adel, als Heinrich noch im gleichen Jahr starb, dann auch zum König wählte. Das feierliche Krönungszeremoniell fand in der Aachener Pfalz statt. In der Säulenhalle vor der Pfalzkapelle saß Otto in fränkischer Kleidung auf einem prächtigen Thron und nahm die Huldigungen der Großen des Reiches entgegen. Nach der Wahl überreichte ihm der Erzbischof von Mainz vor dem Altar der Kapelle Schwert und Wehrgehenk, legte ihm den Mantel um und gab ihm Zepter und Stab. Danach salbte er ihn mit dem heiligen Öl und nahm die Krönung vor. Anschließend wurde Otto zum Marmorthron Karls des Großen geführt, wo er dem Gottesdienst beiwohnte. Mit diesem prunkvollen Krönungsakt in der Pfalzkapelle zu Aachen wollte man ganz bewußt an die karolingisch-fränkische Tradition anknüpfen, um die Kontinuität und den Führungsanspruch des jungen deutschen Staates im Bereich des fränkischen Großreiches zu betonen. Kaum hatte Otto jedoch den Thron bestiegen, regte sich der Widerstand in seinem Reiche. Im Jahre 937 erhoben sich mehrere sächsische Adlige, darunter auch Ottos Halbbruder Thankmar (gest. 938), die sich durch die Ernennung von Hermann Billung (gest. 973) und Gero (gest. 965) zu Markgrafen übergangen fühlten. Dieser Erhebung schlossen sich andere Oppositionelle an, denen es vor allem um die Einschränkung der königlichen Macht ging. An der Spitze des Aufstandes standen die Herzöge von Franken, Bayern und Lothringen. Otto mußte mehrmals mit Waffengewalt gegen seine Gegner vorgehen, und nur mit größter Anstrengung konnten die Gegner in der Schlacht bei Andernach 939 besiegt werden, bei der Herzog Eberhard von Franken fiel und Herzog Giselbert von Lothringen (geb. um 890) im Rhein ertrank. Das Herzogtum Franken wurde daraufhin dem Krongut zugeschlagen, während die beiden Herzogtümer Bayern und Lothringen an Verwandte Ottos gingen. 951 unternahm Otto I. seinen ersten Italienfeldzug. Anlaß war die Befreiung der burgundischen Königstochter Adelheid (931–999), der Witwe und Alleinerbin des verstorbenen oberitalienischen Königs Lothar (gest. 950), die Berengar von Ivrea (gest. 966) gefangengesetzt hatte, weil sie sich seinem Anspruch auf die Königskrone widersetzte. Mit einem starken Heer über die Alpen gekommen, fiel Otto fast kampflos ganz Oberitalien in die Hände. Er befreite und heiratete die schöne Adelheid, wodurch die Verbindung zum italienischen Königreich eine neue Grundlage erhielt, und belehnte Berengar mit Italien.

Otto I., der Große genannt, war in erster Ehe mit der englischen Königstochter Editha (gest. 946) verheiratet. Das Standbild des königlichen Paares – Otto wurde erst 962 zum Kaiser gekrönt – befindet sich im Magdeburger Dom, der Lieblingskirche des Kaisers.

Die Krönung verlief nach einem festgelegten Ritual. Zumeist war es der Erzbischof von Mainz, der dem König die Krone aufs Haupt setzte. In den Händen hält der Herrscher die Zeichen seiner Macht, Zepter und Reichsapfel. (Miniatur aus dem Mainzer Pontifikale; Schaffhausen, Stadtbibliothek)

Nachdem Otto 952 aus Italien zurückgekehrt war, kam es im deutschen Königreich erneut zu Unruhen. Zu den Kontrahenten gehörten diesmal Ottos eigener Sohn aus erster Ehe, Liudolf (930–957), sowie der Erzbischof Friedrich von Mainz (gest. 954) und Herzog Konrad der Rote von Lothringen (gest. 955). Otto zog gegen sie zu Felde und belagerte Mainz und Regensburg. Da diese Aktionen aber ergebnislos blieben, zog er sich im Winter 953/54 mit seinem Heer nach Sachsen zurück. Die Situation änderte sich jedoch schlagartig, als 954 die Ungarn erneut Bayern, Franken und Schwaben heimsuchten, da man den Aufständischen nachsagte, sie hätten den Feind ins Land gerufen, worauf sie die notwendige Unterstützung im Reich verloren und sich Otto unterwerfen mußten.

Als 955 die Ungarn wieder mit großem Aufgebot in das deutsche Königreich einbrachen, zog ihnen ein stattliches Heer unter Ottos Oberbefehl auf dem Lechfeld bei Augsburg entgegen. In der recht wechselvoll verlaufenden Schlacht siegten schließlich die deutschen Kampfverbände. Das ungarische Reiterheer wurde fast vollständig vernichtet. Fortan unterblieben die verheerenden Einfälle der Ungarn. Widukind von Corvey (925–973), ein Chronist dieser Zeit, bezeichnete Otto von diesem Triumphsieg an als Imperator, ein Titel, der eigentlich nur einem Kaiser zukam. Widukind von Corvey war damit den Ereignissen etwas vorausgeeilt, denn erst sieben Jahre später wurde Otto in Rom zum Kaiser gekrönt. Begonnen hatte es damit, daß Papst Johannes XII. (P. 955–964) 960 eine Gesandtschaft an den deutschen Königshof geschickt hatte mit der Bitte, ihm gegen Berengar II. und dessen Sohn Adalbert (Kg. 950–964, gest. um 973) beizustehen. Nach eingehenden Beratungen und umfangreichen Rüstungen zog Otto mit einem großen Heer 961 nach Italien, nahm ohne großen Widerstand die Königsstadt Pavia ein und erreichte ungehindert Rom. Nachdem Otto I. dem Papst die Wahrung der päpstlichen Rechte zugesichert hatte, fand am 2. Februar 962 die Kaiserkrönung statt. Otto blieb noch bis 965 in Italien, um seine Herrschaft auszubauen, und überquerte bereits 966 erneut die Alpen, um mehrere Feldzüge gegen die byzantinischen Gebiete in Süditalien zu unternehmen.

Nachdem er seinen Sohn Otto II. (955–983) mit der byzantinischen Prinzessin Theophano (955–991) vermählt hatte, kehrte er 972 nach Deutschland zurück, wo er im folgenden Jahr am 7. Mai in Memleben verstarb. Seine Gebeine wurden im Magdeburger Dom beigesetzt. Kurz zuvor hatte der Herrscher des römisch-deutschen Kaiserreiches noch einen glänzenden Hoftag in Quedlinburg abgehalten, auf dem ersichtlich wurde, wie groß das Ansehen des Kaisers war. Neben den Herzögen von Böhmen und Polen kamen griechische, römische, russische, ungarische und dänische Gesandte, um Otto I. ihre Reverenz zu erweisen. Ein literarisches Denkmal wurde Otto dem Großen durch eine Zeitgenossin gesetzt: Hrotsvitha von Gandersheim, die als erste deutsche Dichterin gilt, verfaßte eine „Vita" Kaiser Ottos.

Am 10. August 955 wurden die Ungarn vom deutschen Heer unter Führung von König Otto I. auf dem Lechfeld bei Augsburg vernichtend geschlagen. Fortan unterblieben die verheerenden Einfälle der Ungarn auf deutschem Gebiet. (Buchmalerei von Hektor Muelich; Augsburg, Staatsbibliothek)

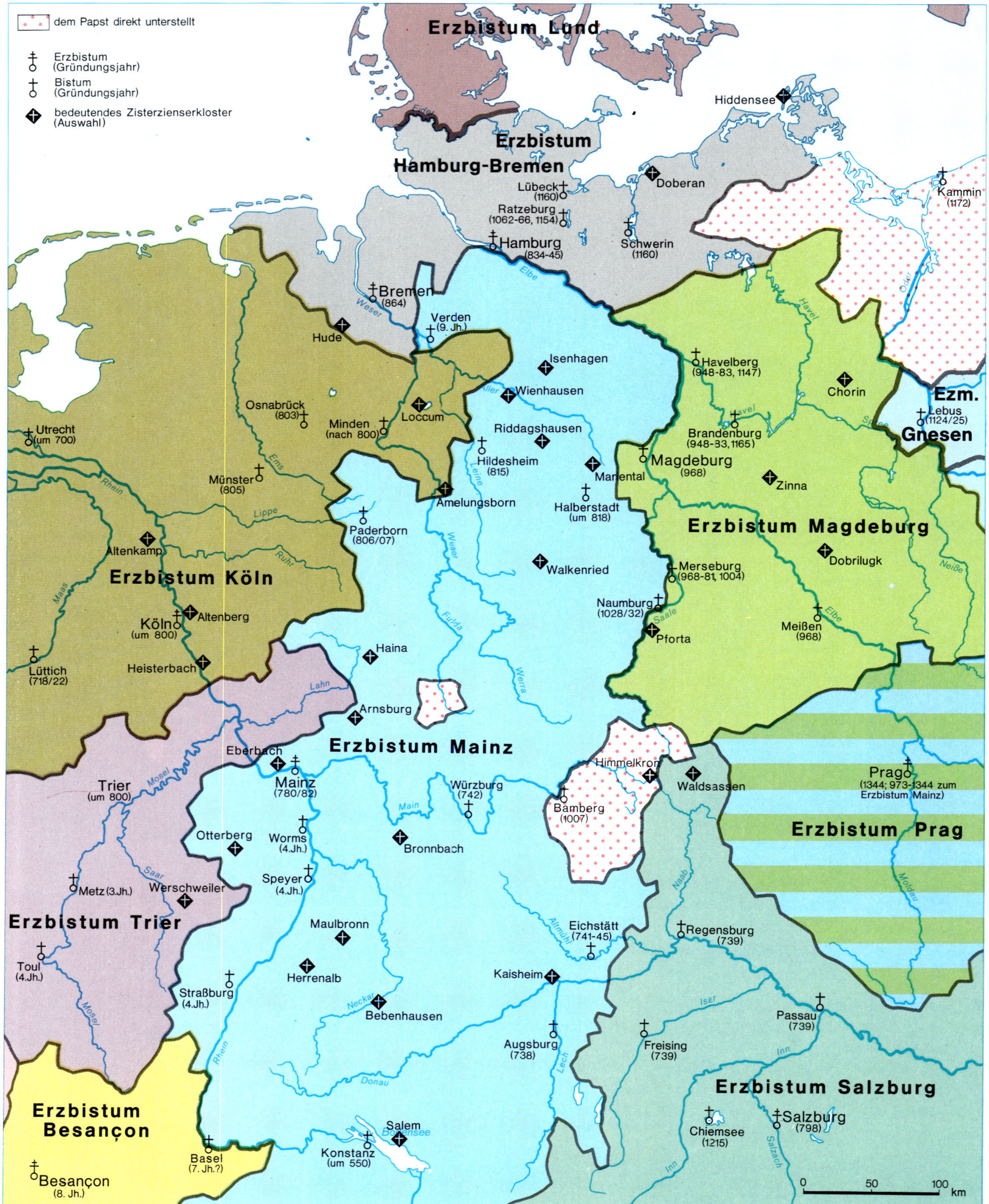

Die im Königreich gelegenen Bistümer und Abteien nahm Otto für militärische, administrative, wirtschaftliche und kulturelle Zwecke in Anspruch. Es war seine Absicht, dieses Recht für das Hoheitsgebiet des römischen Kirchenstaates zu erweitern.

962 wurde Otto der Große in Rom gekrönt. Ottos Kaiserkrone wurde auf der Insel Reichenau im Bodensee angefertigt und auch von den folgenden deutschen Kaisern getragen. (Wien, Kunsthistorisches Museum, Weltliche Schatzkammer)

Daß das deutsche Kaisertum nicht nur germanische Traditionen aufnahm, sondern auch byzantinische, zeigt diese allegorische Buchmalerei. Otto II., seit 972 mit der byzantinischen Prinzessin Theophano verheiratet, sitzt prächtig gekleidet auf seinem Thron in Herrschermanier und läßt sich von den Provinzen Germania, Francia, Italia und Allemania huldigen. (Chantilly, Musée Condé)

Unter Otto I. wurden in den Grenzgebieten zu den östlichen Nachbarn mehrere Marken eingerichtet, die, von Markgrafen geleitet, der militärischen Sicherung des Reichsgebietes dienten. Aus der Ostmark ging später das Herzogtum Österreich hervor, die Markgrafen der Mark Meißen erlangten die sächsische Kurwürde, und von der Nordmark aus wurde die Mark Brandenburg erobert. Gleichzeitig dienten diese Marken auch als Ausgangsorte für die Missionierung. Die Gebiete unterstanden weitgehend den Erzbistümern Mainz und Magdeburg. Die Illustration aus dem Sachsenspiegel zeigt neben den Wappen der Marken auch die Bischöfe von Mainz und Magdeburg. (Heidelberg, Universitätsbibliothek)

Die ottonische Italien- und Reichskirchenpolitik

Mit der Kaiserkrönung Ottos I. vollzog sich eine grundsätzliche Wende im Verhältnis zu Italien, die dadurch eingeleitet wurde, daß Otto die Herrschaft auf der Apenninenhalbinsel unmittelbar auszuüben begann, so daß Otto von den elf Regierungsjahren nach der Kaiserkrönung neun in Italien verbrachte. Von seinen Nachfolgern wurde diese Italienpolitik sogar noch verstärkt fortgesetzt und Italien somit eines der Hauptaktionsfelder des deutschen Königtums. Dabei ging es weniger um die häufigen Aufstände und Machtkämpfe rivalisierender italienischer Adliger sowie um byzantinische Besitzansprüche und die Abwehr der Sarazenen, sondern in erster Linie um die von Otto I. eingeleitete Reichskirchenpolitik. Otto hatte gefordert, daß der gewählte Papst erst dann die Weihe erhalten sollte, wenn er dem Kaiser gegenüber ein Treueversprechen ablegte und die kaiserlichen Rechte auch im Kirchenstaat anerkannte. Damit wollte Otto die königliche Herrschaft über die im Königreich gelegenen Bistümer und Abteien und ihre Inanspruchnahme für militärische, administrative, wirtschaftliche und kulturelle Zwecke im Rahmen seiner Reichspolitik auch auf das Hoheitsgebiet des Kirchenstaates erweitern.

Die Forderungen Ottos stießen jedoch auf erheblichen Widerstand, wie sich sehr bald zeigen sollte. Nach der Krönung hatte sich der Kaiser nach Norditalien begeben, um gegen dortige Gegner vorzugehen. Papst Johannes XII. nützte Ottos Abwesenheit, um Bündnispartner im Kampf gegen die kaiserliche Politik zu suchen. Otto sah sich aus diesem Grund gezwungen, erneut in Rom zu erscheinen. Er berief kurzerhand eine Synode in die Peterskirche und hielt über den aufsässigen Papst Gericht. Da Johannes XII. sich geweigert hatte, an dieser Synode teilzunehmen, wurde er für abgesetzt erklärt und ein neuer Papst – Leo VIII. (P. 963–965) – gewählt: ein in der Kirchengeschichte bisher noch nicht vorgekommener Fall. Johannes XII. ließ es nicht dabei bewenden, sondern kehrte nach Ottos Abzug nach Rom zurück und berief seinerseits eine Synode in die Peterskirche, auf der er die Wahl Leos VIII. für unrechtmäßig erklärte. Damit hatte der Papst dem Kaiser den Fehdehandschuh hingeworfen und der Machtkampf zwischen Kaiser und Papst kam offen zum Ausbruch. Otto I. sah sich gezwungen, erneut einzugreifen, und die verwickelten Auseinandersetzungen begannen von neuem.

Der Kampf um die Vormachtstellung und die feste Einbindung der italienischen Gebiete in das Reich wurden auch von Ottos Nachfolgern fortgesetzt. 980 zog Otto II. (955–983) mit einem Heer von etwa 2000 Panzerreitern nach Oberitalien, um von dort gegen die Araber in Unteritalien vorzugehen. Nachdem das Heer durch Italiener auf doppelte Stärke aufgefüllt worden war, begann 982 der Feldzug, der im Juli des gleichen Jahres in der Schlacht bei Cotrone in Kalabrien mit einer katastrophalen Niederlage des deutsch-italienischen Heeresaufgebotes endete. Diese hatte jedoch zunächst keine spürbaren Rückwirkungen auf die kaiserliche Italienpolitik.

In Verona wurde ein Jahr nach der Schlacht ein Reichstag abgehalten, auf dem die versammelten deutschen und italienischen Fürsten der kaiserlichen Politik zustimmten und gemeinsam den erst dreijährigen Sohn von Kaiser Otto II., nämlich Otto III., zum König wählten. Auch Otto III. (980–1002), den man bereits als 16jährigen 996 zum Kaiser krönte, war bemüht, Reich und Kirche der kaiserlichen Macht zu unterstellen. Für ihn, den Sohn einer Byzantinerin, spielten die alten deutschen Stammlande gegenüber Rom und Italien eine untergeordnete Rolle. Er verstand sich als Kaiser der Römer und als Erneuerer

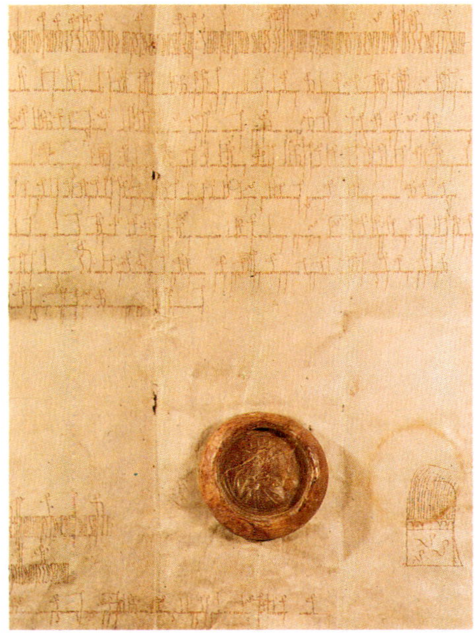

937 stiftete Otto I. in Magdeburg die Moritzkirche, die 968 zum Dom aufstieg, nachdem Magdeburg zum Erzbistum erhoben worden war. Von hier aus sollten vor allem die Gebiete östlich der Elbe christianisiert werden. Die hier abgebildete Urkunde aus dem Jahre 965, in der Otto I. der Kirche weitere Privilegien schenkt, ist mit einem Siegel versehen, das den Kaiser zeigt. (Magdeburg, Staatsarchiv)

Otto II. starb bereits 983. Von da an bis zu ihrem Tod 991 führte die Witwe Ottos, Theophano, die Regentschaft: Ein einmaliger Fall in der Geschichte, daß eine Frau über so viele Jahre hinweg das Deutsche Reich regierte. Die byzantinische Prinzessin wurde allgemein als Herrscherin akzeptiert und scheute sich nicht, ihre Urkunden mit Theophanus zu unterzeichnen. 994 übernahm dann der 980 geborene Otto III. die Regierung. Die drei Jahre davor hatte noch seine Großmutter Adelheid für ihn die Herrschaft ausgeübt.

des römischen Reiches in christlicher Form. Als Hauptstadt kam für ihn nur Rom in Frage. Den Kern des erneuerten Römerreiches sollten Italien und Deutschland bilden, dem sich die anderen christlichen Staaten anzuschließen hätten.

Ottos Idee von einem „Imperium christianum", an dessen Spitze der Kaiser stand und dem viele Völker angehörten, stieß jedoch bei den politisch Mächtigen auf wenig Gegenliebe. Es kam zu Unruhen und Aufständen im Reich, durch die die kaiserliche Macht in Frage gestellt wurde. 1001 brach ein Aufstand in Rom aus, und Otto III. wurde persönlich bedroht. Otto III. mußte aus der Stadt flüchten und schließlich seine Politik als gescheitert ansehen. Ein Jahr darauf, 1002, starb er erst 22jährig in der Nähe von Viterbo und wurde in Aachen beigesetzt.

Die Ostmarken und die Slawenmissionierung

Otto der Große hatte 962 die Zustimmung des Papstes erhalten, in Magdeburg ein Erzbistum zu errichten und in den von Slawen bewohnten Gebieten neue Bistümer zu gründen. Schwierigkeiten ergaben sich zunächst bei der Errichtung dieses Erzbistums durch den Widerstand des Mainzer Erzbischofs und des Bischofs von Halberstadt, die ihre Bistumsgrenzen nicht zugunsten Magdeburgs zurücknehmen wollten. Erst nach dem Tod der beiden Kontrahenten war es möglich, das neue Erzbistum 968 einzurichten. In den ostelbischen Gebieten, in denen in der ersten Hälfte des 10. Jh. von Gero und Hermann Billung Marken angelegt worden waren, bestanden bereits seit 948 die Bistümer Brandenburg und Havelberg. Das günstig gelegene Magdeburg sollte jedoch zu einem Zentrum der Slawenmission werden. Hier hatte Otto I. schon 937 das Moritzkloster gegründet und ließ nun einen Dom errichten und mit kostbaren Reliquien der Heiligen Mauritius und Innozentius ausstatten. Neben Brandenburg und Havelberg gehörten die im Sorbengebiet geschaffenen Bistümer Merseburg, Zeitz und Meißen zum Magdeburger Erzbistum.

In den mehr als ein halbes Jahrhundert andauernden kriegerischen Auseinandersetzungen mit den slawischen Stammesgruppen war es gelungen, die deutsche Herrschaft bis zu den Flüssen Oder, Bober und Queis auszudehnen. Es ergaben sich dadurch auch stärkere Kontakte zu dem entstehenden polnischen Staat als unmittelbarem deutschen Nachbarn. Markgraf Gero

hatte, so wird vermutet, 963 dem Polenfürsten Mieszko I. (gest. 992) eine Tributzahlung für das Gebiet zwischen Oder und Warthe aufzwingen können. Mieszko trat drei Jahre später zum Christentum über, war aber bestrebt, eine eigenständige kirchliche Organisation aufzubauen. Im Jahre 1000 wurde in Polen im Beisein Ottos III. das Erzbistum Gnesen gegründet und die Tributzahlung wieder aufgehoben.

Im Norden des Reiches übernahm das Erzbistum Bremen die Aufgabe der Missionierung in den skandinavischen Ländern. Ihm zugeordnet war das Obodritenbistum Oldenburg, das 968 eingerichtet wurde, sowie die 948 gegründeten jütischen Bistümer Schleswig, Ripen und Aarhus.

In Böhmen war 973 das Bistum Prag gegründet und dem Erzbistum Mainz unterstellt worden. Die im Süden und Südosten an das Reich angrenzenden Gebiete gehörten jedoch in erster Linie zu den Missionszentren Bayerns. An der Donau östlich der Enns entstand die bayerische Ostmark, das spätere Österreich, das 966 als Ostarrichi erstmals genannt wird. Zu dieser Zeit entstanden auch die Kärntner Marken. Die Ostmark kam 976 an das Adelsgeschlecht der Babenberger, die hier mehrere Jahrhunderte hindurch eine führende Position einnahmen, während die Kärntner Marken zu einem eigenen Herzogtum zusammengefaßt wurden. Bereits während der Ottonenzeit setzte aus dem Kernland Bayern ein Zustrom von bäuerlichen Siedlern in die fruchtbaren Donaugebiete und den Alpenraum ein.

Ganz anders verlief dagegen die weitere Entwicklung der Marken zwischen Elbe und Oder und der hier eingeleiteten Slawenmission. Ein von Wilzenstämmen gegründeter Bund der Liutizen (die Grimmigen oder Wilden) begann 983 mit einem Aufstand und erstürmte Havelberg und Brandenburg. Dem Aufstand schlossen sich die Obodriten an, und so stand das ganze nördliche Gebiet zwischen Elbe und Oder in hellem Aufruhr. Die vereinten slawischen Stammesgruppierungen „setzten den Unsrigen wie flüchtige Hirsche nach", berichtete der Chronist Thietmar von Merseburg (975–1018). Erst an der Tanger brachte ein sächsisches Heer die anstürmenden slawischen Streitkräfte zum Stehen und schlug sie zurück. Mit Ausnahme der im Süden siedelnden Sorben hatten die nördlich wohnenden slawischen Stämme für etwa 150 Jahre ihre Unabhängigkeit durch diese Kämpfe wiedererlangt.

Obwohl sich Otto I. und Otto II. seit den sechziger Jahren des 10. Jahrhunderts verstärkt der Italienpolitik zuwandten, ließen sie auch die nördlichen und östlichen Grenzen ihres Reiches nicht aus den Augen. 974 schlug Otto II. den dänischen König Harald Blauzahn (vor 940 –um 986) und stoppte somit zunächst dänische Expansionsabsichten in Richtung Westen. Umgekehrt spekulierten die Ottonen aber sehr wohl auf eine Ausdehnung ihrer Macht auf Jütland. Es ist kein Zufall, daß die 948 gegründeten Missionsbistümer Schleswig, Ripen und Aarhus dem auf deutschen Boden liegenden Erzbistum Bremen unterstellt waren. Der Legende nach soll Otto der Große 948 bis an die nördliche Grenze seines Reiches geritten sein und einen Speer nach Jütland geworfen haben, um seine Ansprüche auf das dänische Territorium zu demonstrieren.

Die Salier und Staufer

Im Jahre 1024 starb Heinrich II. (geb. 973, Kg. 1002), der letzte der Ottonenherrscher. Zum Nachfolger wählte man im selben Jahr den aus dem rheinfränkischen Hochadel stammenden Konrad (990–1039). Mit ihm begann die Dynastie der Salier, die bis 1125 währte. Die Königserhebung Konrads II. war mit der Wahl und Krönung jedoch noch nicht abgeschlossen, sondern wurde bekräftigt durch einen Umritt des Königs, auf dem ihm die Fürsten in den einzelnen Herzogtümern und Stammesgebieten huldigten. Durch diese Wahlhuldigungen nahm ein viel größerer Kreis des geistlichen und weltlichen Adels an der Königserhebung teil als bisher.

1026 erhielt Konrad II. in Mailand auch Italiens Königs- und 1027 in Rom die Kaiserkrone. Zunächst ebnete er deutschen Bischöfen den Weg in einzelne Bistümer Oberitaliens und begünstigte Heiraten zwischen Fürstenhäusern beider Nationen. Die Bevorzugung italienischer Ministeriale erboste einige Bischöfe, die 1037 gegen den Kaiser aufbegehrten. Ihre Empörung blieb jedoch ebenso fruchtlos wie die beiden Aufstände Herzog Ernsts II. von Schwaben. Konrad II. sicherte noch zu Lebzeiten die Nachfolge, indem er seinen Sohn Heinrich (1017–1056) 1028 zu seinem Nachfolger krönen ließ. Konrad II. fand seine letzte Ruhestatt im Kaiserdom zu Speyer.

Sowohl Konrad II. als auch sein Sohn führten die ottonische Reichskirchenpolitik entschlossen weiter. Heinrich III. war besonders bestrebt, den Herrschaftsanspruch stärker zur Geltung zu bringen und das Papsttum fest in die Reichskirche einzubinden. Um seine Politik durchsetzen zu können, setzte er 1046 auf den Synoden von Sutri und Rom drei Päpste aus dem römischen Stadtadel ab und sorgte dafür, daß deutsche Reichsbischöfe den Stuhl Petri einnahmen.

Daneben hatte sich Heinrich III. mit den Fürsten des Reiches auseinanderzusetzen, die ihre Territorialherrschaft immer mehr ausbauten. Besonderer Widerstand regte sich bei den Adligen gegen die Aufhebung des Fehderechts und den Ausbau des Königsgutes sowie gegen das Einsetzen von Königsministerialen und ihre Aufnahme in den königlichen Rat. Aufstände und Unruhen waren die Folge, in denen Heinrich III. selbst seines Lebens nicht mehr sicher war. Als der Kaiser inmitten dieser Auseinandersetzungen 1056 starb, wollten die Fürsten seinen sechsjährigen Sohn und Nachfolger, Heinrich IV. (1050–1106), nur anerkennen, „wenn er ein rechter Herrscher sein würde".

Der Investiturstreit

Während der Regierungszeit Heinrichs IV. erreichte die Auseinandersetzung zwischen Kaiser und Papsttum ihren Höhepunkt, die sich vor allem an der Frage der Investitur, der Einsetzung von kirchlichen Würdenträgern in ihr Amt, entzündete. Als Heinrich IV. Ostern 1065 für mündig erklärt worden war, versuchte er durch eine Reihe von Maßnahmen, die königliche Macht zu festigen. Insbesondere ging es ihm um den Ausbau und die Sicherung des Königsgutes im mitteldeutschen Raum. Der Ausbau eines geschlossenen Königsterritoriums zwischen Harz und Thüringen beeinträchtigte jedoch die Stellung der thüringischen und sächsischen Adligen, die sich dagegen zur Wehr setzten. Im Jahre 1073 begann der Aufstand sächsischer Adliger, dem sich auch die Bauern anschlossen. Er konnte erst 1075 zugunsten Heinrich IV. beendet werden.

Nach der Zweigewaltenlehre des Papstes Gelasius (P. 492–496) waren Kaiser- und Papsttum zwei gleichberechtigte, selbständige Gewalten, die gemeinsam für das Heil der Christenheit sorgen sollten. Christus habe dem Papst das Schwert der geistlichen und dem Kaiser das der weltlichen Macht übergeben. Diese Theorie setzte ein enges und uneigennütziges Zusammenarbeiten voraus, was aber zunehmend weder dem kaiserlichen noch dem päpstlichen Machtstreben entsprach. Während die von Otto I. eingeleitete Reichskirchenpolitik die Kirche zu einem gefügigen Instrument innerhalb der Reichsverwaltung machen wollte, entwickelte sich das Papsttum immer mehr selbst zu einem Territorialherren mit Machtgelüsten, die weit über das Geistliche hinausgingen. Es mußte also unweigerlich zu Konflikten kommen. (Sachsenspiegel; Heidelberg, Universitätsbibliothek)

Während dieser bewaffneten Konflikte hatte ein eifriger Vertreter der eingeleiteten Kirchenreform, Papst Gregor VII. (P. 1073–1085), den Stuhl Petri eingenommen. Der Papst nutzte die Situation im deutschen Königreich und versuchte in äußerst schroffer Form, seinen Machtanspruch gegenüber dem Kaisertum zu behaupten. Er faßte in einem Diktat von 27 Thesen die wichtigsten Grundprinzipien seiner Herrschaft zusammen. In diesem Schriftstück verweist er darauf, daß er der oberste Herr der Welt sei und ihm alleine stehe es zu, Kaiser abzusetzen. Nur der Papst habe das Recht, alle zu richten, könne aber von niemandem gerichtet werden. Ihm gebühre das Recht, Bischöfe ohne Synoden ab- und wieder einzusetzen.

Gregor VII., von 1073–1085 Papst, versuchte die unter seinen Vorgängern begonnene Reform und die kirchliche Zentralisation mit großem Eifer fortzuführen. Von ihm stammt der „Dictatus Papae", der kompromißlos die Oberherrschaft des Papstes auch über den Kaiser formulierte, den er damit nicht mehr als gleichberechtigte Gewalt ansah. Er geriet damit in Konflikt mit der Reichskirchenpolitik der deutschen Könige. In der Frage der Investitur (der Einsetzung in die Kirchenämter) kam es mit Heinrich IV. zu einer dramatischen Auseinandersetzung, die erst durch das Wormser Konkordat 1122 unter seinem Sohn und Nachfolger Heinrich V. (1086–1125) beigelegt werden konnte. (Leipzig, Universitätsbibliothek)

Um vom Kirchenbann gelöst zu werden, begab sich Heinrich IV. 1077 zum Papst nach Canossa. Unterwegs bat er die Markgräfin Mathilde von Tuscien und den Abt Hugo von Cluny um Vermittlung.

Zum Nachfolger Heinrichs V. wurde Lothar von Supplinburg, seit 1106 Herzog von Sachsen, gewählt. Er engagierte sich zwar auch in der Italienpolitik, zeigte aber gegenüber dem Papsttum eine kompromißbereitere Haltung. Auf der abgebildeten Buchmalerei bestätigt Lothar dem Kloster Formbach seine Privilegien. Vor allem wandte sich Lothar III. wieder verstärkt der Ostpolitik zu, förderte die deutsche Ostsiedlung und sicherte die Oberhoheit des Reiches über Polen, Böhmen und Dänemark. Da der welfische Herzog Heinrich X. von Bayern (um 1080–1139) die Tochter und Erbin Lothars geheiratet hatte und 1137 kurz vor Lothars Tode auch mit Sachsen belehnt worden war, rechnete der mächtige Welfe damit, Lothars Nachfolger zu werden. Weil den deutschen Fürsten aber ein König mit einer derartig starken Hausmacht zu bedrohlich erschien, wählten sie lieber 1138 den schwächeren Herzog Konrad von Schwaben, der als Konrad III. den Thron bestieg. Um die Macht des Welfen zu beschneiden, entzog er ihnen die Reichslehen Bayern und Sachsen, was erst recht zu einem schwelenden Konflikt zwischen Staufern und Welfen führte. (München, Bayerisches Hauptstaatsarchiv)

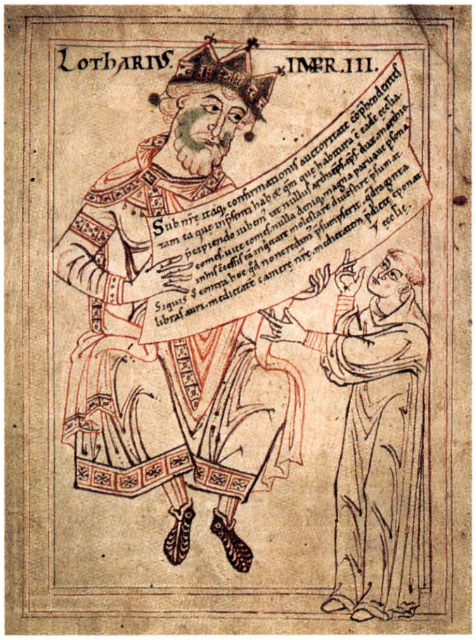

Ungeachtet dieser Herausforderung hatte Heinrich IV. 1075 gegen den Willen des Papstes einen Kandidaten seiner Wahl zum Erzbischof von Mailand ernannt. In einem Protestschreiben drohte Gregor dem König daraufhin mit dem Kirchenbann. Auf dem Reichstag zu Worms Anfang des Jahres 1076 reagierte der König wie seine Vorgänger und erklärte den Papst für abgesetzt. Der wiederum verkündete die Absetzung und Bannung des Königs. Jetzt zeigte sich, daß Heinrich IV. gegenüber dem Papst in einer schwächeren Position war. Auf einer Fürstenversammlung desselben Jahres in Tribur wurde von ihm gefordert, innerhalb eines Jahres sich vom Banne lösen zu lassen, anderenfalls gehe er der Krone verlustig. Der König mußte sich dem Papst unterwerfen. Demütig erschien Heinrich IV. im Januar 1077 in Canossa vor dem Papst und ließ sich von dem Kirchenbann lösen. Dadurch hatte der König zwar wieder Handlungsspielraum gewonnen und ließ sich sogar während seines Italienfeldzuges im Jahre 1084 von einem von ihm eingesetzten Gegenpapst zum Kaiser krönen, doch in der Auseinandersetzung zwischen dem Kaiser- und Papsttum war es der Kurie gelungen, in Canossa ihren Machtanspruch zu beweisen und durch den Angriff auf die von den Königen und Kaisern vorgenommene Laieninvestitur die bisherige Reichskirchenpolitik in Frage zu stellen.

Im Jahre 1122 waren letzten Endes beide Seiten im Wormser Edikt in der Investiturfrage zu einem Kompromiß bereit. Es wurde eine strikte Trennung zwischen weltlichen Rechten und Besitzungen – den Temporalien – und den Funktionen der Bischöfe und Äbte – den Spiritualien – vorgenommen. Der Kaiser gestattete die kanonische Wahl der Bischöfe und der Papst bestätigte, daß sie in Anwesenheit des Königs zu erfolgen habe und bei Meinungsverschiedenheiten ihm das Entscheidungsrecht zustehe.

Der Beginn der Kreuzzüge

Papst Gregor VII. hatte bereits mit dem Gedanken gespielt, die Ostchristen gegen den Islam zu unterstützen und damit eventuell die byzantinische Kirche dem Papst zu unterstellen, und erklärte, daß er an der Seite eines Heeres aufbrechen wolle, um zum Heiligen Grab nach Jerusalem zu ziehen, das die türkischen Seldschuken im Jahr 1077 eingenommen hatten. Als der Nachfolger Gregors, Papst Urban II. (1042–1099) 1095 ein Konzil in Piacenza wegen der Weiterführung der Kirchenreform abhielt, bedrängten ihn die Gesandten des byzantinischen Kaisers, der Kirche im Osten militärischen Beistand zu leisten.

Der Papst griff diese Idee begeistert auf und hielt noch im selben Jahr in Clermont ein Konzil ab, auf dem er vor einer großen Menschenmenge erklärte, daß Jerusalem von den Heiden durch einen zu entfachenden Heiligen Krieg befreit werden müsse. Er versprach allen, die als Streiter der Christenheit in das Heilige Land ziehen und im Kampf mit den Heiden ihr Leben verlieren würden, von allen Sünden befreit zu sein. Die Rede des Papstes zeigte große Wirkung. Von der Menge wurde der Ruf „Gott will es" aufgegriffen. Eine große Anzahl von Menschen mit aufgehefteten Stoffkreuzen auf den Schultern, darunter auch viele Ritter, folgten dem Aufruf Urbans II.

Urban II., eigentlich Odo de Lagery, Papst von 1088 bis 1099, rief auf den Synoden von Piacenza und Clermont im Jahre 1095 die abendländische Christenheit zum Kampf für die Befreiung des Heiligen Landes auf und leitete damit die Kreuzzugsbewegung ein.

Der Kreuzzugseifer ergriff zunächst jedoch die breiten bäuerlichen Schichten und städtische Bewohner in Frankreich und Lothringen sowie im Rheinland und in Schwaben, welche insbesondere von den Predigten des Eremiten Peter von Amiens sehr angetan waren. Im Frühjahr 1096 brachen bereits viele unter seiner Führung auf. Die meisten kamen jedoch auf dem Weg in den Orient um oder kehrten wieder heim. Der erste vorbereitete Kreuzzug setzte sich im August desselben Jahres in Bewegung und endete 1099. Auf verschiedenen Wegen zogen vier Kreuzzugsheere in Richtung Jerusalem. An der bewaffneten Pilgerfahrt nahmen Gottfried von Bouillon (um 1060–1100), der Herzog von Niederlothringen, und sein Bruder Balduin (1058–1118) sowie viele andere Adlige von Rang teil. Am 15. Juli 1099 gelang es dem vereinten Kreuzfahrerheer, Jerusalem einzunehmen. Der Jubel, der darüber in der christlichen Welt ausbrach, war jedoch überschattet durch ein fürchterliches Blutbad, das die Eroberer in Jerusalem angerichtet hatten.

Die Kreuzzugsbewegung fand breiten Widerhall. Ritter aller Nationen schlossen sich den Kreuzritterheeren an, wobei neben religiösen Motiven auch Abenteuerlust ein Beweggrund für die Teilnahme war. Insgesamt fanden zwischen 1096 und 1270 sieben Kreuzzüge statt, die aber teilweise nicht einmal das Heilige Land erreichten. 1099 wurde zwar Jerusalem erobert und das Königreich Jerusalem ausgerufen, aber die Ritter konnten sich auf die Dauer dort nicht halten. Ein Grund dafür war auch, daß die heimatliche Basis zu weit entfernt lag und Nachschub an Material und Menschen auf dem Seeweg gebracht werden mußte. (Paris, Bibliothèque Nationale)

Kaiser Friedrich Barbarossa

Kurz vor seinem Tod hatte der erste staufische Kaiser Konrad III. (1093/94–1152, Kg. 1138) seinen Neffen Herzog Friedrich III. von Schwaben zu seinem Nachfolger bestimmt. Friedrich versuchte sofort, sich für die bevorstehende Wahl eine entsprechende Mehrheit unter den Fürsten zu sichern und den seit Lothar III. (um 1075–1137, Kg. 1125) schwelenden Konflikt zwischen Staufern und Welfen beizulegen. Als am 4. März 1152 die Königswahl in Frankfurt stattfand, waren es nur wenige Fürsten, die gegen den neuen Herrscher Friedrich I. (um 1122–1190), später als Friedrich Barbarossa bekannt, stimmten.

Auch nach seiner Wahl bemühte sich Friedrich I. um ein Einvernehmen mit den mächtigen Reichsfürsten. Um dies zu erreichen, machte er ihnen Zugeständnisse. Dem Sachsenherzog Heinrich dem Löwen (1129–1195) wurde zum Beispiel auf dem Hoftag in Goslar 1154 auch das Herzogtum Bayern zugesprochen. Als dagegen die Babenberger protestierten, entschied man sich 1156, die den Babenbergern gehörende Ostmark von Bayern zu trennen und sie als selbständiges Herzogtum zu erheben.

Neben dieser für das Reich bedeutsamen Ausgleichspolitik nahm Friedrich I. im Gegensatz zu seinen Vorgängern wieder stärker die Bistümer und Abteien für Leistungen in Anspruch. Bei der Neubesetzung von kirchlichen Ämtern achtete er darauf, daß die Kandidaten seiner Wahl dafür in Frage kamen. 1152 setzte er durch, daß Bischof Wichmann (1110–1192) zum Erzbischof von Magdeburg erhoben wurde. Ein Jahr später gelang Friedrich auch die Absetzung des Erzbischofs von Mainz, der sich gegen seine Königswahl ausgesprochen hatte, und die Neubesetzung durch seinen bisherigen Kanzler Arnold (um 1100–1160).

Von besonderer Bedeutung war vor allem, daß Friedrich I. wahrscheinlich gleich nach seiner Wahl zum König einen Reichslandfrieden verkündete. In der schriftlich fixierten Landfriedensgesetzgebung wurden statt der bisher geltenden Bußstrafen bei Vergehen, die in Form von Zahlungen gesühnt werden konnten, nun den Tätern für Verbrechen körperliche Strafen angedroht. Während diese Gesetzgebung im allgemeinen Anerkennung fand, konnte sie auf dem Gebiet des Fehdewesens nicht voll durchgesetzt werden. Hier mußte Friedrich I. entsprechend dem von der Kirche erlassenen Gottesfrieden den Zeitraum von Montag früh bis Mittwoch abend für die Fehdeführung freigeben.

Friedrich I. hatte mit diesen Maßnahmen seine Stellung so weit gestärkt, daß er darangehen konnte, nach Rom zu ziehen und sich zum Kaiser krönen zu lassen. Im Spätherbst 1154 brach er mit 1800 Rittern auf. In Oberitalien versuchte man bei diesem Italienzug, gegen die mächtigen Kommunen, insbesondere gegen das opponierende Mailand, vorzugehen. Wegen des kleinen Heeresaufgebotes war jedoch nicht daran zu denken, Mailand einzunehmen.

Dieses um 1160 entstandene Kopfreliquiar soll den Stauferherzog Friedrich III. von Schwaben darstellen, der 1152 als Friedrich I. zum Nachfolger Konrads III. gewählt wurde. Der gepflegte Bart des Kaisers war offensichtlich rot, denn die Italiener nannten ihn Barbarossa (Rotbart), ein Beiname, der in die Geschichte einging. Friedrich I. war eine der großen Persönlichkeiten im Mittelalter des Abendlandes. (Cappenberg, katholische Pfarrkirche)

Ein erstes Zusammentreffen mit Papst Hadrian IV. kam bereits am 9. Juni 1155 bei Sutri zustande, endete jedoch mit einem Eklat, da Friedrich I. nicht bereit war, als symbolische Geste dem Papst die Steigbügel zu halten. Erst durch die Zusicherung, daß damit keine Lehnshuldigung verbunden sei, konnte man den Streit beilegen. Am 18. Juni 1155 fand die Kaiserkrönung Friedrich Barbarossas statt. Zwar drängte nun Hadrian IV. den Kaiser, den Normannenstaat in Süditalien anzugreifen, aber die Fürsten, die Friedrich begleiteten, widersetzten sich diesem Plan. Da außerdem nach der Krönung ein Aufstand der Römer gegen die deutschen Truppen ausgebrochen war, sah sich Friedrich gezwungen, nach Deutschland zurückzukehren, wo er sich sofort für den zweiten Italienfeldzug vorzubereiten begann.

Auf dem 1156 in Würzburg abgehaltenen Hoftag versuchte der Kaiser, viele Fürsten für diesen Italienfeldzug zu gewinnen. Da Barbarossa die Ehe mit Beatrix (um 1143–1184), der Erbin von Burgund, eingegangen war, hielt er 1157 den Hoftag zu Besançon ab. Dort kam es zu einer erneuten Auseinandersetzung um das vorgebliche Lehnsrecht des Papstes, aber im Sommer 1158 sammelte sich das deutsche Ritterheer bei Augsburg zum Aufbruch nach Italien. In Oberitalien ging es zunächst darum, Mailand zu belagern. Am 7. September 1158 mußte sich die Stadt ergeben und auf alle staatlichen Rechte verzichten.

Bei dem Treffen zwischen Papst Hadrian IV. und Friedrich Barbarossa 1155 in Sutri kam es zu einem Eklat, als Friedrich sich zunächst weigerte, dem Papst den Steigbügel zu halten. Im Bewußtsein, daß nach göttlichem Willen der Kaiser die weltliche Macht und der Papst die geistliche Macht innehabe, also beide gleichwertig seien, empfand er die Aufforderung zu dieser traditionellen „Dienstleistung“ als Versuch des Papstes, seine Oberherrschaft über den Kaiser zu demonstrieren. (Sachsenspiegel; Dresden, Landesbibliothek)

Friedrich Barbarossa strebte die Ausbildung eines geschlossenen Königsterritoriums und die Festigung seiner kaiserlichen Herrschaft in Deutschland an. Neben Ausbau und Anlage neuer Pfalzen kümmerte er sich auch um die Entwicklung der Städte.

In der Schlacht bei Legnano am 29. Mai 1176 konnte der lombardische Städtebund das Heer Friedrich Barbarossas schlagen. Wegen der Uneinigkeit der Städte nach dem Sieg nutzten die oberitalienischen Kommunen ihren errungenen Erfolg jedoch nicht in vollem Maße aus. (Gemälde von Amos Cassioli; Florenz, Galleria d'Arte moderna)

Nach diesem ersten Erfolg hielt Friedrich Barbarossa auf den Ronkalischen Feldern in der Poebene einen Hoftag ab, auf dem ein allgemeiner Landfriede und ein Lehnsgesetz sowie die an den Kaiser fallenden Hoheitsrechte für diese Region verkündet wurden. Um diese Gesetzgebung durchsetzen zu können, war Friedrich I. gezwungen, gegen die oberitalienischen Städte erneut vorzugehen. Als Mailand im März 1162 kapitulierte, wurde die gesamte Stadt zerstört und die Bewohner in der Umgebung angesiedelt. Nach der Niederschlagung der oppositionellen Kräfte schickte man Beauftragte in die Städte, die für die Einhaltung und Durchführung der Ronkalischen Beschlüsse zu sorgen hatten.

Im September 1163 begab sich Friedrich Barbarossa auf seinen dritten Italienfeldzug, auf dem der Kaiser gegenüber den lombardischen Städten wenig Erfolg hatte. Erschwerend war in dieser Situation, daß nach dem Tod Hadrians IV. 1159 der Kaisergegner Roland als Alexander III. (P. 1159-1181) zum Papst gewählt wurde, der Friedrich sofort bannen ließ. Der kaiserfreundliche Gegenpapst Viktor IV. (P. 1159-1164) konnte sich gegen Alexander III. nicht durchsetzen und war daher für den Kaiser keine Stütze. Ende 1165 zog Friedrich I. nach Aachen, um sein Vorbild, Karl den Großen, heiligsprechen zu lassen. Mit der Heiligsprechung des Begründers des Kaisertums sollte der sakrale Charakter des Reiches, die Stellung und der daraus abzuleitende Anspruch des Kaisers unterstrichen werden.

Da sich die Fürsten kaum an den Vorbereitungen für den vierten Italienzug beteiligten, mußte Friedrich auf Söldner zurückgreifen. Seine Absicht war, Beatrix in Rom zur Kaiserin krönen zu lassen und einen neuen Gegenpapst einzusetzen. Das Unternehmen endete in einer Katastrophe, denn das deutsche Heer hatte durch die im Sommer 1167 hereinbrechende Malariaepidemie viele Opfer zu beklagen. Nachdem seine geschwächten Truppen völlig aufgerieben waren, gelang es Barbarossa, selbst nur als Knecht verkleidet, Italien im Frühjahr 1168 wieder zu verlassen.

Trotz dieses Fehlschlages ging Friedrich I. mit Energie an die Ausbildung eines geschlossenen Königsterritoriums und an die Festigung seiner kaiserlichen Herrschaft in Deutschland heran. Neben dem Ausbau und der Anlage neuer Kaiserpfalzen schenkte er in diesem Zusammenhang auch der Entwicklung der Städte große Aufmerksamkeit, indem er ihnen Privilegien gewährte sowie Handwerk und Gewerbe förderte. Seine Maßnahmen fanden allgemein Anerkennung, so daß er ohne Schwierigkeiten 1169 die Wahl seines erst vierjährigen Sohnes Heinrich (1165-1197) durchsetzen konnte.

Ein fünfter Italienzug kam 1174 zustande und wandte sich erneut gegen den Bund der oberitalienischen Städte. Nach der erfolglosen Belagerung Alessandrias im Jahre 1175 stieß das Heer am 29. Mai 1176 bei Legnano auf die Truppen des Lombardenbundes. Da Heinrich der Löwe seine Unterstützung versagte, ging die Schlacht für Friedrich I. verloren, so daß er gezwungen war, mit den oberitalienischen Städten in Verhandlungen einzutreten, die im März 1177 in Venedig begannen. Es zeigte sich jedoch sehr bald, daß die bestehenden Gegensätze nicht auszuräumen waren. Da Friedrich sich politisch mit Alexander III. ausgesöhnt hatte, versuchte der Papst zu vermitteln und schlug vorerst einen sechsjährigen Waffenstillstand zwischen Friedrich I. und dem Städtebund vor. Dieser Vorschlag wurde angenommen. Gleichzeitig löste Alexander Friedrich Barbarossa vom Bann und erwirkte außerdem, daß ein fünfzehnjähriger Frieden mit Sizilien zustande kam. Trotz der fortdauernden Oberhoheit des Kaisers hatten die oberitalienischen Städte ihre Eigenständigkeit im Prinzip behaupten können. Auch das Papsttum war letzten Endes aus diesem Konflikt gestärkt hervorgegangen.

Nach der Rückkehr in das deutsche Reichsgebiet setzte sich Friedrich Barbarossa endgültig mit Heinrich dem Löwen auseinander und nutzte dazu dessen Streit mit dem Klerus und Territorialfürsten. Nachdem die streitenden Parteien ihre Klage auf dem Hoftag zu Speyer 1178 vorgebracht hatten, forderte der Kaiser mehrmals vergeblich Heinrich den Löwen auf, vor ihm zu erscheinen. Er weigerte sich jedoch hartnäckig. Daraufhin wurden die folgenschweren Entschlüsse zu Würzburg und Gelnhausen 1180 gefaßt, Heinrich den Löwen seiner Herzogtümer Sachsen und Bayern zu entheben und ihm lediglich die Familiengüter um Braunschweig und Lüneburg zu belassen.

Das Herzogtum Bayern erhielt Otto von Wittelsbach (1120-1183, Hz. 1180), während das Herzogtum Sachsen fortan geteilt wurde. Die westlichen Teile fielen an Erzbischof Philipp von Köln (um 1130-1191) als Herzogtum Westfalen und die verbleibenden östlichen Teile an Graf Bernhard von Anhalt (1140-1212), einem Sohn des Askaniers Albrecht des Bären (um 1100-1170). Trotz heftiger Gegenwehr Heinrich des Löwen setzte sich der Staufer Friedrich I. mit diesen Maßnahmen gegen seinen größten deutschen Widersacher durch, zumal dieser sogar für einige Jahre ins Ausland gehen mußte.

1190 brach Friedrich Barbarossa zu einem Kreuzzug auf, erreichte aber nicht mehr das Heilige Land, denn am 10. Juni 1190 ertrank er im Fluß Saleph, dem heutigen Göksu nehri (Türkei). Allerdings verstummten im Reich nicht die Stimmen, die an den Tod des Kaisers im fernen Anatolien nicht glauben wollten und seine Wiederkehr erhofften, um Thronstreitigkeiten und Bürgerkrieg ein Ende zu bereiten. So entstand die auf Friedrich Barbarossa zugeschnittene Legende vom schlafenden Kaiser im Kyffhäuser, der eines Tages erwachen und Macht und Glanz des Kaisertums im Reich wiederherstellen werde. (Petrus de Ebulo; Bern, Bürgerbibliothek)

Immer wieder kam es in Italien auch zu Konflikten mit dem Normannenreich Sizilien. 1186 gelang es Barbarossa, seinen Sohn Heinrich (VI.) mit Konstanze (1154–1198), der Tochter Rogers II. von Sizilien, zu verheiraten. Als 1189 der letzte normannische König Wilhelm, ein Neffe Konstanzes, kinderlos starb, beanspruchte Heinrich VI. die sizilische Königswürde, aber erst 1194 konnte er in Palermo Einzug halten. Im gleichen Jahr noch wurde dem königlichen Paar ein Sohn geboren, der nach den beiden Großvätern den Namen Friedrich Roger erhielt. Nach dem Tode ihres Gatten 1197 ließ Konstanze 1198 den vierjährigen Friedrich Roger zum König von Sizilien krönen. 14 Jahre später, 1212, wurde dieser Staufer dann auch zum deutschen König gewählt. In dem „liber ad honorem Augusti", dem Buch zu Ehren des Kaisers Heinrich VI., wird auch über das Leben Konstanzes berichtet. Illustriert werden hier ihre Heirat mit Heinrich VI. und ihre gemeinsame Abreise nach Deutschland. (Bern, Bürgerbibliothek)

Nachdem Heinrich der Löwe seine Macht in Bayern und vor allem in Sachsen ausgebaut hatte, legte er sich mit dem Staufer an, indem er Friedrich I. 1176 die militärische Unterstützung beim 5. Italienfeldzug verweigerte. Darauf nutzte der Kaiser die nächste Gelegenheit, den Welfen zu entmachten. 1179 wegen Klagen anderer Fürsten vor Gericht zitiert, erschien Heinrich trotz mehrmaliger Aufforderung nicht, worauf Friedrich I. ihm die Reichslehen Bayern und Sachsen wieder entzog und einen Reichskrieg gegen ihn eröffnete. 1181 kapitulierte Heinrich der Löwe und ging nach England zu seinem Schwiegervater in die Verbannung. Erst 1194 kehrte er auf seinen ihm verbliebenen Allodialbesitz bei Braunschweig zurück, nachdem er sich mit Heinrich VI. ausgesöhnt hatte. Dort starb er schon im folgenden Jahr und wurde zusammen mit seiner Frau, der englischen Königstochter Mathilde, im Braunschweiger Dom beigesetzt.

Barbarossa war in den folgenden Jahren unangefochtener Herrscher im deutschen Reichsgebiet. Er gab prunkvolle Hoffeste, auf denen er auch seine kaiserliche Macht zur Schau stellte. Die Zeitgenossen beeindruckte vor allem der 1184 zu Pfingsten bei Mainz abgehaltene Hoftag. Wegen der großen zu erwartenden Teilnehmerzahl errichtete man eine hölzerne Pfalz auf freiem Feld. Im Mittelpunkt des Ereignisses stand die feierliche Schwertleite der beiden ältesten Söhne des Kaisers. An diesem Fest nahmen nicht nur die Ritter und Großen des Reiches teil, sondern auch Dichter wie Heinrich von Veldeke und der Franzose Guiot de Provins waren gekommen.

Nach einem nochmaligen kurzen Aufenthalt 1184 in Italien, während dessen er seinen Sohn Heinrich VI. zum König von Italien krönen ließ und ihn mit Konstanze, der Erbin von Sizilien, vermählte, nahm Friedrich Barbarossa im Jahre 1189 am dritten Kreuzzug teil, um das von Sultan Saladin eingenommene Jerusalem zu befreien. Der Kaiser fand auf dem Marsch durch Kleinasien beim Baden im Flusse Saleph am 10. Juni 1190 den Tod. Vor seinem Aufbruch mit dem Kreuzfahrerheer hatte Friedrich Barbarossa seinen Sohn Heinrich VI. mit der Regierung beauftragt.

Kaiser Friedrich II.

Heinrich VI. trat dafür ein, das deutsche Königtum erblich werden zu lassen, scheiterte jedoch am Widerstand der Fürsten. Die Folgen wurden sehr bald deutlich, als Heinrich VI. 1197 verstarb und nun sowohl die welfische als auch die staufische Partei jeweils einen Kandidaten zum König ausriefen. Die Auseinandersetzungen zwischen Otto IV. (1198-1218) und Philipp von Schwaben (1198-1208) schwächten die königliche Macht und boten auswärtigen Kräften die Gelegenheit, sich in den Konflikt einzuschalten. Nachdem Philipp von Schwaben 1208 ermordet worden war und sich Otto IV. mit Papst Innozenz III. (P. 1198-1216) überworfen hatte, wurden Stimmen im Reich laut, die für die Wahl des Staufers Friedrich Roger (1194-1250), dem Sohn von Heinrich VI. und Konstanze, der Erbin des normannischen Königreiches Sizilien, eintraten.

Friedrich Roger, dessen Kandidatur vom Papst unterstützt wurde und der seit 1198 König von Sizilien war, faßte im alten Reichsgebiet schnell Fuß. Auf dem von ihm selbst einberufenen Hoftag 1212 in Frankfurt wurde er offiziell von einer großen Anzahl von Fürsten zum König gewählt und begann sofort, von Frankreich unterstützt, den Kampf gegen seinen Kontrahenten Otto IV., der mit der englischen Krone verbündet war. Der französische Sieg von Bouvines über die Engländer (1214) besiegelte Ottos Schicksal. Nachdem er, durch den Staufer bedrängt, auch die bisher zu ihm haltende Stadt Köln aufgeben mußte, zog er sich nach Braunschweig zurück. Friedrich II. tat nun alles, um seine Hausmacht weiter zu stärken und die Fürsten für die Wahl des noch unmündigen Sohnes Heinrich (1211-1242) zu gewinnen. Auf dem Hoftag 1220 zu Frankfurt kam er vor allem den geistlichen Fürsten entgegen. Er räumte ein, daß dem Kirchenbann nach sechs Wochen die Reichsacht folgen müsse und verzichtete auf gewisse Hoheitsrechte.

Noch im selben Jahr brach Friedrich II. mit einem kleinen Heer nach Italien auf, wo er in Rom am 22. November 1220 zum Kaiser gekrönt wurde. Bereitwillig kam Friedrich noch am Tage der Krönung den Wünschen des Papstes entgegen und erließ ein Gesetz, in dem er alle städtischen Statuten, die die Rechte und Freiheiten der Kirche einschränkten, für ungültig erklärte. Danach widmete er sich der Reorganisation und - vergeblich - der Kontrolle über den neuentstandenen lombardischen Städtebund.

Seine Kindheit und Jugend verbrachte Friedrich II. in Sizilien. Die Mittelmeerinsel war zu dieser Zeit der Schmelztiegel Europas, in dem die verschiedensten kulturellen Strömungen aus dem Mittelmeerraum zusammentrafen. Friedrich II. war wohl der gebildetste deutsche König im Mittelalter, der mehrere Sprachen, darunter auch Arabisch beherrschte. Selbst ein begeisterter Falkenjäger, verfaßte er das Werk „De arte venandi cum avibus" (Von der Falkenjagd), dessen Titelbild den Kaiser zeigt. (Rom, Bibliotheca Vaticana)

Friedrich II. hatte während seiner Abwesenheit im deutschen Reichsgebiet die Regierungsführung dem Erzbischof Engelbert von Köln (um 1185-1225) übertragen, der gleichzeitig auch der Vormund seines Sohnes Heinrich war. Als Engelbert während eines Familienstreites 1225 einem

Die für die weitere Geschichte Deutschlands wichtigsten Urkunden Friedrichs II. wurden in Oberitalien ausgestellt. 1226 sicherte er dem Deutschen Orden zu, daß dieser in den noch zu erobernden Gebieten im Lande der Pruzzen landesherrliche Rechte ausüben dürfe. Damit gab er dem Deutschen Orden das Recht, einen selbständigen Ordensstaat in Preußen zu errichten, der nicht dem Reich unterstand. 1232 gewährte Friedrich II. den deutschen Fürsten das Privileg „in favorem principum" (zugunsten der Fürsten), das diesen weitgehende Rechte und selbständiges Vorgehen in ihren Territorien gewährte und eine der Grundlagen für die Herausbildung der Territorialstaaten in Deutschland werden sollte. Beide Urkunden waren mit Goldbullen gesiegelt, die das Bildnis des Kaisers zeigten. (Halle, Stadtarchiv)

Anschlag zum Opfer fiel, übernahm Herzog Ludwig I. von Bayern (um 1173-1231) Vormundschaft über Friedrichs Sohn sowie die Regentschaft. Ludwig hatte sich am Kreuzzug nach Ägypten 1215 beteiligt, der gescheitert war. Seither hatte die Kirche dem Kaiser, der sich persönlich ferngehalten hatte, die Schuld zugewiesen. Als Friedrich entgegen seinem Gelöbnis den eigenen Kreuzzug hinauszögerte, sprach Papst Gregor IX. (P. 1227-1241) den Bann über ihn aus. Trotzdem zog der Kaiser nach Palästina und erreichte ohne Kampfhandlungen durch diplomatisches Geschick, daß ihm ein Küstenstreifen sowie die Städte Bethlehem, Nazareth und Jerusalem abgetreten wurden. 1228 krönte Friedrich sich selbst zum König von Jerusalem. Danach mußte er sich wieder den italienischen Konflikten und dem Streit mit dem Papst widmen.

Das rauhe Klima, die ebenso rauhen Sitten in Deutschland konnten Friedrich II. keineswegs dazu veranlassen, in diesem Teil seines Herrschaftsgebietes nördlich der Alpen länger als nötig zu verweilen. Er bevorzugte den Aufenthalt in den südlichen Gefilden, vor allem in seiner Heimat Sizilien. Neben den Europäern, die aus allen Teilen des Reiches an seinen Hof kamen, unterhielt er auch rege Kontakte mit den Arabern und nahm zahlreiche kulturelle Anregungen aus dem islamischen Raum auf. (Gemälde von Artur Ramberg; München, Neue Pinakothek)

In Deutschland war inzwischen Herzog Ludwig auf die Seite des Papstes getreten und betrieb die Absetzung seines Mündels. Doch Heinrich gewann 1229 die Oberhand und stützte sich vor allem auf die Reichsministerialen und die von ihm mit Privilegien ausgestatteten Städte. Dies brachte ihn in Gegensatz zu den Landesherren, die sich an Friedrich II. wandten. Da der Kaiser auf ihre Hilfe für seine Italienpolitik angewiesen war, hob er auf dem Reichstag von Ravenna 1231 die neuen Stadtrechte auf. Heinrichs Unterwerfung unter den Vater dauerte nur kurz. In Deutschland versuchte er nun, seine Herrschaft gegen die Fürsten auszuweiten; außerdem wandte er sich gegen die vom Papst begonnenen Ketzerverfolgungen. Als Friedrich sich daraufhin entschloß, nach Deutschland zu kommen und die Ordnung wiederherzustellen, empörte sich Heinrich 1234 und verbündete sich sogar mit den lombardischen Städten, doch die Anhänger fielen vom jungen König schnell ab, als sich Friedrich II. näherte. Heinrich (VII.) unterwarf sich dem Kaiser in der Pfalz Wimpfen und wurde in Süditalien gefangengesetzt, wo er 1242 seinem Leben ein Ende machte.

Nach einem kurzen Kriegszug gegen Friedrich den Streitbaren von Österreich (um 1210–1246) und der Besetzung Wiens Ende 1236 konnte Friedrich II. am 27. November 1237 in der Schlacht bei Costennova einen Sieg über die Mailänder und deren Verbündete erringen. Doch um die oberitalienischen Städte ganz in die Knie zu zwingen, reichten seine Kräfte nicht aus. Obwohl Friedrich auf seine Bitte hin aus ganz Europa und sogar aus Ägypten Hilfe erhielt, scheiterte er im Herbst 1238 bei der Belagerung Brescias.

Gregor IX., der sich mit Friedrich über die Lehnshoheit für Süditalien und Sizilien stritt, sprach erneut den Bann aus und entband alle Untertanen vom Treueeid. Das Vorgehen des Papstes löste eine große publizistische Auseinandersetzung aus, in der beide Seiten mit heftigen Vorwürfen an die Öffentlichkeit traten. Gregor IX. bezeichnete den Kaiser als Vorläufer des Antichristen, denn er habe geäußert, „die ganze Welt sei von drei Betrügern, nämlich von Jesus Christus, Moses und Mohammed getäuscht worden". Außerdem warf er ihm vor, daß er sich darüber lustig gemacht habe, daß Jesus von einer Jungfrau geboren worden sei, denn der Kaiser habe gesagt, es „dürfe der Mensch nichts anderes glauben, als was er durch Kraft und Vernunft der Natur beweisen könne". Friedrich wies diese Behauptungen mit aller Schärfe zurück und bezeichnete seinerseits den Papst als Antichrist.

Der diesmal sehr tiefgehende Konflikt zwischen Kaiser- und Papsttum hatte zur Folge, daß die pro- und antistaufischen Richtungen im Reich hart aufeinanderprallten und für das politische Klima in den nächsten Jahren in Deutschland ausschlaggebend waren. Zwar konnte Friedrich II. 1240 in den Kirchenstaat eindringen und fast ganz Italien einer straffen Verwaltung unterwerfen, aber nachdem Gregor IX. 1241 gestorben war, ging der Streit zwischen Papst und Kaiser weiter. Innozenz IV. (P. 1243–1254) erklärte den Kaiser für abgesetzt, und da Friedrichs Handeln auf Italien konzentriert war, fanden sich antistaufische deutsche Fürsten, die 1246 den Thüringer Landgrafen Heinrich Raspe (um 1204–1247) und nach ihm Wilhelm von Holland (1247–1256) zu Gegenkönigen wählten. Während der Vorbereitung zu einem Zug nach Deutschland starb Friedrich II. im Dezember 1250.

Sein Sohn Konrad IV. (1228–1256), der in Deutschland von Heinrich Raspe geschlagen worden war, bemühte sich, in Süditalien seine Herrschaft zu sichern, starb aber frühzeitig. Als Nachfolger kam nur sein Sohn Konradin (1252–1268) in Frage. Konradin zog 1267 mit einem kleinen Heer von Schwaben nach Italien, wo er Karl von Anjou (Kg. 1265–1285) unterlag. Dieser hatte das Königreich Sizilien an sich gebracht und ließ den jungen Staufer nach einem Scheinprozeß 1268 in Neapel hinrichten. Damit endete die Dynastie der Staufer. Über die beiden hervorragenden Persönlichkeiten, Friedrich Barbarossa und Friedrich II., entstanden Legenden, die in verklärter Form bis zum heutigen Tage noch lebendig sind.

Die sogenannte Ostkolonisation

Nachdem bereits unter den Ottonen die Gebiete östlich der Elbe durch die Gründung von Marken in lockerer Form dem deutschen Reich unterstellt worden waren, im Slawenaufstand von 983 zum Teil aber wieder verlorengegangen waren, begann im 12. Jh. erneut der Versuch, dieses Territorium in Besitz zu nehmen und es fest in das Reich einzubinden. Im Frühjahr 1134 übertrug Kaiser Lothar III. dem Askanier Albrecht von Ballenstedt (1100–1170) die sächsische Nordmark und 1136 dem Wettiner Konrad von Meißen (um 1099–1157) die Mark Lausitz, in denen nun ein verstärkter Landesausbau erfolgte und damit verbunden ein wirtschaftlicher Aufschwung. Für den Landesausbau wurden neben der ansässigen slawischen Bevölkerung zunehmend auch deutsche Bauern hinzugezogen.

Bereits zu Beginn des 12. Jh. siedelte Graf Wiprecht von Groitzsch (um 1050–1124) zwischen Pleiße und Mulde Bauern an, die aus dem fränkischen Gebiet kamen. 1118 hatte der Naumburger Bischof veranlaßt, daß das Kloster Bosau bei Zeitz gegründet wurde, um die Christianisierung der sorbischen Bevölkerung voranzutreiben. Auch Kaiser Lothar III. selbst kümmerte sich

um die wirtschaftliche Entwicklung in diesen Gebieten. So förderten seine Besuche auf der Burg Altenburg die dort entstehende Kaufmannssiedlung mit Marktverkehr, und in den dreißiger Jahren trug er dazu bei, daß das Benediktinerkloster Chemnitz gegründet wurde.

Im Zuge des Landesausbaus in den Gebieten östlich der Elbe zogen auch viele Bauern dorthin, um sich eine neue Existenz aufzubauen. Meist durch die Vermittlung von Lokatoren bekamen sie Land zugewiesen, das nun erst gerodet werden mußte, um seine Besitzer ernähren zu können. (Sachsenspiegel; Heidelberg, Universitätsbibliothek)

Nachfolger Friedrichs II. wurde sein Sohn Konrad IV. Zu Friedrichs Lebzeiten 1237 zum König gewählt, konnte er sich nach dem Tode seines Vaters weder in Deutschland gegen die antistaufischen Gegenkönige noch in Sizilien gegen seinen Halbbruder Manfred durchsetzen. Er starb bereits 1256. Die deutschen Fürsten lehnten eine Wahl von Konrads 1252 geborenem Sohn Konradin zum König ab. Im Herbst 1267 machte sich Konradin auf den Weg, um seine Erbansprüche in Italien durchzusetzen. Er erreichte jedoch nicht einmal Sizilien, sondern wurde gefangengenommen und auf Befehl Karls von Anjou, der die Herrschaft über Sizilien und Neapel an sich gerissen hatte, nach einem Scheinprozeß 1268 in Neapel enthauptet. (Manesse-Handschrift; Heidelberg, Universitätsbibliothek)

Bei der Besiedlung von Mecklenburg und Pommern spielten die Zisterzienser keine unbedeutende Rolle. Als wichtige Stützpunkte der Landesherren wurden sie von diesen gefördert und mit Land ausgestattet. So entstanden in Mecklenburg die Klöster Doberan (1171) und Dargun (1172).
In Pommern war vor allem das 1199 gegründete Kloster Eldena bedeutend, das entscheidend an der Gründung und Entwicklung von Greifswald beteiligt war. Im 19. Jahrhundert wurde die Ruine des 1638 von den Schweden zerstörten Klosters eines der Lieblingsmotive des Malers Caspar David Friedrich.

Im Gebiet von Brandenburg war in der ersten Hälfte des 12. Jh. unter Pribislaw (1127–1150), der sich nach seiner Taufe Heinrich nannte, ein slawisches Staatsgebilde entstanden. Als dieses Gebiet nach dem Tod Pribislaw-Heinrichs 1150 testamentarisch an Albrecht den Bären fiel, brach ein Aufstand der slawischen Heveller aus, den Albrecht im Bund mit dem Magdeburger Erzbischof bis 1157 niederschlug.

Albrecht förderte sowohl die Besiedlung der bisher nur schwach bevölkerten Landstriche westlich der Elbe, zum Beispiel den Marktort Stendal, als auch östlich der Elbe. So berichtet Helmold von Bosau (um 1120 – nach 1177): „Er schickte, als die Slawen allmählich abnahmen, nach Utrecht und den Rheingegenden, ferner zu denen, die am Ozean wohnen und unter der Gewalt des Meeres zu leiden hatten, den Holländern, Seeländern und Flamen, zog von dort viel Volk herbei und ließ sie in den Burgen und Siedlungen der Slawen wohnen. Durch die eintreffenden Zuwanderer wurden auch die Bistümer Brandenburg und Havelberg sehr gekräftigt, denn die Kirchen mehrten sich, und der Zehnt wuchs ungeheuer an."

In Mecklenburg war 1160 Heinrich der Löwe im Bunde mit dem dänischen König in das Gebiet der Obodriten unter Fürst Niklot (gest. 1160) eingefallen. Niklot, der bei den kriegerischen Auseinandersetzungen ums Leben kam, überließ seinen Söhnen ein kleines um die Burg Werle gelegenes Gebiet, während die anderen Landesteile seines Herrschaftsbereichs in die Hand Heinrichs des Löwen fielen. Dieser setzte durch, daß das 1157 abgebrannte Lübeck 1159 wieder neu erstand. Als 1160 das obodritische Schwerin erobert werden konnte, förderte auch hier der Herzog die städtische Entwicklung. In den nordöstlichen Grenzgebieten des Reiches traten in der Kolonisation nach dem Sturz Heinrichs des Löwen 1180 zeitweilig Rückschläge durch Eroberung und Machtausdehnung dänischer Könige ein. Erst nachdem die Vorherrschaft des dänischen Königs Waldemar II. (1202–1241) gebrochen werden konnte, ging die deutsche Einwanderung im gesamten mecklenburgischen Gebiet weiter voran.

In der Mark Brandenburg hatten seit 1220 die Brüder Johann I. (um 1210–1266) und Otto III. (gest. 1267) gemeinsam die Regierungsgeschäfte übernommen und trieben energisch die deutsche Kolonisation in ihrem Gebiet voran. Über das Herrschaftsgebiet hinaus erlangten sie 1231 von Kaiser Friedrich II. die Anerkennung der Lehnshoheit über das Herzogtum Pommern. Außerdem kam ein großer Teil des Landes Lebus zu ihrem Machtbereich hinzu. Die Gebietserweiterungen der Markgrafen wurden durch bäuerliche Siedlungen und systematisch angelegte Städte in großem Umfang siedlungsmäßig erschlossen. Mit der Gründung der Dörfer und Städte beauftragten die Markgrafen in der Regel sogenannte Lokatoren. Sie hatten die Aufgabe, auf eigene Kosten Siedler anzuwerben und deren Ansetzung zu organisieren. Um 1230 erhielt wahrscheinlich Berlin, das sicherlich schon als Kaufmannssiedlung bestand, städtische Rechte. 1248 wurde von Markgraf Johann I. an Neubrandenburg das Brandenburger Stadtrecht verliehen. An dem wichtigsten Oderübergang südlich des Bischofssitzes Lebus wurde 1253 Frankfurt/Oder gegründet. Auch hier bestand bereits als Vorläufer eine Kaufmannssiedlung.

Die deutsche Ostkolonisation endete keineswegs an Oder und Neiße, sondern griff im 13. Jh. weiter aus. Unter den slawischen Piastenherzögen wurde der Zuzug deutscher Siedler in Schlesien sehr gefördert. In Niederschlesien wurde schon 1175 durch Herzog Boleslaw (gest. 1201) das Zisterzienserkloster Leubus gegründet und mit thüringischen Mönchen besetzt. Ein großer Zustrom deutscher Bauern und Bergleute setzte vor allem unter Herzog Heinrich I. (1201–1238) ein. Diese Bevölkerungsgruppen konnten sich unter äußerst günstigen Bedingungen in Schlesien niederlassen.

Auch die Fürsten von Pommern waren bestrebt, deutsche Bauern in ihr Land zu holen und anzusiedeln. An wichtigen Verkehrsknotenpunkten und Handelsplätzen ließen sich außerdem im verstärkten Maße Kaufleute nieder. In dem alten slawischen Handelszentrum Stettin wurde beispielsweise 1237 von Herzog Barnim I. (1220–1278) die Rechtsprechung von den Slawen auf die Deutschen übertragen und 1243 das Magdeburger Stadtrecht eingeführt. Insgesamt wurden bis zum Ende des 13. Jh. 38 Städte im unteren Odergebiet nach deutschem Recht angelegt. Deutsche Siedler drangen schließlich bis zur Weichsel vor und fanden dort bei den einheimischen Fürsten willkommene Aufnahme. Dies geschah noch im 13. Jh., lange bevor der umstrittene Landstrich Pomerellen 1308 dem Deutschen Orden zufiel.

Der Deutsche Orden

Der „Orden des Spitals Sankt Marien vom Deutschen Hause" war 1189 aus einer Hospitalbrüderschaft Bremer und Lübecker Kaufleute in Palästina hervorgegangen und hatte sich bald nach Europa gewandt. Da der Ritterorden in Siebenbürgen bei seinem Versuch, dort ein Territorium zu errichten, auf starken geistlichen und weltlichen Widerstand stieß, folgte er unter dem Hochmeister Hermann von Salza (um 1170–1239) der Aufforderung Herzog Konrads von Masowien (um 1190–1247), die heidnischen Pruzzen im Weichsel-Memel-Gebiet zu unterwerfen.

1231 begann der von dem polnischen Herzog Konrad von Masowien gerufene Deutsche Orden seinen Kampf gegen die Pruzzen mit der Eroberung von Gebieten an der Weichsel, wo er die Städte Kulm und Thorn gründete. Wie so viele, entging auch dieser Orden später nicht der Versuchung, seine frühere Geschichte zu glorifizieren. Das um 1600 entstandene Bild zeigt die heldenhafte Verteidigung einer Baumburg, die die Ritter 1231 bei Thorn angelegt haben sollen, gegen die anstürmenden barbarischen Pruzzen. Daß die Deutschordensritter bei der Eroberung Preußens und dem Ausbau dieser Gebiete zur Territorialherrschaft die einheimischen Pruzzen fast ausrotteten, war für den Orden kein erwähnenswertes Thema. (Sterzing, Stadtmuseum)

1272 begann der Deutsche Orden an der Weichsel mit dem Bau der Marienburg, die in den folgenden Jahrhunderten mehrmals erweitert wurde und im 19. Jahrhundert im Zuge des aufkommenden Historismus eine Generalrestaurierung erfuhr, so daß sie einer Bilderbuchburg entspricht. Von 1309 bis 1457 war die Marienburg Residenz des Hochmeisters des Deutschen Ordens.

Sowohl der Papst als auch Kaiser Friedrich II. unterstützten das Vorhaben. In der in Rimini 1226 ausgestellten Goldbulle billigte Friedrich II. dem Orden landesherrliche Hoheitsrechte sowohl für das Kulmer Land als auch für das zu erobernde Gebiet zu. Während der Kaiser für diesen Herrschaftsbereich formal eine Oberherrschaft in Anspruch nahm, war der Orden gegenüber dem Reich aller Verpflichtungen frei. Gewicht hatte schließlich auch die 1234 vollzogene Unterstellung unter den päpstlichen Schutz. Unter Führung des Landmeisters Hermann Balk (gest. 1230) trafen 1229 die ersten Ordensritter im Kulmer Land ein und sicherten in den folgenden Jahren zunächst die Stützpunkte Thorn und Kulm auf dem östlichen Weichselufer. Dem Orden folgten sehr schnell deutsche Siedler, so daß bei den Burgen von Thorn und Kulm größere Orte entstanden, denen der Hochmeister mit der Kulmer Handfeste 1233 das Magdeburger Stadtrecht verlieh. Als der Deutsche Orden 1237 bis an das Frische Haff vorgedrungen war, wurde unter Beteiligung von Lübecker Kaufleuten neben der errichteten Burg die Stadt Elbing gegründet. Die Stadt war offenbar als Konkurrenz zum alten Handelsplatz Danzig gedacht, dem schon 1235 der Herzog von Pomerellen das Lübecker Stadtrecht verliehen hatte.

Das Tätigkeitsfeld des Deutschen Ordens erweiterte sich, als sich ihm 1237 der 1202 gegründete und in Livland wirkende Schwertbrüderorden anschloß. Da der Orden nun in zwei auseinanderliegenden Territorien herrschte, kam es fast zwangsläufig zu Konflikten mit den dazwischen wohnenden Litauern, zusätzlich geriet er mit den Dänen, die in Estland Fuß gefaßt hatten, in Rivalität. Zunächst versuchte der Deutsche Orden, nach Nowgorod vorzustoßen, doch wurde er im April 1242 von Alexander Newski (Gf. 1247–1263) auf dem noch zugefrorenen Peipussee geschlagen. Die Folge war ein sieben Jahre währender Aufstand der Pruzzen, den der Deutsche Orden nur mit Hilfe der polnischen Piasten zu überwinden vermochte. Der von der Kurie 1249 vermittelte Frieden gestand den Pruzzen die persönliche Freiheit und die Verfügungsgewalt über ihren Besitz zu.

Nach dem Aufstand besetzte der Deutsche Orden weiteres preußisches Gebiet und legte dort Burgen und Städte an, wie Memel 1253 und Königsberg 1255, das seinen Namen nach König Ottokar II. von Böhmen (um 1230–1278) erhielt, der einen Kreuzzug ins Samland unterstützt hatte.

Die Unruhen hielten aber auch weiterhin an. Vor allem die Absicht des zum christlichen Glauben übergetretenen und vom Papst zum König ernannten Litauers Mindrowe, Samaiten dem deutschen Orden zu überlassen, führte zu einem Aufstand, der sich über zwanzig Jahre hinzog. Nach dieser Anfangsetappe erlebte der Deutsche Orden im 14. Jh. seine Blütezeit. Nun erst, im Jahre 1309, hielt es Siegfried von Feuchtwangen (1303–1311) für angebracht, den Hochmeistersitz von Venedig auf die Marienburg zu verlegen. Weiterer Gebietszuwachs und der einsetzende schwunghafte Handel sowie eine durchgreifende nach Ordensregeln zugeschnittene Verwaltung sicherte dem Orden Wohlstand, der auch in einer regen Bautätigkeit zum Ausdruck kam.

Ein Jahrhundert später hatte sich der Ordensstaat jedoch schon überlebt. Die einstige Missionsaufgabe war längst hinfällig geworden und das mittelalterliche Rittertum im Schwinden begriffen. Der Zuzug von Siedlern in das Ordensland nahm immer mehr ab. Gleichzeitig versuchten die im Ordensstaat gelegenen Hansestädte, die Beschränkungen, die ihnen der Deutsche Orden auferlegte, mit allen Mitteln zu beseitigen.

Nach der litauisch-polnischen Union 1386 war der Deutsche Orden eingeschlossen. In der Schlacht von Tannenberg unterlag er im Juli 1410 den vereinigten polnisch-litauischen Truppen und im Ständekrieg (1454–1466) dem preußischen Adel und Polen. Der zweite Thorner Frieden legte dem Orden auf, der polnischen Krone zu huldigen und weite Gebiete abzutreten. Das Ordensgebiet wurde unter dem Hochmeister Albrecht von Brandenburg (1490–1568), der zur Reformation übergetreten war, 1525 in ein weltliches Herzogtum umgewandelt, das im 17. Jh. an die brandenburgischen Kurfürsten fiel.

In der Schlacht bei Tannenberg/Grunwald am 15. Juli 1410 erlitt der Deutsche Orden gegen das vereinigte Heer von Polen und Litauern unter König Jagiello eine vernichtende Niederlage. (Gemälde von Wojcieck Kossak; Olsztyn [Allenstein], Muzeum)

Gesellschaft und Wirtschaft im Mittelalter

Veränderungen in der Grundherrschaft

In dem halben Jahrtausend zwischen dem Beginn des ottonischen und dem des habsburgischen Kaisertums (10.-15. Jh.) vollzogen sich in Wirtschaft und Gesellschaft der großen mitteleuropäischen Ländermasse, die durch die Grenzen des Heiligen Römischen Reiches umschlossen wurde, grundlegende Wandlungen. Zur Ottonenzeit setzte sich die mittelalterliche feudale Agrarverfassung endgültig und fast flächendeckend - bei geringen Inseln freien Bauerntums, zum Beispiel an der Nordseeküste - durch. Sie war gekennzeichnet durch die Grundherrschaft in Gestalt der sogenannten Villikationsverfassung, charakterisiert durch das Herrenhaus (villa) bzw. den Fronhof als Mittelpunkt, wo der villicus oder Meier die Eigenwirtschaft für den weltlichen oder geistlichen Grundherrn betrieb und in dessen Auftrag von den feudalabhängigen Bauern, die auf ihren Höfen wirtschafteten, Naturalabgaben eintrieb.

Der Meier - unter Umständen nicht einmal selbst persönlich frei, sondern dem Grundherrn leibgehörig - überwachte die unbezahlten Fronarbeiten, mit denen die der Grundherrschaft zugehörigen Bauern, die „Grundholden", die herrschaftliche Eigenwirtschaft produktiv nutzten. Aber schon im 11. Jahrhundert wurden Tendenzen sichtbar, daß die Meier erfolgreich versuchten, sich vom Grundherrn - der unter Umständen jahrelang auf Kriegszügen war oder sich ständig im Gefolge seines Herzogs aufhielt - zu emanzipieren und selbst Grundherr zu werden.

Im Zuge der Auflösung der Villikationsverfassung sank das Interesse an der Bewirtschaftung eines Fronhofes, und die Bauern konnten dessen Areal häufig in Pacht nehmen. Am vorteilhaftesten für die Bauern war das Erbpacht- oder Erbzinsverhältnis mit festen Leistungsverpflichtungen. So konnte sich der Bauer am ehesten beim Wirtschaften und der Versorgung seiner Kinder einrichten, und der Grundherr konnte am Ertrag der Bauernwirtschaft, ohne sonderlichen Druck auszuüben, teilnehmen, weil er von den Produktionssteigerungen infolge höherer Arbeitsleistung, verbesserter Anbaumethoden oder Aufbesserung der Bodenqualität auch profitierte. Wo allerdings der Grundherr versuchte, die im allgemeinen erblich gewordenen Bodenanteile der schon vor Auflösung der Villikationsverfassung in Bauernhand befindlichen Bauernstellen mit den gleichen Abgaben zu belasten wie ehemaliges Fronhofland, stieß er auf den erbitterten Widerstand der Bauern. In Niedersachsen und Westfalen setzten sich dennoch die Grundherren durch, allerdings mit dem Ergebnis, daß die

Die Landwirtschaft bestimmte im Mittelalter das Leben von über 90 % der Bevölkerung. Feldbestellung und Ernte gehörten hier zu den wesentlichen Arbeiten, an denen die Frauen ebenso wie die Männer beteiligt waren, wie die Illustration zum „Jungfrauenspiegel", die Ende des 12. Jahrhunderts am Mittelrhein entstand, deutlich zeigt. (Bonn, Rheinisches Landesmuseum)

mit eineme halben. Jener aber des daz vie is der
sal czu vor uz nemen czwei unter sechsen. Der under
wumen e den der czendener kise. czu der selben
wis vorczendet man di gense czu hellingen. Iz
en muz nimant sine obese hengen in eines an- .xlix.
deren mannes hof. Menlich sal ouch bewirken
sinen teil des hoves. der des nicht en tut. geschit
da schade von he sal in bezzeren. he blibet is
ouch ane wandel geschit im schade. Wer mal- .l.
boume oder marcsteine sezzet. der sal den da bi
haben der ander sit lant da bi hat. Wer da czunet
der sal di este kerin in sinen hof. Backovene unde sprach-
kameren unde swin koben sullen sten dri vuze
von deme czune. Menlich sal ouch bewaren sinen .li.
oven unde sine muren daz di vunken nicht en varen
in eines anderen mannes hof im czu schaden. Sprach-
kameren sal man ouch bewirken di kegen eines
anderen mannes hove sten. Vlichtet der hopphe .lii.
uf den czun wer di worzele in deme hove hat. der gri-
fe deme czune so he neste muge unde czie den hopphen.
Waz im volget daz is sin. Waz ander sit blibet daz is
sines nakeburs. Siner boume este en sullen ouch
uber den czun nicht gen sime nakebure czu schaden. .liii.
Waz der man buwet uf vremdeme gute da he czins
von gibet. daz muz he wol ab brechen ab he von deme
vert. unde sine erben nach sime tode. ane den czun vorne
unde hindene. unde daz hus unde den mist. daz sal der herre
losen nach der gebure kore. en tut hes nicht he vuret
daz eine mit dem anderen wec. Der man en sal sin .liiii.
vie da heime nicht lazen daz deme hirten gevolgen
mac. ane suwe di verkele tragen. di selben sal man
bewaren daz si nicht en schaden.

Neben dem Ackerbau spielte auch die Viehhaltung und -zucht im dörflichen Leben eine wichtige Rolle. Federvieh bevölkerte die Höfe, die häufig mit Flechtzäunen umgeben waren, Ställe beherbergten im Winter Rinder und Schweine, Pferde waren meistens zu teuer. Gemeinsam wurde vom Dorf ein Hirte unterhalten, der das Vieh im Sommer auf der Weide beaufsichtigte.
Im 13. Jahrhundert entstanden mehrere schriftliche Rechtskodifikationen, darunter zwischen 1220–1230 der „Sachsenspiegel", der von Eike von Repkow (1180/90–nach 1233) verfaßt wurde. Von der Königswahl über Strafen für Verbrechen bis zu den Zinsabgaben wurden detailliert die geltenden Rechts- und Zinsgewohnheiten niedergelegt. Von dem vor allem in Nord-, Mittel- und Ostdeutschland verbreiteten „Sachsenspiegel" wurden zahlreiche, zum Teil illustrierte Abschriften angefertigt. (Dresden, Landesbibliothek)

Im 12./13. Jahrhundert war eine ganze Reihe der von den Bauern gehaßten Frondienste entfallen, die nun in Naturalleistungen oder von zeitlich unbestimmten und unbemessenen in genau bestimmte und bemessene Arbeitsdienste umgewandelt wurden. Die Pacht für das von Bauern bewirtschaftete einstige Fronhofland war bei der unterentwickelten Geldwirtschaft auch zumeist in Naturalien zu entrichten, die aber allgemein nicht in Maßgrenzen, sondern in Ertragsteilen festgelegt waren. Nicht nur für die Erträge aus Feldbestellung, Weinbau und Viehzucht, sondern beispielsweise auch für die Mühlen waren die Abgaben genau festgesetzt. (Sachsenspiegel; Heidelberg, Universitätsbibliothek)

bäuerlichen Leistungen nun qualitativ so schlecht ausfielen, daß es vorteilhafter wurde, jeweils etliche Höfe zusammenzulegen und in der Art früherer Fronhöfe gegen Erbpacht zu vergeben, deren Pächter nun auch wieder Meier hießen. Das nordwestdeutsche Meierrecht stellte schließlich das unter feudalen Rechtsverhältnissen sicherste Bauernrecht dar, in dem alle Bauernfreunde bis zur sogenannten Bauernbefreiung zu Beginn des 19. Jahrhunderts ein Vorbild für das Verhältnis von Grundherrn und Bauern erblickten. Es wurde noch vorteilhaft ergänzt durch das in Norddeutschland üblich werdende Anerbenrecht, das die Weitergabe des Hofes nur an einen einzigen Erben gestattete.

Weit weniger günstig verlief die Entwicklung für die Bauern im Südwesten, wo im Zusammenhang mit dem Abstieg der Staufer im 13. Jahrhundert deren Krongut von kleinem und mittlerem Adel okkupiert wurde, so daß neue Grundherren auftauchten, die überhaupt keine herkömmlichen Abgaben und Fronen kannten, sondern erst neue schufen. Durch den Prozeß des Auseinanderfallens der Besitzrechte von altem Villikationsherrn und neuem Grundherrn klaffte bald auch eine Lücke zwischen Grund- und Gerichtsherren. Weit verbreitet war zudem im südlichen und mittleren Deutschland die Gewohnheit der Realteilung, d.h. der Aufteilung des Anwesens unter allen Nachkommen: So wurden die Anteile der einzelnen am Boden immer kleiner und die daran haftenden Lasten immer fühlbarer.

Ein starkes Druckmittel gegenüber ihren Herren besaßen die Bauern in der Zeit der deutschen Ostkolonisation im 12./13. Jahrhundert, indem sie von ihren belasteten Bauernstellen wegzogen und zu gutem Besitzrecht, geringen Abgaben und kaum fühlbaren Diensten auf dem Kolonialland neu siedelten: Bayern, Sachsen, Franken, Flamen, selbst Lothringer folgten in großer Zahl den Rufen der „Lokatoren" – den Dienstmannen der erobernden Fürsten und Ritter, die mit Land belohnt worden waren, zu dessen Nutzung sie aber der Bauern bedurften – in das Land östlich von Elbe und Oder.

Mit dem vermehrten Aufkommen der Städte im 13. Jahrhundert wurde es auch für bäuerliche Familien leichter, sich in die Städte zu begeben und dort anzusiedeln oder aber sich unter den Schutz des städtischen Rechts zu stellen. Allerdings versuchten Adel und Kirche einerseits, der Abwanderung in die Städte entgegenzuwirken, wobei ihnen Bauern wie Städter Widerstand entgegensetzten; andererseits waren sie aber häufig auch die Herren der Städte und zogen aus deren Wachstum und Gedeihen ihren Nutzen: Also duldeten sie bereits vollzogene Landflucht und verboten sie für Gegenwart und Zukunft; doch blieben sie auf die Dauer ohne Erfolg.

Die vielfältigen Prozesse neuer sozialer Lebensformen in der Landwirtschaft führten zum Ende der Stauferzeit zu einer fühlbaren Besserstellung der Bauern sowohl in rechtlicher wie wirtschaftlicher Beziehung. Das drückte sich in der Bevölkerungszahl aus, die sich im Reich vom Ende der Ottonen- bis zum Ende der Stauferzeit von ca. 5,5 auf 11–12 Millionen verdoppelte. Seit dem Ende des 13. Jahrhunderts aber brachte eine allmählich einsetzende Agrarkrise die Landwirtschaft für längere Zeit in Bedrängnis. Ihre Ursachen lagen nicht zum geringsten in dem Aufkommen eben jener Städte, die die Bauern als Marktort zum Absatz ihrer Produkte und als Fluchtpunkt vor feudaler Bedrückung begrüßt hatten: Die Monopolstellung des städtischen Handwerks brachte eine erhebliche Preisschere zwischen städtischen und ländlichen Produkten mit sich, was in der Landwirtschaft alsbald zur Vernachlässigung des Getreideanbaus zugunsten von Spezialkulturen und Viehhaltung führte. Wein-, Hopfen-, Lein-, Krapp- und Waidanbau, ausgedehnte Schafhaltung, Imkerei und Fischerei wurden nun lohnender als Getreideproduktion.

So wurde im 14. und 15. Jahrhundert weniger fruchtbares Ackerland in erheblichem Umfang aufgegeben, weil die Produktion dort unrentabel geworden war. Neben diesen Feldwüstungen, die nun wieder dem Wald überlassen wurden, entstanden ebenso zahlreich Ortswüstungen: In Mitteldeutschland zwischen Havel und Diemel sowie im Südwesten zwischen Enz und Donau gingen etwa ein Drittel bis regional gar die Hälfte der Dörfer verloren. Die meisten dieser Ortswüstungen waren durch den Wegzug ihrer Bewohner bedingt, denn der Sterbeüberschuß bei den periodisch wiederkehrenden Seuchen im 14. und 15. Jahrhundert in den Städten war so gewaltig, daß leerstehende Häuser und Arbeitsangebot für wenig qualifizierte gewerbliche Kräfte die Zuwanderer förmlich ansogen. Mit der Festigung der Verwaltung in den Territorialherrschaften hörte dann die goldene Zeit des leichten Zugangs in die Stadt auf. Das Vordringen der Geldwirtschaft im 14./15. Jahrhundert ließ zudem das Interesse der Grund-, Gerichts- und Leibherren an bäuerlichen Naturabgaben fortschreitend in solches an Geldabgaben umschlagen, und um an diese zu gelangen, wurden auch längst vergessen geglaubte feudale Rechte wieder aus der Erinnerung hervorgeholt, neu belebt oder neu erfunden.

Seit dem 11. Jahrhundert begannen die Städte eine wachsende Rolle in der Wirtschaft zu spielen. Bis ins 13. Jahrhundert hinein kam es zu einem wahren Boom von Stadtgründungen, die Zahl der Marktorte stieg von etwa 200–300 im 10. Jahrhundert auf ungefähr 3000 im 13. Jahrhundert. Auch die bereits bestehenden Städte nahmen an der Städteblüte teil und wurden zum größten Teil erweitert. (Wien, Nationalbibliothek)

Ein ganz neuer Faktor: die Städte

Aus Ansiedlungen von Handwerkern und Kaufleuten bei Burgen, Klöstern und an Furten bildeten sich seit dem 11. Jahrhundert Siedlungskerne heraus, die sich rechtlich sowohl von den naheliegenden weltlichen oder geistlichen Amtssitzen als auch von den das Land beherrschenden Villikationen abhoben: Etwa 200 - 300 Marktorte solcher Art gab es zwischen Rhein und Elbe-Saale um das Jahr 1000. Drei Jahrhunderte später hatte sich ihre Zahl verzehnfacht, und etwa ein Drittel davon hatte ein eigenes Recht – das Stadtrecht, das den Einwohnern einen vom Umland abgehobenen Sonderstatus gewährte. Ihrer feudalen Stadtherren entledigten sich viele Orte im 11./12. Jahrhundert während des Investiturstreits.

Diese Städte benutzten Kompetenzwirren zwischen Reichsoberhaupt, Fürsten und Kurie, um sich in den Besitz von Verwaltung, Gerichts-, Finanz- und Wehrhoheit zu setzen und sich das Recht zur Umwallung ihres Gemeinwesens mit einer Mauer zu ertrotzen. Aus den Menschen, die innerhalb der Stadtmauer dauernd und frei lebten, entstand als soziale Gruppe die Bürgerschaft.

Diese neue gesellschaftliche Gruppe scheute sich auch nicht, wenn ihre städtischen Freiheiten angetastet werden sollten, militärische Gewalt anzuwenden: Am spektakulärsten war sicherlich in diesem Rahmen die Schlacht von Hausbergen 1262, als die Straßburger Bürgerschaft das vom bischöflichen Stadtherren aufgebotene Ritterheer vernichtend schlug und sich damit den Status einer freien Reichsstadt erkämpfte.

Seit dem 12. Jahrhundert gelang es den Städten, dem Rechtsgrundsatz Geltung zu verschaffen, daß Hörigkeit gegenüber einem Grund-, Gerichts- oder Leibherrn automatisch erlösche, wenn jemand Jahr und Tag in der Stadt gewohnt habe, denn „Stadtluft macht frei!". Die Stadtverfassungen, die ursprünglich an der Gesamtgemeinde orientiert waren, wandelten sich mit dem innerstädtischen Ausbau immer mehr zur Ratsverfassung, d. h. zur Herrschaft eines aus bestimmten ratsfähigen Geschlechtern gewählten und nur aus diesen sich ergänzenden Rats mit Bürgermeistern an der Spitze. Daß ratsfähige Geschlechter nur die reichsten sein konnten, verstand sich zunächst zwar von selbst, blieb aber mit dem Ansammeln von Reichtum auch in später angesiedelten Kaufmanns- und in Handwerkerfamilien seit der Mitte des 13. Jahrhunderts nicht unbestritten und brachte innerstädtische, manchmal recht blutige Auseinandersetzungen mit sich, in denen die in Gilden organisierten Kaufleute und Krämer und die in Zünften organisierten Handwerker sehr oft einen Anteil am Ratsregiment erobern konnten.

Große Bedeutung für viele Städte besaßen die von ihnen eingeforderten Stapelrechte, die auswärtige Kaufleute dazu zwangen, beim Passieren der Stadt ihre Waren dort feilzubieten. Mit der Bannmeile schalteten sie in einem von ihnen bestimmten räumlichen Umfang jegliches konkurrierende Handwerk aus. Durch Verbrauchssteuern auf in die Stadt gebrachte Güter führten sie das System indirekter Besteuerung ein und verfügten so stets über bessere Finanzmittel als die Fürsten. Sie konnten also auch militärische Kräfte anmieten und sich diese gegenseitig ausleihen, nachdem seit 1330 das Schießpulver auch in Europa bekannt war und Feuerwaffen verfügbar wurden. Gegen Feudalfehden und Ritter bzw. sogar Fürsten, die ihren Handel störten und ihre Bürger schikanierten, gingen die Städte meist im Verein mit anderen vor. Während des welfisch-staufischen Thronstreits zu Beginn des 13. Jahrhunderts gründete Worms im Verein mit Speyer,

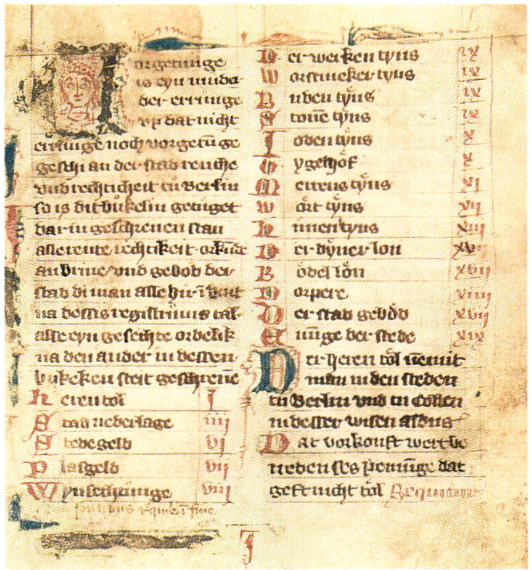

Mainz, Bingen, Frankfurt/Main, Gelnhausen und Friedberg den ersten Städtebund der deutschen Geschichte, der jedoch unter fürstlichem Druck 1226 aufgelöst werden mußte. Das „statutum in favorem principum“ (Statut zugunsten der Fürsten) Kaiser Friedrichs II. von 1232 verbot den Städten ausdrücklich Einungen und Bündnisse, und noch die „Goldene Bulle“ Karls IV. vom Jahre 1356 erneuerte diesen Rechtssatz – es nützte alles nichts: Die Städte fanden sich immer wieder zusammen und zwangen oft genug Landesfürsten zur zähneknirschenden Anpassung an bestimmte, von den Städten verfolgte politische Interessen. Doch kam es nie zu einem längerwirkenden Zusammengehen von Reichsoberhaupt und Städten.

Als in der Mitte des 15. Jahrhunderts das Kaisertum der Habsburger seinen Anfang nahm, zählte Deutschland etwa 3000 Städte mit ca. 1,2 bis 1,6 Millionen Einwohnern; davon waren nur 12 bis 15 Großstädte mit über 10 000 Einwohnern, 15 bis 20 Mittelstädte mit 2000–10 000 Einwohnern, etwa 150 Städte mit 1000–2000 Einwohnern – d. h. daß ca. 93 % aller Städte weniger als 1000 Einwohner aufzuweisen hatten. Bedeutung als Export- und Fernhandelsstädte hatten nur die großen Städte und viele mittlere, in den mittleren und kleineren Städten blühte das Gewerbe. Die meisten kleinen bzw. Kleinststädte waren bloße Ackerbürgerstädte mit regionaler Marktfunktion. Bis zum Ausgang des 14. Jahrhunderts konzentrierte sich der technische Fortschritt mit Ausnahme der Windmühlen fast gänzlich auf die Städte. Daß man sich aber auch als Stadt in die feudale Grundstruktur einer stark von der Landwirtschaft geprägten Gesellschaft einzupassen vermochte, bewiesen einige Städte recht augenfällig durch die stückweise Aneignung eines der Stadt zugehörigen Territoriums, in dem die Stadt wie jeder beliebige adlige Grundherr mit Selbstverständlichkeit die aus Grund- und Gerichtsherrschaft resultierenden bäuerlichen Abgaben einzog. Pacht- und zinspflichtigen Grundbesitz als städtisches Eigentum zu erwerben, war seit dem 13. Jahrhundert auch dort gang und gäbe, wo die Stadt nicht zum Territorialherrn aufstieg.

Größter und mächtigster aller deutschen Städtebünde war die Hanse. Sie ging aus genossenschaftlichen Niederlassungen niederdeutscher Kaufleute hervor, die sich an Knotenpunkten des Fernhandels im Nord- und Ostseeraum – gerade auch außerhalb Deutschlands – Handelsprivilegien gesichert hatten. Die Kaufmannshanse in Wisby auf Gotland entstand im 12. Jahrhundert und begründete in Nowgorod, Bergen und Brügge Zweigniederlassungen. Mit dem Aufstieg der deutschen Städte und ihrer Ausbreitung an der Ostseeküste nach der Erhebung Lübecks zur Reichsstadt 1226 konnten die Genossenschaftskaufleute dort wesentlich mehr Rückhalt finden, und die Hanse wandelte sich zur Städtehanse, die in der zweiten Hälfte des 13. Jahrhunderts die alte Kaufmannshanse allmählich ablöste. Im 14. Jahrhundert gehörten ihr rd. 200 Städte an, auch solche weit im Binnenland, die an der einzigartigen Monopolstellung der Hanse teilhaben wollten. In ihren Händen lag unbestritten der per Schiff abgewickelte Handel zwischen West- und Osteuropa mit Tuchen, Getreide und Wachs sowie der Heringshandel von Skandinavien und der Ostsee bis über die Alpen.

Die wichtigsten Ernährungszweige in den Städten waren Handwerk und Handel. Vor allem Tuchfabrikation und -handel waren ertragreiche Unternehmen, so daß häufig die Tuchhersteller und -händler auch eine gewichtige Position im städtischen Leben einnahmen und als Ratsmitglieder die städtische Politik entscheidend beeinflußten. (Hausbuch der Cerruti; Wien, Nationalbibliothek)

In den Stadtrechten, die vom Landesherrn verliehen wurden, wurde das Leben in den städtischen Gemeinwesen mit den Rechten und Pflichten der Einwohner genau geregelt. Neben der städtischen Verfassung, Wahlverfahren etc. wurden hier auch Zoll- und Handelsvorteile, Erbrecht, Liegenschaften und Prozeßverfahren verbindlich festgelegt.
Das Stadtrecht gliederte die Einwohner rechtlich aus dem agrarischen Umland aus und gewährte einen gesonderten Rechtsstatus mit größeren persönlichen Freiheiten und einer kommunalen Selbstverwaltung. Bei Städteneugründungen wurden häufig bewährte Stadtrechte aus anderen Städten übertragen. Das Berliner Stadtrecht, das dann auch Frankfurt/Oder erhielt, wurde beispielsweise aus Brandenburg übernommen, wobei das Brandenburger Stadtrecht bereits eine leicht veränderte Fassung des Magdeburger Stadtrechts darstellte. Neben dem Magdeburger Stadtrecht war für den Landesausbau jenseits von Elbe und Oder vor allem noch das Lübecker Stadtrecht von Bedeutung. (Berlin, Stadtarchiv)

Lübecker Kaufleute richteten eigene Handelskontore in London, Brügge, Bergen und im russischen Nowgorod ein und beherrschten damit einen großen Teil des Nord- und Ostseehandels. Auf die Bedeutung des Fischhandels in Bergen in Norwegen weist das Wappen der Lübecker Bergenfahrer hin, die den Hering als Erkennungszeichen in ihr Emblem aufnahmen. (Lübeck, Museum für Kunst und Kulturgeschichte)

Der Frieden von Stralsund vom 24. Mai 1370 zwischen der Hanse und Dänemark beendete einen zehnjährigen Krieg um hansische Handelsprivilegien im strategisch wichtigen Südzipfel der skandinavischen Halbinsel, dem dänischen Schonen. Nach zwischenzeitlichen Niederlagen konnte Lübeck 1367 in Köln in einem Bündnis fast alle Handelsstädte zwischen Düna und Niederrhein vereinen, dem auch die Territorialfürsten des Ostseeraums beitraten. Schon 1368 konnten Kopenhagen und Schonen erobert und der dänische König vertrieben werden. Die Hanse beherrschte den Sund. Der Stralsunder Frieden bestätigte alle hansischen Privilegien auf dänischen Märkten und erneuerte praktisch das Handelsmonopol der Hanse im Nord- und Ostseeraum. (Stralsund, Stadtarchiv)

Etwa 200 Städte, auch im Binnenland, gehörten zur Blütezeit der Hanse dieser Vereinigung an. Wichtigste Zentren waren jedoch die Hafenstädte als Umschlagzentren von Getreide, Hering, Tuch, Wachs und Pelzen, um nur die bedeutendsten Handelsgüter zu nennen.
In den Seestädten der Hanse blühte der Schiffsbau, der mit hoher Fertigkeit betrieben wurde. Die Koggen – die typischen hansischen Handelsschiffe – vereinten großen Laderaum mit beachtlicher Seetüchtigkeit und prägten vom 13. bis zum 15. Jahrhundert die Handelsschiffahrt im Nord- und Ostseeraum. (Miniatur aus dem Hamburger Stadtrecht, 1487; Hamburg, Stadtarchiv)

Aus der Erfahrung, daß deutsche Kaufleute keine königliche Macht zur Durchsetzung ihrer Interessen hinter sich hatten, nahmen die Hansestädte ihre Interessen über ihr Städtebündnis wahr. Dem fehlte allerdings eine abgesicherte Organisation, und die Hansetage traten – einberufen von dem Vorort Lübeck – nur bei Bedarf zusammen. Die dort gefaßten Beschlüsse waren für alle Hansestädte verbindlich, und wer von der Hanse eine Handelssperre oder einen Sonderzoll hinnehmen mußte, wurde wirtschaftlich schwer getroffen. Wenn hansische Privilegien in Gefahr waren, wurde notfalls auch gemeinsam zum Kriege geblasen, und mit hansischen Kriegsschiffen, besonders denen aus Lübeck und Stralsund, war nicht zu spaßen. Auf diese Weise setzte sich die Hanse gegen Seeräuber wie beispielsweise den berühmten Klaus Störtebeker (hingerichtet 1401) und die Vitalienbrüder durch; sie führte aber auch gegen Staaten und Monarchen Krieg – so gegen den dänischen König Waldemar IV. (ca. 1320–1375) 1362–1370, als er hansische Vorrechte auf Schonen beschnitt. Dieser Krieg endete mit dem Frieden von Stralsund und markierte den Höhepunkt hansischer Macht: Die Hanse behielt nicht nur ihre Privilegien, sondern konnte künftig bei der dänischen Königswahl Mitspracherecht ausüben. Aber vor den aufkommenden nationalen Monarchien in Schweden und Dänemark wie vor dem holländischen Seehandel ging der Einfluß der Hanse schon im 15. Jahrhundert allmählich zurück, wenn es ihr auch nach einem erfolgreichen Seekrieg gegen England 1474 noch einmal gelang, ihre dortigen Vorrechte im Zwischenhandel mit dem Baltikum und Rußland zu bewahren. Eingeengt in die Zwänge fester werdender landesherrlicher Administration waren jene Hansestädte, die nicht zugleich Reichsstädte waren – und das war nur eine Minderheit –, nicht mehr dazu in der Lage, eine vom Landesherrn nicht gebilligte auswärtige Politik zu betreiben.

Mönche, Ketzer, Kirchenfürsten

Seit den Ottonen waren Klöster systematisch und umfangreich mit Land aus Krongut ausgestattet worden, um durch eine höhere Produktivität der Zentralgewalt bessere Einnahmen zu verschaffen. Der unbestritten wachsende Reichtum der Klöster im Verein mit der Angewohnheit von Reichsoberhaupt und feudaler Oberschicht, mit den Klöstern aus politischen und finanziellen Gründen nach Belieben zu schalten und zu walten, rief aber im 11. Jahrhundert innerhalb der Mönchsorden eine Gegenbewegung hervor, die die Rückkehr zu den ursprünglichen Gedanken der Kirchenväter über ein Gott wohlgefälliges Leben in mönchischen Gemeinschaften in Armut, Gehorsam und Keuschheit verlangte. Die innerkirchlichen Klagen über die Verweltlichung christlicher Ämter und Andachtsstätten wurden nur zu gern von der Öffentlichkeit aufgenommen, der diese Erscheinung nicht fremd geblieben war, zumal die Diskrepanz zwischen der Armut großer Teile der Bevölkerung und dem Wohlleben ihrer Seelenhirten nicht zu verbergen war. So war dann seit dem 11. Jahrhundert ein doppeltes Bemühen um eine Erneuerung der Kirche deutlich zu erkennen: einerseits vom Schoße der Kirche selbst ausgehend, andererseits von Kräften außerhalb der Kirche.

Der Investiturstreit im 11. Jahrhundert hatte auch bei nicht wenigen Kirchendienern die Frage aufgeworfen, ob es der Kirche gut tue, wenn sie um weltliche Macht ringe. Neben der auf päpstliche Autorität über weltliche Herrscher ausgerichteten Reformpartei, die diese Auseinandersetzung in Deutschland und Italien durchfocht, entstanden im 12. Jahrhundert neue Mönchsorden, die erstmals straff organisiert waren, keine Klosterautonomie kannten und die Einhaltung ihrer Regeln kontinuierlich kontrollierten: Zisterzienser und Prämonstratenser. Letztere widmeten sich besonders der Reform des sogenannten Weltklerus – geistlicher Herren, die ihr Kirchenamt nicht versahen, aber finanziell abschöpften – und der Seelsorge unter dem Volk. Die Zisterzienser orientierten sich mehr an Armut und regelmäßiger Arbeit mit den eigenen Händen. Sehr strenge Askese und das Streben nach größter Einfachheit bildeten die Leitmotive für den Orden der Zisterzienser. Innerhalb der Abteien herrschte unbedingte Arbeitsteilung: Den Mönchen oblagen die geistigen Tätigkeiten, den Laienbrüdern die manuellen. Beide Orden engagierten sich u. a. mit Nachdruck beim Landesausbau auf Kolonialboden im Zusammenhang mit der Ostexpansion.

Prämonstratenser und Zisterzienser waren aber auch eine Antwort besorgter Kirchenleute auf die

Als Zentren der Bildung und des teilweisen Weiterlebens antiker Zivilisation spielten die Klöster eine unentbehrliche Rolle sowohl bei der Festigung als auch bei der Ausbreitung von Verwaltung, Glauben, Kultur. Wegen ihres Zugangs zu antiken Lehrbüchern waren Klosterbewohner auch in der Lage, schwierigere Anbaumethoden in Feldwirtschaft und Gartenbau zu lehren und praktisch vorzuführen, so daß Mönche und Nonnen nicht nur bei der Christianisierung der an der fränkischen und späteren deutschen Ostgrenze sukzessive angeschlossenen Gebiete die bestimmende Rolle spielten, sondern auch bei der Weitervermittlung von Bildung, Kultur und Fachwissen.

Im Gegensatz zu den traditionellen Mönchsorden, die ihre Existenzberechtigung in der Verherrlichung Gottes sahen, wofür ihnen die Umwelt den Lebensunterhalt zu finanzieren hatte, forderte der um 1100 gegründete Orden der Zisterzienser von seinen Mitgliedern regelmäßige Arbeit. Da das Ordensstatut der Zisterzienser die Erhebung von Abgaben verbot, arbeiteten die Zisterzienserklöster markt- und gewinnorientiert, wobei sie die lokalen Gegebenheiten geschickt nutzten: Vom Weinbau im Elsaß bis zum Pferdegestüt in Mecklenburg waren alle landwirtschaftlichen Produktionszweige erfolgreich vertreten. (Detail aus dem Bernhardsaltar von Jörg Breu d. Ä.; Zwettl, Stiftskirche)

1183 richtete die Kurie im Kampf gegen die Ketzerei die Inquisition ein als eine Art Überorganisation für polizeiliche Untersuchung, Anklage und richterlichen Spruch in Glaubensdingen in einem. Vor allem der von Domingo da Guzman (1170–1221) gegründete Dominikanerorden war mit der Inquisition beauftragt, was ihm den Spottnamen „Domini canes" (des Herren Hunde) verschaffte. War ein Verdächtiger nach dem Verhör, wobei auch die Folter schonungslos eingesetzt wurde, der Ketzerei für schuldig befunden worden, wurde er zur Hinrichtung der weltlichen Macht übergeben. Zumeist wurden die Ketzer verbrannt, denn nach den damaligen Vorstellungen mußte der sündige Leib des Ketzers vernichtet werden, selbst wenn er widerrufen hatte, um seine Seele zu retten. Die öffentliche Hinrichtung, die als abschreckendes Beispiel dienen sollte, wurde zumeist von der Bevölkerung als großes Spektakel genossen. (Gemälde von Pedro Berrungete; Madrid, Museo del Prado)

seit dem 11. Jahrhundert in manchen Regionen bereits zur Massenerscheinung werdende Ketzerei. Wanderprediger und asketische Eremiten erfreuten sich zunächst großer Beliebtheit, weil sie sichtbar ebenso in Armut lebten wie ihre Zuhörer und für die Austeilung der Sakramente nichts verlangten. Dann aber griffen sie oftmals auch die kirchliche Hierarchie sowie Abgaben an kirchliche Institutionen an, was ihnen Beifall einbrachte. Besonders heftig traten ketzerische Lehren über Klerus und Kirche nicht zufällig dort auf, wo die jungen Städte sich mit geistlichen Stadtherren auseinanderzusetzen hatten: Ketzer- und kommunale Bewegung verschmolzen hier nicht selten. Niederer Adel, der sich am Kirchengut bereichern wollte, war auch nicht unempfindlich gegen Ketzerlehren, wenn diese die Abschaffung weltlichen Besitzes der Kleriker beinhalteten.

Die zu Beginn des 13. Jahrhunderts auch im Reich präsenten Waldenser, deren Ursprung in Südfrankreich lag, verwarfen Sakramente, Hierarchie und Weltlichkeit der Kirche und verneinten zugleich die Heilsfunktion der Institution Kirche. Da aber christlicher Staat und christliche Kirche im Verständnis der Zeit eins waren, verfolgten die angegriffene Kirche und die weltliche Macht gemeinsam die Ketzer. Die ersten Ketzerverbrennungen auf deutschem Boden fanden in der Mitte des 12. Jahrhunderts in Köln und Bonn statt. Angesichts der Ketzerei in Italien und Frankreich seit der Mitte des 12. Jahrhunderts schuf die Kurie 1183 die Inquisition. Seit 1231 war für diese Überwachungs- und Reinigungsinstitution in Deutschland der Prämonstratenser und frühere Kreuzzugsprediger Konrad von Marburg (gest. 1233) zuständig, der in Köln, Trier, Straßburg, Goslar und Erfurt die Scheiterhaufen lodern ließ und gegen die freien Bauern im Stedingerland als angebliche Ketzer zum Kreuzzug aufrief, weil diese den Erzbischof von Bremen nicht als Grundherrn anerkannten. Als sich der Inquisitor aber übereifrig auch gegen Adlige wandte, lauerten ihm Ritter auf und brachten ihn um. 1234 verbot König Heinrich (VII.) eine Ketzerverfolgung außerhalb der im Landfrieden vorgeschriebenen ordentlichen Gerichte; aber die Stedinger „Ketzer" unterlagen dennoch im Mai 1234 dem gegen sie aufgebotenen Kreuzzugsheer.

Als wirksames Mittel, die sozialen Forderungen der Ketzer scheinbar aufzunehmen, erwies sich eine neugeschaffene kirchliche Einrichtung, die vor aller Augen demonstrierte, wie man als Kleriker in Armut zu leben und auf Mildtätigkeit angewiesen zu sein vermochte: die Bettelorden der Franziskaner und Dominikaner. Einhundert Jahre nach ihrem ersten Auftreten in Deutschland gab es hier bereits mehr als 200 Franziskaner- und an die 100 Dominikanerklöster, die sich von altgewohnten Klöstern anderer Orden deutlich unterschieden. Sie waren von bescheidenem Äußeren und spartanisch eingerichtet, ihre Insassen lebten keineswegs in der traditionellen mönchischen Weltabgeschiedenheit, sondern gingen unter das Volk und predigten dort mit päpstlichem Privileg auch ohne Einverständnis der örtlichen Kirchenoberen; so konnten sie sich selbst weitgehende Kritik an Prälaten leisten, ohne vor ein geistliches Gericht zitiert zu werden. Daher strömten zahlreiche Zuhörer zu ihren Predigten zusammen, und einzelnen besonders Wortgewaltigen – wie dem Franziskaner Berthold von Regensburg (vor 1210–1272) – ging ein geradezu legendärer Ruf voraus. Als doch nicht zu vermeiden war, daß auch bei den Bettelorden sich Güter ansammelten, brachen Teile der Franziskaner den Armutsstreit vom Zaun, den der Papst 1323 damit beendete, daß er die Lehre, Christus und seine Jünger hätten gar kein Eigentum besessen, als Ketzerei verurteilte.

Zu dieser Zeit allerdings hatte sich das um 1300 auf der Höhe seiner Macht befindliche Papsttum voll auf Geldwirtschaft umgestellt und erschloß immer neue – teils sehr fragwürdige – Geldquellen mit dem Erfolg, daß die Kurie im 14. und 15. Jahrhundert zwar die größte Finanzmacht Europas war, daß aber bei ihr alles – aber auch alles! – käuflich wurde. Die Folge der auf Geld, Prunk und Macht gerichteten Haltung der Kurie – und in ihrem Gefolge der hohen Geistlichkeit – trat in Gestalt des Verfalls von Bildung und Moral beim Klerus bald grell zutage. Viele Inhaber geistlicher Ämter achteten nur noch auf den daraus zu erwirtschaftenden Gewinn und überließen gegen einen Bruchteil der Einkünfte ihre geistlichen Aufgaben Vertretern der niederen Geistlichkeit. Diese aber waren zumeist von geringer Bildung und übten die geistlichen zeremoniellen Handlungen oberflächlich oder falsch aus und entzogen ihnen so ihren eigentlichen Sinn.

Als geistige Gegenbewegung gegen diese Veräußerlichung ging von deutschen Dominikanern wie Meister Eckhart (um 1260–1328) die Mystik aus, die äußere Zeremonien im Umgang der Christen mit ihrem Gott für entbehrlich hielt, was das Priestertum in Frage stellte und deshalb 1329 vom Papst für ketzerisch erklärt wurde. Sittliches Verhalten stuften die Mystiker als wesentlich Gott

Um 1200 gründete Franziskus von Assisi den Franziskanerorden, der von Papst Innozenz III. (um 1160–1216, P. 1198) anerkannt wurde. Ab 1220 trat dieser Orden auch im Reich auf. Die Mönche wurden hier zunächst durchaus für Ketzer gehalten, als sie barfüßig in grobgewebter Kutte bettelnd von Tür zu Tür zogen, denn sie nahmen das Armutsgebot wirklich so ernst, daß sie nur von Spenden lebten. (Fresko von Giotto di Bondone; Assisi, San Francesco)

Bei aller Verweltlichung und dem Niedergang vieler Klöster übten auch weiterhin etliche Klöster, vor allem die Frauenklöster, soziale Aufgaben aus. Die traditionelle Pflege von Kranken und Siechen war selbst in den Städten über Jahrhunderte hinaus durch nichts zu ersetzen. Erst im 20. Jahrhundert mit dem Ausbau des staatlichen Krankenpflegesystems ging die Bedeutung der Kirche auch in diesem Bereich zurück.

wohlgefälliger ein als den am Buchstaben von Dogmen klebenden rituellen Glaubensbetrieb. Herausragende Mystiker – zum Beispiel Hermann Seuse (um 1295–1366) – vertraten ihre Meinungen auch keineswegs in gelehrten lateinischen Disputationen, sondern in deutscher Sprache in Zirkeln von Gläubigen, die sich außerhalb der offiziellen Kirche – wenngleich keineswegs ausdrücklich gegen sie – formiert hatten: die (weiblichen) Beginen und die (männlichen) Begarden, die im 13. und 14. Jahrhundert im westlichen Deutschland in Gruppen ein mit fleißiger Arbeit und karitativer Tätigkeit ausgefülltes Gemeinschaftsleben führten. Ketzerischer Neigungen verdächtigt, wurden sie 1311 der Aufsicht der Bettelorden unterstellt. Eine späte Umsetzung von Mystikerlehren in den praktischen Alltag unternahmen seit dem letzten Drittel des 14. Jahrhunderts die „Brüder vom gemeinsamen Leben", die sich vom Niederrhein aus über ganz Nordwestdeutschland und auch in Württemberg ausbreiteten, dort Laien und niedere Kleriker vereinten und religiöse Erbauung mit produktiver Arbeit und der Förderung der Bildung in den Stadtschulen verbanden.

Da das weitverbreitete Unbehagen am skandalösen Zustand der Kirche sich während des Schismas im 14./15. Jahrhundert noch verstärkte, machten sich schließlich auch Kirchenfürsten Sorgen wegen einer notwendigen „Reform an Haupt und Gliedern", weil anderenfalls die Kirche eines Tages vor dem Volkszorn nicht mehr bestehen könne. Hohe Kleriker befürworteten ein Konzil, das die Einheit der katholischen Kirche wiederherstellen und bei dieser Gelegenheit die absolute Machtstellung des Papstes relativieren sollte. Ersteres gelang auf dem Konstanzer Konzil 1414–1418; aber diesem Ergebnis stand die Hinrichtung des als Ketzer verurteilten tschechischen Reformators Hus (1369–1415) gegenüber, die den Ausbruch einer geradezu revolutionären hussitischen Ketzerbewegung provozierte. Sie blieb auch in Deutschland nicht ohne Widerhall, wo örtlich Waldensertum wieder zum Vorschein kam. Das Baseler Konzil 1431–1449 brachte zwar radikale Beschlüsse zur Beschneidung päpstlicher Ausschließlichkeitsrechte bei der Besetzung wichtiger Kirchenämter und zur Verbesserung der kurialen Finanz- und Gerichtspolitik, aber Papst Nikolaus V. (P. 1447–1455) schloß 1448 mit dem Reichsoberhaupt Friedrich III. ein für alle deutschen Fürsten verbindliches Konkordat, das das Recht der Besetzung höherer Kirchenämter zwischen Landesfürsten und Papst teilte, letzterem aber auch noch erhebliche Privilegien bei der Vergabe niederer Pfründen ließ. So verlief die Kirchenreform, die aus der Kirche heraus initiiert worden war, im Sande, ohne daß die grundlegenden Krankheitskeime beseitigt worden waren.

Geistiges Leben, Kultur und Kunst

Bildung und Kultur lagen bis ins 11. Jahrhundert hinein weitgehend in den Händen der Kirche. Aber über die islamische und byzantinische Welt kamen mit den Kreuzzügen antike Philosophie und Naturerkenntnis nach Süd-, West- und schließlich auch Mitteleuropa. Seit dem 13. Jahrhundert war der griechische Philosoph Aristoteles in gebildeten Kreisen des Reiches nicht mehr unbekannt, und die Kirche suchte nach einer Antwort auf das Verhältnis von Glauben und Wissen mit Hilfe eines neuen Denkgebäudes, der Schola-

Zu den bedeutendsten Scholastikern zählte der schwäbische Grafensohn und Dominikaner Albert von Bollstädt (1193–1280), Albertus Magnus genannt. Er und seine Schüler wiesen dem Verstand den Platz zu, den Glauben rational auszufüllen und so die Gesellschaft mit den kirchlichen Dogmen zu vereinen: Die Philosophie habe die Magd der Theologie zu sein. (Treviso, Capitolo dei Dominicani)

stik. Auf dem Boden der Scholastik kämpften aber bald zwei große philosophisch-theologische Richtungen, getragen jeweils von den Dominikanern und Franziskanern, um die Vorherrschaft: Realismus und Nominalismus. Die deutsche Mystik stellte einen Versuch dar, beide Flügel durch Verinnerlichung des Glaubens zu überwinden. An sie knüpfte der letzte große scholastische deutsche Philosoph an, der zugleich auf ihre Überwindung hindeutete: Nikolaus Chrypps (1401–1464) aus Kues an der Mosel, der sich als Kleriker Cusanus nannte und auf der Stufenleiter kirchlicher Würden bis zum Kardinalsrang gelangte. Er überbrückte die Diskrepanz zwischen Glauben und Wissen durch die trennende Unterscheidung von Sinn, Verstand, Vernunft und mystischer Anschauung, die sich allein in Gott vereinten; damit gelangte Cusanus bereits zu pantheistischen Ansätzen, die ihn auch zum Predigen von Toleranz veranlaßten. Sein philosophisches Hauptwerk „De docta ignorantia" erschien 1440, gerade als Friedrich III. zum Deutschen König gekrönt wurde.

Inmitten einer kleinen Schicht Schreib- und Lesekundiger berührten die heftigen Auseinandersetzungen zwischen Realisten und Nominalisten aber nur eine hauchdünne Minderheit Gebildeter. Bauern, Ritter und Fürsten waren im 11. Jahrhundert fast durchweg Analphabeten, und es machte einen der wesentlichen Fortschritte in der Zeit bis zum 15. Jahrhundert aus, daß die Zahl der Analphabeten sich doch allmählich verminderte. Das ging zunächst auf den Bedarf der Städte zurück, denn das Städtebürgertum brauchte im kaufmännischen und gewerblichen Leben verwertbares Wissen, das Lesen, Schreiben, Rechnen ebenso beinhaltete wie juristische Bildung und Verwaltungskenntnisse. Die bisher üblichen Kloster- und Domschulen konnten damit nur ungenügend dienen, und so ging mit der kommunalen Bewegung zur Erringung städtischer Freiheit der Drang zur städtischen Mitbestimmung an den Klerikerschulen und schließlich die Gründung eigener städtischer Schulen Hand in Hand.

Um die Mitte des 13. Jahrhunderts entstanden die ersten Ratsschulen, z. B. in Worms 1260, in Lübeck 1262. Die dort vermittelte umfassende weltliche Bildung war aber, da der Schulbesuch zu bezahlen war, für das Gros der Krämer und Handwerker zu teuer. Sie eigneten sich die für sie notwendige Bildung in Schreib- und Leseschulen an, bei denen auch Rechenmeister tätig waren. Noch darunter in der Qualität lagen jene privaten Elementarschulen, die gegen Ende des Mittelalters aufkamen, im wesentlichen nur Lesen vermittelten und verächtlich Klippschulen genannt wurden.

Die deutsche Sprache machte zwischen dem 11. und 15. Jahrhundert einen wesentlichen Umwandlungsprozeß durch. Zu Beginn dieser Periode setzte sich südlich der Sprachgrenze Aachen – Düsseldorf – Kassel – Magdeburg – Frankfurt/Oder, die Hoch- und Niederdeutsch voneinander trennte, das Mittelhochdeutsche durch. Es wurzelte in der schwäbisch-alemannischen Mundart und verbreitete sich innerhalb von weniger als einem Jahrhundert an den Höfen und Rittersitzen als allgemeine Literatursprache. Die in der zweiten Hälfte des 11. Jahrhunderts erstmals verbreitet einsetzende Gewohnheit, die übliche geistliche Dichtung nun nicht mehr in Latein, sondern in der Volkssprache abzufassen, mußte sich aber am jeweiligen Ansprechkreis orientieren und wies die eigentliche Volkssprache als regional recht unterschiedliche Mundarten aus. Die mittelhochdeutsche Literatursprache beherrschte dagegen voll und ganz die literarische Darstellung des Adels, besonders der Ritterschaft, wie sie sich im 12. und 13. Jahrhundert in literarischen Meisterleistungen niederschlug, mit denen Moral und Lebensweise dieses Teils der hochmittelalterlichen Gesellschaft dichterisch überhöht gefeiert wurden.

Durch die Kreuzzüge war der niedere Adel in eine bis dahin völlig ungewohnte Internationalität gelangt, und die Berührung mit anderen Kulturkreisen brachte auch die Bekanntschaft mit bis dahin unbekannten Themen. So vermischten sich antike Überlieferung, orientalische Märchen, historische Sagen und mythologische Berichte zu einem schier unerschöpflichen Kranz von Quellen, aus dem die höfische Epik ihre Themen nahm für die Lobpreisung ritterlicher Standesmoral im Mantel von Abenteuergeschichten. Aus der großen Fülle literarischer Zeugnisse von bleibendem Wert, die auf dem Weg über spätere Volksbücher die deutsche Nationalliteratur thematisch wie moralisch mitformten, ragen als Autoren auf einsamer Höhe der fränkische Ritter Wolfram von Eschenbach (um 1170–1220) und der um 1200 schaffende unbekannte Verfasser des Nibelungenliedes hervor, ersterer am Hof des Landgrafen von Thüringen, letzterer möglicherweise beim Bischof von Passau oder am Sitz der österreichischen Babenberger in Wien angesiedelt.

Auch lyrische Formen dienten dem adligen Moralanliegen, nicht ohne daß dabei wunderbare Zeugnisse feinster Sprachkunst, tiefempfundenen Naturgefühls und zartester Liebesdichtung entstanden. Den Reigen der mittelhochdeutschen Lyriker führt unbestritten der von österreichischen Ministerialen abstammende Walther

Die städtischen Schulen schufen einen wesentlichen Rahmen für ein weltliches Bildungssystem und entrissen damit der Kirche ihr bis ins Hochmittelalter zäh verteidigtes Bildungsprivileg. Legten die Ratsschulen auch noch Wert auf die Vermittlung von Latein als der Sprache der Gebildeten und wandelten sich einzelne von ihnen gar im 14./15. Jahrhundert zu Universitäten, so blieb der Unterricht in den Schreib- und Leseschulen – und schon ganz und gar in den Klippschulen – bei Deutsch. (Basel, Kunstmuseum)

Das bewegte Leben des ritterlichen Helden Parzival, der zum Schluß durch christliches Mitleiden den ersehnten Gral findet, schildert in einem Hohelied auf ideales Menschenstreben und ritterliche Tugenden Wolfram von Eschenbach in seinem um 1200 entstandenen Epos „Parzival". (München, Bayrische Staatsbibliothek)

Walther von der Vogelweide griff mit seiner politisch motivierten Dichtung ohne Rücksicht auf kirchliche Strafen in die Streitigkeiten zwischen Papst und Kaiser zugunsten Friedrichs II. ein. Dabei formulierte er ein besonderes Gefühl, das er aus Heimatliebe und Parteinahme für den Kaiser zog und das mit einem später gültigen Ausdruck als Patriotismus zu bezeichnen wäre. (Weingartner Liederhandschrift; Stuttgart, Württembergische Landesbibliothek)

von der Vogelweide (um 1170 – um 1230) an, der in innigem Empfinden und kraftvollem Ausdruck von anderen nicht erreicht wurde. Die Betonung eines besonderen „deutschen" Charakters bei Mensch und Natur brachte erstmals mit Walther von der Vogelweide, der im Streit zwischen den staufischen Kaisern und dem Papst entschieden für die Staufer eintrat, die Anfänge eines aufkeimenden Nationalgefühls zum literarischen Ausdruck. Diese bewußte Absetzung des Deutschen als zusammenfassendes Charakteristikum der Stämme im Reich nördlich des Alpensüdrandes wird dann erst wieder seit dem 14. Jahrhundert bei deutsch schreibenden Chronisten gefunden. Auch bei ihnen war das auslösende Moment die publizistische Parteinahme für den Kaiser – Ludwig den Bayern – in seinem Streit mit dem Papst.

Seit dem Ende des 13. Jahrhunderts verfiel im Zusammenhang mit der immer stärkeren Profilierung der Landesfürstentümer die mittelhochdeutsche Literatursprache zusehends und wich auch im dichterischen Schrifttum wieder den Mundarten. Die Epigonen der Ritterdichtung kamen dabei angesichts des Verfalls der gesellschaftlichen Bedeutung des niederen Adels auch nicht mehr um eine manchmal recht derbe Annäherung an die Wirklichkeit herum, ebenso wie die geistlichen Fastnachtsspiele nun – vornehmlich in den Städten – auf konkrete Probleme im täglichen Leben des Gemeinwesens zu sprechen kamen.

Rein städtischen Ursprungs waren die im 14. Jahrhundert auftauchenden Meistersinger, die nach dem Vorbild der gewerblichen Zünfte Singschulen als dichterisch-musikalische Werkstätten

Daß auf der Grenzscheide von Mittelalter und Neuzeit auch die bürgerlichen Städter in den kritischen Blick gesellschaftlicher Unterschichten gerieten, drückte das um 1450 verfaßte – zunächst auf niederdeutsch erschienene – Volksbuch von Till Eulenspiegel aus, in dem der bis dahin nicht zu literarischen Äußerungen gelangte verachtete Bauer sich über alle anderen Stände lustig machte.

gründeten und nach festen Regeln Bewertungen für Dichtung und Komposition einführten. Mit der Natürlichkeit der Volkslieder, die dank wachsender Schriftlichkeit seit dem 14. Jahrhundert auch aufgezeichnet wurden und so in die deutsche Literatur eingingen, konnte der nach starren Regeln gegängelte Meistergesang keinesfalls konkurrieren. Äußerst beliebt waren bei einem breiten Publikum die sogenannten Volksbücher, die auf Deutsch bekannte Sagenstoffe literarisch wiedergaben, aber auch, wie der „Till Eulenspiegel", die sozialen Zustände der eigenen Zeit in satirischer Form darstellten.

Der „Till Eulenspiegel" war zunächst in Niederdeutsch erschienen, begann seinen Siegeszug aber erst in Hochdeutsch. Denn im Laufe des

Ein typisches Beispiel für die Architektur der Romanik ist die Kirche der Benediktinerabtei von Maria Laach in der Eifel, die im 12. Jahrhundert errichtet wurde.

Fürsten, Ritter und Bürger betonten allerdings nicht selten Freude am irdischen Dasein durch architektonische Verzierungen. Fürstenstandbilder wie das des Meißener Markgrafen Ekkehard und seiner Gemahlin Uta von Ballenstedt im Naumburger Dom, die nur noch lose mit dem Sakralbau verbunden waren, dem sie zugehörten, ließen die von der Kirche in Kunstwerken praktizierte Weltentrücktheit merklich vermissen.

14. Jahrhunderts wurde zwar aus den Bedürfnissen ebenso wie aus dem Handelsmonopol der Hanse heraus das Mittelniederdeutsche zur nordeuropäischen Verkehrssprache, aber im bevölkerungsreicheren Süden setzte sich zur gleichen Zeit das von der Wiener Kanzlei verwandte Gemeine Deutsch immer stärker durch, und unmittelbar südlich der Sprachgrenze – wo der aufblühende Silberbergbau nach der Pestwelle von 1348–1351 eine starke Zuwanderung und damit erheblichen Bevölkerungszuwachs mit sich brachte – entstand an der Grenze zwischen altem Siedlungsgebiet und Kolonialboden eine Mischsprache mit einer aus der zentralen geographischen Lage resultierenden hohen Ausstrahlungskraft. Seit der Mitte des 14. Jahrhunderts gab es damit bereits eine neue Etappe in der Sprachentwicklung mit dem im Reich überwiegenden Frühneuhochdeutsch und dem Frühneuniederdeutsch.

In der bildenden Kunst ist die Zeit vom 11. bis zum 15. Jahrhundert in Deutschland von den Stilepochen der Romanik und der Gotik gekennzeichnet. In der Romanik (11.–13. Jahrhundert) war religiöse Aussage vordergründigster Zweck von Architektur und der mit dieser aufs engste verbundenen Plastik. Streng stereometrische Figuren waren die Grundlage für die auf die Demonstration von Wucht und Schwere ausgerichteten Bauten. Profanbauten wie Pfalzen, Burgen und vereinzelt bereits städtische Rathäuser ahmten diese Formen nach, die dem Wissensstand der Baumeister ebenso entsprachen wie dem kirchlichen Anspruch, die Nichtigkeit des Erdenlebens vor Augen zu führen. Im Verlauf der Romanik verbreitete sich aber wieder die schon in der Antike bekannte Fertigkeit, Gewölbe zu bauen, und mit dieser Wölbungstechnik konnte die Strenge der Bauten aufgelockert werden. Möglicherweise im Zusammenhang mit den Ketzerbewegungen des 12. Jahrhunderts veränderte die Kirche auch die künstlerische Reflexion des Christusbildes: Aus dem weltentrückten Himmelskönig wurde die leidende menschliche Kreatur, deren Martyrium der Gemeinde sichtbar vor Augen geführt wurde.

Im zweiten Drittel des 13. Jahrhunderts begann von Frankreich her die Gotik von der in Deutschland vorherrschenden Architektur Besitz zu ergreifen. Die Kirchenbauten zeigten ein völlig neues Stilgefühl, das nicht mehr das Niederdrükken in den Erdenstaub, sondern das Aufsteigen zu Himmelshöhen zum Ausdruck bringen wollte. Die Bauhütten, die, überlokal organisiert wie ein Mönchsorden, ihr Wissen um Bautechnik, Steinbearbeitung und Skulpturengestaltung streng geheimhielten, schlossen sich in breiter Front der gotischen Stilrichtung an. Ihre Monopolstellung zerbrach jedoch, als die Städte sich im 14. Jahrhundert beim Bau ihrer Pfarrkirchen, Rathäuser, Gesellschafts- und Wehrbauten auch der Gotik zuwandten und der neue Baustil von seiner Funktion als Verherrlichung kirchlicher Macht in einen Ausdruck kommunalen Reichtums und

Ende des 15. Jahrhunderts wurde die spätgotische Hallenkirche von Freiberg in Sachsen auf den Resten eines romanischen Vorgängerbaus errichtet. Die von der Erde wegstrebende Schlankheit konnte nur erreicht werden, weil die Baumeister gelernt hatten, die Deckengewölbe nicht mehr allein auf den Grundmauern lasten zu lassen, sondern durch Strebepfeiler und -bögen den Druck aufzufangen.

Die irdische Vergänglichkeit des Menschen, durch die Pestepidemien den Zeitgenossen immer wieder aufs schmerzhafteste bewußt gemacht, wurde ein Thema der Kunst, das nicht nur in der Malerei, sondern auch in der Literatur seinen Niederschlag fand. Sollten die Totentänze jeden Menschen, ob Kaiser oder Bettler, an seine Sterblichkeit erinnern, so begehrt „Der Ackermann aus Böhmen", um 1400 von dem Stadtschreiber Johann von Tepl (um 1350–um 1414) verfaßt, gegen den Tod seiner Gattin auf und fängt an, mit dem Sensenmann über dessen Arbeit zu diskutieren. Gottvater wird zum Schiedsrichter angerufen, und zum Schluß muß der Ackermann sich geschlagen geben, denn der Tod hat die besseren Argumente. Deutlich kommt hier zum Ausdruck, daß der Tod eines geliebten Menschen bewußt als schmerzlicher Schicksalsschlag empfunden und nicht mehr als göttlicher Wille klaglos hingenommen wird. Dieses Streitgespräch mit dem Tod wurde im 15. Jahrhundert an vielen Orten nachgedruckt, so beispielsweise 1463 in Bamberg, aus dem der hier abgebildete Holzschnitt stammt.

In die religiöse Malerei hielt die wirkliche Welt ihren Einzug. Das Leben der Heiligen spielte sich nicht mehr in einem mythischen Raum ab, sondern wurde in die Gegenwart versetzt. So findet Petri Fischzug auf dem Mittelbild des 1444 fertiggestellten Altarbildes von Konrad Witz (1396–1446) auf dem naturgetreu wiedergegebenen Genfer See statt und versetzt damit die Heiligen in eine den Betrachtern vertraute Umgebung. (Genf, Musée d'Art et d'Histoire)

kommunaler Selbständigkeit umgewandelt wurde. Auch örtliche Bauhandwerkerzünfte drangen nun in die Geheimnisse der Architektur und Bautechnik ein. Besonders prägnant trat städtisches architektonisches Repräsentationsbedürfnis in der niederdeutschen Backsteingotik hervor, die auf den ganzen Ostseeraum übergriff und im Deutschordensland sogar Einfluß auf den Burgenbau ausübte, was im Reich durchaus unüblich war.

Die gotische Plastik blieb von der Großen Pestwelle und den immer wieder folgenden Epidemien nicht unbeeindruckt und setzte die Tradition des Schmerzensmannes, mannigfaltig erweitert durch die Leidensgeschichten der unzähligen Märtyrer, in oft schauerlicher Eindringlichkeit fort. In der Malerei und Grafik nahmen im 14. Jahrhundert Totentänze und Jüngste Gerichte das Thema irdischer Vergänglichkeit mit Vorliebe auf. Wie in jeder Spätphase einer Kunstrichtung brachen sich ausgangs des 14. Jahrhunderts auch in der Gotik Erstarrung und Formalismus Bahn, zumal gotische Bildaltäre nun auch in beachtlicher Stückzahl als Exportgut fabriziert wurden und die Verwendung gotischer Formenelemente und die Lebensprallheit der Figuren dabei offenbar den Kundenwünschen mehr entsprach als Verinnerlichung.

Gegen die Erstarrung im Formalen traten etwa zu Beginn der habsburgischen Kaiserzeit einzelne Maler in voller Absicht an, indem sie der fragilen Zierlichkeit gotischer Figuren künstlerische Widerspiegelung des Häßlichen und der Weltenferne einer auf Goldgrund stehenden Maria die künstlerische Erfassung der zeitgenössischen Lebensumstände entgegensetzten, wobei die dem Betrachter vertraute Umgebung miteinbezogen wurde. Damit kündigte sich in der Kunst eine Richtung an, in der das religiöse Thema – für dessen Bewältigung der Künstler schließlich bezahlt wurde – als bloße Hülle für die Darstellung der Wirklichkeit diente.

Wahlkönigtum oder Erbmonarchie?

In Deutschland hatten sich nach dem Machtverfall der Staufer die Städte hinter Wilhelm von Holland gestellt, der ihnen gegen die Landesfürsten beistehen sollte. So setzten niedersächsische Städte Wilhelms Anerkennung durch norddeutsche Fürsten durch. Wilhelm erkannte 1255 den Rheinischen Städtebund an, der auf Betreiben von Mainz und Worms entstanden war und von Aachen bis Regensburg und von Zürich bis Lübeck reichte; auch weltliche und geistliche Fürsten waren ihm beigetreten. Als Schiedsrichter bei inneren Schwierigkeiten des Bundes hatte Wilhelm die Möglichkeit gewonnen, sich gegen die Fürsten wenden zu können, deren Rechte durch ein Statut Friedrichs II. erheblich ausgeweitet worden waren.

Nach Wilhelms Tod entschieden über die Nachfolge sieben Fürsten: Die Erzbischöfe von Köln, Mainz und Trier, der Pfalzgraf bei Rhein, der Herzog von Sachsen, der Markgraf von Brandenburg und der König von Böhmen. Erst während des Dreißigjährigen Krieges änderte sich die Zusammensetzung der Kurfürsten. (Codex Balduini Trevirensis; Koblenz, Staatsarchiv)

Bevor Wilhelm eine beabsichtigte Reichsreform wirkungsvoll in die Wege leiten konnte, kam er 1256 bei einem Feldzug gegen die Friesen ums Leben. Der Rheinische Bund erklärte daraufhin, er werde das verwaiste Krongut in seine Obhut nehmen und es erst wieder herausgeben, wenn ein einmütig gewählter König es einfordere. Nur war leider vom Ausland freigiebig verteiltes Geld mächtiger als diese gute Absicht, und die Kurfürsten teilten ihre Stimmen exakt (das ging bei einem siebenköpfigen Gremium nur durch die wunderbare Eigenschaft der böhmischen Stimme, jedem der beiden Kandidaten zuzufallen) zwischen zwei Ausländern: Richard von Cornwall (1221-1284), weitläufig verwandt mit Otto IV., und Alfons von Kastilien (1209-1272), ebenso weitläufig verwandt mit den Staufern. Richard kam wenigstens gelegentlich nach Deutschland, Alfons betrat es nicht einmal. Beide sahen die deutsche Königskrone nur als Sprungbrett für den Kaisertitel, mit dem sie Politik im reichen Italien betreiben wollten. Da unter Richard und Alfons jegliche Aktivität einer Zentralmacht aussetzte, empfanden bereits Zeitgenossen und unmittelbar Nachgeborene die Zeit dieser Nominalkönige als eine Zeit ohne Herrschaft – ein Interregnum zwischen zwei tatsächlich regierenden Königen. Da der Rheinische Bund an widerstreitenden Handelsinteressen zugrundeging, gab es keinen Beschützer des königlichen Gutes mehr, der nun die Aneignung von Rechten der Zentralmacht durch örtliche feudale Kräfte hätte verhindern können.

Während im benachbarten Frankreich das Königtum im Verlauf des 13. Jahrhunderts im Verein mit dem niederen Adel und den Städten die Macht der großen Kronvasallen brach, gingen zur gleichen Zeit im Reich die Grundlagen einer starken Zentralmacht systematisch verloren: Reichsgut, Ministerialität als Reichsbeamtenschaft, Reichskirche als Steuerungsinstrument innerhalb des Landesfürstentums. Dafür sicherten sich die Landesherren im selben Jahrhundert zumeist die Blutgerichtsbarkeit und die Wiederholbarkeit der als Bede bezeichneten Landsteuer. Grafen und selbst manche niedere Reichsministerialen schoben sich in der Zeit der Doppelkönige in den Reichsfürstenstand empor. Allerdings sehr gefestigt waren die Landesfürstentümer innerlich auch noch nicht. Von einheitlichen Amtsbezirken konnte denn kaum die Rede sein, weil sowohl der niedere Adel – die Ritter – als auch die Städte zähen Widerstand entgegensetzten, wenn es um die Erhöhung aller möglichen Leistungen für den Landesherren gehen sollte – am liebsten griffen sie selbst nach dem vom Landesherren Verlangten. Die Städte verliehen sogar an außerhalb ihrer Mauern wohnende Personen Bürgerrechte und besteuerten diese „Pfahlbürger", die damit städtischer Gerichtsbarkeit unterstanden und trotz fürstlichen Widerspruchs aus der landesherrlichen Rechts- und Steuerhoheit ausbrachen.

Die ständige Finanzmisere der Landesherren gab niederem Adel und Städten – ganz selten auch freien Dorfschaften – die Möglichkeit, bei Entscheidungen aller wichtigen Probleme innerhalb des jeweiligen Landesfürstentums Mitspracherecht zu erhalten. In Ritter- und Städtebünden fanden sie sich zusammen, obwohl ihnen solche Bündnisse immer wieder verboten wurden. Die Landesherren mußten, wenn sie Geld brauchten, ihnen jeweils neue Rechte zugestehen oder alte bestätigen. Allmählich wurde diese Institution der Landstände allgemein und ein Wesensbestandteil der Landesfürstentümer, so daß sich das Spannungselement zwischen Zentralmacht und Reichsfürsten im territorialen Rahmen im widersprüchlichen Verhältnis von hohem Adel – den Landesherren – zu niederem Adel und Städten wiederholte.

Rudolf von Habsburg war der wohl vermögendste Territorialherr im Südwesten und hatte in seinen Landen bereits eine ausgeprägte Städtefreundschaft bewiesen, so daß ihn Städte wie Basel gern als Reichsoberhaupt in ihren Mauern begrüßten. (Gemälde von Franz Pforr; Frankfurt, Städelsches Kunstinstitut)

Der Aufstieg der Habsburger

Als Richard von Cornwall 1272 in England starb, forderte der in Deutschland fast vergessene Alfons von Kastilien beim Papst das Verbot einer Neuwahl. Doch sieben Städte im Rhein-Main-Gebiet mit Frankfurt/Main an der Spitze setzten die Wahl eines neuen Königs durch. Unter mehreren Bewerbern erschien der auch kandidierende König Ottokar IV. von Böhmen (um 1230-1278) doch allzu mächtig, und so wählten 1273 die Kurfürsten gegen böhmischen Widerspruch den Grafen Rudolf von Habsburg (1218-1291), der kurz danach in Aachen gekrönt wurde.

Als Inhaber der Königswürde ging Rudolf zunächst zielstrebig an die Wiederherstellung des Reichsgutes, das während des Doppelkönigtums an Landesfürsten geraten war. In Norddeutschland beauftragte er mit dessen Verwaltung die Herzöge von Braunschweig und Sachsen sowie den Markgrafen von Brandenburg; im Südwesten, wo er sich besser auskannte, setzte er dagegen Reichsvögte ein, die das Krongut in ihre Verwaltung zu nehmen hatten. Das gelang in etlichen Regionen, aber die Einziehung des Staufer-Erbes im einstigen Herzogtum Schwaben scheiterte, weil die schwäbischen Grafen und Herren nicht zurückgedrängt werden konnten. Da beschritt Rudolf einen wesentlich aussichtsreicheren Weg, dem Reichsoberhaupt eine echte Machtgrundlage zu verschaffen. Dem gegen ihn intrigierenden Böhmenkönig forderte er die von diesem seit 1251 angeeigneten Reichslehen Österreich, Steiermark, Kärnten und Krain ab, ließ einen Reichstag 1274 einen entsprechenden Beschluß fassen und zog 1276 gegen den Usurpator. Den militärischen Sieg nutzte Rudolf maßvoll aus. Er ließ sich zunächst nur Ottokars angeeignete Alpenländer, Österreich und das Egerland, ausliefern. Als der Böhme zwei Jahre später rebellierte und eine Koalition gegen Rudolf zusammenbrachte, zog dieser mit einem kleinen Reiterheer gegen den Rebellen und besiegte ihn in der Schlacht auf dem Marchfeld im August 1278. Auf der Flucht verlor Ottokar sein Leben. Die ostmärkischen Reichslehen mußte Rudolf nach dem Rechtsverständnis im Reich wieder an eine fürstliche Familie verleihen, und er folgte diesem Rechtsverständnis auch formal: Er belehnte seine beiden Söhne und schuf so das Beispiel, wie ein deutscher König sich im Einklang mit dem Reichsrecht eine Hausmacht beträchtlichen Umfangs zu schaffen vermochte. Den Kaisertitel strebte Rudolf als Ausdruck seiner Stellung im Reich an und nicht, um damit unerfüllbare Ansprüche zu unterstreichen; außerdem hätte er gern noch zu seinen eigenen Lebzeiten seinen Sohn Albrecht (um 1250-1308) zum Römischen König wählen lassen. Rudolfs Beliebtheit aufgrund der Durchsetzung des Landfriedens und des regelmäßigen Zusammentretens des Reichstags sowie wegen seiner persönlichen Ausstrahlung ließen dies möglich erscheinen. Doch mißliche Umstände verhinderten die Kaiserkrönung, und als Rudolf 1291 starb, wählten die Kurfürsten mit Adolf von Nassau (um 1255-1298) eine Marionette des Kölner Kurfürsten-Erzbischofs. Doch als auch Adolf begann, sich eine Hausmacht zu schaffen, rückten die Kurfürsten – und vor allem die geistlichen – von ihm ab und erklärten ihn auf Grund unzutreffender Beschuldigungen 1298 für abgesetzt.

Das war ein bisher einmaliger Vorgang, denn so hatten die Reichsfürsten sonst nur nach päpstlichen Bannsprüchen gehandelt. Der Papst hatte sich zu Adolf von Nassau nicht geäußert; doch die zu Beginn des 13. Jahrhunderts in ihrer Funktion noch unbekannten Kurfürsten hatten am Ende

Albrecht I. hatte durch eine kluge Heiratspolitik berechtigte Aussicht, Österreich mit Böhmen und Mähren zu vereinen. In den südwestdeutschen Stammlanden der Habsburger sammelte er Truppen, um diese Aussichten auch zu verwirklichen. Da erschien sein Neffe Johann, Sohn einer böhmischen Prinzessin, bei ihm und forderte nicht nur sein Erbteil an Österreich, sondern meldete Ansprüche auf Böhmen an. Albrecht I. war aber an einer Stärkung und nicht an einer Zersplitterung der habsburgischen Hausmacht interessiert und wies Johann daher ab. Daraufhin überfiel dieser zusammen mit einigen Rittern seinen Onkel am 1. Mai 1308 beim Überqueren der Reuß im Aargau, trennte ihn von seinem Gefolge und ermordete ihn. (Aquarell von J.J. Fugger; Wien, Nationalbibliothek)

des gleichen Jahrhunderts das entscheidende Gewicht bei der Bestimmung des Königs im Reich. Sie demonstrierten ihre Macht mit Hilfe des von ihnen 1292 zurückgesetzten Albrecht, den sie am Tag der Absetzung Adolfs zum König wählten. Eine Woche später verlor Adolf in einer Schlacht gegen Albrecht nicht nur dieselbe, sondern auch sein Leben. Im August 1298 ließ sich der Sieger in Aachen zum König krönen und leitete im November den Reichstag in Nürnberg. Bei dieser Gelegenheit nahmen die Kurfürsten erstmals die Erzämter ein: der Erzbischof von Mainz Erzkanzler des Reiches, der Erzbischof von Köln Erzkanzler Burgunds, der Erzbischof von Trier Erzkanzler Italiens, der König von Böhmen Erzmundschenk, der Pfalzgraf bei Rhein Erztruchseß, der Herzog von Sachsen Erzmarschall und der Markgraf von Brandenburg Erzkämmerer. Aus diesen Ämtern leiteten die Kurfürsten wiederum ihre hervorgehobene Rolle unter den Reichsfürsten ab.

Als Albrecht begann, die schon große Hausmacht der Habsburger auf Niederrhein und Rheinmündung auszudehnen, versuchten die Kurfürsten, auch gegen ihn vorzugehen. Doch Albrecht gewann die rheinischen Städte für sich, als er die Rheinzölle aufhob. Im Kurfürstenkrieg 1301/02 schlug er die rheinischen Kurfürsten nacheinander und zwang sie zur Herausgabe einbehaltenen Reichsgutes. Als nach dem Aussterben der Premysliden in Böhmen Albrecht auch Böhmen für Habsburg beanspruchte, schien der mehr als ein halbes Jahrhundert gehende Kampf, ob einige Reichsfürsten oder ein starkes Königshaus über den Thron im Reich zu verfügen hätten, nun endlich zugunsten des Königshauses entschieden. Da wurde Albrecht im Zuge eines Familienstreites von einem seiner Neffen ermordet. Nun lag die Entscheidung wieder bei den Kurfürsten.

Sie widerstanden französischem Druck und wählten nicht einen Bruder des französischen Königs, sondern fast schon traditionell wieder einen Grafen, den Bruder des Kurfürsten-Erzbischofs von Mainz, Heinrich von Luxemburg (1274/75-1313). Auch ihm fiel überraschend eine Hausmacht zu, als er seinen Sohn auf den böhmischen Thron einheiraten lassen konnte. Heinrich VII. nahm jedoch, anders als seine Vorgänger, die Kaiserpolitik wieder auf. Papst Clemens V. erkannte sein Königtum an, woraufhin Heinrich 1312 in Rom eintraf und im Lateran die Kaiserkrone empfing. Bereits kurz darauf überwarf er sich mit dem Papst, der sich der Restauration der Kaisermacht in Italien widersetzte. Noch vor Lösung des Konflikts erkrankte Heinrich und starb 1313 während des Vormarschs durch die Toskana an Malaria.

Heinrich VII. nahm im Gegensatz zu seinen Vorgängern die deutsche Italienpolitik wieder auf und zog über die Alpen, wo es ihm nicht anders als den anderen deutschen Herrschern erging. Zwar wurde er 1312 in Rom zum Kaiser gekrönt, aber die unbeständigen politischen Verhältnisse forderten seine ganze Kraft. So schlug er bereits im Februar 1311 in Mailand einen Aufstand nieder und hielt über die Aufständischen Gericht, aber die politische Lage hielt ihn auch noch nach der Krönung im Lande fest, wo er 1313 an Malaria starb. (Codex Balduini Trevirensis; Koblenz, Staatsarchiv)

Heinrich VII. hatte seinen Sohn Johann (1296-1346), den König von Böhmen, als Reichsvikar in Deutschland zurückgelassen, doch war nicht zu erwarten, daß die Kurfürsten eine Erbfolge anerkennen würden. Wieder kam es zu einer Doppelwahl: Eine Minderheit wählte den Habsburger Friedrich von Österreich (1286-1330), die Mehrheit den Wittelsbacher Ludwig von Oberbayern

(1287-1347). Nach jahrelangen Auseinandersetzungen siegte Ludwig 1322 militärisch, war aber diplomatisch genug, den unterlegenen Habsburger 1325 zum nominellen Mitregenten anzunehmen. Seine eigene Hausmacht baute Ludwig wie seine Vorgänger aus. 1340 gewann er durch eine Erbeinigung der Wittelsbacher Niederbayern dazu. Das Aussterben der brandenburgischen Askanier gab ihm 1320 die Chance, die Kurmark als Reichslehen einzuziehen und seinen Sohn damit zu belehnen.

Im Streit um den Königsthron besiegte Ludwig der Bayer nach jahrelangen Auseinandersetzungen in der Schlacht bei Mühldorf – auch Schlacht bei Ampfing genannt – am 28. September 1322 seinen Konkurrenten Friedrich von Österreich, der in der Geschichte auch als Friedrich der Schöne bezeichnet wird. 1326 zog sich Friedrich in sein von der Kriegslast geschwächtes Herzogtum Österreich zurück.

Die Mainzer Erzbischöfe betätigten sich als rechte „Königsmacher". Erzbischof Peter von Aspelt (vor 1260–1320), der 1306 sein Amt in Mainz antrat, brachte es auf drei Königskrönungen: Heinrich VII. und Ludwig der Bayer zu deutschen sowie den Luxemburger Johann zum böhmischen König. (Mainz, Dom)

Ein letzter Machtkampf zwischen Papst und Kaiser

Seit 1309 zogen die Päpste die Fäden ihrer Politik von Avignon aus und wachten eifersüchtig darüber, daß es in Italien kein kaiserliches, französisches oder spanisches Übergewicht gäbe. Wer dem Papst entgegenstand, mußte mit der Verurteilung als Ketzer rechnen. Als König Ludwig auf eine Mailänder Bitte hin Reichsgesandte nach Oberitalien schickte, geriet er 1323 in Konflikt mit dem kampflustigen Papst Johann XXII. (um 1275-1334), der dem König vorwarf, er sei gar nicht rechtmäßig gewählt, maße sich daher unerlaubt Rechte im Reich und in Italien an, wo er zudem noch Ketzer unterstütze. Der Papst forderte den Rücktritt Ludwigs und verlautbarte, niemand sei Ludwig Gehorsam schuldig. Ludwig reagierte mit Zweifeln an der Rechtmäßigkeit des Papstes unter Berufung auf ein Konzil. Außerdem stellte er den Staatsrechtsgrundsatz auf, ein gewählter Deutscher König bedürfe überhaupt keiner päpstlichen Bestätigung.

In diesem Streit stand der Kaiser, der vom Papst gebannt wurde, nicht allein. In Rechtsfragen unterstützte ihn der von der Kirche als Ketzer betrachtete Marsilius von Padua (um 1288-1342/43), der streng zwischen Staat und Kirche unterschied und über den Papst ein allgemeines Konzil stellte. Weltliche und selbst geistliche Fürsten hielten den Schritt des Papstes für zu weitgehend, da er das Interdikt über Deutschland ausgesprochen hatte, d. h. der Papst verbot alle kirchlichen Handlungen in Deutschland. Auch das Volk wandte sich gegen diese schroffe Haltung des Kirchenoberhaupts, und durch das Reich fegte eine Welle antipäpstlichen Hasses.

1328 zog der gebannte König nach Rom, ließ sich dort von einem römischen Senator zum Kaiser krönen und setzte einen – allerdings völlig machtlosen – Gegenpapst ein. 1330 trat er im Reich selbst zum Gegenangriff an und gebot den Städten, das päpstliche Interdikt befolgende Geistliche gefangenzusetzen und deren Güter als Reichsgut oder städtisches Eigentum in Besitz zu nehmen.

Das Bemühen Ludwigs, nach dem Tod Johannes XXII. mit dessen Nachfolger Benedikt XII. (um 1280-1342) zu einem Ausgleich zu gelangen, scheiterte. Daraufhin wuchs die antipäpstliche Stimmung in Deutschland noch weiter. Steuern wurden dem Kaiser gezahlt, dem Papst aber verweigert; papsttreue Geistliche wurden tätlich angegriffen. An den Papst erging die Aufforderung, Bann und Interdikt aufzuheben. Die Kurfürsten schlossen sich 1338 in Rhens zu einem Kurverein zusammen und erklärten, ihre Wahl sei für das Königtum in Deutschland entscheidend, das keiner päpstlichen Billigung bedürfe. Ludwig wollte diese Stimmung nutzen und erließ wenige Wochen später vor dem Reichstag ein Reichsgesetz, das deutsches König- und römisches Kaisertum gleichsetzte. Das blieb aber ein ehrgeiziger Wunsch, dessen Verwirklichung im Staatsrecht noch mehr als zwei Jahrhunderte brauchte. Nichtsdestoweniger stand das Reich zu dieser Zeit bereits auf der Schwelle zu einem völligen Bruch mit der Kurie, und in der Stimmung der Jahre um 1340 schien selbst eine eigene Reichskirche nicht gänzlich ausgeschlossen. Soweit kam es nicht, aber dem universalen Anspruch des mittelalterlichen Papsttums war in Deutschland dauerhafter Widerspruch erwachsen. Papst Clemens VI. (um 1292-1352, P. 1342) gelang es zwar, die Kurfürsten für die Wahl eines neuen Königs zu gewinnen, doch lag das vor allem an der Sorge der Fürsten vor den sich immer stärker ausweitenden Hausmachtbestrebungen Ludwigs. 1346 wählten die Kurfürsten – ohne die wittelsbachischen Stimmen von Kurpfalz und Kurbrandenburg – den Enkel Kaiser Heinrichs VII., den Luxemburger Karl von Mähren (1316-1378). Da die Städte durchweg zu Ludwig standen, war des Gegenkönigs Stellung noch höchst ungewiß. Aber Ludwig starb eineinviertel Jahr nach Karls Wahl.

Karl IV.

Karl IV., in Frankreich erzogen und seit 1333 Markgraf von Mähren und oftmals auch als Vertreter seines Vaters Regent in Böhmen, bevorzugte es, seine Ziele durch diplomatisches Geschick statt durch Waffengewalt zu verwirklichen. So trat er auch als Deutscher König auf. Einen bedeutungslosen Gegenkönig der Wittelsbacher setzte er fast kampflos matt. Die Zeit war ohnehin nicht für irgendwelche Kriegszüge geeignet, denn von 1348 bis 1351 zog die Beulenpest durch Mitteleuropa. Dem „Schwarzen Tod" fiel durchschnittlich ein Drittel bis die Hälfte der Stadtbevölkerung zum Opfer, und die Zusammenballung von Menschenmassen – das erkannte man auch damals schon – erleichterte die Verbreitung der schrecklichen Seuche.

Karl IV., 1316 in Prag geboren und in Frankreich aufgewachsen, hatte am französischen Hof erfahren, wie das Königtum die herrschaftlichen Vorrechte selbstbewußt wahrnahm, ausbaute und erweiterte. Seit 1333 hatte er für seinen Vater Johann das Königreich Böhmen und die Markgrafschaft Mähren verwaltet, wo er nach französischem Vorbild die landesfürstlichen Rechte wiederhergestellt, die Finanzen geordnet und das Wirtschaftsleben gefördert hatte. Dabei hatte er sein Geschick erkennen lassen, mit einer klugen Mischung von fürstlicher Machtdemonstration und diplomatischer Geschmeidigkeit Ziele durchzusetzen, die andere Fürsten nur zu gern mit militärischer Gewalt zu erreichen versuchten. (Skulptur von Peter Parler; Prag, Veitsdom)

In Paris und Avignon war Karl als ein gefügiges Werkzeug in päpstlicher Hand eingeschätzt worden, und seine Zusicherungen an den Papst, die er vor seiner Wahl geben mußte, schienen dem Recht zu geben. Wer aber genau hinsah, konnte feststellen, daß sich Karl im Einklang mit den Kurfürsten in keiner Weise zu Konzessionen im Hinblick auf das vom Kurverein von 1338 fixierte Reichsrecht zu Wahl und Rechtsfähigkeit des Deutschen Königs hatte hinreißen lassen, alle seine Zugeständnisse an den Papst betrafen nur Italien: Kuriale Wünsche nach einem Festschreiben päpstlichen Vorschlags- oder Zustimmungsrechts bei deutschen Reichsoberhäuptern wurden einfach mit Schweigen übergangen.

1355 wurde Karl IV. in Rom von einem Kardinal zum Kaiser gekrönt, und im Glanz der neuen Würde verkündete er im Januar 1356 vor dem in Nürnberg versammelten Reichstag ein Reichsgesetz, das in seiner Originalausfertigung mit goldenen Siegeln beglaubigt wurde und daher „Goldene Bulle" genannt worden ist. Darin wurde erstmals reichsgesetzlich das Verfahren zur Wahl des deutschen Reichsoberhaupts geregelt. Das seit 1198 zuerst nur behauptete und dann traditionelle Recht der sieben Kurfürsten auf die Königswahl wurde nun festgeschrieben, Einhellige oder mehrheitliche Wahlen wurden als gültige, Minderheitswahlen als von Anfang an ungültige Berufung in das höchste Amt festgelegt; damit waren künftig Doppelwahlen und die verderbliche Einrichtung eines Doppelkönigtums abgeschafft. Gleichzeitig wurden aber den Kurfürsten weitere Rechte überlassen: unbeschränkte Gerichtshoheit, Judenschutz, Berg-, Zoll-, Münz- und Salzregal.

Am 10. Januar und 25. Dezember 1356 erließ Karl IV. ein Reichsgesetz, das die Wahlordnung zur Wahl des Reichsoberhaupts erstmals gesetzlich festlegte. Die „Goldene Bulle" erhielt ihren Namen nach dem schweren Goldsiegel, mit dem Karl IV. die Urkunde siegelte. (Staatsarchiv Dresden)

Karl IV. wollte wahrscheinlich durch die Schaffung einer Spitzenkategorie deutscher Reichsfürsten einen Kreis besonders verantwortungsbewußter Reichspolitiker schaffen, mit denen er zu jährlichen Beratungen zusammenzutreffen beabsichtigte. Der auf Diplomatie statt auf das Schwert setzende hochgebildete Kaiser übersah hierbei, daß die Kurfürsten Territorialfürsten wie die anderen Landesfürsten blieben und wie diese Eigen- und Familieninteressen vor die des Reiches stellten. Weder kam der jährliche Kurfürstenrat zustande, noch wurde das Verbot der Erbteilung weltlicher Kurfürstentümer eingehalten. Mit der „Goldenen Bulle" wurde aber ein für allemal päpstlichen Ansprüchen auf Einmischung in die Wahl eines deutschen Reichsoberhaupts ein Riegel vorgeschoben, denn sie erwähnte den Papst nicht mit einem Wort. Mit der Bestimmung des Kurfürsten von Sachsen zum Reichsverweser bei Thronvakanz war auch das päpstliche Ansinnen, bei Tod oder Abwesenheit des Königs oder Kaisers für die Verwaltung des Reiches einen Reichsvikar ernennen zu wollen, erledigt.

Im Reich sorgte Karl IV. selbst so gut wie gar nicht für politische Stabilität, sondern überließ die Sorge um den Landfrieden regionalen Landfriedensbünden und bestellte gelegentlich einen größeren Territorialfürsten zum Reichsvikar für Rechtsprechung und Regalienverwaltung, obwohl Reichsgüter bis auf wenige Reichsmünzstätten, Reichszölle, Reichslandgerichte und Reichsdörfer kaum noch vorhanden waren. Die Reichsstädte zahlten ihre Steuern keineswegs freiwillig und kontinuierlich, sondern nur auf Reichsbeschluß und allenfalls im Ausnahmefall auf Verlangen der Zentralmacht. Karl IV. scheute sich dann auch nicht, gelegentlich Reichsstädte an Landesfürsten zu verpfänden, doch setzte 1376 ein Bund schwäbischer Reichsstädte mit Waffengewalt durch, daß diese Praxis unterblieb. Eine Reichsbeamtenschaft, die über die Thronwirren hinweg Politik und Verwaltung kontinuierlich in ihren Händen hielt, gab es praktisch nicht. Karl IV. zog dann auch in seiner nüchternen Art die Konsequenz aus diesem Zustand: Er legte die Reichskanzlei mit der böhmischen Hof-

Prag, die Geburtsstadt Karls IV., wurde seine bevorzugte Residenz, in der er auch 1378 starb. Prag zeichnete sich durch eine gut funktionierende Hofkanzlei aus, die die Reichsverwaltung zu Karls IV. Lebzeiten mit ausübte. Neben Karls kulturellen Interessen – er sprach fünf Sprachen, betätigte sich als Schriftsteller und korrespondierte mit erlauchten Geistern seiner Zeit – waren es zweifellos gerade auch juristische und wirtschaftliche Aspekte, die den Kaiser bewogen, mit der Hohen Schule in Prag 1348 die erste Universität innerhalb der Reichsgrenzen ins Leben zu rufen.

Als Nebenresidenz bezog Karl IV. 1373 in dem neuerworbenen brandenburgischen Territorium seiner Hausmacht das an der Elbe gelegene Tangermünde, wo er die dortige Burg umbauen ließ. Tangermünde sollte vermutlich als Ausgangsbasis dienen, um von der territorial geschlossenen ostdeutschen Hausmacht der Luxemburger den Zugriff auf den territorial zerklüfteten Westen zu erleichtern. Nach Karls Tod sank das altmärkische Städtchen jedoch wieder in seine Unbedeutsamkeit zurück, da Karls Nachfolger eine andere Politik verfolgten.

kanzlei in Prag zusammen. So wurde die Reichsverwaltung wenigstens für die Zeit Karls IV. von der tüchtigsten Administration betrieben, die es im Reich gab, da in Böhmen als der Perle im luxemburgischen Hausmachtbesitz von Karl mit besonderer Sorgfalt auf Genauigkeit, Recht und Ökonomie geachtet wurde. Diese Kanzlei wurde über viele Jahre von dem Frühhumanisten Johann von Neumarkt (1310-1380) geleitet, der mit seinem Kanzleistil zum Entstehen der neuhochdeutschen Schriftsprache beitrug.

Karl IV. betrieb eine systematische Politik der Ausdehnung seiner Hausmacht, und tatsächlich gelang es ihm durch geschickte Heiratspolitik, Diplomatie, Drohungen und reichlichen Einsatz finanzieller Mittel, den luxemburgischen Hausbesitz um Schlesien, die Lausitz, die Kurmark, das Eger- und das Vogtland zu erweitern. Mit den Habsburgern schloß er 1364 einen Erbvertrag, der das gegenseitige Beerben beim Aussterben einer der beiden Familien vorsah und im nächsten Jahrhundert eine zur Zeit des Vertragsabschlusses nicht zu erwartende Bedeutung erlangen sollte. Zwei Jahre vor seinem Tod im Jahre 1378 konnte Karl IV. den Erfolg verbuchen, daß sich die fünf Kurfürsten neben den beiden luxemburgischen Kurstimmen Böhmen und Brandenburg durch reichliche goldene und silberne Handsalben bewegen ließen, Karls ältesten Sohn Wenzel (1361-1419) zum Deutschen König zu wählen. Erstmals seit den Staufern war damit an der Spitze des Reiches wieder eine Erbfolge vom Vater auf den Sohn zustande gekommen.

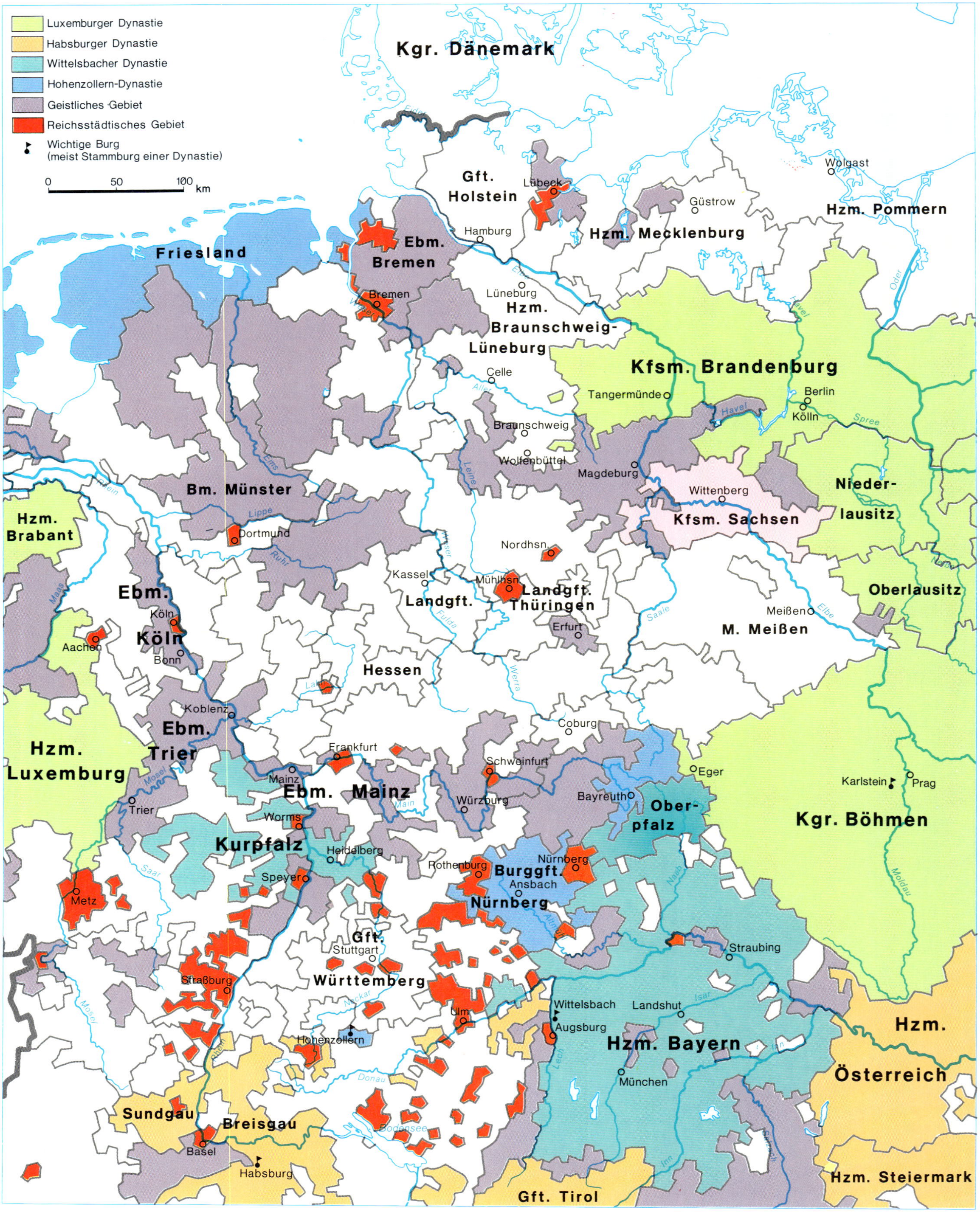

Ob der deutsche Königsthron durch Wahl oder Erbfolge zu besetzen sei, war seit der zweiten Hälfte des 13. Jahrhunderts zentraler Streitpunkt. Denn Erbmonarchie konnte bedeuten, daß eine Dynastie im Lauf von Generationen zur Übermacht heranwuchs.

Reichspolitik zwischen Schisma und Reformkonzilien

Auf dem im November 1414 eröffneten Konzil zu Konstanz führte Sigismund, der die Kardinäle zur Bestimmung dieser deutschen Stadt als Konzilsort gezwungen hatte, den Vorsitz. Daneben liefen die Reichsgeschäfte weiter, er mußte Recht sprechen und nutzte die Gelegenheit, Lehen an die Fürsten zu vergeben. (Diebold-Schilling-Chronik; Bern, Bürgerbibliothek)

1378 spaltete sich die katholische Kirche in zwei Papstkirchen. Ein Papst saß seitdem in Rom, ein anderer in Avignon, und beide bannten und verfluchten einander. Wenzel trat offiziell für den römischen Papst ein, viele Fürsten und eine Reihe von Städten für den in Avignon, mit dem Wenzel nur insgeheim Kontakte pflegte. So wurde Deutschland ein bevorzugtes Kampffeld für die Parteien im Kirchenschisma. Die Parteiungen vermischten sich mit den Bestrebungen der einzelnen Stände, ihre Gerechtsame zu wahren und auszubauen. Die Städtebünde regionalen und überregionalen Typs provozierten die adlige Ritterschaft, ebenfalls Bünde aus der Taufe zu heben. In Schwaben und dem Rheinland kam es 1381/82 zwischen Städte- und Ritterbünden zu einem Krieg, der mit der Niederlage der Ritter und der Auflösung ihrer Bünde schloß. Konsequenterweise richtete Wenzel seine Landfriedenspolitik nun – anders als sein Vater, der sich in dieser Frage allein auf die Landesfürsten gestützt hatte – auf die Städtebünde ein. Dagegen opponierten nun wieder die Fürsten; sie provozierten den militärisch mächtigsten der Bünde – den Schwäbischen Städtebund – und bereiteten 1388 zunächst ihm, dann auch dem Rheinischen Städtebund schwere Niederlagen, konnten die Machtmittel der Städte aber nicht völlig ausschalten. Unter diesen Umständen erreichte Wenzel 1389 mit dem Landfrieden zu Eger eine sechsjährige Pause der inneren Kämpfe. In dieser Zeit zog sich der König aus der Reichspolitik zurück und unterließ auch die erwartete Romfahrt. Er ließ im Westen Reichsteile an Frankreich fallen und kümmerte sich dafür ausgiebig um Familieninteressen in Polen und Ungarn. Als der trunksüchtige König schießlich den Prager Generalvikar Johann Nepomuk (1340-1393) ermorden ließ, wurde er von den deutschen Fürsten aufgegeben. Die Kurfürsten erklärten ihn 1400 für abgesetzt und wählten aus ihren eigenen Reihen Pfalzgraf Ruprecht (1352-1410) zum Nachfolger.

Ruprecht bat nun doch wieder den – römischen – Papst um eine Bestätigung seiner Wahl, die ihm 1403 gewährt wurde. Die Kurfürsten erklärten diesem schwachen König, daß sie Mitinhaber des Reiches seien – König und Kurfürsten gemeinsam stellten die Reichsgewalt dar. Jahrelang mußte Ruprecht verhandeln, bis ihm Aachen seine Tore öffnete und er endlich 1407 im dortigen Dom an traditioneller Stelle gekrönt werden konnte. Um dem Schisma ein Ende zu machen, trat 1409 in Pisa ein Kirchenkonzil zusammen, bei dem Wenzel seine Absetzung anfocht und Recht erhielt. Bevor es zum Krieg kam, starb Ruprecht; aber nicht Wenzel trat in seine alten Funktionen ein, sondern nach anfänglichen Schwierigkeiten wählte die Mehrheit der Kurfürsten 1411 seinen Bruder Sigismund (1368-1437).

Sigismund war entschlossen, dem Reichsoberhaupt durch energische Handhabung eines einst von Karolingern und Ottonen, Saliern und Staufern ausgeübten Rechts der Schirmherrschaft über die christliche Kirche wieder Glanz zu verleihen und dem unmögliche Blüten treibenden Schisma ein Ende zu bereiten. Seit 1413 bereitete er durch persönliche Anwesenheit in Italien die Einberufung eines neuen Konzils vor, zwang die Kardinäle zur Bestimmung der deutschen Stadt Konstanz als Konzilsort und versandte selbst zahlreiche Einladungsschreiben an weltliche und geistliche Fürsten. Als das Konzil im November 1414 eröffnet wurde, präsidierte ihm Sigismund wie selbstverständlich und prägte durch seinen Einfluß dessen Verlauf ganz wesentlich. Das bis 1418 währende Konzil beendete das Schisma durch Absetzung der mittlerweile drei Päpste und einhellige Wahl eines neuen. Mit dem Ämter-, Steuern- und Ablaßschacher, der Unmoral und Sittenlosigkeit in der Kirche machte das Konzil keineswegs Schluß, und es vermochte auch nicht, grundsätzlich Konzile dem Papst überzuordnen, sondern nur den regelmäßigen Zusammentritt von Konzilen durchzusetzen.

Von besonderer Bedeutung für die Reichspolitik wurde ein Konzilproblem, das eigentlich nur als Nebenfrage auf der Tagesordnung stand: der Umgang mit dem böhmischen Ketzer Jan Hus. Hus (um 1370-1415) war ein tschechischsprachiger Böhme aus niederem Stand, der es als Kleriker bis zum Rektor der Prager Universität gebracht hatte. Durch seine Herkunft mit Denken und Fühlen der einfachen Bürger und Bauern bestens vertraut, spitzte er die während des Schismas nicht seltene klerikale Kritik an Mißständen rings um die Päpste sowohl theoretisch als auch volkstümlich zu und verbreitete seine Ansichten über die Bibel als einzige Grundlage christlichen Glaubens in scharfer Frontstellung gegen Reichtum und Prasserei in der Kirche in zündenden Predigten auf Tschechisch. Grundsätzlich stellte er den Ablaß und weitgehend die Mittlerrolle der kirchlichen Hierarchie zwischen Mensch und Gott in Frage. Zur Verteidigung

Jan Hus hatte 1413 eine Schrift veröffentlicht, in der er seine heftige Kritik an der Kirche und den dort üblichen Mißbräuchen auch theologisch untermauert hatte. Daraufhin vom Papst als Ketzer gebannt, wurde er nach Konstanz vor das Konzil geladen, wo er im November 1414 eintraf. Sigismund hatte ihm sowohl als Reichsoberhaupt als auch als böhmischer König mündlich zugesichert, daß er auch im Falle einer Verurteilung als Ketzer freies Rückgeleit haben werde. Der schriftliche Geleitbrief war aber unverbindlicher abgefaßt. Nachdem Hus dann als Ketzer verurteilt worden war, fiel es findigen Juristen nicht schwer, Lücken in Sigismunds Geleitbrief zu finden und Hus auf den Scheiterhaufen zu schicken. Am 6. Juli 1415 wurde er aus seinem Gefängnis unter Hohn und Spott der Zuschauer vor die Tore von Konstanz geführt und verbrannt. Augenzeugen berichteten, daß er inmitten der Flammen noch Vaterunser betete, bevor er erstickte. (Chronik des Ulrich von Richenthal; Prag, Universitätsbibliothek)

seiner Lehre vor das Konzil geladen, erschien Hus dort mit einem von Sigismund ausgestellten Schutzbrief für seine persönliche Sicherheit, wich bei seinen Verhören nicht von seiner Meinung, wurde deshalb als Ketzer befunden und trotz des Schutzbriefes am 6. Juli 1415 vor den Toren von Konstanz verbrannt.

Seine Anhänger in Böhmen reagierten auf das schändliche Verfahren mit einem Sturm der Entrüstung, der niederen Adel ebenso wie Städtebürger – wohlhabende wie arme – erfaßte. Religiöse, soziale und nationale Elemente trafen zusammen, so daß zeitweilig eine einheitliche Front entstand. Es kam zu Plünderungen, Vertreibungen und Gewalttaten durch die Hussiten. Als Sigismund die Bewegung 1420 mit einem Kreuzzug militärisch niederringen wollte, erlebte er schmerzliche Niederlagen. 1426 setzten die Hussiten gar zum Gegenangriff an und drangen bis 1433 in Österreich, Bayern, Franken, Sachsen, Schlesien, Brandenburg und Pommern ein. Widerstand in offenem Felde konnte ihnen kaum geleistet werden, denn den hussitischen Streitkolonnen mit ihren befestigten Planwagen waren Kampfordnungen aus Reiter- und Fußvolk nicht gewachsen. Da in den auf das Konstanzer Konzil folgenden Hussitenkriegen ein militärischer Sieg über die Hussiten nicht zu erringen war, mußten politische Lösungen gesucht werden, und da bot sich ein neues Konzil an. Das 1431 begonnene Baseler Konzil verhandelte über eine Kompromißformel mit den hussitischen Ketzern, aber einen ersten Durchbruch erzielte erst Sigismunds persönliches Eingreifen, das im Herbst 1433 zur Anerkennung des Laienkelches in der böhmischen Kirche führte, die hussitische Front aufspaltete und den Hussitenzügen durch deutsche Lande ein Ende setzte.

Sigismund – 1433 zum Kaiser gekrönt – hatte viel Zustimmung gefunden, aber auch Rückschläge hinnehmen müssen. Die Kurfürsten hatten auf die Wahrung der fürstlichen Rechte gedrungen, und der Versuch, 1427 eine Reichssteuer, den „Gemeinen Pfennig", einzuführen, war am Mangel an geeigneten Beamten gescheitert. Um sich Rückendeckung zu schaffen, hatte Sigismund zwei Gefolgsleuten die Kurstimme verschafft: Burggraf Friedrich VI. von Nürnberg (1372-1440), ein Hohenzoller, war 1417 Markgraf von Brandenburg geworden und 1423 der Wettiner Markgraf Friedrich von Meißen (1370-1441) Herzog von Sachsen-Wittenberg. Aber auch sie folgten der Haltung der anderen Kurfürsten, die erneut begannen, die Kontrolle der Reichsangelegenheiten wahrzunehmen und sogar selbst Reichstage einzuberufen.

Sigismund reagierte recht klug, indem er seinerseits Vertreter zu diesen Reichstagen sandte – also zu einem nicht von ihm ausgeschriebenen Reichstag nicht persönlich erschien, aber präsent war. Als Kaiser und vom Nimbus des Ausgleichs mit den Hussiten umgeben, riß er dann aber 1434 wieder die Initiative an sich. Er legte ein in 16 Artikel gefaßtes Reichsreformprogramm vor, das auf eine feste Rechtsordnung, ordentliche

Sigismund hatte 1378 von seinem Vater die Markgrafschaft Brandenburg geerbt und war so Kurfürst geworden. Da er sich als Reichsoberhaupt kaum noch um die Geschicke seines Kurfürstentums kümmern konnte, was dort zu inneren Unruhen und einem blühenden Raubritterwesen führte, belehnte er 1417 den Burggrafen von Nürnberg, Friedrich VI. aus dem Hause Hohenzollern, mit der Kurmark. Damit begann die Herrschaft der Hohenzollern in Brandenburg, die erst im November 1918 mit der Abdankung Kaiser Wilhelms II. enden sollte. (Chronik des Ulrich von Richenthal; Prag, Universitätsbibliothek)

Regeln bei Münzwesen und Wegeschutz, Unterbindung des Wuchers, Abgrenzung weltlicher und geistlicher Gewalt und einige aktuelle Grenzfragen zielte. Vertreter der Reichsstände erörterten die Vorlage und antworteten mit eigenen Vorschlägen, u. a. mit der Einteilung des Reiches in vier Reichskreise zur Überwachung des Landfriedens. Als auf dem Reichstag zu Eger im Juli 1437 die Fürsten letzteren Vorschlag mit einem Anspruch auf weitere Ausdehnung ihrer landesherrlichen Gerichtsbarkeit koppelten, waren sich Kaiser und Städte ihrerseits einig, dann lieber beim Hergebrachten zu bleiben. Weiteren Anläufen des Kaisers, nun vielleicht im Einklang mit Reformvorstellungen der Städte, setzte sein Tod am 9. Dezember 1437 ein Ende. Da Sigismund keine männlichen Leibeserben besaß und die Brüder und Vettern des fast 70jährigen vor ihm gestorben waren, trat nun der 1364 geschlossene und 1402 erneuerte Erbvertrag der Luxemburger mit den Habsburgern in Kraft.

Deutschland am Vorabend der Neuzeit

Die habsburgischen Kaiser

Die Luxemburger-Kaiser hatten zwar dem Reich eine Säkularfigur wie Karl IV. beschert, aber nicht zur Lösung der entscheidenden Grundfrage beigetragen, nämlich in Deutschland jene Entwicklung einzuleiten, wie sie England und Frankreich qualvoll, aber letztlich erfolgreich durchlebten: einen zentralisierten Feudalstaat aus der Taufe zu heben, der mit Geldsteuern, abgestuftem Behördenmechanismus, einer Art Berufsbeamtentum, wirksamer Gerichtsorganisation und einem bezahlten, jederzeit verfügbaren Heer über die Attribute realer Macht für die monarchische Spitze verfügte. Ohne ihn mußten alle Ansprüche auf die Nachfolge des einstigen Römischen Kaiserreichs im Grunde hohles Geklingel bleiben.

Unter Sigismund hatte sich das Bedürfnis nach einer geregelteren Verfassung im Reiche nicht länger unterdrücken lassen, und es war seit 1434 wenigstens über Ansätze einer Reichsreform verhandelt worden, mit der eine straffere Organisation des in heillosem Durcheinander liegenden Gerichtswesens als Voraussetzung für die Durchsetzung des im Lande so dringlichen inneren Friedens angesichts der unüberschaubar gewordenen Fehden angestrebt wurde. Es war jedoch typisch für die unter den Luxemburgern stetig gewachsene Macht des Territorialfürstentums, daß die Landesfürsten sogleich mit Vorschlägen für eine entscheidende Ausweitung nicht der kaiserlichen Gerichtsautorität, sondern der territorialfürstlichen Gerichtsbarkeit konterten. Mitten in den unerfreulichen Querelen über dieses Tauziehen zwischen Kaiser und Fürsten hatte Sigismund aber wenigstens einen kleinen Erfolg zu verbuchen: Der Gemahl seiner einzigen Tochter, Herzog Albrecht V. von Österreich (1397–1439), ein Habsburger, wurde als sein Nachfolger akzeptiert und als Albrecht II. in Frankfurt/Main von den Kurfürsten auf den Thron gehoben. Das damit begründete habsburgische Kaisertum währte dann fast ohne Unterbrechung bis zum Ende des Alten Reiches im Jahre 1806.

Die Erhebung Albrechts V. von Österreich auf den deutschen Königsthron als Albrecht II. im Jahre 1308 durch die Kurfürsten in Frankfurt/Main leitete die Reihe der habsburgischen Kaiser ein, die die Geschicke des Reiches bis zur Auflösung des Heiligen Römischen Reiches Deutscher Nation im Jahre 1806 mehr oder weniger machtvoll mitgestalteten. Bei allen reichspolitischen Überlegungen verloren die Habsburger aber nie die Interessen ihrer Stammlande aus den Augen, sondern betrieben immer auch eine Politik zugunsten der österreichischen Hausmacht. Der seit 1433 vom Kaiser geführte Doppeladler zeigte daher auch nur zu oft die Farben Österreichs auf seiner Brust. (Ausschnitt aus einem Gemälde von Albrecht Dürer; Wien, Kunsthistorisches Museum)

Friedrich III. ragt aus der Reihe der deutschen Kaiser von Otto I. bis Wilhelm II. durch eine Tatsache hervor: Keiner hat so lange wie er – nämlich 53 Jahre – dieses höchste monarchische Amt im Reiche innegehabt. Jedoch ist dies zweifellos die einzige Leistung, durch die er die anderen Kaiser überragt, denn er widmete sich lieber seinen Privatinteressen und allenfalls den Belangen des Hauses Habsburg, als engagiert in das politische Leben des Reichs einzugreifen. Die Kaiserkrone verschaffte sich Friedrich III. übrigens in einer bis dahin ungewöhnlichen Weise, die seiner Antipathie gegen militärische Unternehmungen voll entsprach. Ohne Heeresbegleitung, wie ein vornehmer Bildungsreisender nur mit würdigem Gefolge, trat er 1452 in Rom vor den Papst, der ihm die Kaiserkrone aufs Haupt setzte. (Innsbruck, Sammlungen Schloß Ambras)

Albrecht II. trat zuerst Sigismunds ungarisches Erbe an und ließ sich dann zum böhmischen König wählen. Im Reich selbst erschien er gar nicht, denn die Verteidigung Ungarns gegen die andrängenden Türken forderte ihn voll und ganz. Dort ereilte ihn ein Sumpffieber, dem er im Oktober 1439 erlag. Die Verhandlungen über eine Reichsreform hatten aber durch seine Abwesenheit keine Unterbrechung erfahren, denn Albrecht II. hatte Sigismunds Kanzler Kaspar Schlick (vor 1400–1449) als Kanzler übernommen und das von seinem Vorgänger eingeleitete Tauziehen weitergeführt. Um bei den Verhandlungen nicht in Verzug zu geraten, waren die Kurfürsten selbst an einer schnellen Nachfolge auf dem Kaiserthron interessiert.

Der erst 24 Jahre alte Herzog Friedrich V. von der Steiermark (1415–1493) war nach Albrechts Tod Chef des gesamten Hauses Habsburg. Da lag es nahe, ihn zu Albrechts II. Nachfolger zu wählen. Eine eigene große Hausmacht als Unterpfand für ein gewisses Maß kaiserlicher Machtfülle brauchte sich Friedrich III. – wie er als Kaiser hieß – nicht erst durch kriegerische Unterneh-

1474 gab Herzog Karl der Kühne von Burgund ein großes Festmahl zu Ehren Friedrichs III. Die beiden Herrscher trafen sich, um über die Unterstützung Friedrichs bei Karls Griff nach einer burgundischen Königskrone zu verhandeln, wofür im Gegenzug Friedrich die Heirat seines Sohnes mit der burgundischen Erbin zugesagt wurde. So sah Friedrich recht gelassen dem Entstehen der neuen bedeutenden Territorialmacht Burgund im Westen zu, das in den siebziger Jahren des 15. Jahrhunderts von der Rheinmündung bis zum Genfer See reichte. (Diebold-Schilling-Chronik; Bern, Bürgerbibliothek)

Die Erhebung Karls zu einem neuen König scheiterte am erbitterten Widerstand der Kurfürsten. Aber die Rechnung des Habsburgers ging auf: Nach Herzog Karls Tod im Kampf gegen die Schweizer 1477 klagte Friedrich III. die burgundische Heiratszusage mit Erfolg ein, und Maximilian heiratete noch im gleichen Jahr Maria von Burgund (1457–1482).

mungen zu schaffen: Er war sowohl Vormund für den habsburgischen Erben von Tirol und Vorderösterreich beiderseits des Rheins als auch für Albrechts nachgeborenen Sohn Ladislaus (1440–1457), dem Böhmen, Ungarn und Ober- wie Niederösterreich zuzufallen hatten. Tatenscheu, gegen jeden fest auftretenden Gegner jederzeit zum Nachgeben bereit, hat Friedrich III. dennoch mit eiserner Zuversicht sein Ziel verfolgt, dem Habsburgerhaus jene Größe zu verschaffen, die er als eine göttliche Schuldigkeit ansah: An allen seinen Bauten sorgte er dafür, daß die auch auf seinen Fähnlein flatternde Devise A E I O U angebracht wurde: „Austria erit in orbe ultima" (Österreich wird bis zum Ende der Welt währen). Unter dieser Devise betrieb er auch eine kluge Heiratspolitik mit seinem 1459 geborenen Sohn Maximilian (gest. 1519).

Eine eigene Initiative zur militärischen Lösung eines Problems hat Friedrich III. nur zu Beginn seines Kaisertums versucht, und zwar zum Wiedergewinn ursprünglich habsburgischen Territoriums in der Schweiz, dem Aargau. Nach einer empfindlichen Schlappe seiner Bundesgenossen, der Züricher, rief Friedrich III. französische Söldner zu Hilfe. Diese wüteten aber in den elsässischen Reichslanden so grausam, daß die deutschen Fürsten scharf protestierten und ihm vorwarfen, zugunsten seiner Hausmachtpolitik die Reichsinteressen zu vernachlässigen. Daraufhin vermied der Kaiser künftig jede Reichsversammlung und widmete sich in Wien und Wiener Neustadt, seinen Lieblingsresidenzen, seinen Vorlieben für Gärten und Sammlungen.

Es gelang ihm, seinen Sohn Maximilian mit der Tochter des burgundischen Herzogs Karl dem Kühnen (1433–1477) zu verheiraten. Als die burgundische Erbin 1482 starb, wurde Maximilian als Vormund ihres gemeinsamen Sohnes Herrscher über Brabant und Flandern. Die stolzen und reichen Stände dieser neuen habsburgischen Erbländer wollten sich nicht gern fügen und zwangen Maximilian jahrelange Kämpfe teils ziviler, teils militärischer Natur auf, in denen sich der Kaisersohn dermaßen bewährte, daß er den Kurfürsten eher geeignet für die Stelle des obersten Repräsentanten im Reich erschien als sein stets zaudernder und nachgiebiger Vater, der 1485 sogar Wien den Ungarn überließ. Daraufhin drängten die Kurfürsten gegen den Widerstand Friedrichs III. auf die Wahl Maximilians zum Römischen König, was am 16. Februar 1486 geschah. Nach Friedrichs Tod 1493 wurde er dann automatisch deutsches Reichsoberhaupt.

In den großen politischen Konstellationen seiner Zeit hatte Maximilian durchaus das richtige Gespür. Er wußte, daß am Ausgang des 15. Jahrhunderts das Reich in einem Spannungsfeld stand, das durch das Verschwinden des Byzantinischen Kaiserreichs mit der Eroberung Konstantinopels durch die Türken im Jahre 1453 und durch das Fußfassen der Habsburger in den Niederlanden im Jahre 1478 künftige Auseinandersetzungen für das große politisch-territoriale Gebilde „Reich" in der Mitte Europas mit den Osmanen einerseits und mit Frankreich anderer-

Maximilian, nach dem Tode seines Vaters ab 1493 deutsches Reichsoberhaupt als Maximilian I., ließ sich schon zu Lebzeiten als ritterlicher Held feiern und gilt in der deutschen Geschichte als „der letzte Ritter" im Sinne der edlen Figuren aus den mittelalterlichen Heldendichtungen. Er war zweifellos ganz das Gegenstück seines Vaters – beherzt, kühn, schneidig, kurzentschlossen und zielstrebig.
Vielseitig begabt, war Maximilian auch als Schriftsteller tätig; so verfaßte er zusammen mit anderen Autoren zwei allegorische Chroniken. Er förderte die Künste, ließ alte Heldensagen aufzeichnen und Dichterfürsten krönen. Auch auf militärischem Gebiet war Maximilian allem Neuen zugetan, studierte ausführlich das Artilleriewesen und baute systematisch mit den „Landsknechten" eine auf den Erfahrungen der Schweizer Bauernheere beruhende schlagkräftige Söldnerarmee auf. Seinen persönlichen Mut bewies er oftmals im Turnier, auf der Jagd und auf dem Kriegsschauplatz. (Innsbruck, Sammlungen Schloß Ambras)

Neben eigenen Werken regte Maximilian I. auch zu anderen an und gab dafür bis ins Detail gehende Hinweise, wie zum „Weißkunig" (1505–1510) und zum „Theuerdank" (1510–1514). Hier wurden seine Kindheit, Jugend und frühen Regierungsjahre in Form einer Lobpreisung auf ritterliche Erziehung und Verhaltensweisen in literarische Form gebracht. Die Holzschnitte zum „Weißkunig", die die Erziehung des jungen Prinzen zum Allround-Talent zeigen, stammen größtenteils von einem der bekanntesten Künstler seiner Zeit, Hans Burgkmair (1473–1531).

seits vorprogrammierte. Aber gegen die sich ankündigende türkische Gefahr kam ein Feldzug wegen Geldmangels nie zustande, und die Auseinandersetzung mit Frankreich mußte Maximilian eigentlich stets defensiv führen, weil die Franzosen seit 1494 in Italien präsent waren und die kaiserliche Energie dort in einer Reihe von Stellvertreterkriegen mit wechselnden Fronten und wechselnden Verbündeten verpuffte. Am Ende stand 1516 der Friede von Brüssel, mit dem die traditionellen Rechte des Reiches in Oberitalien endgültig begraben wurden.

Aber im Verlauf der fast ein Vierteljahrhundert in Anspruch nehmenden italienischen Querelen Maximilians I. wurden wichtige Markierungspunkte für künftige Entwicklungen gesetzt. Als er 1493 mit Venedig, Mailand, dem Papst und Spanien ein Bündnis zur Entfernung der Franzosen aus Italien abschloß, hatte er zum Unterpfand der neuen Freundschaft mit Spanien seinen Sohn Philipp (1478–1506) mit der spanischen Thronerbin Juana (1479–1555) vermählt, und als er 1508 nach Rom ziehen wollte, um sich dort zum Kaiser krönen zu lassen, der Versuch aber an der Blockade der Alpenpässe durch die Venezianer scheiterte, nahm Maximilian unter Verzicht auf die Krönung durch den Papst den Titel „Erwählter Römischer Kaiser" an – damit brach er die Tradition der Romzüge deutscher Kaiser für immer ab.

Der besonders bei den Stadtbürgern u. a. auch wegen seiner volkstümlichen Leutseligkeit beliebte Maximilian brachte durch geschicktes Fortführen der von seinem Vater begründeten Heiratspolitik dem Hause Habsburg eine solide Grundlage für dessen künftige europäische, ja, Weltgeltung ein, rundete die habsburgischen Erblande durch kleine Eroberungen und große diplomatische Schachzüge ab und sorgte für die systematische Weiterentwicklung einer geordneten Administration in den österreichischen Territorien zwischen Rhein und Leitha. In der Reichspolitik gelang es jedoch auch Maximilian nicht, entscheidende Schritte zur Stärkung der Autorität der Zentralgewalt durchzusetzen. Als Mitautor der beiden Chroniken „Weißkunig" und „Theuerdank" trieb „der letzte Ritter" Selbstverherrlichung, von der auch das geplante Grabmal in der Hofkirche zu Innsbruck zeugt. Maximilian wurde in der Wiener Neustadt beigesetzt.

Reichsreform – Anspruch, Programme, Realität

Im Laufe des 15. Jahrhunderts nahm die politische Zersplitterung des Reiches zu. Zu Beginn des 16. Jahrhunderts zählte die Reichsmatrikel 7 Kurfürsten, 53 Erzbischöfe und Bischöfe mit eigenem territorialem Status, 29 Erzherzöge, Herzöge, Pfalzgrafen, Landgrafen, Markgrafen und gefürstete Grafen, 135 Grafen und Herren, 70 reichsfreie Äbte und Äbtissinnen, 4 ritterschaftliche Orden mit eigenen Balleien, 84 freie Reichsstädte, einige Reichsdörfer und Tausende von Reichsrittern. Die dem Feudalismus eigene territoriale Auflösung der Machtverhältnisse begann im Reich aus zwei Gründen immer fühlbarer zu werden: erstens, weil das im Kaiser repräsentierte Machtzentrum nicht kräftiger, sondern schwächer wurde; zweitens, weil mehr und mehr Landesherren ihren Machtbereich zu eigenständigen Territorialstaaten auszuformen begannen, indem sie zentrale Behörden organisierten, die Finanzverwaltung ordneten, regelmäßige Steuern erhoben und eigene Gerichtsorgane schufen. Zur Ausbildung von Juristen und Beamten gründeten sie Hohe Schulen und Landesuniversitäten. Hier und da löckten Landesfürsten bereits gegen den Stachel der Papstkirche, die sich unter den Renaissancepäpsten nachdrücklich um Geldbeschaffung für römische Interessen bemühte.

Während der Hussitenkriege war Kaiser wie Fürsten klargeworden, daß ohne eine allgemeine Reichssteuer keine Finanzen für ein Reichsheer und damit für eine gemeinsame Reichspolitik gegen äußere Feinde zu beschaffen waren. Das Debakel um den „Gemeinen Pfennig" von 1427 machte deutlich, daß das Reich irgendwelcher exekutiven Machtmittel bedurfte, um seine Autorität im Finanzwesen durchzusetzen. 1434 legte Kaiser Sigismund also sein Programm einer Reichsreform vor. Die Widersprüche in den Absichten von Zentralinstanz und Fürsten verhinderte jedoch eine wirksame „Reformatio" – auch wenn sie unter Friedrich III. 1442 auf Beschlußebene gehoben wurde.

In die Diskussion über das Thema mischten sich aber auch unterhalb von Kaiser, Reichstagen und Fürstenversammlungen Stimmen ein, die ihre Sorge um die Zukunft der inneren Entwicklung des Reiches artikulierten. Nikolaus Cusanus legte Anfang der dreißiger Jahre in einer großen programmatischen Schrift zur Neuordnung von Kirche und Staat Ideen von einer repräsentativen jährlichen Reichsversammlung mit starker Vertretung der Städte, von Reichskreisen mit Kreisgerichten, einer Reichssteuer, einem Reichsheer und einem feststehenden Wahlgesetz für die Kaiserwahl vor. Etwa zwei Jahre nach Kaiser Sigismunds Tod tauchte die von einem Unbekannten verfaßte erste deutschsprachige Reform-Programmschrift auf, die die Wünsche und Sehnsüchte der breiten Masse der Bevölkerung nach einem friedlichen und sicheren Leben artikulierte: die „Reformatio Sigismundi". Sie nannte alle Mißstände der Zeit offen beim Namen und empfahl die Aufhebung der Unfreiheit, die Beseitigung des Wuchers und der Ungleichheit im Gewerbe, die Aufhebung des geistlichen Eigentums. Ordnung und Frieden sollten Kleinadel und Städtebürger notfalls mit Gewalt durchsetzen und im Zuge dieses Prozesses einen Volkskaiser hervorbringen. Zahlreiche Abschriften und die alsbaldige Verbreitung der Schrift durch den neu erfundenen Buchdruck bewiesen bald nachhaltig, daß sie den Nerv der Gesellschaft offenbar getroffen hatte. Im Zuge der immer einmal wieder aufflackernden Diskussion tauchte in den siebziger Jahren dann erstmals der Begriff „Heiliges Römisches Reich Deutscher Nation" auf.

Eine tragfähige Initiative zur praktischen Aktivierung von Gedanken einer Reichsreform zeigte sich erst wieder gegen Ende der Regierungszeit Friedrichs III. Vordenker und Vorkämpfer dieser von den Fürsten getragenen Initiative zur Reichsreform war der Mainzer Kurfürst-Erzbischof Berthold von Henneberg (1441–1504), der das Reich festigen, aber angesichts der Gleichgültigkeit Friedrichs III. den dynastischen Bestrebungen des Kaisertums mit einer Höherbewertung der Rolle der Kurfürsten begegnen wollte. Erste Frucht dieser Bestrebungen war die gegen den Willen des Kaisers erfolgte Wahl des Kaisersohnes Maximilian zum Römischen König. Danach wurde ein ganzes Programm vorgelegt, bei dem es um Landfrieden und eine Ordnung zu dessen Durchführung, um Verbesserung der Gerichtsbarkeit, Wehrverfassung, Reichsfinanzen, um Ordnung im Münzwesen und schließlich um eine formalisierte Mitsprache der Reichsstände an der Herrschaft im Reiche ging: Seit 1489 war bei Reichstagsbeschlüssen immer von „Kaiser und Reich" die Rede. Dem Ideal Berthold von Hennebergs – vom Kurfürsten maßgeblich beeinflußte Fürstenvereine zur Sicherung regionaler Ordnung im Reich – kam der 1488 gegründete Schwäbische Bund entgegen, der zwar ursprünglich aus der Vereinigung von südwestdeutschen Städten und Rittergesellschaften entstanden war, aber durch den Beitritt bedeutender Fürsten bald seinen Charakter änderte und ein im wesentlichen fürstliches Machtinstrument gegen Störer des Landfriedens wurde.

Nachdem Maximilian den Thron bestiegen hatte, kamen endlich praktische Maßnahmen für eine Reichsreform zustande. Der wegen seines bevorstehenden Eingreifens in Oberitalien finanziell

erpreßbare Monarch gestand gegen eine vom Reichstag bewilligte Reichssteuer ein Reichskammergericht zu, das als oberstes Reichsgericht vom Kaiser unabhängig war. Fünf Jahre später willigte er auch in ein von den Reichsständen geschaffenes Reichsregiment aus 20 Mitgliedern und eine Einteilung des Reiches in zunächst sechs, später zehn Reichskreise ein. Allerdings gab es über die Reichssteuer schnell Querelen, die nicht ohne weitreichende Folgen bleiben sollten: Während die Reichsritter sie nicht zahlten, weil sie angeblich dem Reich mit Leib und Waffe dienten, schien den Schweizern eine Steuer für den Kaiser überhaupt unzumutbar. Als Maximilian I. sie im „Schwabenkrieg" 1499 zum Gehorsam zwingen wollte, bereiteten sie ihm eine Schlappe und wurden seither nur noch als „reichsverwandt" geführt. Geldmangel zwang auch 1502 bereits wieder das Reichsregiment und das Reichskammergericht, sich aufzulösen; doch die Reichsstände, allen voran die Fürsten, ließen nicht locker. 1507 mußte Maximilian als Gegenleistung für Geldbewilligungen die Wiedereinrichtung des Reichskammergerichts zuge-

Teilweise hochkomplizierte Maschinen zur Förderung und Entwässerung, Fortschritte in der Vermessungstechnik und erweiterte arbeitsteilige Kooperation führten dazu, daß das Reich an die Spitze der europäischen Montanproduktion gelangte: Um 1500 vermochte der hiesigen Silberproduktion von 60 000 Pfund das ganze übrige Europa nur 40 000 Pfund entgegenzusetzen. (Claes Dirk van der Heck zugeschrieben; Bonn, Rheinisches Landesmuseum)

stehen, das dann bis 1806 bestand. Die seit 1498 von den Reichsständen in Angriff genommene Reform des Straf- und Strafprozeßrechts kulminierte 1508 in der „Bambergischen Halsgerichtsordnung", die der bis dahin recht willkürlichen Prozeßführung in bestimmtem Maße feste Regeln anlegte. Am Ende der Regierungszeit Maximilians setzten die Kurfürsten durch, daß dem künftigen Kaiser eine Wahlkapitulation vorzulegen war, wodurch ihm ein bestimmtes Regierungsprogramm vorgeschrieben wurde!

Frühkapitalismus

Im letzten Drittel des 15. Jahrhunderts begann in Deutschland bereits sichtbar die Entwicklung neuer Wirtschaftsverhältnisse, die sich den bestehenden feudalen Gegebenheiten nur noch mit Mühe anzupassen vermochten. Zwar blieben in der Landwirtschaft die überkommenen Besitz-, Produktions- und Verteilungsweisen im wesentlichen unangetastet, aber vornehmlich in Sachsen, im Rheinland, im Oberrheinischen und in Tirol drängten neue wirtschaftliche Entwicklungen voran, die die der Feudalgesellschaft eigene Naturalwirtschaft und die damit verbundenen primitiven Marktbeziehungen nachhaltig in Frage stellten. Die Entwicklung und Anwendung neuer Techniken und Technologien, neuer Formen von Produktionsorganisation innerhalb und zwischen den Gewerbezweigen, die Weiterentwicklung leistungsfähiger Exportgewerbe, die Ausweitung des Handels mit Massengütern, die erheblich zunehmende überregionale Arbeitsteilung – alle diese Faktoren bewirkten einen bedeutenden Anstieg von gesellschaftlichem Leistungsvermögen und steckten das Feld ab für ein neues kapitalistisches Wirtschaftssystem.

Wesentliche Triebkraft für den markanten Entwicklungsschub war der deutsche Bergbau, der in der zweiten Hälfte des 15. Jahrhunderts durch den Zusammenfall von neuen Fundstättenentdeckungen und technischen Verbesserungen einen großen Aufschwung erlebte. Das Hüttengewerbe machte einen qualitativen Sprung nach vorn durch die Einführung von Hochöfen, die erst durch die Ausnutzung von Wasserkraft für den Antrieb von Gebläsen möglich wurden. Der Übergang zum Hochofenbetrieb ermöglichte durch die Einführung des Gußverfahrens eine gewaltige Steigerung der Arbeitsproduktivität und der Zahl der Arbeitsplätze. Die Fortschritte in der Metallverarbeitung brachten auch Konse-

Seit dem 13. Jahrhundert wurde in Deutschland das oberschlächtige Wasserrad bekannt. Bei diesem Rad konnten nun auch Wasserläufe mit ursprünglich geringer Fließgeschwindigkeit durch Aufstauen als Antriebskraft genutzt werden. Dadurch wurde es möglich, schwere Poch- und Schmiedehämmer in Bewegung zu setzen, die die Arbeitsleistung einzelner Schmiede hinsichtlich Kraft und Kontinuität bei weitem übertrafen. Da man jetzt auf das Gefälle der Bergbäche verzichten konnte, zog die Eisenherstellung von den Bergen in die Täler. In manchen erzreichen Gebieten schossen die Hammerschmieden serienweise aus dem Boden und ließen so die ersten Gewerberegionen entstehen. (Schwazer Bergbuch; München, Deutsches Museum)

quenzen für die Anwendung des Schießpulvers: Eiserne Kugeln verliehen der Artillerie eine höhere Durchschlagskraft und bessere Treffsicherheit.

Anderen Gewerbezweigen exerzierten die Buchdruckereien eine bis ins einzelne gehende Arbeitsteilung vor: In diesen Werkstätten, die seit der Mitte des Jahrhunderts auf der Basis der vor 1450 von dem Mainzer Johannes Gensfleisch zum Gutenberg (um 1397–1468) gemachten Erfindung des Buchdrucks mit beweglichen Metalllettern florierten, arbeiteten in der Regel Schriftgießer, Schriftsetzer, Korrektoren, Drucker, Buchmaler und Buchbinder unter einem Dach in genau abgestimmten Produktionsverfahren neben- und miteinander.

Der technische Aufwand in den aufblühenden Wirtschaftszweigen erforderte gebieterisch den Einsatz von Investitionen. Dazu bedurfte es nicht geringer Summen Geldes. Geld aber war nur aus dem Kaufmannskapital zu beschaffen, das um die Wende vom 15. zum 16. Jahrhundert am konzentriertesten in den oberdeutschen Handels- und Kapitalgesellschaften verfügbar war. Diese hatten ihre Millionenvermögen vor allem aus den Gewinnen im Fernhandel aufgebaut, aber auch aus einträglichen Finanz- und Wuchergeschäften mit der Kurie, den Fürsten und dem Kaiser.

Besonders traten die Fugger, Welser, Hochstetter, Paumgartner, Herwarth, Haug, Rehlinger, Manlich, Imhof und Tucher hervor. In den 73 Jahren zwischen 1467 und 1540 stieg die Anzahl der großen Vermögen allein in Augsburg auf das Siebenfache (von 39 auf 278), die Gesamtsumme der Vermögen allerdings auf das Zwanzigfache (von 464 418 auf 10 221 566 Gulden). Abgesehen von diesen herausragenden Kapitalballungen bildeten sich viele mittlere und kleine Vermögen, die in ihrer Masse nicht weniger wirksam waren, denn selbst diese geringeren Kapitalhäufungen hatten am allgemeinen wirtschaftlichen Aufschwung teil und brachten diesen voran.

Mit Monopolen auf verschiedene Waren sicherten sich Handelsgesellschaften und reiche Einzelkaufleute hohe Absatzgewinne. Besonders drükkend empfanden die Verbraucher die Salzmonopole. Die öffentliche Meinung wandte sich erbittert gegen diese Monopolbildungen und gegen den Wucher und forderte immer wieder von den Kaisern und Reichstagen, endgültig dagegen einzuschreiten und sie zu verbieten: Aber alle Versuche, Monopolisierung und Wucher zu verhindern, scheiterten, da weder die landesherrlichen Obrigkeiten noch der Kaiser auf die finanzielle Hilfe der „Pfeffersäcke“ und „großen Hansen“ verzichten konnten.

Um 1500 erfand Peter Henlein (ca. 1480–1532) in Nürnberg die tragbare pendellose Uhr. Sie ermöglichte eine wesentlich flexiblere, weil überall einsetzbare Zeitmessung und förderte so die technische Arbeitsteilung.

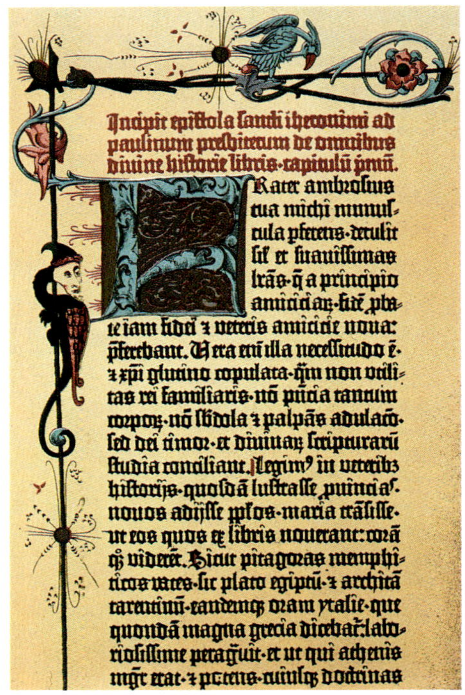

Incipit epistola sancti iheronimi ad
paulinum presbiterum de omnibus
divine historie libris. capitulū primū.
Frater ambrosius
tua michi munus-
cula perferens. detulit
sil et suavissimas
lrās. q a principio
amiciciarū. fidē pba-
te iam fidei et veteris amicicie nova:
pferebant. Vera enī illa necessitudo ē.
et xpi glutino copulata. q̄m non utili-
tas rei familiaris. nō pñcia tantum
corpoꝝ. nō subdola et palpās adulacō.
sed dei timor. et divinarū scripturarū
studia conciliant. Legimꝰ in veteribꝫ
historiis. quosdā lustrasse pvincias.
novos adiisse ppłos. maria transisse.
ut eos quos ex libris noverant: corā
q̄z viderēt. Sicut pitagoras memphi-
ticos vates. sic plato egiptū. et architā
tarentinū. eandemq; oram ytalie. que
quondā magna grecia dicebatᷣ: labo-
riosissime peragrāvit. et ut qui athenis
mgr̄ erat. et potens. cuiusq; doctrinas

Gutenbergs größte typografische Leistung war der 1455 fertiggestellte Druck der lateinischen Bibel. Dieses Druckwerk erschien in zwei Bänden mit 324 bzw. 317 illustrierten Seiten zu je 42 Zeilen. Von den höchstens 200 gedruckten Exemplaren waren 35 auf Pergament hergestellt. Die „Gutenbergbibel“ wies auf einen Schlag alle zeitgenössischen Skeptiker zurück, die nach den Erfahrungen der vor Gutenberg gemachten Experimente mit dem Druck holzgeschnittener Buchseiten den typografischen Erzeugnissen keine Zukunft vorausgesagt hatten.

Der Aufstieg der Fugger, der bedeutendsten Familie unter den Kauf- und Finanzleuten, ist aufs engste mit dem Aufstieg der Habsburger verbunden. 1482 wurde Jakob Fugger (1459–1525) Bankier des Herzogs Sigismund von Tirol (1427–1496), dem er bedeutende Summen lieh, wofür der Habsburger den Fuggern die Tiroler Bergwerke verpfändete. Die Fugger konnten nun in den Metallhandel und in die Edelmetallproduktion einsteigen, wo sie märchenhafte Gewinne erzielten. Durch die Verbindung mit den Habsburgern und gnadenlosen Konkurrenzkampf brachten sie den ungarischen Kupferbergbau und einen Teil der spanischen Quecksilberwerke an sich. (Braunschweig, Herzog Anton Ulrich-Museum)

Zu den damaligen „Großstädten" gehörte mit etwa 20 000 Einwohnern Nürnberg, das als Handels- und Gewerbezentrum im 15. Jahrhundert einen beachtlichen Aufschwung erlebte. Der Zinnbergbau im Fichtelgebirge und die Hammerschmieden in der Oberpfalz, die beide in der Nähe Nürnbergs lagen, förderten besonders die Entwicklung des Nürnberger Metallgewerbes, dessen vielfältige Erzeugnisse wie Waffen, Rüstungen, Messer, Nadeln, kunsthandwerkliche und feinmechanische Produkte Weltruhm genossen. Ausgangs des 15. Jahrhunderts entwickelte sich Nürnberg auch zu einem Mittelpunkt des deutschen Buchdrucks. In der Druckerei Koberger kam 1493 erstmals eine deutschsprachige Weltgeschichte heraus, verfaßt von dem Nürnberger Arzt Hartmann Schedel (1440–1514). Zu den vielen Illustrationen der Schedelschen Weltchronik gehört auch diese Ansicht von Nürnberg. Vorn rechts im Bild liegt vor den Toren der Stadt die erste deutsche, von dem Nürnberger Kaufmann Ulman Stromer (1329–1407) 1390 gegründete Papiermanufaktur, wo zwei Wasserräder achtzehn Stampfköpfe antrieben.

Die Händler- und Wucherfirmen waren zumeist Familienunternehmen, nahmen aber gegen Zinsen auch die Gelder Dritter auf, ohne ihnen dabei Einfluß auf die weitere Verwendung der Gelder zu gewähren. So erweiterten sie sich zu Kapitalgesellschaften. Durch Kredite und Rohstoffvorschüsse an einzelne Handwerker und Lieferverträge mit Zünften beeinflußten diese Kapitalgesellschaften die gewerbliche Produktion und brachten die handwerklichen Produzenten in eine sich allmählich vertiefende wirtschaftliche Abhängigkeit. Der auf diese Art verlegte Handwerker verlor Schritt für Schritt die Verfügungsgewalt über seine Produktionsmittel an den Verleger, der zunächst nur den Absatz der erzeugten Produkte übernahm, schließlich aber auch Art, Menge und Güte der zu fertigenden Erzeugnisse vorschreiben konnte. Man nennt diese Verbindung zwischen Kaufmannskapital und gewerblicher Produktion, die im einzelnen verschiedene Formen annehmen kann, Verlag. Weit verbreitet war das Verlagswesen in der Textilindustrie – in der Barchentproduktion und ganz besonders in der Leinenherstellung. Außer im Bergbau und der Textilindustrie erlangte das Verlagswesen noch in der Metall- und Holzverarbeitung, im Hüttengewerbe und im Buchdruck Bedeutung. Dem Kaufmannskapital gelang es über das Verlagswesen, sich teilweise in industrielles Kapital umzuwandeln.

Führend und in der Kapitalbildung am weitesten fortgeschritten war der oberdeutsche Wirtschaftsraum. Seine Mittlerstellung zu den hochentwickelten oberitalienischen Städten, verbunden mit dem Rhein- und dem Donauweg, hatte das Aufblühen der in diesem Gebiet gelegenen Städte, allen voran Augsburg, außerordentlich begünstigt. Nürnberg, dessen Waffenherstellung und Metallgewerbe Weltruhm genossen, Regensburg und Ulm wetteiferten im Reichtum mit Augsburg. Die reichen Erzstätten Tirols und der Steiermark taten ein übriges. Im sächsisch-thüringischen Raum bewirkte der „Bergsegen" eine lang anhaltende wirtschaftliche Konjunktur. Neben dem Erz- und Silberbergbau im Erzgebirge, im Harz und im Mansfeldischen belebte die Tuch- und Leinwandproduktion, aber auch der Waidanbau und die Glasherstellung im Thüringer Wald Handel und Gewerbe. Leipzigs Aufstieg als Handelszentrum begann zu dieser Zeit neue Dimensionen anzunehmen; es lief Erfurt und Nürnberg in dieser Beziehung in den folgenden Jahrzehnten den Rang ab. An Köln als dem wichtigsten Umschlagplatz am Rhein, der Hauptverkehrsader Westdeutschlands, reichte es jedoch nicht heran.

Bürger, Bauer, Edelmann

Die neuen Tendenzen in der wirtschaftlichen Entwicklung blieben nicht ohne Wirkung auf die soziale Lage der deutschen Bevölkerungsschichten; vornehmlich war es die fortschreitende Ausdehnung der Geldwirtschaft, die auf alle Gesellschaftsbereiche ihren Einfluß ausübte. Am deutlichsten bekamen das die beiden Gesellschaftskräfte zu spüren, die in der Feudalgesellschaft unmittelbar in Beziehung standen – der Feudaladel und die Bauern.

Die Bauern bildeten die überwiegende Mehrheit der Bevölkerung des Reiches – ca. 90 %. War früher praktisch nur für die Abgaben und den eigenen Bedarf produziert worden, brachte die Entwicklung der Städte für den Agrarsektor zuneh-

Bei der schweren körperlichen Arbeit der Bauern gehörten neben dem Pflug Hacke und Sichel zu den wichtigsten Ackergeräten. Die noch höchst unzureichenden Methoden der Feldbestellung ließen keinen hohen Getreideertrag zu, in guten Erntejahren wurde vielleicht die siebenfache Menge des ausgesäten Korns erreicht, meistens war die Ernte aber noch geringer. (Nürnberg, Stadtbibliothek)

Im Herbst trieb der Dorfhirt die Schweine zum Fressen der Eicheln, einem wichtigen Futtermittel, in den Wald. Zunehmend gerieten die Bauern dabei in Gegensatz zu ihren Grundherren, die ständig versuchten, die Rechte der Dorfgemeinschaft an der Allmende, die auch die gemeinsame Nutzung des Waldes miteinschloß, zu beschneiden. (Kalendarium Grimani; Venedig, Biblioteca San Marco)

mend die Möglichkeit einer Produktion für den Markt mit sich; das 15. Jahrhundert markierte hier weitere erhebliche Fortschritte. Die Grundherren wollten nun an den Einnahmen, die der Bauer aus dem Verkauf seiner Produkte erzielte, teilhaben. Daher begannen sie im 15. Jahrhundert, unter den verschiedensten Vorwänden die bäuerlichen Abgaben zu erhöhen.

Am günstigsten gestaltete sich noch die Lage der Bauern in den Gebieten östlich von Elbe und Saale, weil sie als Kolonisten auf einstigem slawischem Boden schon von den früheren Jahrhunderten her mit geringeren Feudalabgaben belastet waren. In Nordwestdeutschland konnten die Bauern Versuche von seiten der Feudalherren abwehren, mit denen die Abgaben erhöht werden sollten. Sie stellten sich hinter ihre Landesherren, die die Steuerkraft der Bauern erhalten wollten und im Ausbau ihrer Territorialherrschaft bereits so weit fortgeschritten waren, daß sie den niederen Adel zu zügeln vermochten. Aber in Südwestdeutschland, in Westdeutschland, Franken und Thüringen war der grundherrlichen Willkür infolge extrem zersplitterter politischer Machtverhältnisse kaum Einhalt zu gebieten.

Als ein Mittel, bäuerliche Leistungen zu erhöhen, wurde vielfach das Besitzrecht des Bauern verschlechtert. Wurde der Hof früher unbestritten vom Vater auf den Sohn vererbt, so galt nun nur noch Nutzung auf Lebenszeit und eine Pachterhöhung für den Nachfolger. Beliebt war, mit Bestimmungen des Römischen Rechts persönlich freie Bauern in die Rechtslage eines Leibeigenen herabzudrücken, denn die Leibeigenschaft verpflichtete zu besonderen Abgaben. Besonders verhaßt bei den leibeigenen Bauern war der „Todfall", der das Recht des Herrn auf Einzug des besten Stücks Vieh aus dem Stall eines gestorbenen Leibeigenen beinhaltete. Bei Verzug in der Lieferung von Natural- und Geldabgaben wurde der Betrag als „versessener Zins" erhöht, teilweise verdoppelt, wobei aber Wetter-, Wasser- oder Feuerschäden zumeist nicht als Grund für Terminverzug akzeptiert wurden. Doch wurden Abgaben auch oft genug ohne jeden Umweg einfach erhöht. Die Ausdehnung der lokalen Märkte brachte es mit sich, daß die Bauern für ihren Herrn Frachtfuhren übernehmen mußten. Wurden die zu leistenden Dienste in eine Geldabgabe umgewandelt, so geschah es nicht selten, daß diese Dienste nichtsdestotrotz später doch wieder realiter verlangt wurden, die Geldabgabe aber erhalten blieb.

Auch den Ausbau der Landesverwaltungen mit landesherrlichen Steuern finanzierten die Bauern mit. Darüber hinaus erhoben die Landes-

fürsten mit dem Blick auf neue Geldquellen Ansprüche auf jene Wälder und Gewässer, die zu den dörflichen Allmenden gehörten. So wurden den Bauern ihre althergebrachten, nach „altem Recht“ ihnen zustehenden Gerechtsame auf Holz, Eichelmast der Schweine, auf Fischwaid und Jagd genommen, wobei auf denjenigen, der sich die alten Rechte einfach weiterhin nahm, grausamste Strafen warteten. In dem politisch so enorm zersplitterten Südwesten hatte der Ausbau der Landesherrschaft noch zusätzlich zur Folge, daß die kleinen Grafen und Herren zur Vereinheitlichung ihrer Herrschaftsstruktur sich selbst bei nur wenigen tausend Untertanen eigene Behörden mit dem dazugehörigen Finanzbedarf schufen und u. a. deshalb an einer durchgehenden Leibeigenschaft ihrer Untertanen interessiert waren.

Konnten die Bauern ihren verschiedenen Verpflichtungen nicht nachkommen, wurden die Gerichte gegen sie mobilisiert – Kerker, Mißhandlungen und Leibesstrafen waren ihnen dabei gewiß. Deshalb machten viele Bauern lieber Schulden. Verschuldete Bauern gaben oft ihre Höfe auf und wurden Landsknechte oder zogen bettelnd über die Landstraßen oder vermehrten die Zahl der Armen in den Städten. Bei solcher Auspowerung der Bauern waren soziale Unruhen unter dem Landvolk vorprogrammiert. In den achtziger Jahren sahen Kärnten und die Steiermark, die Nordschweiz und das Allgäu Bauernunruhen. Im letzteren Fall kämpften die bis dahin freien Bauern des Stifts Kempten gegen ihren von dem Fürstabt betriebenen Abstieg in die Leibeigenschaft, und der erst 1488 gegründete Schwäbische Bund griff militärisch gegen die Bauern ein und zwang sie, dem Fürstabt untertänig zu sein.

1493 wurde dann im Elsaß erstmals eine straffe Geheimorganisation gegründet, die sich den Bundschuh – die bäuerliche Fußbekleidung im Gegensatz zum Stiefel des Ritters und dem Spitz- oder Schnürschuh des Städters – als Bundessymbol wählte. An der Spitze dieses „Bundschuh“ standen allerdings noch Stadtbürger. Ritterschaft und städtisches Patriziat von Schlettstadt und Umgebung bereiteten ihm ein blutiges Ende. 1502 nahm ein neuer „Bundschuh“ im Bistum Speyer schon den Charakter einer Massenverschwörung an. Er besaß bereits eine eigene Organisationsfahne, die Christus am Kreuz, einen betenden Bauern, einen Bundschuh und die Inschrift „Nichts, denn die Gerechtigkeit Gottes“ zeigte. Der Bundschuh als allgemeines Symbol bäuerlichen Verständnisses ebenso wie die Berufung auf ein „göttliches Recht“ verkörperten bereits einen theoretischen Ansatz im Denken der Verschwörer, der auf eine allgemeine Umorganisation der Gesellschaft im Sinne und im Interesse des „gemeinen Mannes“ – d.h. der Bauern und der ihnen Gleichgestellten – hindeutete. Als die Verschwörung infolge Verrats aufflog, konnte deren Anführer Joß Fritz (ca. 1480 – ca. 1525) jedoch entkommen. Elf Jahre später stand er im Breisgau wieder an der Spitze einer Bundschuhverschwörung, und als auch diese mißlang, organisierte er vier Jahre später eine neue. 1514 erhob sich in der Bewegung des „Armen Konrad“ erstmals die Bauernschaft eines ganzen Territorialstaates: Die Bauern Württembergs brachten entschlossen ihre Forderungen auf Wiederherstellung ihrer alten Rechte vor Herzog und Landtag und unterstrichen ihr Begehren durch ein imposantes Heerlager; durch geschicktes Trennen der einheitlichen Front und lokale Zugeständnisse einerseits, entschlossene Gewalt gegen den harten Kern der bäuerlichen Opponenten andererseits wurde die Bewegung schließlich niedergeworfen.

Soziale Unruhen gab es aber auch in den Städten. Das fast durchweg dort herrschende Patriziat beutete meist selbst Bauern aus und war mit der reichen bzw. reichgewordenen Kaufmannschaft im allgemeinen familiär wie politisch versippt. Die Geldwirtschaft löste nun in den Städten einen Prozeß scharfer sozialer Differenzierung aus, der durch die meist gut überschaubare Bevölkerungszahl – von ca. 3000 Städten im

Armut gehörte zum Alltag. Krüppel, ausgediente Söldner, geflohene Bauern und viele andere, die aus der Gesellschaft ausgestoßen waren, zogen bettelnd über die Straßen, durch die Dörfer und Städte und versuchten zum Teil durch die Zurschaustellung ihrer Leiden oder auch auf nichtgesetzlichem Wege zumindest ihr täglich Brot zu organisieren. (Gemälde von Pieter Brueghel d.Ä.; Neapel, Palazzo Reale)

Das erste größere Signal für Bauernunruhen setzte 1476 das Auftreten des jungen Hirten Hans Böheim (gest. 1476) in dem Wallfahrtsort Niklashausen im Bistum Würzburg. Er benahm sich wie ein Prophet und verkündete, die Jungfrau Maria habe ihm prophezeit, daß es bald weder Papst noch Kaiser geben solle, eine allgemeine Brüderlichkeit werde herrschen; Abgaben, Dienste und Zinsen würden abgeschafft und Wald, Wasser und Weide für alle frei sein. Als er seine nach zehntausenden zählenden Anhänger schließlich aufforderte, nächstens ohne familiären Anhang, aber dafür mit Waffen zu erscheinen, griff die Landesherrschaft entschlossen zu, zersprengte den Bauernhaufen und schickte den Propheten als Ketzer auf den Scheiterhaufen.

Der Bundtschu
Diß biechlein sagt von dem bösen fürnemen der Bundtschuher/wye es sich angefengt geendet vnd aus kumen ist.

Pamphilus Gengenbach R · G · S
Nyt me yetzundt ist mein beger
Ob yenen ainer vom bundtschu wer
Dem da für kem dieß schlecht gedicht
Bit ich er wels verachten nicht

Das Interesse der Allgemeinheit an den Vorgängen um die Bundschuh-Verschwörungen war schließlich so groß, daß es den Buchdruckern einen guten Absatz versprach. So brachte Pamphilus Gengenbach (gest. 1523) in Basel 1514 einen ersten gedruckten Bericht heraus, der detailliert über die 1513 aufgedeckte Verschwörung im Breisgau informierte.

In den Städten setzte sich immer deutlicher eine Oberschicht – die Patrizier – ab, die die Geschicke der Stadt unter Berücksichtigung ihrer Interessen leitete. Untereinander oder mit dem umwohnenden Adel versippt, blieben sie unter sich und achteten darauf, daß keine Aufsteiger ihre Position in Rat und Wirtschaft gefährdeten. (Augsburg, Städtische Kunstsammlungen)

Reich hatten höchstens 40 eine Einwohnerzahl, die über die 2000 hinausging – und die räumliche Enge innerhalb der Stadtmauern beachtlichen Explosivstoff anhäufte. Die Zunfthandwerker und Krämer, die das tragende soziale und ökonomische Potential in den Städten darstellten, waren den von den sich ausbreitenden Ware-Geld-Beziehungen ausgehenden neuen Anforderungen an Initiative, Absatz- und Gewinndenken häufig nicht gewachsen. Aus dem Wunsch, über die städtischen Finanzen mitbestimmen zu können, um diese für die eigenen Interessen nutzbar zu machen, resultierte im allgemeinen das Begehren der Zunfthandwerker, Krämer und kleinen Kaufleute, Veränderungen am Stadtregiment herbeizuführen. Daraus entstanden dann von der Opposition gewählte Ausschüsse, die teilweise neben das patrizische Stadtregiment traten, teilweise mit ihm verschmolzen und es in ganz seltenen Fällen auch ersetzten, so 1478 in Halle/Saale und 1513 in Köln.

Einen weiteren ständigen Unruhefaktor stellten die städtischen besitzlosen Unterschichten – arbeitslose Gesellen, Tagelöhner, Bettler etc. – dar, deren Rigorismus auch den Zunfthandwerkern in höchstem Maße verdächtig war. Als während des „tollen Jahres“ 1509 in Erfurt unzünftige Handwerker, Kärrner, Marktknechte und vorstädtische Plebejer das Gebäude und die Bibliothek der dortigen Universität stürmten und verwüsteten, bekam auch der 26jährige Dozent im Augustinerkonvent Martin Luther (1483–1546) einen schockierenden Eindruck vom losgelassenen gemeinen Volk, den er sein Leben lang mit sich herumtrug.

Der Adel verfiel am Ende des Mittelalters deutlicher als je zuvor in zwei Fraktionen: den hohen und mittleren Adel einerseits, den niederen Adel – die Ritterschaft – andererseits. Der hohe Adel schloß im 15. Jahrhundert seine Umwandlung zu Landesfürsten endgültig ab, und der mittlere Adel der Grafen und Herren bemühte sich,

Zwar wurden in mittelalterlicher Tradition an den Höfen noch prunkvolle Turniere veranstaltet, zu denen die Ritter in vollem Harnisch antraten, aber diese Festivitäten konnten nicht darüber hinwegtäuschen, daß die große Zeit des Rittertums vorbei war. Viele Ritter verarmten und erfuhren dadurch einen gesellschaftlichen Abstieg, den sie nicht wahrhaben wollten.

zumeist mit Erfolg, es ihnen nachzutun. So wurde die politische Landkarte des Reiches immer farbenfroher, zumal in vielen Fürsten- und Grafengeschlechtern Erbteilungen an der Tagesordnung waren. Spektakulär war in diesem Zusammenhang die Aufteilung des wettinischen Kurfürstentums Sachsen in eine Ernestinische und eine Albertinische Linie im Jahre 1485.

Gesellschaftliche Stellung und Ansehen der Ritterschaft gingen seit dem Aufkommen der Geldwirtschaft zurück, weil die Notwendigkeit, eine jederzeit für den Kriegsdienst verfügbare Gesellschaftsschicht zur Hand zu haben, in dem Moment ausfiel, als Militär zu mieten war. Außerdem verringerte sich die militärische Bedeutung der Ritter mit dem Einsatz von Feuerwaffen. Die Verführungen des für Geld erschwinglichen Luxus – zum Beispiel die Ausstattung der Wohnhäuser –, der dem niederen Adel an den Fürstenhöfen und in den Städten vor Augen geführt wurde, ließen diesen bald auf Mittel sinnen, sich das dafür notwendige Geld zu verschaffen. Drei Wege boten sich an: Man konnte gegen ein entsprechendes Entgelt in fürstliche Dienste treten; man konnte die eigenen Bauern stärker erpressen und ihnen höhere Belastungen aufzwingen; man konnte ganz einfach Straßenraub betreiben, wobei das traditionelle Fehdewesen letzterem sogar noch einen halblegalen Anstrich verlieh.

Mit dem Aufkommen des Landesfürstentums wären die Ritter bedeutungslos geworden, hätten sie nicht 1422 ein kaiserliches Privileg erhalten, das die schon früher befolgte Tendenz zur Gründung von Ritterbünden legalisierte und es so ermöglichte, daß sich die Ritter zusammentun und als eigenständiger Faktor in territoriale Bündnisse einbringen konnten. So war eines der Gründungsmitglieder des Schwäbischen Bundes die ritterschaftliche Gesellschaft vom St. Georgenschild in Schwaben. Die Duldung der Raubritterei konnten die Ritter sich aber durch den Beitritt zu solchen Bündnissen nicht erkaufen; Fürsten und Städte gingen im allgemeinen gemeinsam dagegen vor. Ein eklatantes Beispiel gab Herzog Albrecht IV. von Bayern-München, der in seiner mehr als vierzig Jahre dauernden Regierungszeit (1465–1508) zweimal Rittergesellschaften entschieden niederwarf, zuerst die 1461 gegründeten Böckler, dann im Jahre 1492 die „Löwenritter".

Viele kleinere Ritter, deren Grundbesitz nicht zu einem standesgemäßen Leben reichte, wandten sich der Raubritterei zu. Aber nicht nur wirtschaftliche Not war eine der Ursachen der Raubritterei im späten Mittelalter, auch die Einführung von Feuerwaffen, Veränderungen in der Kriegstaktik und der damit verbundene Rückgang der militärischen Bedeutung der Ritter führte zur Raubritterei. Diese entwickelte sich zu einer wahren Landplage, der auf Gesetzeswege durch Landfrieden kaum beizukommen war. So stellten sowohl die Landesherren als auch die Städte selbst Militär auf, um die Raubritternester auszuheben.

Östlich der Elbe war der niedere Adel fast durchweg in die Rolle des selbstwirtschaftenden Gutsherrn geschlüpft und hatte sich zudem wegen seiner beherrschenden Stellung im Dorf noch zu einer obrigkeitlichen Zwischeninstanz zwischen dem Landesherrn und den Bauern aufwerten können, die Gerichts- und Polizeiherrschaft ausübte. Für diese Landjunker hatten die west- und südwestdeutschen Reichsritter allerdings nur Verachtung übrig: waren jene doch einem Fürsten untertan, während sie als Reichsunmittelbare nur den Kaiser über sich hatten – und der war bekanntlich weit!

Neben dem weltlichen Adel gab es noch den weitverbreiteten geistlichen. Die hohe Geistlichkeit gehörte zur herrschenden Feudalklasse, ergänzte sich zum weitaus überwiegenden Teil aus ihr und war der hauptsächliche Nutznießer der unzähligen Pfründen und des gesamten Kirchenbesitzes. Nur selten gelang es über die Theologenlaufbahn einmal einem Abkömmling sozial niederer Schichten, in die hohe Geistlichkeit aufzusteigen. Leuchtendes Beispiel ist Nikolaus Cusanus, mit eigentlichem Familiennamen Chrypffs, um 1400 als Sohn eines Schiffers in Kues an der Mosel geboren, ein bedeutender Theologe, Jurist und Philosoph, der 1448 Kardinal und als solcher 1450 Bischof von Brixen wurde, wo er bis zu seinem Tode 1464 regierte.

Die hohe Geistlichkeit war im Lager der Herrschenden nicht unumstritten, denn der Reichtum der Kirche war selbst den weltlichen Fürsten ein Dorn im Auge, viel mehr noch dem Städtebürgertum. Ihnen stand die mittlere Geistlichkeit nahe, die sich oft auch aus gemäßigt wohlhabenden bürgerlichen Familien rekrutierte – Martin Luther als Sohn eines nicht allzu reichen Bergbauunternehmers ist solch ein Beispiel. Die mittlere Geistlichkeit war zumeist akademisch gebildet und hatte oft ein Gespür für die Mißstände in der Kirche. Die Masse der niederen Geistlichkeit kam aus den ärmeren Volksschichten – den niederen Adel allerdings ausgenommen, da Geistliche ja wenigstens theoretisch kein Schwert führen durften – und teilten deren soziale Lage, Hoffnungen und Ängste.

Eine Sonderstellung in der niederen Geistlichkeit nahm ein schier unübersehbares Heer von Mönchen ein, denen – ob mit Recht oder Unrecht – ein ausschweifender Lebenswandel, sprich Faulheit, Völlerei und Geilheit, nachgesagt wurde. Die Tatsache, daß Klöster zumeist eigenen Grundbesitz mit abhängigen Bauern darauf besaßen, trug insbesondere unter den Bauern nicht gerade zur Sympathie für die Mönche bei, auch wenn diesen sicherlich oft genug nur die Brosamen vom Tisch des Abtes blieben, der im allgemeinen mit dem hohen und mittleren Adel versippt war und eigentlich das Kloster als geistlicher Feudalherr repräsentierte.

Völlerei, Unzucht, Ämterschacher und Jagd nach Reichtum wurden der hohen Geistlichkeit, die eher wie weltliche Fürsten denn als Männer Gottes lebten, mit Vorliebe vorgeworfen. Das Buch der teuflischen Laster war nur zu lang und zu viele Geistliche lasen nach Meinung ihrer Zeitgenossen zu viel darin, statt es empört abzuweisen. Kritik an der Kirche war keineswegs eine Errungenschaft der Reformation, sondern wurde auch vorher schon laut. Zu einer durchgreifenden Reform der Kirche an Haupt und Gliedern kam es jedoch trotz dreier Konzilien im 15. Jahrhundert nicht. (Gemälde von Michael Pacher; München, Alte Pinakothek)

Humanismus

Als die über Jahrhunderte von der Kirche gestützte Feudalordnung ins Wanken geriet, schlug sich dies auch im geistigen Leben nieder, da die absolute Vormachtstellung der theologischen Lehre in Frage gestellt wurde. Zuerst geschah das in Oberitalien, wo große Städte, bedeutender Nah- und Fernhandel und schon vorherrschende Geldwirtschaft den Feudalismus mehr und mehr nur noch als äußere Hülle der Gesellschaft gelten ließen. Der Bedarf des neu entstehenden reichen Städtebürgertums nach einer eigenen Weltsicht mußte dort nicht erst mühsam neu erschaffen werden, denn die solchen Anforderungen entsprechenden außertheologischen Denkformen waren schon vorgeformt in der vorchristlichen antiken Tradition, die im Mittelmeergebiet nie ganz abgerissen war. Menschliche Werte, insbesondere Bildungswerte, erhielten einen neuen Platz in der gesellschaftlichen Werteskala. Einen mächtigen Schub erhielt diese Bewegung des „Humanismus" durch die osmanische Eroberung Konstantinopels im Jahre 1453, die das endgültige Ende des Byzantinischen Kaiserreiches besiegelte. Ströme griechisch sprechender Emigranten ergossen sich vornehmlich nach Italien und brachten den verbreiteten Zugang zu griechischen Quellen des klassischen Altertums mit sich.

Im Bewußtsein des Nahens eines neuen Zeitalters, in dem Handel, Markt, Geld und Geldgewinn eine entscheidende Rolle spielen würden, sahen die „Humanisten" als führende Denker ihrer Zeit auf die Jahrhunderte kirchlicher Vorherrschaft mit ihrer Hochbewertung von Hinwendung zu Gott, Jenseits und Askese mit gebührendem Abstand als eine bloße Zwischenphase in der Geschichte der Menschheit. Im Rückgriff auf die Antike als einem eigenen Abschnitt der Weltgeschichte und im Vorgriff auf die neue Zeit tauchten bei den Humanisten Ideen von einem zwischen Antike und ihrer Gegenwart liegenden Zwischenzeitalter auf, woraus im 17. Jahrhundert der Begriff „Mittelalter" wurde.

Nach Deutschland gelangte der Humanismus erst im letzten Viertel des 15. Jahrhunderts. Als eine moderne geistige Bewegung, die den gebildeten Menschen in den Mittelpunkt stellte, paßte er ganz genau in die allgemeine Aufbruchsstimmung. Doch war der deutsche Humanismus nur bei einer mutigen Minderheit Gebildeter angesiedelt, die – anders als teilweise in Oberitalien – mit der Masse der Städtebürger kaum Berührung hatte. Ihr eigentliches Ziel war, durch Reformen im an die Kirche gebundenen Bildungswesen mehr Bildung zu vermitteln und Einsichten zu verbreiten – wobei nicht unbedingt diese Einsichten in jedem Falle auch auf soziale Mißstände gerichtet sein mußten, aber doch oft zu deren Benennung führten.

Großartige Leistungen vollbrachte der deutsche Humanismus auf wissenschaftlichem Gebiet: Die Disziplinen Philologie, Philosophie, Geschichtsschreibung und Pädagogik sowie einzelne Teilbereiche der Naturwissenschaften erlebten in kaum einem halben Jahrhundert zwischen 1480 und 1530 einen rasanten Aufschwung. Es entwickelte sich ein vom Klerus weitgehend unabhängiger, sozial allerdings recht heterogener Gelehrtenstand. Die Angehörigen dieses Standes waren gemeinhin ohne eigene materielle Existenzgrundlage, so daß sie auf öffentliche oder private Geldgeber, obrigkeitliche Mäzene oder die Mildtätigkeit von Wohlhabenden angewiesen waren.

Erasmus von Rotterdam – er hatte seine Studien im oberitalienischen Turin mit dem Erwerb des Doktorgrades abgeschlossen – legte 1516 die erste kritische Ausgabe des Neuen Testaments in griechischer Originalsprache mit einer eigenen lateinischen Übersetzung vor; deren zweite Auflage von 1519 benutzte dann wenige Jahre später Martin Luther als Vorlage für seine Übertragung des Neuen Testaments ins Deutsche. Erasmus machte – zumindestens den Gebildeten bis weit hinein in die Mönchsorden und klerikalen Lehranstalten – deutlich, daß Frömmigkeit nicht an gottwohlgefällige Spekulation, äußere Scheinheiligkeit, endlose Disputationen über metaphysischen Kleinkram, zeremonielle Erstarrung im Gottesdienst, dogmatisches Denken und einen aufwendigen Organisationsapparat gebunden war. Damit stellte er aber praktisch alle äußeren Attribute der Renaissance-Papstkirche in Frage. (Gemälde von Hans Holbein d.J.; Basel, Kunstmuseum)

Dem neuen Gelehrtenstand kam außerordentlich entgegen, daß ihm mit der wachsenden Zahl der Universitäten Lehrstellen geboten wurden. Die Universitätsgründungen waren Ausdruck des Ausbaues des Landesfürstentums, denn im Unterschied zu der ersten Welle von Gründungen solcher Bildungsstätten im 14. Jahrhundert gingen diese Gründungen von den Territorialherren aus, da sie gebildetes Verwaltungspersonal benötigten. So entstanden in Deutschland zwischen 1402 und 1502 zwölf Universitäten, von denen nur eine einzige (Würzburg, 1402–1411) wieder einging. Viele der Namen hervorragender deutscher Humanisten sind mit ihrem Wirken an Universitäten und Hohen Schulen verbunden.

Im Zusammenhang mit dem Reuchlin-Streit erschienen 1515–1517 die sogenannten Dunkelmännerbriefe, verfaßt in einem Kreis engagierter Humanisten an der Universität Erfurt. Als fingierte Korrespondenz unter den Kölner Dominikanern stellten sie eine parodistische Satire auf Unbildung, Rückständigkeit, Unehrlichkeit der Scholastiker dar, deren Wirkung um so größer war, als die Briefe zunächst als authentisch angesehen wurden. Der Reuchlin-Streit ging schließlich im Gelächter der Gebildeten unter.

Mit Johannes Reuchlin (1455–1522), Erasmus von Rotterdam (1466–1536), Mutianus Rufus (1471–1526), Jakob Wimpheling (1450–1528), Conrad Celtes (1459–1508), Aventinus (1477–1534), Philipp Melanchthon (1497–1560), Regiomontanus (1430–1476), Georg Agricola (1494–1555) sind nur einige von denen genannt, auf deren Wirken spätere Generationen überhaupt erst exakte Wissenschaft aufzubauen vermochten. Ihre Losung „ad fontes" (zu den Quellen!) versetzte der scholastischen Methode des inhaltlosen Gebrauchs formaler Logik wesentliche Stöße und setzte die konkrete Beschäftigung mit den antiken Schriftstellern auf den vorderen Platz wissenschaftlicher Betätigung. Unbeabsichtigt begann damit ein ideologischer Kampf gegen die geistlichen Bastionen der Papstkirche; so wurden ganz entscheidende wissenschaftliche Voraussetzungen für die Reformation geschaffen.

Zu einer vordergründigen, nur noch notdürftig durch wissenschaftliche Argumentation verhüllten politischen Auseinandersetzung zwischen modernem wissenschaftlichem Denken und sterilem Dogmatismus gestaltete sich der Reuchlin-Streit. Johannes Reuchlin war nicht nur ein herausragender Gräzist, sondern auch der erste deutsche Hebräist, der mit seinen 1506 erschienenen „Rudimenta hebraica" die erste wissenschaftliche Abhandlung auf deutschem Boden zur hebräischen Sprache publizierte. Als nun der getaufte Jude Johannes Pfefferkorn (1469–1523) 1507 einen „Judenspiegel" mit dem Plan einer gewaltsamen Christianisierung der Juden herausbrachte und zu diesem Zwecke gleich die Vernichtung aller jüdischen Bücher verlangte, erreichte er zusammen mit den als Bollwerk der Scholastik geltenden Kölner Dominikanern 1509 ein kaiserliches Mandat, das alle hebräischen Schriften wegen ihrer angeblichen Christenfeindlichkeit verbot. Allerdings sollte dieses Mandat noch durch ein Gutachten Reuchlins unterstützt werden. Zum Entsetzen der Initiatoren der Hatz legte er ein der Wissenschaft verpflichtetes Zeugnis für den Erhalt der hebräischen Quellen vor und forderte nicht nur eine wissenschaftliche, nichtadministrative Auseinandersetzung mit den Juden, sondern sogar Lehrstühle für das Hebräische an den Universitäten. Nun folgten scharfe literarische Auseinandersetzungen und ein geistlicher Prozeß gegen Reuchlin, der 1516 zu einem günstigen – aber vom Papst nicht bestätigten – Urteil über Reuchlin führte, das 1520 durch ein anderes ersetzt wurde, das dem humanistischen Wissenschaftler Stillschweigen auferlegte. Aus dem Flugschriftenstreit ging aber zwischen 1516 und 1517 die glänzendste Politglosse der vorreformatorischen Zeit hervor, die lateinisch abgefaßten „Briefe der Dunkelmänner".

Charakteristisch für den ganzen Humanismus ist, daß die erste deutschsprachige Veröffentlichung eines Humanisten erst in das Jahr 1521 fiel, als die anbrechende Flugschriftenflut zu Fragen der Reformation sich immer häufiger auf Deutsch ausdrückte. So fortschrittlich und zukunftsträchtig die in eine moderne Gesellschaft gerichteten Auffassungen der Humanisten auch waren – die Masse der Bevölkerung vermochten sie nicht zu mobilisieren, zu begeistern und zu führen, da sie diese anfänglich kaum erreichten. Das konnte angesichts des allgemeinen Entwicklungsstandes der Gesellschaft in dieser Zeit nur eine erneuerte Religion, die die Massen ergriff.

Denn die Volksfrömmigkeit war trotz aller Mißstände in vielfältigster Form in den Massen zutiefst verwurzelt. In einer Zeit, da der Analphabetismus bei der Masse der Bevölkerung selbstverständlich war, machte sich der gemeine Mann sein Bild von Gott in hohem Maße aus der Anschauung von Bildwerken. Da war es von Bedeutung, daß der Frömmigkeit etwa zeitgleich mit dem Humanismus auch zunehmend ein künstlerisches Abbild von Christus, seinen Jüngern und den vielen Heiligen der Kirche begegnete, das sie aus der früher gewohnten sinnlichen Entrückung von allem Menschlichen näher an den Menschen heranließ.

Einer der Verfasser der „Dunkelmännerbriefe" war der völlig verarmte Reichsritter Ulrich von Hutten (1488–1523), der im Interesse seines Standes auf eine Reichsreform hoffte und sie nur über die Kirchenreform für überhaupt denkbar hielt. Ihn inspirierte in seinem antirömischen Selbstwertgefühl die schon von früheren Humanisten vollzogene Hinwendung nicht allein zum klassischen, sondern auch zum germanischen, als deutsch verstandenen Altertum. Hutten entdeckte die in Vergessenheit geratenen Tatsachen über den Cheruskerfürsten Arminius und die Varus-Schlacht wieder (gedruckt erst nach seinem Tode, 1529) und brachte 1517 eine Ausgabe der Untersuchung des Italieners Laurentius Valla (1406–1457) zum Druck, der schon mittels quellenkritischer Methode den Nachweis erbracht hatte, daß die sogenannte Konstantinische Schenkung – auf der angeblich die weltliche Herrschaft des Papstes im Kirchenstaat beruhte – eine komplette Fälschung darstellte. Es entsprach dem Stil des im Reuchlin-Streit formierten politischen Flügels der Humanisten, daß Hutten das Schriftchen mit einer ätzenden Vorrede versah, die er voller Ironie dem in Rom residierenden Papst Leo X. (1475–1521) widmete. (Würzburg, Museum)

Zu den überragenden Künstlerpersönlichkeiten um die Jahrhundertwende und zu Beginn des 16. Jahrhunderts zählten Albrecht Dürer (1471–1528), Lucas Cranach (1472–1553), Mathis Nithardt genannt Grünewald (ca. 1460–1528), Hans Baldung Grien (ca. 1485–1545), Albrecht Altdorfer (1484–1538), Hans Holbein d. J. (1497/98–1543). Ihre künstlerischen Darstellungen waren von Realismus gekennzeichnet und gestalteten diesseitige Erlebnisse und Erfahrungen in der Hülle biblischer Stoffe oder antiker Mythen. Darüber hinaus aber tendierten sie zur ungeschminkten Verweltlichung ihrer Themen als Abbild von Natur und Gesellschaft.

Die darstellenden Künste wandten sich im letzten Drittel des 15. Jahrhunderts mehr und mehr dem wirklichen Leben zu. So läßt der in Köln ca. 1463–1480 tätige Meister des Marienlebens auf seinem Altarbild die Geburt Mariens in einem zeitgenössischen Schlafzimmer stattfinden. Ehebett, Wäschetruhe, Waschschüssel und die Kleidung der anwesenden Hebamme, der Helferinnen und Mägde geben eher einen lebhaften Eindruck von dem Leben in einer gutsituierten Familie, in der gerade Nachwuchs eintrifft, als von der religiösen Thematik. (München, Alte Pinakothek)

Überragende Künstlerpersönlichkeit in der Zeit des deutschen Humanismus war der für Fürsten ebenso wie für Bürger tätige Albrecht Dürer (1471–1528), in dessen Leben und Werk sich die zeitgenössische Kunst kristallisierte. Mit seiner Devise, daß die Kunst in der Natur stecke und der Künstler sie von dort herausreißen müsse, forderte und praktizierte er eine künstlerische Verdichtung der Wirklichkeit. (Selbstbildnis; Madrid, Museo del Prado)

Das 1544 entstandene Spätwerk von Baldung Grien (ca. 1485–1545) resümiert eine wesentliche Seite seines Schaffens. In detailgetreuer, wenngleich künstlerisch gehobener Wiedergabe des weiblichen Körpers, wie er ihn an seinen Zeitgenossinnen antraf, wandte er sich von den weltentrückten zerbrechlichen Idealleibern gotischer Frauendarstellungen ab und scheute sich nicht, das Häßliche und Vergängliche als Normalfall des Lebens in seinen Bildern festzuhalten. Der 18jährige Grien ging als ausgelernter Geselle nach Nürnberg in die Werkstatt Albrecht Dürers. In der Nürnberger Werkstatt absolvierte er ein intensives Studium der Anatomie des Körpers. Hier legte er die Grundlagen seines sicheren Könnens für die bewegten Kompositionen der weiblichen Akte, die später zusammen mit Allegorien seine bevorzugten Themen waren. Die Nürnberger Lehrjahre verbanden Dürer und Grien in lebenslanger Freundschaft. (Leipzig, Museum der Bildenden Künste)

Reformation und Gegenreformation

Die im 15. Jahrhundert erfundenen Methoden graphischer Reproduktion – Holzschnitt und Kupferstich – brachten zudem die Möglichkeit, Kunstwerke schlagartig zu vervielfältigen und damit auf breitere Schichten einwirken lassen zu können. Wesentliche Voraussetzung für den schnell erreichten hohen Stand der graphischen Reproduktionstechnik war das in einem halben Jahrhundert erreichte quantitative und qualitative Niveau im Buchdruck – zu Beginn des 16. Jahrhunderts gab es bereits in 53 deutschen Städten Druckereien! –, das die Leistungen der Humanisten überhaupt erst in ansprechbaren Bevölkerungsschichten bekannt machte.

Einzelblattdrucke und illustrierte Flugschriften kursierten unter den verschiedenen Schichten und erzielten durch ihre Anschaulichkeit bedeutende Wirkung. Auch die früher nur mündlich weitergetragenen Erzählungen der Volksbücher wurden nun im Druck zugänglich und reflektierten ebenso wie die in dieser Zeit neu entstandene volkstümliche Literatur – so z.B. Sebastian Brants „Narrenschiff" von 1494 – die kritische Sicht des überwiegenden Teils der Gesellschaft auf die Zustände. Der Boden für eine erhebliche Erschütterung war im Deutschland des 16. Jahrhunderts gründlich vorbereitet.

Das „Narrenschiff" von Sebastian Brant (1457–1521), 1494 erschienen, eröffnete den Reigen der „Narrenliteratur", die ihre ätzende Zeit- und Gesellschaftskritik nach dem Vorbild der Hofnarren in das Gewand eines – angeblich wegen intellektuellen Unvermögens nicht haftbaren – Beobachters kleidet. Mit den Narren auf der Suche nach dem Schlaraffenland wird der weitverbreitete Wahn aufs Korn genommen, ohne eigene Leistung zu Wohlstand und Reichtum zu gelangen.

Die Wahl Karls V.

Im Januar 1519 starb Kaiser Maximilian, und die Unsicherheit über die politischen Verhältnisse in der großen zentraleuropäischen Ländermasse „Heiliges Römisches Reich Deutscher Nation" brach sofort wieder auf. Zwar gab es in Anlehnung an die „Goldene Bulle" aus der Zeit des kurzlebigen ständischen Reichsregiments eine Festlegung, daß im Falle der Abwesenheit des Kaisers der sächsische Kurfürst Friedrich der Weise (1463–1525) kaiserlicher Stellvertreter sein sollte, doch hatte Maximilian selbst gerade noch im Jahre 1518 versucht, einen Nachfolger für die höchste Würde im Reich designieren zu lassen: seinen Enkel Karl, den gemeinsamen Sohn seines einzigen Sohnes Philipp und dessen Gemahlin Johanna, der spanischen Thronerbin.

1500 in Gent geboren und zusammen mit seinem drei Jahre jüngeren Bruder Ferdinand (1503–1564) am burgundischen Hof aufgewachsen, war Karl in seinen Wertvorstellungen von dem Moralkodex des in Flandern noch sehr lebendigen Rittertums geprägt. Der junge Prinz zeichnete sich durch eine tiefe Religiosität aus und fühlte sich, wohl auch gefördert durch seinen Erzieher und Ratgeber Adrian von Utrecht, dem späteren Papst Hadrian IV., eng der katholischen Kirche und der von ihr vertretenen Lehre verbunden. Die in seiner Kindheit und Jugend aufgenommenen mittelalterlichen Traditionen sollten seine späteren Vorstellungen von einer katholischen Universalmonarchie und sein daraus resultierendes Handeln entscheidend beeinflussen. (Skulptur von Conrad Meit; Brügge, Gruuthusemuseum)

1516 war Karl spanischer König geworden. Zwar mußte er vor den Ständeversammlungen aller vier Landesteile Spaniens deren ständische Rechte beschwören, indem er aber in der Folgezeit alle hohen Staatsposten durch mitgebrachte Niederländer besetzte, versuchte er, die Macht der spanischen Stände einzudämmen. Seine stärkste Stütze in Spanien war die Kirche, deren führender Kopf, sein Lehrer Adrian von Utrecht (1459–1523), seit 1516 Bischof von Tortosa war.

Der Plan, diesen spanischen König als Römischen König wählen zu lassen und ihm damit praktisch den nächsten Kaisertitel zu sichern, löste am französischen Hof fast eine Panik aus. Frankreich, in den Niederlanden und Oberitalien mit den Habsburgern im Dauerstreit, sah sich einer drohenden Umklammerung ausgesetzt; König Franz I. (1494–1547, K. 1515) trat die Flucht nach vorn an und brachte sich bei den deutschen Kurfürsten als Gegenkandidat ins Gespräch. Da die Kurie Angst vor einem spanisch-habsburgischen Weltreich hatte, das den Mittelitalien beherrschenden Kirchenstaat von Norden ebenso wie von Süden – das Königreich Neapel gehörte zu Spanien! – umfassen würde, favorisierte Papst Leo X. (1474–1521, P. 1513) Franz I. Aber die Unterstützung eines ausländischen Monarchen durch den Papst weckte bei den Kurfürsten doch Widerstand, zumal noch auf dem letzten Reichstag zu Maximilians Lebzeiten, der in Augsburg 1518 stattgefunden hatte, die weltlichen Reichsstände bittere Klage über die vom Heiligen Stuhl geduldeten Mißbräuche seiner Diener geführt hatten. Auch breite Kreise der Ritterschaft, ebenso wie viele Humanisten, sprachen sich gegen eine französische Kandidatur aus. Schließlich neigte sich die Waage zugunsten des Habsburgers, dessen Bemühen um die deutsche Krone von seinen Agenten mit mehr als 850 000 Goldgulden für den Stimmenkauf unterstützt wurde, die die Augsburger Kaufmannsfamilie Fugger als Kredit zur Verfügung stellte. Als Ergebnis solch „überzeugender Argumente" wurde Karl auf dem Kurfürstentag in Frankfurt/Main am 28. Juni 1519 als Karl V. zum Reichsoberhaupt gewählt.

Zugleich mit der Nachricht von seiner Wahl wurde dem jungen Herrscher, der noch in Spanien weilte, eine von den Kurfürsten als verfassungsrechtliche Neuerung eingeführte Wahlkapitulation überbracht, deren Annahme die Voraussetzung zu seiner Krönung im Aachener Dom war. Das von Maximilian in die Versenkung entlassene Reichsregiment sollte wieder eingesetzt werden und während des Kaisers Abwesenheit die oberste Autorität innehaben. Diese Wahlkapitulation beschnitt die kaiserlichen Rechte erheblich: Kaiserliche Bündnisse waren nur noch mit der Zustimmung der Kurfürsten zu schließen, desgleichen auch nur noch in Übereinstimmung mit ihnen Gesetze zu erlassen, Steuern auszuschreiben und Reichstage einzuberufen; die als juristische Handhabe fungierende Reichsacht sollte nur noch nach einer ordentlichen Anhörung des zu Ächtenden verhängt werden; Reichsämter durften nur noch von Deutschen besetzt werden; fremde Truppen ins Reich zu bringen, war untersagt. Eine Vorbehaltsklausel gab den Kurfürsten das Recht zum Widerstand, sofern sich der Kaiser nicht an die Verpflichtungen der Wahlkapitulation halten würde.

Am 23. Oktober 1520 wurde Karl in Aachen in Anwesenheit der deutschen Fürsten vom Kurfürsten-Erzbischof von Köln gekrönt und nahm den Kaisertitel an. Von Aachen aus wurde der nächste Reichstag für den Januar 1521 nach Worms einberufen. Karl reiste nun gemächlich durch die Rheinlande zum Tagungsort, wo er seine politische Feuertaufe als Kaiser empfangen sollte und mit einem Problem konfrontiert wurde, das ihn durch die gesamte Zeit seines Kaisertums begleiten sollte: die Reformation.

Friedrich der Weise, Kurfürst von Sachsen (1463–1525), rückte im Frühjahr 1519 unversehens auf den vorderen Kandidatenplatz für die Kaiserwahl; aber er wollte lieber sicherer Erster unter den Landesfürsten sein, als sich als Oberhaupt des Reiches für den Rest seines Lebens mit ihnen herumschlagen zu müssen, und ließ sich nicht zu einer Kandidatur überreden. (Gemälde von Lucas Cranach d. Ä.; Kunstsammlung der Veste Coburg)

Die Wahl eines neuen Reichsoberhauptes war nicht an die Anwesenheit des Kandidaten geknüpft. So wurde Karl beispielsweise gewählt, während er auf der iberischen Halbinsel weilte. Der Gewählte trug stets solange den Titel „Römischer König", bis er vom Papst zum Kaiser gekrönt worden war. Erst dann durfte er den Kaisertitel führen. Bei Karl V. war dies erst ab 1530 der Fall. Sein Bruder und Nachfolger Ferdinand I. brach mit dieser jahrhundertealten Tradition und nannte sich nach der Wahl zum Reichsoberhaupt sofort „Erwählter Römischer Kaiser", womit er eine neue Tradition begründete. Seitdem ließ sich kein Reichsoberhaupt mehr vom Papst krönen.

Luther und die Reformation

Die schleichende Zerrüttung der mittelalterlichen Ständegesellschaft durch die fortschreitende Geldwirtschaft stellte von selbst die überkommene Existenzweise einer der wesentlichsten Stützen der alten Gesellschaft in Frage: die Kirche. Es ging nicht nur darum, daß die Kirchenhirten wie die weltlichen Herrscher regierten; sie nahmen darüber hinaus durch diverse Privilegien noch eine Sonderstellung ein: So waren sie z. B. frei von Steuern und öffentlichen Lasten; alle Rechtsstreitigkeiten, die einen Kleriker oder klerikalen Besitz betrafen, mußten vor einem kirchlichen Gericht verhandelt werden. Darüber hinaus hatte Kaiser Friedrich III. im Wiener Konkordat von 1448 dem Papst zugestanden, daß die Geldquellen der Kurie im Reich weiter nach Rom flossen, während andere Länder wie England, Frankreich und Spanien bereits Hand auf die jeweiligen Kirchenvorrechte gelegt hatten.

Eine sprudelnde Finanzquelle der Kirche war der florierende Ablaßhandel, der aus der auch schon im 15. Jahrhundert sich zuspitzenden Kritik eine antipäpstliche werden ließ. Das Verständnis für den richtigen Weg zur Seligkeit war in Europa ein Jahrtausend lang von der christlichen Kirche geprägt worden und bestimmte auch den geistigen Horizont der Menschen in der frühen Neuzeit, denen die Gewißheit von der letztendlichen Gleichheit aller Geschöpfe Gottes die Hoffnung auf einen Zustand ließ, in dem sich diese im realen Leben sichtbar nicht vorhandene Gleichheit verwirklichen würde. Um die Angst vor der Sündenstrafe zu lindern, bot die katholische Kirche das Bußsakrament: Der gläubige Mensch, der seine Sünden bereut, kann das Vergehen dem Priester beichten und von diesem davon losgesprochen werden, er muß dafür aber ein gutes Werk tun, z. B. beten, fasten, Almosen geben oder seinen sündigen Körper kasteien. Diese Form der „Werkgerechtigkeit" führte natürlich leicht zur Formalisierung der Buße, in den „Ablaß".

Der Ablaß besagte, daß der Sünder durch den Kauf eines „Ablaßbriefes" das Recht erwarb, sich von einem Priester ein- oder mehrmals, gar für sein ganzes Leben, sowohl von allen oder auch nur von gewissen Sünden lossprechen zu lassen, ohne noch zusätzlich Bußleistungen erbringen zu müssen. Die Geschäftstüchtigkeit der Renaissance-Papstkirche ging so weit, daß solche Ablaßbriefe auch für Verstorbene angeboten wurden. Im Angebot war ein bedarfsgerechtes Sortiment für alle denkbaren Sünden, für begangene, bevorstehende, beabsichtigte und ungewollte, spezifiziert nach Geltungsdauer und Qualität der Sünden, als ein bequemer Weg zur Seligkeit; im übrigen war das Angebot auch so gestaffelt, daß es beinahe für jeden erschwinglich wurde. Denn vom kalligraphisch verzierten Ablaßbrief bis zu den durch die Erfindung des Buchdrucks massenhaft herzustellenden Ablaßzetteln war jede mögliche Qualitätsstufe verfügbar. Marktgerecht war das ganze Geschäft, aber die Verkaufsstrategie einzelner Ablaßhändler spitzte hier und da den Skandal noch zu.

So trat im Jahre 1517 im südlichen Zipfel der Kurmark Brandenburg der Dominikanerprior Johann Tetzel (ca. 1465-1519) auf, der als Kommissionär für den 1514 von Papst Leo X. ausgeschriebenen „Großen Gnadenablaß" zur Finanzierung des Weiterbaus von St. Peter in Rom tätig war. Kurfüst Friedrich der Weise verbot den Verkauf dieses Ablasses in Sachsen. Das hielt aber eine erkleckliche Zahl seiner Untertanen nicht davon ab, jenseits der kursächsischen Grenzen Tetzel ihre Ersparnisse zuzutragen. Die Gebildeten am kursächsischen Hof und an der in der kurfürstlichen Residenzstadt Wittenberg gelegenen Landesuniversität sahen das mit Unwillen. Da entschloß sich einer der Universitätsprofessoren, Tetzel in die Schranken zu weisen: Am Vorabend des Allerheiligentages, am 31. Oktober 1517, veröffentlichte Martin Luther 95 Thesen auf Lateinisch zu einer wissenschaftlichen Disputation über den Mißbrauch des Ablaßhandels.

Als Leiter des Generalstudiums der Augustiner, Prediger im Kloster sowie in der Wittenberger Stadtkirche und als Distriktsvikar der Augustiner für Kursachsen mit der Aufsicht über elf Klöster war Luther in dem kleinen Städtchen Wittenberg eine Persönlichkeit und genoß sowohl am Hofe als beim Kurfürsten großes Ansehen. Auf seinem wissenschaftlichen Arbeitsfeld war Luther jedoch zunehmend in Gewissensnöte geraten: Er hatte beim Studium der Bibel Gott für sich als lie-

Der Vertrieb des „Großen Gnadenablasses", dessen Erlös für den Weiterbau des Petersdomes zu Rom bestimmt war, durch den Dominikanerprior Johann Tetzel aus Pirna war durch besonders skandalöse Umstände von vornherein ins Zwielicht geraten. Die Hälfte der Einnahmen aus den Kaufsummen der Gläubigen ging nämlich gar nicht nach Rom, sondern diente der Begleichung von Schulden in Höhe von 30 000 Gulden, die der Generalverwalter des „Großen Gnadenablasses" in den west- und mitteldeutschen Kirchenprovinzen, der Erzbischof von Mainz und Magdeburg, den Fuggern zurückzuzahlen hatte. Die Anpreisungsmethoden Johann Tetzels waren darüber hinaus extrem marktschreierisch und entbehrten jeder geistlichen Würde.

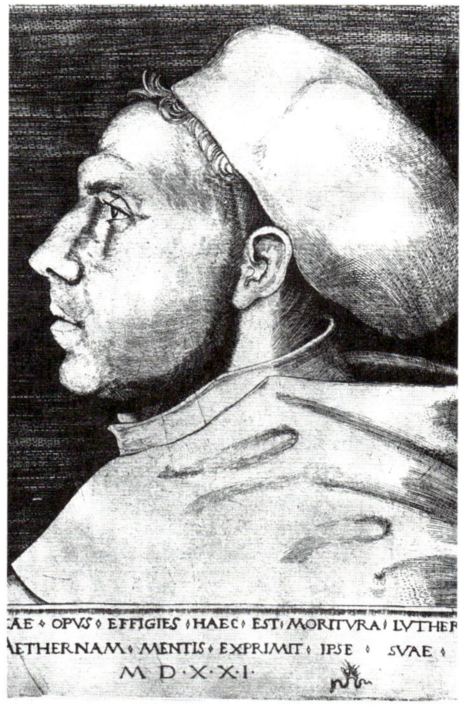

Martin Luther, am 10. November 1483 in Eisleben als Sohn eines kleinen Bergbauunternehmers geboren, hatte nach Schulbesuch in Mansfeld, Magdeburg und Eisenach von 1501–1505 an der Universität Erfurt studiert, wo er 1505 das Magisterexamen bestand und sich an der juristischen Fakultät einschrieb. Doch trat er im gleichen Jahr überraschend in den Augustinerorden ein, wurde dort 1507 zum Priester geweiht und begann ein Theologiestudium. Nach seiner Promotion zum Dr. theol. 1512 erhielt er an der Universität Wittenberg die Professur für Bibelkunde. (Kupferstich von Lucas Cranach d. Ä.; Wien, Graphische Sammlungen Albertina)

Wird in der katholischen Kirche bei der Kommunion nur die Hostie aus Brot – als Leib Christi – an die Gemeinde ausgeteilt, während der Kelch mit dem Wein – das Blut Christi – dem Priester vorbehalten bleibt, so führte Luther auch den Laienkelch ein, womit er eine Reform des 100 Jahre zuvor als Ketzer verbrannten Johann Hus aufnahm. Dem Wirken von Hus eingedenk, läßt Lucas Cranach d. Ä. auf diesem Holzstich sowohl Luther als auch Hus das Abendmahl in beiderlei Gestalt an die zum evangelischen Glauben übergetretene Sächsische Kurfürstenfamilie reichen.

benden Vater entdeckt, der dem Menschen das Seelenheil sicherte, wenn er im festen Glauben an ihn den direkten Zugang zu ihm suchte. Damit geriet die ganze kirchenoffizielle Lehre von der Werkgerechtigkeit und der priesterlichen Mittlerrolle ins Wanken. Gerade der Ablaß mußte als besonders anstößige Verirrung auf dem Weg zum Seelenheil angesehen werden. Es war naheliegend, daß Luther Tetzels Wirken in der unmittelbaren Nähe Wittenbergs nicht unkommentiert hatte hinnehmen können.

Die von Luther beabsichtigte Disputation kam zwar nicht zustande, aber die Aufregung über die offen zutage liegenden Mißstände im Umgang der Kirche mit den Gläubigen sicherte den 95 Thesen einen von Luther nicht vorausgesehenen Widerhall: Bereits im Dezember 1517 lagen sie gedruckt in deutscher Übersetzung vor. Luther setzte im März 1518 mit einer deutschsprachigen Schrift nach: Der „Sermon von Ablaß und Gnade" war volkstümlicher verfaßt als die Thesen, verdrängte diese als den eigentlichen Auslöser und wurde an vielen Orten gedruckt. In Disputationen bestand Luther glänzend und gewann begeisterte Anhänger. Bei der Kurie denunziert wegen ketzerischer Lehren, wurde er zum Augsburger Reichstag 1518 vorgeladen und dort von Kardinal Cajetan (1469–1534) verhört. Beim weiteren Vorgehen gegen den aufsässigen Augustiner war Papst Leo X. aber zum Taktieren gezwungen, um den von ihm für die Kaiserwahl favorisierten sächsischen Kurfürsten nicht zu verärgern.

Luther ging in dieser Zeit in seiner Kritik an der Papstkirche weiter: 1520 erschienen seine drei Hauptschriften „An den christlichen Adel deutscher Nation", „Von der babylonischen Gefangenschaft der Kirche" (lateinisch, aber blitzschnell auch in deutscher Übersetzung verbreitet) und „Von der Freiheit eines Christenmenschen", die den endgültigen Bruch mit der katholischen Kirche einleiteten. Diese Arbeiten lieferten einen ersten Überblick über Luthers theologisches Gebäude und die von ihm vorgesehenen praktischen Schritte. Durch die Verbindung seines religiösen Anliegens mit der berechtigten Kritik an den kirchlichen Mißständen bot seine Lehre reichlich Stoff, sowohl für die politische Opposition der Reichsstände gegen die Papstkirche als auch für die Hoffnungen des einfachen Volkes; Fürsten und Adel sollten sowohl Reich als auch Kirche reformieren und letztlich eine von Rom unabhängige Nationalkirche schaffen. Mit seiner Vorstellung von einem allgemeinen Priestertum der Gläubigen sprach er der klerikalen Hierarchie ihre Mittlerrolle zwischen Gott und den Menschen und damit ihre Existenzberechtigung ab. Er kam mit seiner Auffassung von Gottesdienst – jeder irdische Beruf sei als Dienst in und an der christlichen Gemeinschaft Dienst an Gott selbst – dem Selbstverständnis des aufsteigenden Bürgertums entgegen. Genauso gern lasen Obrigkeiten die Lehre von den zwei Reichen, denen der Christ angehöre: dem Reiche des Glaubens, das ihm ganz allein für seinen Verkehr mit Gott gehört,

Am 17. und 18. April 1521 stand Luther vor dem Kaiser und den Reichsständen. Obgleich das Verhör so geschickt angelegt war, daß sich Luther von seinen theologischen Lehren hätte abkehren können, ohne zugleich die von ihm aufgegriffene Opposition gegen die Mißstände in der Kirche als unberechtigt aufgeben zu müssen, verweigerte Luther unter der Berufung auf sein Gewissen und auf Gott jeglichen Widerruf. Seine von ihm sorgfältig vorbereitete Rede beendete er mit den Worten: „...so kann noch will ich nichts widerrufen, weil weder sicher noch geraten ist, etwas wider das Gewissen zu tun. Gott helfe mir, Amen!". Die in populären Geschichtsdarstellungen eingegangene Verkürzung von Luthers Antwort auf die Sätze: „Hier stehe ich. Ich kann nicht anders. Gott helfe mir, Amen!" tauchte erst ein Jahrzehnt nach seinem Tod auf.

Luther reagierte auf die päpstliche Androhung des Kirchenbanns mit einem aufsehenerregenden Akt: Vor den Toren Wittenbergs verbrannte er am 10. Dezember 1520 ein gedrucktes Exemplar der Bann-Androhungsbulle zusammen mit einigen Büchern kanonischen Rechts. Das war nicht nur eine Gegendemonstration zu den von der Kurie veranlaßten Verbrennungen der Lutherschriften, sondern auch eine mutige Herausforderung der Kurie: Das kanonische Recht – das geltende Recht der katholischen Kirche – wurde damit als Menschenwerk, das nicht Gottes Wort entspricht, dem Scheiterhaufen übergeben.

und dem Reich der Welt, wo das Schwert herrscht und Autorität anzuerkennen ist. Auch theologisch reduzierte Luther den Aufgabenkreis des Priesters, indem er nur noch drei Sakramente anerkannte: Taufe, Buße, Abendmahl.

Schon vor dem Erscheinen dieser Schriften war Luther im Juni 1520 durch eine päpstliche Bulle der Kirchenbann angedroht und allen Christen befohlen worden, seine Schriften zu verbrennen. Das geschah allerdings nur in Köln, Mainz, Lüttich und Löwen – dort auf ausdrücklichen Befehl des seit Spätsommer des Jahres in den Niederlanden weilenden Kaisers. Luther ließ sich jedoch nicht davon einschüchtern, worauf im Januar 1521 der Kirchenbann folgte. Karl V. wollte in seinem Verständnis von dem Zusammenwirken weltlicher und geistlicher Macht über den Gebannten wie üblich auch die Reichsacht folgen lassen, die Luther für vogelfrei und rechtlos erklärt hätte. Aber auf dem am 27. Januar 1521 eröffneten Reichstag zu Worms wurde er nicht nur sofort wieder mit ständischen Beschwerden konfrontiert, sondern erlebte auch zu seiner Überraschung, daß die Reichsstände von ihm die

Biblia/das ist/ die
gantze Heilige Schrifft Deudsch.
Mart. Luth.
Wittemberg.
Begnadet mit Kürfürstlicher zu Sachsen
freiheit.
Gedruckt durch Hans Lufft.
M. D. XXXIIII.

Die von Luther übersetzte Bibel hat wesentlich zur Herausbildung und Grundlegung des Neuhochdeutschen beigetragen. Meisterliche Beherrschung der Sprache, tiefstes Eindringen in das Wesen der Übersetzerarbeit und solider Rückgriff auf die Originaltexte: das war Luthers persönliche Leistung. Daß sich sein Werk durch seine glückliche Wahl der sächsischen „Kanzleisprache" als Grundlage über die verschiedenen Dialektgrenzen hinweg verbreitete, verschaffte seiner Bibelübersetzung auch den Charakter eines Auslösers für eine einheitliche deutsche Schriftsprache.

Huldrych Zwingli war als Leutpriester und Feldprediger über viele Jahre hinweg mit dem Leben und Leiden des einfachen Schweizer Volkes vertraut geworden. Um 1520 begann er, angeregt durch Luthers Auftreten, als Priester am Großmünster von Zürich mit der Entwicklung eigener Reformationsvorstellungen, die sich ab 1522 in praktischen Maßnahmen zur Umgestaltung des Kirchenwesens und des Gemeindelebens in den Nordschweizer Kantonen niederschlugen. Dem stolzen und weltoffenen Schweizer und oberdeutschen Bürgertum entsprechend, fielen Zwinglis Glaubensvorstellungen recht nüchtern und rational aus. So sah er beispielsweise im Abendmahl nur einen symbolischen Akt der Erinnerung an Christus. Zwingli fiel 1531 im Kampf gegen die katholisch gebliebenen Waldkantone.

Andreas Bodenstein, genannt Karlstadt, war seit 1510 Professor an der Universität Wittenberg und trat 1517 sofort an Luthers Seite. 1521/22, während Luthers Aufenthalt auf der Wartburg, war Karlstadt das Haupt der Reformation in Wittenberg und regte radikale Veränderungen beim Umgang mit den Sakramenten an. Die von ihm eingeführte Verwendung des Vermögens geistlicher Institutionen für die Armenversorgung wurde beispielgebend für die Regelung der Finanzen protestantischer Gemeinden. Seine Mobilisierung des „einfachen Mannes" gegen katholische Zeremonien und seine feindliche Haltung zu allen Sakramenten brachte ihm als Repräsentanten eines radikalen Reformationsflügels Luthers Gegnerschaft ein, vor der er aus Kursachsen fliehen mußte.

Einhaltung der Wahlkapitulation forderten, demzufolge u. a. kein Untertan im Reich ohne seine Anhörung in die Reichsacht gestellt werden durfte. Allgemein wurde auch verlangt, daß der Religionsstreit auf einem Konzil entschieden werden sollte.

Da der widerstrebende Kaiser auf die Unterstützung der Reichsstände in seinen Auseinandersetzungen mit Frankreich angewiesen war, mußte er schließlich zugestehen, daß Luther vor den Reichstag geladen wurde – allerdings nicht mehr zu einer Debatte über seine Ansichten und Lehren, sondern nur noch zu deren öffentlichem Widerruf. Als Luther unter Zusicherung freien Geleits nach Worms geladen wurde, stand ihm warnend das Schicksal des Jan Hus vor Augen, der trotz des kaiserlichen Versprechens auf freies Geleit am 6. Juli 1415 in Konstanz als Ketzer hingerichtet worden war. Martin Luther entschloß sich dennoch zu der Reise zum Wormser Reichstag, die in der ersten Aprilhälfte 1521 einem wahren Triumphzug glich, und das durch Orte, denen bei der Beherbergung eines vom Papst Gebannten strenge Kirchenstrafen drohten.

Am 17. und 18. April stand Luther vor dem Kaiser und den Reichsständen und verweigerte jeden Widerruf unter Berufung auf sein Gewissen und auf Gott. Schon am nächsten Tag berief sich Karl V. auf seine Rolle als Erhalter des Glaubens und der Kirche und wollte nun gegen den Ketzer in der üblichen Weise vorgehen. Die Reichsstände setzten jedoch durch, daß das versprochene Geleit erhalten blieb und Luther aus Worms abreisen konnte. Die kaiserliche Reichsacht wurde nur durch einen Trick vom Reichstag abgesegnet: Nachdem Ende Mai die Mehrzahl der Teilnehmer bereits abgereist war, ließ sich Karl V. von den noch Anwesenden ein entsprechendes Edikt genehmigen, das allerdings um 17 Tage vordatiert war. Luther sollte danach dem Kaiser gefangen vorgeführt, seine Schriften unterdrückt und deren Lektüre verboten werden. Darüber hinaus waren nach diesem Edikt alle Schriften religiöser Thematik künftig unter die Zensur der theologischen Fakultäten der Universitäten zu stellen.

Doch war dieses Wormser Edikt kaum das Papier wert, auf das es geschrieben wurde. Die Reformation war bereits zu einer Massenbewegung geworden, und der Versuch einer Zensur zur Unterdrückung reformatorischer Schriften war ein vergebliches Unterfangen angesichts der Flut von Druckerzeugnissen: Waren 1518 aus deutschen Buchdruckereien 150 Titel hervorgegangen, so waren es 1519 bereits 260 und 1520 schon 570, die Mehrzahl davon reformationsfreundliche. Auch mit Luther war nicht so einfach zu verfahren, wie im Edikt verlangt, denn er war plötzlich von der Bildfläche verschwunden. Nur wenige Eingeweihte wußten, daß Kurfürst Friedrich der Weise seinen umstrittenen und gefährdeten Professor auf der Rückreise von Worms mit dessen Einverständnis hatte entführen lassen. Auf der Wartburg oberhalb Eisenachs wurde Martin Luther als „Junker Jörg" für fast ein Jahr vor den Augen der Weltöffentlichkeit verborgen.

Der kritische Theologe Thomas Müntzer gehörte zu den frühesten Lutheranhängern. Unter Karlstadts Einfluß entwickelte er bei der Verkündigung des reinen Evangeliums radikale Ideen und gelangte 1524 zu der Auffassung, die Verwirklichung des Gottesreiches auf Erden in einer Gemeinschaft freier und gleicher Menschen stehe als unmittelbare gesellschaftliche Aufgabe an. Damit drückte er zweifellos die Sehnsüchte der Unterschichten in Stadt und Land aus, denen Luthers Orientierung an der christlichen Obrigkeit mißfiel. Nach dem endgültigen Bruch mit Luther unterstrich Müntzer seine revolutionäre Position durch die aktive Teilnahme am Bauernkrieg.

Von harter Arbeit geprägt und voller Sympathie sieht Lucas Cranach d. Ä. die Bauern, wie auf seinem um 1506 entstandenen Portrait dieses bäurischen Jägers zu erkennen ist. (Basel, Kunstmuseum)

Luther verbrachte diese Zeit mit der Übersetzung des Neuen Testaments aus dem griechischen Urtext in ein für seine Zeit modernes Deutsch. Schon im September 1522 erschien dieser Teil der Bibel im Druck – ihre Gesamtübersetzung lag gedruckt erst 1534 vor. Deutsche Bibelübersetzungen hatte es auch schon früher gegeben, aber sie waren wissenschaftlich-theologisch höchst anfechtbar, da sie grundsätzlich von der einzigen von der katholischen Kirche autorisierten lateinischen Fassung aus dem 4. Jahrhundert – der Vulgata – ausgingen. Luthers Übersetzung aber gab die Bibel dem Volk in die Hand, ermöglichte breitesten Schichten, sie selbst zu lesen und damit zu den Quellen christlicher Überlieferung vorzudringen. Die katholische Kirche antwortete auf die Herausforderung durch Luthers Bibelübersetzung mit eigenen Übersetzungen, die sich aber als Hilfsmittel sehr oft der Lutherschen bedienten und auf diese Art auch in jenen Gegenden des deutschen Sprachgebietes, die von der Reformation nicht unmittelbar berührt wurden, zur sprachlichen Einheitsbewegung beitrugen.

Während Luthers Aufenthalt auf der Wartburg entwickelte sich die Reformation zu einem Flächenbrand. Bürger, Bauern und städtische Unterschichten griffen begierig Luthers Lehre von der christlichen Freiheit auf und sahen den Tag der Abrechnung mit den Klöstern und der geistlichen Herrschaft nahen. Die Reichsritter, die in der Inbesitznahme von Kirchengut einen möglichen Ausweg aus ihrer verzweifelten sozialen Lage sahen, standen einhellig zur Reformation, und auch einzelne Territorialfürsten bekannten sich eindeutig zu ihr. Neben dem geschickt taktierenden Kurfürsten von Sachsen war dies zuerst der junge Landgraf Philipp von Hessen (1504–1567). Insgesamt begann sich die Bewegung zu radikalisieren, und es gab bald verschiedene Flügel: ein bürgerlich-patrizischer, ein bürgerlich-gemäßigter, ein kleinbürgerlich-radikaler und ein bäuerlich/plebejisch-radikaler. Diese hatten jeweils bestimmte geistige Repräsentanten, die mit den Namen Luther, Huldrych Zwingli (1484–1531), Andreas Rudolf Karlstadt (1480–1541) und Thomas Müntzer (1490–1525) nur symbolisch zu benennen sind.

Am Ursprungsort der Reformation konnte sich Luther zunächst gegen Radikalisierungen durchsetzen, nachdem er im März 1522 von der Wartburg dorthin zurückgekehrt war. Luther wußte durchaus, gestützt auf seine Lehre vom göttlichen und weltlichen Reich, der Zwei-Reiche-Lehre, mit den realen Verhältnissen umzugehen: Sollte die Reformation eine Zukunft haben, so mußte sie sich auf jene Schicht stützen, die das Sagen hatte, nämlich auf die Obrigkeiten, d.h. auf die weltlichen Territorialherren, zu denen auch die größeren und reicheren Reichsstädte zählten. In seiner Schrift „Eine freie Vermahnung an alle Christen, sich zu hüten vor Aufruhr und Empörung" sprach Luther das 1522 offen aus.

Der erste gewaltsame Ausbruch im großen Stil gegen einen geistlichen Territorialfürsten begann im Herbst 1522. Der Söldnerführer Franz von Sickingen (1481–1523), der die Raubritterei im großen Stil betrieb, überfiel mit einer Söldnerschar und der moralischen und zum Teil bewaffneten Rückendeckung großer Teile der rheinischen Ritterschaft den Kurfürsten-Erzbischof von Trier, um ihn abzusetzen und das Kurfürstentum in eine weltliche Herrschaft umzuwandeln. Angesichts der Gefahr, daß Raubritter unter pathetischen Vorwänden Territorialherren – und seien es auch geistliche – stürzen könnten, taten sich reformatorisch gesinnte weltliche und konservativ-katholische Fürsten unkompliziert zu einer Allianz zusammen: Der Kurfürst-Erzbischof von Trier, der Pfalzgraf bei Rhein und der Landgraf von Hessen brauchten gemeinsam kein halbes Jahr, um die unruhigen Ritter zu bändigen und Sickingens Burgen zu erstürmen. Mit der Niederlage Sickingens, der am 7. Mai 1523 seinen Verletzungen erlag, hatte die Ritterschaft ihre politische Rolle als eigenmächtige Kraft im Kampf gegen die geistlichen Herren ausgespielt.

Der Bauernkrieg

Im Sommer 1524 verdichteten sich die Anzeichen, daß der „gemeine Mann" auf dem Lande mit der „evangelischen Freiheit des Christenmenschen" – wie er sie unter seinen Lebensbedingungen verstand – Ernst zu machen gedachte. Den geistlichen Grundherren waren zumeist schon seit einiger Zeit die schuldigen Abgaben verweigert worden; nun dehnte sich diese Verweigerung auch auf weltliche Grundherren aus. Im August verbündeten sich die aufständischen Schwarzwälder Bauern mit den Bürgern der Stadt Waldshut, die sich in Auflehnung gegen ihren habsburgischen Landesherrn befanden, und gründeten eine „Evangelische Brüderschaft". Diese sandte Boten aus, verbreitete ihre Forderungen und rief die Bauern auf, sich zu organisieren. Da die Obrigkeit zu dieser Zeit über keine einsatzfähige Macht verfügte, ging sie vordergründig auf die Beschwerden ein, führte Verhandlungen und versprach Schiedsgerichte zwischen Bauern und Herren, worauf die Bauern die Kampfhandlungen ruhen ließen, aber fortfuhren, sich zusammenzuschließen.

Anfang 1525 war Deutschland zwischen Donau, Rhein und Lech in offener Empörung. Die Vertreter der einzelnen Bauernhaufen traten im März in Memmingen zusammen und stellten ihre gemeinsamen Forderungen auf, die sie in Zwölf Artikeln zusammenfaßten. Von grundsätzlicher

Luther hatte sich zu Beginn der Erhebung in einer Flugschrift mit einiger Sympathie für die Beachtung der Zwölf Artikel ausgesprochen, aber zur Verständigung zwischen Bauern und deren Obrigkeit gemahnt, da dem Christen Gehorsam anstehe. Als er nun im April und Mai im thüringischen Aufstandsgebiet gegen Aufruhr und Ungehorsam predigte, mußte er erleben, daß er ohne Widerhall blieb. Im Gegenteil – Luther mußte sich damit konfrontieren, daß die aufständischen Bauern durchaus nicht dazu bereit waren, von ihrer radikalen Position abzuweichen. Daher wandte er sich in „Wider die räuberischen und mörderischen Rotten der Bauern" in einem kaum zu überbietenden literarischen Blutrausch gegen die Aufständischen und forderte dazu auf, jeden aufständischen Bauern zu erschlagen.

Bedeutung für das rechtliche Selbstverständnis der Aufständischen waren nicht so sehr die Streitpunkte aus der tagtäglichen Erfahrung, sondern die von dem Memminger Prediger Christoph Schappeler (1472–1551) verfaßte Einleitung: Die Bauern täten nichts anderes als den Willen Gottes, denn sie verlangten nichts weiter als das göttliche Recht; sie wollten das lautere Evangelium hören. So war der Bauernaufstand programmatisch mit der Reformation verbunden, und Luther stand auch an der Spitze einer Liste von Theologen, die die Rechtlichkeit der bäuerlichen Forderungen begutachten sollten.

Der Schwäbische Bund als Koalition der Obrigkeiten setzte auf Verzögerung durch Verhandlungen, hatte aber Ende März 1525 die Geduld der Bauern erschöpft: Anfang April brach die bewaffnete Erhebung in nahezu allen Gebieten Schwabens und Frankens gleichzeitig los. Viele Klöster und Schlösser gingen in Flammen auf, namentlich in Franken, wo der Taubertaler Haufen ein radikaleres Programm als das aus Memmingen verabschiedet hatte: Die Standesvorrechte von Adel und Geistlichkeit sollten abgeschafft und durch die Zerstörung der Herrensitze auch garantiert werden, daß jene sich nie wieder über den gemeinen Mann erheben könnten.

Die von den in Memmingen versammelten Vertretern der Bauern zusammengestellten Zwölf Artikel betrafen zunächst einmal die unmittelbare Verbesserung der sozialen und rechtlichen Lage der Bauern: Freie Wahl der Pfarrer durch ihre Gemeinden, Abschaffung des Viehzehnten, Beseitigung der Leibeigenschaft, freie Jagd und freier Fischfang, freie Holzung im Wald, Rückgabe der Gemeindeweiden, Fortfall des Besthaupts, Rechtsprechung nach altem, gewohntem Recht, Zurückführung der Frondienste auf das überkommene Maß und erträgliche Zinsen.

In Franken bildeten sich sechs Aufstandszentren heraus: die Gebiete um Nördlingen, Rothenburg, Ansbach, Würzburg, Bamberg und an der Grenze zu Thüringen. Die im Taubertal liegenden Aufständischen erhielten Zuzug aus dem Neckartal und dem Odenwald; es entstand der „helle lichte Haufen", der am 16. April 1525 das einzige bedeutende Widerstandszentrum zwischen Tauber und Schwäbischer Alb, Weinsberg, im Sturme nahm. Radikale Bauern sorgten dafür, daß vierzehn Adlige, die als Bauernschinder galten, hingerichtet wurden. Das Strafgericht rief zwar beim fränkischen Adel blankes Entsetzen hervor, doch fanden sich andere Ritter wie – unter Druck gesetzt – Götz von Berlichingen (1480–1562) und – aus Überzeugung – Florian Geyer (um 1490–1525), bereit, sich als militärische Führungskräfte für die Sache der Bauern einzusetzen. Am 17. April wurde die wichtige Stadt Heilbronn eingenommen. Anfang Mai vereinigten sich alle fränkischen Bauernhaufen in Würzburg und begannen mit der Belagerung der bischöflichen Festung Frauenberg, die sich wochenlang hinzog, was auf die Belagerer demoralisierend wirkte.

Am 10. Mai 1525 mußte der Kurfürst von der Pfalz mit den aufständischen Bauern seines Territoriums einen Vertrag schließen. Von der Pfalz griff die Erhebung auf das Elsaß über. In Thüringen brach die Bewegung Mitte April aus und erfaßte bis Anfang Mai das gesamte „Grüne Herz Deutschlands" mit Ausläufern bis nach Hessen, ins Harzgebiet und ins Erzgebirge. Mit Ausnahme der Grafen von Mansfeld traten die thüringischen Kleinfürsten den bäuerlichen Bündnissen bei.

Als die an dem grandiosen Sieg über Franz I. vor den Mauern von Pavia am 24. Februar 1525 beteiligten Landsknechte nach Deutschland zurückströmten, konnte der Schwäbische Bund unter seinem Bundesfeldhauptmann Georg Truchseß von Waldburg (1488–1531) ein Söldnerheer von ca. 10 000 Mann aufstellen. Damit begann er, Anfang April die getrennt operierenden Bauernhaufen einzeln zu stellen. Den „hellen lichten Haufen", die bäuerliche Hauptmacht in Franken, schlug er am 2. Mai vernichtend. Einen Monat später, am 2. Juni, wurden die restlichen fränkischen Aufständischen, die sich bei Würzburg gesammelt hatten, aufgerieben.

In Thüringen hatte sich nach dem Tode Friedrichs des Weisen im Mai 1525 dessen Bruder und Nachfolger Johann (1468–1532), ein überzeugter Luther-Anhänger, eilends mit seinem Glaubensverwandten Philipp von Hessen und seinem von Haß auf Luther und dessen Gefolgsleute zerfressenen Vetter Georg von Sachsen (1471–1538, Hzg. 1500) zusammengetan. Als sie am 14. Mai mit der mitteldeutschen bäuerlichen Hauptmacht bei Frankenhausen zusammentrafen, nutzten sie Verhandlungen zur Einnahme einer günstigen strategischen Position, fielen am folgenden Tag über die Bauern her und schlachteten sie regelrecht ab. Am gleichen Tag wurde die Hauptmacht der Aufständischen im Elsaß bei Zabern von lothringischen Söldnern zur Kapitulation gezwungen und dann – unbewaffnet – niedergemacht.

Die Reformation als politisches Kampfmittel der Fürsten

Aus der Zeit des Bauernkrieges stammt ein damals nicht gedrucktes Dokument, das die politisch-sozialen Vorstellungen der Führer der Aufständischen treffend zum Ausdruck brachte. Mitte Mai waren Abgesandte fast aller südwestdeutschen Bauernhaufen in Heilbronn zu einem Bauernparlament zusammengetroffen. Ihnen

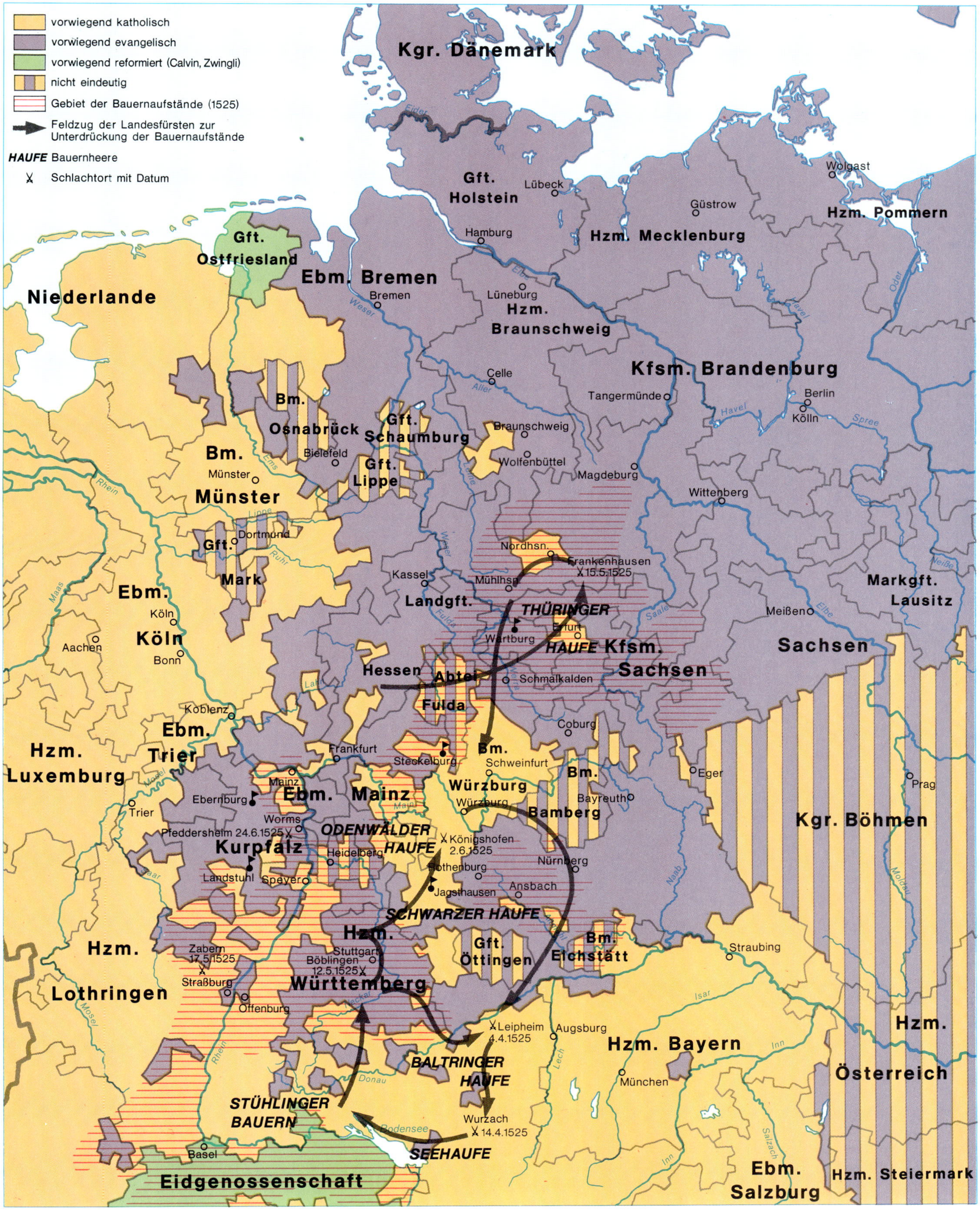

1524/25 kam es in Süd- und Mitteldeutschland zur gewaltsamen Erhebung der Bauern gegen ihre Grundherren. Nach anfänglichem Druck der Bauernhaufen wurden sie binnen kurzer Zeit in entscheidenden Schlachten niedergemacht.

In den Territorialfürstentümern wandelte sich die reformatorische Volksbewegung nach den Ereignissen von 1525 zur Fürstenreformation. Hatte im Ursprungsland der Reformation Luthers Beschützer Kurfürst Friedrich der Weise bis zu seinem Tode 1525 den offenen Bruch mit der katholischen Kirche vermieden, so richtete sein Bruder und Nachfolger Johann (1468-1532) ab 1526 offen ein reformatorisches Kirchenregiment ein. Dessen Sohn Johann Friedrich (1503–1554) ließ sich stolz im Kreise seiner kursächsischen Reformatoren porträtieren: Neben ihm in vorderster Reihe stehen Luther, Melanchthon und der kursächsische Kanzler Georg Spalatin (1484–1545), ein Studienfreund Luthers. (Gemälde aus der Werkstatt des Lucas Cranach d. Ä.; Toledo (Ohio), The Toledo Museum of Art)

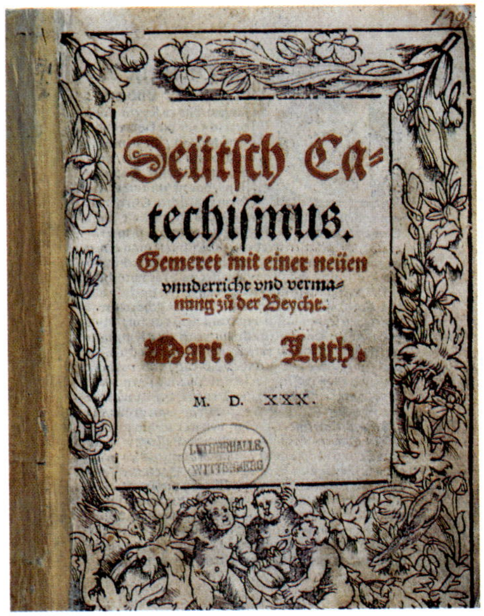

Deütsch Catechismus.
Gemeret mit einer neüen vnnderricht vnd vermanung zů der Beycht.
Mart. Luth.
M. D. XXX.

Mit dem „Deutsch Catechismus" von 1529, der 1530 bereits in einer zweiten erweiterten Auflage erschien, wurde im Zuge des Ausbaus des landesherrlichen Kirchenregiments die lutherische Lehre in eine verbindliche Form gegossen. Der lutherische Katechismus wurde auch in anderen Territorien übernommen und hatte für die deutsche Sprachentwicklung fast die gleiche Bedeutung wie Luthers Bibelübersetzung.

wurde aus der Feder des Rentamtmannes Friedrich Weigang (hingerichtet 1525) ein Papier zur Beratung vorgelegt, mit dem der ganzen Bewegung über lokale und soziale Begrenztheit hinaus ein allgemein verbindliches Ziel von nationaler Dimension gegeben werden sollte. Das Programm stand in der Tradition der diversen Reichsreformvorschläge und bezog sich zum guten Teil wörtlich auf die anonyme Flugschrift „Teutscher Nation Notdurft" aus dem Jahre 1523. Inhaltlich lief das Papier auf den Entwurf für einen Nationalstaat hinaus, wie er sich in Frankreich und England weitestgehend schon präsentierte. Angesichts der sich ausbreitenden Reformation stand die Beseitigung von weltlicher Herrschaft der Geistlichkeit fast selbstverständlich an der Spitze; die Forderung nach Vereinheitlichung von Steuern, Maß und Gewicht, Münz- und Gerichtseinheit zeigte einen Sinn für das Machbare. Die Dimension der politischen Zielsetzung einer erfolgreichen Reformationsbewegung, die nicht von den Obrigkeiten, sondern von den Untertanen getragen war und von den gebildeten Laien Richtung und Sinn erhielt, deutete sich in diesem Heilbronner Reichsreformprogramm an. Mit der Niederlage der bäuerlichen Massenerhebung und der Enttäuschung, die daraus für die ländliche Bevölkerung erwuchs, war der Reformation als einer großen Erneuerungsbewegung das Rückgrat gebrochen. Die Landesfürsten – allen weit voraus die weltlichen – triumphierten. Damit war der weitere Gang der Reformation wesentlich vorbestimmt.

Karl V. hatte nach dem Wormser Reichstag Deutschland wieder verlassen und sich nach Spanien begeben. Vorher hatte er die Herrschaft über die habsburgischen Erblande seinem Bruder Ferdinand übertragen und als oberste Instanz für das Reich das ständische Reichsregiment bestätigt. Der von Januar 1522 bis September 1523 regierende Papst Hadrian IV. stand außerhalb der Traditionslinie der italienischen Renaissancepäpste und war einer Abschaffung der Mißstände in der Kirche durch die Kirche selbst nicht abgeneigt: Ein deutsches Nationalkonzil zur Reform der Papstkirche und die Wiederherstellung der Einheit des Glaubens schien möglich. Sein Nachfolger Clemens VII. (P. 1523–1538), Abkömmling der in Florenz herrschenden Medici, war wieder ganz auf italienische Interessen eingeschworen und Gegner jedes Konzils. So beschloß der Reichstag zu Speyer 1526, jeder Reichsstand solle bis zu einem Konzil in Glaubenssachen so verfahren, wie er es für richtig halte.

Den in Speyer erstmals als geschlossene Partei auftretenden Luther-Anhängern unter den Reichsständen, den „Evangelischen", war dies Anlaß, mit der Einführung eines geordneten landesherrlichen Kirchenregimentes zu beginnen. Zuerst in Kursachsen, dann in den anderen evangelischen Territorialfürstentümern und Reichsstädten wurden systematisch die geistlichen Besitztümer erfaßt und vom Staat übernommen sowie das Gemeindeleben kontrolliert. Luther vertrat nun nachhaltig die Ansicht, die christlichen Gemeinden müßten in Zucht gehalten werden und ein übersichtliches Kirchenregiment nach festen Lehrvorschriften sei nötig.

Trotz des Bemühens Landgraf Philipps von Hessen, den Streit über die Abendmahlslehre im reformatorischen Lager zu beseitigen, kam im Marburger Religionsgespräch 1529 keine Einigung zustande; Luther beharrte auf der Wandlung von Brot und Wein in Fleisch und Blut Christi, während Zwingli auf dem Symbolcharakter

Das landesherrliche Kirchenregiment trug erheblich zum Fortschritt der Bildung bei. Nicht nur entstand in Hessen 1527 aus eingezogenem Kirchengut die Universität Marburg, auch das städtische Bildungswesen profitierte von der Reformation in hohem Maße. Luthers Freund, dem hochgebildeten Wittenberger Gräzisten Philipp Melanchthon (1497–1560), eigentlich Philipp Schwarzert, war das Schema eines Bildungssystems zu verdanken, das eine dreiklassige städtische Lateinschule als untere Bildungsstufe zur Vorbereitung auf die Universität schuf. Für die Reform der Universitäten verfaßte er auch Studienanleitungen und gab Lehrbücher heraus. Der Einfluß dieses „Praeceptor Germaniae“ (Erzieher Deutschlands) – ein Ehrenname, der ihn schon zu Lebzeiten begleitete – reichte auch bis in die katholisch beherrschten Universitäten und prägte in hohem Maße den wissenschaftlichen Lehrbetrieb in Deutschland bis ins 19. Jahrhundert. (Gemälde aus der Werkstatt des Lucas Cranach d. Ä.; Dresden, Gemäldegalerie, Alte Meister)

bestand. Andere oberdeutsche Reformatoren gaben in ihren Ansichten nach, als sich auf dem Reichstag 1530 die Gegensätze zwischen katholischen und evangelischen Reichsständen eklatant zuspitzten. Schon der Reichstag zu Speyer 1529 hatte den Lutheranern erheblichen Ärger bereitet, da die Mehrheit der Reichsstände zwar erneut ein Nationalkonzil verlangt hatte, aber gleichzeitig das Verbreiten der evangelischen Lehre verboten wissen wollte. Die Anhänger der Reformation unter den Reichsständen hatten dagegen förmlich protestiert und sich damit den Namen „Protestanten“ zugezogen; es waren immerhin fünf Fürsten (darunter Hessen und Kursachsen) und 14 Reichsstädte (führend unter ihnen Straßburg, Nürnberg, Ulm, Konstanz) gewesen. Nun aber, ein Jahr später, war das Nationalkonzil weiterhin nicht in Sicht und der Kaiser erstmals wieder seit neun Jahren im Reich. An dem Reichstag zu Augsburg nahm er persönlich teil.

Karl V. und das Haus Habsburg konnten zu diesem Zeitpunkt erhebliches Prestige vorweisen. Im Kampf mit Frankreich um die beherrschende Stellung in Oberitalien war 1529 ein Friede geschlossen worden, der die habsburgische Vormacht in Italien bestätigte, und am 24. Februar 1530 hatte der Papst Karl V. in Bologna zum Kaiser gekrönt. Karls Bruder Ferdinand hatte 1526 als Erbe des im Kampf gegen die Türken gefallenen Ungarnkönigs Ludwig II. (1506-1526 Kg. 1516) den türkenfreien Teil Ungarns und die Länder der böhmischen Krone Böhmen, Mähren, die Lausitz und Schlesien unter seine Herrschaft nehmen können. Ein türkischer Angriff auf Wien mit dreiwöchiger Belagerung war von den zahlenmäßig weit unterlegenen deutschen Landsknechten im Herbst 1529 abgewehrt worden, und Karl V. spielte nun mit dem Gedanken an einen möglichst von der gesamten Christenheit getragenen Feldzug gegen die Türken.

Im Juni 1525 heiratete Luther Katharina von Bora (1499–1552), eine ehemalige Nonne, die 1523 mit acht Gefährtinnen dem Kloster entflohen und in Wittenberg untergekommen war. Das Ehepaar Luther führte ein bürgerliches Familienleben, in das sich drei Söhne und drei Töchter harmonisch einfügten. Luthers häusliches und familiäres Umfeld wirkte prägend auf die Atmosphäre in der gänzlich neu entstehenden soziokulturellen Schicht der evangelischen Pfarrer. Bis weit ins 19. Jahrhundert hinein, als die industrielle Revolution die überkommenen Verhältnisse änderte, kamen zahlreiche Vertreter des deutschen Geisteslebens aus evangelischen Pfarrhäusern. (Gemälde von Gustav Adolph Spangenberg; Leipzig, Museum der Bildenden Künste)

Der Reichstag zu Augsburg, der 1530 unter dem Vorsitz Karls V. tagte, sollte das geforderte Nationalkonzil ersetzen und die theologischen Streitigkeiten beenden. Der Kaiser verlangte ein schriftliches Glaubensbekenntnis der Protestanten und erhielt zu seinem Erstaunen drei: das der Lutheraner, das der Zwinglianer und das von vier oberdeutschen Städten. Die Lutheraner übergaben ihre von Melanchthon verfaßte „Augsburger Konfession" am 25. Juni. Sie war ganz auf einen Ausgleich mit den Katholiken abgestimmt, betonte Gemeinsamkeiten und ließ grundlegend Strittiges weg. Luther, immer noch unter der 1521 verhängten Reichsacht stehend und daher am persönlichen Auftreten auf dem Reichstag gehindert, protestierte aus der Ferne heftig gegen das Verwischen prinzipieller Unterschiede. Obgleich als ausgleichendes Dokument infolge des Festhaltens Karls V. an katholischen Standpunkten 1530 nicht zum Tragen gekommen, wurde die „Augsburger Konfession" durch ihre Anerkennung im Augsburger Religionsfrieden von 1555 zu einem der wichtigsten theologischen Grundpfeiler der evangelischen Kirche.

Als Reaktion auf den Reichstagsabschied von 1530 hatten die protestantischen Reichsstände unter Führung Kursachsens und Hessens 1531 den „Schmalkaldischen Bund" gegründet, der mit eigener Kriegskasse und eigener Feldhauptmannschaft eine ständige Herausforderung für die kaiserliche Politik einer Wiederherstellung der Glaubenseinheit darstellte. Nachdem der „Schmalkaldische Bund" 1542 den katholischen Herzog von Braunschweig mit Militärgewalt vertrieben und dort die Reformation eingeführt hatte, war Karl V. zum Krieg gegen den Bund entschlossen. Er eröffnete ihn im Sommer 1546. Jedoch begann der „Schmalkaldische Krieg" mit einem schnellen Vormarsch der Protestanten an Donau und Isar, wo der Kriegsrat des Bundes vor dem belagerten Landshut tagte.

Da Karl seinen Bruder Ferdinand gern zum Römischen König wählen lassen wollte, gab er sich auf dem Reichstag zunächst recht neutral; er ließ sich von den Protestanten ihr ausformuliertes Glaubensbekenntnis – die „Augsburger Konfession" – vorlegen. Der Kaiser ließ von einer Kommission katholischer Theologen eine Gegenschrift erarbeiten und behielt sich die endgültige Entscheidung vor. Als Ergebnis dieses angeblichen Religionsgesprächs, das das geforderte, vom Papst aber entschieden abgelehnte Nationalkonzil ersetzen sollte, erklärte Karl die Protestanten für überwunden und ließ in den Reichstagsabschied den Befehl aufnehmen, überall im Reich in Glaubenssachen den alten Zustand wiederherzustellen. Die Protestanten reisten daraufhin erbittert ab, und erst jetzt setzte Karl seine Ferdinand betreffende Absicht durch, der im Jahre 1531 zum Römischen König gekrönt wurde. Als Antwort auf den Augsburger Reichstagsabschied und die Krönung Ferdinands gründeten die Protestanten am 27. Februar 1531 in Schmalkalden ein förmliches Schutz- und Trutzbündnis, den „Schmalkaldischen Bund", dessen treibende Kraft zunächst der 26jährige Philipp von Hessen war. Angesichts solcher Entschlossenheit und eines erneut anrückenden Türkenheeres lenkte der Kaiser ein und gestand den Protestanten 1532 in Nürnberg einen Religionsfrieden zu, der ihren Glaubens- und Besitzstand garantierte. Philipp von Hessen und der seit 1532 regierende sächsische Kurfürst Johann Friedrich (1503–1554) blieben unbestritten Häupter des Bundes, auch als sich dieser immer mehr in Norddeutschland ausbreitete. 1538 wurde dann schließlich die Reformation in Kurbrandenburg sowie im Herzogtum Sachsen und 1542 in der Kurpfalz eingeführt. Der Kaiser, seit 1542 wieder im Krieg mit Frankreich, sah nur noch in einem allgemeinen Konzil einen Weg, die Einheit des christlichen Glaubens wiederherzustellen, und drängte den Papst zu dessen Einberufung. Die Reichsstände dachten immer noch an ein Nationalkonzil und schlossen sich dem Verlangen der Protestanten an, das Konzil müsse auf deutschem Boden stattfinden. Für das 1544 für das folgende Jahr angekündigte Konzil wurde daher Trient ausgewählt, das südlichste deutsche Bistum.

Als siegreicher Feldherr ließ sich Karl V. nach der Schlacht bei Mühlberg (24. April 1547) von Tizian (um 1488–1576) porträtieren. Nur mit Hilfe des protestantischen Herzogs Moritz von Sachsen, der in das Territorium seines Verwandten, des Kurfürsten von Sachsen, eingefallen war, hatte Karl den Schmalkaldischen Bund nach Mitteldeutschland zurückdrängen und dort schlagen können. (Madrid, Museo del Prado)

Das Konzil von Trient dauerte mit großen Unterbrechungen von 1545 bis 1563, ohne die bekenntnishafte Einheit des abendländischen Christentums wiederzuerlangen, erreichte aber eine gründliche Reform der Papstkirche.

Als aber ein neuer Frieden mit Frankreich dem Kaiser wieder Luft verschaffte, eröffnete Karl V. mit päpstlicher Unterstützung im Sommer 1546 den Krieg gegen Kursachsen und Hessen. Der gesamte Schmalkaldische Bund warf sich ihm entgegen und stellte ihn an der Donau. Erst der hinterhältige Einfall Herzogs Moritz von Sachsen (1521–1553, Hzg. 1541, Kf. 1547), dem der Kaiser die sächsische Kurwürde zugesagt hatte, in die kursächsischen Stammlande zwang den Bund zur Verlegung des Krieges nach Mitteldeutschland, wo er in der Schlacht bei Mühlberg an der Elbe am 24. April 1547 unterlag und kapitulieren mußte. Johann Georg verlor den Kurkreis Wittenberg – und damit den Kurfürstentitel – an Moritz von Sachsen und wanderte, wie auch Philipp von Hessen, in kaiserliche Gefangenschaft.

Auf dem „geharnischten" Reichstag zu Augsburg 1547/48 stand Karl V. als Sieger da. Er diktierte den Protestanten – da das eben erst eröffnete Tridentiner Konzil mit seinen Verhandlungen nur schwerfällig vorankam – mit dem „Interim" als Zwischenlösung bis zur Verabschiedung der Konzilsbeschlüsse eine neue vermittelnde Bekenntnisformel, die sämtliche katholische Rituale wiederherstellte und nur zuließ, daß bei den Protestanten das Abendmahl in Form von Brot und Wein gereicht werde, bereits verheiratete Priester im Stand der Ehe bleiben konnten und die strengen katholischen Fastengebote ausgesetzt wurden. Allerdings hatte die Reformation beim einfachen Volk bereits zu tiefe Wurzeln geschlagen, um einfach durch Befehl wieder rückgängig gemacht werden zu können.

In Augsburg stand Karl V. auf der Höhe seiner Macht im Reich. Er hegte den Plan einer Reichsliga, die, ähnlich dem Schwäbischen Bund, Bundesgericht, Bundesfeldherrn und Bundeskasse haben sollte. Da er selbst mit den Niederlanden und Ferdinand mit den habsburgischen Erblanden Bundesmitglied werden sollte, blockierten die Fürsten dies Vorhaben und zeigten sich sehr mißtrauisch gegenüber weiteren hochfliegenden Plänen des Kaisers, durch die sie ihre „Libertät", d. h. ihre verfassungsrechtliche Freiheit, bedroht sahen. Und so bildete sich eine Fürstenverschwörung heraus, an deren Spitze ausgerechnet Moritz von Sachsen stand. Im März 1552 stieß er überraschend mit seinen Verbündeten über die Donau nach Süden und trieb den überraschten Kaiser vor sich her, der über die Alpen floh.

Im August wurden in einem Vertrag mit König Ferdinand die Verhältnisse auf die Zeit vor dem „geharnischten" Reichstag zurückgeschraubt. Ein neu einberufener Reichstag 1555 in Augsburg zog einen Schlußstrich unter das Bemühen, im Reich die religiöse Einheit wiederherzustellen, und orientierte sich an der Realität, und das war die Koexistenz von römisch-katholischem und lutherischem Glauben. Unter Ausschluß von Zwinglianern, Täufern und Calvinisten wurde ein Religionsfrieden vereinbart, der die Gleichberechtigung der beiden Hauptbekenntnisse anerkannte. Mit dem Grundsatz „cuius regio, eius religio" (wessen Herrschaft, dessen Religion) wurde zugleich die Oberhoheit der Landesherren über ihre Untertanen auch in geistlichen Belangen festgeschrieben und deren Macht gestärkt.

Gegenreformation

Die Erneuerung der katholischen Kirche kam nicht aus dem Renaissance-Papsttum selbst, sondern aus Spanien, wo sich im Kampf mit den Mauren während des Mittelalters eine fundamentale Form von Kirchlichkeit herausgebildet hatte, die der Wiedereroberungspolitik gegenüber den islamischen Südgebieten mittels einer extremen Fanatisierung der Gläubigen diente. Schon um die Jahrhundertwende hatte eine spanische Kirchenreform stattgefunden, die einerseits der Wissenschaft, andererseits einer Verbesserung von Zucht und Ordnung höheren Stellenwert zumaß; in deren Zuge war auch die ehedem rein kirchliche Institution der Inquisition zum staatlichen Machtinstrument geworden. Es war die Tätigkeit des in Spanien gegründeten Jesuitenordens, die sich auf die Beschlüsse des Konzils in Trient, das von 1545–1563 tagte, auswirkte. In Frontstellung gegen Luther galten neben der Bibel auch die Kirchenväter als Autoritäten. Weltliche Fehlleistungen wie Ablaßhandel und Ämterkauf wurden eingeschränkt. Die Bischöfe hatten theologisch geeignet zu sein und galten als oberste Instanz ihrer Diözesen.

Die klar betonte Einheit von Tradition und gegenwärtigem Glaubensbekenntnis blieb intellektuell nicht ohne Anziehungskraft – dafür sorgten schon die immer wieder aufflammenden Querelen zwischen verschiedenen Fraktionen im Luthertum und die fast tödliche Feindschaft zwischen Lutheranern und Calvinisten. Jean Calvin (1509–1564) hatte auch die Papstkirche in Frage gestellt, theologisch aber einen anderen Weg als Luther verfolgt. Er ging von der göttlichen Vorbestimmung des Menschen aus, die bereits im Erdenleben zum Ausdruck komme. Das war ganz wesentlich eine Lehre nach dem Geschmack des handel- und gewerbetreibenden Bürgers bzw. adligen Grundbesitzers. Der vom Calvinismus idealisierten bürgerlich nüchternen Arbeitswelt entsprach auch seine Gemeindeorganisation, die gleichfalls nüchtern und streng, aber demokratisch bei Einbeziehung der Mitbestimmung der Gemeinde war. Als Waffe gegen die Feudalordnung, besonders gegen deren Offensive gegen die Reformation, war der Calvinismus kampfkräftiger als das inzwischen auf das fürstliche Kirchenregiment zugeschnittene Luthertum.

Aber in Deutschland entartete der Calvinismus recht bald zum bloßen Mittel landesherrlicher Zweckbestimmung. Wegen des Dauerstreits unter den Lutheranern ging der eine oder andere Fürst zu den Reformierten – so der offizielle Name der Calvinisten – über. Größter und einflußreichster unter den reformierten Territorialstaaten war seit 1560 die Kurpfalz. Da die Reformierten nicht in den Augsburger Religionsfrieden miteingeschlossen waren, waren sie ganz besonders auf mächtige Verbündete bedacht, die sie bei den Calvinisten Frankreichs – den Hugenotten – und den Niederlanden zu finden hofften.

Überhaupt ließ die Existenz zweier großer religiös-politischer Fürstenparteien – Katholiken und Protestanten – das Reich latent zum Resonanzboden europäischer Politik werden: Der habsburgisch-französische Konflikt, der niederländische Freiheitskampf gegen die brutale Gegenreformation, die die spanische Krone betrieb, die immer wieder auftauchende Türkengefahr – sie alle wirkten auf das Reich zurück.

Seit der Mitte der sechziger Jahre gingen die bayerischen Herzöge mit entschiedenen gegenreformatorischen Maßnahmen vor, indem sie die protestantischen Landstände disziplinierten und straffe Aufsicht über den Klerus einführten. Ähnlich ging der erneuerte Klerus in den geistlichen Fürstentümern Süd- und Westdeutschlands vor. Dabei kamen 1582 im Bistum Münster und 1583 im Erzstift Köln spanische Truppen zum Einsatz. In Nord- und Mitteldeutschland dagegen wurde ein geistliches Territorium nach dem anderen säkularisiert, soweit es nicht den Charakter eines Reichsstandes hatte. Große Mühe hingegen hatte die Gegenreformation in den österreichischen Erblanden, denn Kaiser Maximilian II. (1527–1576), der seit 1564 regierte, war im Herzen Protestant, blieb zwar aus politisch-dynastischen Gründen beim alten Glauben, stellte aber den österreichischen Ständen ihr Glaubensbekenntnis frei. Dessen Nachfolger ab 1576, Rudolf II. (1552–1612), waren seine Sammlungen und seine Ruhe viel wichtiger als die Politik; ein 1606 in seinem Namen verhandelter Friedensvertrag mit ungarischen Aufständischen wurde von den

Nach der Flucht vor den aufständischen deutschen Fürsten im Frühjahr 1552 wurde Karl V. immer deutlicher bewußt, daß sowohl seine außenpolitischen Ziele als auch seine Politik gegenüber den Protestanten nicht über wieder verlorene Anfangserfolge hinausgekommen waren. Tief enttäuscht über die Mißerfolge, vor allem über das Scheitern der Wiederherstellung der Glaubenseinheit, dankte Karl V. 1556 ab. Gleichzeitig teilte er das Reich, in dem die Sonne nicht unterging. Sein Sohn Philipp (1527-1598) erhielt Spanien, die Niederlande sowie die spanischen Kolonien und sein Bruder Ferdinand den Rest. Karl zog sich in ein Kloster zurück, wo er zwei Jahre später starb.

Der Franzose Jean Calvin (1509–1564), seit 1536 in Genf ansässig, hatte sich, angeregt von Luther, von der katholischen Kirche abgewendet und eine eigene theologische Lehre geschaffen. Nach Calvins Lehre konnte der Mensch sein Verhältnis zu Gott nicht durch seinen Glauben bestimmen, sondern es war von Gott selbst festgelegt, ob ein Mensch zu den Auserwählten gehöre oder nicht. Diese Prädestinationslehre ließ dem Gläubigen nur eine Hoffnung, das göttliche Vorhaben mit dem eigenen Ich aufzudecken: Der Herr heiligte nach Calvin die Auserwählten durch sichtbare Erfolge im Diesseits, wozu auch geschäftliches Fortkommen und Reichtum gehörten. Die Überzeugung, daß Reichtum eine göttliche Auszeichnung sei, schuf eine veränderte Ethik, die die Akkumulation von Kapital als Erkennungsmal göttlicher Gunst betrachtete. Das war ganz eine Lehre im Sinne des handel- und gewerbetreibenden Bürgers, denn damit wurde in gewisser Weise der Frühkapitalismus auch theologisch legitimiert. (Genf, Musée d'Art et d'Histoire)

österreichischen, böhmischen und mährischen Ständen garantiert, was diesen zumeist protestantischen Ständen – Städten wie Adligen – ein bedeutendes staatsrechtliches Gewicht verlieh. Dagegen nahm Herzog Maximilian I. von Bayern (1573–1651) keine Rücksicht auf oppositionelle oder gar protestantische Stände, sondern besetzte die infolge religiöser Wirren in Reichsacht erklärte Reichsstadt Donauwörth 1608 und annektierte sie im folgenden Jahr: So wurde aus der protestantischen freien Reichsstadt eine katholische bayerische Landstadt. Dies Vorgehen gegen Donauwörth brachte den Zank zwischen lutherischen und reformierten Reichsfürsten zum Erliegen; sie fanden sich unter kurpfälzischer Führung 1608 zur Protestantischen Union zusammen und stellten ein gemeinsames Heer auf. Im Sommer 1609 bildete sich als Antwort darauf unter Bayerns Führung die Katholische Liga. Damit waren alle Voraussetzungen zu einem Bürgerkrieg auf breiter Front gegeben. Es bedurfte nur noch eines Anlasses.

Der schien schon gegeben, als 1609 das Herzoghaus in Jülich ausstarb. Erbansprüche konnten nur protestantische Reichsstände vorbringen. Die pfälzisch-neuburgischen und brandenburgischen Interessenten, beide Lutheraner, nahmen das Land bereits gemeinsam ein, als vom Kaiserhof der Befehl kam, das gesamte Herzogtum als erbliches Reichslehen einem Habsburger Statthalter zu übergeben. Da nach der Ermordung König Heinrichs IV. (1553–1610) die erwartete Unterstützung – 40 000 französische Soldaten waren bereits mobilisiert – gegen den Kaiser ausblieb, traten der Pfalzgraf zu Neuburg zum Katholizismus über, der Kurfürst von Brandenburg zum Calvinismus – der erstere, um sich spanische, kaiserliche und bayerische Hilfe zu sichern, der letztere, um den Beistand der Niederländer zu gewinnen. Beider Rechnung ging schließlich auf, denn das Herzogtum wurde 1614 geteilt: Kurbrandenburg erhielt den nordöstlichen Teil Kleve, Mark und Ravensberg. Von weit in die Zukunft wirkender Bedeutung war bei dem Glaubenswechsel des brandenburgischen Kurfürsten, daß die Gegebenheiten im Kurfürstentum eine tolerante Haltung erzwangen, die unter Mißachtung des Grundsatzes „cuius regio, eius religio" den Untertanen schließlich davon befreite, die geänderte Konfession seines Landesherrn zwangsweise ebenfalls anzunehmen.

Der Dreißigjährige Krieg

Streitigkeiten in den habsburgischen Landen lösten schließlich die tiefgehende innerdeutsche Auseinandersetzung aus. 1617 war Erzherzog Ferdinand von der Steiermark (1578–1637) durch Familienvertrag zum Chef des Hauses aufgestiegen und hatte seine Annahme als böhmischer König durch die Stände des Landes erreicht. Aber mit dem Regierungsantritt Ferdinands in den habsburgischen Erblanden und in Böhmen waren schärfste Auseinandersetzungen zwischen Herrscher und Ständen vorprogrammiert. Dem zur Gegenreformation entschlossenen Jesuitenzögling Ferdinand hielten die Böhmen den 1609 erlassenen Kaiserlichen Majestätsbrief entgegen, der ihnen Glaubensfreiheit und einen speziellen protestantischen Ständeausschuß zur Verhandlung mit ihrem Monarchen zubilligte. Ferdinand trat diesen Majestätsbrief provokatorisch mit Füßen in einem Schreiben, das seine beiden

Die Führung der böhmischen Ständeopposition gegen die Habsburger protestierte im Frühjahr 1618 in einer Denkschrift an Ferdinand II. gegen die Maßnahmen der Gegenreformation in ihrem Lande. Als Antwort erfolgte ein Verbot der Einberufung von Ständeversammlungen. Voller Empörung darüber verurteilte daraufhin ein Gericht der böhmischen Stände die Verfasser der kaiserlichen Antwort, die Statthalter Martinec und Slavata, wegen Verfassungsbruch zum Tode. Am 23. Mai 1618 stürmten Repräsentanten und Anhänger der böhmischen Stände die Prager Burg, bemächtigten sich der beiden kaiserlichen Statthalter und stürzten sie schließlich nach traditioneller böhmischer Sitte aus einem Fenster, um ihnen damit den Todesstoß zu versetzen. Die beiden Todeskandidaten fielen jedoch auf einen großen Misthaufen und überlebten.

Nach dem Sieg über die Aufständischen nahm Ferdinand II. grausame Rache: 27 Führer der böhmischen Stände wurden am 21. Juni 1621 vor dem Altstädter Rathaus in Prag nach qualvollen Martern hingerichtet. Zahlreiche böhmische Adlige wurden enteignet und ihre Güter kaiserlichen Günstlingen zugewiesen.

Albrecht Wenzel Eusebius von Waldstein, genannt Wallenstein, stammte aus dem mährischen Kleinadel, war aus Karrieregründen Katholik geworden und hatte 1609 eine reiche Witwe, Lukrezia von Witschkow, geheiratet, was ihn mit einem Schlag zu einem der bedeutendsten Grundbesitzer im östlichen Mähren machte. 1617 hatte er als Söldnerführer für die Habsburger in Oberitalien gekämpft, was seiner Kasse sehr zugute kam. Auch im böhmischen Krieg stellte er sich auf die habsburgische Seite. 1619 rettete er die mährische Kriegskasse für den Kaiser. Aus der dafür erhaltenen Belohnung konnte er seine Besitztümer weiter ausbauen und erhielt 1624 für diese den Herzogstitel. 1625 begann er zielgerichtet, seine Erfahrungen von 1617 im großen Stil zu verwerten. Das Geld für die Werbung und Ausrüstung von Zehntausenden von Söldnern streckte ihm ein holländisches Bankhaus vor. Zum Erstaunen seiner Zeitgenossen bewies Wallenstein sehr schnell, daß er nicht nur bei Finanzoperationen, sondern auch in militärischen Angelegenheiten strategisches Gespür besaß.

Statthalter Martinec (1582–1649) und Slavata (1572–1652) verfaßt hatten. Vertreter des Ständeausschusses stürzten die beiden daraufhin am 23. Mai 1618 nach traditioneller böhmischer Sitte aus einem Fenster der Prager Burg. Damit begann der Unabhängigkeitskrieg der Böhmen gegen die habsburgische Herrschaft. Im August 1619 setzten die böhmischen Stände Ferdinand ab und wählten den Kurfürsten der Pfalz, Friedrich V. (1596–1632), zu ihrem König.

Der zwei Tage nach seiner Absetzung als böhmischer König zum deutschen Kaiser gewählte Ferdinand II. wandte sich, da er kaum über eigene Truppen verfügte, an Herzog Maximilian I. von Bayern als Haupt der Katholischen Liga. Unter dem Liga-Feldhauptmann Tilly (1559–1632) brach deren Heer im Herbst 1620 in Böhmen ein und besiegte das Heer der Stände am 8. November unter dem Weißen Berg bei Prag. König Friedrich floh, und in den Ländern der böhmischen Krone – mit Ausnahme der Lausitz, die an das protestantische Sachsen fiel – wurde die Gegenreformation durchgeführt. Damit war der Böhmische Krieg beendet, aber nicht der militärische Konflikt. Spanische und ligistische Truppen besetzten die Kurpfalz dann auch fast ohne Widerstand. Zum Lohn für seine entscheidende militärische Hilfeleistung wurde der bayerische Herzog 1623 vom Kaiser mit der der Pfalz abgesprochenen Kurwürde geschmückt.

Im Verlauf der Operationen gegen die protestantischen Söldnerführer waren Liga-Truppen bis weit nach Niedersachsen vorgedrungen und bedrohten die inzwischen von protestantischen Fürstenhöfen verwalteten reichsfreien Bistümer Bremen, Minden und Verden. Der dänische König Christian IV. (1577–1648), als Herzog von Holstein zugleich Reichsfürst im Niedersächsischen Reichskreis, fiel daher im Mai 1625 in Niedersachsen ein. War bisher nur Spanien als ausländische Macht an den regionalen Kriegen seit 1618 beteiligt gewesen, so traten jetzt die Niederlande auf den Plan: Sie finanzierten Christian IV. in der Absicht, spanische Hilfstruppen für den Kaiser in Deutschland zu binden. Da kam dem Kaiser sehr gelegen, daß der mährische Adlige Albrecht von Wallenstein (1583–1634) ihm anbot, auf eigene Rechnung ein kaiserliches Heer aufzustellen. Wallenstein war schon lange vor 1618 Katholik geworden und hatte sich nicht am Böhmischen Aufstand beteiligt. Aus der Kriegsbeute, die nach 1620 verteilt wurde, zog er reichen Gewinn und verwandelte seine Herrschaft Friedland in eine regelrechte Manufakturlandschaft, so daß es ihm leichtfiel, eine Armee von 30 000 Mann aufzustellen. Von Anfang an ging er von dem öffentlich verkündeten Grundsatz aus, daß der Krieg den Krieg ernähren müsse.

Wallenstein und Tilly konnten bis 1628 die dänische Intervention zurückschlagen. Dabei eroberte Wallenstein ganz Norddeutschland und Jütland. Da Kaiser Ferdinand II. die Kriegskosten nicht erstatten konnte, überließ er Wallenstein 1628 Mecklenburg, dessen Herzöge wegen ihrer Parteinahme für den Dänenkönig geächtet wurden und nach Schweden geflohen waren. Wallenstein wandte sich nun gegen die schwedische Ostseevormacht. In alle wichtigen Ostseehäfen ließ er kaiserliche Besatzungen legen. Nur Stralsund verweigerte sich ihm und überstand im Sommer 1628 mit dänischer und schwedischer Unterstützung die schließlich abgebrochene Belagerung Wallensteins. Dennoch mußte Christian IV. 1629 im Frieden von Lübeck auf jede Einmischung im Reich verzichten.

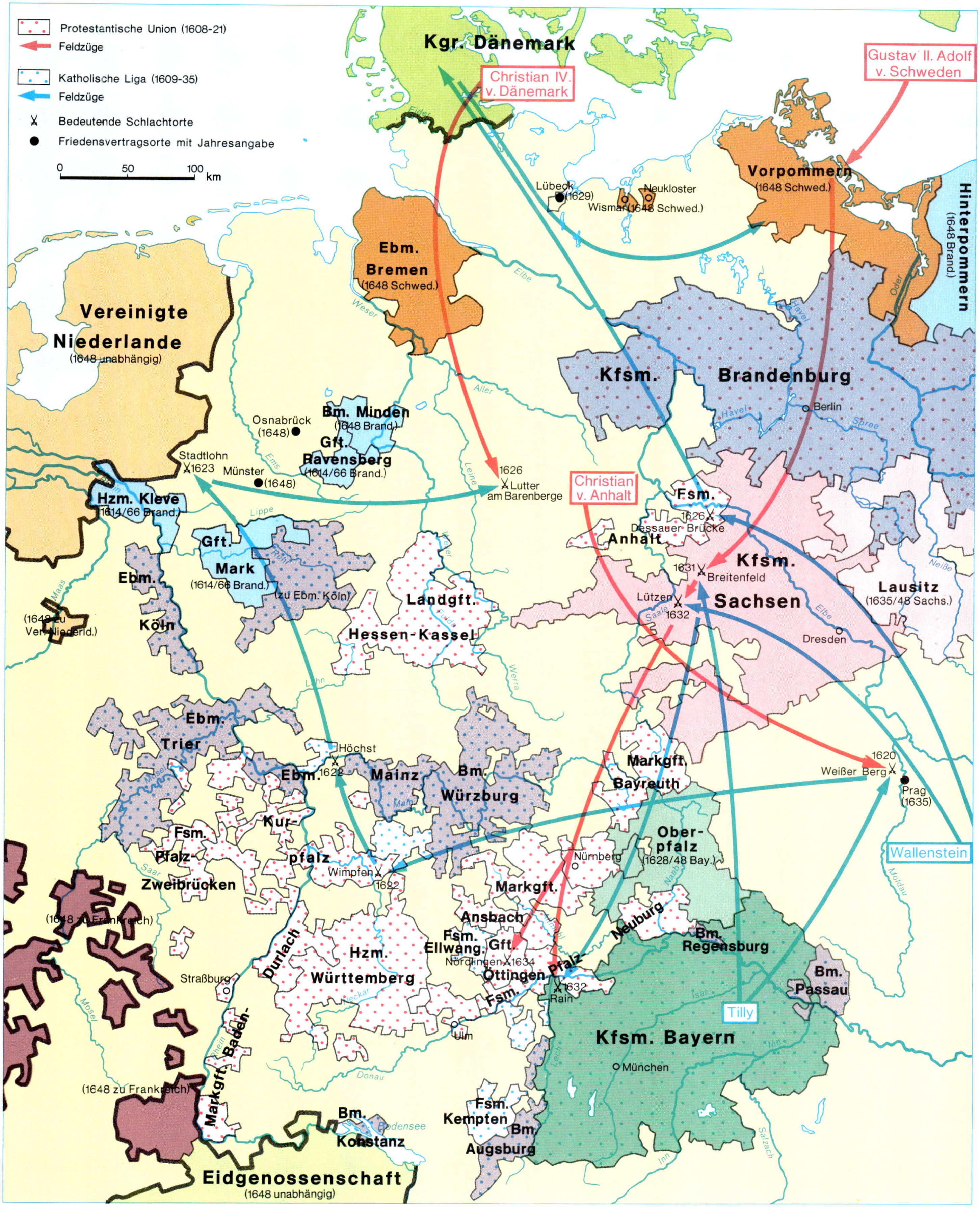

Verlauf des Dreißigjährigen Krieges (1618–48): Dieser europäische Religions- und Staatenkonflikt wurde ausschließlich auf deutschem Boden ausgetragen. Nach dem Westfälischen Frieden (24.10.1648) blieb ein weitgehend verwüstetes Land zurück.

Gustav II. Adolf war 1611 mit siebzehn Jahren König von Schweden geworden und hatte im ersten Jahrzehnt seiner Regierungszeit Schwedens Vorherrschaft im Ostseeraum durchgesetzt. Eine starke Position des Kaisers an der Ostsee war ihm daher ungelegen, und so entschloß er sich, in den Krieg einzugreifen, um die Herrschaft über die deutsche Ostseeküste zu erwerben. Frankreich, das natürlich an einer Zersplitterung der Kräfte im Deutschen Reich interessiert war, unterstützte Gustav Adolfs Kriegsführung mit jährlich einer Million Livres. Nicht nur seine propagandistische Erklärung, als Retter des Protestantismus zu kommen, sondern auch die Disziplin seiner Truppen gegenüber der Bevölkerung, die sich wohltuend von dem Verhalten der kaiserlichen und ligistischen Soldaten abhob, verschaffte Gustav Adolf in breiten Kreisen, vor allem im einfachen Volk, Sympathie. Auf dem Höhepunkt seiner Macht, vom Winter 1631 bis zum Frühsommer 1632, schaltete und waltete er allerdings in Deutschland bereits nach Belieben und weckte so die traditionelle Opposition der deutschen Fürsten gegen einen energischen Monarchen.

Ferdinand II. war nun auf der Höhe seiner Macht und verlangte die Bestrafung all jener Fürsten, die sich seit 1555 geistliches Territorium angeeignet hatten. Mit dem „Restitutionsedikt" vom 6. März 1629 befahl er dessen Rückerstattung an die Kirche. Wallenstein, der als mecklenburgischer Herzog von dem Edikt selbst betroffen war, erkannte dessen fatale Folge, daß jeder Reichsstand, der seinen seit 1555 gemachten Gewinn abgeben sollte, zum potentiellen Verschwörer mit ausländischen Interessen werden mußte. Er trat entschieden gegen das Edikt auf. Die Kurfürsten, die in Wallenstein nicht zu Unrecht ein Machtmittel des Kaisers sahen, konnten Ferdinand nun dazu bringen, Wallenstein auf dem Reichstag von Regensburg 1630 als Oberbefehlshaber zu entlassen.

Die Entlassung kam gerade sieben Wochen nach Beginn einer neuen Kriegsphase: Am 26. Juni 1630 war der Schwedenkönig Gustav II. Adolf (1594–1632) mit einem kleinen, aber äußerst schlagkräftigen Heer bei Peenemünde auf der Insel Usedom gelandet, entschlossen, die schwedische Machtstellung im Raum der Ostsee auch auf deren Südküste auszudehnen. Dabei trat er vordergründig als Beschützer des evangelischen Glaubens auf. Das hinderte ihn nicht im geringsten, von dem katholischen Frankreich Gelder zum Unterhalt seiner Armee zu nehmen. Als die protestantischen Fürsten neutral bleiben wollten, brachte Gustav Adolf durch Drohungen und Truppenentfaltungen Kurbrandenburg und Kursachsen auf seine Seite, was ihm den Vormarsch nach Mitteldeutschland ermöglichte. Bei Breitenfeld vor Leipzig besiegte er am 17. September 1631 die Armee der Liga unter Tilly. Ganz Deutschland lag offen vor den Schweden, die bis zur Mainmündung und im Folgejahr über Franken bis in das Herz Bayerns marschierten. Die Gustav Adolf verbündeten Sachsen drangen in Böhmen ein und besetzten sogar Prag. Die Katholische Liga zerfiel. Da rief der Kaiser in seiner Bedrängnis wieder nach Wallenstein, der sofort ein einmaliges Privileg erhielt: Neben Wallenstein durfte kein anderer unabhängiger Heerführer für den Kaiser im Reiche fungieren.

In drei Monaten stampfte Wallenstein ein neues Heer aus dem Boden, vertrieb den Feind aus Böhmen und fiel den Schweden in die Flanke. Um nicht von seinen norddeutschen Bundesgenossen abgeschnitten und im Stich gelassen zu werden, mußte Gustav Adolf nach Sachsen zurückmarschieren, wo er Wallenstein am 16. November 1632 bei Lützen stellte, die Schlacht gewann, aber sein Leben verlor. Wallenstein bezog feste Stellungen in Böhmen und knüpfte heimlich Verhandlungen mit Kursachsen und dem neuen schwedischen Oberbefehlshaber Bernhard von Weimar (1604–1639) an, um den Krieg zu beenden. Deshalb trat er auch den erneut nach Süddeutschland einsickernden Schweden nicht entgegen. Da Ferdinand II. schließlich überzeugt war, daß Wallenstein Hochverrat üben wollte, setzte er ihn im Januar 1634 ab. Wallenstein zog sich mit wenigen zuverlässigen Truppen auf Eger zurück, wo er am 25. Februar mit seinen nächsten Vertrauten von kaisertreuen Offizieren seiner eigenen Armee ermordet wurde.

Unter Oberbefehl des Grafen Gallas (1584–1647) ging die kaiserliche Armee ab Sommer 1634 wieder entschieden gegen die Schweden vor und schlug sie und deren deutsche Verbündete im September 1634 bei Nördlingen so vernichtend, daß das schwedisch beherrschte Bündnis zerfiel.

Von seinem bömischen Hauptquartier aus knüpfte Wallenstein 1633 im kaiserlichen Auftrag Friedensverhandlungen mit Kursachsen an. Insgeheim verhandelte er aber auch auf eigene Faust mit den Schweden und mit böhmischen Exilanten über eine Beendigung des Krieges. Als sich Wallenstein am 12. Januar 1634 von den

Da das Fußvolk, seit dem 17. Jahrhundert allgemein als Infanterie bezeichnet, bei militärischen Aktionen äußerst schwerfällig war, war dessen Einsatz nur bei Feldschlachten und Belagerungen sinnvoll. Die bewegliche Kriegsführung, sei es bei der Aufklärung, bei der Behinderung der feindlichen Verbindungslinien oder der Verhinderung des Proviantnachschubs auf der gegnerischen Seite, lag bei der Kavallerie, der zu Pferde kämpfenden Truppe. Ihre Bedeutung lag in erster Linie in der Kraft und Schnelligkeit der Pferde. Das Reitergefecht zwischen kleinen Einheiten wurde im Dreißigjährigen Krieg zur häufigsten und typischsten Kriegshandlung. (Gemälde von Jan Martsen d. J.; Wien, Kunsthistorisches Museum)

hohen Offizieren seines Heeres schriftlich bedingungslose Ergebenheit gegenüber seiner Person zusichern ließ, witterte man am Kaiserhof mit Recht Hochverrat. Am 18. Februar ächtete ihn der Kaiser öffentlich und befahl, ihn lebendig oder tot herbeizuschaffen. Auf der Flucht zu den Schweden wurde Wallenstein in der Nacht vom 25. zum 26. Februar in Eger von Kommandeuren aus seiner engsten Umgebung überfallen und niedergemetzelt. Das Motiv seiner Mörder dürfte weniger in der Treue zum Kaiser zu suchen sein als in der Angst, durch einen Frieden eine lukrative Einkommensquelle zu verlieren.

Die Leiden der Bevölkerung in den vom Krieg betroffenen Landstrichen steigerten sich allmählich ins Unermeßliche. Neben den Einquartierungen, bei denen die Verpflegung der Soldaten aufgebracht werden mußte, wobei sich nur zu oft Mannschaften und Offiziere schamlos bereicherten, traten immer mehr brutale Plünderungen und reine Zerstörungswut auf. Heere und Flüchtlingsströme verbreiteten Epidemien, so daß der Tod auch in der Zivilbevölkerung zur Alltäglichkeit wurde. Katastrophale Hungersnöte ließen die Menschen zu Tieren werden, die nicht einmal mehr vor dem Kannibalismus zurückschreckten. Schließlich führte sich die Maxime der Söldnerführer, daß der Krieg den Krieg ernähren müsse, von selbst ad absurdum. Mit Ausnahme der Alpenländer gab es kaum noch ein Gebiet in Deutschland, das nicht mehr oder weniger von Verwüstung und Entvölkerung durch Krieg und Krankheit heimgesucht worden war.

Die Friedensverhandlungen, die den Dreißigjährigen Krieg beendeten, fanden seit 1644 in Münster und Osnabrück statt. Die Verhandlungen mußten an zwei Orten geführt werden, weil die Schweden sich strikt weigerten, in Gegenwart eines päpstlichen Vertreters am Verhandlungstisch zu sitzen. So schloß der Kaiser am 24. Oktober 1648 in Osnabrück mit Schweden und am gleichen Tag in Münster mit Frankreich Frieden. Formal unterzeichneten nur der Kaiser und Frankreich bzw. Schweden, jedoch waren auf beiden Seiten die jeweiligen Verbündeten mit einbezogen. Die größeren Reichsstände schlossen sich dem Vertrag durch Besiegelung und Unterschrift an. Die Beteiligten erhielten eine Ausfertigung des Friedens, so auch der Kurfürst von Sachsen, aus dessen Archiv das hier gezeigte Exemplar stammt. (Dresden, Staatsarchiv)

Die neue Lage wurde gekrönt durch den Frieden von Prag im Mai 1635: Sachsen und die übrigen protestantischen Staaten schlossen Frieden mit dem Kaiser, der auf die Durchsetzung des Restitutionsedikts verzichtete, aber den Reichsständen das Bündnisrecht entzog.

Der Frieden im ganzen Reich schien greifbar nahe. Gegen die Möglichkeit, daß der Kaiser nun im Reich wieder eine gefestigte Stellung einnehmen könne, machte jetzt Frankreich mobil. Es entsandte Truppen über den Rhein und schloß ein offenes Bündnis mit den Schweden. Daraufhin erklärte der Kaiser dem französisch-schwedischen Bündnis den Krieg. In dem kriegszerstörten und verarmten Deutschland war aber die Zeit für umfassende Heerzüge vorbei. Der Krieg schleppte sich noch dreizehn lange Jahre dahin, aber die Heere lösten sich allmählich in raubende, plündernde und mordende Horden auf. Das Land war schließlich so ausgeblutet, daß der Krieg nicht mehr den Krieg ernähren konnte – der Krieg starb selbst an allgemeiner Erschöpfung. 1641 verlangte der Reichstag entscheidende Friedensverhandlungen mit Frankreich und Schweden. Die 1644 beginnenden Friedensverhandlungen endeten im Oktober 1648 durch den Frieden von Osnabrück zwischen Kaiser und Reich mit Schweden, zu Münster mit Frankreich. Dieser Westfälische Frieden trennte die Schweiz und die Niederlande endgültig vom Reich ab, der Augsburger Religionsfrieden wurde auf die Calvinisten ausgedehnt, Kaiser und Reichstag jedes Urteil in Religionssachen entzogen, den Landesfürsten praktisch völlige Souveränität zugestanden, an Frankreich und Schweden große Gebiete abgetreten. Der Streit um die siebte Kurstimme wurde durch einen Kompromiß beigelegt: Der Pfalz wurde die 1623 entzogene Kurstimme zurückerstattet, aber Bayern behielt seine Kurwürde ebenfalls – so gab es nun acht Kurfürsten. Einige Landesherren konnten territoriale Gewinne verbuchen, z. B. Sachsen die Lausitz, Brandenburg Hinterpommern und Bayern die Oberpfalz. Aber ganze Landstriche waren verwüstet, die Bevölkerungszahl in Deutschland um etwa ein Drittel gesunken, Gewerbe und Handel lagen völlig desorganisiert am Boden. Deutschland war über eine Generation lang das Schlachtfeld Europas gewesen und sah dementsprechend aus.

Das Zeitalter des Barock

Reich und Territorialstaaten nach 1648

Dreißigjähriger Krieg und Westfälischer Friede erschwerten Deutschland für lange Zeit, in der europäischen Staatenwelt als Reich eine bedeutende Rolle zu spielen. Da die Friedensbestimmungen von 1648 Reichsrecht darstellten, gaben sie den beiden europäischen Großmächten Frankreich und Schweden, die direkt am Friedensschluß beteiligt und damit zu Garantiemächten geworden waren – Schweden galt durch seinen Landerwerb sogar als Reichsstand –, jederzeit die Möglichkeit, in Angelegenheiten des Reiches mitzureden oder sich einzumischen.

Hinzu kam, daß die Interessen der Habsburger nach dem Westfälischen Frieden in den europäischen Südosten verlagert wurden, da ihnen einerseits von den habsburgischen Besitzungen beiderseits des Oberrheins nur noch der Breisgau verblieben war und andererseits die Türkengefahr nach Ablauf eines jahrzehntelangen Waffenstillstands an den Grenzen der habsburgischen Kernlande und der ungarischen Erbmasse wuchs. Dem klangvollen Kaisertitel nach bestand noch immer der Anspruch auf die Herrschaft über die christliche Welt, tatsächlich aber erschien dieser Monarch außerhalb seiner Erblande zeitweilig wohl nur als machtlose Repräsentationsfigur an der Spitze eines politischen Monstrums, von dem Zeitgenossen nicht einmal wußten, ob sie es eine Monarchie, Aristokratie oder Demokratie nennen sollten; der größte Staatsrechtslehrer der Zeit, Samuel Pufendorf (1632–1694), bezeichnete es als „durch göttliche Fügung bewahrtes Unding".

Pufendorfs Kennzeichnung des Reichs als „Monstrum" ist oft als negative Charakteristik bewertet worden. Doch der bedeutende Staatsrechtler wollte damit ausdrücken, wie schwer die Verfassung des Reichs zu beschreiben und zu erfassen sei. Auch wenn die Rechtsstellung des Kaisers durch den Westfälischen Frieden geschmälert war, so galt er bei den geistlichen und den kleineren Reichsständen einschließlich der Reichsstädte als der eigentliche Mittelpunkt des Reichs und als dessen Personifizierung. In der Besorgnis um ihre Selbständigkeit sahen sie im Kaiser den Garanten der Verfassung. Deshalb wandten sie sich in ihren Anliegen zur Entscheidung an den Wiener Reichshofrat, um durch ihn rechtliche Beschlüsse mit kaiserlicher Sanktion zu erlangen. In dieser Eigenschaft stand der Reichshofrat neben dem Reichskammergericht, das 1689 im Zusammenhang mit dem Pfälzischen Krieg von Speyer nach Wetzlar verlegt wurde. Das Reichskammergericht litt unter personeller Unterbesetzung und materieller Überlastung, so daß seine Entscheidungen nur nach langer Zeit fielen.

Eine neue Bedeutung fiel dem Reichstag zu. Er tagte weiterhin unter dem Vorsitz des Mainzer Kurfürst-Erzbischofs als Reichserzkanzler. Der Kaiser ließ sich durch einen Prinzipalkommissar vertreten. Die Entscheidungen in den drei Kollegien der Kurfürsten, des Reichsfürstenrats und der Reichsstädte fielen seit 1648 mit Mehrheit, soweit es nicht Religionsfragen betraf. Bei solchen Problemen traten die Reichsstände nach ihrer konfessionellen Zusammengehörigkeit zusammen. 1653 tagte der Reichstag in Regensburg, um über eine von den Kurfürsten vorgeschlagene dauernde Wahlkapitulation zu beraten, die künftig die Kaiser bei ihrer Wahl beschwören sollten. 1663 bemühte sich der Reichstag am gleichen Ort um eine Wehrverfassung. In beiden Fragen kam keine Einigung zustande, aber da die Verhandlungen sich lange hinzogen, stellten Kaiser und Stände fest, wie nützlich ein ständiger Gedankenaustausch durch ihre Gesandten sei. Seither blieb diese Einrichtung ständig zusammen als Immerwährender Reichstag in der Form eines Gesandtenkongresses.

Neben dem Reichstag standen die Reichskreise, von denen weiterhin der schwäbische, der oberrheinische und der westfälische besondere Bedeutung besaßen. Auf ihren dem Reichstag nachgebildeten Kreistagen konnten Beschlüsse ohne kaiserliche Billigung gefaßt werden. Die kleineren Stände der Reichskreise stellten die Kontingente der Reichsarmee; die größeren Stände (Österreich, Brandenburg usw.) setzten ihre Truppen in den großen Konflikten nach eigenem Gutdünken ein. Die Reichsarmee war nicht sehr stark und ihre Schlagkraft vom unterschiedlichen Ausbildungsstand in den einzelnen Territorien abhängig; doch auch die Reichsarmee zeigte, daß trotz aller Schwächen und der Versuche der größeren Reichsstände, mehr Selbständigkeit zu erlangen, das Wissen um eine innere Zusammengehörigkeit der Reichsglieder fortbestand. Nominell bestand die Reichsarmee bis zum Ende des Alten Reiches 1806.

Der erste Reichstag nach dem Westfälischen Frieden wurde für 1652 ausgeschrieben. Er trat aber erst im Juni 1653 in Regensburg zusammen und tagte fast ein Jahr. Der „Reichstagsabschied", das zusammenfassende Dokument mit dem Ergebnis der Beratungen, war der letzte dieser Art in der Reichsgeschichte, da der nächste Reichstag, der 1663 zusammentrat, sich zu einem „immerwährenden Reichstag" entwickelte, der permanent als Gesandtenkongreß tagte.

Nach den Bestimmungen des Westfälischen Friedens galt die Souveränität der Landesherren innerhalb ihrer Territorien, was sie dahin ausnutzten, daß ihre Landstände das Recht auf Steuererhebung ebenso verloren wie das auf Selbstversammlung oder die Klagemöglichkeit hierzu vor einem kaiserlichen Gericht. Die Einzelstaaten versuchten, sich im 17. und 18. Jahrhundert auch gegenüber Kaiser und Reich durch Bündnisse mit außerdeutschen Mächten zur Geltung zu bringen. Bedeutend war hierbei der vom Mainzer Erzbischof Johann Philipp von Schönborn (1605–1673) geformte Erste Rheinbund (1658–1668), den Frankreich unterstützte, weil er sich gegen die kaiserliche Hausmacht richtete. Dem Bund gehörten Kurmainz, Kurköln, Pfalz-Neuburg, Hessen-Kassel, Braunschweig-Lüneburg und Schweden an, zwischen 1660 und 1665 traten noch Kurtrier, Münster und Kurbrandenburg bei.

Nach der Unterzeichnung des Westfälischen Friedens zog sich die eigentliche Abwicklung des Krieges noch etliche Jahre hin; die riesigen Truppenmassen mußten aufgelöst sowie scharenweise umherziehende Marodeure gestellt werden. Wiederholt schlossen sich hierzu Landesfürsten zusammen. Sie nutzten die Gelegenheit, jetzt aus ihren bisherigen Kontingenten eigene stehende Heere zu errichten, mit denen sie angesichts der rings um Deutschland fortdauernden Konflikte ein reales Gewicht in die Waagschale internationaler Politik einbringen konnten.

Da rings um Deutschland kriegerische Verwicklungen weitergingen, lag die Verlockung zu solchen Aktivitäten nahe. Als erster praktizierte dies der brandenburgische Kurfürst Friedrich Wilhelm I. (1620–1688, Kf. 1640) mit einer Beteiligung am polnisch-schwedischen Krieg 1655–1660, wobei das Wechseln der Seiten des zuerst mit Schweden gegen Polen, dann mit Polen gegen die Schweden kämpfenden Hohenzollern eine strategische Linie andeutete, die von den Landesfürsten im Laufe der kommenden Jahrzehnte häufig als „Staatsräson", d.h. für den Staat nützlich, ausgegeben und als solche wahrgenommen wurde.

In dem reichlichen Halbjahrhundert nach dem Westfälischen Frieden gelang es Deutschland dennoch, trotz der schwierigen Situation zu verhindern, daß dieser große mitteleuropäische Länderkomplex in bloße Einflußzonen oder gar blanke Anhängsel der Großmächte Frankreich, Schweden und Osmanisches Reich aufgeteilt wurde. 1663/64 griff nach jahrzehntelanger Waffenruhe der Sultan wieder an und drang in Innerösterreich ein, wurde aber an der Raab geschlagen. Aber Kaiser Leopold I. (1640–1705, K. 1658) zeigte Entgegenkommen, um damit einen zwanzigjährigen Waffenstillstand auszuhandeln.

Frankreich hatte sich erst 1653–1659 gegen Spanien, dann – begründet mit Erbansprüchen – gegen die spanischen Niederlande und danach gegen die niederländischen Generalstaaten gewandt. Die Niederländer erhielten die Unterstützung Englands und deutscher Reichsstände, während zur Unterstützung Frankreichs die Schweden in Norddeutschland kämpften, bis sie 1675 durch den brandenburgischen Kurfürsten entscheidend geschlagen wurden. Im Laufe dieses Krieges fielen die Franzosen auch in Lothringen, im Elsaß und in die Moselgegend ein. Mit

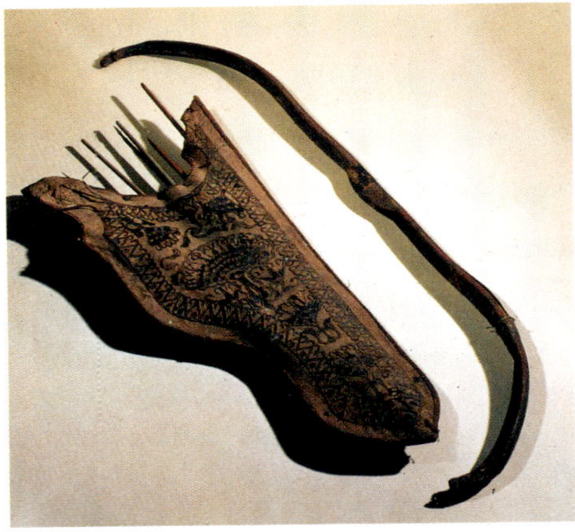

Um die französische Kriegsführung am Oberrhein zu unterstützen, fielen die mit Frankreich verbündeten Schweden in Norddeutschland ein. Am 28. Juni 1675 wurden sie bei Fehrbellin von kurbrandenburgischen Truppen unter der Führung von Kurfürst Friedrich Wilhelm so vernichtend geschlagen, daß von da an die schwedische Militärmacht in Norddeutschland keine entscheidende Rolle mehr spielte.

Die mit Pfeil und Bogen bewaffneten türkischen Bogenschützen stellten in den Grenzkriegen eine ständige Bedrohung des kaiserlichen Fußvolks dar. Auch der 1664 geschlossene Waffenstillstand zwischen Kaiser und Sultan beendete nicht die Grenzstreitigkeiten, denn die ungarischen Magnaten konspirierten eifrig weiter mit dem türkischen Sultan, um die habsburgische Macht in Ungarn zu schwächen. (Museo storico navale, Venedig)

dem Frieden von Nymwegen 1679 fand der Krieg ein vorläufiges Ende. Frankreich erhielt Lothringen, eine unsichere Anwartschaft auf Teile des Elsaß, Besatzungsrechte im ostrheinischen Freiburg und Durchmarschrechte für Norddeutschland.

Die Problematik des Friedensschlusses offenbarte sich, als die französische Krone elsässische Städte und Ländereien keineswegs als Reichslehen behandelte, sondern dem französischen Territorium einverleibte; der Höhepunkt war 1681 die durch nichts gerechtfertigte Annexion Straßburgs, die einen Aufschrei der Empörung in deutschen Landen provozierte. Unter dem Eindruck dieser Ereignisse wurde die Stärke des Reichsheeres auf 40 000 Mann festgesetzt, und der oberrheinische und der fränkische Kreis schlossen mit dem Kaiser ein Verteidigungsbündnis. Dagegen stellte sich der Kurfürst von Brandenburg auf die Seite Frankreichs.

Aber noch wogte die Erregung über Straßburg, als schon Wien in aller Munde war, denn im Sommer 1683 waren die Türken mit einem gewaltigen Heer unter dessen Mauern erschienen und begannen seine Belagerung: Fiel Wien, war der Weg entlang der Donau in die Weiten Süddeutschlands und nach Norden bis an die Elbe frei. Unter diesen Umständen traten Kurbayern und Kursachsen auf die Seite des Kaisers, der durch päpstliche Vermittlung auch die mit den Türken verfeindeten Polen als Verbündete gewann. Den Verteidigern Wiens kam ein europäisches Heer zu Hilfe, das unter dem polnischen König Jan Sobieski (1629–1696, Kg. 1674) die Türken entscheidend schlug. Doch waren noch fünfzehn Jahre und eine Vielzahl von Feldzügen erforderlich, bis der kaiserliche Feldmarschall Prinz Eugen von Savoyen (1663–1736) in der Schlacht von Zenta 1697 endgültig die türkische Offensivkraft überwand. Ungarn und Siebenbürgen gelangten dadurch fest in habsburgische Hand, die mit dieser Ländermasse im Territorialverband nun über eine eigene Großmacht europäischer Dimension verfügte.

Unterdessen hatte Ludwig XIV. (1638–1715, Kg. 1643), unter dem Vorwand von Erbansprüchen auf die Kurpfalz, einen neuen Krieg am Rhein begonnen. Dieser Pfälzische Krieg führte zur Verwüstung weiter Gebiete, darunter auch zur Plünderung und Brandschatzung von Heidelberg. Das französische Vorgehen löste geradezu eine patriotische Welle in Deutschland aus und verhinderte den Abfall frankreichfreundlicher Landesherren – Kurbayern und Kursachsen – vom Reich. Den Herzog von Braunschweig-Lüneburg hielt dies jedoch nicht davon ab, den Kaiser mit der Forderung nach der Kurwürde unter Druck zu setzen. 1692 erkannte der Kaiser den größten Teil des welfischen Territoriums als Kurfürstentum Hannover an. Dies rief nun wieder den Protest anderer Kurfürsten hervor und lähmte die Kriegsführung der Reichsarmee am Rhein. Der Pfälzische Krieg, der nur Teil einer westeuropäischen Auseinandersetzung zwischen Frankreich einerseits und England und den Niederlanden andererseits war, endete 1697 mit dem Frieden von Rijswijk, der Frankreich nicht mehr als die Bestätigung des elsässischen Besitzes brachte.

Im Sommer 1683 begannen die Türken mit der Belagerung Wiens. Am 12. September 1683 gelang es einem etwa 65 000 Mann starken Entsatzheer, das aus kaiserlichen, bayerischen, sächsischen und polnischen Truppen bestand, in der Schlacht am Kahlenberg das rund 200 000 Kämpfer zählende osmanische Heer zu schlagen und Wien zu befreien. Nach dieser Niederlage war die türkische Angriffskraft gebrochen. Es kam zwar in den folgenden Jahren noch zu mehreren Schlachten, aber mit dem Frieden von Karlowitz im Jahre 1699 war die Türkengefahr für Mitteleuropa endgültig gebannt. (Wien, Heeresgeschichtliches Museum)

In dem dritten Angriffskrieg Ludwigs XIV. gegen das Reich, der von 1688–1697 währte, nahm der französische König diesmal Erbansprüche seiner Schwägerin Liselotte von der Pfalz (1652-1722) zum Anlaß, mit seinen Truppen in die Pfalz einzufallen. Vorsätzlich verwüsteten dabei französische Truppen blühende Städte und Landstriche. Höhepunkt dieser Mordbrennerei war die Zerstörung der kurpfälzischen Residenz Heidelberg, die am 2. März 1689 in Flammen aufging. Allerdings stimmten doch einige mutige französische Offiziere dieser militärischen Taktik nicht zu und täuschten teilweise das angeordnete Niederbrennen der Häuser vor, indem sie feuchtes Stroh entflammten. (Aquarell von Feodor Dietz; Karlsruhe, Staatliche Kunsthalle)

Unter dem französischen König Ludwig XIV. erreichte der Absolutismus seinen Höhepunkt. Seine Haltung zum Staat faßte Ludwig XIV. prägnant in der Formel „Der Staat bin ich!" zusammen. Auch die deutschen Landesfürsten eiferten dem französischen Vorbild nach, ohne jedoch über ähnliche Machtmittel und Finanzen zu verfügen wie dieser französische Herrscher. (Gemälde von Hyacinthe Rigaud; Paris, Musée du Louvre)

Über die Frage der Thronnachfolge in Spanien, wo 1701 der letzte Habsburger starb, kam es zum nächsten europäischen Krieg, der erneut das Rheinland und Süddeutschland zum Schlachtfeld machte. Diesmal standen alle Reichsfürsten hinter dem Kaiser – ausgenommen der bayerische Kurfürst, der Ambitionen auf einige habsburgische Erblande hatte und Österreichs als Wall gegen die Türken nun nicht mehr bedurfte, sowie dessen Bruder, der Kurfürst-Erzbischof von Köln. Als die Franzosen sich 1703 mit den Bayern vereinen konnten, drohte eine französische oder quasi-französische Herrschaft vom Rhein bis zum Inn, die unverhohlen zum Angriff auf Wien ansetzte. Da schlug Eugen von Savoyen gemeinsam mit dem englischen Oberkommandierenden Marlborough (1650–1722), der sein englisch-holländisch-preußisches Heer schnell nach Süddeutschland dirigierte, die französisch-bayerische Koalition am 13. August 1704 in der Schlacht bei Höchstädt und Blindheim an der Donau so entscheidend, daß die französischen Interventionsabsichten in West-, Südwest- und Süddeutschland nicht nur scheiterten, sondern auch für Jahrzehnte zum Stillstand kamen.

Absolutismus und Merkantilismus

Die vom Kriege verwüsteten Territorien mußten nach 1648 einer gezielten Rekonstruktionspolitik unterzogen werden. Besonders auf dem flachen Land und in den kleinen Städten – und die überwiegende Mehrzahl der Städte war klein – bedurfte es Anstöße von Seiten der Obrigkeit, um die von den anhaltenden Plünderungen und Zerstörungen entmutigten und äußerst mißtrauisch gewordenen Menschen aus der Hoffnungslosigkeit zu reißen. Die Aufnahme des noch Vorhandenen an Menschen, Gebäuden und Inventar setzte ein bestimmtes Maß an administrativer Gliederung und Verwaltungspersonal voraus, das mit der bisher üblich gewesenen Organisation nicht ohne weiteres zu bewältigen war. So war es unerläßlich, daß die territorialstaatlichen Verwaltungen nun eine andere Qualität erhielten. Organisation und Rekonstruktionshilfen sowie ein militärischer Apparat zur Gewährung eines Mindestmaßes an Sicherheit erforderten Geld, so daß

neue Steuern und Zölle auferlegt werden mußten – ein weiterer Anlaß zur breiteren, manchmal auch strafferen Organisation der Administration.

Damit wurden Ansätze aus dem 16. Jahrhundert wieder aufgenommen. Damals war es bereits zu Auseinandersetzungen zwischen Ständen und Territorialherren gekommen, und die Landesfürsten hatten dem Übermut des Adels und des städtischen Patriziats angesichts der gesamtgesellschaftlichen Krisen bereits hin und wieder Zügel anlegen müssen. Das landesherrliche Kirchenregiment, gleich, ob in evangelischer oder gemilderter katholischer Form, förderte diese Tendenz zur starken Betonung der Fürstenmacht. Um die Querelen zwischen den Ständen, zwischen aneignenden Besitzenden und ausgeplünderten Besitzlosen, zwischen Konfessionen auszugleichen, bot sich eine Stärkung der Landesfürsten an. Von gelegentlicher Ständeopposition – z. B. in Mark und Kleve gegen den brandenburgischen Kurfürsten – abgesehen, setzten sich die Landesherren durch und erreichten bei den sozialen Gruppen Einverständnis mit einer starken Herrschaft. Allein in Mecklenburg und in Württemberg nahmen die Stände auch weiterhin die adligen und städtischen Interessen wahr.

In westeuropäischen Ländern und in Rußland, wo die Entwicklung zum Nationalstaat bereits begonnen hatte, führte der Absolutismus zu einem begrenzten wirtschaftlichen Ausgleich zwischen Adel und Bürgertum, der die Zentralisierung förderte. Diese Zentralisierung, die für den modernen Staat erforderlich war, fand in Deutschland nur innerhalb der einzelnen Territorien statt. Daher trat der Absolutismus hier doppelgesichtig auf: Trotz teilweise absurder Überspitzungen bei den äußerlichen Nachahmungen etwa des französischen Absolutismus in manchen kleineren Landesfürstentümern brachte er in den deutschen Territorien zunächst wichtige Anstöße zum erfolgreichen Wiederaufbau in der Rekonstruktionsperiode und zur Anpassung an die dringendsten Erfordernisse gesellschaftlicher Entwicklung im sozialen und wirtschaftlichen Bereich; aber er förderte auch kleinliches Gegeneinander und regionale Engstirnigkeiten. Dem fortschreitenden Absolutismus war aber zweifellos zu danken, daß eines der dunkelsten Kapitel europäischer Geschichte unter seiner Ägide schließlich seinen Abschluß fand: der Hexenwahn, dem seit dem ausgehenden Mittelalter gerade auch in Deutschland viele Tausende – zu etwa 80 Prozent Frauen – zum Opfer gefallen waren. Wachsende Kritik und zunehmendes nüchternes Denken hatten in der zweiten Hälfte des 17. Jahrhunderts zum Rückgang der Hexenprozesse geführt, die schließlich nach und nach verboten wurden. Aber die letzte Hinrichtung einer angeblichen Hexe auf deutschem Boden fand noch 1775 in Kempten statt.

Als Wirtschaftsform bescherte der Absolutismus seinen Untertanen den Merkantilismus, der die gewerbliche Produktion für die Beförderung der Staatseinnahmen nutzbar machte. Zu diesem Zweck mußte nach 1648 in vielen Ländern erst einmal aus weniger vom Krieg betroffenen Gebieten Kapitaleinsatz organisiert werden, um die traditionellen Gewerbe wiederzubeleben. Beispielsweise floß Handelskapital aus norddeutschen Küstenstädten in bestimmte Regionen mit traditionellem Textilgewerbe, förderte über den Verlag die Produktion und organisierte den Absatz – bei Leinenerzeugnissen aus der Lausitz und Schlesien sogar bis nach Übersee. Schon gegen Ausgang der Jahrhundertwende waren auch die Städte Leipzig, Frankfurt/Main und Augsburg wieder als Kapitalzentren präsent.

Die im 17. Jahrhundert wachsende Betonung der Vernunft im Zeitalter des Absolutismus schloß endlich eines der irrationalsten Kapitel der Geschichte – das der Hexenverfolgungen – ab. Aberglaube, Mißgunst und die Lust an von der Religion verbotenen Phantasien, wie sexuelle Exzesse, Teufelsmessen etc., führten, verbunden mit einer weit verbreiteten Unkenntnis der Naturheilmedizin, zu einem Hexenwahn, der von der Kirche seit dem 15. Jahrhundert auch noch systematisch geschürt wurde. In der Zeit wachsender Glaubensauseinandersetzungen nahm die Verfolgung angeblicher Hexen und Hexer noch zu, wobei die Protestanten den Katholiken in nichts nachstanden, weder bei der Folterung, die den Verdächtigten die gewünschten Selbstbezichtigungen abpreßte, noch den Verurteilungen oder der Anzahl der Opfer. Spezielle Hexenkommissionen mit besonderen Vollmachten für Verhaftung und Folterung wurden geschaffen und trieben allerorts ihr Unwesen, wobei die vorgeschriebenen Strafprozeßordnungen nicht eingehalten wurden. Selbst die Mutter eines Johannes Kepler wurde der Hexerei bezichtigt. In der zweiten Hälfte des 17. Jahrhunderts mehrten sich jedoch die Stimmen, die diese Hexenjagd verurteilten und allmählich einen Rückgang dieser mörderischen Untaten erreichten. (Gemälde von David Teniers d.J.; Douai, Musée de la Chartreuse)

Um die Einnahmen aus den Territorien zu steigern, konnten nicht bei der im Kriege verarmten Bevölkerung einfach Steuern erhöht werden, sondern zunächst mußte sich die Wirtschaft erholen. Zu diesem Zwecke wurden landesherrliche Schächte, Hammerwerke und Glashütten gegründet. Außerdem begann eine planmäßige Ansiedlungspolitik, bei der derjenige Landesherr von Glück reden konnte, der auch noch kapitalkräftige Einwanderer gewann, wie zum Beispiel Kurfürst Friedrich Wilhelm I. von Brandenburg, der 1671 aus Wien vertriebenen Juden Zuzug in seine Residenzstadt Berlin gewährte. Die positiven Erfahrungen mit solchen Einwanderern waren dann offenbar 1685 das auslösende Moment für jenes berühmte Edikt von Potsdam, mit dem 20 000 hugenottische Glaubensflüchtlinge aus Frankreich in brandenburgische Lande gelenkt wurden, in denen sie eine völlig neue Qualität der gewerblichen Produktion bewirkten. Weitere 10 000 Hugenotten fanden eine neue Heimat in Lüneburg, Hamburg, Hessen und Württemberg. Mit diesen Einwanderern, die teilweise ein Jahrhundert bis zu ihrer vollen Assimilation an die sie umgebende deutsche Bevölkerung benötigten, kamen ganz neue Gewerbe bzw. Gewerbezweige ins Reich: Erzeugung feiner Wollwaren, Färben und Bedrucken leichter Gewebe, Spitzen- und Tapetenherstellung, Uhren- und optische Gewerbe, Verfeinerung der Glasproduktion durch Tafel-, Kristall- und venezianisches Glas. Niederländische Mennoniten brachten den Strumpfwirkstuhl ins Rheinland und nach Thüringen und begründeten so den Ruhm ganzer Gewerberegionen.

Die vom Großen Kurfürsten eingeleitete großzügige Förderung von Einwanderern setzte sein Enkel König Friedrich Wilhelm I., der vorwiegend als „Soldatenkönig" in die Geschichte einging, überlegt fort. 1731 nahm er etwa 20 000 aus dem Erzbistum Salzburg vertriebene protestantische Zillertaler auf und siedelte sie mit staatlicher Unterstützung in dem durch vorhergehende Epidemien schwer getroffenen Ostpreußen an. (Kupferstich von Gabriel Uhlich; Berlin, SMPK, Staatsbibliothek)

Die systematische Förderung der kleineren Warenproduktion bei Handwerk und Gewerbe führte allmählich dazu, daß sich Kapitalien ansammeln konnten und private Kapitalanleger Unternehmen schufen, die wachsenden Gewinn abwarfen. Als eine neue Art von Bürgertum entstand das Manufakturbürgertum, das in einer vorindustriellen Gesellschaft doch immerhin schon Produktionsstätten sein eigen nannte, wo auf der Basis erheblicher Aufteilung der Arbeitsvorgänge eine wesentlich höhere Produktivität erreicht wurde, selbst wenn überwiegend nur mit der Hand gearbeitet wurde und die Antriebskräfte von Wasser, Wind oder Muskelkraft geliefert wurden.

Viele dieser Manufakturen wurden zunächst mit staatlichen Mitteln eingerichtet und dienten oft genug auch staatlichen Zwecken, nämlich Pulvermühlen, Gewehrmanufakturen, Uniformmagazine mit eigener Produktion, Litzen- und Bortenmanufakturen, Spiegel-, Majolika- und Porzellanmanufakturen. Private Manufakturen entstanden vermehrt ab dem ersten Drittel des 18. Jahrhunderts, und zwar vorwiegend auf dem Textilsektor bei der Seiden- und Baumwollverarbeitung und beim Bedrucken leichter Baumwolltücher, dem Kattun, sowie bei Stahlwaren für den Hausgebrauch. Darüber hinaus war es im 18. Jahrhundert keine Seltenheit mehr, wenn Privatleute staatliche Manufakturen pachteten und schließlich sogar erwarben.

Der Merkantilismus war in Frankreich entstanden, um zur Finanzierung von Hof, Verwaltung und Hofadel die Wirtschaftskraft des Landes zu stärken und vor ausländischer Konkurrenz zu schützen. Hohe Zollmauern behinderten die Einfuhr ausländischer Waren, möglichst alle Produkte sollten im eigenen Land erzeugt und möglichst viele davon exportiert werden. Die regulierende, privilegierende und stimulierende Rolle des Staates war den deutschen Territorialstaaten nach dem Dreißigjährigen Krieg zwar aus zwingenden Gründen auf den Leib geschnitten, aber da hier die territoriale Zersplitterung die Wirtschaftsregionen immer wieder mehr oder weniger beschnitt, war der Merkantilismus in Deutschland stets in der Gefahr, ins Karikaturistische abzusinken. Gegenseitige Zollkriege sowie Aus- und Einfuhrverbote hinsichtlich benachbarter Fürstentümer sorgten nachhaltig dafür, daß jeder Ansatz für einen nationalen Markt, wie er andeutungsweise zu Beginn des 16. Jahrhunderts schon bestanden hatte, nach den Verwüstungen des Dreißigjährigen Krieges noch zusätzlich durch den territorialstaatlichen Merkantilismus erstickt wurde. Für den Verbraucher hatte es erhebliche Folgen, wenn zum Aufbau und zur Förderung einheimischer Produktion einfach die Einfuhr von Produkten aus traditionellen Produktionsstandorten verboten wurde, wie es beispielsweise zwischen 1719 und 1728 in Preußen hinsichtlich wollener, baumwollener und Leinengewebe geschah.

Die landesfürstliche Wirtschaftspolitik hatte aber auch die Auswirkung, daß z. B. aus merkantilistischen Motiven eine große Zahl mittlerer und kleiner Fürsten im 18. Jahrhundert Porzellanmanufakturen anlegen ließ, so daß Deutschland im europäischen Maßstab zwar nicht bei der Qualität, so doch in der Quantität und Artenvielfalt

des Porzellans vorn lag. Auch die Pioniertaten in Technik und Technologie bedurften – vom Kattundruck abgesehen – wegen des hohen Investitionsaufwandes staatlichen Anschubs; das gilt auch für Bau und Einsatz der ersten deutschen Dampfmaschine in Preußen gegen Ende des Jahrhunderts (1785 bei Hettstedt).

Es bedurfte auch staatlicher Interventionen, um den im 18. Jahrhundert doch allenthalben merkbaren Wirtschaftsaufschwung mit althergebrachten Rechten und Privilegien der städtischen Zunfthandwerker in Einklang zu bringen. Die Zunfthandwerker sahen sich durch unzünftige Handwerker – Pfuscher – und von den Landesherren unterstützte Manufakturen, die sich bis auf das Land ausbreiteten, in ihrem Lebensunterhalt gefährdet. Zunftmeister und -gesellen beriefen sich auf ihre alten Rechte, die bisher Arbeits- und Lebensverhältnisse gesichert hatten. Aber die Obrigkeiten erkannten in seltener Einmütigkeit, daß das als Rechtsgrundsatz in der Feudalgesellschaft so beliebte „Herkommen" für die Entwicklung von Gewerbe und Manufaktur unerträgliche Hemmungen schuf. In den zwanziger Jahren des 18. Jahrhunderts begannen jahrelange Verhandlungen, die zu dem einzigen einhellig verabschiedeten Reichsgesetz führten, das der Immerwährende Reichstag zu Regensburg während seiner Existenz zuwege brachte: dem Reichszunftgesetz von 1731. Es bot den Verwaltungen der absolutistischen Staatsgewalten die Möglichkeit, das Zunftwesen einheitlich umzugestalten, so daß es die oftmals wichtigste Quelle der Staatseinnahme nicht gefährdete – die Produktion außerhalb der Zunft im Verlag und in dezentralisierter oder zentralisierter Manufaktur. Wie bisher waren die Zunftmeister gegen Gesellenunruhen geschützt, aber nicht länger gegenüber vom Staat geförderten unzünftigen Produktionen. Zwar blieb der Zunftzwang für das städtische Handwerk bestehen, aber er wurde im Verlaufe des 18. Jahrhunderts mit staatlicher Billigung oder sogar auf behördliche Veranlassung hin überall in den neuen Gewerberegionen derart durchlöchert und unterwandert, daß er vielerorts bald nur noch als zäh verteidigte Hülle existierte.

Das wurde überdeutlich auch in dem neuen Typ von Städten demonstriert, die der Absolutismus mit der Fixierung auf den Fürstenhof entstehen ließ: den Residenzstädten. Sie florierten keineswegs mehr durch das Blühen von Handel und Handwerk, sondern durch den Verzehr des Landeseinkommens am Hof des Landesherrn mit seiner Gefolgschaft von Hofadel, Hofbeamten, Hofbediensteten und Hoflieferanten. Während Gewerbestädte wie Nürnberg, Erfurt, Chemnitz an Bedeutung verloren, stiegen Residenzen wie Potsdam, Kassel, Darmstadt, Stuttgart, Weimar, Gotha, Detmold, Arolsen auf. Manchmal wurden auch neue Residenzen einfach aus dem Boden gestampft, wie Charlottenburg, Ludwigslust, Oranienburg, Karlsruhe, Mannheim, Ludwigsburg.

Das Manufakturwesen war zunächst im absolutistischen Frankreich ausgebaut worden und fand dann schnell in Deutschland Nachahmung. Zu typischen Manufakturbetrieben gehörten auch Spielkartenmanufakturen wie die hier abgebildete Pariser Manufaktur. Da die Besteuerung von Spielkarten eine begehrte merkantilistische Einnahmequelle der jeweiligen Landesherren war, gab es auch bald in Deutschland Manufakturen, wo in exakt abgestimmter Arbeitsteilung Spielkarten hergestellt wurden. Besonders bekannt waren damals die Manufakturen im sächsischen Altenburg und im schwedisch-pommerschen Stralsund. (Paris, Musée Carnavalet)

Das traditionelle Glashüttenwesen wurde im Merkantilismus häufig vom Staat gefördert. Wo quarzreicher Sand und ausgedehnte Waldungen zusammentrafen, z. B. im Schwarzwald, blühten im 17. und 18. Jahrhundert ganze Glashüttenregionen. (Gemälde von M. Dilger; Freiburg/Br., Augustiner-Museum)

Die europäische „Nacherfindung" des Porzellans gelang 1709 dem Apotheker Johann Friedrich Böttger (1682–1719) auf der kursächsischen Festung Königstein. 1710 wurde die Porzellanmanufaktur Meißen unter der Leitung Böttgers errichtet. Unübertroffener Meister im künstlerischen Umgang mit dem neuen Material wurde für das gesamte 18. Jahrhundert Johann Joachim Kändler (1706–1775), seit 1740 Direktor der Meißener Manufaktur. Zu seinen Meisterleistungen zählt das von 1735 bis 1741 gelieferte etwa 2000 Teile umfassende „Schwanenservice" für den kursächsischen Staatsmann Graf Brühl, zu dem auch die hier abgebildete Terrine gehört. (Dresden, Porzellansammlung)

Bis ins 19. Jahrhundert behielten die ursprünglich handwerklich orientierten Produktionszweige ihren eigenen Korpsgeist bei, auch wenn sie teilweise nicht in Zünften organisiert wären. So entfalteten die Salinenarbeiter in Halle ein enges Zusammengehörigkeitsgefühl als Gruppe und traten bei kirchlichen Prozessionen und weltlichen Umzügen in eigener Tracht auf. (Halle, Stadtarchiv)

Karlsruhe, seit 1724 Residenz der Markgrafen von Baden-Durlach, ist ein typisches Beispiel für die aus dem Boden gestampften Residenzstädte absolutistischer Fürsten. Das ursprünglich vorhandene Jagdschloß wurde zu einem prachtvollen Schloß ausgebaut, auf das sich das ganze Stadtbild hin ausrichtet. So wie das Stadtbild war auch die hier entstehende Schicht von Bürgern völlig auf die Residenz mit ihrem Hofstaat ausgerichtet, von der sie auch wirtschaftlich lebte. Selbst eine nur zeitweilige Verlegung der Residenz mußte sie wirtschaftlich bis ins Mark treffen. Die von des Fürsten Gnade abhängige Wirtschaftsstruktur verhinderte in solchen Städten die Entwicklung eines selbstbewußten, starken Bürgertums, wie es in den alten Handelsstädten existierte.

Es liegt auf der Hand, daß der materielle Wohlstand der Residenzbürger ganz von der Politik der Mächtigen am Hofe abhing und den Untertanengeist der Bürger förderte. Ausnahmen gab es nur in den Residenzen der großen Territorialstaaten Preußen, Bayern und Sachsen, weil dort das Gewerbe entweder traditionell oder durch Einwanderung ohnehin stark war. Berlin ragte aus dieser Reihe heraus, weil es im Laufe des 18. Jahrhunderts zum entwickeltsten städtischen Gewerbezentrum des Reiches wurde.

Die Landwirtschaft war in den verschiedenen Regionen des Reiches vom Dreißigjährigen Krieg unterschiedlich schwer in Mitleidenschaft gezogen worden. Aber durch die Ansiedlung abgemusterter Soldaten, den Wiederzuzug vor dem Krieg Geflohener und die Einwanderung von Glaubensflüchtlingen war auch hier innerhalb von zwei Generationen das Produktionsniveau vom Anfang des Jahrhunderts wieder erreicht. In sozialer Hinsicht jedoch hatte der Krieg mit Nachdruck zur Beförderung einer Tendenz beigetragen, die sich in der Mitte des 16. Jahrhunderts deutlich angekündigt hatte: das Auseinanderfallen der agrarischen Sozialverhältnisse in Deutschland in zwei grundverschiedene – das der Grundherrschaft und das der Gutsherrschaft.

Westlich der Elbe-Saale-Linie blieb die Grundherrschaft vorherrschend, jenes eigentlich klassische Sozialverhältnis, wie es der Feudalordnung entsprach. In den ostelbischen Gebieten lagen die Voraussetzungen aber anders, denn im Zuge der Kolonialisierung waren den Bauern die jeweiligen Ritter, die sie ansiedelten, als Grund-, Gerichts- und Leibherren entgegengetreten. Gegen Ende des 16. Jahrhunderts hatte der Landadel in Mecklenburg, Brandenburg und Pommern das städtische Handelsmonopol bei Getreide gebrochen und war nun ganz auf Export in die gewerbereichen westeuropäischen Regionen orientiert. Eine Steigerung der Marktproduktion verlangte zwingend eine Änderung der bisherigen Produktionsweise bei der Erzeugung agrarischer Produkte. Während dies nach 1648 in der Nachbarschaft der nordwestdeutschen Seestädte zum Teil durch selbständige Bauern geschah, die aus ihren Gewinnen die ihnen auferlegten Steuern zahlten, bemühte sich der ostdeutsche Adel, seine Besitzrechte auf bäuerliches Land auszuweiten.

Bäuerliche Besitzrechte an den Höfen wurden beschnitten, die Arbeitsrente erhöht, Bauernland unter nichtigem Vorwand eingezogen und dem Herrensitz – dem Gutshof – zugeschlagen. Weigerten sich die Bauern, so wurde die adlige Gerichtsbarkeit ausgenutzt, um die junkerlichen Anliegen juristisch durchzusetzen. Rechtstheoretiker griffen dabei auf das Römische Recht zurück und übertrugen dortige Feststellungen über Sklaven und Kolonen auf die Bauern ihrer Zeit und ihrer Region. Mit der Pommerschen Bauern- und Schäferordnung von 1616 wurde erstmals durch Übereinstimmung von Landständen und Landesherrn für ein ganzes Fürstentum juristisch fixiert, daß die dortigen Bauern durchweg als Leibeigene und Schollenpflichtige anzusehen seien, die sich ohne Wissen der Obrigkeit nicht von ihrem Land wegbegeben durften. Neben der Verschlechterung der Besitzverhältnisse wurden in Ostelbien systematisch die Frondienste erhöht, die im 16./17. Jahrhundert für die Bauern dort auf vier bis sechs Tage wöchentlich stiegen.

Die furchtbaren Zerstörungen und Verluste, die der Dreißigjährige Krieg brachte, hatten den Adel auf seinen festen Sitzen oder in seinen städtischen Winterresidenzen nicht ganz so hart getroffen wie die Bauern. Bei der Neubesetzung der verwüsteten Bauernstellen wurden nach 1648 fast durchweg nur noch „Lassiten" angesiedelt, also Hofbesitzer mit lediglich über „lassener" Stelle, die jederzeit abgesetzt – „gelegt" – werden konnten. Da die Junker oft auch noch die materielle Ausstattung des Bauernhofes bevorschussen mußten, gehörte ihnen nach allgemeiner Rechtsauffassung künftig auch die Hofwehr. So bestand die Mehrzahl der ostelbischen Bauern nach 1648 aus erbuntertänigen, jederzeit kündbaren, zu hoher Arbeitsrente verpflichteten Gutszugehörigen. Der ostelbische Gutsherr war zugleich die Obrigkeit seiner als Gutsarbeiter tätigen Bauern,

Soziale Unterschiede innerhalb der Dorfgemeinschaft hatte es immer gegeben. Vor allem zwei Handwerkszweige nahmen innerhalb der agrarischen Umgebung eine Sonderstellung ein: der Müller und der Schmied, die es nicht selten zu bescheidenem Wohlstand brachten. (Gemälde von den Gebrüdern Le Nain; Paris, Musée du Louvre)

deren Höfe zum Unterhalt ihrer Familie und der Pferde dienten. Bei aller Abhängigkeit der Bauern darf aber nicht übersehen werden, daß der Gutsherr auch die Pflicht hatte, für sie in Krisenzeiten zu sorgen. Es gab eine Reihe von Junkern, die diese Verpflichtung durchaus ernstgenommen haben, gerade daraus aber auch patriarchalische Ansprüche ableiteten.

Unter den Gutsuntertanen gab es nach 1648 mehrere Abstufungen: Bauern hatten einen Anteil an der Dorfflur, Kossäten hatten nur ihr Wurtland außerhalb des flurlich genutzten Bodens, Büdner, Gärtner, Kätner hatten nur eine Kate und höchstens Gartenland, so daß sie auf den Nebenerwerb in der Gutswirtschaft angewiesen waren. Im 18. Jahrhundert begann sich eine soziale Differenzierung im ostelbischen Dorf bemerkbar zu machen, die das ursprünglich einheitliche Sozialverhalten gegenüber dem Gutsherrn auflockerte. Die Bauern fügten sich nämlich bei weitem nicht ohne Widerstand in ihre Lage, und sie besaßen immerhin einige Möglichkeiten, sich auch im Rahmen des absolutistischen Obrigkeitsstaates zur Wehr zu setzen: Fronverweigerung, Entlaufen, Ausspielen der Herren untereinander, bei günstigen Umständen Prozessieren, gelegentlich tätlicher Widerstand und offener Aufruhr.

Eigentliche Leibeigenschaft, bei der der Bauer auch ohne dazugehöriges Land verkauft werden konnte, kam in Ostelbien nur äußerst selten vor – regional in Holstein, Mecklenburg, Pommern. Was nach 1648 in Ostelbien unter Leibeigenschaft verstanden wurde, war Gutsuntertänigkeit, verbunden mit schlechtem Besitzrecht. Da der Gutsherr in Ostelbien durchgängig aus der Zeit der Kolonisierung auch Gerichtsherr war, war der Bauer im eigentlichen Sinne rechtlos. Landesedikte wie die Gesindeordnungen in Sachsen und Brandenburg von 1651 und in Mecklenburg von 1654 sorgten zusätzlich für eine rechtliche Absicherung der Gutsherrschaft.

Der Übergang von der mittelalterlichen Drei-Felder-Wirtschaft zu der exportorientierten Koppelwirtschaft mit 7–11 Flurschlägen ließ den Wunsch nach möglichst großen Schlägen aufkommen. Die zu Anfang des 18. Jahrhunderts einsetzenden „Einkoppelungen“ brachten eine neue Welle von Bauernlegen und qualitativer Verschlechterung des Bauernlandes. Das geschah vor allem in Holstein und Mecklenburg, wo der Adel gegenüber dem Landesherrn eine starke Stellung besaß. In Brandenburg-Preußen dagegen schützte der Staat die Bauern, die als Steuerzahler sowie als Rekruten gebraucht wurden.

Die wichtigsten Territorialstaaten

Unter den rund 1800 reichsunmittelbaren Ständen gab es nur wenige Territorialstaaten, die auch am europäischen Maßstab gemessen als Mittelstaaten einzugruppieren waren: die Kurfürstentümer Bayern, Sachsen und Brandenburg. Sie stellten dann auch gewisse Faktoren in der europäischen Politik dar.

Bayerns Weg in den Absolutismus begann bereits in der zweiten Hälfte des 16. Jahrhunderts, als staatliche Verwaltung und katholische Geistliche – vor allem die Jesuiten – gemeinsam die Gegenreformation durchführten. Schon 1563 wurde die evangelisch-adlige Opposition niedergeworfen. Unter Maximilian I., der die außergewöhnlich lange Zeit von 1597–1651 herrschte, wurden nur noch zweimal zu Beginn seiner Regierung die Landstände einberufen und die ständische Steuerverwaltung nur noch „aus Gnade“ bestehen gelassen. Letztmals traf sich der Landtag 1669, seither ließen die bayerischen Kurfürsten nur einen ständischen Ausschuß zu, der aber auch keinerlei Einfluß besaß. Maximilian I. schuf ein straff organisiertes Beamtentum, baute ein stehendes Heer auf und begann die Finanzen zu sanieren. Dies wurde über eine fühlbare Steuerschraube besorgt und belastete in erster Linie die Bauern, da Bayern kaum Städte von einiger Bedeutung aufwies.

Als Finanzquelle boten sich auch ausländische Subsidien an, und da Bayern immer etwas in Spannung mit seinem großen habsburgischen Nachbarn lebte, lag als Subsidienspender naturgemäß Frankreich nahe. So wurde Bayern dessen sicherster Verbündeter im Reich – noch vor Kurköln, das ebenfalls traditionell auf der französischen Seite stand, aber fast zu Bayern gehörte, weil die Kölner Kurfürsten-Erzbischöfe seit 1573 immer aus dem bayerischen Fürstenhause stammten. Unter Kurfürst Max Emanuel (1662–1726, Kf. 1680) trat Bayern zwar zeitweise auf die Seite des Kaisers, aber da lag vordergründig Türkenfurcht als Motiv vor. Kaum war diese gebannt, konspirierte er im Spanischen Erbfolgekrieg wieder mit Paris, was ihn nach der Schlacht von

Im Spanischen Erbfolgekrieg kämpften die beiden regierenden Wittelsbacher Kurfürsten, Max Emanuel von Bayern und Erzbischof Joseph Clemens von Köln (1671–1723) auf französischer Seite, was sie 1704 die Herrschaft über ihre Fürstentümer kostete. Erst durch den Frieden von Rastatt 1714 wurden sie wieder in ihre landesherrlichen Rechte eingesetzt. Dem Einfluß des französischen Königs hatten sie die Rückerstattung ihrer Throne zu verdanken.

Blick auf die kurbayerische Haupt- und Residenzstadt München im Jahre 1761. (Gemälde von Bernardo Bellotto; Washington National Gallery of Art)

Höchstädt 1704 sein Land kostete. Die anschließende kaiserliche Besetzung sah sich im Spätherbst 1705 mit einem landesweiten Bauernaufstand konfrontiert, der sich an Zwangsrekrutierungen für das kaiserliche Heer entzündete. Das Bauernheer drang bis München vor, aber nach der Niederlage der Bauern bei Sendling am 25. Dezember brach die Volkserhebung im Januar 1706 zusammen. Adelssitze und Rentverzeichnisse waren in nicht geringer Zahl in Flammen aufgegangen. Der aus seinem Lande verjagte Kurfürst durfte ebenso wie der wittelsbachische Kurfürst-Erzbischof von Köln 1711 nicht an der Kaiserwahl Karls VI. teilnehmen und konnte erst nach dem Frieden von Rastatt 1714 wieder in seine Residenz München einziehen.

Max Emanuels Nachfolger Karl Albrecht (1697–1745, Kf. 1726) zog aus den Erfahrungen seines Vaters keine Lehren. Als sich der Kaiser im Polnischen Erbfolgekrieg 1733–1735 französischen Angriffen am Rhein ausgesetzt sah, machte er aus seiner Zuneigung zu Frankreich keinen Hehl. Und als 1740 Kaiser Karl VI. starb, meldete der mit einer Habsburgerin verheiratete Karl Albrecht Erbansprüche auf Böhmen und Österreich an. Mit französischer Hilfe marschierte er dort ein und präsentierte sich als Kandidat für die anstehende Kaiserwahl. Tatsächlich wurde er im Januar 1742 als Karl VII. gewählt. Aber sein Stammland wurde mehrmals Kriegsschauplatz in dem von 1741 bis 1748 währenden Österreichischen Erbfolgekrieg, er selbst starb schon im Januar 1745, und sein Nachfolger ging ohne jeden territorialen Gewinn aus dem Krieg hervor, der Bayern hart an den Rand des Staatsbankrotts brachte. Als eigenständige aktive Macht hatte Bayern im Reich für das 18. Jahrhundert seine Rolle ausgespielt.

Kursachsen erholte sich von den Verwüstungen des Dreißigjährigen Krieges schneller als andere deutsche Territorialstaaten, was auf geringere Kriegsverluste, die günstige Durchgangslage für den kontinentaleuropäischen Handel und seinen Silberbergbau zurückging. Die Silberausbeute ermöglichte die großzügige landesherrliche Förderung von Gewerbe und Manufakturen, so daß im 18. Jahrhundert schon etwa ein Drittel der sächsischen Bevölkerung in der gewerblichen Produktion beschäftigt war. Leipzig gewann durch Messe, Börse und Buchdruck, die sich in hohem Tempo entwickelten, sowie durch seine Universität europäisches Ansehen – Goethe nannte es „Klein-Paris".

Die Entwicklung zum Absolutismus vollzog sich hier jedoch schleppender als in Bayern. Trotz der Errichtung eines stehenden Heeres unter Johann Georg III. (1647–1691) und dem Ausbau der Verwaltung vornehmlich unter August II. (1670–1733) spielten die sächsischen Stände vor allem in Steuerfragen eine bedeutende Rolle, auf die der Dresdener Hof in seiner europäischen Politik zu achten hatte.

Gehemmt wurde eine straffe absolutistische Verwaltung außerdem durch die bei den Wettinern traditionell verbreitete Sitte, zur Versorgung nachgeborener Söhne Nebenlinien einzurichten,

die dann ihrerseits für Schloßbau, Hofrepräsentanz und Verwaltung nach Geld dürsteten: Von 1656-1746 wurde die Zahl der ernestinischen Sachsen-Herzogtümer noch um die drei albertinischen Sachsen-Merseburg, Sachsen-Weißenfels und Sachsen-Zeitz vermehrt.

Am folgenreichsten für die sächsische Geschichte aber erwies sich der Entschluß des 1694 zur Regierung gelangten Kurfürsten August II., wegen seiner Körperkräfte „der Starke" genannt, 1697 für den polnischen Thron zu kandidieren. Durch kostenaufwendige Bestechung und Übertritt zum Katholizismus gelang es ihm tatsächlich, seinen Plan zu verwirklichen. Der Konfessionswechsel kostete Kursachsen zwar den Vorsitz bei den evangelischen Reichsständen im Reichskammergericht und beim Reichstag, aber er machte August den Starken zum König von Polen und Sachsen - zu „königlich-polnischen und kurfürstlich-sächsischen Landen" -; fortgesetzt durch seinen Sohn, August III., 1733-1763.

Dem polnischen Königtum der Wettiner verdankte Sachsen zwar einerseits prächtige repräsentative Bauten vor allem in der zur Barockperle ausgebauten Residenzstadt Dresden, andererseits aber auch die Verwicklung in den Nordischen Krieg 1700-1721, in dessen Verlauf es von dem schwedischen Soldatenkönig Karl XII. (1682-1718, Kg. 1697) zeitweilig besetzt und erheblich mit Kontributionen belastet wurde. Sächsische Truppen mußten 1733-1735 im Verband der Reichsarmee für die polnische Krone im Polnischen Erbfolgekrieg streiten. Im Österreichi-

Nach einem verheerenden Stadtbrand 1685 erstand die kursächsische Residenzstadt Dresden wie ein Phönix aus der Asche zu einer Perle der europäischen Barockarchitektur. Zu den prachtvollen Bauten des „augustinischen Zeitalters" unter den Kurfürsten August II. und August III. gehört auch die Frauenkirche am Neumarkt, die 1726-1738 nach den Plänen von George Bähr (1666-1738) errichtet wurde. Die im Zweiten Weltkrieg durch amerikanische Bombenangriffe im Februar 1945 zerstörte Frauenkirche zählte zu den bedeutendsten protestantischen Kirchenbauten Deutschlands. (Gemälde von Bernardo Bellotto; Dresden, Gemäldegalerie, Alte Meister)

August II., Kurfürst von Sachsen und König von Polen, erhielt wegen seiner enormen Körperkräfte, auf die er sehr stolz war, den Beinamen „der Starke". Das Medaillonbildnis zeigt den prunkliebenden Fürsten in einem Kostüm, das an den Kriegsgott Mars erinnern soll. Die kostbare Einfassung des Medaillons stammt von dem berühmten Augsburger Gold- und Silberschmied Melchior Dillinger (1664-1731), dessen Kunst August II. äußerst schätzte und immer wieder in Anspruch nahm. (Dresden, Grünes Gewölbe)

Während München und Dresden von ihren Landesherren zu blühenden Barockstädten umgestaltet wurden, erlebte Berlin, die Haupt- und Residenzstadt des Kurfürstentums Brandenburg, den Ausbau zu einer Festungsstadt. Die Bauarbeiten, die sich fast fünf Jahrzehnte hinzogen, kosteten zwar gewaltige finanzielle Anstrengungen, trugen aber – quasi als staatliche Arbeitsbeschaffungsmaßnahme – nachhaltig zu der Überwindung der Folgen des Dreißigjährigen Krieges bei. Als Bollwerk gegen schwedische Einfälle geplant, waren die Befestigungsanlagen, als sie Ende des Jahrhunderts fertiggestellt waren, eigentlich überflüssig geworden, da die Gefahr schwedischer Angriffe 1675 in der Schlacht von Fehrbellin beseitigt worden war.

Friedrich Wilhelm von Hohenzollern, der mit 20 Jahren 1640 mitten im Dreißigjährigen Krieg den brandenburgischen Kurfürstenthron bestieg, hatte von seinem 15. bis zum 19. Lebensjahr in den Niederlanden gelebt. Auch seine Gemahlin Luise Henriette von Oranien (1627-1667), die er 1646 heiratete, stammte aus den Niederlanden. Um den holländischen Fortschritt, den er in seiner Jugend kennengelernt hatte, auch nach Brandenburg zu bringen, warb Friedrich Wilhelm holländische Siedler an und beschäftigte holländische Baumeister in seinen Diensten. (Gemälde von Matthias Czwiczek; Berlin, Schloß Charlottenburg)

schen Erbfolgekrieg standen sie zuerst auf bayerisch-französisch-preußischer Seite gegen Habsburg, dann ab 1745 mit den Österreichern gegen die Preußen. Die eigentlich gut gegliederte, bewaffnete und ausgebildete Armee erlitt dabei Niederlage auf Niederlage. Sie verdankte dies offensichtlich einer abenteuerlichen politischen Führung, die unter dem bösen Geist Sachsens, dem Minister Heinrich von Brühl (1700–1763), das Land immer in Koalitionen führte, die zwar aussichtsreich aussahen, aber stets auf einen gerade besser militärisch vorbereiteten Gegner trafen. So verlor Kursachsen in dem Jahrhundert nach 1648 Schritt für Schritt an Gewicht gegenüber seinem nördlichen Nachbarn Brandenburg-Preußen, bis es diesem in der Mitte des 18. Jahrhunderts völlig ausgeliefert wurde.

Den größten Landgewinn aus dem Westfälischen Frieden verbuchte von allen deutschen Territorialstaaten Kurbrandenburg. Schon 1618 gelangte es durch Erbschaft in den Besitz des Herzogtums (Ost-)Preußen, das Gebiet des deutschen Ritterordens, das der gewählte Hochmeister Albrecht von Brandenburg (1490–1568) 1525 durch Übertritt zur Reformation kurzerhand zu einem weltlichen Herzogtum gemacht hatte und das nach dem Tode von Albrechts Sohn an die brandenburgischen Hohenzollern fiel. 1637 war das pommersche Herzoghaus ausgestorben, und Erbverträge setzten auch hier die Brandenburger als Nachfolger ein; 1648 wurde dieses Erbe noch durch das Bistum Kammin abgerundet, dafür aber das durch seine Häfen ungleich fortgeschrittenere Vorpommern an Schweden vergeben, wofür nun wieder das Bistum Halberstadt und die – 1680 realisierte – Anwartschaft auf das Erzbistum Magdeburg an Kurbrandenburg fielen. So entstand eine Ländermasse, die sich, in mehrere Teile gegliedert, vom Rhein bis an die Memel erstreckte, was zur Zentralisierung der Verwaltung und der Einrichtung übergreifender Institutionen geradezu zwang. Dazu kam, daß der 1640 auf den Thron gelangte Kurfürst Friedrich Wilhelm I. entscheidende Jahre seiner Jugend in den Niederlanden verbracht und dort den modernsten Stand von Wirtschaft und Gesellschaft kennengelernt hatte. Er holte daher nach 1648 Holländer

Die weltlichen Kurfürsten spielten in den europäischen Kriegen ausgangs des 17. Jahrhunderts häufig mit dem Gedanken an eine Rangerhöhung. Zwar scheiterten die bayerischen Träume in dieser Richtung, aber dem sächsischen Kurfürsten August II. gelang es 1697 wirklich, zum König von Polen gewählt zu werden. 1798 bekam das hannoveranische Kurfürstenhaus die erste Zusage für eine Anwartschaft auf den englischen Thron. Da wollte auch der brandenburgische Kurfürst nicht zurückstehen und erhielt nach einigen diplomatischen Schachzügen die kaiserliche Zustimmung, daß er für sein seit 1660 souveränes, nicht dem Reich unterstehendes Herzogtum Preußen den Königstitel annehmen könne. Am 18. Januar 1701 setzte sich der brandenburgische Kurfürst Friedrich III. in der Schloßkirche zu Königsberg selbst die preußische Königskrone aufs Haupt und führte fortan die Bezeichnung „Friedrich I., König in Preußen".

in sein Land, die als Baumeister, Wasserbauspezialisten, Mühlenprojektanten und Gärtner viel zur Überwindung der Kriegsfolgen beitrugen, u. a. durch Instandsetzen der verfallenen Schleusen und die Anlegung von Kanälen. Von Bedeutung wurde der 1668 eröffnete Graben von der Oder zur Spree, der den schlesischen Getreidehandel nach Hamburg über Berlin lenkte. Mit der Einrichtung einer einheitlichen Staatspost beschritt er neue Wege im Kommunikationswesen, die natürlich vorrangig der Zentralisierung der preußischen Landesteile dienten.

In seinen rheinischen wie seinen ostpreußischen Landesteilen zunächst mit ständischer Opposition gegen den Absolutismus konfrontiert - die er erst später mit Gewalt brach - , stützte sich Friedrich Wilhelm I. unmittelbar nach 1648 hauptsächlich auf seine brandenburgischen Kernlande. Hier kam er 1653 mit dem Adel zu einem Kompromiß, der die Stände entmachtete und dem Landesherrn das Geld für ein stehendes Heer bewilligte, dem Adel dafür Steuerfreiheit und die Gutsherrschaft als juristisches Instrument einbrachte. In der Geldbeschaffung machte er sich ohnehin von den Ständen unabhängig durch die Einführung der aus den Niederlanden bekannten Akzise, einer Verbrauchssteuer auf jeglichen Lebensbedarf, die er allerdings wegen der adligen Steuerfreiheit nur für die Städte verfügen konnte. Der Versuch, in Afrika Kolonialbesitz zu erwerben, Sklavenhandel zu treiben und ins Atlantikgeschäft einzutreten, erbrachte nicht den erhofften Gewinn und wurde 1721 vom Enkel des Kurfürsten abgebrochen.

In wechselnden Koalitionen führte Friedrich Wilhelm die brandenburgische Außenpolitik. Es gelang ihm durch skrupelloses Frontwechseln während des schwedisch-polnischen Krieges 1655-1660, im Frieden von Oliva 1660 die Lehnshoheit Polens über das Herzogtum Preußen zu beseitigen. Da Preußen kein Reichsteil war, herrschte er dort in voller Souveränität. Sein zweites außenpolitisches Ziel, die Gewinnung Vorpommerns, erreichte Friedrich Wilhelm aber trotz entschlossenen Frontwechsels und der 1675-1678 errungenen militärischen Erfolge gegen die Schweden nicht. Friedrich Wilhelm hatte bereits ganz Vorpommern erobert, mußte es aber 1679 auf französischen Druck hin wieder räumen.

Als der Große Kurfürst 1688 starb, hinterließ er ein wirtschaftlich erholtes Land, eine Armee von 31000 Mann und eine recht gut organisierte absolutistische Verwaltung, deren einzige Zentralbehörde allerdings - typisch für den Stellenwert der Armee in Kurbrandenburg - das für Geldbeschaffung und Versorgung der Armee zuständige Generalkriegskommissariat war.

Des Großen Kurfürsten Sohn Friedrich III. (1657-1713) wußte das Machtmittel der zweitgrößten Armee im Reich ebenfalls im diplomatischen Spiel einzusetzen. Als der sächsische Kurfürst 1697 die polnische Königskrone erlangte, begehrte auch der brandenburgische Nachbar den Königstitel, der durch seine Souveränität über Preußen zu verwirklichen war. Dem Kaiser wurden für den bevorstehenden Krieg um die spanische Erbfolge 5000 Soldaten versprochen und so die Zustimmung zu der neuen Königskrone eingehandelt. Am 18. Januar 1701 krönte sich der brandenburgische Kurfürst in Königsberg selbst als Friedrich I., König „in" Preußen. Bald war von den kurbrandenburgischen Ländern nur noch die Rede als von dem „Königlich-Preußischen", und eine Generation später war der Name Preußen für den norddeutschen Teilstaat allgemein.

Zeichnete sich Friedrich I. weniger durch militärische als durch kulturelle Aktivitäten aus - so gründete er 1694 die Universität Halle, 1696 in Berlin die Akademie der Künste und 1700 ebendort die der Wissenschaften -, wandte sich sein Sohn ausdrücklich dem Militär zu. Als am Ende des Spanischen Erbfolgekrieges die niederländisch-englischen Subsidien fortfielen, schränkte Friedrich Wilhelm I. (1688-1740, Kg. 1713) drastisch die Ausgaben für Hofhaltung und kulturelle Einrichtungen zugunsten des Heeres ein.

Der „Soldatenkönig" Friedrich Wilhelm I. war stark von pietistischen Strömungen geprägt, die Einfachheit, Gottvertrauen und strenge Pflichterfüllung in das Zentrum des Lebens rückten. Diese moralischen Werte bemühte sich der König, nicht ohne Erfolg, auch der entstehenden preußischen Beamtenschaft einzuimpfen. Bei allen Verdiensten für die Entwicklung Brandenburg-Preußens war der König persönlich schwer zu ertragen in seinem Schwanken zwischen Autoritätsgehabe, Bigotterie und Selbstmitleid. Während er sich die Liebe seiner Untertanen zu erzwingen suchte, spielte er sich in seiner Familie als Haustyrann auf und verlangte von seinen Kindern - besonders vom Thronerben Friedrich - blinden Gehorsam und Unterwerfung. (Gemälde von Antoine Pesne; Berlin, Schloß Charlottenburg)

Der Nordische Krieg gab Gelegenheit, Schweden 1715 den Krieg zu erklären und Stralsund und Rügen einzunehmen; die mußten zwar 1720 wieder herausgegeben werden, aber dafür erhielt Preußen Vorpommern südlich der Peene, vor allem Stadt und Hafen Stettin. Da die schwedische Niederlage zur gleichen Zeit die Bistümer Bremen und Verden an Kurhannover brachte, waren nun, fast ein Dreivierteljahrhundert nach dem Westfälischen Frieden, wenigstens die Mündungen von Oder, Elbe und Weser unter der Kontrolle deutscher Staaten.

Friedrich Wilhelm I. baute völlig auf die Armee, die er von 38 000 auf 80 000 Mann erhöhte, als den eigentlichen Machtfaktor, den das Königreich Preußen in die Reichs- und europäische Politik einzubringen hatte. Dem galt die Schaffung einer durchgegliederten und einheitlichen Zivil- und Militärverwaltung, straffere Steuergesetzgebung, die auf raffinierte Art auch den Adel nicht verschonte, Anwendung des Kanton-Systems zur Aushebung von Rekruten. Dem Adel der ostelbischen Territorien Preußens, der seine ständischen Rechte eingebüßt hatte, bot er mit den Offiziersstellen in der Armee ein Standesbewußtsein bewahrendes Betätigungsfeld im Interesse des Staates; das ebenfalls unter diesem Soldatenkönig geformte preußische Beamtentum stammte dagegen nur in der Minderheit aus dem Junkertum, sondern kam mehrheitlich aus Adel und Bürgertum – gelegentlich sogar aus Freibauernfamilien – des westelbischen Preußens. Friedrich Wilhelm I. schuf damit die Grundlagen, auf denen sein Sohn Friedrich II. (1712–1786) seine Machtpolitik entfalten konnte.

Persönlich nicht von Marotten frei, gründete der eher kleingewachsene „Soldatenkönig" trotz aller Sparsamkeit eine recht kostspielige Leibgarde, die aus ausgesucht hochgewachsenen Soldaten bestand, die in aller Herren Länder angeworben wurden. Das Erscheinungsbild der „Langen Kerls" wurde noch zusätzlich durch hohe Grenadiermützen gestreckt. Militärisch hatte dieses „Riesenregiment" jedoch keine Funktion und zeichnete sich allenfalls durch eine besonders hohe Anzahl von Krankmeldungen aus, da die gewaltige Körpergröße häufig zu massiven Kreislaufbeschwerden führte. (Berlin, Museum für Deutsche Geschichte)

Kunst, Kultur, Wissenschaften

Der Absolutismus brauchte auch im Äußeren eine unübersehbare Widerspiegelung, und da der Absolutismus in Deutschland in eine Anzahl mittlerer und kleiner Absolutismen aufgegliedert war, äußerte er sich hier in einer großen Zahl von Bauwerken, die dem Repräsentationsbedürfnis frönten. Bei all den herrlichen Bauwerken des Barock – dem eigentlichen Kunststil des Absolutismus, bis hin zu seiner verspielten Endvariante, dem Rokoko – darf nicht übersehen werden, welche enormen Summen an Steuergeldern und wie viele unbezahlte bäuerliche Frondienste in diesem Baustil zu Stein wurden.

Schon als Kunststil der Gegenreformation geboren, diente der Barock zunächst der Kirche zur Glaubhaftmachung der göttlichen Allmacht und dann dem Prunk der weltlichen Machthaber. Die Residenzen der größeren Territorialfürsten Wien, München, Dresden wurden mit herrlichen Bauwerken geschmückt, aber auch mittlere Residenzen wie Kassel, Stuttgart, Bonn wurden Standorte bedeutender Barockarchitektur.

Fürstlicher Repräsentation diente auch die von den Höfen betriebene Förderung der Musik. Bei aller Abhängigkeit von Launen und Liebhabereien der Fürsten haben nahezu alle Komponisten des Barock entsprechende Posten angestrebt, um eine sichere Stellung zu finden. Bezeichnend dafür ist beispielsweise Georg Friedrich Händel (1685–1759), der an den welfischen Höfen in Hannover – 1710 übernahm Händel dort den Posten eines kurfürstlichen Kapellmeisters – und London tätig war. Georg Philipp Telemann (1681–1767) und Johann Sebastian Bach (1685–1750) standen zunächst im Dienst kleinerer Landesfürsten und wurden dann von Städten angestellt – Bach als Thomaskantor in Leipzig und Telemann als Kapellmeister und Musikdirektor in Frankfurt/Main und u. a. als Leiter der Oper in Hamburg. Bezeichnend ist, daß die Komponisten sowohl geistliche als auch weltliche Musik komponierten und dabei auch Zeitgeschehen aufnahmen. Neben den Höfen förderten die Ratskantoreien und Stadtpfeifereien eine eigene städtische Musikkultur.

Die deutsche Literatur im Barock war zunächst entscheidend geprägt von den Erfahrungen des Dreißigjährigen Krieges. Vom Klagegedicht des Andreas Gryphius (1616–1664) „Wir sind doch nunmehr ganz, ja mehr denn ganz verheeret ..." bis zu Paul Gerhards (1607–1676) Danklied „Gott Lob! nun ist erschallet das edle Fried- und Freudenswort" wird das ganze Entsetzen über das unfaßbare Morden und Verwüsten ebenso wie die Freude über den endlich eingekehrten Frieden widergespiegelt. Die gültige Reflexion des Dreißigjährigen Krieges in der deutschen Literatur brachte Grimmelshausen (um 1620–1676)

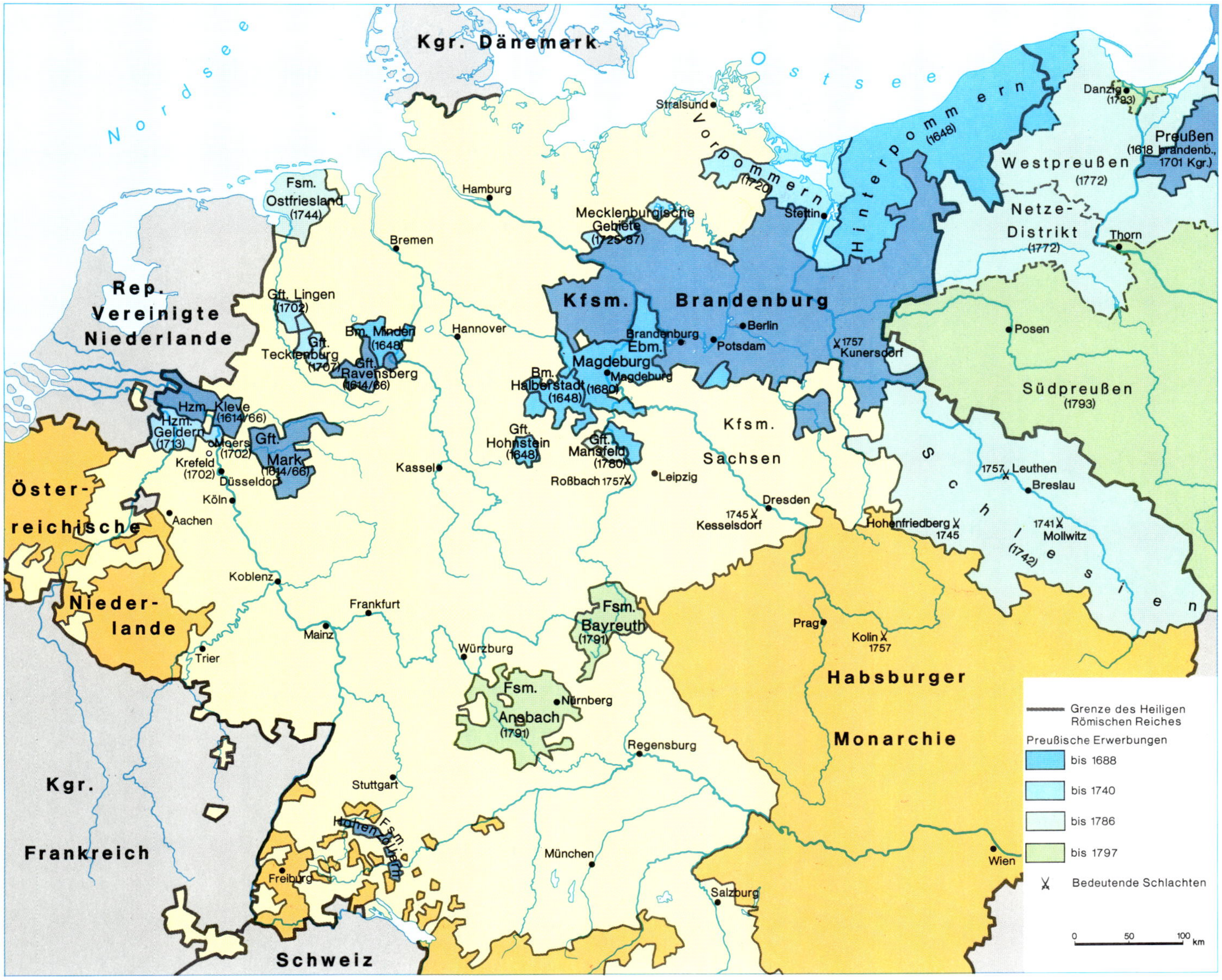

Am 18. Januar 1701 krönte sich der brandenburgische Kurfürst in Königsberg selbst als Friedrich I. zum König „in“ Preußen. Eine Generation später war der Name Preußen für den aus dem Kurfürstentum Brandenburg hervorgegangenen norddeutschen Teilstaat allgemein.

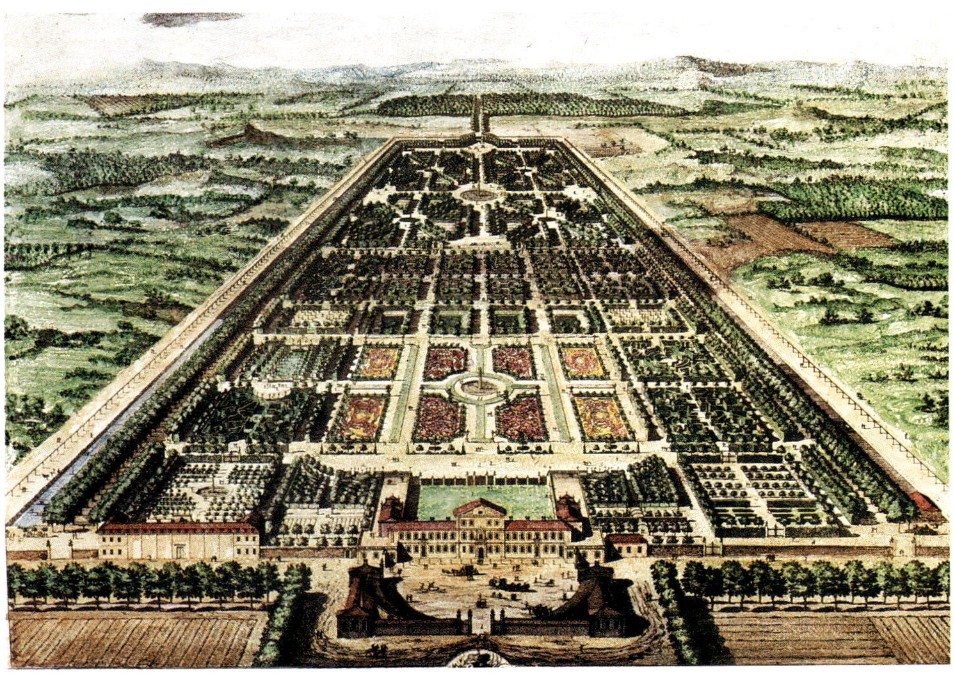

Das Repräsentationsbedürfnis der barocken Herrscher fand Ausdruck in einer regen Bautätigkeit, der sowohl die großen wie kleinere Landesherrscher frönten. Dazu gehörten Lustschlösser, wie Schloß Herrenhausen bei Hannover (rechts), die mit gewaltigen Parkanlagen ihrem französischen Vorbild Versailles nacheiferten, ebenso wie prunkvolle Inneneinrichtungen. Der wohl berühmteste Baumeister des süddeutschen Barocks war Balthasar Neumann (1687–1733), der diese Treppenanlage in der fürstbischöflichen Residenz in Würzburg schuf (links oben).

Zu den bedeutendsten Barockkomponisten gehörte Johann Sebastian Bach, der nach Zwischenstationen in städtischer und fürstlicher Anstellung seine Schöpferkraft ab 1723 als Thomaskantor in Leipzig entfalten konnte, wobei er sich vorwiegend der protestantischen Kirchenmusik widmete. (Gemälde von Elias Haussmann; Leipzig, Stadtgeschichtliches Museum)

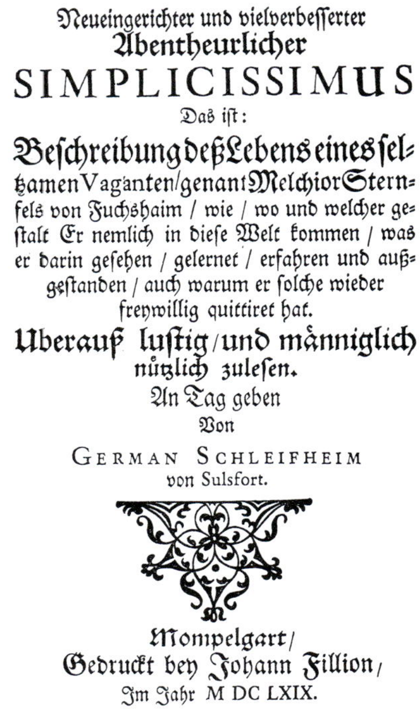

Neueingerichter und vielverbesserter
Abentheurlicher
SIMPLICISSIMUS
Das ist:
Beschreibung deß Lebens eines seltzamen Vaganten/ genant Melchior Sternfels von Fuchshaim / wie / wo und welcher gestalt Er nemlich in diese Welt kommen / was er darin gesehen / gelernet / erfahren und außgestanden / auch warum er solche wieder freywillig quittiret hat.
Uberauß lustig / und männiglich nützlich zulesen.
An Tag geben
Von
GERMAN SCHLEIFHEIM
von Sulsfort.
Mompelgart /
Gedruckt bey Johann Fillion /
Im Jahr M DC LXIX.

1669 erschien der „Abentheurliche Simplicissimus" von Hans Jakob Christoffel von Grimmelshausen, einer der bedeutendsten Barockromane, in dem die Erlebnisse und Erfahrungen der Generation, die den Dreißigjährigen Krieg mitgemacht hatte, lebensnah verarbeitet wurden.

mit seinem 1669 erschienenen Roman „Der Abentheurliche Simplicissimus Teutsch" ein, der zwar in der Tradition der früher beliebten Schelmenromane stand, aber durch pralle Lebenswahrheit und plastische Darstellung eigener Lebensmomente diese weit überragte; ein ergreifendes Zeitbild aus dem Großen Krieg, das bei seinem Erscheinen noch schmerzhaft in die Erinnerung einer Generation eingriff, die das Dargestellte am eigenen Leibe erfahren hatte. Mit dem schon ein Jahr später folgenden Gegenstück einer weiblichen Biographie aus dem Dreißigjährigen Krieg über die „Landstörtzerin Courache" lieferte er ein Sittenbild aus den Kreisen der Kriegsgewinnler, wenngleich im konkreten Fall zur Befriedigung des Publikums die Erfolgskurve der geschäftstüchtigen Heldin katastrophal absinkt. Positiv auf die Eigenständigkeit deutscher Literatur wirkten sich die Anstrengungen etlicher Sprachgesellschaften aus – u. a. die 1643 gegründete „Teutschgesinnete Genossenschaft" –, die die im Kriege völlig mit den Ausdrücken ausländischer Soldaten durchsetzte Sprache wieder reinigen wollten – wobei in puristischer Manier gelegentlich zwar weit über das Ziel hinausgeschossen, aber auch eine zunehmende Nüchternheit in Sprache und Denken eingeleitet wurde.

Am Lebensstil der Zeit übte Johann Gottfried Schnabel (1692 – etwa 1752) Kritik, der mit seinem Roman „Insel Felsenburg" das Gegenbild einer utopischen vollkommenen Gesellschaft vorstellte. Weitaus gröber, aber orientiert am Stadt- und Universitätsleben fiel das Bild aus, das Christian Reuter (1665 – nach 1712) in seinen Romanen und Komödien zeichnete, die auch gegenüber dem Adel keine Zurückhaltung zeigten. Einen wichtigen Schritt zu größerer Toleranz stellte die „Unparteiische Kirchen- und Ketzerhistorie" des lutherischen Theologen und brandenburgischen Hofhistorikers Gottfried Arnold (1666 – 1741) dar, die mit ihrem unvoreingenommenen Blick auf die Kirchengeschichte aus festgefügten Lehrgebäuden ausbrach. Wie Arnold hatte sich auch der Leipziger Universitätsprofessor Johann Christoph Gottsched (1700 – 1766) mit Angriffen kirchlicher Orthodoxie wegen seiner Bemühungen um größere geistige Freiheit auseinanderzusetzen. Eigentliches Anliegen Gottscheds war es, die deutsche Literatur an der Klarheit französischer Klassik auszurichten. In literarischen Wochenzeitschriften wandte er sich an ein breites Publikum. Mit seiner „Deutschen Sprachkunst" legte er 1748 den ersten Abriß einer deutschen Grammatik vor.

Gottfried Wilhelm Leibniz war das letzte Universalgenie der Wissenschaftsgeschichte: Philosoph der Aufklärung, Mathematiker, Mechaniker, Biologe, Historiker und Staatsrechtler in einer Person. Vehement trat er für die Errichtung von „Akademien der Wissenschaften" ein, von denen er jedoch nur – mit starker Unterstützung der ersten preußischen Königin Sophie Charlotte (1668–1705) – die Gründung der „Societät der Wissenschaften" in Berlin durchsetzen konnte, zu deren erstem Präsidenten er 1701 bestellt wurde. (Hannover, Historisches Museum am Hohen Ufer)

Aufklärung über Mystizismus, Wahn und Dogmenreiterei war das bewegende Moment, das Schriftstellern und Geisteswissenschaftlern den Anstoß gab, rationales Denken und tiefergehendes Wissen zu vermitteln in der Annahme, daß die Einstellung der Territorialfürsten und die Lebensbedingungen der Bevölkerung verändert werden könnten, wenn nur die entscheidungstragenden Schichten „aufgeklärt" seien. Aber die bürgerliche Trägerschicht der deutschen Aufklärung beschränkte sich doch wesentlich auf Universitäts- und Schulgelehrte, Mitglieder diverser Sozietäten, Prediger und entsprechend fortschrittlich gesinnte Beamte – und gerade sie waren fast alle von den höfisch-adligen Geldgebern abhängig. So tauchte dann schließlich das Idealbild des „aufgeklärten Despoten" auf, der alles zum vernünftigen Ende richten werde.

Erfahrungen des größten deutschen Gelehrten der Zeit schienen allerdings nicht unbedingt in diese Richtung zu weisen: Als Gottfried Wilhelm Leibniz (1646–1716) in Berlin die Gründung einer Akademie der Wissenschaft anregte, wurde er tatsächlich 1701 zu deren erstem Präsidenten berufen; aber gleiche Anregungen stießen in Dresden und Weimar auf taube Ohren. Leibniz war neben seiner Gelehrsamkeit gute Anpassung an höfisches Leben eigen. Wiederholt war er als Diplomat tätig und spielte eine wichtige Rolle bei der Thronfolge des Hauses Hannover in England und der Verleihung der neunten Kurwürde an die Welfen. Wegen seines umfassenden Wissens war Leibniz auch von Fürsten sehr geschätzt und litt keine Not, aber bei der Verwirklichung seiner auf Wissensverbreitung gerichteten Ideen hatte er wenig Erfolg. Mit der Erforschung neuer Fragestellungen bewies er seine universelle Geisteskraft und leistete weit in die Zukunft Weisendes, zum Beispiel mit den Grundlagen für die mathematische Logik sowie für die Wahrscheinlichkeits- und Differentialrechnung. Mit seiner Philosophie bot der Universalgelehrte Gottfried Wilhelm Leibniz an der Schwelle zur Aufklärung das Muster einer möglichen Vereinbarkeit von Glauben und Wissen, von Rationalismus bzw. Irrationalismus und Empirismus.

Hielt mit Leibniz die Philosophie in Deutschland Einzug in ihr eigenes Heim, wurde sie durch den Hallenser Philosophen und Mathematiker Christian Wolff (1679–1754) als Grundlage der Aufklärung systematisiert und weiter rationalisiert. Seine Hauptwerke benannte Wolff „Vernünftige Gedanken über…", und diese vernünftigen Gedanken ließen zum Beispiel in seiner Lehre über den Staat diesen als Hüter des Gemeinwohles verstehen, in dem die Konfession nur als ein Faktor unter vielen Wesensmerkmalen erschien. Um aufklärendes Wissen mit größerem Widerhall verbreiten zu können, zog in dieser Zeit die deutsche Sprache auch in die Vorlesungsräume der Universitäten ein.

Der Dualismus Preußen – Österreich

Friedrich II.

Kronprinz Friedrich von Preußen, ein Jahr vor seiner Thronbesteigung 1739, dem Jahr der Abfassung des „Anti-Machiavell" mit seiner Lobpreisung des moralisch dem Dienst am Staat verpflichteten „aufgeklärten Herrschers". (Gemälde von Antoine Pesne; Berlin, Schloß Charlottenburg)

Im Jahr 1740 erlebte sowohl das habsburgische Kaiser- als auch das hohenzollerische Königshaus einen Thronwechsel. Beide leiteten eine neue Epoche in der deutschen Geschichte ein, die über ein Jahrhundert lang auf die politischen Geschicke Deutschlands einwirkte: den preußisch-österreichischen Dualismus. Dabei ging es um das Problem, welche der beiden Mächte die Hegemonie über Deutschland ausüben solle oder könne. Bis 1740 hatte dem Kaiser nie ein einzelner deutscher Territorialstaat entgegentreten können, sondern stets hatte es einer Fürstenkoalition oder eines Bündnisses bedurft. Dieses Verhältnis änderte sich nun grundlegend, denn seit 1740 gab es eine Vormacht in Norddeutschland – Preußen – und eine in Süddeutschland – Österreich.

Als der Soldatenkönig Friedrich Wilhelm I. am 31. Mai 1740 starb, bestieg ein 28jähriger Philosoph, Schriftsteller und Komponist den Thron, von dem die Zeitgenossen das entschiedene Gegenstück zu der nüchternen, autoritären und ganz auf das Militär abgestellten Politik seines Vaters erwarteten. Wie seine aus Hannover stammende Mutter intellektuell und musisch vielseitig begabt, geriet der 1712 geborene Kronprinz sehr

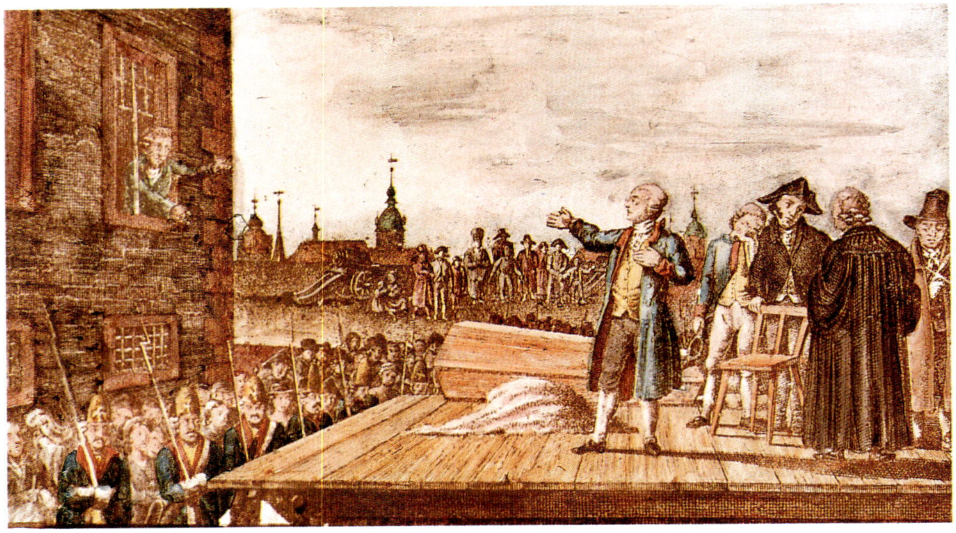

Wegen Mitwisserschaft an den Fluchtplänen des Kronprinzen wurde Friedrichs vertrauter Freund Hermann von Katte zum Tode verurteilt. Friedrich mußte der Hinrichtung seines Freundes am 6. November 1730 in der Festung Küstrin auf Geheiß des Königs beiwohnen, was tiefe Wunden in seine Seele riß und ihn bewog, weitere Auseinandersetzungen mit seinem Vater zu vermeiden.

früh in Spannungen mit seinem allem Geistigen abholden Vater, dessen Despotismus ihm unerträglich war. Sein Versuch, 1730 nach England zu entfliehen, wurde jedoch verhindert. Der Vater tobte und wollte den Kronprinzen, der wie alle Hohenzollernprinzen bereits als Kind Offizier geworden war, als Deserteur hinrichten lassen. Im Fall des Kronprinzen verweigerte das Kriegsgericht das Todesurteil, sprach es aber über Friedrichs Freund Hans Hermann von Katte (1704–1730) als Helfer und Mitwisser aus, bei dessen Hinrichtung Friedrich zusehen mußte.

Aus diplomatischen Gründen mit einer nie geliebten braunschweigischen Prinzessin verheiratet, zog sich der Kronprinz nach einem kurzen Aufenthalt im Feldlager des greisen Prinzen Eugen von Savoyen auf das Schlößchen Rheinsberg zurück. Dort lebte er seinen Neigungen und korrespondierte mit Geistesgrößen seiner Zeit. 1739 hatte er eine Streitschrift gegen die skrupellosen, allein auf politisches Zweckdenken gerichteten Thesen des italienischen Renaissance-Staatsmannes und -theoretikers Niccolò Machiavelli (1489–1527) verfaßt, die Friedrichs wohl prominentester Korrespondenzpartner, der französische Philosoph und Schriftsteller Voltaire (eigtl. François Marie Arouet, 1694–1778), im Jahr des Thronwechsels in Preußen der Öffentlichkeit zugänglich machte. Im „Antimachiavell" war ganz im Sinne der Aufklärung der Moralkodex eines „aufgeklärten Despoten" niedergelegt, der eine humane und gerechte Politik als Diener des Staates zu verfolgen habe.

Friedrich wußte aber sein ganzes Leben als Monarch hindurch sehr gut zwischen philosophischen Maximen und praktischer Politik zu unterscheiden, wie seine Innen- und Außenpolitik deutlich machten. Religion zum Beispiel interessierte den skeptischen Spötter überhaupt nicht, und dennoch gab er sich, wenn es ein gegebenes Kräfteverhältnis empfahl, auch einmal als Schützer der evangelischen Konfession aus. Er sah mit klarem Blick viele Mißverhältnisse im sozialen Bereich und machte sich keine Illusionen über die Nachteile der Gutsuntertänigkeit für die davon betroffenen Bauern. Deshalb regte er beispielsweise 1748 an, die unter der Gutsherrschaft anzutreffenden unbeschränkten Frondienste in zeitlich bemessene Dienste umzuwandeln. Drei seiner Minister jedoch, die als Gutsherren in der Kurmark und in Pommern davon selbst betroffen waren, widersprachen nachdrücklich und gaben als gewichtiges Argument zu bedenken, daß ohne Frondienste die Landadligen nicht mehr in der Lage wären, ihren als Offiziere dienenden Söhnen die notwendigen Zuschüsse zu gewähren. Da Friedrich II. die Auffassung vertrat, daß nur Adlige zum Offizier taugten, zog er daraufhin die Kabinettsordre gegen den unbeschränkten Frondienst zurück, denn auch für ihn stand jenes Werkzeug, auf dem die politische Bedeutung Preußens beruhte – die Armee – im Mittelpunkt all seiner Überlegungen.

Im letzten Lebensjahr Friedrich Wilhelms I. waren von den staatlichen Nettoeinnahmen 72,1 % für militärische und nur 14,8 % für zivile Zwecke verwandt worden, während 13 % in den königlichen Tresor zur Auffüllung der Kriegskasse wanderten. Preußen, das mit 2,4 Millionen Einwohnern in Europa an 13. Stelle stand, verfügte mit seiner Armee von 80 000 Mann über das drittstärkste Heer, das Friedrich II. noch in seinem ersten Regierungsjahr um 7 000 Mann aufstocken ließ. Der französische Schriftsteller Honoré Graf Mirabeau (1749–1791), der im Todesjahr des Königs 1786 Preußen bereiste, gelangte zu dem Eindruck, dies sei nicht ein Staat mit einer Armee, sondern eine Armee mit einem Staat. Tatsächlich konnte es scheinen, als habe jeder Stand seine Berechtigung nur in seiner Zweckerfüllung für das Militär: Das Städtebürgertum sorgte durch Handel und Gewerbe für dessen Ausrüstung, der Adel für dessen Offizierskorps, die Bauern für Soldaten, Fourage und Bespannung.

Da Friedrich bei Antritt seiner Herrschaft die Folter als Beweismittel im Strafprozeß abschaffen ließ, die Zensur über die – wenig einflußreiche – Presse laxer zu handhaben anwies und für die Verbreitung seiner Ansicht sorgte, daß es in Preußen jedem Staatsuntertanen freistünde, in welcher Konfession er seinen religiösen Bedürfnissen nachkommen wolle, glaubten viele diplomatische Beobachter, Preußen habe nach einem Soldatenkönig nun einen Philosophenkönig bekommen, und beachteten die Aufstockung der Armee nicht als das Typische. Sie wurden rasch eines Besseren belehrt.

Maria Theresia

Die habsburgische Erbin war fünf Jahre jünger als Friedrich und hatte ihrem Vater, Kaiser Karl VI. (1685–1740, K. 1711), eine Vielzahl von Problemen beschert, weil sie eben kein männlicher Leibeserbe war. Da es nach deutschem Lehnsrecht keine weibliche Erbfolge gab, verwandte ihr Vater lange Jahre politischer Aktivität darauf, seiner ältesten Tochter Maria Theresia die Ländermasse zwischen Schwarzwald und transsylvanischen Alpen, Niederschlesien und Nordserbien zu sichern und der von ihm 1713 verkündeten „Pragmatischen Sanktion" im Reich und in Europa staatsrechtliche Anerkennung zu verschaffen. Auch Preußen war 1728 die Anerkennung der „Pragmatischen Sanktion" abgerungen worden. Während Friedrich ein von seinem Vater bestens vorbereitetes, technisch auf dem neue-

Seit 1733 Regimentskommandeur in Ruppin, hatte Friedrich das benachbarte Städtchen Rheinsberg schätzen gelernt und dort seit 1734 an die Stelle einer alten Wasserburg ein kleines Lustschloß im preußischen – d. h. vernüchterten – Barock erbauen lassen. Hier residierte er seit 1736, fernab der väterlichen Sphäre, und ging seinen philosophischen, musikalischen und literarischen Neigungen nach. (Die Eckbauten wurden erst 1786 hinzugefügt.)

In ihrem persönlichen Leben bei weitem nicht so rauh angefaßt wie der preußische Kronprinz, hatte Maria Theresia eine recht heitere Kindheit und Jugend verbracht und 1736 ihren entfernten Vetter Franz Stephan von Lothringen (1708–1765, seit 1738 Großherzog von Toskana) geheiratet, mit dem sie eine äußerst harmonische Ehe führte, aus der 16 Kinder hervorgingen. (Gemälde von Martin van Meytens; Wien, Kunsthistorisches Museum)

sten Stand befindliches Heer von 80 000 Mann vorfand, konnte Karl VI. gerade 60 000 Mann vorweisen, die ihre Gewehre noch mit hölzernen Ladestöcken stopften. Prinz Eugen hatte ihm geraten, der „Pragmatischen Sanktion" mit einem schlagkräftigen Heer und einer gutgefüllten Kriegskasse ihre Anerkennung zu sichern, aber nun war gerade das Gegenteil eingetreten, denn die österreichische Militärmacht konnte 1740 kaum als abschreckender Faktor gelten. So stand Maria Theresia als Erbin nicht gerade in glänzender Position da, als Kaiser Karl VI. am 20. Oktober 1740 starb. Unbeschadet der „Pragmatischen Sanktion" drohten ungenierte Ansprüche durch Vettern verschiedenen Grades, die als Landesfürsten im Reich eine Rolle spielten, auf die habsburgischen Kernlande. Der Kurfürst von Sachsen, Friedrich August III. (1696–1763), war ein angeheirateter Vetter, der bayerische Kurfürst Karl Albert konnte seine Abkunft von Kaiser Ferdinand I. vorweisen.

Dagegen schien von Preußen keine Gefahr zu drohen, denn Habsburger und Hohenzollern waren zu keiner Zeit irgendwie verwandt gewesen. Es gab zwar aus dem 16. und 17. Jahrhundert vage Erbabsprachen zwischen den brandenburgischen Hohenzollern und einigen schlesischen Teilfürsten, aber für Friedrich II. bedurfte es solcher Ansprüche gar nicht. Er ließ Maria Theresia mit deutlich drohendem Unterton mitteilen, daß er ihr, wenn sie ihm Schlesien überlasse, die Unverletzlichkeit ihrer übrigen Erblande garantiere. Die Österreicherin war angesichts der drohenden Zugriffe seitens des Bayern vor eine schwere Entscheidung gestellt: Sollte sie in höchst bedrohlicher Lage auf eine ihrer besten Provinzen verzichten, um mit der preußischen Militärmacht im Rücken der Kernlande und Böhmens sicher zu sein – oder sollte sie auf die eigene, im letzten Türkenkrieg 1737–1739 nicht gerade überzeugende Kraft bauen und der frechen Herausforderung militärisch begegnen? Maria Theresia, beraten von ihrem leitenden Minister Johann Christoph Bartenstein (1689–1767), nahm den Fehdehandschuh auf und lehnte das preußische Ansinnen ab. Ohnehin hatte ihr rein rechtlich Friedrich II. die Entscheidung über Annahme oder Ablehnung vereinfacht. Noch bevor die Antwort aus Wien in Berlin überhaupt eingetroffen war, hatten die Preußen unter Friedrich II. am 16. Dezember 1740 mit dem Einmarsch in Schlesien begonnen.

Die Schlesischen Kriege

Erst im Frühjahr erschienen die Österreicher mit einem Heer in Schlesien und stellten die Preußen bei Mollwitz am 10. April 1741 zur Schlacht. Die kampferprobte österreichische Reiterei fegte die preußische Kavallerie vom Schlachtfeld, und Friedrich II. setzte sich bereits vom Kampfgeschehen ab, als die preußische Infanterie die Situation rettete: Dank der unter dem Soldatenkönig einexerzierten schnellen Folge von Laden–Schießen–Laden entwickelte das preußische Fußvolk eine bis dahin nicht erlebte infanteristische Feuerkraft, die den österreichischen Angriff zerschlug. Mollwitz wirkte als auslösendes Element für den schon vorher absehbaren konzentrischen Angriff auf Maria Theresias Erblande. Kurfürst Karl Albrecht von Bayern strebte nun unverhohlen nach der Kaiserkrone und nach österreichischem Besitz. Im Mai 1741 schloß er mit Frankreich ein Bündnis ab, das im Juni durch Preußen erweitert wurde. Ende Juli drangen die Bayern in Oberösterreich ein, gelangten bis vor Wien, drehten dann aber auf französischen Wunsch nach Norden ab und fielen in Böhmen ein, wo sie Ende November mit Hilfe Sachsens, das nun auch gegen Maria Theresia angetreten war, Prag eroberten. Kurfürst Karl Albrecht konnte sich im Dezember als böhmischer König huldigen lassen. Am 24. Januar 1742 wurde er von den sieben anderen Kurfürsten zum Kaiser gewählt und zwei Wochen später von seinem Bruder, dem Kurfürsten-Erzbischof von Köln, gekrönt.

Der neue wittelsbachische Kaiser Karl VII. nahm seine Kaiserliche Residenz in Frankfurt/Main, wo er auch gewählt und gekrönt worden war, da die Österreicher inzwischen in einer Gegenoffensive Bayern besetzt und München eingenommen hatten. Die bayerisch-französisch-sächsisch-preußische Allianz geriet Anfang 1742 überhaupt in Schwierigkeiten, denn Maria Theresia hatte im September 1741 mit einem dramatischen Auftritt vor den ungarischen Ständen deren Hilfe gewonnen, die sich bald auswirkte.

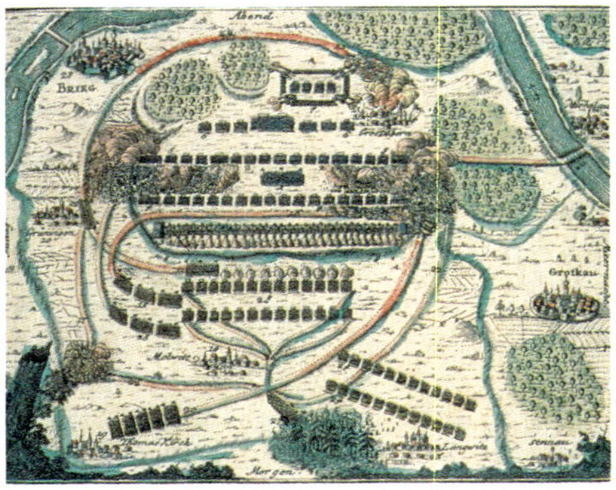

Der preußische Einmarsch in Schlesien war vom Termin her höchst klug gewählt, denn im Winter führte man keinen Krieg, sondern lag in Winterquartieren. Erst im Frühjahr, am 10. April 1741, gab es daher die erste ernsthafte militärische Begegnung bei dem Dorfe Mollwitz zwischen Brieg und Oblau, bei der die Preußen das Schlachtfeld behaupteten. Die preußische Beherrschung Nieder- und Mittelschlesiens war durch diesen mißlungenen Vorstoß der Österreicher erheblich gefestigt worden.

Der preußische Erfolg bei Mollwitz veranlaßte die Franzosen, knapp zwei Monate später mit Friedrich II. ein Bündnis einzugehen, in dem sie ihm Niederschlesien mit Breslau zusicherten. Im November 1741 ließ sich der preußische König jedoch von den schlesischen Ständen in Breslau als souveräner Herzog von ganz Schlesien huldigen. (Ölskizze von Adolph von Menzel; Berlin, Nationalgalerie)

Angesichts der drohenden Aufteilung der habsburgischen Erblande durch den koordinierten Angriff von Bayern, Frankreich, Sachsen und Preußen spielte Maria Theresia die Tatsache aus, daß sie durch Erbfolge Königin von Ungarn war. Auf dem Landtag der ungarischen Magnaten in der ungarischen Krönungsstadt Preßburg im Juni 1741 gewann sie durch ein emotional bewegendes Auftreten für sich und ihren gerade ein Vierteljahr alten Sohn Joseph – dem künftigen ungarischen König – die Unterstützung der ungarischen Stände, die ihr Geld und Soldaten für die Abwehr der antihabsburgischen Allianz bewilligten.

Die Bayern mit ihren französischen Hilfstruppen drohten in Böhmen abgeschnitten zu werden, und ein preußisch-sächsischer Entlastungsvorstoß durch Mähren endete im Schlamm und einem verlustreichen Rückmarsch. Daraufhin bot Friedrich II. unter englischer Vermittlung Frieden an, wenn er dafür einen Teil Schlesiens behielte. Nach einer erneuten Niederlage der Österreicher bei Chotusitz am 17. Mai 1742 war auch Maria Theresia notgedrungen zum Frieden bereit. Am 28. Juli 1742 beendete der Berliner Frieden den Schlesischen Krieg, der Preußen die Grafschaft Glatz und die große Mehrzahl der schlesischen Herzogtümer einbrachte, Österreich aber den Rücken zum Kampf gegen Kaiser Karl VII. und seinen Verbündeten Frankreich freimachte. Das Kurfürstentum Sachsen schloß sich dem Berliner Frieden an. Es hatte keinen Gewinn erzielt, sich aber gewaltige Kriegsschulden aufgeladen und drohte neben Preußen und Österreich zu einer Macht zweiten Ranges zu verblassen.

Maria Theresia arbeitete nun, ab 1743 auf eine Allianz mit Sachsen, England, Rußland und Savoyen gestützt, systematisch am Zusammenbruch des wittelsbachischen Kaisertums. Hatte der Bayer Österreich und Böhmen gewinnen wollen, drohte ihm jetzt der dauernde Verlust seines Stammlandes, das gegen eine Entschädigung im Westen habsburgisch werden sollte. Da Friedrich II. bei einer Stärkung der Habsburger um seine schlesischen Besitzungen fürchtete, fiel er erneut den Österreichern in den Rücken, als Maria Theresias Truppen im Elsaß kämpften. Im August 1744 eröffnete er mit dem erzwungenen Durchmarsch durch das nunmehr mit Maria Theresia verbündete Sachsen und dem Einmarsch in Böhmen den 2. Schlesischen Krieg. Aber wiederholte Flankenangriffe österreichischer Einheiten erzwangen den Rückzug nach Schlesien. In Wien und Dresden wurden bereits Pläne zu einer Aufteilung Preußens geschmiedet. Als Kaiser Karl VII. im Januar 1745 unerwartet starb und sein Sohn

Prag war im November 1741 durch vereinte Anstrengungen von Bayern, Franzosen und Sachsen erobert worden. Der zum Kaisertitel strebende bayerische Kurfürst Karl Albrecht ließ sich daraufhin dort als böhmischer König huldigen, was ihm zur Kaiserwahl die böhmische Kurstimme sicherte. Nach dem Ausscheiden Preußens aus der Koalition durch den Frieden von Berlin am 28. Juli 1742 hatte Maria Theresia ihre Heere zur Wiedereroberung Böhmens frei. Die Wiedereinnahme Prags durch habsburgische Truppen am Jahresende 1742 feierte Maria Theresia mit einer festlichen Gala in der Spanischen Reitschule zu Wien, wobei sie selbst am „Damenkarussell" als Reiterin teilnahm. (Gemälde von Martin van Meytens; Wien, Schloß Schönbrunn)

Maximilian III. Joseph (1727–1777) sofort mit Maria Theresia Frieden schloß, schien Preußen völlig isoliert. Diesmal rettete die Armee Friedrich II. durch zwei überzeugende Siege: am 4. Juli 1745 über die Österreicher in der Schlacht bei Hohenfriedberg und am 15. Dezember über die Sachsen in der Schlacht bei Kesselsdorf. Am 25. Dezember 1745 wurde in Dresden der Friede besiegelt, der ein Tauschgeschäft enthielt. Preußen behielt die schlesischen Eroberungen und verpflichtete sich dafür, Maria Theresias Gemahl Franz seine Stimme bei der Kaiserwahl zu geben. Die Fortsetzung des österreichischen Erbfolgekrieges verlagerte sich auf außerdeutsche Gebiete, wie Italien, die Niederlande und Schottland, sowie im Rahmen der französisch-britischen Auseinandersetzungen nach Nordamerika und Indien. Der Frieden von Aachen beendete 1748 diesen Krieg und brachte die abermalige Anerkennung der „Pragmatischen Sanktion" und die Krönung für Maria Theresias Gemahl als Kaiser Franz I. Der Frieden von Aachen bestätigte aber auch international den preußischen Besitz in Schlesien und der Grafschaft Glatz.

Preußen und Österreich in den Jahren bis 1756

Friedrich II. konnte mit dem Ausgang der militärisch-diplomatischen Politik seiner ersten fünf Regierungsjahre zufrieden sein und mochte es am Ende dieser Periode durchaus ernst meinen mit der Absicht, nie mehr anzugreifen. Den Ausbau der Armee setzte er dennoch fort. Daneben wurden Maßnahmen in Angriff genommen, die auf einen inneren Ausbau des Landes gerichtet waren: Kanalbauten, Trockenlegung von Sümpfen und Brüchen, Förderung der Manufakturen, überlegte Einwanderungspolitik, Rechtsreform. Spektakulär war beispielsweise die Grundsteinlegung für die erste katholische Kirche in Berlin im Jahre 1747. Aufsehen erregte die Entwässerung des Oderbruchs 1746–1753, die 43 neue Dörfer brachte. Beachtung fand der Abschluß der ersten Etappe einer grundlegenden Justizreform im Jahre 1748, durch die eine klare Gerichtsverfassung mit dreifachen Instanzen, erheblicher Abkürzung der Gerichtsverfahren und einer sozialen Abhebung des Richter- und Advokatenstandes gegenüber den nichtakademischen Rechtskonsulenten eingeführt wurde. (Die Abschaffung der Folter im Gerichtswesen hatte Friedrich II. schon unmittelbar nach seinem Regierungsantritt veranlaßt.) Die Förderung von Montan- und Manufakturwesen zielte allerdings auf den überlegten Ausbau einer Rüstungsindustrie, die der Soldatenkönig versäumt hatte, in gleichem Maße wie die Armee zu entwickeln. Mit scharfem Blick verfolgte Friedrich II. die Lage im und um das Reich. Sein lange geheimgehaltenes politisches Testament, das der Vierzigjährige 1752 niederschrieb, wies auf die Absicht hin, Preußens Besitzstand auf Kosten Polens, Sachsens und Schwedens zu vergrößern.

In Wien konzentrierten sich die Überlegungen auf den Wiedergewinn Schlesiens. Da der österreichische Erbfolgekrieg Mängel und Rückständigkeit im Staatsgefüge des Habsburgerreichs offenbar gemacht hatte, wurde zunächst eine Reform der Verwaltungsstruktur angegangen. Seit 1749 wurden die Regierungsinstanzen und Gerichtsbarkeiten der Landstände Schritt für Schritt beseitigt und an ihrer Stelle zentrale Institutionen geschaffen, die die böhmisch-österreichischen Erblande in einen zentralverwalteten Staat umwandelten. Anders als in Preußen hatten in Österreich auch Klerus und Adel direkte Steuern zu erbringen, jeder Beschränkung staatlicher Souveränität durch die Kirche wurde energisch entgegengetreten und ein oberster Gerichtshof eingesetzt.

Das Debakel der preußischen Kavallerie im 1. Schlesischen Krieg veranlaßte Friedrich II. zu einem zielgerichteten Ausbau seiner Reiterei. Unter Hans Joachim von Ziethen (1699–1785) wurden vor allem die leicht beweglichen Husaren zu einer schlagkräftigen, in Angriff wie Rückzug äußerst flexiblen Truppe geformt, die zu gefürchteten Überraschungsattacken ansetzen konnte.

Abgerundet wurde das Gemälde eines fürsorglichen Staatsausbaues schließlich durch das Bild, das der König mit seiner Tafelrunde in seinem 1747 eingeweihten Lustschloß Sanssouci bei Potsdam vermittelte. Dort verkehrte er mit führenden Gelehrten und kritischen Denkern, unter ihnen Voltaire, der von 1750–1753 als Friedrichs Gast und Gesprächspartner in Berlin bzw. Potsdam weilte. (Gemälde von Adolph von Menzel; ehem. Berlin, Nationalgalerie [Kriegsverlust])

Von großer Bedeutung war die Ernennung des Grafen Wenzel Anton von Kaunitz (1711–1794) zum Staatskanzler. Das Ziel der Rückgewinnung Schlesiens vor Augen, leitete er eine „diplomatische Revolution" ein, indem er einen Ausgleich mit Frankreich herbeiführte. Dies gelang um so eher, als Friedrich II. Anfang 1756 aus Angst vor Rußland auf ein Anerbieten Englands einging – das er mit Rußland im Einvernehmen wähnte –, in dem neuausgebrochenen englisch-französischen Krieg den Schutz des mit England in Personalunion verbundenen Kurhannover gegen französische Angriffe zu übernehmen. Am 1. Mai 1756 kam eine Allianz Wien–Paris zustande, der sich Rußland anschloß. Diese mächtige Dreier-Koalition wollte Preußen aus unterschiedlichen Gründen niederwerfen: Paris wollte in ihm den Festlandsdegen Englands treffen, die Russen blickten auf Ostpreußen und Österreich – natürlich – nach Schlesien. Für das Frühjahr 1757 war ein gemeinsames militärisches Vorgehen dieser Koalition gegen Preußen zu erwarten.

Der Siebenjährige Krieg

Mit dem Einmarsch in Sachsen am 29. September 1756 kam Friedrich II. seinen Gegnern zuvor. Seine Absicht war, Österreich in einem Blitzkrieg zu schlagen, bevor Frankreich und Rußland ihre Rüstungen abgeschlossen hatten. Dieser Plan setzte alles auf eine Karte – und schien zunächst zu gelingen. Die sächsische Armee mußte am 16. Oktober kapitulieren, nachdem eine österreichische Entsatzarmee zurückgeschlagen worden war. Aber der Weitermarsch nach Böhmen verzögerte sich. Inzwischen wurde auf dem Reichstag zu Regensburg der Reichskrieg gegen den

Friedrich II. setzte die Förderung von Einwanderungen in seine Lande, die schon sein Urgroßvater und sein Vater planmäßig betrieben hatten, auf erheblich breiterer Basis fort. Etwa 300 000 Menschen sind während seiner Regierungszeit angesiedelt worden, in besonders großzügigem Maße in Kolonistendörfern im weiteren Umland von Berlin und im 1746–1753 entwässerten Oderbruch, wo allein 43 neue Dörfer gegründet wurden. Der König war bis ins hohe Alter stolz auf diese innerkolonisatorische Leistung der preußischen Verwaltung, übersah aber nur zu gern, daß viele Ansiedler mit Versprechungen gelockt worden waren, die die Behörden nicht zu halten vermochten. (Gemälde von Rudolf Warthmüller; Hamburg, Privatbesitz)

Aggressor beschlossen und nach der Reichskriegsverfassung von 1681 die Reichsarmee aufgeboten. Erst im April waren die Straßen so weit abgetrocknet, daß die Preußen auf Prag marschieren konnten. Unter den Wällen der Festung wurden die Österreicher zwar geschlagen, aber die Festung selbst hielt wochenlang stand, und gegen ein österreichisches Entsatzheer erlitt Friedrich II. am 18. Juni 1757 eine so eklatante Niederlage, daß alle Blitzkriegsträume zuschanden wurden und gerade noch der Rückmarsch nach Sachsen gelang, das schon im Winter 1756/1757 die preußischen Winterquartiere zu ertragen gehabt hatte. Von der Lausitz aus fiel im Oktober ein österreichisches Streifkorps für zwei Tage über Berlin her, in Ostpreußen blieb nur der Rückzug vor den Russen, die hannoveranisch-britische Armee in Nordwestdeutschland unterlag den Franzosen und trat in einen Waffenstillstand, so daß die Franzosen nun zusammen mit der Reichsarmee in Thüringen einrücken konnten und die westliche Flanke der Preußen bedrohten. Da stürzte sich Friedrich am 5. November bei Roßbach auf Reichsarmee und Franzosen und zerschlug sie binnen zweier Stunden so gründlich, daß beide Faktoren fortan in der antipreußischen Koalition nicht mehr ins Gewicht fielen. Genau einen Monat nach dem Sieg bei Roßbach konnte Friedrich den Feldzug des Jahres 1757 dank einer intelligenten taktischen Aufstellung mit einem glänzenden Sieg über ein überlegenes österreichisches Heer bei Leuthen in Niederschlesien beschließen.

Hatte 1756 nicht den erhofften raschen Erfolg und der Sommer 1757 das Scheitern der Blitzkriegsstrategie gebracht, war doch Preußen zur Jahreswende 1758 territorial weitgehend unversehrt und Sachsen als Faustpfand in seiner Hand. Einen Verständigungsfrieden auf Basis der Wiederherstellung des Zustandes von vor dem Kriege hielt der preußische König für möglich. Aber Friedrich hatte sich in seiner Kalkulation gründlich verrechnet, denn die Große Koalition Paris–Wien–St. Petersburg strebte die Zurückschneidung Preußens auf den kurbrandenburgischen Besitzstand vor 1648 an und koordinierte nun auch erstmals ihre militärischen Operationen. Russische Truppen rückten bis Pommern und ins östliche Brandenburg vor, die Österreicher nach Sachsen. Gegen die Russen konnte Friedrich im August 1758 bei Zorndorf nicht gewinnen, obgleich die Schlacht als preußischer Sieg ausgegeben wurde. Gegen die Österreicher erlitt er bei Hochkirch im Oktober eine schlimme Niederlage. Kraftvoller Offensivhandlungen war die preußische Armee nun nicht mehr fähig, und als sich im Sommer 1759 ihr Gros gegen eine Vereinigung von Russen und Österreichern östlich Frankfurt/Oder zur Schlacht stellte, erlitt sie am 12. August bei Kunersdorf eine vernichtende Niederlage. Das Kriegsziel der Großen Koalition schien erreicht; Friedrich II. dachte an Selbstmord durch Gift. Doch Uneinigkeit zwischen dem russischen und dem österreichischen Oberkommando verhinderte die Ausnutzung des Sieges von Kunersdorf, so daß nicht einmal Berlin erobert wurde. Als Friedrich sich um einen Friedensschluß zu bemühen begann, mußte er feststellen, daß unter den gegebenen Umständen keine Aussichten bestanden, den preußischen Territorialbesitz von 1756 zu bewahren. So hoffte Friedrich auf etwaige Kriegsmüdigkeit im Lager seiner Gegner und führte den Krieg defensiv auf kleiner Flamme. Doch die Lage war mißlich. Anfang Oktober besetzten russische Truppen für mehrere Tage Berlin, erhoben 1,75 Millionen Taler Kontribution und rückten mit großer Beute auf Hunderten von Fuhrwerken wieder ab. Die Reichsarmee hatte unterdessen Sachsen besetzt und sich mit den Österreichern verbündet. Ein Versuch Friedrichs, die Österreicher bei Torgau zu schlagen, endete Anfang November mit deren Rückzug über die Elbe, ohne daß die preußischen Truppen tatsächlich den von ihnen verkündeten Sieg errungen hätten. In Nordwestdeutschland vermochten bei wechselndem Kriegsglück Braunschweiger, Hannoveraner und Hessen-Kasseler Truppen die französischen Bestrebungen zu verhindern, die preußischen Westprovinzen dauerhaft zu gewinnen und Hannover zu erobern. Als aber 1760 Georg III. (1738–1820) den englischen Thron bestieg, bestand in Großbritannien die Auffassung, Friedrich sei nicht mehr in der Lage, den Krieg zu gewinnen. Friedrich lehnte es ab, zum Frieden einzulenken, und mußte ab 1762 auf englische Finanzunterstützung verzichten. Nur noch ein Wunder konnte ihm helfen, den Krieg ohne Territorialverluste zu überstehen.

Während des gesamten Siebenjährigen Krieges weilte Friedrich II. bei der Truppe und nahm an vielen Schlachten selbst teil. Vor der Schlacht bei Leuthen in der Nähe Breslaus am 5. Dezember 1757 hatte er seinen Offizieren den Ernst der Lage rückhaltlos geschildert: 34 000 Preußen mußten 63 000 Österreicher angreifen. Infolge der vom König anbefohlenen unterschiedlichen Stärke der beiden preußischen Flügel („schiefe Schlachtordnung") gelang es, einen totalen Sieg zu erringen. Am Abend der Schlacht erlebte er, daß seine Soldaten den Choral „Nun danket alle Gott!" sangen: Sie hofften, daß nach dem totalen Sieg über Franzosen und Reichsarmee bei Roßbach der Sieg von Leuthen nun den Frieden bringen werde.

Das Wunder geschah mit dem Tod der Zarin Elisabeth (geb. 1709) am 5. Januar 1762. Die Koalition zerbrach sogleich, denn der neue Zar Peter III. (1728–1762) war ein glühender Verehrer Friedrichs II. und wechselte sofort die Front. Auch Schweden, das sich im Gefolge Rußlands und in der Hoffnung auf Zurückgewinnung Stettins der

Großen Koalition angeschlossen hatte, aber kaum aktiv geworden war, schied nun aus der Front der Gegner Friedrichs aus. Zwar wurde Zar Peter III. durch eine von seiner Gemahlin Katharina II. (1729–1796) angestiftete Palastrevolution am 28. Juni 1762 entthront und drei Wochen später ermordet, womit das russisch-preußische Militärbündnis ein schnelles Ende fand; aber die Russen zogen sich jetzt gänzlich zurück und gaben Ostpreußen wieder auf. Da Frankreich und England ihren See- und Kolonialkrieg 1762 beendeten, standen sich zum Ausklang des Jahres 1762 Preußen und Österreich wieder, wie zu Beginn des I. Schlesischen Krieges, allein gegenüber. Selbst der Reichstag verkündete die Reichsneutralität. Unter sächsischer Vermittlung kam infolge gegenseitiger Erschöpfung am 15. Februar 1763 der preußisch-österreichische Friede im Jagdschloß Hubertusburg in der Nähe Leipzigs zustande, dem sich das Reich anschloß. Vergeblich waren rund eine halbe Million Menschenleben geopfert und weite Landstriche verwüstet worden: Der preußisch-österreichische Dualismus bestand weiter.

Während unter dem Verlauf des Siebenjährigen Krieges in erster Linie das flache Land litt und Städte kaum beschädigt wurden, wurde Dresden durch die preußische Belagerung vom 14. bis 30. Juli 1760 erheblich in Mitleidenschaft gezogen. Die Kreuzkirche aus dem 13. Jahrhundert, als österreichischer Beobachterposten besonders im Ziel der preußischen Kanonaden, wurde völlig zerstört, ebenso etwa 400 Wohnhäuser. (Gemälde von Bernardo Bellotto; Dresden, Gemäldegalerie, Alte Meister)

Das Erinnerungstuch aus einer Lausitzer Damastweberei auf den Frieden von Hubertusburg, das das Ende des Krieges feiert, vereinfacht die völkerrechtliche Beendigung des Siebenjährigen Krieges etwas. Im sächsischen Jagdschloß Hubertusburg wurde nur der Friede zwischen Preußen einerseits und Österreich, Kursachsen und den Reichsständen andererseits unterzeichnet. Der preußische Frieden mit Rußland und Schweden war im Mai 1762 in Hamburg geschlossen und der mit Frankreich in den britisch-französischen Frieden vom November 1762 miteinbezogen worden.

Fürstenallianzen und Nationalgefühl

Die Überwindung der Folgen des Siebenjährigen Krieges brachte eine Zeit des Triumphes des „aufgeklärten Absolutismus“. In Preußen wie in Sachsen hatte die von Friedrich II. während des Krieges mit System betriebene Münzverschlechterung durch Verfälschung des Edelmetallgehaltes der Münzen zur fühlbaren Inflation geführt. Die nun einsetzende Deflation brachte z.T. Vermögensverfall, Geldmangel, hohe Zinsen, nachlassenden Absatz von Luxusgütern und Genußwaren, höhere Schutzzölle, Zwangsversteigerungen, Rückgang der Kapitalanlagen. Da mußte der Staat helfend eingreifen, und Friedrich II. leitete eine Retablissementspolitik ein, die durch staatliche Aufträge Aufbauarbeiten finanzierte. Vorrangig aber sorgte der preußische Staat dafür, daß über den Weg der Gründung von Landschaftskassen der Adel der Gefahr entrann, durch Kriegsverluste ruiniert zu sein und seine Rittergüter verkaufen zu müssen. Das hatte allerdings die Nebenwirkung, daß damit auch der Adel den freien Gebrauch seiner Güter verlor, denn als zum Beispiel schlesische Adlige 1775 ihre Güter gegen beträchtliche Grundrente aufteilen und in bäuerliche Erbpacht geben wollten, drohte ihnen die zuständige Landschaftskasse mit Kreditentzug, und die Aufteilung fand nicht statt. Die im Krieg wüst gewordenen Bauernstellen sollten wieder mit Bauern besetzt werden. Im Krieg hatte Friedrich festgestellt, daß die Söhne von Erbpächtern gute Soldaten waren, deshalb wurde gleich nach dem Krieg angeordnet, unerbliche Bauernstellen in erbliche umzuwandeln; aber wenigstens für Schlesien ist nachweisbar, daß diesem Willen des Monarchen nur auf dem Papier entsprochen wurde. Für die königlichen Domänen wurde 1777 durchgehende Erbpacht der Bauernstellen verfügt, aber die Realisierung vollzog sich auch dort nur schleppend. Die wirtschaftspolitische Anstrengung, in Kleinstädten Gewerbeförderung zu betreiben, hatte nur begrenzten Erfolg; lediglich im Finowtal nördlich Berlins und in Oberschlesien kam es zu einer vor- bzw. frühindustriellen Tätigkeit.

Um der Welt die Leistungskraft der preußischen Staatsfinanzen auch nach dem erschöpfenden Siebenjährigen Krieg vorzuführen, ließ Friedrich II. am Westrand des Parkes von Sanssouci 1763–1769 für mindestens 10 Millionen Taler das „Neue Palais“ bauen, in dem er nicht einmal wohnte und das er selbst verächtlich als „Aufschneiderei“ charakterisierte.

Die Kriegsverluste in den Gewerberegionen hielten sich in Grenzen, jedoch war die Eisenherstellung und -verarbeitung im Finowtal nördlich Berlins und im Kreis Cottbus – von den Gegnern zu Recht als Herzstücke der preußischen Rüstungsindustrie angesehen – schwer getroffen. Staatliche Maßnahmen brachten innerhalb eines Vierteljahrhunderts nach 1763 zwischen dem Harzvorland (Mansfeldische Kupfer- und Silbergewinnung) und der Malapane (Oberschlesischer Eisenerzbergbau und Verhüttungsprozeß) ein preußisches Montanwesen hervor, das in seinem Niveau ganz auf der Höhe der Zeit war. Im Mansfeldischen wurde 1785 die erste in Deutschland gebaute Dampfmaschine in Betrieb genommen, und in Oberschlesien wurden seit 1794 Dampfmaschinen von Friedrich Wilhelm Holtzhausen (1768–1827) bereits serienmäßig produziert. (Gemälde von Karl Blechen; Berlin, Nationalgalerie)

Joseph II. wurde noch zu Lebzeiten seines Vaters – auch mit der Kurstimme Friedrichs II. – 1764 zum Römischen König gewählt und bestieg nach des Vaters Tod im folgenden Jahr den Kaiserthron. Dieser beste Vertreter des „aufgeklärten Absolutismus" hatte im Reich zwar keine Möglichkeit zu Reformen, aber in den habsburgischen Landen ging er mit Vehemenz an eine Modernisierung von Staat und Gesellschaft. Inkognito reiste er zudem als Graf Falkenstein durch das Habsburgerreich und verschaffte sich vor Ort einen Eindruck von der Lage. Er scheiterte jedoch mit einem Großteil seines Reformwerkes am Widerstand der Privilegierten, die sich in den nichtdeutschen Landesteilen auch auf nationale Gefühle stützen konnten. (Gemälde von Joseph Hickel; Wien, Kunsthistorisches Museum)

Zur Überwindung der Kriegsschäden und der Nachkriegskrise sollten vermehrt Steuern eingenommen werden. Aber die in diesem Sinne verfolgte Steuerpolitik einer fühlbaren Erhöhung der Verbrauchssteuern auf den Lebensbedarf der städtischen Bevölkerung wirkte sich ziemlich katastrophal aus. Es wurde eine eigene Akzise- und Zollverwaltung eingerichtet, deren leitende Posten – da Friedrich II. seinen Steuerbeamten nicht traute – an Franzosen vergeben wurden. An der Spitze standen fünf Regisseure, woraus das Volk die Bezeichnung „Regie" für das ganze Unternehmen ableitete. Unter ihrer Aufsicht wurden alle in die Städte eingeführten Waren einer strengen Kontrolle unterzogen, was zu einem deutlichen Preisanstieg bei Gütern des Lebensbedarfs führte. Als Monopol wurden vom Staat – nicht nur in Preußen – Kaffee, Salz und Tabak gehandelt. Die Konsequenz dieser Maßnahmen war blühender Schmuggel, der sich praktisch zu einem eigenen Gewerbezweig entwickelte. Auf dem Papier brachte zwar die Regie in den zwanzig Jahren ihrer Existenz 32 Millionen Taler mehr ein als das frühere System mit seiner Bevorzugung direkter Steuern, aber bei Abzug der Kosten für Verwaltung und Schmugglerjagd blieb tatsächlich erheblich weniger übrig. Stets akzisefrei war Brot, und staatliche Getreidemagazine sorgten dafür, daß in Notzeiten die Brotpreise nicht ins Unermeßliche kletterten.

Auch an dem Habsburgerstaat war der Siebenjährige Krieg nicht spurlos vorbeigegangen. Maria Theresia herrschte seit dem Tode von Kaiser Franz I. 1765 zusammen mit ihrem zu dessen Nachfolger gewählten Sohn Joseph (1741–1790) als Mitregent in den Erblanden, in Ungarn und Siebenbürgen. Im Verein mit Graf Kaunitz drängte Joseph als aufgeklärter Absolutist auf gründliche Reformen und eine weitere Vereinheitlichung der Verwaltungsstruktur. Den drohenden Staatsbankrott sollten die Vereinheitlichung des Zollgebietes, die Lockerung der Schutzzölle sowie die Förderung der Gewerbe und der inneren Kolonisation abwenden. Im Bereich der Agrarwirtschaft griff der Staat regelnd in die Abgaben der Bauern an die Grundherren ein.

Nach einem Bauernaufstand in Böhmen 1775 wurden auf den Domanialgütern die Fronen gänzlich abgeschafft und 1781 – nach Maria Theresias Tod am 29. November 1780 – durchgängig die Leibeigenschaft aufgehoben. Das Toleranzedikt von 1781 erklärte auch Nichtkatholiken zu gleichwertigen österreichischen Bürgern. Die katholische Kirche wurde bedeutend in ihren Rechten eingeschränkt und staatlicher Aufsicht unterstellt. Die Aufhebung der nicht in der Sozialarbeit tätigen Klöster setzte Arbeitskräfte frei, brachte dem Staatsschatz fühlbare Einnahmen und gab dem Volksschulwesen neue Impulse. Auch in den habsburgischen Landen wurde nun die Folter abgeschafft und das Strafrecht vereinheitlicht und gemildert.

Kursachsen hatte praktisch für Preußen den Siebenjährigen Krieg bezahlt, dafür aber wenig Menschenverluste erlitten. Um die daniederliegende Wirtschaft zu sanieren, wurde eine „Restaurationskommission" eingesetzt; sie war von bürgerlichen Beamten beherrscht, die tief im Handels- und Manufakturkapital ihres Landes verwurzelt waren. Sie dirigierten bei weitem nicht so rigoros in Handel und Gewerbe hinein wie die Staatsobrigkeiten in Preußen und Österreich, sondern förderten das private Manufakturwesen durch vorsichtige, aber effektive Vergünstigungen. Selbst ein von Preußen angestrengter Zollkrieg konnte die sächsische Wirtschaft nicht mit der beabsichtigten Wirkung treffen. Hinzu kam, daß die sächsische Baumwoll- und die lausitzische Leinenindustrie auf der Basis traditionellen Know-hows und über Leipzig vermittelten Kapitals ohne regulierende staatliche Vorschriften florierten. Die relativ hohe Bevölkerungsdichte und der Bevölkerungsüberschuß im Agrarsektor brachten dem sächsischen Gewerbe stets gesicherten Nachwuchs. Diese Form sozialer Mobilität war aber auch wichtig, weil die Feudalverhältnisse im agrarischen Bereich in Sachsen mit ihrer Mischform zwischen Grund- und Gutsherrschaft auch in der Zeit des aufgeklärten Absolutismus unverändert blieben und sozialen Zündstoff bargen.

Als Nebenkriegsschauplatz war auch Kurhannover empfindlich vom Siebenjährigen Krieg betroffen worden. Um die Schuldenlast abzutragen, wurde dort auf besondere Unterstützung der Landwirtschaft gesetzt. Böden wurden kultiviert, in England erprobte Anbaumethoden propagiert und die für den Landesherrn zu leistenden Fronen schrittweise in Steuern umgewandelt. In der Landgrafschaft Hessen-Kassel, das wegen der englischen Subsidien auf preußischer Seite in den Krieg eingetreten war, setzte Landgraf Wilhelm (1743–1821) als Regent die Politik seines Vaters fort, angeworbene Soldaten ans Ausland zu vermieten. Die hessischen Stände billigten diesen Schritt, da er die Staatsschulden niedrig hielt. Für den Unabhängigkeitskrieg der nordamerikanischen Kolonien (1776–1783) stellte der Landgraf England 12 000 Soldaten zur Verfügung, wofür er fast eine Million Pfund erhielt. Hessen-Kassel war jedoch kein Einzelfall. Mit dem Verkauf eines Regiments an die niederländisch-ostindische Kompanie finanzierte Herzog Karl Eugen von Württemberg (1728–1793) die Karlsschule, in der er den Nachwuchs für Militär und Beamtenschaft ausbilden ließ.

In Josephs II. Verständnis waren Müßiggang – ob weltlich, ob religiös verbrämt – und Laster gegen den Staat und seine Fürsorge gerichtet und durch nützliche Arbeit zu ersetzen. 1770 setzte eine „Keuschheitskommission" in Wien ein deutliches Zeichen, indem die Straßenprostituierten eingefangen, geschoren und zum Straßenkehren verdammt wurden.

Leipzig hatte sich in der Zeit der sächsisch-polnischen Personalunion 1697–1763 zu einer bedeutenden Drehscheibe des Handels mit Osteuropa entwickelt. Es erlebte nach dem Hubertusburger Frieden als Einfallstor von Manufakturwaren in Richtung Osten eine wahre Blütezeit und wurde berühmt wegen des für seine Messen charakteristischen Gewimmels osteuropäischer und selbst asiatischer Kaufmannstypen. (Aquarell von Heinrich Geißler; Leipzig, Museum für die Geschichte der Stadt Leipzig)

Der preußisch-österreichische Dualismus führte Friedrich II. 1764 zu einem engen Bündnis mit Rußland, das ihn 1771 wegen dessen Streitigkeiten mit Österreich in Südosteuropa fast wieder in einen drohenden Krieg gegen die Wiener Politik gestürzt hätte. Die russische Zarin, der Habsburger Kaiser und der preußische König einigten sich aber auf Kosten Polens, das 1772 bei der I. Polnischen Teilung große Grenzgebiete abtreten mußte, ohne daß der Polenkönig Stanislaus Poniatowski (1732–1798, Kg. 1764–1795) hätte Widerstand leisten können. Preußen erhielt Westpreußen und damit die schon lange erstrebte Verbindung zu Ostpreußen.

Schutz-, Trutz- und Verteidigungsbündnisse reichten weiterhin vom Ausland ständig nach Deutschland hinein. Die preußischen und österreichischen Bündnisse waren zumeist gar von europäischer Dimension. Preußen schloß notgedrungen 1764 als Antwort auf die Achse Wien-Paris ein enges Bündnis mit Rußland. Es mußte der Zarin vertragsgemäß bei deren erstem Türkenkrieg erheblich Subsidien zahlen. Trotz des belastenden Bündnisses mit der Zarin verstanden sich Wien und Berlin bestens, als auf russische Initiative hin 1772 dem machtlosen, innerlich zerrissenen Polen große Grenzprovinzen abgetrennt wurden. Friedrich II. erhielt Westpreußen und das Ermland, Joseph II. Galizien, die Zarin Teile Weißrußlands. Aber als dann 1777 die bayerischen Wittelsbacher ausstarben und der pfälzische Wittelsbacher bereit war, Kurbayern an Habsburg gegen eine hohe Abfindung abzutreten – als also ein stärkeres Gewicht der Habsburger im Reich unvermeidbar schien –, da ließ Friedrich wieder unverhüllt die Waffen sprechen und erklärte den Krieg. Der bayerische Erbfolgekrieg 1778/79 brachte allerdings keinen militärischen Ruhm; er deckte im Gegenteil deutliche Mängel im preußischen Nachschub- und Militärmedizinalwesen auf und endete ohne ein einziges größeres Gefecht im Mai 1779. Dieser Erbfolgekrieg hatte jedoch die Angliederung Bayerns an Österreich verhindert.

Und schon ein halbes Jahrzehnt später, als Joseph II. erneut auf Bayern reflektierte und dem absehbaren dortigen Thronerben die österreichischen Niederlande zum Tausch anbot, trat wieder Preußen als Führungsmacht jener Reichsstände auf, die sich gegen Josephs II. Vorhaben wandten, eine Stärkung der kaiserlichen Macht im Reich zu erlangen. Gerade aufgeklärte kleinere Landesfürsten, wie der badische Markgraf Karl Friedrich (1728–1811), der 1783 die Leibeigenschaft aufgehoben hatte, fürchteten die Kontrolle einer zentralen Vormacht. Herzog Karl August von Sachsen-Weimar (1757–1828) betrieb den Plan einer Deutschen Fürstenunion sogar im Einklang mit dem Vorhaben, von dieser eine „Akademie für den Allgemeingeist Deutschlands" einrichten zu lassen. Aber solche Chimären fochten den Preußenkönig nicht an, als er sich der Angelegenheit annahm: Keine Kleinfürsten, sondern Kurbrandenburg-Preußen, Kursachsen, Kurhannover und Kurmainz formierten sich im Sommer 1785 zum Fürstenbund, der, die Souveränität der

Reichsstände betonend, ein deutliches Gegengewicht gegen die Habsburger Politik darstellte. Mit der beruhigenden Gewißheit, dem österreichischen Widerpart den weiteren Zugriff auf deutsche Territorien versperrt zu haben, starb König Friedrich II. am 17. August 1786. Zur wirksamen Durchsetzung preußischer Politik hinterließ er seinem Thronfolger Friedrich Wilhelm II. (1744–1797) eine Armee von 200 000 Mann.

Die Überfremdung der Kultur mit französischer Mode, das dauernde Durchstreifen deutscher Lande durch ausländische Soldateska – im österreichischen Erbfolge- und im Siebenjährigen Krieg waren wieder Franzosen, Russen, Ungarn, Kroaten, Walachen, Italiener, Finnen und Schweden durch Deutschland gezogen – bereiteten bei einem in der Zahl wie im Bildungsniveau beachtlich gewachsenen bürgerlichen Publikum die Saat vor für ein Trotzgefühl, das sich eigener Werte bewußt wurde. Dies schlug sich nieder in der 1765 erschienenen Schrift des in Hessen-Darmstadt tätigen Juristen und Publizisten Friedrich Karl Moser (1723–1798) „Von dem teutschen Nationalgeist". Die „fritzische" Gesinnung der Bildungsbürger während des Siebenjährigen Krieges – nicht zu identifizieren mit einer pro-preußischen – entzündete sich an der Tatsache, daß ein deutscher Fürst sich gegen eine große Koalition aus Franzosen, Russen und Schweden zu behaupten und diese in ihre Schranken zu weisen verstand. Doch war gerade Moser von der verbreiteten Bewunderung für Friedrich II. frei und trat mit seinem „teutschen Nationalgeist" jenen Poeten entgegen, die nach 1756 einen preußischen Nationalgeist hatten befördern wollen. Sein „Reichspatriotismus" stand in bewußtem Gegensatz zu den diversen, vom Absolutismus nur zu gern propagierten Nationalgeisten der Landesfürstentümer. Nicht in den Landesherren sah Moser die Hoffnungsträger für die Zukunft, sondern in einer aufgeklärten Beamtenschaft, die im Dienst am Staat die Gesetze bewahrte und die Tätigkeit des Herrschers mitgestaltete.

Mit dem Ausbau der Verwaltung, der Entwicklung der Manufakturen und dem Anwachsen von Wissen und Wissensvermittlung festigte sich das Bildungs- und Besitzbürgertum sowohl zahlenmäßig als auch in seiner Bewußtseinshaltung. Es galt dem Bürger keineswegs mehr durchweg als geboten, Lebensgewohnheiten und Auftreten des Adels nachzuäffen, sondern man begann mit einer eigenen „bürgerlichen" Kultur. (Gemälde von Daniel Chodowiecki; Berlin, Märkisches Museum)

Die breite Diskussion, die Mosers Schrift auslöste, ist ein Hinweis auf die Wirksamkeit der zeitgenössischen Publizistik. Seit der Mitte des 18. Jahrhunderts gab es bereits eine Aufteilung in wissenschaftliche und schöngeistige Zeitschriften. Die schöngeistigen Zeitschriften wirkten mit literaturkritischen und -theoretischen Beiträgen, Berichten über Neuerscheinungen und durch den Abdruck von Werken. Auf dem Buchmarkt nahm mit der Wirkung der Aufklärung beim Bildungsbürgertum die Zahl der philosophischen und literarischen Arbeiten zu. Hatte Friedrich Gottlieb Klopstock (1724–1803) seit 1748 mit seiner Versdichtung „Der Messias" bewiesen, daß religiöse Themen mit poetischer Sprachkraft in Deutsch möglich waren, so stellte Christoph Martin Wieland (1733–1813) seit Beginn der sechziger Jahre mit seinen Feenmärchen und Rokokoromanen die deutsche Sprache als durchaus geeignet vor, leichtfüßig und elegant zu sein. Als Zeitkritik wurden Gotthold Ephraim Lessings (1729–1781) Dramen, wie „Minna von Barnhelm" und „Emilia Galotti", vom Publikum zutreffend verstanden. Johann Gottfried Herders (1744–1803) Schriften verwiesen seit Beginn der siebziger Jahre auf den hohen Stellenwert von Sprache, Brauchtum und Sitten für den Geist eines Volkes und gaben so der Diskussion um den deutschen Nationalgeist

Mit dem gleich nach dem Hubertusburger Frieden konzipierten, aber erst 1767 gedruckten und uraufgeführten Drama „Minna von Barnhelm" brachte Lessing das Leben seiner Gegenwart, wie es dem Publikum wirklich begegnete, auf die Bühne. Major Tellheim war ein typischer Vertreter der nach dem Siebenjährigen Krieg zu Tausenden herumlungernden preußischen Offiziere mit einem Entlassungsschreiben in der Tasche und auf einen lächerlichen Zivilsold gesetzt, womit sowohl die Existenz als auch das Selbstbewußtsein ruiniert waren. Der Held ist bei Lessing zwar adlig, aber jeder Leser bzw. Zuschauer wußte, daß gerade die unter dem Zwang des Krieges eingestellten bürgerlichen Offiziere nach dem Friedensschluß ausgemustert worden waren. Unter den mitten aus dem Leben gegriffenen Typen von Landsknechtsnaturen, ehrlichen Häuten, Glücksrittern und Spitzeln gelingt es Tellheim, seinen menschlichen Anstand zu bewahren. Schließlich bekommt er doch noch seine Minna, die in ihrer entwaffnenden Menschlichkeit um seine Liebe ringt und ihm klar macht, daß er auch als entlassener Offizier ein vollwertiger Mensch bleibt.

Friedrich Gottlieb Klopstock (1724–1803)

Gotthold Ephraim Lessing (1729–1781)

An etlichen kleinen Fürstenhöfen blühte unter dem Zeichen der Aufklärung in der zweiten Hälfte des 18. Jahrhunderts beachtliches intellektuelles Leben, das auch manchem Schriftsteller geistig wie materiell zugute kam. Am bedeutendsten wurde der Hof von Sachsen-Weimar, wo die Herzogin-Witwe Anna-Amalia (1739-1807) 1772 Wieland zum Erzieher ihrer Söhne berief, der 1775 Goethe holte, der seinerseits als Legationsrat 1776 für Herders Berufung zum Generalsuperintendenten sorgte. In Anna-Amalias Abendgesellschaften war häufig auch der dem „Sturm und Drang" verbundene Goethe zu Gast. (Aquarell von Georg Melchior Kraus; Weimar, Goethehaus)

durch den Verweis auf die Bedeutung der Sprache als einigendes Band einen neuen Charakter. Moses Mendelssohn (1729-1786), der eine führende Stellung unter den Philosophen der Aufklärung innehatte, bewirkte mit seinen Toleranzlehren aus jüdischer Sicht erstmals, daß die unter Deutschen lebenden Juden am deutschen Nationalgeist und Nationalbewußtsein teilnahmen.

Moses Mendelssohn (1729-1786)

Johann Gottfried Herder (1744-1813)

Dichter des Sturm und Drang verfaßten in den siebziger Jahren Dramen, die ihre kritische Sicht auf die Zustände an den meisten Höfen, im Adel und Militär kaum noch mit Rücksicht auf die Zensur verhüllten. Das begann 1774 mit Jakob Michael Lenz' (1751-1792) „Hofmeister"; Höhepunkt dieser Art, die Defizite der Nation beim Namen zu nennen, war vor der Französischen Revolution das 1784 uraufgeführte Schauspiel „Kabale und Liebe" von Friedrich Schiller (1759-1805). Im selben Jahr wie „Der Hofmeister" war mit Johann Wolfgang von Goethes (1749-1832) Roman „Die Leiden des jungen Werthers" der überzeugende Durchbruch deutscher nationaler Prosaliteratur gelungen, die vom bürgerlichen Leben ausging, bürgerliche Gefühle heroisierte und auf breitester Front bürgerliches Publikum ansprach. Die von Christoph Martin Wieland seit 1773 in Weimar herausgegebene literarische Zeitschrift „Der teutsche Merkur" nahm bald den Charakter eines zentralen Organs der neuen deutschen Nationalliteratur an.

Christoph Martin Wieland (1733-1813)

Friedrich Schiller (1759-1805)

Johann Wolfgang von Goethe (1749-1832)

Die Französische Revolution

Der Ausbruch der Französischen Revolution 1789 löste im Reich zunächst nur bei Intellektuellen größeren Widerhall aus. Der Sturz des Absolutismus, die Aufhebung adliger und klerikaler Privilegien wurden begrüßt, vollzog sich doch damit das Ideal konsequenter Aufklärung. Der Grad der Zustimmung ging von Enthusiasmus über das Bewillkommnen einer neuen Zeit bis zu vorsichtiger Skepsis hinsichtlich eines ganz aus der Vernunft zu schaffenden Gesellschaftsmodells. Im Zusammenhang mit der Erfahrung des jakobinischen Terrorregimes 1793/94 in Frankreich differenzierte sich die intellektuelle Zustimmung zur Französischen Revolution merklich zwischen verbissener Rechtfertigung, Enttäuschung und offener Gegnerschaft, aber die Impulse wirkten in der Literatur und Philosophie Deutschlands bis weit in das nächste Jahrhundert hinein sichtbar fort. Politisch formten sich aus der Bewertung der Französischen Revolution heraus, schon in den neunziger Jahren sichtbar, aber später wesentlich schärfer profiliert, die drei Lager Radikalismus, Liberalismus und Konservatismus aus.

Die über Rhein und Mosel dringenden Nachrichten von der Aufhebung aller Feudalrechte durch die Revolution führten vielerorts, vor allem im Oberrheingebiet, zu Fron- und Abgabeverweigerungen. In Kursachsen brach im August 1790 sogar ein flächendeckender Bauernaufstand aus, der sich gegen Frondienste und die adlige Hütegerechtigkeit auf Bauernland richtete und für seine Unterdrückung 5000 Soldaten bedurfte. In Schlesien trafen 1792/93 bäuerliche Aktionen und offene Widersetzlichkeit vorproletarischer Schichten in den Webergebieten zusammen. Das Erscheinen der seit Jahrzehnten vorbereiteten Rechtskodifikation „Allgemeines Preußisches Landrecht" im Jahre 1794 erweckte dort die vergebliche Hoffnung, daß mit der Aufhebung der Leibeigenschaft auch das Ende der Gutsherrschaft verbunden sei.

Am spürbarsten wirkte sich die Französische Revolution in Deutschland in der Mainzer Republik aus, die von März bis Juli 1793 existierte. Dort hatte sich unter französischer Besatzung seit Oktober 1792 ein Jakobinerklub gebildet und mit Hilfe der Besatzungsmacht im linksrheinischen Kurmainz zwischen Bingen und Landau eine Revolutionsverwaltung durchsetzen können. Diese ließ einen Rheinisch-Deutschen Nationalkonvent wählen. Der Konvent trat am 17. März 1793 in Mainz zusammen und erklärte am Folgetag die staatsrechtliche Selbständigkeit durch Lösung vom Reich sowie die Beseitigung aller Vorrechte von Adel und Geistlichkeit. Aber schon am 21. März schloß sich diese Republik Frankreich an angesichts des Unvermögens, sich selbst gegen das Reich zu behaupten, und mit der Kapitulation des inzwischen von preußischen Truppen eingeschlossenen Mainz am 23. Juli 1793 fand die Republik ihr Ende.

Nach dem ersten Schock wurden in vielen Ländern des Reiches politische Gegner der bestehenden Ordnung harsch verfolgt. In Wien führte die Jagd auf wirkliche oder vermeintliche Jakobiner

„Freiheit und Gleichheit" fanden in Deutschland zunächst vorwiegend bei Intellektuellen Widerhall, denn mit dem Sturz des Absolutismus und der Aufhebung klerikaler und adliger Privilegien vollzog sich ein Ideal konsequenter Aufklärung. Bäuerliche Fron- und Abgabenverweigerungen folgten, und als seit Herbst 1792 französische Revolutionsarmeen deutschen Boden betraten, fanden sie in den von ihnen besetzten Gebieten nicht wenige Sympathisanten vor, die auch nach französischer Revolutionssitte Freiheitsbäume errichteten und Verbrüderungsfeste feierten. (Rastatt, Erinnerungsstätte Freiheitsbewegung)

sogar bis in Hofkreise. Daß der Funken der Französischen Revolution nicht auf Deutschland übersprang, lag aber nicht an den politischen Verfolgungen, denen zeitweilig sogar der weltbekannte Königsberger Philosoph Immanuel Kant (1724-1804) ausgesetzt war, sondern an dem Nichtvorhandensein eines revolutionswilligen Bürgertums wie in Frankreich, das dort die Revolution entscheidend gefördert und mitgetragen hatte. Zum einen war das Bürgertum in den verschiedenen deutschen Staaten noch nicht so stark und selbstbewußt, um selbständig Politik zu betreiben, zum anderen hofften viele, daß die von einigen aufgeklärten Fürsten bereits unternommenen Reformen zu einer friedlichen Verbesserung der bestehenden politischen, sozialen und wirtschaftlichen Verhältnisse führen könnten.

Am schärfsten kam die Sympathie mit der Französischen Revolution in Mainz zum Ausdruck, wo sich die Nähe zu Frankreich zu dem verbreiteten Unmut – besonders aufklärerischer Intellektueller – über die Mißwirtschaft des Kurfürsten-Erzbischofs gesellte. Nach der Einnahme der Stadt durch die Franzosen am 21. Oktober 1792 entstand dort nach dem Vorbild des Pariser Jakobinerklubs eine „Gesellschaft der Freunde der Freiheit und Gleichheit" mit mehr als 450 Mitgliedern, die im linksrheinischen Kurmainz auf eine demokratische Republik hinarbeitete und sich dabei selbst mit den Besatzungsbehörden anlegte. Am 18. März 1793 proklamiert, schloß sich die Mainzer Republik jedoch schon drei Tage später an Frankreich an. Nach der preußischen Gegenoffensive Ende März bestand die Republik seit dem 12. April nur noch aus der belagerten Festung Mainz, in der der Klub ungebrochen bis zur Vernichtung der „Mainzer Republik" weitertagte.

Außenpolitisch schien die Französische Revolution zunächst den beiden deutschen Großmächten gut zupaß zu kommen, denn die inneren Wirren lähmten die französische Diplomatie. In Wien wurde Zurückhaltung geübt, obwohl die Habsburgerin Marie Antoinette (1755-1793) mit dem französischen König Ludwig XVI. (1745-1793) verheiratet war. Kaiser Leopold II. (1747-1792), der seinem im Februar 1790 gestorbenen Bruder auf den Thron gefolgt war, hatte sich zunächst mit der Unruhe, die Josephs Reformen ausgelöst hatten und die er teilweise wieder rückgängig machte, auseinanderzusetzen, außerdem hatte er sich um einen gemeinsam mit Rußland geführten Türkenkrieg (1787-1791/92) zu kümmern und einen von Brüssel auf die habsburgischen Niederlande ausgreifenden Aufstand niederzuschlagen.

Preußen kokettierte sogar zunächst mit dem Gedanken eines Bündnisses mit Frankreich, um dem österreichisch-russischen Einvernehmen im gemeinsamen Türkenkrieg ein Gegengewicht entgegenzustellen, aber in einer Atmosphäre wachsender Spannungen und unter dem Drängen französischer Emigranten trafen der Kaiser und König Friedrich Wilhelm II. im August 1791 im sächsischen Pillnitz zusammen und erließen eine Deklaration, in der der Schutz der französischen Monarchie und die Sicherung der Rechte des absoluten Souveräns verlangt wurden. Noch bevor weitere Entscheidungen fielen, erklärte Frankreich im April 1792 dem Habsburger den Krieg. Preußen trat sofort an Österreichs Seite und drängte, da kurz zuvor Leopold II. gestorben war, nun auf schnellste Wahl von Leopolds ältestem Sohn zum Kaiser – am 5. Juli 1792 wurde er als Franz II. (1768-1835) gewählt. Nur drei Wochen später erließ der Oberbefehlshaber der vereinten preußisch-österreichischen Armeen, Herzog Karl Wilhelm Ferdinand von Braunschweig (1735-1806), von Koblenz aus ein Manifest, in dem er in gröbster Weise die persönliche Unverletzlichkeit der französischen Königsfamilie verlangte, anderenfalls werde Paris zerstört. Seine zögerliche Kriegsführung trug dann allerdings wesentlich dazu bei, daß die alliierten Truppen, nachdem am 20. September bei Valmy die französische Armee heftig beschossen worden war, sich wegen Nachschubproblemen zurückzogen. Das Heer des alten Europa hatte sich gegen das revolutionäre Frankreich nicht durchzusetzen vermocht. Als sich im Spätherbst 1792 die Österreicher auch vom Niederrhein zurückzogen, hatte die Revolutionsarmee gezeigt, daß auch auf dem militärischen Sektor eine neue Zeit begonnen hatte. Zwischen 1793 und 1795 wurde der Krieg mit wechselndem Erfolg weitergeführt. Nachdem die Franzosen 1793 schwere Niederlagen hatten hinnehmen müssen, bildeten sie eine wirkliche Volksarmee, die die militärische Initiative wieder an sich riß.

Im Juli 1791 sandte der Reichstag zu Regensburg einen lautstarken Protest nach Paris, da durch die Aufhebung der feudalen und klerikalen Privilegien durch die französische Nationalversammlung auch noch bestehende Vorrechte deutscher Reichsstände im Elsaß abgeschafft worden waren. Ein Treffen von Friedrich Wilhelm II. von Preußen mit Kaiser Leopold II. im Jagdschloß Pillnitz des sächsischen Kurfürsten Friedrich August III. (1750-1827, Kf. 1763) vom 25. bis 27. August 1791, das eigentlich der überraschenden liberalen Entwicklung in Polen gewidmet sein sollte, beschäftigte sich dann mit dem Interesse der Monarchen an einer Aufrechterhaltung der königlichen Autorität in Frankreich. Man drohte Frankreich mit Militär, das Preußen und Österreich dafür aufbieten würden, was erheblich Wasser auf die Mühlen der französischen Kriegspartei goß.

Die preußischen Interessen waren zu dieser Zeit aber bereits nach Osten gerichtet. In Polen hatte eine politisch-soziale Neustrukturierung begonnen. In der Verfassung vom Mai 1791 wurde vor allem das Vetorecht der einzelnen Mitglieder des Sejms zugunsten von Mehrheitsbeschlüssen abgeschafft, so daß Ansätze für eine kraftvollere polnische Politik bestanden. Dies sah Katharina II. nicht ganz zu Unrecht als eine Gefährdung ihrer Interessen an. Gemeinsam mit dem preußischen König führte sie daher eine zweite Teilung Polens durch. Am 23. Januar 1793 erhielt Preußen dank dem Diktat der Zarin Danzig, Thorn und die Woiwodschaften Posen und Kalisch. Österreich ging diesmal leer aus.

Nachdem Preußen 1794 in den polnischen Nationalaufstand unter Kosciuszko verwickelt worden war, trat es in Verhandlungen, um mit der französischen Republik Frieden zu schließen. Daß Frankreich 1792 zur Republik erklärt und das ehemalige Königspaar nach zwei Scheinprozessen im Jahre 1793 hingerichtet worden war, spielte dabei keine Rolle. Weitaus härter traf, daß der 1793 berufene neue österreichische Staatskanzler Franz von Thugut (1736–1818), ein erklärter Gegner Preußens, Anfang 1795 mit Rußland die dritte Teilung Polens vereinbarte, bei der Polen restlos von der politischen Landkarte verschwand. Obwohl es große Teile Masowiens und Litauens erhielt, fühlte sich das an den Verhandlungen nicht beteiligte Preußen dabei benachteiligt. Den Hauptteil des polnischen Gebietes hatte allerdings ohnehin die Zarin eingestrichen, die bei dieser Gelegenheit geschickt ihre Diplomatie eingesetzt hatte, die den preußisch-österreichischen Gegensatz auszunutzen verstand.

Am 5. April 1795 schied Preußen durch den Frieden von Basel aus der Koalition aus, die mit Frankreich im Krieg stand. Es überließ Frankreich seine linksrheinischen Gebiete und erhielt dafür die Zusicherung französischen Beistands für rechtsrheinische Entschädigungen bei künftigen Gesamtregelungen. Eine vereinbarte Demarkationslinie sicherte Preußen und Norddeutschland vor weiteren Kriegshandlungen. Der preußisch-österreichische Dualismus hatte sich gerade drei Jahre lang mühsam überdecken lassen durch die gemeinsame Furcht vor der Revolution.

Begleitet von dem anmaßenden Kriegsmanifest ihres Oberkommandierenden drangen im August 1792 42 000 Preußen in Frankreich ein und marschierten in Richtung Paris. Aber zwischen Verdun und Reims blieb ein Angriff am 20. September bei Valmy stecken und endete schließlich mit einer stundenlangen sinnlosen Kanonade. „Von hier und heute geht eine neue Epoche der Weltgeschichte aus, und Ihr könnt sagen, Ihr seid dabeigewesen!" will Goethe – der im Stab seines Herzogs Karl August von Weimar am Feldzug teilnahm – an jenem Abend gesagt haben. Folgenden Tags begann der Rückzug der Interventionsarmee. (Gemälde von Horace Vernet; Versailles, Musée historique)

Auf der Suche nach dem deutschen Nationalstaat

Das Ende des Alten Reiches

Seit Jahresende 1794 war der Rhein von der Schweiz bis zu den Niederlanden faktisch die Westgrenze des Reiches geworden. In den französisch besetzten linksrheinischen Gebieten formierten sich nun bürgerliche, der Revolution mit Sympathie gegenüberstehende Kräfte in einer Bewegung, die auf eine Cisrhenanische Republik zielte, die nach dem Beispiel der oberitalienischen Cisalpinischen und der niederländischen Batavischen Republik mit der Übernahme der Rechtsgrundlagen der Französischen Republik dem Feudalwesen auf ihrem Boden ein Ende machen wollten. Bei solchen Überlegungen wurde das Reich völlig außer acht gelassen – nicht das Staatsrecht, sondern die Bürgerrechte traten hier als konstitutiver Faktor für völkerrechtliche Weichenstellungen in Erscheinung.

Auch nach 1795 kämpften weiterhin kaiserliche und Reichstruppen in Süddeutschland mit wechselndem Erfolg gegen die Franzosen. Auf die Entscheidung des Krieges hatten die dortigen Kämpfe aber keinen Einfluß – sie fiel durch die fortgesetzten Niederlagen der Österreicher in Oberitalien gegen die von dem Revolutionsgeneral Napoleon Bonaparte (1769–1821) geführte Armee, die schließlich die Alpenpässe überwand und im Frühjahr 1797 in der Steiermark stand. Im April fand der Krieg sein Ende. Bei dem im Oktober definitiv unterzeichneten Friedensvertrag von Campo Formio stimmte nun auch der Kaiser der Abtretung aller linksrheinischen deutschen Gebiete an Frankreich zu.

Um die Folgen der Friedensschlüsse von Basel und Campio Formio für die betroffenen Länder zu beraten – es ging vornehmlich um die Entschädigung der durch linksrheinische Abtretungen betroffenen Territorialfürsten mit rechtsrheinischen Territorien aus geistlichem Besitz –, fand seit Jahresende 1797 in Rastatt ein Kongreß statt, der Anfang 1799 ergebnislos auseinanderging. Unterdessen hatten französische Einheiten trotz des Waffenstillstandes weitere Landstriche am Rhein besetzt, und Österreich bildete zusammen mit England und Rußland eine Koalition, aus der sich Preußen heraushielt. Frankreich erklärte Österreich erneut den Krieg, der im Februar 1801 mit dem Frieden von Lunéville endete. Dieser Friedensschluß bestätigte den von Campo Formio und warf damit wieder die in Rastatt ungelöste Frage von Kompensationen für linksrheinisch abgetretene Territorien und Ländereien auf. Gerade die Erfahrungen von Rastatt veranlaßten nun die kontinentalen Vormächte Frankreich und Rußland, sich im Oktober 1801 über die Neugestaltung der deutschen Länder untereinander zu verständigen. Zwar sollte formell eine vom Reichstag aus acht Reichsständen gebildete „Reichsdeputation" einen Lösungsvorschlag vorlegen, aber er gerann letztlich doch zu einem überarbeiteten russisch-französischen Entwurf vom November 1802. Am 25. Februar 1803 verabschiedete die Reichsdeputation ihr Schlußdokument, das vom Reichstag bestätigt wurde.

Der „Reichsdeputations-Hauptschluß" veränderte die politische Landkarte des Reiches erheblich. Alle geistlichen Territorien – bis auf das Bistum Regensburg als Sitz des aus Mainz vertriebenen Kurfürsten-Erzbischofs – wurden weltlichen Territorialstaaten zugeschlagen. Von den Reichsstädten blieben nur die drei Hansestädte Bremen, Hamburg, Lübeck sowie Augsburg, Frankfurt/Main und Nürnberg übrig. Insgesamt verschwanden 112 Reichsstände zugunsten der Großmächte und der Mittelstaaten von der politischen Landkarte, wobei neben Preußen die süddeutschen Territorialstaaten Bayern, Baden und Württemberg am meisten gewannen: Frankreich wie Rußland legten eben Wert darauf, gewichtige Nebenbuhler Österreichs aufzubauen bzw. zu stärken.

Der aus einer weitverzweigten korsischen Kleinadelsfamilie stammende Napoleon Bonaparte trat 1779 in eine französische Militärschule und 1786 in die Armee ein, wo er 1788 Artillerieoffizier wurde. In dieser Position zeichnete er sich 1793 bei der Belagerung des von den Engländern besetzten Toulon aus. Im Oktober 1795 war er – bereits General – maßgeblich an der Niederschlagung eines royalistischen Aufstandes in Paris beteiligt. Dadurch als energischer Befehlshaber empfohlen, erhielt er im März 1796 den Oberbefehl über die französische Italienarmee. Eine Serie glänzender Siege im Verlauf des Jahres 1796 heftete Ruhm an den Namen Napoleons und die Fahnen seiner Regimenter. Nach der Winterpause führte er dann seine erneut siegreichen Truppen über die Alpen. (Gemälde von Jacques Louis David; Berlin, Schloß Charlottenburg)

Das Alte Reich hatte mit dem Ende der geistlichen und kleinen Reichsstände nicht nur seine treuesten Anhänger verloren, sondern mit der Erhebung von Hessen-Kassel, Baden und Württemberg zu Kurfürstentümern war im höchsten Kolleg des Reichstags wie auch bei einer künftigen Kaiserwahl eine protestantische Majorität vorhanden. Um den Habsburgern den durch die protestantische Mehrheit im Kurfürstenkolleg künftig gar nicht mehr so sicheren Kaisertitel erblich zu garantieren, erklärte Kaiser Franz II. sich, nachdem sich Napoleon selbst am 18. Mai 1804 zum Kaiser der Franzosen gekrönt hatte, am 10. August 1804 zum Kaiser von Österreich und nannte sich Franz I. Damit verstieß der Österreicher bewußt gegen die Verfassung des Heiligen Römischen Reiches, denn die habsburgischen Stammlande waren als Reichsstände theoretisch nicht voll souverän, aber das Oberhaupt des Reiches nahm das Reich selbst nicht mehr ernst.

Noch war Franz auch Kaiser des Reiches, aber auch diese Würde strebte Napoleon an, der zusammen mit dem letzten Mainzer Kurfürsten-Erzbischof Theodor von Dalberg (1744–1817) die Gründung eines Rheinbundes vorbereitete. Auch etliche der frischgebackenen deutschen Mittelfürsten hatten keinen Anstoß daran genommen, sich im September 1804 mit dem selbstgekrönten Kaiser Napoleon auf dessen Einladung hin in Mainz zu treffen und ihm dort zu huldigen.

Ein englisch-russisches Angebot für einen neuerlichen Anlauf, Frankreich wenigstens in seine alten Grenzen zurückzuwerfen, fand angesichts dieser Situation am Kaiserhof offene Ohren. Im August 1805 schloß sich Österreich der Dritten Koalition an, die am 2. September 1805 den Krieg eröffnete. Während Preußen sich neutral hielt, traten Baden, Bayern und schließlich auch Württemberg förmlich auf die Seite Napoleons. An einen Beschluß des Reichstags zur Führung eines Reichskrieges gegen oder für eine der beiden Seiten war unter solchen Umständen gar nicht zu denken: Der Reichstag hatte seine Rolle endgültig ausgespielt. In genialem Zupacken schlug der persönlich auf den Kriegsschauplatz geeilte Napoleon die Österreicher, besetzte Wien, schwenkte nach Norden und griff mit seinen französischen und bayerischen Truppen ein vereintes österreichisch-russisches Heer am 2. Dezember 1805 bei Austerlitz, nahe Brünn, an. Sein Sieg war total, die Koalition zerbrach sofort, Österreich verlor im drei Wochen später abgeschlossenen Frieden von Preßburg allen Einfluß in Italien wie in Deutschland. Napoleon erhielt den Titel eines Königs von Italien, und seine süddeutschen Verbündeten gewannen weiteres Land hinzu, Bayern und Württemberg wurden sogar zu Königreichen erklärt.

Nach der Schlacht bei Austerlitz und dem Frieden von Schönbrunn war Napoleons Macht in West- und Süddeutschland kein politisches und militärisches Gewicht mehr entgegenzusetzen. Noch war Norddeutschland frei von französischer Okkupation und dem Schalten der napoleonischen Fürstenklientel, in die Napoleon nun seine nächste Verwandtschaft einheiraten ließ. Preußen hatte im Dritten Koalitionskrieg ein diplomatisches Ränkespiel zwischen Koalitionsbereitschaft mit Napoleons Gegnern, bewaffneter Neutralität und Anbiederung bei Napoleon betrieben, wofür es nach Kriegsende das Kurfürstentum Hannover erhielt, so daß sich nun ein geschlossenes preußisches Territorium von der Ems bis zum Njemen erstreckte. Um ein Gegengewicht zu

Als die Franzosen Mitte April 1797 bereits in der Steiermark standen und eine Bedrohung Wiens absehbar war, regte General Napoleon Bonaparte Friedensgespräche an, die am 18. April zum Vorfrieden von Leoben führten. Dabei bot Napoleon insgeheim venezianische Gebiete in Istrien und Dalmatien als Ausgleich an, so daß es dem Kaiser im endgültigen Vertrag von Campo Formio ein halbes Jahr später leicht fiel – so wie Preußen in Basel –, durch eine Geheimklausel der französischen Rheingrenze zuzustimmen. (Versailles, Musée historique)

Als letzter Kaiser des „Heiligen Römischen Reiches Deutscher Nation" ging er ebenso in die Geschichte ein wie als erster österreichischer Kaiser: Franz aus dem Hause Habsburg-Lothringen (1768–1835), Enkel von Maria Theresia, als deutscher Kaiser Franz II., als österreichischer Kaiser Franz I. Vom 4. August 1804 bis zum 5. August 1806 trug er sogar beide Titel, bis er auf Napoleons Ultimatum hin den ersteren ablegte. Die prächtige österreichische Kaiserkrone hatte der kunstliebende Kaiser Rudolf II. 1602 als eine Art Hauskrone für die deutschen Kaiser aus dem Hause Habsburg anfertigen lassen. (Gemälde von Friedrich von Amerling; Wien, Kunsthistorisches Museum)

diesem mächtigen Territorium im Norden Deutschlands zu schaffen, unterzeichneten am 12. Juli 1806 auf Napoleons Veranlassung 16 deutsche Fürsten in Paris eine Akte, die eine „Rheinische Konföderation" gründete. Dieser Rheinbund sagte sich vom Reich los, wählte Napoleon zum „Protektor" und verband sein weiteres Schicksal mit der napoleonischen Politik. Der „Protektor" forderte daraufhin Kaiser Franz II. zur Niederlegung der Kaiserkrone bis zum 10. August auf; vier Tage vor Ablauf der Frist kam dieser dem faktischen Ultimatum nach und vollzog damit symbolisch den letzten Schritt zur Auflösung des Alten Reiches.

Während die deutschen Fürsten von dem würdelosen Ende des „Heiligen Römischen Reiches Deutscher Nation" sich kaum berührt zeigten, gab es doch in deutschen Landen eine Öffentlichkeit, die patriotische Gefühle empfand. So erschien u. a. eine Streitschrift „Deutschland in seiner tiefsten Erniedrigung", die der Buchhändler Johann Philipp Palm (geb. 1766) in Nürnberg verlegt hatte. Obwohl bayerischer Untertan, wurde Palm – der sich standhaft weigerte, den Namen des Verfassers preiszugeben – wegen Hochverrats an dem „Rheinbund-Protektor" Napoleon von einem französischen Kriegsgericht zum Tode verurteilt und am 26. August 1806 in Braunau am Inn standrechtlich erschossen.

Unter napoleonischer Herrschaft

Noch war Preußen als norddeutsche Vormacht nicht direkt unter napoleonischem Einfluß. Der preußische König Friedrich Wilhelm III. (1770–1840), der 1797 den Thron bestiegen hatte, zeigte gegenüber Frankreich eine recht wankelmütige Haltung. Im Juli 1806 schloß er ein Bündnis mit Rußland. Im Sommer 1806 wurde Preußen daraufhin bewußt provoziert und erklärte Anfang Oktober Frankreich – und damit also automatisch auch dem Rheinbund – den Krieg. Bevor aber die preußischen Armeen in Thüringen auf preußischem und verbündetem kursächsischem und sächsisch-weimarischem Territorium ihren Vormarsch Richtung Franken überhaupt aufgenommen hatten, schlug Napoleon blitzschnell zu, stellte die beiden preußischen Armeen getrennt am 14. Oktober bei Jena und bei Auerstedt nördlich Stadtsulza und schlug beide entscheidend. Die eigentliche preußische Katastrophe trat aber erst auf dem Rückzug ein, als sich das nach außen hin so eindrucksvolle preußische Militär in seiner Führung als hoffnungslos überaltert, ja vergreist erwies. Die ganze innere Morschheit des preußischen Staates zeigte sich in den kommenden Wochen, als eine starke Festung nach der anderen kapitulierte, die Behörden teilweise ihre Dienste den Eroberern anboten und einige sogar die königlichen Kassen auslieferten. Am 27. Oktober 1806 zog Napoleon in Berlin ein. Der mit Preußen verbündete sächsische Kurfürst schloß am 11. Dezember mit Frankreich Frieden, trat dem Rheinbund bei, lieferte 6000 Mann zum Krieg gegen Preußen und ließ sich die Königskrone zubilligen.

Den dritten Koalitionskrieg gegen das nun schon nachrevolutionäre Frankreich eröffneten die Österreicher Anfang September 1805 mit einer Offensive gegen Süddeutschland. In schnellen, überraschenden Zangenbewegungen schloß Napoleon die für weiträumige Angriffshandlungen vorgesehene österreichische Armee ein und zwang sie mit ihren 25 000 Mann am 20. Oktober 1805 in Ulm zur Kapitulation. Daraufhin lag der Weg nach Wien wie eine offene Landstraße vor Napoleon. (Gemälde von Charles Thevinet; Versailles, Musée historique)

Die Karikatur des Engländers J. Gillray vom Januar 1806 macht sich über Napoleons Schalten und Walten mit Kronen und Ländern in Mitteleuropa lustig. Die im Frieden von Preßburg (26. Dezember 1805) neugebackenen Könige von Bayern und Württemberg sowie der frischgebackene Großherzog von Baden tauchen genauso auf wie die korsische Verwandtschaft Napoleons als stete Reserve für die personelle Besetzung neuer Throne. Der österreichisch-deutsche Kaiser Franz ist ganz nach Süd- und Osteuropa abgedrängt, während der preußische Adler damit beschäftigt ist, den ihm von Napoleon hingeworfenen Brocken – das mit Großbritannien in Personalunion verbundene Kurhannover – zu verschlingen.

Den entscheidenden Sieg über die preußische Hauptarmee errang am 14. Oktober 1806 der französische Marschall Davout (1770–1823) bei Auerstedt in Thüringen. Am selben Tag schlugen die Franzosen auch das flankierende preußische Korps Hohenlohe bei Jena. Da Napoleon aber bei Jena das Kommando geführt hatte, erhielten die beiden voneinander getrennten Waffengänge auf seinen Befehl hin den Namen der Doppelschlacht von Jena und Auerstedt.

Friedrich Wilhelm III. war nach Jena und Auerstedt in die äußerste Ecke seines Landes – nach Memel – geflohen und wartete auf die Hilfe seiner russischen Verbündeten. Nachdem im Sommer 1807 die Franzosen gegen die Russen die Schlacht von Friedland gewannen, war Zar Alexander I. (1777–1825, Z. 1801) zu einem Friedensschluß bereit. In dem Frieden von Tilsit am 7. Juli 1807 verschwand auf russische Forderung hin Preußen nicht ganz von der Landkarte, sondern wurde als Pufferstaat zwischen Rußland und dem Rheinbund bestehen gelassen. Es wurde jedoch um über die Hälfte seines Territoriums und fast die Hälfte seiner Einwohner reduziert, mußte sein Heer vermindern und bis auf weiteres eine französische Besatzung hinnehmen, die aus preußischen Mitteln zu versorgen war. Die Höhe der Kriegskontributionen wurde im Herbst 1808 auf 140 Millionen Taler festgesetzt.

Napoleons Herrschaft über Deutschland war nun vollständig. Aus linkselbischem preußischem, aus kurhessischem und braunschweigischem Gebiet schuf er das Königreich Westfalen, dessen Thron sein jüngster Bruder Jérôme bestieg. Das als Musterland gedachte Westfalen erhielt 1807 als erster Staat auf deutschem Boden eine geschriebene Verfassung, der aus der Französischen Revolution entsprungene bürgerliche Prinzipien zugrunde lagen: Rechtsgleichheit, Konfessionsfreiheit, Niederlassungsfreiheit, Gewerbefreiheit, Abschaffung adliger Privilegien. Staatsrat, Justiz und Verwaltung wurden so besetzt, daß Adlige in der Minderheit waren, und die Ablösung aller Feudallasten, die auf Bauern oder Bauerngütern ruhten, wurde zumindest angekündigt. So weit gingen andere Rheinbundstaaten nicht, aber die Zusammenfügung der alten Landesteile mit den neuen Landesteilen erforderte doch Vereinheitlichung von Verwaltung, Steuergesetzgebung und Rechtsprechung. So erhielt auch Bayern 1808 eine Verfassung, in der Gewissensfreiheit und Aufhebung der Reste persönlicher Leibeigenschaft festgeschrieben waren. Alle Rheinbundstaaten – mit Ausnahme Mecklenburgs – hatten eine zentralistisch aufgebaute, durchorganisierte Verwaltung, was örtlichen Obstruktionen von Adel, manchmal auch Klerus, und Zunfthandwerk gegenüber der bürgerlichen Wirtschaftsweise in Gewerbe und Landwirtschaft weitestgehend den Boden entzog. Die Kosten dieser Verwaltung, bei der das Bürgertum kein Mitspracherecht hatte, wurden aus Steuern finanziert, was die Bevölkerung fühlbar belastete. Um aber der Bevölkerung eine Form der Beteiligung am Staatswesen zu geben, konnte bzw. sollte sie Repräsentanten in eine parlamentarische Volksvertretung entsenden. Allerdings besaßen nur wenige Bürger, zumeist nur diejenigen, die hohe Steuern zahlten, das aktive und passive Wahlrecht. Immerhin waren diese Volksvertreter aber nicht mehr die Vertreter eines Standes, sondern in den nach und nach verkündeten Verfassungen wurde ausdrücklich festgelegt, sie seien Sprecher der gesamten Bevölkerung. Neu war auch die Einführung des französischen, bürgerlichen Rechtes – des „Code Napoleon" – in den linksrheinischen Territorien, wo er faktisch bis 1900 galt. Zum Teil wurde er auch von den anderen Rheinbundstaaten übernommen.

Die ab November 1806 gegen England gerichtete Kontinentalsperre, der nach dem Tilsiter Frieden auch Preußen und Rußland beitreten mußten, machte sich bald sehr nachteilig bemerkbar in allen jenen Wirtschaftsregionen, wo man entweder auf den Import via England gelieferter Rohstoffe und/oder den Export von Fertigwaren nach England angewiesen war; das betraf vorrangig die Baumwolle und Leinen verarbeitenden Textilregionen sowie die Getreide- und Viehproduzenten. Andererseits aber waren viele gewerblich-manufakturelle Produktionszweige durch die Sperre auch vor der englischen Konkurrenz geschützt, arbeiteten für Napoleons Rüstungsindustrie und fanden auf dem einheitli-

Das 1804 publizierte bürgerliche Gesetzbuch der Franzosen schrieb die juristischen Errungenschaften der Französischen Revolution fest und ließ keinen Raum mehr für feudale Rechtstitel. 1807 wurde es im Zuge des um Napoleon wuchernden Personenkults „Code Napoleon" benannt. In Deutschland erlangte es volle Gültigkeit in den linksrheinischen Gebieten und während der Rheinbundzeit im Königreich Westfalen, den Großherzogtümern Berg und Frankfurt und dem Fürstentum Anhalt. Es diente auch als Grundlage für einzelne neugefaßte Landrechte, zum Beispiel in Baden, Bayern, Hessen-Darmstadt und Nassau, und sorgte so für den Einzug von Rechtsnormen in das deutsche Rechtsleben, die auf eine bürgerliche Welt ausgerichtet waren. Ein einheitliches bürgerliches Recht zog in Deutschland erst 1900 ein, als das Bürgerliche Gesetzbuch (BGB) in Kraft trat, das in modernisierter Form auch im heutigen Rechtsleben noch Gültigkeit besitzt.

Auf die Nachricht von der Niederlage bei Auerstedt und Jena hin belehrte der Gouverneur von Berlin die Einwohner der Stadt, der König habe eine Bataille verloren und Ruhe sei nun die erste Bürgerpflicht. Anstalten zur Verteidigung der preußischen Hauptstadt wurden nicht getroffen, man hatte zu sehr Wiens Schicksal vor Augen, das im November 1805 von den Franzosen bombardiert worden war. Am 24. Oktober bezog der französische Kommandant mit einem kleinen Truppenkommando seinen Amtssitz, und am nächsten Tag rückte französisches Militär geordnet ein. Als Napoleon selbst am 27. Oktober mit großem Gefolge einritt, applaudierten ihm viele Berliner, denn die verkrustete preußische Adelsherrschaft war nicht besonders beliebt gewesen. Die schweren Belastungen der französischen Besatzungspolitik führten allerdings bald zu einem Sinneswandel. (Gemälde von Charles Meynier; Versailles, Musée historique)

chen Markt des französischen Kaiserreichs relativ sicheren Absatz. So stärkte die Kontinentalsperre gegen England innerhalb des Bürgertums die Rolle der gewerblich-manufakturellen Produzenten gegenüber der der Kaufleute.

Größten Unmut aber weckten überall im Rheinbund die nicht abreißenden Aushebungen von Landeskindern für den Militärdienst unter Napoleons Fahnen; solange die Söhne noch aus siegreichen Kriegen mit Beute heimkehrten, mochte

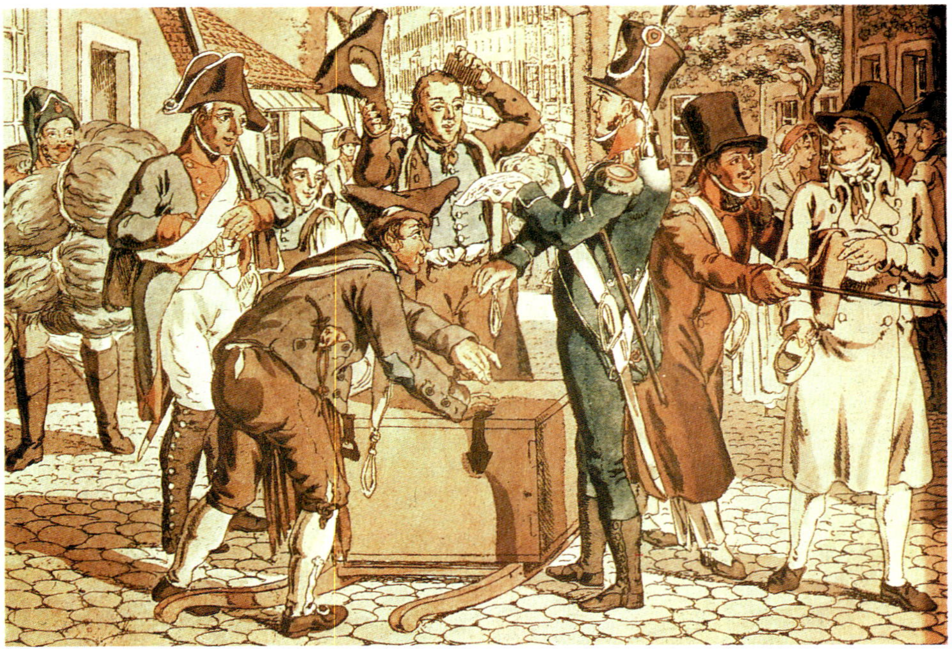

Die im November 1806 von Napoleon angeordnete Kontinentalsperre gegen Waren englischer Produktion und den Export kontinentaleuropäischer Roh- und Nahrungsstoffe zu der britischen Insel sollte nicht nur die englische Industrie treffen und Großbritannien nach Möglichkeit aushungern, sondern sie sollte auch der französischen Industrie die bis dahin englisch beherrschten Märkte sichern. Deshalb wurde besonders scharf nach englischen Produkten geforscht, und selbst die Besucher der Leipziger Messe mußten sich strenge Visitationen gefallen lassen. Allerdings förderte die Kontinentalsperre den Schmuggel auf breitester Basis. Nach einigen Jahren merkten auch die Franzosen, daß ohne gewisse englische Produkte selbst die Waffen- und Galanteriewarenherstellung in Schwierigkeiten geriet, und betrieben nun legalisierten Schmuggel mittels Ausnahmelizenzen. Das führte fast zum moralischen Zusammenbruch der Handelswelt. (Radierung von Christian Geißler; Leipzig, Museum für die Geschichte der Stadt Leipzig)

Publicandum

betreffend die,

durch das sub dato Memel den 9. October 1807,

ergangene Edikt,

erfolgte

Auflösung der persönlichen

Erbunterthänigkeit

in der

Provinz Schlesien und in der Grafschaft Glatz.

De Dato Königsberg den 8ten April 1809.

Breslau,
gedruckt bey Wilhelm Gottlieb Korn.

es angehen – aber als die Verluste größer wurden, die Niederlagen sich häuften und statt der Beute Krüppel in die Heimat gelangten, glimmte der Volkszorn gegen Napoleon wie ein Flächenbrand.

Am entschiedensten wurde der Bruch mit dem alten Ständestaat und die Hinwendung zu neuen Erfordernissen in Preußen vollzogen. In den Oberbehörden, an der Kriegsakademie und selbst bei Hofe hatte es bereits vor 1806 Personen gegeben, die den Gang der Weltgeschehnisse seit der Französischen Revolution richtig als Weg in eine moderne Gesellschaft interpretiert hatten. Es waren zumeist nicht als preußische Untertanen Geborene, die andernorts geformt worden waren, bevor sie in preußische Dienste traten. Mit dem Zerbrechen des überalterten Staatswesens und dem Versagen seiner Träger im Kriege 1806/07 war ein neuer Freiraum entstanden, in den die Reformkräfte eindrangen. Nach dem Tilsiter Frieden zwang Napoleon den preußischen König, dessen ehemaligen Finanzminister Heinrich Friedrich Karl vom und zum Stein (1757–1831) zum leitenden Minister zu machen. Da der König den nachdrücklich für eine Verwaltungsreform eintretenden Minister im Januar 1807 im Zorn entlassen hatte, hoffte Napoleon auf aufreibende Gegensätze in der preußischen Staatsführung. Aber König Friedrich Wilhelm III. war viel zu schockiert über den Tilsiter Frieden, als daß er sich in diesen Jahren in entscheidende Amtsgeschäfte gemischt hätte. Der Freiherr vom Stein erhielt die Möglichkeit zur Entwicklung eines Reformprogramms: Lösung der Landwirtschaft aus ihren feudalen Fesseln, freie Bauern, reiche Landbesitzer, sich selbst verwaltende Kommunen auf der Basis der Einbeziehung der Bürger – kurz, ein aus Staatsbürgern und nicht aus Untertanen bestehendes Staatswesen. Der Anfang wurde im Oktober 1807 mit einem Edikt gemacht, das jedem Staatsbürger das Recht zum Erwerb von Grundbesitz auch auf dem Lande erlaubte; damit trat Grund und Boden in den Bereich marktwirtschaftlicher Spekulation, privater Initiative und profitorientierter Kapitalanlage – ein wesentlicher Schritt auf dem Wege in eine bürgerliche Gesellschaft. Als Ergänzung hatte die Bindung der Bauern an den Boden zu verschwinden, und aus dieser Konsequenz heraus hob das Oktober-Edikt auch mit Wirkung vom November 1810 die Erbuntertänigkeit auf: Von da an gab es in Preußen nur noch persönlich freie Bauern.

Gerade konnte Stein noch am 19. November 1808 die Städteordnung erlassen, als ein der französischen Geheimpolizei zugespielter Brief Steins mit scharfen Urteilen über die napoleonische Bedrückung dem Korsen Gelegenheit gab, seine Entlassung durchzusetzen und ihn polizeilich suchen zu lassen. Stein mußte nach Österreich fliehen, doch die Städteordnung wurde 1809 mit Leben erfüllt: Der Staat zog sich gegenüber den Städten auf Aufsichtsrechte zurück und überließ die dortige Verwaltung einem Magistrat, der von gewählten Stadtverordneten bestimmt wurde. Allerdings war das Wahlrecht des Städtebürgers an Bürgerbrief, Grundbesitz oder eine bestimmte

Die von Einsichtigen schon lange überlegten, aber durch die Macht des ostelbischen Junkertums nie über bescheidene Ansätze hinausgekommenen grundlegenden Reformen für eine Modernisierung Preußens wurden nach dem Tilsiter Frieden endlich energisch in Angriff genommen. Schon vor Steins Amtsberufung zum Ersten Staatsminister war eine Expertenkommission aus bürgerlichen Verwaltungsfachleuten eingesetzt worden, die dem König Freiheit des Güterverkehrs bei Grund und Boden und Aufhebung der Erbuntertänigkeit vorgeschlagen hatte. Stein griff nun diese Vorschläge auf und sorgte dafür, daß sie Gesetzeskraft erhielten: Schon zehn Tage nach seiner Amtseinführung peitschte er das sogenannte Oktober-Edikt durch, das u. a. ab November 1810 die Gutsuntertänigkeit aufhob. Da aber die rechtlichen Verhältnisse der Bauern in den einzelnen preußischen Provinzen nicht nur unterschiedlich waren, sondern auch bei gleichem Inhalt vielfältig verschiedene Bezeichnungen trugen, mußte noch mit einer Fülle regional präzisierter Ausführungsbestimmungen gearbeitet werden.

Die Militär-Reorganisationskommission, die vom König im Juli 1807 berufen wurde, war seit Anfang 1808 völlig von Militärs beherrscht, die die Kriegsführung der französischen Revolutionsarmeen intensiv studiert und ausgewertet hatten. Die Militärreformer traten mit ihren Ansichten – für das alte preußische Militärwesen gänzlich undenkbar – ungeschminkt in der Öffentlichkeit auf und kannten kein Erbarmen mit Unfähigkeit. Die Kommission erreichte u. a., daß von 146 preußischen Generälen, die zur Zeit von Jena und Auerstedt im Dienst gestanden hatten, ganze zwei noch ein Kommando behielten, als im Frühjahr 1813 die Erhebung gegen Napoleons Herrschaft ausbrach. Das Bild zeigt die Mitglieder der Reorganisationskommission von links nach rechts: Hermann von Boyen, Carl von Clausewitz, König Friedrich Wilhelm III., August Neidhardt von Gneisenau, Freiherr vom Stein, Friedrich von Goetzen (1767–1820).

Major Ferdinand von Schill (geb. 1776), Kommandeur des 2. Brandenburgischen Husarenregiments in Berlin, reagierte auf den österreichischen Aufruf an die Deutschen, sich im Interesse des Vaterlandes gegen Napoleon zu erheben. In der Absicht, ganz Preußen mitzureißen, begann er Ende April 1809 einen Streifscharenzug in die Rheinbundstaaten Sachsen, Anhalt, Westfalen und Mecklenburg. Er errang örtliche militärische Erfolge, konnte aber weder die preußische Neutralität beeinflussen noch die jeweilige Bevölkerung zum Aufstand mitreißen. Schill fiel am 31. Mai im Straßenkampf in Stralsund gegen napoleonische Truppen. Wer als Gefangener aus dem Schillschen Freikorps in französische Hände fiel, hatte ein grausames Schicksal zu erwarten. Vierzehn Deserteure aus der westfälischen Armee, die sich Schill angeschlossen hatten, wurden in Braunschweig erschossen und ca. 600 Soldaten seiner Schar als Kettensträflinge nach Toulon verschickt. Elf der Schillschen Offiziere verschleppten die Franzosen auf die Festung Wesel, wo sie, nachdem Napoleon ihre Erschießung befohlen hatte, am 16. September pro forma wegen „Straßenraub" zum Tode verurteilt und schon anderthalb Stunden später hingerichtet wurden.

Steuerhöhe gebunden. Aber bei all diesen Einschränkungen war die Steinsche Städteordnung ein großer Schritt zur demokratischen Mitwirkung von Einwohnern in ihren Gemeinden.

In Fortsetzung der von Stein eingeleiteten Schritte stellten sich bald notwendige weitere Überlegungen ein. Die persönlich freien Bauern waren durch Abgaben und Dienste dem Gutsherrn gegenüber dinglich noch unfrei; hier mußten also Ablösungen ins Auge gefaßt werden. Der potentielle Anteil am städtischen Verwaltungsleben mußte Anreize schaffen, in die wahlberechtigte Steuerklasse aufzusteigen, aber wie konnte man das, wenn die Zünfte es auf soziale Gleichheit ihrer Zunftgenossen abgesehen hatten? Der Zunftzwang mußte also grundsätzlich verschwinden. Unter dem Staatskanzler Karl August von Hardenberg (1750–1822) wurden ab 1810 die erforderlichen Lösungen gefunden. Die Gewerbefreiheit wurde verkündet, die rechtliche Gleichstellung der Juden in den Kommunen eingeführt und den Bauern die Ablösung der dem Gutsherrn geschuldeten Leistungen mittels Kompensation durch diesem abzutretendes Bauernland – allerdings auf dem Wege gütlicher Einigung – ermöglicht.

Im Rahmen der Reformpolitik war 1807 auch eine Heeresreform angelaufen. Verantwortlich für sie waren junge Offiziere, die bisher nur in der zweiten Reihe gestanden hatten, wie der Vorsitzende der entsprechenden Reformkommission Gerhard von Scharnhorst (1755–1813), ein früherer Lehrer an der Kriegsakademie, seine rechte Hand August Neidhardt von Gneisenau (1760–1831) und dessen Büroleiter Karl von Clausewitz (1780–1831), ein hervorragender Militärtheoretiker. Sie räumten rigoros mit den Greisen im Kommandeurkorps auf, schafften die entehrenden Körperstrafen ab, machten alle Offiziersstellen auch Bürgerlichen zugänglich, schufen selbständig operierende taktische Einheiten gemischter Waffenarten, ersetzten den Paradedrill durch realitätsbezogenen Felddienst und Zielschießen; die Begrenzung auf 42 000 Mann unterliefen sie

durch kontinuierliche Auswechslung der mit einer Grundausbildung versehenen Rekruten gegen Neuausgehobene in jeder Kompanie – das sogenannte Krümpersystem.

Das Ziel der Patriotenpartei unter den Militärs war ein Befreiungskrieg, wobei sie sich mit den nach 1807 entlassenen Offizieren und den durch die Kontinentalsperre empfindlich getroffenen Getreide produzierenden Junkern trafen. Diese Partei hätte gern Preußens Kriegseintritt an der Seite Österreichs gesehen, das 1809 zu einem Krieg gegen Napoleons Herrschaft über Mitteleuropa rüstete. Militärisch war ein Waffengang verführerisch, weil Napoleon seit 1808 in Spanien mit einem kräftezehrenden Volkskrieg konfrontiert war. Politisch war das Vorgehen aber wenig aussichtsreich, weil Frankreich und Rußland im besten Einvernehmen waren, Europa in ihre Einflußsphären aufgeteilt hatten und bei einer sich ankündigenden Niederlage Napoleons der Zar für ihn Partei zu nehmen drohte.

Die trotzdem Anfang April erfolgende Kriegserklärung der Österreicher war neben dem üblichen diplomatischen Kriegsmanifest auch von einem zündenden, an das Nationalgefühl appellierenden Aufruf an das deutsche Volk begleitet, der zur Befreiung von der Last der französischen Vorherrschaft aufforderte, was aber nicht viel Widerhall fand. In Wien hatte man jedoch nun einmal losgeschlagen in der Hoffnung auf den Anschluß Preußens oder wenigstens auf Volkserhebungen in Nord- und Süddeutschland. Aber in Norddeutschland gab es nur wenige lokale Bewegungen, die im Keim erstickt wurden. In Süddeutschland erhoben sich dagegen die 1805 an Bayern abgetretenen Tiroler zugunsten ihres Kaisers und vertrieben die Okkupanten, bis sie durch den Waffenstillstand vom 12. Juli von ihrem Kaiser vor vollendete Tatsachen gestellt wurden. Zwar für den Aufstand amnestiert, wurden sie doch wieder Bayern überlassen. Bis November konnten sich die Tiroler noch halten, dann erlagen sie bayerischer und französischer Übermacht. Ihr Führer Andreas Hofer (geb. 1767) wurde durch Verrat in seinem Versteck aufgespürt und am 20. Februar 1810 in Mantua standrechtlich erschossen.

Die österreichischen Hauptarmeen hatten nicht erfolgreicher operiert; nach kurzen Anfangserfolgen wichen sie vor dem herbeieilenden Napoleon zurück und gaben am 13. Mai Wien auf. Zwar gelang es am 21./22. Mai dem österreichischen Oberbefehlshaber, Napoleon nördlich von Wien bei Aspern zu schlagen, aber der Sieg wurde nicht ausgenutzt. Napoleon formierte seine geschlagene Armee neu, griff am 5. Juli wieder an und zwang die Österreicher zum Rückzug. Daraufhin bat der Kaiserhof um Waffenstillstand und schloß im Oktober einen halbwegs glimpflichen Frieden ab. Hatte Österreich von 1792 bis 1805 für die Zurückdrängung der Französischen Revolution gekämpft, waren 1809 im wesentlichen national-patriotische Motive bestimmend gewesen: Die Kriegspartei sah Österreich als deutschen Teilstaat und wollte das deutsche Interesse einer Zurückdrängung der Fremdherrschaft verfolgen. Nach ihrem Mißerfolg von 1809 trat diese Partei von der bestimmenden politischen Bühne Wiens ab und überließ das Feld nüchtern nach europäischem Gleichgewicht kalkulierenden Diplomaten, wie dem neuen Außenminister Klemens von Metternich (1773–1859), der dann auch nachhaltig die Verschacherung der Kaisertochter Marie Louise (1791–1847) an Napoleon als dessen Gattin billigte. Als sie Napoleon 1811 einen Sohn schenkte, schien der korsische Revolutionserbe und -vollstrecker endgültig dem Kreis der Monarchen anzugehören.

Während sich Napoleon 1811 im Zenit seiner Laufbahn wähnen mußte, lagen tatsächlich bereits die langen Schatten seines Abstiegs über ihm. 1805 hatte er seine Absicht aufgeben müssen, in England, dem Hauptfeind im Kampf um die Vorherrschaft in Europa, zu landen. Die Engländer waren dagegen 1809 auf dem Kontinent gelandet und hatten in Spanien – eingeladen von den spanischen Aufständischen gegen Napoleons Bruder Joseph (1768–1844) und dessen Hilfstruppen – eine Landfront gegen den Kaiser der Franzosen eröffnet. Die Kontinentalsperre führte auch für die Franzosen selbst zur Verknappung bestimmter Rohstoffe und Genußmittel in Europa, was gärende Unzufriedenheit und blühenden Schmuggel begünstigte.

Wegen der Weigerung des Zaren, sich weiter an die Bestimmungen der Sperre zu halten, verschlechterten sich die Beziehungen zwischen Paris und St. Petersburg seit Sommer 1811 zusehends. Napoleon entschied, daß England nicht in die Knie gezwungen werden könne, solange Rußland nicht bedingungslos in einer Front mit Frankreich stehe. Beide, Napoleon wie der Zar, suchten für den bevorstehenden Krieg Verbündete. Für den Rheinbund war das keine Frage, Österreich war nach dem Schock der Niederlage von 1809 zu keiner Festlegung bereit, in Preußen allerdings wurde geschwankt. Scharnhorst, inzwischen Chef des Generalstabs, schloß mit dem Zaren eine Militärkonvention ab, aber der preußische König ratifizierte sie nicht, weil er keine definitive Zusage aus Wien erhielt, daß man auch dort auf die Seite Rußlands träte. Auf die vage Zusicherung einer territorialen Entschädigung in dem noch zu erobernden Kurland hin sicherte Preußen Anfang 1812 Napoleon 20 000 Mann als Hilfstruppe zu. Nachdem er an einer Allianz mit des Kaisers Schwiegersohn nicht vorbeikam, handelte Metternich für seine 30 000 Mann Hilfstruppen ein eigenes Kommando aus, das an seinem Frontabschnitt den Krieg nicht gerade aktiv betrieb. Dem Zaren ließ Metternich

Korsischen Clantraditionen folgend, sorgte Napoleon großzügig für seine Familie, machte seine Brüder und seinen Schwager zu Königen und verkuppelte seine Schwestern an regierende Fürsten. Obwohl Erbe und Vollstrecker der Französischen Revolution, kopierte er nur zu gern die traditionellen Zeremonien der Fürstenhöfe, auch was deren Pomp und Titelsucht betraf. Bei Festlichkeiten sah er nicht ungern die von ihm „gemachten" Könige bei sich, wie hier abgebildet bei einer Festivität am 4. Dezember 1809. Nur der König von Bayern fehlt, sonst sind alle Herrscher von Napoleons Gnaden anwesend: links von Napoleon der König von Holland (sein Bruder), daneben der König von Württemberg (ausnahmsweise nicht mit Napoleon verwandt), daneben wieder ein Familienmitglied, sein Bruder Jérôme, König von Westfalen, und ganz außen sein Schwager Joachim Murat, König von Neapel. Links hinter Napoleon steht sein Bruder Joseph, seit 1808 König von Spanien.

Von den im Juni aufgebrochenen 500 000 Mann der „Grande Armée" kamen noch etwa 30 000 Mann seit Mitte Dezember aus Rußland zurück. Der über die ewigen Forderungen des napoleonischen Militärs und Truppenaushebungen erbosten Bevölkerung wurden nun nicht mehr siegreiche Heerscharen des Korsen präsentiert, sondern körperlich und seelisch erschöpfte und verkrüppelte Menschen, die einen katastrophalen Feldzug hatten mitmachen müssen.

mitteilen, Österreich mache nur zum Schein mit und erwarte sehnlichst den Tag, an dem es wieder für Europas alte Ordnung kämpfen könne. Die preußische Unterwerfung unter Napoleons Wünsche dagegen war vollständig und empörte die dortige Patriotenpartei. Gneisenau, nun Chef des Ingenieurkorps der Armee, hatte im August 1811 dem König in einer Denkschrift eine detaillierte Ausarbeitung für eine Volkserhebung vorgelegt, in der auch Gedanken zur Mobilisierung der gesamten männlichen Bevölkerung in Linie, Landwehr und Landsturm formuliert waren. Jetzt verließ er wütend die preußischen Dienste und reiste über Rußland nach England. Dutzende von Offizieren quittierten den Dienst und gingen nach Rußland, darunter die Mitglieder der Militärreformkommission Carl von Clausewitz und Hermann von Boyen (1771-1848).

Inzwischen wälzte sich der Heerwurm von 500 000 Mann auf die russische Grenze zu – darunter nur 100 000 Franzosen, aber 200 000 Deutsche aus den Rheinbundstaaten, Preußen und Österreich, dazu Polen, Italiener und Spanier. Am 24. Juni 1812 eröffnete Napoleon mit dem Übergang über den Njemen den Krieg. Die russische Strategie lockte die Truppen tief ins Land. Erst vor Moskau stellten sich die Russen bei Borodino am 7. September 1812 zur Schlacht. Nach dem Einzug in Moskau wartete Napoleon vergeblich auf ein russisches Friedensangebot. Statt dessen steckten die Russen ihre alte Hauptstadt in Brand, damit sie dem französischen Kaiser nicht als Winterquartier dienen konnte. Mitte Oktober befahl Napoleon den Rückmarsch. Unter russischen Angriffen und dem unbarmherzigen russischen Winter schmolz die „Große Armee" derart zusammen, daß Mitte Dezember nur noch ein Bruchteil die preußische Ostgrenze überschritt.

Die Befreiungskriege

Furchtbar waren auch die Verluste der rheinbündnerischen Kontingente: Das westfälische hatte fast 26 000 Mann betragen, von denen nur wenig mehr als 600 zurückkehrten, weitere 600 waren zu den Russen übergegangen. Dagegen hatten die Österreicher, die am Südflügel gestanden hatten, keine Verluste zu beklagen und die Preußen nur geringe. Das Korps des Generals Ludwig von Yorck (1759-1830) hatte sich bei Wintereinbruch auf die preußische Grenze zurückgezogen. Dabei war es vom Hauptkorps des Nordflügels getrennt worden und sah zwischen dessen und seiner Position Russen einsickern. In dieser Situation vermittelte der bei den Russen dienende Clausewitz Verhandlungen, die am 20. Dezember zwischen dem russischen General Diebitsch (1785-1831) und dem preußischen General Yorck nahe Tauroggen zu einer Konvention über die Neutralität des preußischen Korps führten. Die Konvention von Tauroggen veränderte auf einen Schlag die politische Lage: Dem napoleonischen Kommando war eine intakte Truppe entzogen, mit der die Russen noch am Vormarsch hätten gehindert werden können. Daraufhin brach die französische Nordfront östlich der Oder zusammen, was die Position derjenigen Politiker und Militärs stärkte, die den Zaren nach der Befreiung der russischen Erde zur Weiterführung des Krieges zu bewegen suchten. Friedrich Wilhelm III. tadelte Yorcks Alleingang als Verstoß gegen den militärischen Gehorsam und distanzierte sich öffentlich von Yorck. Vorsichtshalber übersiedelte er aber, um französischem Druck zu entgehen, Ende Januar in das franzosenfreie Breslau. Dort wurde er so ungeschminkt mit der großen Aufbruchstimmung des Volkes konfrontiert, daß er zögernd umschwenkte. In Ostpreußen beschlossen die Landstände Anfang Februar 1813 die Volksbewaffnung. Der König ließ sich zu einem Aufruf zur Bildung freiwilliger Jäger-Detachements bewegen, die sich ihre Offiziere selbst wählen durften. Aus den nichtpreußischen Freiwilligen, die daraufhin nach Breslau strömten, formierte der Major Lützow (1782-1834) ein Freikorps, das sich auf den Guerillakrieg im Rücken des Feindes spezialisierte. Stein erschien in Breslau und überbrachte dem König klare ultimative Forderungen des Zaren, so daß am 27. Februar 1813 ein preußisch-russischer Vertrag abgeschlossen wurde, der die Unabhängigkeit Deutschlands und Europas von napoleonischer Herrschaft zum Kriegsziel erklärte. 150 000 Russen und 80 000 Preußen traten zu diesem Zweck zum Waffengang an. Am 16. März erfolgte Preußens Kriegserklärung an Frankreich. Am Tage darauf wandte sich der König in einem Appell „An mein Volk", worin erstmals ein preußischer Monarch seinen Staatsbürgern – und nicht auswärtigen Diplomaten – erklärte, warum er einen Krieg begann. Mit den Verordnungen zur Bildung von Landwehr (im März) und Landsturm (im April) wurde die von der Französischen Revolution vorgeführte „levée en masse" gesetzlich organisiert. Örtliche Erhebungen gab es auch in Rheinbundstaaten und in den französischen Nordseedepartements: Ham-

Schlesische privilegirte Zeitung.

No. 34. Sonnabends den 20. März 1813.

Se. Majestät der König haben mit Sr. Majestät dem Kaiser aller Reußen ein Off- und Defensiv-Bündniß abgeschlossen.

An Mein Volk.

So wenig für Mein treues Volk als für Deutsche, bedarf es einer Rechenschaft, über die Ursachen des Kriegs welcher jetzt beginnt. Klar liegen sie dem unverblendeten Europa vor Augen.

Wir erlagen unter der Uebermacht Frankreichs. Der Frieden, der die Hälfte Meiner Unterthanen Mir entriß, gab uns seine Segnungen nicht; denn er schlug uns tiefere Wunden, als selbst der Krieg. Das Mark des Landes ward ausgesogen, die Hauptfestungen blieben vom Feinde besetzt, der Ackerbau ward gelähmt so wie der sonst so hoch gebrachte Kunstfleiß unserer Städte. Die Freiheit des Handels ward gehemmt, und dadurch die Quelle des Erwerbs und des Wohlstands verstopft. Das Land ward ein Raub der Verarmung.

Durch die strengste Erfüllung eingegangener Verbindlichkeiten hoffte Ich Meinem Volke Erleichterung zu bereiten und den französischen Kaiser endlich zu überzeugen, daß es sein eigener Vortheil sey, Preußen seine Unabhängigkeit zu lassen. Aber Meine reinsten Absichten wurden durch Uebermuth und Treulosigkeit vereitelt, und nur zu deutlich sahen wir, daß des Kaisers Verträge mehr noch wie seine Kriege uns langsam verderben mußten. Jetzt ist der Augenblick gekommen, wo alle Täuschung über unsern Zustand aufhört.

Brandenburger, Preußen, Schlesier, Pommern, Litthauer! Ihr wißt was Ihr seit fast sieben Jahren erduldet habt, Ihr wißt was euer trauriges Loos ist, wenn wir den beginnenden Kampf nicht ehrenvoll enden. Erinnert Euch an die Vorzeit, an den großen Kurfürsten, den großen Friedrich. Bleibt eingedenk der Güter, die unter

Den besonderen Charakter des bevorstehenden Schicksalskampfes gegen Napoleon konnten die Vertreter der Patriotenpartei sogar dem preußischen König begreiflich machen. Auf ihre Veranlassung hin wandte er sich erstmals bei Beginn eines Krieges direkt an die Bevölkerung. Wie schon die österreichische Kriegspartei im Jahre 1809, so betonte nun auch die preußische Patriotenpartei in ihrem Aufruf zu Beginn der Feindseligkeiten, daß es auch darum ginge, weiter Deutsche sein zu können. Der Text des Aufrufs stammt von dem preußischen Staatsrat Theodor von Hippel (1775–1843) und wurde eigenhändig vom preußischen Staatskanzler Hardenberg korrigiert. Der König setzte nur seine Unterschrift unter das Dokument.

burg zum Beispiel befreite sich beim Herannahen von Kosaken schon Ende Februar. Aber die Rheinbundfürsten hielten zunächst zu ihrem „Protektor", nur der Herzog von Mecklenburg-Schwerin trat dem preußisch-russischen Bündnis bei, als Kosaken durch sein Land schwärmten. So kämpften Preußen und Russen – ab Ende April auch noch 30 000 Schweden – zunächst allein für die Befreiung Deutschlands.

Zwar endete der erste Feldzug der Alliierten nach anfänglichen Erfolgen mit einem bitteren Rückschlag, und Franzosen und ihre rheinbündnerischen Gefolgsscharen drangen bis Breslau vor. Aber Napoleon benötigte doch rasch einen Waffenstillstand, um seine Truppen wieder aufzufüllen. Während der vom 4. Juni bis 10. August währenden Waffenruhe lehnte er in völliger Überschätzung seiner Stärke das Kompromißangebot des von der Koalition umworbenen Österreich ab, das Frankreich beim Friedensschluß die Rheingrenze garantiert hätte.

So begann am 11. August die zweite Phase des Befreiungskrieges, nachdem Österreich Napoleon ebenfalls den Krieg erklärt hatte. In der Völkerschlacht bei Leipzig vom 16. bis 19. Oktober 1813 wurde Napoleons Herrschaft über Deutschland ein Ende gesetzt; nur noch schwache Reste seiner Armee konnte er über den Rhein retten. Der Rheinbund zerfiel. Nachdem schon Bayern durch Metternichs kluge Diplomatie am 8. Oktober die Seiten und während der Leipziger Schlacht das sächsische und württembergische Korps die Front gewechselt hatten, beeilten sich nun alle Rheinbundfürsten um Anschluß an die Koalition. Metternich versuchte zwar erneut, Napoleon nun zur Akzeptierung der Rheingrenze zu bewegen, hatte aber auch jetzt keinen Erfolg. In der Silvesternacht 1813/14 setzte Blüchers Schlesische Armee bei Kaub über den Rhein und trug den Krieg damit in französisches Staatsgebiet. Zögernde Kriegsführung der über die Schweiz nach Mittelfrankreich drängenden Hauptarmee brachte noch einmal Unsicherheiten, militärische Schlappen und einen vom 5. Februar bis 18. März währenden Friedenskongreß. Aber die Schlesische Armee marschierte nach Gneisenaus Plan ab Ende März direkt auf Paris zu, wo der preußische König zusammen mit dem Zaren am 31. März 1814 einzog. Napoleon hatte inzwischen kaum noch Rückhalt bei seinem Volk: zu lange währte schon der Krieg. Am 6. April dankte er auf Drängen seiner Marschälle ab. Während ihn die Alliierten auf die Insel Elba ins Exil schickten, bestieg in Paris mit Ludwig XVIII. wieder ein Bourbone den Thron.

Am 10. März 1813 stiftete der preußische König, dem schon früher erteilten Rat der Militärreformer folgend, erstmals eine militärische Tapferkeitsauszeichnung, die ohne Unterschied von Rang und Stand für Offiziere und Mannschaften gleichermaßen vorgesehen war – das „Eiserne Kreuz". Entgegen den sonst für Offiziere üblichen Orden war es ohne besonderen materiellen Wert, sondern sollte einzig der moralischen Anerkennung dienen. Der Entwurf für die schlichte Form geht auf Karl Friedrich Schinkel (1781–1841) zurück.

Die Franzosen und ihre rheinbündnerischen Truppen drangen bis Breslau vor, benötigten aber doch einen Waffenstillstand, um Verluste in den eigenen Reihen wieder ausgleichen zu können. Nach Ablauf des Waffenstillstandes setzte Napoleon am 11. August 1813 auf eine Offensive in Richtung Norden, um Berlin einzunehmen. Der größte Teil seiner Angriffsarmee wurde aber am 23. August südlich Berlins geschlagen, und ein Entlastungsangriff in die Flanke der Preußen durch Rheinbund-Einheiten endete am 27. August bei Hagelberg in einer französischen Katastrophe: Brandenburgische Landwehrmänner, darunter viele durch Requisitionen und Plünderungen napoleonischer Truppen erbitterte Bauern, droschen die gegnerische Infanterie mit ihren Gewehrkolben zusammen.

Während die österreichische Diplomatie auf Verhandlungen setzte, die zwar die französische Vorherrschaft über Mitteleuropa zerschlagen, aber Napoleon nicht gänzlich ausschalten sollten, wobei man in Wien bereit war, den Rhein als „natürliche“ Grenze Frankreichs anzuerkennen, setzte in der Silvesternacht 1813/14 der als Armeeführer 1813 schon legendär gewordene Blücher, angefeuert von den deutschen Patrioten, mit einem Heer bei Kaub über den Rhein, um die linksrheinischen Gebiete von der französischen Fremdherrschaft zu befreien, ins französische Gebiet einzumarschieren und Napoleon zu vertreiben. (Gemälde von Wilhelm Camphausen; Berlin, Museum für Deutsche Geschichte)

Der seit Oktober 1814 in Wien tagende Kongreß von Fürsten und Gesandten zur Neuordnung Europas schloß die ein Vierteljahrhundert währende Epoche europäischer Revolutions-, Interventions-, Eroberungs- und Befreiungskriege ab. Der Wiener Kongreß sollte ein System machtpolitischer Ausgewogenheit in Europa begründen. In einer solchen Lösung hatte ein kräftiges Deutsches Reich in der Mitte Europas keinen Platz, und daher wurde den deutschen Ländern nur die Bildung eines Deutschen Bundes zugestanden.

Der Wiener Kongreß und seine Folgen

Der Frieden von Paris vom 30. Mai 1814 weckte die Hoffnung, daß Europa erstmals seit Ausbruch der Französischen Revolution wieder zur Ruhe kommen könne. Um den Frieden durch ein machtpolitisches Gleichgewicht zu sichern, wurde die Unabhängigkeit der deutschen Einzelstaaten ausdrücklich anerkannt. Die Reformpartei plädierte zwar dafür, daß nur Preußen und Österreich Deutschland vorstehen und alle Klein- und Mittelstaaten verschwinden sollten. Der ab Oktober 1814 stattfindende Wiener Kongreß war jedoch bestimmt von dem Bemühen, ein ausgewogenes Gleichgewicht ohne Vorherrschaft einer der Großmächte auszuhandeln. Daher wurde Sachsen, dessen König bis zuletzt Napoleon treu geblieben war und dessen Krone nun zur Disposition stand, entgegen preußischen Wünschen, die darauf abzielten, es ganz zu annektieren, in einen preußischen und einen weiterhin selbständigen Teil aufgeteilt.

Die Wiener Schlußakte vom 9. Juni 1815 stellte einen Versuch dar, einerseits die monarchische Ordnung in Deutschland wiederherzustellen, andererseits jedoch die Änderungen, die seit 1803 zu einer „Bereinigung" der politischen Landkarte Deutschlands geführt hatten, zu legitimieren. Die „Deutsche Bundesakte" hob eine Föderation Deutscher Bund aus der Taufe, die aus 1 Kaiserreich, 5 Königreichen, 1 Kurfürstentum, 7 Großherzogtümern, 8 Herzogtümern, 10 Fürstentümern, 1 Landgrafschaft und 4 Freien Städten bestand, die alle für sich souverän, aber alle zugleich in der Bundesversammlung vertreten waren – einer ständigen Gesandtenkonferenz, die von Österreich und Preußen beherrscht wurde. Eine exekutive oder legislative Spitze gab es nicht (das vorgeschlagene Bundesgericht scheiterte am Einspruch Bayerns), aber es war den Mitgliedern verboten, Verträge mit auswärtigen Staaten zu schließen, die sich gegen andere Mitglieder richteten, und im Falle eines Angriffs von außen waren alle Bundesmitglieder verpflichtet, Kontingente für ein Bundesheer zu stellen. Auf diese Weise war zwar keine Einheit zustande gekommen, aber eine lose Form des Zusammenhalts als Nachfolge des Alten Reiches geschaffen worden. Die Wiener Abschlußverhandlungen waren wesentlich beschleunigt worden durch das unerwartete Wiedererscheinen Napoleons auf der politischen Bühne: Überraschend war er am 1. März 1815 mit 150 Getreuen in Südfrankreich gelandet, wo neun Monate Erfahrung mit der Herrschaft der zurückgekehrten Emigranten genügt hatten, daß Volk und Armee begeistert zu ihm übergingen. Am 20. März zog er in Paris ein. Möglicherweise lagen ihm neue Aggressionen fern, aber die anderen Mächte trauten ihm nicht über den Weg, und der Wiener Kongreß sprach am 13. März die Acht über ihn aus. Die Koalition von 1813/14 entstand im Nu wieder und plante einen konzentrischen Vormarsch auf Paris ab Ende Juni. Napoleon versuchte, die alliierten Truppen einzeln zu stellen, verlor aber die entscheidende Schlacht bei Waterloo am 18. Juni 1815 gegen englische und preußische Truppen. Am 22. Juni dankte er erneut ab. Auf die weltabgeschiedene Atlantikinsel St. Helena verbannt, starb er dort am 5. Mai 1821.

Der Schock über Napoleons Rückkehr wirkte bei den Politikern des Wiener Kongresses tief nach. Zwei Bündnisse sollten einen erneuten Rückfall in napoleonische Zeiten verhindern. Gleichzeitig wollte man dabei auch die laut gewordenen Forderungen nach Liberalismus und Nationalismus unterdrücken. Im November 1815 schlossen Großbritannien, Österreich, Preußen und Rußland ein Bündnis, das sich gegen einen etwaigen neuen Angriff Frankreichs richtete. Bekannter und bedeutender wurde jedoch die von Zar Alexander I., Kaiser Franz I. und dem preußischen König unterzeichnete „Heilige Allianz", die als Werkzeug zur Wahrung der bestehenden Verhältnisse diente. Damit konnten Maßnahmen gegen alle Formen politischen Denkens und Handelns eingeleitet werden, die nicht als übereinstimmend mit der herrschenden Ordnung angesehen wurden, wobei alle auf Veränderung gerichteten politischen Kräfte, gleich ob reformkonservativ, liberal, demokratisch, jakobinisch oder nationalistisch, in einen Topf geworfen wurden.

Die im Deutschen Bund konföderierten souveränen Einzelstaaten waren nach 1815 zumeist erst einmal damit beschäftigt, sich in ihren neuen territorialen Grenzen einzurichten. Eine Welle von Verwaltungsreformen und Behördenumorganisationen durchlief den ganzen Bund. Da die Deutsche Bundesakte in Artikel 13 landständische Verfassungen in den Gliedstaaten in Aussicht genommen hatte, erfolgte die Festschreibung der behördlichen Rechte und Verantwortungen sehr oft in diesen Verfassungen, die zwar in Anhalt, Mecklenburg und Reuß die jahrhundertealten Landständeordnungen fortsetzten, aber sonst entweder von den Landesherren verordnet oder aber ihnen förmlich abgerungen wurden. Während in dem von Metternich regierten Österreich der Artikel 13 einfach übergangen wurde und in Preußen Friedrich Wilhelm III. sein im Mai 1815 gegebenes Versprechen bezüglich der Einrichtung einer Nationalrepräsentation nicht einhielt, entwickelte sich in Süddeutschland eine Art Parlamentarismus, bei dem jedoch regionale und lokale Interessen im Vordergrund standen. Nach 1815 gab es im Deutschen Bund nur eine einzige Kraft, die ihre politischen Energien auf die Pflege der Impulse zu einem politisch motivierten deutschen Nationalbewußtsein richtete, wie es 1809 angesprochen und 1813 in Anspruch genommen worden war: ein Teil der Studentenschaft. Studenten, die während der Befreiungs-

kriege im Kampf gegen Napoleon gestanden hatten, empfanden nun die traditionell nach Landsmannschaften organisierten Studentenverbindungen als anachronistisch. An der Universität Jena wurde schon im Juni 1815 unter Auflösung der Landsmannschaften eine Burschenschaft gegründet, die sich zum Ziel setzte, alle Studenten aller deutschen Universitäten in einer großen nationalen Organisation zu vereinen. Zu den Gründern gehörten einstige Angehörige der Freischar Lützow, und sie wählten die Farben ihrer Lützower Uniform zu Bundesfarben der Burschenschaft: Schwarz-Rot-Gold.

Die Burschenschaften übten unverhohlen Kritik an den politischen Zuständen der Restaurationszeit, lehnten den Bund der Fürsten ab und forderten nachdrücklich das einige und einheitliche Deutschland. So fand am 18./19. Oktober 1817 in Eisenach und auf der Wartburg ein Burschenfest statt, das als erstes deutsches Nationalfest der Opposition gegen unbefriedigende politische Verhältnisse angesehen werden kann. Dieses Wartburgfest, bei dem etwa 500 Studenten von elf deutschen Universitäten zusammentrafen, brachte eine Grundsatzerklärung hervor, deren erster Artikel hieß: „Ein Deutschland ist, und ein Deutschland soll sein und bleiben". Allerdings zeigte das Wartburgfest auch die Existenz eines radikalen Flügels, der in Anlehnung an Luthers Verbrennung der Bannandrohungsbulle eine Bücherverbrennung organisierte und mit den dabei gewählten Titeln die intellektuelle Heterogenität der Bewegung demonstrierte, denn neben hochkonservativen Titeln waren dort auch solche vertreten, die für Bürgerrechte, Toleranz und unvoreingenommenen Blick in die Geschichte plädierten.

Ein Jahr später gründeten in Jena Repräsentanten der Studenten von 14 deutschen Universitäten die Deutsche Burschenschaft, die die erste übergreifende Organisation mit politischem Anspruch in Deutschland war. Allerdings war der geistige Zusammenhalt dieser Organisation durch arge Verschwommenheit garantiert, ein deutlicher sozialer Hintergrund fehlte ebenso wie klare politische Zielsetzungen, dagegen war nationalistische Deutschtümelei weit verbreitet. Als ein Kind dieses Geistes erwies sich der Jenaer Student Karl Ludwig Sand (1795–1820), der den Schriftsteller August von Kotzebue (1761–1819) tötete, weil dieser sich kritisch über die studentischen Schwarmgeister geäußert hatte und zudem – wie auch andere deutsche Schriftsteller – einen Ehrensold vom russischen Zaren erhielt. Der Burschenschaft erwies Sand mit seinem Terrorakt keinen guten Dienst; es bedurfte nur noch eines weiteren Attentats auf einen nassauischen Regierungspräsidenten, und Metternich hatte leichtes Spiel bei den deutschen Regierungen, eine Atmosphäre von Hexenjagd zu legalisieren. Die Karlsbader Beschlüsse vom August 1819, im darauffolgenden Monat vom Bundestag bestätigt, brachten nicht allein das strikte Verbot der Burschenschaft und ihrer Symbolfarben Schwarz-Rot-

Der zurückgekehrte Napoleon wartete die angekündigte Intervention der Alliierten in Frankreich nicht ab, sondern griff sie in den südlichen Niederlanden an. Seiner alten Taktik gemäß ging er gegen die feindlichen Armeen getrennt vor, um sie einzeln zu schlagen. Nachdem er die Preußen unter Blücher am 16. Juni 1815 bei Ligny besiegt hatte, marschierte er auf Brüssel. Südlich davon stellte sich ihm ein britisch-niederländisch-hannoveranisches Heer unter dem Herzog von Wellington (1769–1862) entgegen, das am 18. Juni bei Waterloo die schweren französischen Angriffe mehrmals auffing, aber im verlustreichen Widerstand langsam zerbröckelte. Wellington sagte, er habe zwei Möglichkeiten: die Nacht (damit er sich geordnet zurückziehen könne) oder die Preußen (die die Franzosen in der Flanke angreifen würden); literarisch überhöht wurde daraus: „Ich wollte, es wäre Nacht, oder die Preußen kämen!" Die Preußen kamen um 1/2 5 Uhr nachmittags, denn sie waren nach der Niederlage von Ligny nicht ab-, sondern im großen Bogen auf Wellington zumarschiert. Sie fegten die rechte Flanke der Franzosen vom Schlachtfeld und sorgten im Verein mit den nun angreifenden englischen Linien für die totale Niederlage der Franzosen, die sich auf ihrer Flucht wegen der unerbittlichen preußischen Verfolger auch nicht wieder formieren konnten.

Gold, sondern darüber hinaus eine Welle von Zensur, Verfolgung, Entlassung und Einkerkerung gegen angebliche Demagogen (Volksverführer) mit sich, durch die auf viele Jahre das politische Leben in Deutschland lahmgelegt wurde.

Aus der Politik durch Zensur und Polizei abgedrängt, organisierte sich jedoch nach den Karlsbader Beschlüssen eine Vielzahl von Vereinen mit der Tendenz, länderübergreifend oder gar gesamtdeutsch zu sein. Einer davon war die „Gesellschaft für ältere deutsche Geschichtskunde", entstanden auf Initiative des Freiherrn vom Stein, den man aus der Politik verdrängt hatte; ein anderer die „Gesellschaft deutscher Naturforscher und Ärzte", gegründet von dem wegen Demagogie aus seinem Jenenser Lehramt entlassenen Lorenz Oken (1779–1851). Der 1819 von Friedrich List (1789–1846) ins Leben gerufene „Allgemeine deutsche Handels- und Gewerbeverein" wurde allerdings schon 1820 bundesweit wieder verboten, da er es gewagt hatte, dem Bundestag eine Petition für die Beseitigung der Zollgrenzen vorzulegen. Für das geistige Leben der Nation von nicht zu unterschätzender Bedeutung war die Gründung des „Börsenvereins deutscher Buchhändler" 1825.

In der Atmosphäre der Karlsbader Beschlüsse brachte Metternich auch am 15. Mai 1820 jene Wiener Schlußakte zustande, die in der Bundesakte von 1815 noch etwas verschwommene Formulierungen konkretisierte: Das monarchische Prinzip duldete danach nur solche Verfassungen, die die ganze Staatsgewalt in die Hand des Staatsoberhauptes legte. Die damit angestrebte dauerhafte Festschreibung der bestehenden Ordnung entsprach jedoch nicht mehr der Entwicklung der wirtschaftlichen Verhältnisse. Preußen hatte aus fiskalischen und staatsorganisatorischen Gründen im Mai 1818 sämtliche Binnenzölle abgeschafft und damit ein einheitliches Wirtschaftsgebiet von 10,5 Millionen Menschen geschaffen. Kleinere Bundesstaaten, die ganz oder mit Teilen ihres Territoriums in diesem einheitlichen Zollgebiet lagen, mußten wohl oder übel diesem beitreten, so die beiden schwarzburgischen und die drei anhaltinischen Fürstentümer. Hessen-Darmstadt mit seinen langen zerrissenen Zollgrenzen trat 1828 dem preußischen Zollgebiet bei, um in den Genuß der effektiven Arbeit preußischer Zollwächter zu kommen. Da alle wichtigen Handelsstraßen zu Wasser wie zu Lande sein Gebiet berührten, erhob Preußen empfindliche Durchgangszölle, während die Einfuhrzölle in sein geschlossenes Zollgebiet gemäßigt waren. Diese überlegte Handels- und Zollpolitik lief Hand in Hand mit einem groß angelegten Chausseebau, durch den die traditionell miserablen Straßenverhältnisse bald der Vergangenheit angehörten.

Die Karlsbader Beschlüsse legalisierten die Hexenjagd der Behörden gegen alle, die „Neuerungen" anzustreben wagten, und verliehen dem Bundestag das nachdrückliche Image eines gesamtdeutschen Polizeiorgans. Seither galt er als Hüter politischer Windstille bei allen Deutschen, die nach vorn dachten, auf eine freie Art des Umgangs mit anstehenden Problemen hofften oder ganz einfach der Nation nur einen Nationalstaat wünschten.

Vormärz

Die politische Kirchhofsruhe fand in Deutschland nach dem Bekanntwerden der Pariser Julirevolution 1830 ein Ende. Aber während in Frankreich an die Stelle des Bourbonen der „Bürgerkönig" Ludwig Philipp von Orléans (1773–1850, Kg. 1830–1848) trat, blieben in Deutschland, obwohl es in deutschen Klein- und Mittelstaaten heftig bebte und zu Unruhen kam, die großen politischen Umwälzungen aus. Höhepunkt dieser Unruhewelle war der Sturz des unbeliebten Herzogs Karl II. von Braunschweig (1804–1873) und die Berufung seines Bruders auf den Thron. Ferner erhielten die Königreiche Sachsen und Hannover Verfassungen, die wenigstens dem reichen Bürger gewisse Mitspracherechte bei den Staatsfinanzen erlaubten; in Kurhessen ging gar eine liberale Musterverfassung mit einem Einkammersystem und dem Recht des Landtages zur Einbringung von Gesetzesvorschlägen aus der Bewegung hervor. Allerdings führte gerade dort die Regierung vor, wie man durch Landtagsauflösungen und willkürliche Auslegung der Verfassung das Parlament neutralisieren konnte.

Die Auswirkungen der Julirevolution 1830 erreichten keine nationalen Dimensionen, doch zog in Deutschland ein neuer Geist ein, der sich trotz aller behördlichen Schikanen nicht mehr unterdrücken ließ. Mit offenen Armen wurden in vielen Orten die nach der Niederlage des Polnischen Aufstandes 1830/31 gegen den Zarismus zu Tausenden durch Deutschland strömenden polnischen Flüchtlinge empfangen und von spontan entstandenen Polenvereinen unterstützt, betreut und gefeiert. In den meisten Städten, wo Polenvereine ihre Tätigkeit entfalteten, entstanden auch Pressevereine, die die Unterstützung einer freien deutschen Presse auf ihre Fahnen geschrieben hatten. Ausgelöst worden waren diese Aktivitäten durch behördliche Aktionen gegen liberale Zeitungen in der Rheinpfalz, wo das Bürgertum durch die langjährige Zugehörigkeit zu Frankreich eine entschieden verteidigte Sonderstellung gewonnen hatte und nun aus diesem latenten Spannungszustand eine von Bildungsbürgern, Kaufleuten und Gewerbetreibenden getragene Oppositionsbewegung hervorging.

Ein ursprünglich als Weinfest vorgesehenes Volksvergnügen wurde Ende Mai 1832 am Schloß Hambach bei Neustadt a. d. Haardt von den rund 30 000 Teilnehmern zu einem „Deutschen Nationalfest" umfunktioniert. Auf dieser größten deutschen Massendemonstration vor der Revolution von 1848 wurde offen das vom Bundestag gebannte Schwarz-Rot-Gold in einer Fahne mit der Inschrift „Deutschlands Wiedergeburt" gezeigt und ohne Scheu von einer anzustrebenden deutschen Republik gesprochen. Der Bundes-

Das „Hambacher Fest" am 27. Mai 1832 war ein deutliches Bekenntnis des südwestdeutschen Liberalismus zu deutscher Einheit und Freiheit, und die vorherrschende Stimmung war, daß man Freiheit nur in einer Republik genieße. Hervorstechend am Hambacher Fest war auch seine bewußte Internationalität, denn eine freiheitliche Ordnung für Deutschland wurde in Zusammenhang gebracht mit dem Ziel der nationalen Befreiung von Italien, Polen und Ungarn.

Die Verfolgungsmaßnahmen des Bundestages und der einzelstaatlichen Behörden gegen die Welle des Liberalismus, die 1832/33 einsetzten, trafen im bürgerlichen Publikum auf erheblich mehr Selbstbewußtsein als noch anderthalb Jahrzehnte zuvor die Karlsbader Beschlüsse. Das zeigte sich deutlich bei den „Göttinger Sieben", die als Opfer fürstlichen Verfassungsbruchs 1837 ihre Professorenämter verloren. Auf den Wogen einer auch finanziell spürbaren Hilfe aus eigens zu diesem Zwecke geschaffenen Unterstützungsvereinen konnten auch die betroffenen Begründer der Germanistik, die Brüder (v.r.n.l.) Jacob und Wilhelm Grimm, ihren wissenschaftlichen Arbeiten nachgehen und 1852 die ersten vier Bände des „Deutschen Wörterbuchs" vorlegen. Sie begannen damit ein Jahrhundertwerk, das, von bedeutenden Germanisten weitergeführt, erst 1960 mit insgesamt 32 Bänden zum Abschluß kam. Im Wörterbuch der Brüder Grimm ist die gesamte neuhochdeutsche Schriftsprache seit dem 16. Jahrhundert lexikalisch erfaßt und erläutert. (Gemälde von Elisabeth Jerichau-Baumann; Berlin, Nationalgalerie)

tag reagierte mit einer Neuauflage der Karlsbader Beschlüsse in verschärfter Form und gab damit den Ton an für eine neue Verfolgungswelle. Außer dem Versuch einer kleinen Gruppe von Studenten, durch den Sturm auf die Frankfurter Hauptwache im April 1833 einen allgemeinen Aufstand auszulösen, verhielt sich die Masse der Bevölkerung daraufhin auch wieder unpolitisch. Eine strikte Zensur führte dazu, daß die Zeitungen häufig mit leeren Seiten erschienen, weil die Zensoren Meldungen gestrichen hatten. Der Bundestag verbot 1835 sogar eine ganze literarische Richtung, die sich unter dem Namen „Junges Deutschland" gesammelt hatte, in Bausch und Bogen. Auf dem Umweg über gute Konversationslexika gelangte dennoch liberales Gedankengut in die Häuser des Bildungsbürgertums. Der politische Aufschwung seit 1830 trieb die intellektuelle Produktivität voran: In den zwölf Jahren zwischen 1831 und 1843 stieg die Zahl der jährlichen neuen Titel, die aus deutschen Druckerpressen kamen, von rund 7600 auf über 14600.

Gerade ein Gewaltakt trug dazu bei, die Stimmung für den Liberalismus und die Freiheit des Wortes zu schüren. In Hannover war nach dem Ende der Personalunion mit England 1837 der erzkonservative Herzog von Cumberland als König Ernst August (1771–1851) auf den Thron gelangt, wo er alsbald die Verfassung von 1833 wieder aufhob. Sieben Professoren der im Landtag vertretenen Universität Göttingen protestierten gegen den Verfassungsbruch, woraufhin der Monarch diese Staatsdiener ihrer Lehrämter enthob und drei von ihnen, die ihren Protest publiziert hatten, des Landes verwies. Den „Göttinger Sieben" schlug viel Sympathie entgegen, und Unterstützungskomitees sorgten bundesweit für Gelder zum Unterhalt der Betroffenen und verwandten sich für ihre Anstellung an anderen Universitäten, die sie auch bald fanden. Aus einer entsprechenden Leipziger Initiative ging so das von Jacob (1785–1863) und Wilhelm (1786–1859) Grimm in Angriff genommene Jahrhundertunternehmen „Deutsches Wörterbuch" hervor.

Als sich die Elbinger Kaufmannschaft allerdings für ihren Landsmann Wilhelm Eduard Albrecht (1800–1876) beim preußischen Kultusminister verwandte, erhielt sie nicht von diesem, sondern vom preußischen Innen- und Polizeiminister die hochfahrende Antwort: „Dem Untertanen ziemt es nicht, die Handlungen des Staatsoberhauptes an den Maßstab seiner beschränkten Einsicht anzulegen und sich in dünkelhaftem Übermut ein öffentliches Urteil über die Rechtsmäßigkeit derselben anzumaßen." Das Schlagwort vom „beschränkten Untertanenverstand" wurde daraufhin für die Opposition zu einem Synonym für die Kluft zwischen den konservativen Obrigkeiten und allen Schichten des Volkes, die etwas bewegen wollten. Daß der Bundestag auf die Eingaben mehrerer deutscher Städte 1839 mit einer ausdrücklichen Billigung des Hannoveraner Gewaltstreichs antwortete, lieferte in den Augen der bürgerlichen Öffentlichkeit nur einen Beweis mehr, daß dieses oberste Koordinierungsorgan ein Hemmschuh jeglichen Fortschritts in Richtung auf Einheit und Freiheit der Deutschen sei.

Nach der Bewegung 1830–1832 konnte der preußisch-österreichische Dualismus im Deutschen Bund nur dadurch verdeckt werden, daß grundlegende wirtschaftliche Entwicklungen aus dem politischen Gesichtsfeld ausgespart wurden. Dabei ging der 1831 beschlossene Anschluß Kurhessens an das preußische Zollgebiet allein auf den kurhessischen Landtag zurück, der damit das Drängen der Bevölkerung auf Aufhebung der Zollgrenze zum benachbarten, zollpolitisch schon an Preußen angeschlossenen Großherzogtum Hessen-Darmstadt reflektierte. Viele einzelstaatliche Regierungen standen unter dem Druck, dem politisch unzufriedenen bzw. nur zum Teil befriedigten Unternehmertum wenigstens wirtschaftspolitisch Zugeständnisse zu machen, und so kamen seit Herbst 1832 nachdrückliche Verhandlungen über die Ausweitung des preußisch-hessischen Zollvereins auch auf Sachsen, die thüringischen Staaten und die bayerisch-württembergische Zollunion in Gang. Ein Jahr später wurden die entsprechenden Verträge unterschrieben, und am 1. Januar 1834 trat der Deutsche Zollverein ins Leben, der 18 deutsche Bundesstaaten mit 23 Millionen Menschen umfaßte und den Deutschen erstmals in ihrer Geschichte einen nationalen Markt bescherte; durch weitere Beitritte bis Mitte 1836 wuchs er so weit an, daß zu jenem Zeitpunkt bereits über 85 % der Bevölkerung des dann um die Jahreswende 1870/71 ins Leben getretenen Deutschen Reichs in einem einzigen großen Wirtschaftsgebiet vereint waren. In dessen Grenzen gab es allerdings noch unterschiedliche Gewichts-, Maß- und Münzsysteme, voneinander abweichende Gewerbegesetzgebung, Montangesetze usw. Aber es begünstigte doch z. B. einen Landesgrenzen überschreitenden Bau von Straßen und – was ausgangs der dreißiger Jahre von Jahr zu Jahr an Bedeutung zunahm – Eisenbahnen. Da die österreichische Wirtschaft vorrangig dem Balkan und Oberitalien zugewandt war, blieb ihr der Deutsche Zollverein fremd, und Preußen wurde innerhalb dieses Zusammenschlusses zur bestimmenden Vormacht.

Neben der Peitsche zur Eindämmung der liberalen und nationalen Bewegung hielten die Regierungen ab 1832/33 allerdings auch Zuckerbrot bereit: Den politisch unzufriedenen Trägern von Handel, Gewerbe und Industrie wurde wenigstens wirtschaftspolitisch entgegengekommen, indem 1833 Verträge über einen Deutschen Zollverein abgeschlossen wurden. 1834 aus 18 Staaten bestehend, umfaßte er 1842 bereits 25. Die lästigen, Zeit und Nerven kostenden Zollkontrollen und Gepäckdurchwühlereien an der Grenze jedes Kleinstaates gehörten damit endlich der Vergangenheit an.

Der 1840 auf den Thron gelangte preußische König Friedrich Wilhelm IV. schien die ewige Hoffnung auf den liberalen Thronfolger zu erfüllen: Literarisch und künstlerisch interessiert, durch eine unglückliche, der Staatsräson geopferte Jugendliebe den Bürgern sympathisch, schwärmerischer Verehrer der Romantik, berief er abgesetzte Professoren wieder in Lehrämter, amnestierte eingekerkerte Burschenschafter, berief Minister aus den Reihen der alten Reformer, gestand seine Hochachtung vor einer gesinnungsvollen Opposition, machte Andeutungen hinsichtlich einer Volksvertretung und feierte gelegentlich die deutsche Einheit. Aber schon bald zeigte sich, daß auch der „Romantiker auf dem Thron" nicht die erhofften Freiheiten und Rechte brachte. Als im Juni 1844 ein einfacher Bürger auf ihn schoß – ohne ihn wesentlich zu verletzen –, bekundete der überall verbreitete hohnvolle Gassenhauer über das Pech des Attentäters, diesen dicken Mann verfehlt zu haben, den Sympathie- und Autoritätsverlust, den der König bereits in den ersten vier Jahren seiner Regierungszeit zu verzeichnen hatte.

Die revolutionäre Krise wächst heran

Seit 1815 gab es immer wieder Stimmen, die sich für Preußen als führende Macht in Deutschland einsetzten und sich durch dessen Rolle bei dem Entstehen des Zollvereins bestätigt fanden. Im politisch konservativ strukturierten preußischen Staat hatte die Integration der durch den Wiener Kongreß hinzugekommenen neuen Gebiete in Westfalen und im Rheinland nur wenig Zeit in Anspruch genommen. Wider Erwarten fanden die liberalen rheinischen Geschäftsleute bei einem guten Teil der verbürgerlichten adligen ostpreußischen Freihändler und den kritischen Berliner Intellektuellen liberale Verbündete, die beispielsweise über ihre Verbindungen in die hohe Bürokratie hinein rheinisch-westfälischen Eisenbahnplänen regierungsamtliche Beachtung und Förderung verschafften. Während der süddeutsche Liberalismus durchweg in Parlamentsreden wirksam wurde, stand hinter diesem preußischen Liberalismus bereits solide Wirtschaftsmacht und das unbestreitbare Übergewicht im Zollverein. Große Hoffnungen wurden König Friedrich Wilhelm IV. (1795–1861) entgegengebracht, der 1840 den preußischen Thron bestieg. Der neue König schien mit der Amnestierung politischer Gefangener und der Berufung von Ministern aus den Reihen der alten Reformer die in ihn gesetzten Erwartungen zu erfüllen. Als sich im Zusammenhang mit einem Konflikt im Vorderen Orient Frankreichs Politik gegen Preußen wandte und wieder einmal die Rheingrenze verlangt wurde, brach eine patriotische Erhebung der Deutschen aller Stämme und aller Stände aus. Aus solcher überströmenden Stimmung heraus entstanden u. a. das Trutzlied „Die Wacht am Rhein" und das Lobgedicht des Breslauer Literaturprofessors August Heinrich Hoffmann von Fallersleben (1798–1874) „Deutschland, Deutschland über alles". Als die Kriegsgefahr verschwand und die patriotische Erregung abklang, wirkte jedoch die politische Sensibilisierung nach. Da sich des preußischen Königs Worte als unzuverlässig erwiesen und sich eine romantisierende Frömmelei als erwünscht herausgestellt hatte, wurde die Opposition bissiger. 1842/43 finanzierten Kölner Bankiers ein provokativ wirkendes liberal-demokratisches Organ, die „Rheinische Zeitung", und setzten damit Maßstäbe für ein seriöses politisches Massenblatt, das aus seiner Opposition zur Regierung keinen Hehl machte. Es wurde im März 1843 ohne Umschweife von der Regierungsbehörde unterdrückt. Die wachsenden Spannungen dokumentierten sich auch außerhalb Preußens in Zusammenstößen zwischen Bevölkerung und Militär in Bayern 1844 und in Sachsen 1845. In Bayern kam es vor allem in München zu Ausschreitungen wegen der Erhöhung der Bierpreise, aber auch wegen der Liebschaft des Königs mit der Abenteuerin Lola Montez (1820–1861).

Die schlechte Getreideernte 1846 und eine sich ausbreitende Kartoffelfäule bewirkten zusammen im Frühjahr 1847 eine Hungerkrise in Mitteleuropa. Sie löste im Frühjahr 1847 eine wahre Flut von Hungertumulten aus, die vielerorts – auch im preußischen Breslau – nur durch den Einsatz von Militär mit scharfen Schüssen gebändigt werden konnten. Ziel der Angriffe verzweifelter Hungernder waren oftmals wucherische Händler, aber auch Bäckereien, städtische Backhäuser und Getreidespeicher. (Gemälde von Philipp Hoyoll; Regensburg, Museum für Ostdeutsche Kunst)

Der Versuch des preußischen Königs, ohne Erlaß einer Verfassung und ohne ein Parlament an dem Staatsschulden-Gesetz von 1820 vorbeizukommen, das künftige Staatskredite an die Zustimmung einer preußischen Nationalrepräsentation gebunden hatte, scheiterte 1847. Im April 1847 wurde der aus den acht Provinziallandtagen zusammengesetzte Vereinigte Landtag in Berlin eröffnet, der die geforderten Steuern zur Finanzierung der Eisenbahn Berlin-Königsberg nicht bewilligte. Die rheinischen und westfälischen Wortführer der Opposition koppelten das Problem der Finanzen mit dem der Verfassung und versagten ihre Zustimmung zu Steuern und Krediten, solange eine Zusicherung für eine regelmäßige Einberufung des Vereinigten Landtages nicht vorliege. Der Aachener Eisenbahnunternehmer David Hansemann (1790–1864) schleuderte dem häufig von seinem romantisch-christlichen Gemüt redenden Monarchen entgegen, daß in Geldsachen die Gemütlichkeit aufhöre.

Die Forderung der liberalen Industriellen auf Mitbestimmung in politischen und wirtschaftlichen Fragen stand in einem beachtlichen Gegensatz zu ihrer Haltung gegenüber der Masse der Arbeiter, denen sie keine politische Meinung zubilligten und für deren Nöte sie kaum Verständnis zeigten. Die schwierige Situation, die aus dem Einsatz von Maschinen für viele bisher handwerklich Tätige entstand, zeigte sich in aller Schärfe – als in den vierziger Jahren schlechte Ernten hinzukamen – in der Not der schlesischen Weber, die daraufhin einen Aufstand versuchten, der mit Militärhilfe sofort niedergeschlagen wurde. Neue Probleme, für die die Verwaltung keine Lösung fand, entstanden aus der ganz Europa heimsuchenden Mißernte 1846, die vornehmlich in Preußen im Frühjahr 1847, als der Vereinigte Landtag schon zusammengetreten war, Hungerrevolten auslöste. Da die politischen Unterschichten kaum organisiert waren – Gesellen- und Arbeiterbünde hatte der Bundestag verboten – stellten diese Unruhen für das politische System des Deutschen Bundes noch keine unmittelbare Gefahr dar; dennoch wiesen sie darauf hin, daß zusammen mit der kritischen Haltung im Bürgertum die Stimmung explosiv geworden war. Romantische Erklärungen und wortreiche Vertröstungen fanden keinen Widerhall mehr. Die politische Opposition in Deutschland begann sich zu formieren; doch gelang das nicht in einer geschlossenen Partei. Den Demokraten, die gegebenenfalls auch für Revolution und Republik eintreten wollten, standen die Liberalen gegenüber, die an der monarchischen Staatsform festhalten wollten, wenn der Fürst sich an die Verfassung gebunden sah. Bei den Ersatzwahlen zum badischen Landtag zeigte sich dieser Unterschied in der Zielsetzung von Liberalismus und Demokratismus deutlichst. In Offenburg verkündeten die Demokraten am 12. September 1847 ihr Programm, das in 13 Artikeln ein demokratisches Staatswesen auf der Basis der Volkssouveränität anstrebte, hinsichtlich der Einheit Deutschlands aber merkwürdig unbestimmt blieb, indem es lediglich unter Artikel 6 eine Volksvertretung beim Deutschen Bundestag verlangte, was als Voraussetzung angesehen wurde, um den Deutschen ein Vaterland zu geben. Dagegen formulierte am 10. Oktober 1847 eine Versammlung prominenter süddeutscher Liberaler in Heppenheim a. d. Bergstraße das Programm ihrer Richtung für die Aufrichtung bürgerlicher Freiheiten, die man in einem einheitlichen Deutschland garantiert sah. Dieses einheitliche Deutschland sei durch Ausweitung und inneren Ausbau des Zollvereins zu gewinnen – dann würde es zweifellos eine solche unwiderstehliche Anziehungskraft ausüben, daß ihm einst auch die österreichischen Bundesländer beitreten müßten. „Unbestritten blieb“, so hieß es im Heppenheimer Dokument, „daß die Mitwirkung des Volkes durch gewählte Vertreter hierbei unerläßlich, und unbezweifelt, daß bei dem Entwicklungsgang des Jahrhunderts und Deutschlands die Einigung durch Gewaltherrschaft unmöglich, nur durch Freiheit und mit derselben zu erringen sei.“ Das war eine klare Aussage für Einheit und Freiheit, und der Weg dahin war abgesteckt durch den Ausbau dessen, was bereits vorhanden war. Daß dies Vorherrschaft eines – möglichst liberalisierten – Preußen in dem künftigen deutschen Vaterlande bedeuten mußte, wurde nur angedeutet.

Die als Organ einer von Friedrich Wilhelm IV. angeblich geachteten, „gesinnungsvollen“ Opposition am 1. Januar 1842 ins Leben getretene „Rheinische Zeitung“ wurde von Kölner Bankiers finanziert, war daher wirtschaftlich abgesichert und konnte sich eine kühne Sprache über politische und soziale Gebrechen leisten. Die preußische Bürokratie schikanierte sie daher und blies ihr zum 31. März 1843 per Dekret das Lebenslicht aus. Aus den Städten Aachen, Elberfeld, Düsseldorf, Krefeld, Koblenz, Trier und Köln kamen daraufhin vergebliche Protestpetitionen. Die im Umfeld der Düsseldorfer Kunstakademie entstandene zeitgenössische Karikatur zeigt den Chefredakteur der „Rheinischen Zeitung“ – Karl Marx – als Prometheus an eine gefesselte Druckerpresse gekettet und vom preußischen Adler gequält, der von einem Eichhörnchen (dem preußischen Kultusminister Friedrich von Eichhorn [1779–1856]) an der Leine gehalten wird. Unterdessen wehklagen die protestierenden Städte zu Füßen des schauerlichen Geschehens.

Von der bürgerlichen Revolution zum Reich Bismarcks

Die Revolution 1848/49

Im März 1848 schlug die revolutionäre Krise in eine echte Revolution um. Wieder, wie 1830, kam der Anstoß aus Paris, wo die Februarrevolution die Monarchie gestürzt hatte. Die deutsche Revolution begann, der politischen Struktur des Reiches gemäß, mit konkreten Aktionen in einzelnen deutschen Ländern: In Baden und Württemberg schon Ende Februar, in Bayern, Nassau und Kurhessen Anfang März, in Sachsen und Thüringen Mitte März. Der äußere Ablauf der Ereignisse ähnelte sich: Volksversammlungen, Demonstrationen und von den wartenden Massen sehr handgreiflich unterstützte Petitionen an den jeweiligen Fürsten, Pressefreiheit, Schwurgerichte, Finanzkontrolle sowie Amnestie für politische Vergehen zu gewähren. Die revolutionäre Welle erreichte gegenüber der von 1830-1832 eine erheblich wirksamere Durchschlagskraft, weil sich diesmal die Bewegung des Liberalismus auf die breite Masse der Unterschichten stützen konnte, die sich oft genug – die Hungerkrise 1846/47 war nahtlos in eine Wirtschaftskrise 1847/48 übergegangen – in einer verzweifelten Lage befanden.

Da den Obrigkeiten überzeugende Machtmittel gegen eine derartige Massenerhebung fehlten, wichen sie zurück, bewilligten die Forderungen und bildeten die Regierungen um durch die Einbeziehung prominenter Liberaler aus der bisherigen Opposition – sogenannte Märzminister. Diese neuen Landesregierungen machten ohne Verzug Front gegen radikale Ausschreitungen, denn die mit bürgerlich-liberalen Errungenschaften versehene Staatsmacht sollte keinesfalls vom Pöbel auf der Straße unter Druck gesetzt werden. Eine äußerst klägliche Rolle spielte der Bundestag: Scheinbar von den Ereignissen überrollt, stellte er den Bundesstaaten frei, Pressefreiheit einzuführen, und erklärte am 3. März das bisher verbotene Schwarz-Rot-Gold zu Bundesfarben.

Anders als 1830 war die Krise so tief, daß auch die beiden deutschen Großmächte von der bürgerlichen Revolution ergriffen wurden. Am 13. März landete nach relativ kurzem Kampf in Wien das System Metternich auf dem Müllhaufen der Geschichte, sein Erfinder wurde kurzerhand entlassen und floh Hals über Kopf nach England.

Noch war Preußen ein Trumpf im Spiel der Konservativen – seine Armee war intakt, sein Hof von Konservativen beherrscht, sein König – von seinem Gottesgnadentum zutiefst überzeugt – jeder geschriebenen Verfassung abhold. Aber schon seit der ersten Märzdekade wurden nicht nur im preußischen Rheinland, sondern auch in der Hauptstadt Berlin mit ihren 400 000 Einwohnern auf Versammlungen und in Petitionen Forderungen des Volkes laut. Am 13. März waren in Berlin erstmals 10 000 Menschen auf den Straßen, und junkerlicher Hochmut wußte nur mit der Waffe darauf zu antworten: Seit dem 13. März

Selbst die Großmacht Österreich wurde am 13. März 1848 von der Revolution überrollt. Studenten, Arbeiter und Bürger sammelten sich unter den Losungen „Volksvertretung", „Pressefreiheit" und „Reform des Deutschen Bundes", erzwangen nach blutigen Auseinandersetzungen den Rückzug des Militärs und die Abberufung Metternichs sowie die Aufstellung einer schlagkräftigen Bürgergarde. (Wien, Heeresgeschichtliches Museum)

In Berlin wüteten die Barrikadenkämpfe vom Nachmittag des 18. März bis zum frühen Morgengrauen des folgenden Tages. Etwa 150 Barrikaden sperrten die Straßen gegen das vorrückende Militär. Die Barrikadenkämpfer waren nur unzureichend bewaffnet. Kugeln wurden u. a. direkt hinter den umkämpften Barrikaden gegossen, wobei die Bleifassungen aus den Fenstern der Bürgerwohnungen als Material dienten. Während das angreifende Militär nur 20 Tote zu verzeichnen hatte, gab es bei den Zivilisten 183, von denen ein großer Teil erst nach dem Fall ihrer Barrikaden von den Soldaten getötet worden waren.

Friedrich Wilhelm IV. hatte sich am Vormittag des 19. März im Hof seines Schlosses den wütenden Forderungen der Revolutionäre beugen müssen, sich entblößten Hauptes vor den Opfern der Barrikadenkämpfe zu verneigen. Um einer ähnlichen Demütigung während der feierlichen Beisetzung der Revolutionstoten am 22. März 1848 zu entgehen, trat er freiwillig auf einen Balkon des Schlosses und erwies den Vorbeigetragenen sichtbar die Ehre. Einen Tag zuvor hatte er mit einem Umritt in den Straßen Berlins unter einer schwarz-rot-goldenen Fahne und der Erklärung, daß Preußen fortan in Deutschland aufgehe, bereits seine Bereitschaft bekundet, an der Nationalbewegung teilzunehmen, wovon er aber nach der Niederschlagung der Revolution in Preußen nichts mehr wissen wollte.

floß jeden Tag Bürgerblut in Berlins Straßen. Mit einer großen Demonstration vor dem Schloß sollte am 18. März der Rückzug des Militärs in die Kasernen und sein Ersatz in Berlin durch eine Bürgergarde sowie Pressefreiheit und Einberufung einer neuen Session des Vereinigten Landtages gefordert werden. Da die beiden letzten Punkte inzwischen vom König schon bewilligt waren, jubelten die Demonstranten ihm zu. Die Stimmung schlug jedoch um, als Soldaten den Platz vor dem Schloß räumen sollten. Zwei Schüsse genügten, um die Stadt nunmehr in offene Rebellion zu versetzen und Barrikaden zu errichten. Von 14 000 Soldaten teilweise mit Artillerieunterstützung angegriffen, mußten die knapp 5 000 schlecht bewaffneten Verteidiger zwar Barrikade für Barrikade aufgeben, aber nach 14 Stunden war die Truppe so erschöpft und moralisch entnervt, daß der König das Feuer einstellen ließ, schließlich den Abmarsch des Militärs befahl und sich unter den Schutz der Berliner Bevölkerung stellte. Damit hatte auch in Preußen im ersten Ansturm die Revolution gesiegt, so daß die Märzministerien in den anderen deutschen Staaten von der ärgsten Bedrohung befreit waren. Auch Preußen bekam nun seine „Märzminister". Deutlicher noch als in den anderen deutschen Staaten zeigte sich hier, welche soziale Gruppe den Liberalismus trug: das in Handel und Industrie verankerte Großbürgertum. Preußischer Ministerpräsident wurde der Kölner Bankier Ludolf Camphausen (1803-1890), Finanzminister David Hansemann. Als in Berlin am 22. März mehr als 180 Tote der Barrikadenkämpfe von einem gewaltigen Trauerzuge zur letzten Ruhe geleitet wurden, trat der preußische König freiwillig auf einen Balkon seines Schlosses und entblößte vor den Barrikadenopfern sein Haupt. Das war der symbolische Höhepunkt der deutschen Märzrevolution, danach begann der schleichende Verlust der eben erst errungenen Volkssouveränität.

Das in Wien und Berlin von den Revolutionskämpfern besiegte Militär bekam sehr bald Gelegenheit, seine angeschlagene Moral wieder aufzubessern. Während Österreich erfolgreich Krieg gegen die Revolution in Oberitalien führte, schlug Preußen den polnischen Aufstand in der Provinz Posen nieder und konnte auch den dänischen Versuch, das Herzogtum Schleswig der Kopenhagener Regierung zu unterstellen, erfolgreich abwehren. Da der preußisch-dänische Krieg als Abwehr einer deutschen Brüdern drohenden Fremdherrschaft verstanden wurde, war gerade dieser Militäreinsatz in ganz Deutschland sehr populär. Der österreichische Feldmarschall Johann Graf von Radetzky (1786-1858), der die Italiener, und der preußische General Friedrich Graf von Wrangel (1784-1877), der die Dänen schlug, wurden zu bejubelten Symbolfiguren für deutsche Tüchtigkeit, und die Revolutionäre vom März 1848 merkten nicht, daß sie letztlich ihren Totengräbern Kränze flochten.

Nationalversammlung, Reichsverfassung, Kaiserkrone

Es war keineswegs so, daß die revolutionäre Welle den Bundestag hinwegfegte, denn das liberale Rechtsverständnis der Märzministerien ließ einen totalen Bruch im Staatsrecht nicht zu, sondern setzte auf eine legalisierte Fortentwicklung bzw. Umwandlung des Verfassungsrahmens, den der Deutsche Bund ausfüllte. Die 17 Regierungsbevollmächtigten, die den Bundestag bildeten, wurden durch neue Männer ausgewechselt, und außerdem lud der Bundestag eine gleich große Zahl von „Männern des öffentlichen Vertrauens" zur Teilnahme an den Entwürfen für eine Revision der Bundesakte ein. Die Vertrauensmänner wurden aber durch ein anderes Gremium schnell in den Schatten gestellt: Auf einer Versammlung süd- und südwestdeutscher Landtagsabgeordneter in Heidelberg am 5. März war ein Ausschuß gewählt worden, der einlud, Vertreter zu einem am 31. März in Frankfurt/Main zusammentretenden Vorparlament zu entsenden. Diese vier Tage währende parlamentarische Versammlung von über 500 politischen Repräsentanten aus Landtagen und Stadtverordnetenversammlungen stand vor der Frage, sich als oberstes Machtorgan der Revolution zu konstituieren. Bei genauerem Hinsehen hätte man erkennen können, daß die von jedermann erwartete Ernte der Märzrevolution, die deutsche Einigung, von Anfang an durch prinzipielle Gegensätze im Lager der Revolution gefährdet war. Die 17 Vertrauensmänner des Bundestages, die auch im Vorparlament saßen, hatten am 30. März einer Wahlordnung des Bundestages für ein deutsches Nationalparlament zugestimmt. Demokratisch-radikale Vertreter im Vorparlament bezweifelten allerdings die Legitimation eines solchen Schrittes und konnten durchsetzen, daß die Versammlung eine eigene Wahlordnung verabschiedete und so wenigstens für die Wahl der deutschen Nationalversammlung die Volkssouveränität anerkannt wurde. Aber überhaupt nicht durchsetzen konnten sich die Linken bei ihrem Streben, das Vorparlament bis zum Zusammentritt der Nationalversammlung in Permanenz tagen zu lassen. Eine führende Persönlichkeit der Liberalen, der Märzminister Heinrich von Gagern (1799–1880), trat für einen Kompromiß mit dem Bundestag ein, und mit großer Mehrheit setzte sich diese Linie durch. Der Bundestag einschließlich seiner Vertrauensmänner sanktionierte am 7. April die vom Vorparlament verabschiedete Wahlordnung und hielt damit den Schein legaler Kontinuität aufrecht. Das Vorparlament wählte aus seinen Reihen zur Vorbereitung der Wahl einen Ausschuß von 50 Vertretern, dem allerdings nur ganz wenige Radikaldemokraten angehörten, so daß er entsprechend der von Gagern vorgezeichneten Linie eines harmonischen Miteinanders mit den Vertretern der Bundesstaaten arbeitete. Realpolitische Einsicht in das Machbare kann dieser Linie nicht abgesprochen werden, denn wenn im ersten siegreichen Ansturm der Revolution die Einzelstaaten ihre Lebenskraft bewahrt hatten, mußte das Einigungswerk mit ihnen als unübersehbare Faktoren rechnen.

„Einheit" und „Freiheit" waren die Symbolworte für die vielfältigen Hoffnungen, die sich mit der Revolution und ihren anfänglichen Erfolgen verbanden. Aber schon im Hochgefühl der ersten Siege wurde leicht verdrängt, daß der Druck der Unterschichten bzw. ihr Einsatz im Kampf an der Seite des Liberalismus der Nationalbewegung die eigentliche Stoßkraft verliehen hatten: Auf diesem Erinnerungsblatt an die Revolution, gedacht für gutbürgerliche Stuben, erscheinen Bürger, Bürgerschütze und Student als jene, die den Reichsadler mit den Freiheitsfarben Schwarz-Rot-Gold umbortet haben. Die Bauern und Handwerksgesellen mit ihren sozialen Zielsetzungen spielten nach dem Selbstverständnis des Bürgertums bei dieser Revolution keine tragende Rolle. Es war eben eine bürgerliche Revolution.

Anfang Mai wurde in allen 36 deutschen Bundesstaaten zur ersten deutschen Nationalversammlung gewählt, allerdings – und das unterstrich den schon wieder fühlbaren Stellenwert der Einzelstaaten – bei weitem nicht überall nach dem vom Vorparlament verlangten direkten Wahlsystem, sondern in etlichen Staaten – so Preußen – nach einem amtlicherseits verordneten indirekten. Dennoch stellt der 18. Mai, als die rund 580 Abgeordneten der Nationalversammlung in der Kirche St. Paul der Reformierten Gemeinde zu Frankfurt/Main zusammentraten, einen wichtigen Augenblick in der deutschen Geschichte dar: Erstmals trat eine von den Deutschen gewählte parlamentarische Versammlung zusammen, die über die Geschicke Deutschlands als einem einheitlichen Nationalstaat zu beraten und zu entscheiden legitimiert und entschlossen war.

Die Deutsche Nationalversammlung von 1848 – nach ihrem Tagungsort verkürzt im Volksmund „Paulskirche" genannt – war in ihrer Zusammensetzung weder nach sozialem noch nach politischem Maßstab wirklich repräsentativ. Da es noch keine deutlich geschiedenen oder gar organisierten Parteien gab – die strukturierten sich erst im Laufe des Revolutionsjahres nach Demokraten, Konstitutionellen und Konservativen in als solche deutlich erkennbaren Vereinen und daraus resultierenden Zentralverbänden bzw. -komitees –, standen Einzelpersonen zur Wahl, und so wurden auf der Welle der Märzgefühle Oppositionelle jeder Schattierung und Lokalgrößen emporgetragen. Unter den 830 Abgeordneten und Abgeordneten-Stellvertretern der Paulskirche waren allein 550 Akademiker, denen ganze 110 Vertreter wirtschaftlicher Berufe gegenüberstanden, darunter nur wenige Handwerksmeister und – man beachte – nur ein Bauer. Politisch herrschte in der Paulskirche die bürgerliche Aristokratie an Besitz und Bildung vor, die identisch war mit dem politischen Liberalismus, der auf einen bürgerlichen Verfassungsstaat hinzielte. Die Nationalversammlung hatte die Aufgabe, eine freiheitliche Verfassung für ein einheitliches

Am 18. Mai 1848 eröffnete Heinrich von Gagern als Präsident die Nationalversammlung, die in ihrer Zusammensetzung repräsentativ für die damaligen Träger des politischen Bewußtseins – das Bildungsbürgertum – war, aber nicht für die Gesamtheit der Bevölkerung. So beherrschten Professoren, Richter, Rechtsanwälte und andere Akademiker die parlamentarischen Debatten, berauschten sich an ihren eigenen Ausführungen und ließen die günstigste Zeit für die Erfüllung ihrer schweren Aufgabe verstreichen, einen Nationalstaat und zugleich dessen Verfassung zu schaffen.

Deutschland auszuarbeiten. Sie mußte von Anbeginn die Sünden des Vorparlaments ausbaden, das in Hinblick auf die künftige Reichsleitung nach einer Kompomißlösung gesucht hatte, so daß nun eine dem Parlament verantwortliche Zentralbehörde fehlte. Über einen Monat wurde darüber debattiert, bis die Nationalversammlung sich dazu durchrang, eine provisorische Zentralgewalt mit einem Reichsverweser als Oberhaupt und einer Reichsregierung zu schaffen. Am 29. Juni wurde der populäre volksverbundene österreichische Erzherzog Johann (1782-1859) zum ausdrücklich „unverantwortlichen" – wie es der Biederkeit deutscher Akademiker entsprach – Reichsverweser gewählt. Hinter Johanns Wahl verbarg sich die schwache Hoffnung, Österreich enger an das Einigungswerk zu binden, da das zweite Standbein der Habsburger in außerdeutschen Landen schwer lösbare Probleme für die Umwandlung der Föderation Deutscher Bund in den Bundesstaat Deutsches Reich ankündigte. Mit den Institutionen Reichsverweser, Reichsministerium und Nationalversammlung und einer bald darauf gegründeten Reichskriegsflotte schien das Deutsche Reich schon fast vorhanden – aber eben nur auf dem Papier!

Wochenlange Debatten über das Organ, das an der Spitze des Reiches stehen sollte, bis eine verfassungsmäßige Regelung gefunden sei, beendete der Parlamentspräsident Heinrich von Gagern am 26. Juni mit dem Vorschlag zu einem „Kühnen Griff", wie er der souveränen Nationalversammlung eigentlich schon am Tag ihres Zusammentritts angestanden hätte: die provisorische Zentralgewalt selbst zu schaffen! Der am 29. Juni gewählte Reichsverweser Erzherzog Johann war mit einer Bürgerlichen verheiratet, hatte Andreas Hofer nahegestanden und war 1813 kaltgestellt worden, weil er in Vorbereitungen für einen neuen antinapoleonischen Aufstand in Tirol verwickelt gewesen war. Aber seine Wahl nahm er bezeichnenderweise erst an, nachdem ihm der Bundestag das Einverständnis der deutschen Fürsten mitgeteilt hatte. Erst am 12. Juli, als Johann umjubelt in Frankfurt/Main einzog, ging auch der Bundestag auseinander, weil er nun einen „Rechtsnachfolger" hatte.

Die Einzelstaaten beachteten die reichsministerielle Zentralgewalt und die Paulskirche wenig. Im August sah sich Preußen unter englischem und russischem Druck zum Waffenstillstand mit Dänemark gezwungen. Die Paulskirche, in deren Auftrag die Preußen kämpften, ratifizierte diesen Waffenstillstand entgegen der Empfehlung der Reichsregierung nicht, worauf diese zurücktrat. Aufgrund nüchterner Abwägung der Verhältnisse und erschrocken vor der eigenen Courage, setzten die Abgeordneten in der Paulskirche wieder auf den Kompromiß und verwarfen mit knapper Mehrheit am 16. September ihren ersten Beschluß: Der Waffenstillstand wurde angenommen. Gegen heftige Protestdemonstrationen rief Parlamentspräsident von Gagern preußische, österreichische und hessische Truppen herbei. Angesichts des eisernen Besens, mit dem in Österreich und Preußen im Oktober und November gegen die Errungenschaften der Revolution vorgegangen wurde, wagte die Paulskirche nur noch symbolische Schritte. Das endgültige Auseinanderjagen der preußischen Verfassunggebenden Versammlung durch Friedrich Wilhelm IV. am 5. Dezember nach dem Erlaß einer von ihm dekretierten Verfassung entlockte der Paulskirche schon nicht einmal mehr einen Protest.

Immerhin schien die „oktroyierte" preußische Verfassung durch ihre großzügige liberale Gestaltung aus Preußen mit einem Streich einen bürgerlichen Verfassungsstaat gemacht zu haben. Die „Deutsche Zeitung", das beste Sprachrohr der Liberalen, sprach sich daher auch im Dezember für ein von Preußen geführtes Deutschland aus, wie bereits im Heppenheimer Programm vom Oktober 1847 überlegt worden war. Die österreichische Politik tat ein übriges, auch in der Nationalversammlung die Weichen hierfür zu stellen. Nach entsprechenden Andeutungen Ende November ließ die neue österreichische Regierung am 4. März 1849 eine Verfassung für den österreichischen Gesamtstaat verkünden, in dem irgendeine Sonderstellung des deutschsprachigen Österreichs keinen Platz mehr hatte. Der Paulskirche blieb nun gar keine Wahl mehr: Sie schloß die monatelange Debatte um die Reichsverfassung ab, nahm sie am 28. März endgültig an und wählte den preußischen König zum deutschen Kaiser mit dem Recht, diese Würde künftig im preußischen Königshaus zu vererben.

So war also ein deutsches Kaiserreich mit einheitlichen demokratischen Grundrechten, einheitlichem Nationalparlament, einheitlichem Zoll- und Münzsystem, einheitlicher Außenpolitik und einheitlichem Heerwesen geschaffen, wenn auch nicht in dem im Mai 1848 als selbstverständlich angesehenen großdeutschen, sondern nur im kleindeutschen Rahmen. Aber es existierte nur auf dem Papier, denn die Einzelstaaten mußten die Reichsverfassung ratifizieren und der Preußenkönig die Kaiserwürde annehmen. Von den 34 betroffenen deutschen Einzelstaaten nahmen zwar auch 28 die Reichsverfassung an, aber die am 3. April 1849 vor Friedrich Wilhelm IV. erschienene „Kaiserdeputation" der Nationalversammlung holte sich zu ihrer Überraschung eine Absage: Die Kaiserkrone könne nicht die aus der Revolution entstandene Nationalversammlung, sondern allein die Gesamtheit der deutschen Fürsten vergeben, meinte der König. Und genau in diese Richtung arbeitete nun die preußische Politik. Sie ignorierte die Nationalversammlung in Frankfurt, die sich infolge der Ereignisse durch Austritt der österreichischen, der konservativen und zahlloser liberaler Abgeordneter schnell radikalisierte, aber nur noch Spiegelfechterei betreiben konnte und am 18. Juni in ihrem Zufluchtsort Stuttgart auf Veranlassung des württembergischen Märzministers Robert Römer (1823-1879) ein ruhmloses Ende fand.

Im Oktober 1848 räumte man in Wien mit der Revolution auf. Die Stadt wurde vom Militär eingeschlossen und bombardiert. Zwei Abgeordnete der Deutschen Nationalversammlung waren auf den Schauplatz des Geschehens geeilt, um die dortigen Revolutionäre moralisch zu stärken. Nach der Eroberung der Stadt durch das Militär wurden beide verhaftet und einer von ihnen – Robert Blum (geb. 1807), eleganter Redner der Paulskirchen-Linken – nach einer Kriegsgerichtsfarce am 9. November standrechtlich erschossen. Deutlicher konnten die österreichischen Machtorgane ihre Verachtung für das machtlose gesamtdeutsche Parlament kaum demonstrieren. Die Aktion wurde im Volk auch so verstanden und mit wütenden Protesten beantwortet, aber gerade die Paulskirche ließ es nur bei schwachen Gesten bewenden.

Die vom preußischen König vorgenommene Berufung eines eindeutig konservativen Kabinetts ohne jede Basis in dem linksprofilierten preußischen Parlament Anfang November wurde von dort mit dem Beschluß beantwortet, dem Staat keine Steuern mehr zu zahlen. Als die vom Parlament nicht legitimierte Regierung gar noch die Landwehr mobilisierte, verweigerten sich viele Landwehrreservisten. Höhepunkt dieser Unruhewelle waren die Zusammenstöße in Erfurt am 23./24. November 1848, denen 11 Zivilisten und 9 Soldaten zum Opfer fielen.

Die 32köpfige Deputation der Nationalversammlung unter Leitung von Eduard Simson, die den preußischen König Friedrich Wilhelm IV. zur Annahme der erblichen Würde eines Deutschen Kaisers bewegen sollte, wurde bei ihrer Ankunft am 31. März 1849 deutlich mit der Tatsache ihrer fehlenden Macht in den Einzelstaaten konfrontiert. In Berlin herrschte nämlich Belagerungszustand, und die Begeisterung der Berliner für die Deputation durfte sich nicht in den Straßen äußern. Am 3. April beim König vorgelassen, mußte sie dort die Antwort hören, daß die Nationalversammlung keine Krone zu vergeben habe – nur die deutschen Fürsten! Preußen nahm auch die Reichsverfassung nicht an.

Für die Annahme der Reichsverfassung erhob sich in etlichen Einzelstaaten, wo die Regierungen diese Verfassung nicht akzeptierten, das Volk. In Sachsen, der Pfalz und Baden trat daraufhin das preußische Heer als Henkersknecht der Revolution auf und erstickte die revolutionär-demokratische Bewegung im Blut. Aus der Reihe schwerer Gefechte in Baden, wo die Armee zum Volk übergegangen war, ragte für die Konservativen das Treffen bei Wiesenthal am 20. Juni 1849 deshalb heraus, weil dort der preußische Prinz Friedrich Karl (1828–1885) verwundet wurde. (Gemälde von Friedrich Kaiser; Berlin, Museum für Deutsche Geschichte)

Auf den Revolutionsschock bei Fürsten und Staatsregierungen bauend, wollte Preußen nun doch noch auf seine Art die Ernte – den kleindeutschen Nationalstaat – einbringen. Es schlug ihn in Form einer Fürsten-„Union" vor und konnte sich der Zustimmung der Liberalen sicher sein. Ganz in Verfolgung des Heppenheimer Programms trafen sich Ende Juni in Gotha eine Anzahl liberaler Paulskirchen-Abgeordneter und stellten sich hinter das preußische Projekt. Anfang 1850 wurde wirklich das Parlament der Union gewählt, das im März/April 1850 in Erfurt tagte und eine Verfassung annahm, die sich zwar an die Reichsverfassung der Paulskirche anlehnte, aber auf preußische Forderungen hin auf wesentliche demokratische Elemente verzichtete.

Die Union – der Bayern, Hannover, Sachsen und Württemberg ohnehin zu diesem Zeitpunkt nicht mehr angehörten – trat dennoch nicht ins Leben, denn Österreich griff wieder aktiv in die deutsche Politik ein und wollte unter keinen Umständen ein preußisch geführtes Deutschland dulden. Es setzte auf die Wiederbelebung des Deutschen Bundes und konnte den Erfolg verbuchen, daß sich im September das politische Fossil Bundestag wieder zusammenfand. Noch meinte der preußische Hof, mit seiner Armee drohen zu können, indem er die allgemeine Mobilmachung befahl. Anfang November standen sich in Kurhessen preußische, von der Union geschickte, und bayerische, vom Bundestag in Marsch gesetzte Truppen im Kugelwechsel gegenüber. Da die europäischen Großmächte, besonders das zaristische Rußland, einem deutschen Nationalstaat aber keineswegs gewogen waren, mußte Preußen auf russischen Druck hin auf seine Unionspläne verzichten und der Wiederherstellung des Deutschen Bundes zustimmen.

Vom Deutschen Bund zum Norddeutschen Bund

Nach 1850 erstarrte das politische Leben in Deutschland für einige Jahre unter dem Druck der triumphierenden Reaktion. Die der Reichsverfassung von 1849 immanenten „Grundrechte des deutschen Volkes" wurden 1851 vom Bundestag förmlich aufgehoben. 1848 von gewählten Volksvertretern verabschiedete Länderverfassungen wurden reaktionär modifiziert oder einfach – wie in Mecklenburg – wieder aufgehoben. Deutsche Politik bestand nach 1850 in Diplomatie. Der Zusammenstoß zweier unterschiedlicher deutschlandpolitischer Konzeptionen, wie sie 1848–1850 in Berlin und Wien verfolgt und allen sichtbar geworden war, wirkte im wiedererweckten Bundestag nach. Der hatte 1815–1848 funktioniert, weil das den Vorsitz führende Österreich sich auf die preußische Kooperation verlassen konnte. Jetzt aber machte sich der althergebrachte preußisch-österreichische Dualismus bemerkbar – insbesondere, als 1851–1859 der Urpreuße Otto von Bismarck (1815–1898) Bundestagsgesandter seines Landes war, der gelegentlich einen preußischen Führungsanspruch gegenüber dem nicht-österreichischen Deutschland durchschimmern ließ. Vom deutschen Liberalismus wurde dieser Hoffnungsschimmer dann auch bald honoriert. Die liberalen Hoffnungen in Preußen konzentrierten sich auf einen weniger konservativen Thronfolger, als 1858 der mit wachsenden psycho-physischen Störungen behaftete preußische König die Regierungsgeschäfte an seinen Bruder Wilhelm (1757–1888) abgeben mußte und dieser eine Regierung vorsichtig liberaler Hochadliger berief, die von einer „Neuen Ära" sprachen, und der Regent auf notwendige moralische Eroberungen verwies, die Preußen in Deutschland machen müsse.

Im Frühjahr 1859 ging Frankreichs Abenteurer-Kaiser Napoleon III. (1808–1873) daran, durch einen Krieg gegen Österreich dessen beherrschende Position in Oberitalien zu beseitigen. Erinnerungen an Napoleon Bonapartes Zeiten wurden wachgerufen, und als Reaktion stieg in Deutschland wieder das Gespenst einer französischen „natürlichen" Grenze am Rhein auf. Zehn Jahre nach der schmerzvollen Niederlage der Revolutionshoffnungen von 1848/49 ging wie ein Ruck eine patriotische Bewegung durch das deutsche Volk. Von Preußen, dessen Rheinprovinz unmittelbar bei einem wiederbelebten französischen Anspruch auf die Rheingrenze bedroht

Während der Revolution hatten sich unter Ausnutzung der Versammlungs- und Vereinsfreiheit erstmals auch nationale Gewerkschaften zusammengefunden: die der Buchdrucker im Juni und die der Zigarrenarbeiter im September 1848. Beide mußten 1851/52, gezwungen durch die Überwachungspolitik der wieder erstarkten Konservativen, ihre Tätigkeit einstellen. Aber in ihren lokalen Organisationen lebten sie weiter und waren in der liberaleren Atmosphäre der sechziger Jahre die ersten, die sich auf nationaler Ebene wieder organisierten, die Tabakarbeiter 1865 und die Buchdrucker 1866.

Seit der nationalen Gefühlswelle von 1840 war die Figur der „Germania" als Personifizierung der Nation im allgemeinen Bewußtsein vorhanden. 1848/49 schmückte diese kolossale Ganzfigur der Germania, geschaffen von Philipp Veith (1793–1877), den Platz über dem Präsidentenpult in der Nationalversammlung. Das Wiederaufleben der Nationalbewegung im Jahre 1859 war auch von einer geradezu überschäumenden Renaissance der „Germania" begleitet. (Nürnberg, Germanisches Nationalmuseum)

war, wurden allgemein entscheidende Schritte gegenüber Frankreich erwartet. Die Liberalen hatten die Hoffnung, daß Preußen dann nicht nur als Führungsmacht neben Österreich auftreten, sondern es auch tatsächlich sein würde. Der patriotische Aufschwung veranlaßte im Juli ehemalige liberale Achtundvierziger, sich in Hannover zu treffen und über Wege und Ziele in der deutschen Frage zu beraten. Eine Gruppe linker Achtundvierziger versammelte sich fast zur gleichen Zeit in Eisenach zu gleichem Tun. Ihre Kundgebung näherte sich den liberalen Positionen deutlicher als je zuvor an. Ihr demokratischer Rigorismus von 1848/49 schlug sich jedoch noch immer in einem Unterschied zu den in Hannover versammelten Liberalen nieder, denn sie forderten Preußen direkt zu einer Initiative auf, eine deutsche Zentralgewalt zu schaffen, der natürlich ein Parlament zur Seite stehen müsse.

Inzwischen war der nur elf Wochen dauernde Krieg bereits beendet, die unmittelbare Bedrohung klang ab, aber der Wunsch nach einem deutschen Nationalstaat blieb wach. Mitte September 1859 gründete sich in Frankfurt/Main durch den Zusammenschluß der Juli-Initiativen von Eisenach und Hannover der Deutsche Nationalverein, dessen Statut vorsah, für die Einigung und freie Entwicklung des gemeinsamen Vaterlandes zu wirken. Noch im gleichen Jahr konnte der Verein seine Heerschau halten; denn die Zahl von 25 000 eingetragenen Mitgliedern und deren Selbstverständnis als Lobby gegenüber Abgeordneten, Ministern und Verwaltungsbeamten sagte ja noch nichts aus über den Grad des Massenpotentials, das hinter deren Zielrichtung „Nationalstaat" stand. Dieses Massenpotential wurde allerdings sichtbar anläßlich der in ganz Deutschland ablaufenden Feiern zum 100. Geburtstag des Nationaldichters Friedrich Schiller am 10. November 1859. Fast jede Stadt richtete ihre eigene Schiller-Feier aus, organisatorischer Kern waren meist die bestehenden Schützen-, Turn- und Gesangvereine: Festumzüge, lebende Bilder, eine Unmenge schwarz-rot-goldener Fahnen charakterisierten den Ablauf der Ereignisse, bei denen neben Bildern von Schiller fast stets auch die Symbolfigur der Germania mitgeführt wurde. Auf den gewaltigen Massenveranstaltungen der nächsten Jahre mit dem Anspruch von Nationalfesten, dem Deutschen Turn- und Jugendfest in Coburg 1860, dem Deutschen Schützentag in Frankfurt/Main 1862, dem 3. Deutschen Turnfest in Leipzig 1863, dem Deutschen Sängerfest in Dresden 1864 mit jeweils vielen tausenden, ja zehntausenden Teilnehmern, waren nachdrücklichst nationale Töne zu hören, aber nur schwache Signale, die explizit eine demokratische Mitwirkung des Volkes verlangten.

Im liberalen, vom Nationalverein getragenen Programm einer Einigung Kleindeutschlands durch Preußen hätte man nur zu gern an die vom preußischen Hof angesprochenen „moralischen Eroberungen" liberaler preußischer Regierungspolitik angeknüpft. Aber nach 1860 war immer weniger auf solche moralischen Eroberungen zu bauen. Bei den Auseinandersetzungen mit dem preußischen Abgeordnetenhaus um eine von der Regierung geforderte Heeresreform und die damit verbundene Bewilligung von Geldern zeigte die preußische Militärbürokratie, gedeckt von dem seit Anfang 1861 als König regierenden Wilhelm I., ihre Mißachtung eines der wichtigsten parlamentarischen Rechte, für das der Liberalismus seit eh und je stritt – das der Bewilligung von Steuern und der Kontrolle ihrer Verwendung. Dabei ging es vordergründig um das preußische Heer, tatsächlich aber um die Kampfansage konservativer Militärs an das Bürgertum, das über das Parlament Mitspracherecht bei Angelegenheiten einforderte, die das Fundament preußischer Macht – die Armee – betrafen.

In Vorbereitung auf die Wahlen zum Abgeordnetenhaus im Dezember 1861 entstand aus entschlossenen Liberalen und Demokraten die Deutsche Fortschrittspartei, mit der erstmals eine wirklich politische Partei, die sich auch offen als solche bezeichnete, in das gesellschaftliche Leben des deutschen Volkes trat. Sie wurde bei den Wahlen auf Anhieb die stärkste Fraktion, bildete mit den konstitutionellen Liberalen die absolute Mehrheit und stellte die Konservativen mit ganzen 14 Mandaten ins politische Abseits. Schon im März 1862 wurde dieses unbequeme Parlament einfach aufgelöst. Trotz massiver behördlicher Wahlbeeinflussung brachten aber die Neuwahlen im Mai der Opposition ein noch triumphaleres Ergebnis, nämlich zwei Drittel aller Mandate. Nur noch die ultrakonservativen Minister waren bereit, gegen solch ein Parlament zu regieren. Schon war die Möglichkeit eines Thronverzichts Wilhelm I. zugunsten seines Sohnes Friedrich Wilhelm (1831–1888), der wirklich einmal ein liberaler Thronfolger war, in greifbare Nähe gerückt. Da rief der Kriegsminister Albrecht von Roon (1803–1879) seinen letzten Trumpf nach Berlin, um ihn Wilhelm I. als zu allem entschlossenen Ministerpräsidenten zu präsentieren: Bismarck, zu dieser Zeit Botschafter in Paris. Am 24. September 1862 in das Amt berufen, erklärte er schon sechs Tage später den Abgeordneten, welche Erfahrungen er 1848/49 gesammelt habe, nämlich daß große Zeitfragen nicht durch Mehrheitsbeschlüsse entschieden würden, sondern durch Eisen und Blut. Im September 1863 löste er dann das preußische Parlament wieder auf.

Außenpolitisch setzte Bismarck deutliche Akzente. Er verständigte sich auf Kosten polnischer Aufständischer in Russisch-Polen mit Rußland, um den Rücken gegen künftige Gegner frei zu haben, und blockierte einen österreichischen Vorstoß vom Sommer 1863, den Deutschen Bund zu reformieren. Andererseits war Bismarck entschlossen, dort, wo Preußen im Einklang mit der Nationalbewegung eigene Positionen verbessern konnte, den Gegensatz zu Österreich zurückzustellen. Seit Herbst 1863 schwelte wieder durch einseitige dänische Aktionen die schleswig-holsteinische Frage: Wieder sollten beide Provinzen auseinandergerissen und die deutsche Bevölkerung Schleswigs der dänischen Herrschaft unterstellt werden. Eine neue Welle patriotischer Begeisterung brach los und erfaßte noch einmal ganz Deutschland. In Schleswig-Holstein selbst entwickelte sich eine Bewegung, die schon fast revolutionär war. Das einigte Preußen und Österreich, die beide die Situation unter Kontrolle halten wollten. Gemeinsam gingen sie erfolgreich 1864 im deutsch-dänischen Krieg gegen die Annexionspolitik Kopenhagens vor, das zum Verzicht auf die Herzogtümer gezwungen wurde.

Während des preußischen Verfassungskonflikts im September 1862 wurde auf Empfehlung des Kriegsministers der preußische Botschafter in Paris, Otto von Bismarck, herbeigeholt, um als Ministerpräsident ohne Zustimmung des Parlaments zu regieren und die königlichen Vorhaben durchzusetzen. Bismarck, bis dahin wenig bekannt, war im Dezember 1850 als Konservativer im preußischen Abgeordnetenhaus mit einer glänzenden Rede zur Verteidigung der preußischen Staatsräson hervorgetreten und daraufhin ohne jegliche diplomatische Erfahrung als preußischer Vertreter in den wiederbelebten Bundestag entsandt worden. Dort und – ab 1859 – als Botschafter in St. Petersburg und Paris hatte er die hohe Schule der Diplomatie durchlaufen.

Neben Holstein und Lauenburg trat nun auch Schleswig in den Deutschen Bund. Als nächstes setzte Bismarck bei dem mitverwaltenden Österreich durch, daß Schleswig-Holstein in den Zollverein eintrat und Preußen das Recht zum Bau eines Nordsee-Ostsee-Kanals erhielt. Sein Endziel war die völlige Einverleibung des Doppelherzogtums in Preußen.

Seit Anfang 1866 steuerte Bismarck nun einen Kurs, der in seinen Augen die preußische Staatsräson mit der deutschen Nationalbewegung bei einer „Revolution von oben“ verschmelzen mußte. Außenpolitisch durch ein Bündnis mit Italien, englische und russische Beschäftigung in Asien und vage Versprechungen an Napoleon III. gedeckt, innenpolitisch wieder einmal das Mittel der Auflösung des Abgeordnetenhauses einsetzend, ging er nun gezielt daran, Österreich zu provozieren. Dabei benutzte er kaltblütig bekannte Forderungen des Liberalismus, indem er im April beim Bundestag beantragte, die Reform des Deutschen Bundes durch Wahlen nach dem Wahlrecht der Reichsverfassung von 1849 voranzubringen – er war sich der Nationalbewegung als mächtige politische Kraft bewußt. Die Fürsten und Regierungen der meisten Mittelstaaten, Bayern und Sachsen voran, fürchteten jedoch die drohende preußische Vorherrschaft über ihre ängstlich gehütete Souveränität, traten auf die österreichische Seite und stimmten der Bundesmobilmachung gegen Preußen zu, das daraufhin den Deutschen Bund für beendet erklärte. Anders als 1848 hatte nicht die Wucht der Volksbewegung, sondern der preußisch-österreichische Dualismus dem Deutschen Bund ein Ende gesetzt. Der deutsche Bruderkrieg war von bemerkenswerter Kürze, denn der preußische Feldzugsplan lief mit der Präzision eines Uhrwerkes ab. Die gegen das Parlament durchgeführte Heeresreform zahlte sich in schlagkräftigen Linientruppen aus, die unter Einsatz der Eisenbahn schnell ihre Operationsbasen erreichten und die österreichische Hauptmacht in Nordböhmen in die Zange nahmen. Am 3. Juli stellte sie sich zwischen Königgrätz und Sadowa zur Schlacht und wurde entscheidend geschlagen. Böhmen, Mähren und der Weg nach Wien lagen frei vor den Preußen, und Wilhelm I. wünschte nichts dringender, als dort triumphierend einzureiten. Aber die Preußen stoppten kurz vor Wien auf Veranlassung Bismarcks, der einen schnellen Frieden vorzog, um Napoleon III. keine Zeit zu lassen, sich militärisch einzumischen. Mit dem Vorfrieden von Nikolsburg endete am 26. Juli der Krieg, der Österreich definitiv aus Deutschland herausdrängte und dessen mittel- und kleinstaatliche Verbündete völlig an Preußen auslieferte.

Die beabsichtigte Einbeziehung Schleswigs in den dänischen Staat vereinte für kurze Zeit die Nationalbewegung der sechziger Jahre mit den deutschen Regierungen, verwischte den Unterschied zwischen Liberalen, Demokraten und Konservativen und ließ den Streit über „groß-“ oder „kleindeutsch“ ruhen. Der im Januar 1864 begonnene Krieg Preußens und Österreichs gegen die Dänen wurde durch einen schweren und langen Winter zunächst auf Sparflamme geführt, aber am 18. April stürmten die Preußen die wichtigste dänische Verteidigungsstellung, die „Düppeler Schanzen“ nördlich der Flensburger Förde, und öffneten sich so den Weg nach Jütland. Im Sommer mußte der dänische König nachgeben und auf Schleswig, Holstein und Lauenburg verzichten.

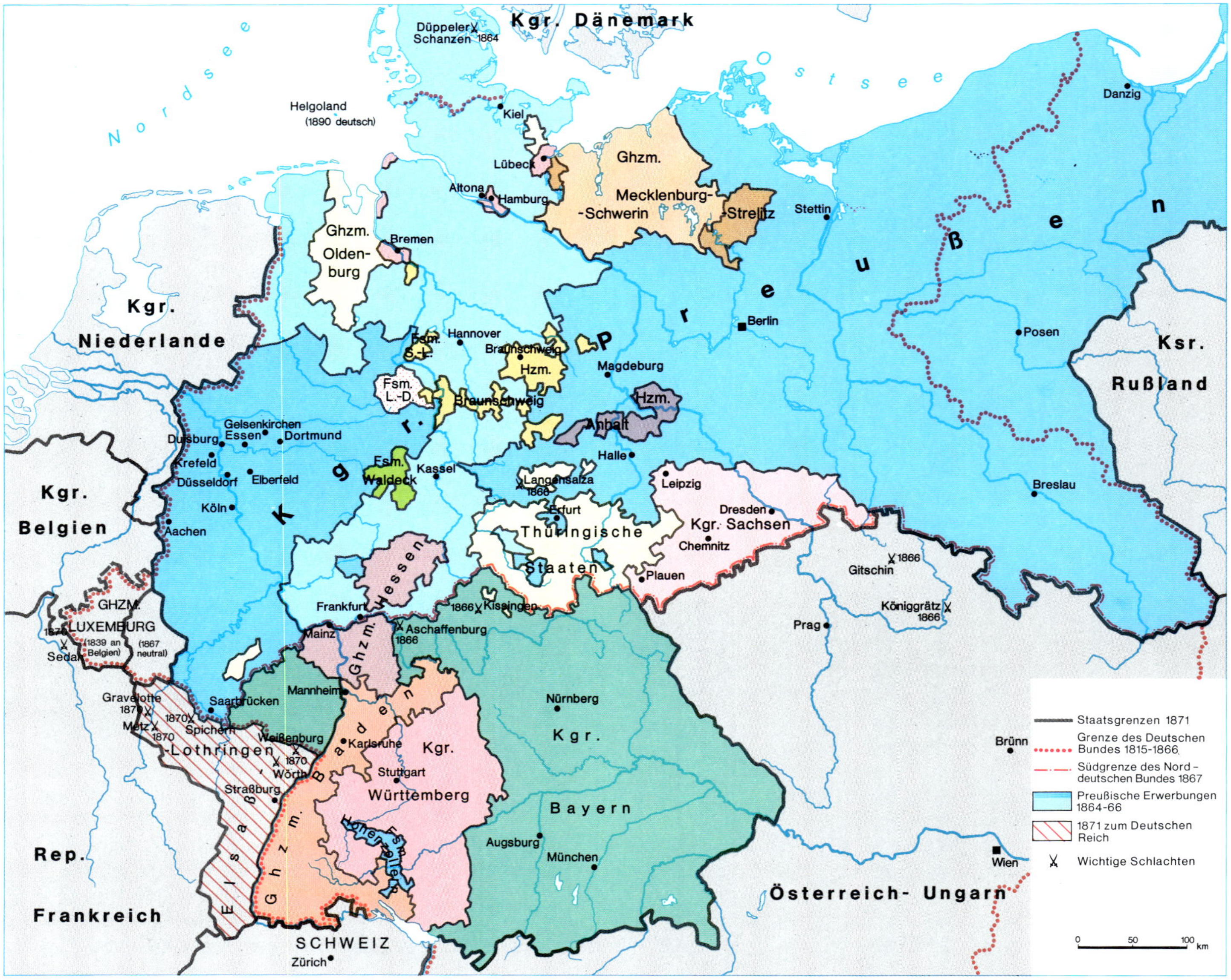

170

Der Zusammenstoß zweier unterschiedlicher deutschlandpolitischer Konzeptionen in Berlin und Wien führte 1866 zum Ende des Deutschen Bundes und zum unter der Vorherrschaft Preußens geführten Norddeutschen Bund.

Mit Rücksicht auf das kriegsbereite Frankreich gab sich Bismarck zunächst mit einer Zwischenlösung zufrieden. Trotz der freien Hand, die es jetzt in Deutschland besaß, griff Preußen nicht auf die „Union" von 1849/50 zurück, sondern zwang alle Einzelstaaten nördlich des Mains – soweit sie nicht einfach preußisch annektiert wurden wie Hannover, Kurhessen, Nassau, Frankfurt/Main und natürlich nun auch Schleswig-Holstein – in einen Norddeutschen Bund. Bundesstaatlich gegliedert, stellte er dennoch nicht mehr dar als ein Groß-Preußen. Aber der Fortschritt gegenüber dem alten Bund war nicht zu übersehen: Dieser hier hatte ein oberstes Regierungsorgan, nämlich den – mit dem preußischen Ministerpräsidenten identischen – Bundeskanz-

Die preußische Annexionspolitik gegen Hannover, Kurhessen, Nassau, Frankfurt/Main, Schleswig, Holstein und Lauenburg wurde im benachbarten Frankreich – wo Napoleon selbst mit Annexionsplänen hinsichtlich Belgiens und Luxemburgs spielte – sehr mißtrauisch beobachtet. Die Gründung des Norddeutschen Bundes wurde nicht zu Unrecht als ein Aufgeben deutscher Klein- und Mittelstaaten in ein Großpreußen gedeutet. Wilhelm I. als „großer deutscher Menschenfresser, der Könige und Fürsten verschlingt", bringt in einer Karikatur von 1867 die französische Sicht auf die Entwicklungen in Deutschland deutlich zum Ausdruck.

Der von Generalstabschef Helmut von Moltke (1800–1891) ausgearbeitete preußische Kriegsplan gegen Österreich ging 1866 im Grundsatz von der Strategie der Alliierten im Herbstfeldzug 1813 gegen Napoleon aus, denn er sah drei Heeressäulen vor, die die österreichische Hauptmacht in Nordböhmen vereint umfassen und zerschlagen sollten. Schon zwei Wochen nach Beginn der Kampfhandlungen wurde die österreichische Hauptarmee im großen Bogen um die Festung Königgrätz umfaßt. Der österreichische Oberbefehlshaber Ludwig von Benedek (1804–1881) erkannte die drohende Gefahr und bat dringend in Wien, den Krieg sofort zu beenden, aber die Diplomatie reagierte nicht. Zwischen Königgrätz und dem Dorf Sadowa tobte am 3. Juli die Schlacht, die den Ausgang des Deutschen Krieges von 1866 entschied. Die österreichische Niederlage war zwar nicht so total, wie von den Preußen geplant – denn die Masse der Österreicher konnte über den von der Festung gedeckten Weg nach Südosten abziehen –, aber die österreichische Angriffskraft war völlig gebrochen.

Der preußische Generalstab unter seinem Chef Moltke hatte für 1870 einen ähnlichen Feldzugsplan wie 1866 entworfen, der auf die Umfassung und Vernichtung des Gegners hinauslief. Mitte August gelang es den Deutschen, den Rückzug der französischen Nordarmee über Metz nach Westen dadurch zu verhindern, daß sie ihr bei Vionville und Mars-la-Tour am 16. und bei Gravelotte und St. Privat am 18. August den Weg verlegten. In diesen Schlachten wurde letztmals in der Kriegsgeschichte die Entscheidung durch massive Attacken schwerer Kavallerie erzwungen. Die Verluste der deutschen Reiterei gegen die Feuerkraft der modernisierten französischen Artillerie waren unermeßlich hoch, aber die Franzosen wurden nach Metz zurückgeworfen, das Ende Oktober kapitulierte.

ler, eine einheitliche Außenvertretung, ein einheitliches Militärwesen und ein einheitliches Gesetzgebungsorgan – den Reichstag, der nach gleichem und direktem Wahlrecht gewählt wurde. Sein Präsident wurde Eduard Simson (1810–1879), der schon 1849 der Nationalversammlung in der Paulskirche und 1850 dem Erfurter Unionsparlament vorgestanden hatte.

Daß die Nationalbewegung mit ihrem liberalen Flügel vor der überzeugenden Sprache des Erfolgs nicht die Augen verschloß, bewies die förmliche Gründung einer Nationalliberalen Partei aus Mitgliedern der Fortschrittspartei und des Nationalvereins. Ihr Progamm war noch einfacher als das des Nationalvereins: mit Bismarck durch dick und dünn! Auf dieser Linie lag auch, daß endlich der bereits in Heppenheim 1847 formulierte Gedanke, den Zollverein staatlich-parlamentarisch zu untermauern, nahezu erfüllt wurde. Die neuen Zollvereinsverträge von 1868 schufen einen Zollbundesrat und ein Zollparlament. Beide Einrichtungen zeigten dem Publikum, daß es über den Norddeutschen Bund ausgreifende gesamtdeutsche Bindungen gab. Was dem Publikum nicht bekannt war, waren die schon im Herbst 1866 den angeblich souveränen süddeutschen Staaten abgezwungenen geheimen Schutz- und Trutzbündnisse mit Preußen, die im Kriegsfalle die süddeutschen Staaten automatisch an die preußisch-norddeutsche Seite stellten. Solche politisch-diplomatischen Bindungen waren auch nötig, denn in Bayern führte die Antipathie gegen den überwiegend protestantischen norddeutschen Machtkoloß zu einem starken Anwachsen partikularistischer Kräfte. Auch in Württemberg siegten bei den Wahlen zum Zollparlament 1868 ausschließlich Partikularisten, und die süddeutschen Abgeordneten brachten dann gemeinsam mit preußischen Konservativen auch den Antrag zu Fall, daß aus dem Zollparlament die Einheit Deutschlands erwachsen möge. Das war für Bismarck wie für die Nationalbewegung ein deutliches Signal, daß nur über die territoriale Ausdehnung des Norddeutschen Bundes der Nationalstaat erreichbar wäre. Als „Einigungsmittel" bot sich ein Krieg gegen Frankreich an, das 1870 außenpolitisch recht isoliert dastand. Österreich war noch von 1866 geschockt und von dem mit Preußen verbündeten Rußland eingeschüchtert; England war zutiefst mißtrauisch angesichts der Ambitionen Napoleons III., Belgien zu annektieren. Bei dieser Mächtekonstellation steuerte Bismarck zielgerichtet auf eine Provokation Napoleons III. zu. Am 13. Juli 1870 fälschte er durch Streichungen ein ihm aus Bad Ems zugegangenes Telegramm Wilhelms I. über dessen Unterredung mit dem französischen Botschafter zu einer glatten Beleidigung des Vertreters Frankreichs und warf

damit Napoleon III. bewußt den Fehdehandschuh hin, der daraufhin aus innenpolitischen Pressionen heraus dazu gezwungen war, dem Norddeutschen Bund den Krieg zu erklären. Noch lebten vielerorts Zeitzeugen der „Franzosenzeit" und des Befreiungskrieges; die zündenden Lieder, die der Rheinlandbegeisterung von 1840 entstammten, waren in jedem Gesang-, Schützen- und Turnverein gepflegtes Kulturgut. Da nahm es nicht wunder, daß die patriotische Massenhysterie von 1840 im Nu eine Neuauflage von nicht vorhergesehenem Ausmaß erlebte. Vor der urplötzlich zum Rang einer Nationalhymne aufgestiegenen „Wacht am Rhein" schmolz sogar der süddeutsche Partikularismus über Nacht dahin. In den mit hohem Tempo ablaufenden Aufmarsch der von 1866 her trainierten Preußen und ihrer norddeutschen Verbündeten wurden sofort auch die beiden bayerischen Armeekorps integriert. Am 4. August 1870 begann die deutsche Offensive, die nach einer Reihe verlust-, aber siegreicher Schlachten auf den Feldern Lothringens am 2. September mit der Kapitulation der französischen Hauptarmee in Sedan und der Gefangennahme Napoleons III. zunächst ihr Ende fand. Der Jubel über die schwer erkämpften glanzvollen Siege ging augenblicklich ein in das deutsche Nationalbewußtsein, und niemand konnte sich bei dieser Stimmung der staatsrechtlichen Vollendung jener deutschen Einheit widersetzen, die sich seit Mitte Juli auf deutschen Straßen und französischen Schlachtfeldern bereits als Tatsache offenbart hatte.

Bismarck erreichte durch diplomatische Verhandlungen im Oktober/November 1870 den Beitritt der Süddeutschen zum Norddeutschen Bund, wobei er Bayern und Württemberg noch Sonderrechte zugestand. Der diplomatische Weg zum Nationalstaat schloß liberale Hoffnungen auf eine in dessen Gründungsakt eingebettete Aufbesserung des obrigkeitlich geprägten Verfassungsstaates zum demokratisch-parlamentarischen Rechtsstaat aus; aber seit 1866 war diese Hoffnung im deutschen Liberalismus ohnehin immer weiter abgeklungen, und Groß-, Bildungs- und Besitzbürgertum orientierten sich auf den Bismarckschen Machtstaat. Allerdings war die Erinnerung an 1848/49 durchaus noch präsent, und so stimmte der Norddeutsche Reichstag während seiner Debatte am 9./10. Dezember 1870 über den Beitritt der süddeutschen Staaten zur Verfassung des Bundes einem Antrag des „fürstlichen" Bundesrates mit Freuden zu, das erweiterte Staatsrechtsgebilde nicht Bund, sondern Reich zu nennen und dessen erbliches Oberhaupt nicht Bundespräsident, sondern Kaiser. In dieser Form wurde die Verfassung des Norddeutschen Bundes geändert, und eine 30köpfige Delegation des Reichstages unter Leitung Eduard Simsons, der schon 1849 die Kaiserdeputation der Nationalversammlung geleitet hatte, überbrachte Wilhelm I. die Bitte, den Kaisertitel anzunehmen. Nach der Berliner Ratifizierungsdebatte wurde der Termin für das Inkrafttreten der Verfassung als Reichsverfassung auf den 1. Januar 1871 festgesetzt, und der offizielle „Bundesanzeiger", der mit seinen Veröffentlichungen den Beschlüssen Gesetzeskraft verlieh, publizierte sie am 31. Dezember. Aber der bayerische Landtag verschleppte die Ratifizierung des Beitritts, und Wilhelm I. setzte die Ausrufungszeremonie von sich aus auf den 170. Jahrestag der Selbsterhebung des brandenburgischen Kurfürsten zum König fest – auf den 18. Januar 1871. So erfolgte dann also im Spiegelsaal des Versailler Schlosses die Kaiserproklamation noch vor dem rechtlichen Inkrafttreten der Reichsverfassung: Dieses Datum lag zwei

Um den Nationalstaat zu vollenden, bedurfte es zäher Verhandlungen Bismarcks mit etlichen süddeutschen Fürsten. Besonders Bayern zeigte sich wenig geneigt, Teil eines geeinten Deutschlands zu werden. Erst die Zusage erheblicher Geldzuwendungen aus einem Geheimfonds konnte König Ludwig II., der dringend Geld für seine aufwendigen Märchenschlösser brauchte, zur Zustimmung bewegen, sogar eine von Bismarck formulierte Bitte an Wilhelm I. zu unterschreiben, dieser möge doch den Kaisertitel annehmen. Querelen gab es dann noch um den Titel des künftigen Reichsoberhauptes. Während Wilhelm, nachdem er sich zur Annahme dieses Amtes von Bismarck hatte überreden lassen, den Titel „Kaiser von Deutschland" führen wollte, hatte Ludwig II. im Namen aller deutschen Fürsten nur einen „Deutschen Kaiser" zugestanden. Bei der Kaiserproklamation im Spiegelsaal von Versailles am 18. Januar 1871 umging der Großherzog Friedrich I. von Baden (1826–1907), Wilhelms Schwager, dieses heikle Thema, indem er nur „Kaiser Wilhelm" hochleben ließ. (Gemälde von Anton von Werner; Friedrichsruh, Bismarck-Museum)

Tage später, als in München endlich die Volksvertretung des letzten Einzelstaates ihre Zustimmung erklärte. Die Hohenzollern-Legende identifizierte allerdings die Kaiserproklamation stets mit dem Gründungsakt des wilhelminischen Kaiserreichs, und späteren in- wie ausländischen Agitatoren kam das aus verschiedenen Gründen oft gelegen: Eine europäische Nation, die den Gründungsakt ihres Nationalstaates auf fremdes, erobertes Territorium verlegte, fiel aus dem Rahmen üblicher europäischer Geschichte.

Bismarcks Außenpolitik im neuen Reich

Nach der Gefangennahme Napoleons III. am 2. September 1870 hätte der Krieg beendet werden können, denn am 4. September wurde in Paris die Republik ausgerufen, die sich von der bonapartistischen Außenpolitik ausdrücklich distanzierte. Wenn die Waffen trotzdem nicht schwiegen, so lag das an einem erst durch den siegreichen Kriegsverlauf aufgetauchten deutschen Kriegsziel: Das vor 200 Jahren von Ludwig XIV. annektierte Elsaß und ein Teil Lothringens sollten wieder an Deutschland angeschlossen werden. Träger dieser lautstark und mit Waschkörben voller entsprechender Resolutionen vorgetragenen Forderung war in der Öffentlichkeit fast die gesamte Nationalbewegung, hinter den Kulissen allerdings – und wohl gewichtiger – der Generalstab, der bei künftigen Kriegen die Mosel, Saar und Rhein vorgelagerte Festungskette in der Hand halten wollte. Das republikanische Frankreich kämpfte also um der Integrität seines Territoriums willen verbissen weiter, allerdings erfolglos. Entsprechend dem Vorfrieden von Versailles im Februar und dem Frieden von Frankfurt/Main am 10. Mai 1871 mußte es dem Reich fünf Milliarden Goldfrancs Kriegsentschädigung zahlen und ihm das Elsaß sowie den östlichen Teil Lothringens überlassen. Der Außenpolitik des neuen Reiches war damit von vornherein ein unverrückbares Prinzip mitgegeben: Sie mußte ständig mit der Feindschaft Frankreichs rechnen, das Elsaß-Lothringen durch alle Parteien hindurch als eine blutende Wunde empfand. Bismarck versuchte, dagegen zunächst eine Allianz der konservativen Kontinentalmächte Rußland - Österreich - Deutschland aufzubauen, was 1873, 1881 und 1884 zu Abkommen führte. Da aber der Gegensatz zwischen Rußland und der seit 1867 zum Doppelstaat Österreich-Ungarn gewandelten Habsburgermonarchie hinsichtlich des künftigen Nachfolgers der Osmanen auf dem Balkan letztlich unüberbrückbar war, stand diese Konzeption auf schwachen Füßen. Um die Reaktion Europas auf ein Auftrumpfen der neuen mitteleuropäischen Vormacht zu testen, provozierte Bismarck 1875 mit Säbelgerassel gegen Frankreich eine diplomatische Krise, die sehr lehrreich war und Bismarck auch zu entscheidenden Konsequenzen veranlaßte: Die europäischen Großmächte, darunter auch Großbritannien, das mit Frankreich nicht auf bestem Fuß stand, wiesen das Deutsche Reich in seine Schranken.

Bismarck legte die deutsche Außenpolitik nun bewußt so an, daß das Reich im europäischen Kräftespiel als Pol der Ruhe erscheinen mußte. Dem Alptraum Deutschland bedrohender Koalitionen wußte er damit zu begegnen, daß er das Deutsche Reich als „saturiert" und friedlich präsentierte und gelegentlich als „ehrlicher Makler" auftrat. Aber 1878 brachte ihn diese Maklerei auf dem Berliner Kongreß zur Regelung der Balkanprobleme, die aus dem russisch-türkischen Krieg 1877/78 entstanden waren, beträchtliche Sympathieverluste auf russischer Seite ein. Um überhaupt einen großen kontinental-europäischen Bundesgenossen sicher auf seiner Seite zu haben, mußte 1879 auf Österreich-Ungarn gesetzt werden, was das Reich über kurz oder lang in die endlosen Querelen der habsburgischen Politik auf dem Balkan verstricken mußte.

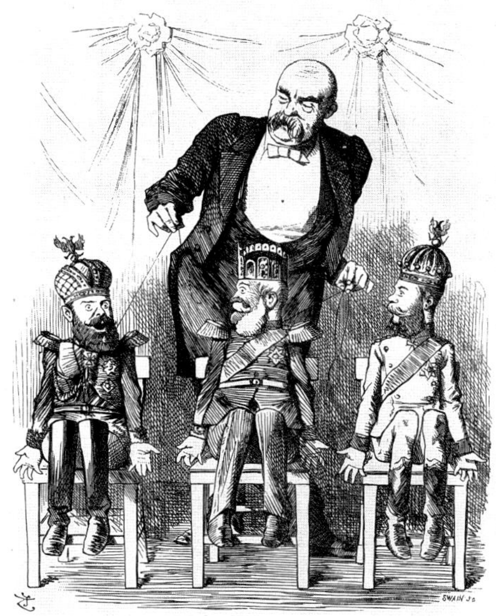

Die Außenpolitik des Deutschen Reiches zielte seit 1871 auf eine Isolation Frankreichs, dessen Feindschaft man sich wegen der Annexion Elsaß-Lothringens gewiß sein konnte. Bismarcks Alptraum war vor allem ein Bündnis zwischen Frankreich und Rußland gegen das Reich, das Deutschland von zwei Seiten bedroht hätte. Daher war er bestrebt, die beiden großen Kontinentalmächte Rußland und Österreich durch ein Bündnis an das Reich zu binden. Über fast anderthalb Jahrzehnte gelang das auch, aber die englische Karikatur auf das letzte Drei-Kaiser-Treffen, das 1884 stattfand, sieht die Dinge doch sehr vereinfacht: Bismarck, auch wenn er zu Recht noch am ehesten die Fäden der deutschen Außenpolitik in der Hand hatte, konnte zu dieser Zeit den Zaren Alexander III. (links) nicht mehr in seinem Sinne beeinflussen, denn der russisch geförderte Panslawismus geriet immer mehr in Gegensatz zur österreich-ungarischen Balkanpolitik.

Wirklich brachte schon bald eine der vielen Balkankrisen das Reich in den Zugzwang, zwischen Wien und St. Petersburg als Partner zu wählen. Rußland beendete offiziell die Abstimmung unter den konservativen Kontinentalgroßmächten, aber Bismarck gelang es zumindest noch, einen „Rückversicherungsvertrag" mit dem Zarenreich abzuschließen, der Rußlands Neutralität für den Fall einer französischen Aggression gegen das Reich zusicherte. Doch hatte inzwischen die deutsche Schutzzollpolitik die getreideexportierenden russischen Großgrundbesitzer derart verärgert, daß die russische Annäherung an Frankreich nur noch eine Frage der Zeit war.

Bismarck sondierte daher 1889 in London wegen eines förmlichen englisch-deutschen Bündnisses, das er nur offerieren konnte, weil er stets die Besonderheit Großbritanniens als weltbeherrschende Seemacht akzeptiert hatte. Ihm lag jeder Flotten-Enthusiasmus fern – er begnügte sich damit, daß das Deutsche Reich als schlagkräftigste kontinentale Militärmacht galt. London wich dennoch vorsichtig hinhaltend aus, weil es eine gerade einsetzende Enspannung mit Rußland nicht durch die Belastung des deutschen Bündnisses mit Österreich-Ungarn gefährden wollte.

Kolonialpolitischen Risiken abhold, schon um mit England nicht in Konflikt zu kommen, konnte sich Bismarck seit 1880 dem starken Druck einflußreicher Handels- und Industriekreise nicht entziehen, auch das Deutsche Reich an der europäischen Kolonialexpansion teilnehmen zu lassen. Betrieb er zwar weiterhin keine offizielle Kolonialpolitik, so gab Bismarck doch 1884/85 kaiserliche Schutzbriefe für bis dahin private deutsche Handelsniederlassungen in Afrika und Ozeanien aus. Bald aber waren die Deutschen in Kolonialkriege verwickelt. So wurden sie in Deutsch-Ostafrika 1888 mit einem Aufstand arabischer Sklavenhändler unter Buschiri (geb. um 1835–1889) konfrontiert, den Hauptmann Wissmann (1853–1905) mit einer aus Sudanesen angeworbenen Afrikaner-Polizeitruppe nach beiderseits grausam geführten Kämpfen 1889 niederwarf.

Bismarck waren zwar die ganzen Balkanhändel „nicht die Knochen eines einzigen pommerschen Musketiers wert", aber der Schatten Elsaß-Lothringens zwang die deutsche Außenpolitik notgedrungen in eine Richtung, die sie mit dem Habsburgerreich verband. Statt in der Mitte Europas und als starker Festlandsdegen umworben zu sein – mit diesem Ziel war Bismarck 1871 angetreten – stand das Deutsche Reich zwei Jahrzehnte nach seiner Geburt angesichts seines Geburtsmakels Elsaß-Lothringen mit höchst zweifelhaften Verbündeten da.

Bismarcks Innenpolitik im neuen Reich

Bismarck konnte sich im Reichstag des Deutschen Reiches genau wie in dem des Norddeutschen Bundes auf die Nationalliberalen stützen. Ihnen war zwar die politische Struktur des Deutschen Reiches nicht demokratisch genug – einziger Minister war der vom Kaiser eingesetzte, nicht etwa vom Reichstag gewählte Reichskanzler, und der Reichstag durfte auch nur über Finanzen und Gesetze beschließen, nicht über sein Vertrauen zum Reichskanzler und dessen Staatssekretäre und schon gar nicht über Krieg und Frieden; aber sie versagten sich tiefergehende Kritik und hofften auf den Gang der Geschichte sowie – wie hätte es anders sein sollen – auf den liberalen Kronprinzen. Dennoch kam aus den Reihen der Nationalliberalen wenigstens im ersten Deutschen Reichstag 1871 der Antrag, zur Nationalflagge des Deutschen Reiches die schwarz-rot-goldene Trikolore zu bestimmen. Die realpolitische Mehrheit der Abgeordneten hatte für solche romantische Prinzipienreiterei jedoch kein Verständnis und ging über den Antrag zur Tagesordnung über.

Kaiser Wilhelm I. hielt sich politisch völlig zurück und begnügte sich mit der Erfüllung repräsentativer Pflichten, sonst in allen Dingen auf seinen Reichskanzler Bismarck vertrauend, dessen starke Persönlichkeit er resignierend anerkannte. Die vom Reichskanzler beim Kaiser vorgetragenen Probleme reduzierten sich daher praktisch auf die Mitteilung Bismarckscher Entscheidungen. Wilhelm I. bewohnte auch als Kaiser nicht das Berliner Schloß, sondern das Kleine Palais, das er sich bereits als Prinz an der Ecke Opernplatz/Unter den Linden hatte bauen lassen. Sein direkt an der Ecke gelegenes Arbeitszimmer zeigte stets bis spät in die Nacht hinein Licht, doch hatten die Berliner bald herausgefunden, daß das Licht auch ohne die Anwesenheit des kaiserlichen Hausherrn brannte.

Der am 3. März 1871 gewählte erste Deutsche Reichstag trat am 21. März 1871 in Berlin zu seiner konstituierenden Sitzung zusammen. Er hatte die Verfassung des Deutschen Reiches zu debattieren und zu beschließen. Nach dieser Verfassung war das Reich ein Bundesstaat aus 25 Einzelstaaten (ab 1. Juni 1871 trat dazu noch das Reichsland Elsaß-Lothringen) mit ganz wenigen zentralen Institutionen: Kaiser, Kanzler, Bundesrat, Reichstag und Auswärtiges Amt. Der Reichstag hatte lediglich das Recht, Gesetze zu beschließen und den Staatshaushalt zu verabschieden; der Reichskanzler war dem Reichstag nicht im geringsten rechenschaftspflichtig. Trotz mancher Einzelbedenken billigte der Reichstag die vorgelegte Verfassung am 14. April 1871. Sie trat am 4. Mai in Kraft. Erst von diesem Tage an war das Deutsche Reich staatsrechtlich konstituiert.

Die Ablehnung der von Bismarck ausgemachten „Reichsfeinde" wurde kritiklos von der Nationalbewegung – auch ihrem liberalen Flügel – mitgetragen. Selbst ein so kritisch-liberaler Geist wie der als Schöpfer von „Max und Moritz" bekannte Wilhelm Busch (1832–1908) gab sich 1872 dazu her, die angeblichen „Reichsfeinde" zu personifizieren: Pater Filuzius für die Kleriker, Inter-Nazi für die Sozialisten der Internationalen Arbeiter-Assoziation, Jean Lecaq für die Franzosenfreunde. Bismarck ging 1873 mit dem „Kulturkampf" gegen die katholische Kirche und 1878 mit dem „Sozialistengesetz" gegen die Sozialdemokratie vor. Beide Angriffe blieben schließlich ohne Erfolg und brachten nur die Erkenntnis, daß das Reich mit einer inneren Opposition zu leben habe.

Schon im Norddeutschen Reichstag hatte sich eine neue Form der Opposition geregt, die in Liberalismus, Demokratismus oder Konservatismus nicht leicht einzuordnen war: die um ihre Rechte – z.T. auch ihre Vorrechte – fürchtende katholische Minderheit. Im Deutschen Reichstag formierten sich diese Kräfte zum Zentrum, das partikularistische Interessen und Abwehr der weltlichen Vormundschaft des – mehrheitlich protestantischen – Nationalstaates auf sein Banner schrieb. Da kam es leicht in den Verdacht, eine Bewegung zu sein, die die Reichseinigung im Bunde mit den katholischen Mächten Frankreich und Österreich rückgängig machen wollte; seine Direktiven konnte es ja nur vom Papst hinter den Alpen (ultra montes, lat.) erhalten haben – Ultramontanismus wurde das Schlagwort, mit dem der deutsche Liberalismus sich auf einen Popanz hetzen ließ, der ihm vorgehalten wurde, damit er nicht mit dem Zentrum gemeinsam agieren und eine Reformmehrheit bilden könne.

Getragen von der fortwirkenden Nationalbewegung, nahm Bismarck den Kampf mit der katholischen Kirche auf, um dem Separatismus des deutschen Katholizismus eine entscheidende Niederlage zu bereiten. Dieser Kampf wurde formal von und in Preußen geführt, nur von Baden und Hessen nachgeahmt und von Bayern in einem schwachen, lediglich auf Betonung landesherrlicher Kirchenhoheit gerichteten Abklatsch kopiert. Es war daher auch der nationalliberale preußische Kultusminister Adalbert Falk (1827–1900), der 1873/74 in Verordnungen festlegte, daß politische Erklärungen von der Kanzel verboten und die Priesterseminare unter Staatsaufsicht zu nehmen seien. Künftig hatten für Geburt, Trauung und Todesfall nur die Eintragung ins Zivilregister gesetzliche Bedeutung. In Preußen wurden die Klöster aufgehoben, sich widersetzende Geistliche abgeschoben, Staatszuschüsse für kirchliche Einrichtungen gestrichen und alle katholischen Bischöfe eingesperrt oder außer Landes gewiesen. Ein Reichsgesetz verbot die Tätigkeit der Jesuiten in Deutschland – ein Ausnahmegesetz, das jedem Prinzip des Liberalismus ins Gesicht schlug, aber aus der Furcht vor einer angeblichen Verschwörung gegen den endlich gewonnenen Nationalstaat von der liberalen Nationalbewegung getragen wurde.

Dennoch konnte das Zentrum bei den Reichstagswahlen 1874 seine Wählerstimmen verdoppeln, und ab 1876 setzte ein allmählicher innenpolitischer Richtungswechsel ein. Eine 1873 einsetzende Wirtschaftskrise traf die junge, leistungsfähige deutsche Schwerindustrie; gleichzeitig drang billiges amerikanisches und russisches Getreide auf den mitteleuropäischen Agrarmarkt, so daß die ostelbischen Rittergüter fühlbare Konkurrenz bekamen. Schwerindustrielle und Junker riefen daher laut nach Schutzzöllen, und Bismarck schwenkte auf ihre Linie ein. Gegen Nationalliberale und Zentrum gemeinsam konnte aber eine neue Zollgesetzgebung nicht durchgesetzt werden, daher mußte ein Kompromiß mit dem Zentrum gefunden werden. Der „Kulturkampf" wurde abgebrochen. Schutzzölle auf Agrarprodukte mußten höhere Nahrungsmittelpreise bringen, und unter der städtischen Arbeiterbevölkerung, das war abzusehen, würde die auf deren soziale Interessen spezialisierte Sozialistische Arbeiterpartei ihre Agitation in fruchtbaren Boden bringen. Bismarck hatte die in den sechziger Jahren entstehende organisierte Arbeiterbewegung zunächst mit Interesse als mögliche Waffe gegen den Liberalismus verfolgt. Die Stellungnahme des linken Flügels der Sozialisten gegen den Krieg mit Frankreich hatte ihn dann ebenso wie das Bekenntnis des Reichstagsabgeordneten August Bebel (1840–1913) zu der in der Pariser Kom-

1878 kamen Bismarck zwei Attentate von Einzelgängern gegen Wilhelm I. gerade recht, um das „Sozialistengesetz" durchzusetzen, das sowohl die Parteiorganisation der Sozialisten als auch sozialistische Versammlungen verbot. Den polizeilichen und juristischen Verfolgungen paßten sich die Sozialdemokraten geschickt an, indem sie auf unverfängliche Tarnorganisationen auswichen. Neben Lese- und Rauchervereinen boten Turnvereine eine völlig legale Möglichkeit, sich regelmäßig zu treffen. Der Turnverein von Diesdorf, 1885 während der Zeit des „Sozialistengesetzes" gegründet, nennt sich nicht einmal Arbeiter-Turnverein, aber seine Devise „Frisch, frei, stark, treu" gab zu erkennen, daß er sich zum Arbeiterpart zählte, der das vom Turnvater Jahn geprägte und von bürgerlich-konservativen Sportlern benutzte Motto „Frisch, fromm, fröhlich, frei" bewußt abwandelte.

mune 1871 ausgeübten Diktatur des Proletariats davon überzeugt, es bei den Sozialisten mit vaterlandslosen Gesellen zu tun zu haben. So verband er den Schwenk zur Schutzzollpolitik mit einer Politik der Unterdrückung der Sozialisten: 1878 benutzte er zwei Attentate auf den Kaiser, um die Sozialisten – die damit nichts zu tun hatten – unter ein weiteres Ausnahmegesetz zu stellen: Ihre Vereine, Versammlungen, Veröffentlichungen wurden verboten, einzelne Sozialisten durften paradoxerweise aber weiterhin für die Wahlen kandidieren. 1881 erreichten die Sozialisten trotz der staatlichen Restriktionen immerhin 75 % der 1878 erzielten Stimmen, 1884 konnten sie mit 24 Abgeordneten eine eigene Fraktion im Reichstag bilden, und 1890 schließlich hatten sich die Wählerstimmen der Sozialisten seit 1878 um exakt eine Million erhöht.

Der Reichstag weigerte sich, das Ausnahmegesetz zu verlängern. Als es am 30. September 1890 auslief, war Bismarck bereits aus der Politik ausgeschieden und saß verbittert und öffentlich Kritik übend auf seinem Alterssitz in Friedrichsruh. Daneben hatte Bismarck aber auch sozialpolitische Maßnahmen erlassen, um den Sozialisten – allerdings vergeblich – den Wind aus den Segeln zu nehmen. So wurde 1881 ein Krankenversicherungsgesetz angekündigt und zwei Jahre später im Reichstag verabschiedet, 1884 folgte eine Unfallversicherung, 1889 dann eine Invaliden- und Altersversicherung. Nur bei den letzteren leistete das Reich finanzielle Zuschüsse, die anderen mußten gemeinsam von Arbeitern und Unternehmern aufgebracht werden. Dennoch war Deutschland seit dieser Sozialgesetzgebung unter dem Reichskanzler Bismarck das erste Land der Welt mit einem so ausgefeilten Versicherungssystem für Arbeitnehmer.

Die von den Sozialisten angeprangerte Arbeitshetze mit ihren unausbleiblichen Folgen wachsender Arbeitsunfälle und vorzeitig invalider Arbeiter ohne Versorgung forderte gebieterisch neue Sozialmaßnahmen: Bismarck – einerseits, um den Sozialisten den Wind aus den Segeln zu nehmen, andererseits, um die angeblich „vaterlandslosen" Arbeiter an den Nationalstaat zu binden – initiierte von 1881 an die Ansätze einer modernen, der Industriegesellschaft adäquaten Sozialgesetzgebung mit Kranken-, Unfall-, Alters- und Invalidenversicherung. Das bis 1889 in mehreren Etappen verabschiedete Gesetzeswerk schuf ein Versicherungssystem, mit dem sich Deutschland im juristisch abgesicherten staatlichen Sozialbereich an die Spitze der Welt stellte.

Industrielle Revolution und Soziale Frage

Manufakturen, Fabriken, Industrie

Zwischen 1800 und 1875 erlebte Deutschland eine tiefgreifende Umwälzung seiner wirtschaftlichen und sozialen Verhältnisse durch die Industrielle Revolution – einem Sammelbegriff für einen Vorgang grundlegender technischer und demographischer Wandlungsprozesse. Auf technischem Gebiet traten an die Stelle von Handarbeit und Muskelkraft nun vermehrt Werkzeug- und Dampfmaschinen, die menschliche Arbeit und Antrieb ersetzten. Im demographischen Bereich erschütterte ein bis dahin nicht erlebter Bevölkerungsüberschuß die althergebrachte Sozialstruktur. Die Abwanderung vom Land in die Stadt löste einen Prozeß der Verstädterung aus und beseitigte das Übergewicht ländlicher Strukturen. Das brachte eine Umwertung aller bekannten und als selbstverständlich tradierten Werte mit sich, rückte Raum und Zeit zusammen, veränderte menschliches Konsumverhalten, brachte neue Klassen und Schichten in der Gesellschaft hervor und beeinflußte wesentlich das Wechselverhältnis von Mensch und Natur. Die Industrielle Revolution leitete die Wende von der Agrargesellschaft zur Industriegesellschaft ein.

Die Industrielle Revolution setzte Mitte des 18. Jahrhunderts in Großbritannien ein, wo sie zu Beginn des 19. Jahrhunderts praktisch abgeschlossen war. Um die Wende zum 19. Jahrhundert erreichte sie Frankreich und die südlichen Niederlande, das heutige Belgien, in ersten Ansätzen auch Mitteleuropa. Sie fand ihren günstigsten Nährboden in traditionellen Gewerberegionen, wo die agrarischen Strukturen der Feudalherrschaft bereits ausgehöhlt und in beachtlichem Maße außeragrarische Produktionsfertigkeiten, vor allem in Manufakturen, anzutreffen waren.

In diesen Gebieten wurden nun aus Großbritannien technische und technologische Kenntnisse übernommen. Vergeblich beschlossen die britischen Behörden Maßnahmen, um zu verhindern, daß diese Kenntnisse die Insel verließen. Ausländische Diplomaten und Behördenvertreter, darunter auch der Freiherr vom Stein, betätigten sich in England häufig mit wechselndem Erfolg als Industriespione. Die strenge englische Ausfuhrkontrolle, die erst 1825 erheblich gelockert wurde, zwang deutsche Tischler, Schmiede und Schlosser zum Einsatz ihres ganzen Könnens, um Nachbauten und eigene Konstruktionen mit gleicher Wirkungskraft auszutüfteln und herzustellen.

Die neue Technik hielt zunächst in der Baumwollverarbeitung ihren Einzug. 1783 wurde in Ratingen bei Düsseldorf die erste, aus England stammende Spinnmaschine in Betrieb genommen und bald nachgebaut. Kurz darauf tauchten auch in Sachsen Spinnmaschinen auf, denen dort – nun schon behördlicherseits durch Prämien gefördert – bald Nachbauten folgten. Um 1800

Mit der Industriellen Revolution begann eine neue Epoche – nicht nur in der Geschichte. Die traditionelle Handarbeit wurde durch Maschinen ersetzt, die in kürzerer Zeit mehr produzieren konnten, wodurch sich auch die Absatzmärkte änderten. Millionen von Menschen fanden nun Arbeit in den Fabriken, die bald zum größten Arbeitgeber in der Wirtschaft aufstiegen. (Adolph von Menzel; Berlin, Nationalgalerie)

gab es in Sachsen bereits 2000 Spinnmaschinen. Im folgenden Jahrzehnt wurden dann solche Maschinen auch in Berlin, dem dritten deutschen Zentrum des Baumwollgewerbes, eingeführt. Die Maschinenspinnerei Sieburg in Berlin setzte 1797 erstmals eine Dampfmaschine zum Antrieb ein. Diese Maschine kam ebenfalls aus England, war beim Hinausschmuggeln in Einzelteilen beschädigt worden und mußte auf der Eisenhütte in Gleiwitz in Teilen nachgegossen werden. 1816 wurde in der königlichen Eisengießerei in Berlin die erste überhaupt in Deutschland hergestellte Lokomotive gefertigt, die ihrem englischen Vorbild, der 1812 von Richard Trevithick (1771–1833) gebauten, bis ins Detail glich. Wochenlang wurde sie in Berlin bei erfolgreichen Probeläufen vorgeführt und bestaunt, nahm dann aber ein klägliches Ende. Sie wurde durch Unachtsamkeit auf dem Wassertransport nach Oberschlesien beschädigt, fand dort falsche Spurweiten vor, wurde schlampig gewartet, so daß sie nach zwei Jahren verschrottet wurde. Generell hatten es die neuen Maschinen schwer, sich gegen althergebrachte Gewohnheiten und Mißtrauen dem Neuen gegenüber durchzusetzen, denn nicht zuletzt erforderten sie auch eine erhebliche Arbeitsumstellung und technisches Wissen. Der verstärkte Einsatz stationärer Dampfmaschinen begann zunächst im Bergbau. Ab 1794 wurden in Oberschlesien und seit 1801 in Westfalen kontinuierlich Dampfmaschinen gebaut, vorrangig zur Wasserhaltung, seit 1811 auch als Fördermaschinen.

Die im britischen Kohlebergbau seit dem ersten Viertel des 18. Jahrhunderts zur Anwendung gelangten Dampfmaschinen hatten die Behörden den skeptischen Bergleuten gegenüber als „Bergmannsfreunde" propagiert, weil sie den Untertagearbeitern das Wasser vom Leibe hielten. Nachdem James Watt (1736–1819) 1769 die Dampfmaschine erheblich verbessert und weiterentwickelt hatte, kamen diese Maschinen dann ausgangs des Jahrhunderts im britischen Bergbau nicht mehr allein zur Wasserhaltung, sondern auch als Antrieb für Förderung und Transport zum Einsatz.

Betätigte sich in der Anfangsphase der Industriellen Revolution vor allem der Staat als Auftraggeber und Förderer technischer Projekte, so baute 1816 ein junger Unternehmer aus privater Initiative in Berlin eine funktionierende Dampfmaschine, was Signalwirkung hatte für eine neue Ära in Herstellung und Einsatz von Maschinen. Das dirigistische, noch aus der Zeit des Merkantilismus herüberreichende Prinzip staatlicher Gängelung wirtschaftlicher Unternehmungen brachte auch in den Augen der Behörden keine Effizienz mehr, es wurde nun in Preußen durch eine überlegte Förderung unternehmerischer Initiative ersetzt. Berlin entwickelte sich innerhalb von vier Jahrzehnten zu einem leistungsfähigen Zentrum deutschen Maschinenbaus. Der Spinnmaschinenbau fand vor allem in Sachsen statt, wo die Kontinentalsperre dem Baumwollgewerbe zu einer beachtlichen Blüte verholfen hatte. 1826 wurde in Chemnitz die erste Fabrik für die industrielle Fertigung von Spinnmaschinen eröffnet, womit die Tradition des sächsischen Textilmaschinenbaus begründet wurde. Etwa zur gleichen Zeit wurde der Grundstein für die Stahlindustrie an der Ruhr gelegt, wo das in England erfundene Verfahren zur Umwandlung von Roheisen in Schmiedeeisen (Puddel-Verfahren) in den zwanziger Jahren seinen Einzug hielt. 1826 wurde in Essen das erste deutsche Puddelwerk durch Friedrich Harkort (1793–1880) in Betrieb genommen; am gleichen Ort hatte schon 1812 Friedrich Krupp (1787–1826) eine kleine Gußstahlschmelze eingerichtet, die mit 12 Arbeitern auf der Basis des kurz zuvor auf den Kontinent gelangten englischen Gußstahlverfahrens „englischen" Gußstahl und Gußstahlfabrikate produzierte und so die Konjunkturlage während der Kontinentalsperre ausgenutzt hatte – sich allerdings infolge der Güte und breiten Palette ihrer Produkte auch nach 1815 behaupten konnte. Harkort war ihm 1819 mit einer Mechanischen Werkstätte auf Burg Wetter an der Ruhr gefolgt, wo er Dampfmaschinen, hydraulische Pressen und Textilmaschinen fabrizierte. Die seit 1820 in Sterkrade bei Oberhausen produzierende Gutehoffnungshütte verhüttete nicht nur, sondern stellte auch Dampfmaschinen her. Am Ende des ersten Drittels des 19. Jahrhun-

Die 1819 dem preußischen Staat für 2 000 Taler abgekaufte Ruine der aus dem 13. Jahrhundert stammenden Burg Wetter an der Ruhr baute Friedrich Harkort zu einer Maschinenfabrik aus, die ab 1820 serienmäßig Dampfmaschinen produzierte. Der Kontrast zwischen den Resten feudaler Herrlichkeit und den modernen Symbolen industriellen Schaffens entsprang den Auflagen des Verkäufers, das mittelalterliche Bauwerk zu erhalten – eine eigenwillige Verbindung der in der Romantik wiederentdeckten Hochschätzung des deutschen Mittelalters mit dem Aufkommen der neuen Industriegesellschaft. (Gemälde von Alfred Rethel; Privatbesitz)

Die in den Anfangsjahrzehnten der Industriellen Revolution gebauten Dampfmaschinen stellten für den Abnehmer eine ungewöhnlich hohe Investition dar und mußten daher zuverlässig arbeiten. Sie waren deshalb sehr solide konstruiert und fabriziert. Die 1816 von der Firma Freund als erste in Berlin gebaute Dampfmaschine war bis 1902 im Einsatz; die hier abgebildete, 1847 in Magdeburg produzierte, tat ihre Schuldigkeit bis 1936 und war 1954 noch funktionsfähig. (Berlin, Museum für Deutsche Geschichte)

derts gab es in Deutschland vier große Industriestandorte: Oberschlesien, Mittelsachsen, Berlin und Westfalen. Daß drei dieser vier Gebiete in Preußen lagen, erklärt zusätzlich die Sogwirkung des preußischen Zollgebietes während der Entstehung des Deutschen Zollvereins.

Ab Mitte der dreißiger Jahre investierte verstärkt privates Kapital, zum Teil schon in Form von Aktiengesellschaften, in die aufblühende Industrie. Die Zahl der Betriebsgründungen in der textilen Leichtindustrie schnellte in die Höhe: In Sachsen entstanden von 1834 bis 1838 über 300 neue Textilunternehmen. Ein anderer Zweig der Leichtindustrie erlebte durch die seit 1817 in Deutschland gebaute Schnellpresse, möglichst mit einer Dampfmaschine gekoppelt, eine wahre Revolution: der Buchdruck, der außerdem von dem wachsenden Lesebedarf des politisch interessierten Publikums profitierte. Der generelle Fortschritt in der Mechanisierung ist leicht am Grad des Einsatzes von Dampfmaschinen abzulesen: In dem Jahrzehnt von 1840 bis 1850 wuchs die Leistungskraft der im Zollverein vorhandenen Dampfmaschinen um 550%.

Die 1812 erstmals von Friedrich König (1774-1833) gebaute Schnellpresse, seit 1817 in seiner Fabrik im einstigen Kloster Oberzell bei Würzburg hergestellt, setzte die Dampfkraft als Antrieb regelrecht voraus. Wie auch bei anderen Arbeitsmaschinen lieferte die Dampfmaschine ihre Kraft an den Schnellpressen über eine Antriebswelle an Transmissionen, die mittels Riemen mit den Pressen verbunden waren und sie so nach einem abgestimmten Takt bewegten. Für Literatur und Publizistik brachte die Schnellpresse eine völlig neue Dimension für Auflagenhöhe und Aktualität. Auch die Firma F. A. Brockhaus in Leipzig setzte ab den vierziger Jahren diese Technik ein.

Ein Merkmal der Industriellen Revolution war das Ersetzen der aufwendig herzustellenden Holzkohle durch Stein- und in geringerem Maße Braunkohle. Der deutsche Steinkohlenbergbau trat aus seinen bescheidenen Anfängen erst in den vierziger Jahren heraus, nahm aber dann einen rasanten Aufschwung und formte wesentlich die drei großen schwerindustriellen Regionen der zweiten Hälfte des 19. Jahrhunderts: Saargebiet, Ruhrgebiet, Oberschlesien.

Ebenfalls ab Mitte der dreißiger Jahre rückte das Puddelverfahren auf breiter Front in das Hüttenwesen ein und erzwang, um wirklich profitabel zu sein, technologisch den Großbetrieb. Die 1839 bei Dortmund in Betrieb gegangene Hermannshütte entwickelte sich innerhalb eines Jahrzehnts zu einem Großbetrieb von 42 Puddelöfen und 348 Walzen. Ein erster Kokshochofen nach englischem Vorbild war zwar schon 1793 in Schlesien errichtet worden, aber zunächst ein vereinzeltes Beispiel geblieben. Noch 1833 waren lediglich 5% des Roheisens mit Steinkohlenkoks geschmolzen worden, der Rest noch mit Holzkohle. Die veränderten Produktionsmethoden in der Hüttenindustrie wirkten sich nun auch auf eine Steigerung des Steinkohlenbergbaus, vor allem im Ruhrgebiet, aus.

Weitreichende Anstöße für den Maschinenbau brachte der hohe Bedarf an Werkzeugmaschinen, Dampfmaschinen und Lokomotiven. Es entstanden nun jene von den Zeitgenossen bestaunten großen Fabriken mit Hunderten, ja Tausenden von Arbeitern. Die Gutehoffnungshütte von Franz Haniel (1779–1868), die auch Lokomotiv- und Schiffbau betrieb, zählte 1843 2 000 Arbeiter, die Maschinenbauanstalt von August Borsig (1804–1854) in Berlin, 1837 gegründet und seit 1843 auf Lokomotivbau spezialisiert, beschäftigte 1847 1 000 Arbeiter und Angestellte. In diesen Betrieben herrschte nicht mehr die Atmosphäre der Werkstatt, sondern die der Fabrik. Es wurde nicht mehr die ganze Produktionspalette in einer Werkstatt hergestellt, sondern es gab in einem räumlich abgegrenzten Areal für jeden Bereich arbeitsteilig aufeinander abgestimmte Werkstätten, die gemeinsam mit Rohstoffen versorgt und verwaltet wurden. Allerdings war die Fertigung in den einzelnen Werkstätten infolge des geringen Wirkungsgrades und der mangelnden Präzision der Werkzeugmaschinen noch in höchstem Maße auf eine exzellente handwerkliche Fertigkeit des einzelnen Arbeiters angewiesen. An denen aber war kein Mangel, denn das überbesetzte Handwerk konnte jederzeit ausgebildete Arbeitskräfte an die Fabriken abgeben.

Im Winter 1847/1848 bremste eine sich von England ausbreitende Wirtschaftskrise zunächst kurzfristig das Entwicklungstempo der deutschen Wirtschaft. In der ab 1850 einsetzenden neuen – für den Durchbruch der Industriellen Revolution entscheidenden – Phase wirtschaftlichen Aufschwungs wurden die deutschen Unternehmer zumeist durch die Regierungen unterstützt, die auf ihre Weise Schlußfolgerungen aus der Revolution 1848/49 gezogen hatten und anerkannten, daß dem liberalen Besitzbürgertum unbedingt mehr Entwicklungsmöglichkeiten auf wirtschaftlichem Gebiet gegeben werden mußten, um es von der Politik abzulenken. In Preußen setzte der Bankier August von der Heydt (1801–1874), Minister für Handel und Gewerbe in den Regierungen der Reaktionszeit (1849–1859), 1851 die Abschaffung des landesherrlichen Bergregals durch. Dieser Verzicht auf die staatliche Direktion in Angelegenheiten des Bergbaus löste eine Gründungswelle im westfälischen und seit 1854 auch im linksrheinischen Gebiet aus. Das Ruhrgebiet wurde zu Deutschlands größter Industrieregion.

Die Lendersdorfer Eisenhütte bei Düren ist ein treffendes Beispiel für den Vormarsch neuer Technologie im deutschen Hüttenwesen. Traditionell wasserangetrieben, produzierte die Hütte Roheisen und Schmiedestahl. 1821 von der Firma Hoesch erworben, wurde in Lendersdorf ab 1824 das Puddelverfahren eingeführt. 1827 ging dort der erste rheinische Hochofen mit vorgewärmtem Gebläsewind in Betrieb, zehn Jahre später – kurz vorher wurde dieses Gemälde angefertigt – standen neben sieben traditionellen Schweißöfen in Lendersdorf 23 Puddelöfen, mit denen Schmiedeeisen bzw. Stahl in erheblich kürzerer Zeit produziert werden konnte als bei der herkömmlichen Methode des Ausschmiedens von Eisen. Gußeiserne Maschinenteile standen auch im Produktionsprogramm. Fast immer wurden den Eisenhütten nun auch Walzwerke angeschlossen, die erst durch das Puddelverfahren genügend Schmiedeeisen erhielten, um z. B. die Wünsche der Eisenbahnbauer nach gewalzten Schienen befriedigen zu können. Ab 1838 walzte man auch in Lendersdorf Schienen. (Gemälde von Carl Schütz; Düren, Leopold-Hoesch-Museum)

Großbetriebe mit Tausenden von Arbeitern entstanden zunächst vereinzelt in den vierziger und in größerer Zahl ab den sechziger Jahren. Die Gußstahlfabrik von Krupp in Essen zählte 1835 67, 1847 127, 1866 aber 8000 Arbeiter. Ein früher Großbetrieb war die Maschinenbauanstalt Borsig in Berlin, die 1842 mit dem Lokomotivbau begann, 1854 ihre 500. und 1858 ihre 1000. Lokomotive auslieferte. Zu jenem Zeitpunkt beschäftigte Borsig an zwei Berliner Standorten ca. 2400 Arbeiter und hatte fast 50 % aller bis dato in Deutschland hergestellten Lokomotiven geliefert. Für manchen Architekten wurde es zur reizvollen Aufgabe, vorher nie gekannte großbetriebliche Werkhallen zu errichten.

Das von dem Engländer Henry Bessemer (1813–1898) erfundene Verfahren, durch Einblasen von Sauerstoff in flüssiges Roheisen Stahl zu erzeugen, wurde seit den sechziger Jahren auch in Deutschland angewendet. Innerhalb kurzer Zeit hatte sich die Arbeitsproduktivität bei der Stahlerzeugung damit auf das Siebenhundertfache erhöht. Zudem konnte man jetzt sehr harten Stahl herstellen, wie er besonders für Eisenbahnschienen verwandt wurde. Die Bessemer-Birne wurde auch beibehalten, als noch modernere Verfahren auch phosphorhaltiges Roheisen und Schrott als Ausgangsfabrikat für Flußstahl erschlossen.

Zwischen 1851 und 1860 verdoppelte sich die deutsche Industrieproduktion, die Kohleförderung stieg um das Zweieinhalbfache und die von Dampfmaschinen geleisteten PS auf das Dreifache. Nachdem das in England entwickelte Bessemer-Verfahren übernommen worden war, machte die Stahlproduktion einen gewaltigen Sprung nach vorn. Wurden 1867 7,6 Millionen Tonnen Stahl hergestellt, so waren es zwei Jahre später bereits 10,7 Millionen. Damit war Deutschland der zweitgrößte Stahlproduzent Europas. Die Kruppsche Gußstahlfabrik in Essen zählte 1870 12 000 Beschäftigte. Der Maschinenbau nahm völlig neue Dimensionen an und verließ endgültig den Bereich des Handwerks. Die Großunternehmen errichteten eigene Konstruktionsabteilungen auf wissenschaftlicher Basis. In den sechziger Jahren entwickelten sich auch neue Industriezweige, mit denen die deutsche Wirtschaft nach 1870 an der Weltspitze marschierte: die chemisch-pharmazeutische, die optische und die Elektroindustrie.

Der „Gründerkrach" von 1873 brachte ein unheilvolles Erwachen aus dem Gründerrausch nach 1871: Tausende, auch aus dem Bildungsbürgertum, die sich durch scheinbar leichte Gewinne hatten zu Spekulation verleiten lassen, verloren ihr gesamtes Vermögen und lernten das Leihhaus kennen. Dieser Schock begleitete die ganze nächstfolgende Intellektuellengeneration und führte zu einem verbreiteten Mißtrauen der gebildeten Schichten gegenüber Banken und Finanziers, dem auch gewisse antisemitische Züge nicht fremd waren. (Gemälde von Gotthardt Kuehl; Kiel, Stiftung Pommern)

Mit den seit Sommer 1871 in das Reich strömenden fünf Milliarden Goldfrancs aus den französischen Reparationsleistungen setzte ein völlig unkontrollierter Gründungsboom ungeahnten Ausmaßes ein. Bis 1874 wurden in Preußen ebenso viele Eisenhütten und Maschinenfabriken gegründet wie in den ganzen 70 Jahren zuvor zusammen. Das Kapital für diesen Gründungsrausch wurde durch Aktiengesellschaften beschafft, denen seit Juni 1870 keine staatliche Konzessionierung mehr Fesseln anlegte. Waren im Reichsgebiet von 1871 zwischen 1800 und 1870 276 Aktiengesellschaften entstanden, so waren es von 1871 bis 1874 857. Allerdings waren darunter viele Schwindelunternehmen, die bei der bald einsetzenden Wirtschaftskrise zusammenbrachen. Der „Gründerkrach" von 1873 traf vornehmlich kleine und mittlere Spekulanten. Da diese Gründerkrise mit einer Weltwirtschaftskrise einherging, gewann die Öffentlichkeit den Eindruck, daß auch der Produktionsrückgang um 6 %, der allerdings 1880 schon wieder eingeholt war, mit dem Gründerkrach in Verbindung stehe. Die inzwischen entstandenen Organisationen zur Vertretung der Unternehmerinteressen setzten sich nachdrücklich und erfolgreich für Schutzzollmaßnahmen ein. Das liberale Prinzip des Freihandels, das die Industrielle Revolution beherrscht hatte, wurde mit Bismarcks Hinwendung zu den Konservativen 1878 aufgegeben. Mit der Schutzzollpolitik wollten die Industriellen, hier völlig im Einklang mit den agrarischen Großproduzenten, den ausländischen Wettbewerb auf dem heimischen Markt ausschalten, um mit den so im Inland erzielten Gewinnen durch möglichst billigen Export auch auf den ausländischen Märkten vorzudringen.

Handel, Transport, Verkehr

Die volkswirtschaftliche Wandlung von einzelnen Manufakturstandorten zu voneinander getrennten Industrieregionen war nur mit einer gleichzeitigen „Revolutionierung" des Verkehrswesens möglich. Zu Beginn des 19. Jahrhunderts war Güter- und Personentransport noch an schlechte Landstraßen und an Segel- und Treidelschiffahrt auf den Wasserwegen gebunden. Hinzu kamen Behinderungen durch eine Vielzahl von Zöllen, Paß- und Warenrevisionen. Von den nach 1803 aus vielen Flickenterritorien zusammengesetzten mittleren Rheinbundstaaten gingen Bayern 1807, Württemberg 1808 und Baden 1812 aus administrativen Gründen dazu über, Binnenzölle abzuschaffen, um den Verkehr zu erleichtern. In seinen Ideen für einen deutschen Bundesstaat forderte auch der Freiherr vom Stein 1814 die Abschaffung aller deutschen Binnenzölle. Auf dem Wiener Kongreß (1814–1815) wurde daraus nur ein kleiner, aber bedeutungsvoller Schritt, die Aufhebung des Stapelrechts. Konventionen der Anliegerstaaten präzisierten die Verfahrensweisen in der Flußschiffahrt für die Elbe 1821, die Weser 1823, den Rhein 1831 und die Ems 1843. Seit 1815 wurde der Oberrhein reguliert, was die Ausdehnung der Schiffahrt bis Basel ermöglichte. Dampfschiffe tauchten seit 1816 auf deutschen Flüssen auf. Den Durchbruch in der Dampfschiffahrt brachte der Deutsche Zollverein mit seinen vergrößerten Warenströmen auf dem Binnenmarkt. Ausgangs der dreißiger Jahre begann der Schleppdampferbetrieb, bei dem ein Schlepper jeweils eine ganze Anzahl von Lastkähnen zog.

Das bestehende Straßennetz – häufig nur ausgefahrene Sandpisten, die teilweise bei Regen überhaupt nicht zu benutzen waren – verbesserte und erweiterte in Preußen der Staat durch den Bau von befestigten Chausseen. Seit 1828 waren an dem Straßenausbau auch Chausseebau-Aktiengesellschaften beteiligt, die durch das Recht auf „Mautgebühren" an der Benutzung der neuen „Kunststraßen" verdienen wollten. Das preußische Straßennetz wuchs in den Jahren von 1816 bis 1862 von 3160 km auf 28 800 km. Der Siegeszug der Eisenbahn – die Schienenwege erschienen in der Statistik des Zollvereins noch während der ganzen vierziger Jahre gemeinsam mit den Chausseen ebenfalls als Kunststraßen – begann in den vierziger Jahren. Als erste Eisenbahnstrecke wurde 1835 die 6 km lange Strecke Nürnberg – Fürth eröffnet, bei der man sich eines starken Personenverkehrs von vornherein sicher war. Das galt ebenso für die 1838 eröffnete Strecke Berlin – Potsdam. Aber schon 1835 kam auch das Aktienkapital für den Bau der ersten Fernbahn Leipzig – Dresden zusammen, die 1839 eröffnet werden konnte. 1840 betrug das deutsche Eisenbahnnetz 594 km, 1850 6044 km.

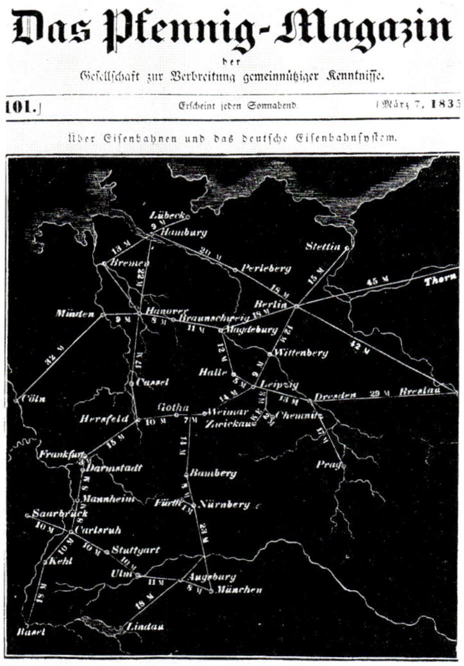

1833 legte der Nationalökonom Friedrich List den Plan eines deutschen Eisenbahnnetzes vor, das ausdrücklich den nationalen Markt befördern sollte. Seine Flugschrift gehörte in den Kontext der hohen Erwartungen, die sich an die im selben Jahr abgeschlossenen Zollvereinsverträge knüpften. Die Veröffentlichung des Plans auf der Titelseite des weitverbreiteten „Pfennig-Magazins" von Anfang März 1835 stimmte auf die baldige Fertigstellung der ersten deutschen Eisenbahnstrecke Nürnberg–Fürth ein. Das von List vorgeschlagene Eisenbahnnetz orientierte sich eindeutig an dem absehbaren und künftig zu erweiternden Deutschen Zollverein. Österreich wurde bei dieser Planung bis auf eine Stichbahn Dresden–Prag ausgespart.

Der Bau der ersten deutschen Eisenbahn ging auf eine Initiative der „Allgemeinen Handlungszeitung" aus dem Jahre 1832 zurück und gründete auf der Risikobereitschaft von 207 wagemutigen Aktionären. Die 6,04 km lange Strecke zwischen Nürnberg und Fürth wurde am 7. Dezember 1835 eingeweiht. Die von der englischen Lokomotive „Adler" gezogenen neun Personenwagen legten die Strecke in neun Minuten zurück, die gewählte englische Spurbreite von 4 Fuß 8,5 Zoll (= 1435 mm) wurde Normmaß aller künftigen deutschen Normalbahnen. Die für 1837 ausgeschüttete Dividende von 17,5 % auf das Aktienkapital wirkte für Anlageinteressenten erheblich überzeugender als die hymnische Lobpreisung der mit der Eisenbahn erreichten „planetarischen" Geschwindigkeit.

1875 war es dann mit 27 930 km eines der dichtesten Eisenbahnnetze der Welt. Für Kapitalinvestoren erwies sich die Eisenbahn in Deutschland als eine wahre Goldgrube, da die Investitionen, aber auch Aktienspekulationen hohe Gewinne abwarfen. Preußen sah sich deshalb 1863 dazu gezwungen, ein Gesetz zu erlassen, das Aktiengesellschaften in einen juristischen Rahmen stellte. Die Bedürfnisse der Eisenbahnen an Kohle, Schienen und rollendem Material beeinflußten wesentlich das Entwicklungstempo der Schwerindustrie und beflügelten den Geist deutscher Konstrukteure. Waren zunächst nur englische und amerikanische Lokomotiven auf deutschen Bahnen im Einsatz, wurde doch schon 1837 auf einer Werft in Übigau bei Dresden die auf der dortigen, 1822 gegründeten Technischen Lehranstalt konstruierte erste deutsche Eisenbahnlokomotive „Saxonia" erbaut, und seit 1843 produzierte Borsig in Berlin Lokomotiven bereits in Serie. Je eine Lokomotive der Firmen Egells und Borsig waren die Glanzstücke der großen Gewerbeausstellung des Zollvereins im Sommer 1844, der ersten deutschen Industrieschau. Staatliche Unterstützung gab es, zumindestens in Preußen, auch für den Eisenbahnbau, indem staatliche Auffangmaßnahmen zugesagt wurden, falls eine in Angriff genommene Strecke unvollendet liegen bleiben sollte. Dabei spielte auch eine Rolle, daß kluge Köpfe im preußischen Generalstab die Einsatzmöglichkeiten der Eisenbahn als schnellem Transportmittel zur raschen Truppenverlegung erkannt hatten, was dann schließlich auch im Krieg 1866 erfolgreich praktiziert wurde.

Nach 1850 konnten Eisenbahnunternehmer zunehmend auf solche staatliche Assistenz verzichten, weil nun die Finanzierung durch Kreditbanken sicher war, die sich als Aktiengesellschaften formierten. 1848 war in Köln erstmals ein Privatbankhaus in eine Aktiengesellschaft umgewandelt worden. 1851 gründete Hansemann in Berlin die Disconto-Gesellschaft, 1853 entstand die Darmstädter Bank. Wo staatliche Aufsichtsbehörden eine beantragte Aktiengesellschaft verschleppten oder gar nicht erst konzessionierten, ging man eben in einen benachbarten liberaleren Bundesstaat oder umging das Verbot durch Gründung von Kommandit- oder Offenen Handelsgesellschaften. Die Kreditbanken erleichterten initiativreichen Technikern bedeutend den Start in eine Unternehmensgründung, was in den dreißiger und vierziger Jahren noch eher eine Ausnahme gewesen war. Den Sprung vom Handel zur Industrie hatten bis dahin vorwiegend Kaufleute, beispielsweise Kohle-, Garn- und Buchhändler, gewagt. Durch die Verflechtung von Bankkapital und Unternehmensgründungen erhielten die Banken erheblichen Einfluß auf Produktion und Wirtschaftstendenzen.

Dem Anwachsen der Warenströme auf dem nationalen Markt stand allerdings die Uneinheitlichkeit im Maß- und Münzwesen hemmend entgegen. Ein einheitliches Gewicht wurde im Zollverein zwar schnell erreicht – das Zollpfund –, aber das war nur eine theoretische Bezugsgröße, auf die die lokalen Gewichte umgerechnet wurden. Die verbindliche Einführung des metrischen Systems brachte erst das Zollparlament von 1868 zustande. Im Münzsystem vereinfachte sich alles zu einem norddeutschen Taler- und einem süddeutschen Guldengebiet; für beide wurde 1837/38 und 1857 ein fester Wechselkurs festgelegt, der die Verrechnung erleichterte. Die Münzeinheit wurde erst 1873 mit der Einführung der Goldmark erreicht. Dies war der letzte Schritt zur Vereinheitlichung eines Wirtschaftsgebietes, das beim Auftauchen des ersten Dampfschiffes auf einem deutschen Fluß nur wenig mehr als ein halbes Jahrhundert zuvor aus einem bunten Teppich voneinander getrennter Wirtschaftsräume bestanden hatte, deren Verbindung allenfalls im Rahmen von Pferdestafetten, Planwagen und Postchaisen hatte gedacht werden können.

Die Veränderungen in der Landwirtschaft

Einen tiefgreifenden Umwandlungsprozeß machte auch die deutsche Landwirtschaft durch. Seit dem letzten Drittel des 18. Jahrhunderts waren bereits neue Anbaumethoden und verbesserte Bodenbearbeitungsabläufe anzutreffen. Der Agrartheoretiker Albrecht Thaer (1752–1828) führte erstmals in Deutschland praktische Erfahrungen und wissenschaftliche Erkenntnisse zusammen und arbeitete unter dem Leitwort einer rationellen Landwirtschaft Grundzüge einer marktwirtschaftlich orientierten Agrarökonomie aus. Landwirtschaftliche Bildungsinstitute sorgten nach dem Vorbild Thaers – der 1804 auf dem Gut Möglin im Oderbruch die erste höhere landwirtschaftliche Lehranstalt mit Versuchsgut eröffnet hatte – für starke Impulse zur Verbreitung naturwissenschaftlicher und betriebswirtschaftlicher Erkenntnisse in der landwirtschaftlichen Praxis. Zunehmende Bedeutung gewannen Hackfrüchte wie die Kartoffel als Nahrungsmittel und als völlig neuer Wirtschaftszweig seit den dreißiger Jahren auch der Anbau der Zuckerrübe als Basis der Zuckerproduktion. Wurden 1836/37 im Zollvereinsgebiet 0,5 Millionen Tonnen Zucker produziert, so waren es fünfzehn Jahre später 14,7 Millionen.

Entscheidender Faktor für die Umwandlung der Landwirtschaft wurde die Veränderung der gesellschaftlichen Strukturen auf dem Lande. Im Linksrheinischen war bereits während der Zugehörigkeit zu Frankreich jeder Rest feudaler Beziehungsgefüge zwischen Bauern und Leib-, Grund- bzw. Gerichtsherren verschwunden, aber überall sonst in Deutschland war nach der napoleonischen Zeit lediglich die persönliche Bindung des Bauern aufgehoben worden. Dingliche Verpflichtungen – Dienste und Abgaben – waren überall noch vorhanden. In dem preußischen Regulierungsedikt von 1811 war zwar vorgesehen, daß diese Leistungen durch Landentschädigungen der Bauern an ihre Gutsherren aufgehoben werden konnten, aber die Durchführungsordnung von 1816 schränkte dann doch die Zahl der ablöseberechtigten Bauern erheblich ein. Bis 1848 verlief der Ablösungsprozeß äußerst schleppend – von allen im 19. Jahrhundert anfallenden Ablösungen waren gerade etwas über ein Zehntel vollzogen. In anderen deutschen Ländern kam eine Gesetzgebung bezüglich der Ablösung dinglicher Lasten zumeist erst durch die revolutionäre Welle nach 1830 in Gang, was aber nicht hieß, daß die Gesetze auch ausgeführt wurden. Nur in Hannover verlief ab 1833 die Ablösung der Grundherrschaft zügig. In Sachsen fand

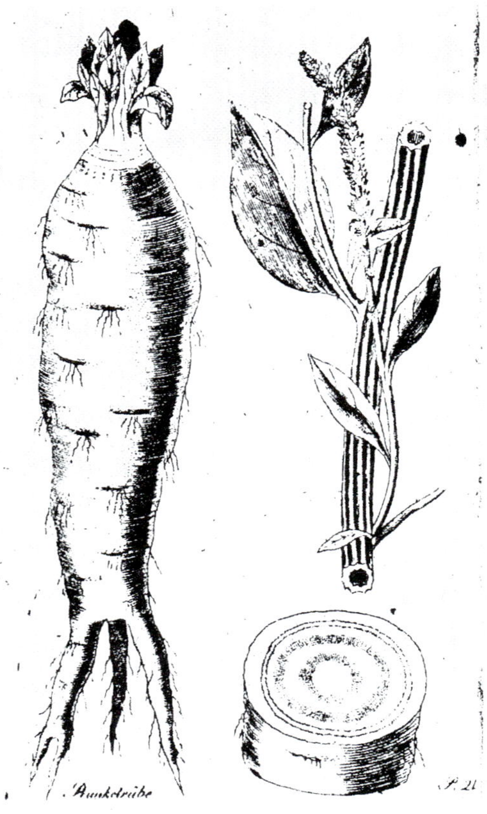

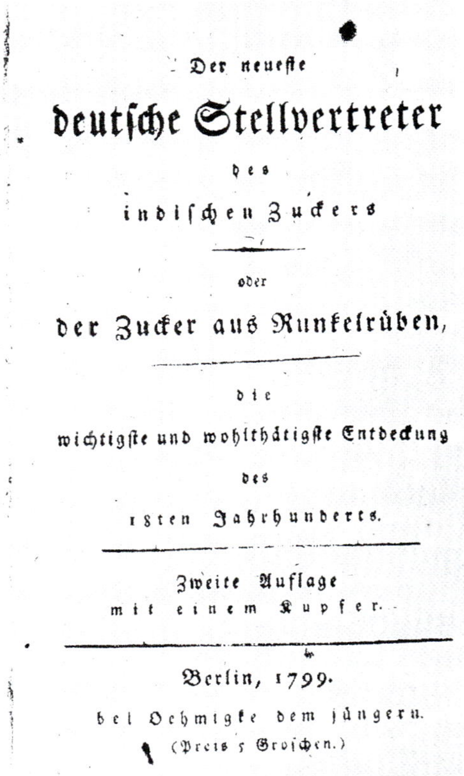

Der neueste deutsche Stellvertreter des indischen Zuckers oder der Zucker aus Runkelrüben, die wichtigste und wohlthätigste Entdeckung des 18ten Jahrhunderts.

Zweite Auflage mit einem Kupfer.

Berlin, 1799. bei Oehmigke dem jüngern. (Preis 5 Groschen.)

Auf der Basis von Erkenntnissen aus der Mitte des 18. Jahrhunderts experimentierte der Chemiker Franz Carl Achard (1753–1821) mit dem Zuckergehalt der Runkelrübe, gewann die Zuckerrübe und betrieb seit 1801 in Schlesien die erste deutsche Rübenzuckerfabrik. Die von Achard gezüchtete „Weiße Schlesische Zuckerrübe" mit einem Zuckergehalt von fünf bis sieben Prozent wurde die Stammform aller heutigen kultivierten Sorten. Die Kontinentalsperre verschaffte dem Rübenzucker dann große Popularität, doch warf die englische Konkurrenz mit Rohrzucker den Rübenzucker nach 1814 zunächst wieder zurück, bis er in den dreißiger Jahren seinen Siegeszug auf breiter Front begann.

In der Zeit der Industriellen Revolution zwischen 1800 und 1870 löste sich die deutsche Landwirtschaft aus den bis ins späte 18. Jahrhundert geschleppten feudalen Fesseln, entwickelte ihre schon vorhandene Marktorientierung zu einer marktwirtschaftlich bestimmten Agrarökonomie und suchte ihren mühevollen Weg aus der Agrar- in die Industriegesellschaft. Die durch die Bevölkerungsexplosion bewirkte Abwanderung führte im Laufe des 19. Jahrhunderts dazu, daß die Bedeutung des Landes sowohl als wirtschaftlicher Faktor als auch als Lebensbereich gegenüber den Städten zurückging, so daß sich ein völlig neues Verhältnis zwischen Land und Stadt entwickelte. (Gemälde von Christian Friedrich Gille; Dresden, Gemäldegalerie, Neue Meister)

Im Verlauf des 18. Jahrhunderts wurde mit Kartoffel und Futterrübe der Hackfruchtanbau als neuer agrarischer Produktionszweig eingeführt, und mit dem Anbau der Zuckerrübe setzte er sich weiter durch. Körperlich forderten die Hackfrüchte dem Arbeitenden wesentlich mehr ab als Getreide, aber sie gediehen eben auch auf mageren Böden und ergaben ein Vielfaches des eingebrachten Saatgutes. Ohne die Durchsetzung der Kartoffel als allgemeinem Nahrungsmittel hätte die europäische Bevölkerungsexplosion während der Industriellen Revolution mit Sicherheit zu Hungerkatastrophen geführt.

man 1832 den Weg, die Ablösung über eine Landrentenbank zu finanzieren, die den Gutsherren verzinsliche Rentenbriefe zukommen ließ, während die Bauern ihre Ablösungssumme über 55 Jahre in Teilzahlungen begleichen konnten. Die Revolution 1848/49 wirkte sich aus zwei Gründen auf die Lösung der Bauernfrage aus. Zum einen widersprach die Einbindung von Produzenten in außerökonomische Zwänge, die das freie Spiel der Kräfte einengten, der liberalen Wirtschaftsauffassung. Zum anderen machten die Bauern selbst in vielen Regionen sehr handgreiflich auf die Dringlichkeit ihrer Probleme aufmerksam.

Ausgerechnet Österreich reagierte darauf am entschiedensten. Dort war das agrarische Feudalsystem ein Hauptkritikpunkt der revolutionären Bewegung gewesen. Mit dem Reichstagsbeschluß vom 7. September 1848, alle Feudallasten mit einem Schlag aufzuheben, wurde wirklich erreicht, daß die Bauern sich aus der Revolution zurückzogen. In Preußen wurden 1850 entschiedene Schritte eingeleitet, wobei auf das sächsische Beispiel von 1832 zurückgegriffen wurde. In der zweiten Hälfte der sechziger Jahre war der Übergang von der feudalen zur marktwirtschaftlichen Landwirtschaft abgeschlossen.

Seit dem preußischen Oktoberedikt von 1807 erwarb auch zunehmend das Bürgertum landwirtschaftliche Güter und nahm hier Modernisierungen vor. Dennoch erhielt sich die seit dem späten Mittelalter sichtbare Untergliederung in westelbische Grund- und ostelbische Gutsherrschaft auch in der Form marktwirtschaftlicher Landwirtschaft. Gutshof und Landarbeiterkaten wurden in Ostelbien in weiten Regionen zur charakteristischen Siedlungsform in den Dörfern.

Die Bauern waren mit der Ablösung der feudalen Lasten echte Eigentümer geworden. Mit dieser Entwicklung ging eine Aufteilung der Feldanteile

Neben dem Einsatz von Arbeits- und Antriebsmaschinen lernte die Landwirtschaft in der Industriellen Revolution erstmals auch die Früchte gezielter Anwendung der Wissenschaft in Form der Agrikulturchemie kennen. Ihre Grundlagen legte Justus Liebig (1803–1873), mit 21 Jahren bereits Professor, in Gießen in seinem chemischen Labor. Er begründete mit seinen chemisch-physiologischen Studien über Stoffwechsel und den systematischen Untersuchungen des Ackerbodens die Agrikulturchemie als Wissenschaftszweig. Als Ergebnis der Studien und Experimente in Liebigs Labor konnte ab 1840 die künstliche Düngung eingeführt werden.

und der Allmende – die Flurseparation – einher, die die Bauern von dem lästigen Flurzwang, der gemeinschaftlichen Feldbewirtschaftung der ineinander verflochtenen Felder, befreite und individuellen Anbau ermöglichte. Die Bewirtschaftung der Allmende und die Urbarmachung vorher ungenutzter Feldstücke bewirkten zwischen 1820 und 1860 einen Zuwachs von Ackerboden um 42% – in Preußen, d. h. vornehmlich in Ostelbien, sogar um 100%. Hatte die Brache am Anfang des Jahrhunderts gewöhnlich ein Viertel der landwirtschaftlichen Nutzfläche ausgemacht, so war es 1870 weniger als ein Zehntel.

Gezielte Anwendung der Agrikulturchemie, vor allem der Einsatz des von Justus Liebig (1803–1873) entwickelten Kunstdüngers, sowie der Einsatz von Pflugscharen und Zinken, Dampflokomobilen und Dreschkästen machten die deutsche Landwirtschaft bis in die siebziger Jahre zu einem effektiven Zweig der Volkswirtschaft. Die modernen Transportmittel ermöglichten es, die landwirtschaftlichen Produkte auch in weiter entfernten Orten auf den Markt zu bringen. So schaffte es die Landwirtschaft durchaus, die sprunghaft wachsende Bevölkerung, besonders in den Städten, ausreichend zu versorgen.

Doch in den achtziger Jahren geriet die deutsche Landwirtschaft in eine ernste Krise, denn die Verbesserung der Verkehrsbedingungen führte nun auch dazu, daß preiswerteres Getreide und Fleisch aus den USA, aus Argentinien und Rußland auf den mitteleuropäischen Markt geworfen wurde. Durch noch so fleißige Arbeit konnte der Konkurrenz fetter Böden und saftigen Pampasgrases auf die Dauer nicht standgehalten werden. Wie auch bei der Industrie wurde bei den Agrariern der Ruf nach staatlicher Hilfe laut, dem mit Schutzzöllen entsprochen wurde. So führte die Industrielle Revolution in Deutschland fast unmittelbar hinüber zu einer Interessengemeinschaft alter agrarischer und neuer industrieller Machteliten, die entschieden Einfluß auf die Politik des Reiches nahmen.

Dampfkraft zum Antrieb von landwirtschaftlichen Maschinen wurde erst im letzten Viertel des 19. Jahrhunderts – besonders auf den großen landwirtschaftlichen Gütern östlich der Elbe – verbreitet angewendet. Neben der Feldbahnlokomotive war es vor allem die aus der Lokomotive entwickelte Lokomobile, mit denen landwirtschaftliche Maschinen, wie beispielsweise Dreschmaschinen, angetrieben werden konnten. (Gemälde von Carl Malchin; Berlin, Museum für Deutsche Geschichte)

Ein Familienbild wie dieses aus der Zeit nach 1900 kannte man hundert Jahre zuvor praktisch nicht. Zwar war auch früher die Ehefrau in gebärfähigem Alter fast ständig schwanger, aber die Jahr für Jahr geborenen Kinder fielen in hohem Maße der enormen Kindersterblichkeit zum Opfer. Mit verbesserter Hygiene, staatlicher Bekämpfung epidemischer Krankheiten, auch verbesserten Nahrungsmöglichkeiten durch Kartoffeln und Rübenzuckersirup ging die Kindersterblichkeit zurück, und die kontinuierlich in die Welt gesetzten Kinder blieben am Leben.

Bevölkerungswachstum und gesellschaftlicher Umbruch

Bereits seit dem Ende des 18. Jahrhunderts zeichnete sich eine deutliche Bevölkerungszunahme ab, die in gewisser Weise mit der beginnenden Auflösung der traditionellen Wirtschaftsstrukturen zusammenhing. In Stadt und Land durchbrachen Manufakturen die starre Einbindung in Zunftverfassung und Dorfgemeinschaft, die den sozialen Unterschichten die Familiengründung erschwerten oder gar unmöglich machten. Neben der Zunft konnte nun auch gewerblich produziert werden, wenn man als Freimeister von der Obrigkeit konzessioniert oder bei einem Unternehmer beschäftigt war, der ein obrigkeitliches Fabrikprivileg besaß, das ihn ausdrücklich von jedem Zunftzwang ausnahm. Wer in diese Freiräume hineindrängen konnte, vermochte eine Nahrung nachzuweisen und war demnach ehefähig. Wie ärmlich diese Familien auch dahinvegetieren mochten – sie stellten doch legitimierte Partnerschaften dar und konnten sich Abtreibungen und Säuglingsbeseitigung ersparen. Eine ähnliche Entwicklung trat in der Landwirtschaft ein, wo durch die Ablösung zwar teilweise kaum existenzfähige Bauernstellen entstanden, aber die bisherigen Heiratsbeschränkungen – zum Beispiel durch die Gesindeordnungen – entfielen. Innerhalb von zwei Generationen nahm die Geburtenzahl stark zu. In dem Gebiet, das 1871 das Deutsche Reich umfaßte, stieg die Bevölkerungszahl von 1750 bis 1800 von ca. 17 Millionen auf 25 Millionen. 1850 waren es dann 35,4 und im Jahre 1900 56,4 Millionen.

Hinzu kamen im 19. Jahrhundert, auch wenn noch bis in die letzten Jahrzehnte gelegentlich Epidemien auftraten, allmählich verbesserte Hygieneverhältnisse und eine sich ausbreitende medizinische Betreuung, die ihrerseits vom Fortschritt der Medizin profitierte. 1874 wurde beispielsweise die Zwangsimpfung gegen Pocken eingeführt. Vor allem aber konnte auch die hohe Säuglingssterblichkeit verringert werden, so daß mehr Kinder das Erwachsenenalter erreichten. Der nicht vorhergesehene Zuwachs an landwirtschaftlichen Arbeitskräften, von denen in der frühen Phase der Industrialisierung nur wenige beispielsweise als Kutscher, Heizer, Transportarbeiter oder zeitweilig beim Straßen- bzw. später auch beim Eisenbahnbau außeragrarische Beschäftigung fanden, führte in Ostelbien zu einer enormen Zunahme bäuerlicher Kleinexistenzen, die neben ihrem Verdienst aus den kleinen Bauernstellen auf Mitarbeit auf den Gütern angewiesen waren. Dies entsprach auch den Interessen der Gutsbesitzer, die bereitwillig Kleinstbauernstellen schufen. In Brandenburg verdoppelte sich die Zahl der Kleinbauern, in Pommern verdreifachte sie sich. Auf ihnen wurde nun wieder ein Bevölkerungsschub produziert, der regelrecht in den Startlöchern saß, um bei einem Arbeitskräftebedarf der Industrie abzuwandern. Und tatsächlich setzte in den späten sechziger Jahren jene enorme Binnenwanderung von Ost nach West ein, die die westelbischen Industriegebiete demographisch so charakteristisch gestaltete.

Zunächst aber hatte die Überbevölkerung der Dörfer, die sich auch in Westelbien vollzog, noch kein Auffangbecken. Die Folgen waren regional verschieden. In Sachsen beispielsweise, wo nicht einmal Gewerbefreiheit existierte, ging die Zahl der Heimarbeiter im Textil- und Spielzeuggewerbe derartig in die Höhe, daß dort bereits in den vierziger Jahren mehr Erwerbstätige im gewerblichen als im agrarischen Sektor arbeiteten. Aber diese ländlichen Heimarbeiter litten unter entsetzlicher Armut, und gelegentlich, in politisch erregten Zeiten wie 1830-1832 und am Vorabend der Revolution, brachten sie ihre Verzweiflung in Hungertumulten oder der Zerstörung von Maschinen, in denen sie ihre Konkurrenten sahen, zum Ausdruck. In der Oberlausitz ging die Leinenweberei zwischen 1800 und 1850 infolge der unsäglichen Hungerlöhne zugrunde. Im benachbarten Niederschlesien war es nicht anders, aber der dortige Hungeraufstand von 1844 wurde, wenn auch blutig unterdrückt, von einer breiten Öffentlichkeit als Hilfeschrei zur Kenntnis genommen. Staatliche Hilfsmaßnahmen zur Verbesserung des sozialen Elends wurden eingeleitet, die allerdings von den örtlichen Behörden verschleppt wurden und lange ergebnislos blieben. In Oberschlesien diagnostizierten junge liberale Mediziner am Vorabend der Revolution eine neue epidemische Krankheit als Ergebnis langjähriger Unterernährung und akuter Hungersnot – „Hungertyphus".

Ein Ausweg aus dem Massenelend war die Auswanderung, wobei gelegentlich fehlende finanzielle Mittel sogar von Orts- und Regionalbehörden vorgestreckt wurden, damit – zum Beispiel im Bereich des Odenwaldes – die täglich vor Augen stehende Armut aus dem Blickfeld verschwand. Die Auswanderungszahlen sind bezeichnend. Aus Deutschland wanderten aus: in den Jahren 1820-1831 28 000; 1831-1840 172 300; 1841-1850 496 300; 1850-1860 1 064 900. Insgesamt kehrten im 19. Jahrhundert etwa 6 Millionen Deutsche ihrem Heimatland den Rücken. Emigriert wurde hauptsächlich in die Vereinigten Staaten, aber auch nach Kanada, Brasilien, Argentinien, Australien.

Die Rechnung der ostelbischen Gutsherren, im Verlauf der Bauernbefreiung möglichst das Entstehen von Klein- und Kleinstbauernstellen zu begünstigen, um in den auf Nebenverdienst Angewiesenen Handarbeitskräfte in ausreichender Zahl auch für die intensivierte Gutswirtschaft zur Verfügung zu haben, ging über etliche Jahrzehnte auf. Analog der Hierarchie in einer Fabrik herrschte in diesen Gutsbezirken eine hierarchische Ordnung, in der Gutsherr, Gutsverwalter, Inspektor, Leutevogt und Landarbeiter bzw. Gesinde ihren festen Platz hatten – was natürlich auch Einfluß auf die politische Willensbildung der unteren Ebene hatte. Erst mit der Sogkraft der Industrie und ihrer Dienstleistungssektoren setzte ausgangs des Jahrhunderts jene „Landflucht" ein, die zu einem spürbaren Arbeitskräftemangel in der Landwirtschaft führte, der in den ostelbischen Gütern häufig durch das Anwerben polnischer Saisonarbeiter ausgeglichen wurde.

Die traditionellen Hausgewerbe in der Textilherstellung reagierten auf die maschinelle Produktion, solange es irgend ging, mit vermehrten Anstrengungen, Einbeziehung der ganzen Familie in Arbeitsvor- und -nachbereitung und extrem verlängerter Arbeitszeit. Dennoch verarmten manche einst blühenden Gewerberegionen derartig, daß dort das Existenzminimum unterschritten wurde. Die so schwer getroffenen unglücklichen Menschen sahen vordergründig in den Maschinen ihren Feind und neigten bei gelegentlichen Hungertumulten leicht zu deren Zerstörung. (Gemälde von Vincent van Gogh; München, Neue Pinakothek)

Ein anderer Ausweg aus der Armut war die zeitweilige Beschäftigung bei Straßen-, Kanal- und Eisenbahnbau, wo unqualifizierte Arbeit gefragt war und sich so eine Möglichkeit bot, sich selbst und oft darüber hinaus auch noch die daheimgebliebenen Familienmitglieder zu ernähren. Menschenunwürdige Unterbringung in Lagern, unzureichende Ernährung und Minimallöhne bei harter Arbeit führten in den vierziger bis sechziger Jahren häufig zu Tumulten unter den Eisenbahnbauarbeitern, die Polizeieinsatz erforderten und die die zuständigen Behörden dicke Aktenbündel anlegen ließen.

Auch in den Städten hinterließ die steigende Bevölkerungszahl ihre Spuren. Zu Beginn des Jahrhunderts hatte höchstens 25% der deutschen Bevölkerung in Städten mit mehr als 2 000 Einwohnern gelebt. Im Verlauf der Industriellen Revolution stieg dieser Prozentsatz über 36% 1870 auf 54% im Jahre 1900 an. In den Städten machte sich der Bevölkerungszuwachs zunächst im Handwerk bemerkbar. In dem gewerbereichen Sachsen waren es am Ende der vierziger Jahre im Durchschnitt 1,67 Gesellen pro Meister, am Anfang der sechziger Jahre bereits 2,38. Mit der nach und nach in den verschiedenen Gebieten Deutschlands eingeführten Gewerbefreiheit stieg auch die Zahl der Freimeister, auch Patentmeister genannt, die ihre Zulassung bei den städtischen Behörden bekamen, was zu einer Überbesetzung in zahlreichen Handwerkszweigen und verschärftem Konkurrenzdruck führte. Der Einkommensverfall im Handwerk war beträchtlich. In Preußen waren die armen Handwerksmeister von Gewerbesteuer befreit: Allein in dem großen Gewerbe- und Dienstleistungszentrum Berlin waren davon 1841 ca. 75 % und 1850 81,8% betroffen. Die Klagen über die Not des Handwerks, den ökonomischen Abstieg und den Verlust des einst achtbaren Platzes in der Gesellschaft rissen nicht ab und artikulierten sich immer lauter. Da die Zünfte durch die von der Gewerbeordnung zugelassene Möglichkeit, durch den Erwerb eines Patents eine Werkstatt zu eröffnen, die Zahl der Meisterbetriebe nicht mehr niedrig halten konnten, richtete sich ihre Kritik vor allem gegen die Gewerbeordnungen, in denen sie die Wurzel allen Übels sahen. Da gerade das Handwerk mit seinen mittelständischen und kleinbürgerlichen Meistern sich durch eine konservative politische Einstellung auszeichnete, konnten die Regierungen diese Forderungen nicht stillschweigend übergehen. Es dauerte bis in die sechziger Jahre, bis in allen deutschen Staaten die der Industriellen Revolution entsprechende, auf Freiheit des Gewerbes beruhende Ordnung im Handwerk eingeführt war.

Was sich in den wenigen Industriezentren der ersten Phase der Industriellen Revolution bereits angekündigt hatte, entlastete dann bei dem schnellen Industrialisierungstempo nach 1850 die Lage des Handwerks erheblich: Handwerksmeister und Gesellen konnten aufgrund ihrer guten Qualifikation und ihrer traditionellen Werkstattdisziplin im Wettbewerb mit aus anderen sozialen Bereichen kommenden Bewerbern für qualifizierte Arbeitsplätze in der Regel das Rennen machen. Allerdings dauerte es Jahrzehnte, bis der Übergang in die Industriearbeiterschaft vom formal selbständigen Handwerksmeister nicht als sozialer Abstieg empfunden und – oft aus bester Absicht – von Liberalen, Publizisten und Politikern entsprechend bemitleidet wurde. Im städtischen Lebensbereich – die Vorstädte und das stadtnahe Land inbegriffen – hatte es seit jeher Unterschichten gegeben: Last-

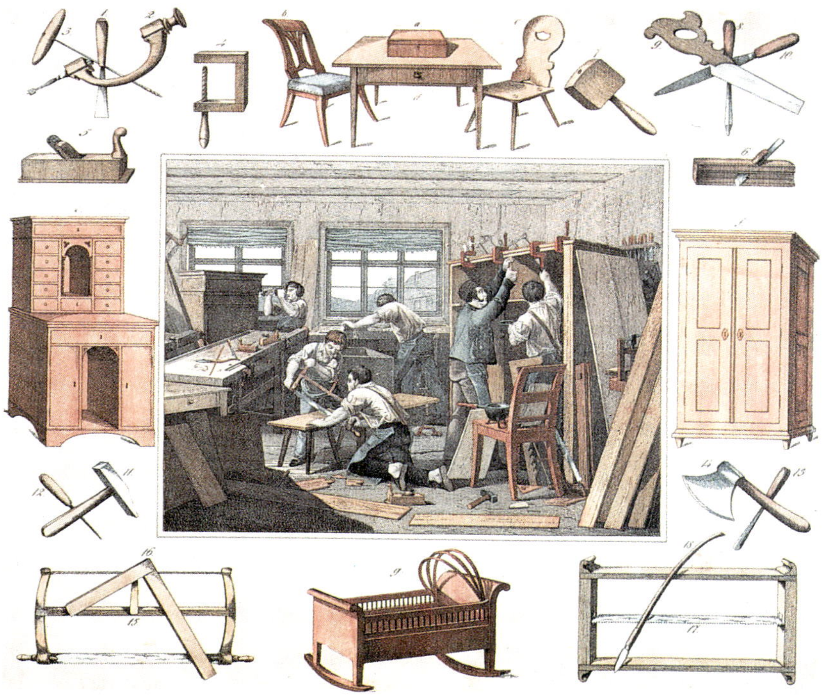

Um dem hoffnungslosen Elend zu entfliehen, setzten Jahrzehnt für Jahrzehnt Tausende auf Auswanderung. Zu den aus sozialen Motiven Emigrierenden kamen nach 1849 noch diejenigen hinzu, die vor politischer Verfolgung flohen. Obgleich während der Industriellen Revolution schon etwa 2 Millionen Menschen Deutschland verließen, boomte die Auswanderung erst richtig nach 1870, als nicht allein mehr die eigene Scholle im künftigen Heimatland lockte, sondern auch die USA-Industrie ungelernte Arbeitskräfte ansog. Im gesamten 19. Jahrhundert verlor Deutschland ca. 6 Millionen Auswanderer.

Das städtische Handwerk rang jahrzehntelang gegen die Gewerbefreiheit und verklärte die „gute alte Zeit" des Zunftzwanges, als man sich noch keiner Konkurrenz stellen mußte und die Zunft dafür sorgte, daß jedes ihrer Mitglieder sein „Auskommen" fand. Dem Liberalismus war solche Verklärung dirigistischer Vergangenheit zwar zutiefst fremd, aber die konservativen Regierungen sahen doch im konservativen Denken des Handwerks ein Unterstützungspotential. Sie verzögerten oder beschnitten daher die Gewerbefreiheit und sahen Initiativen und Experimente zur Selbsthilfe des Handwerks über genossenschaftliche Kreditkassen, Einkaufs- und Liefergenossenschaften usw. mit Wohlwollen an.

träger, Kutscher, Gelegenheitsarbeiter, Krüppel, Soldatenwitwen, Prostituierte usw. Wo sich Industrialisierung bemerkbar machte, drängte nun Überschußbevölkerung vom Land und aus den Kleinstädten – zunächst der näheren und weiteren Umgebung – in diese neuen Zentren und vermehrte die Zahl der Nahrungskonkurrenten. Dieser Zustrom zu den größeren bzw. infolge ihrer industriellen und gewerblichen Bedeutung größer werdenden Städten setzte nach 1815 ein und nahm immer größere Ausmaße an. Berlin zum Beispiel, größtes städtisches Industriezentrum Deutschlands bis 1870, wuchs von 173 000 Einwohnern zu Beginn des 19. Jahrhunderts über 454 000 um 1850 auf eine Million 1875 und 1,59 Millionen 1890. In Leipzig stieg die Einwohnerzahl in den Jahren 1800 bis 1850 von 38 000 auf 67 000. Auch in Barmen im Wuppertal, Anfang des Jahrhunderts bereits ein beachtliches Zentrum der Textilherstellung, vergrößerte sich die Einwohnerzahl von 16 000 auf fast das Doppelte. In den größeren Städten entstand zunächst durch den Bevölkerungszustrom eine katastrophale Wohnungsnot, die zu den unwürdigsten Behausungen und zu Obdachlosigkeit führte. Die ersten Mietshäuser, die in den zwanziger Jahren für diese Zuwanderer in Berlin errichtet wurden, enthüllten in räumlicher Konzentration solch entsetzliche Massierung von Elend in der untersten sozialen Schicht, daß ein Aufschrei

Der ungebremste Zustrom zu städtischen Industriezentren trieb dort die Mietpreise in die Höhe, was Exmittierungen und Obdachlosigkeit ganzer Familien zur Alltäglichkeit werden ließ. Vor allem nach 1871 entstanden an den Stadträndern Barackensiedlungen. Die Elendsquartiere Berlins erlangten in der Öffentlichkeit vor allem dadurch eine traurige Berühmtheit, daß ihre Bewohner die regelmäßig stattfindenden polizeilichen Räumungen nicht widerstandslos hinnahmen und es wiederholt zu tagelangen Tumulten kam.

durch das Bildungsbürgertum ging. Ähnliche Schilderungen wurden aus Breslau vorgelegt, das in den vierziger Jahren zur dritten deutschen Großstadt herangewachsen war. Heftige publizistische Kritik der unwürdigen sozialen Verhältnisse, aber auch der gnadenlosen Ausbeutung von Kinderarbeit, erfuhr u.a. das Zentrum der Leichtindustrie im Tal der westfälischen Wupper. Veröffentlicht wurde diese Kritik unter einem Pseudonym, aber allgemein raunte man sich zu, daß sie von dem Gesellschaftstheoretiker Friedrich Engels (1820–1895) stamme, dem abtrünnigen Sohn aus einer der größten Baumwollfabrikantenfamilien in Barmen.

Erst in den sechziger Jahren setzte in den Industriestandorten eine durch bessere Kreditmöglichkeiten gestützte Wohnungsbautätigkeit ein, die den Zuwanderern bescheidene, aber für damalige Ansprüche nicht durchweg unwürdige Behausungen bot. Es entstanden Mietskasernen und Arbeiterbezirke. Die erste amtliche Wohnungserfassung in Berlin von 1861 ergab, daß etwa die Hälfte aller dieser Wohnungen nur über ein heizbares Zimmer verfügte und daß 20 % der Berliner dieses eine heizbare Zimmer mit fünf oder mehr Personen teilten. Bei diesen Zuständen darf nicht vergessen werden, daß die Lebensbedingungen auf dem Lande häufig noch weit primitiver waren. Wohnungsmangel und brutale Exmittierung lösten 1863 und 1872 in Berlin mehrtägige Krawalle aus. Die Wohnungsfrage, im Zusammenhang mit der Industriellen Revolution entstanden, blieb mit der Industriegesellschaft ebenso eng verbunden wie die ihr eigene Urbanisierung: Als das neue Reich gegründet wurde, lebten schon über ein Drittel seiner Bewohner in Städten mit über 2 000 Einwohnern, und am Ende des Jahrhunderts waren es mehr als die Hälfte!

Arme, Bettler und Bedürftige hatte es auch in vorindustrieller Zeit gegeben, und christliche Mildtätigkeit wie auch kirchliche und lokale Behördenfürsorge hatten sie auf bescheidenem Niveau versorgt. Nun stellte sich durch den Bevölkerungsüberschuß das nicht zu übersehende Problem, daß es zwar noch genügend Arbeit gab, aber das Überangebot an Arbeitskraft im Verein mit der Konkurrenz von Maschinen solche niedrigen Arbeitsentgelte zuwege brachte, daß in ganzen Regionen mehr als die Hälfte der Bevölkerung am Existenzminimum dahinvegetierte. Der allgemeinen Fortschrittsgläubigkeit wurde dadurch ein empfindlicher Stoß versetzt, denn offenbar brach das eingepegelte Verhältnis zwischen Bevölkerungszahl, sozialer Gliederung und Erwerbs- und Ernährungsmöglichkeit zusammen. Was den Zeitgenossen als das Schrecklichste erschien, war die Sorge, daß die Armut sich mit den Armen reißend schnell vermehrte. Der Pauperismus drohte die Gesellschaft wie ein Moloch zu verschlingen. Es gab eine Vielzahl von Lösungsvorschlägen aus allen politischen Richtungen – zum Teil aus England und Frankreich, wo die Industrielle Revolution früher eingesetzt hatte, übernommen –, die aber alle keinen praktikablen Ausweg boten. Auch der von der Frankfurter Nationalversammlung 1848 eingesetzte Volkswirtschaftliche Ausschuß stand dem Phänomen des Pauperismus hilflos gegenüber.

Deutlich ausgesprochen wurde während der Revolution der Gedanke, daß die gewerbliche Produktion in genossenschaftliche Bahnen gelenkt werden müsse, um den Gewinn aus der Produktion den Produzierenden zukommen zu lassen. Für das Handwerk wurde diese Idee in veränderter Form aufgegriffen. Auf Anregung von Hermann Schulze-Delitzsch (1808–1883) schlossen sich Handwerker zu Einkaufs- und Liefergenossenschaften zusammen, genossenschaftliche Vorschuß- und Kreditvereine sollten für die finanzielle Absicherung der Betriebe sorgen. Durch diese Hilfe zur Selbsthilfe fanden viele Handwerksmeister, die nicht von der Industrie aufgesogen wurden, seit den siebziger Jahren ihren Platz in der Industriegesellschaft. Die Gefahr des Absinkens einer breiten Schicht des unteren Mittelstandes ins Proletariat war damit gebannt.

Die Diskussion über den Pauperismus verschwand etwa zur gleichen Zeit, da die enorme Industrialisierung seit der Mitte des Jahrhunderts mit ihrem steigenden Bedarf an Arbeitern einen Teil des Problems aufgefangen hatte. Keineswegs verschwunden aber war nach Abschluß der Industriellen Revolution die von ihr aufgeworfene soziale Frage: Eine neu entstandene, mit der Industrie untrennbar verbundene gesellschaftliche Kraft – die Arbeiterklasse – sorgte dafür, daß die Frage nach der gerechten Verteilung von Rechten und Pflichten auf der Tagesordnung blieb.

Arbeiter, Arbeiterklasse, Arbeiterbewegung

Auch in der feudalen Agrargesellschaft hatte es bereits Lohnarbeiter gegeben, aber in der Masse von hörigen Bauern und Zunftbürgern machten sie als gesellschaftliche Randgruppe nur einen verschwindenden Bruchteil aus. Obgleich in den letzten Jahrzehnten des 18. Jahrhunderts die Zahl der Manufakturarbeiter schon deutlich zunahm, betrug ihre Zahl um 1800 im Reich sicher nicht mehr als 100 000, das entspricht einem Bevölkerungsanteil von 0,4 %. Die Industrielle Revolution verschob dieses Verhältnis entscheidend.

In maschinell gestützten Produktionsstätten war in den ersten Jahrzehnten des 19. Jahrhunderts zunächst nur ein winziger Kreis qualifizierter Facharbeiter zu finden: Selbst in einem Zentrum der maschinellen Textilverarbeitung wie Chemnitz gab es 1837 erst 1372 Fabrikarbeiter. Der Schub begann in den vierziger Jahren: Von ca. 450 000 Lohnarbeitern vor der Gründung des Deutschen Zollvereins wuchs die Zahl bis auf

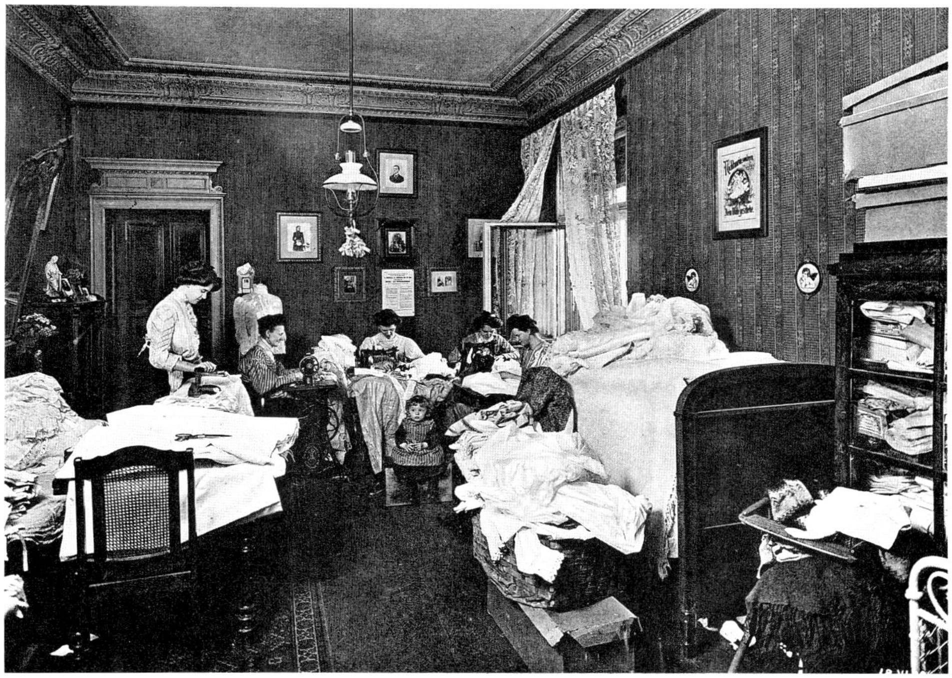

eine Million am Vorabend der Revolution. 1848 wurden in Preußen schon 4,2 % aller männlichen Einwohner über 14 Jahre als Fabrikarbeiter erfaßt. 1861, als die Industrialisierung auf vollen Touren lief, waren es dann schon 14,3 %. Zwischen 1850 und 1870 verdoppelte sich die Zahl der Arbeiter im Maschinenbau, und das bedeutete ein wesentlich größeres Gewicht der Fabrikarbeiter unter den Arbeitern insgesamt. Und obgleich bis ins nächste Jahrhundert die Textilindustrie – mit teilweise mehr als fragwürdigen sozialen Folgen verbunden – in beachtlichem Maße die Heimarbeit beibehielt, veranlaßte die leichter gewordene Kapitalbeschaffung vielerorts kapitalistische Textilunternehmer, vom Verlag bzw. der dezentralisierten Manufaktur nach 1850 zur Fabrik überzugehen – ein weiterer Faktor, der die Zahl der Heimarbeiter zurückgehen und die der Industriearbeiter anwachsen ließ. Daneben ließen der Ausbau des Eisenbahnnetzes Eisenbahnwerkstätten, Lokomotivfabriken und Betriebe für anderes rollendes Material sowie für Signaltechnik und die revolutionierende Entwicklung der Hochseeschiffahrt mit dem Übergang zum stählernen Schraubendampfer den Maschinenbau stark expandieren; übrigens bei gleichzeitiger Spezialisierung: Von 221 Maschinenfabriken beschränkte sich 1871 bereits ein Viertel auf das Produzieren nur einer Erzeugnisart.

Kraftvolle Arbeitergestalten hatte es auch in vorindustrieller Zeit gegeben, z. B. im Bergbau, beim Hüttenwesen und auf Schiffswerften, und die Kunst hatte sich ihnen gelegentlich mit scheuer Bewunderung zugewandt. Im Verlauf der Industriellen Revolution entstand jedoch mit der Industriearbeiterschaft eine neue Klasse, die nicht mehr als Randerscheinung zu verbuchen war, sondern inmitten der Gesellschaft stand. Bedeutende Künstler stellten sich nun der Aufgabe, dieses neue Sujet in ihr Schaffen einzubringen, und einer der Größten in der deutschen Malerei des 19. Jahrhunderts, Adolf von Menzel (1815–1905), studierte mit Intensität Arbeitsabläufe und körperlichen Einsatz in einem oberschlesischen Eisenwalzwerk.

1871 wurde erstmals das amerikanische System der Verbindung ausgefeilter Einzelfertigung und Schlußfertigung durch Endmontage angewandt. Das führte innerhalb der Industriearbeiterschaft einerseits zu einer hohen Spezialisierung, ermöglichte aber nun andererseits den Einsatz der aus ostelbischen Dörfern einströmenden ländlichen Überschußbevölkerung nicht mehr bloß als Fabrikhilfsarbeiter, sondern auch ihre relativ rasche Qualifizierung für die im Fertigkeitsumfang anspruchsloser werdende Arbeit in der unmittelbaren Produktion. Lag die Zahl der Arbeiter in Industrie, Bauwesen und Bergbau nach der Überwindung der Wirtschaftskrise der siebziger Jahre 1882 mit 39,5 % aller Erwerbstätigen noch leicht unter denen in Land- und Forstwirtschaft (42,7 %), so war gegen Ende des Jahrhunderts schon kein Zweifel mehr, wer in der Gesellschaft den größten Anteil stellte: 1895 lautete das Verhältnis 43,6 % zu 35,7 %! Die Arbeiterschaft hatte sich zu diesem Zeitpunkt auch bereits zu einer eigenen Klasse mit eigenem Klassenbewußtsein herausgebildet.

In den ersten Jahrzehnten der Industrialisierung lebten die Arbeiter in ausgesprochen elenden Verhältnissen. Das Überangebot an Arbeitskräften sowie der ausländische Konkurrenzdruck verleiteten die Unternehmer, Hungerlöhne zu zahlen, die unter dem Existenzminimum lagen, was Frauen und Kinder zur Mitarbeit zwang. Lange Arbeitszeiten und schlechte Ernährung zogen leichte Anfälligkeit für Krankheiten nach sich und verkürzten die Lebenserwartung. Die am Vorabend der Revolution eintretende Abfolge vom Hungerwinter 1846/47 und Krisenwinter 1847/48 ließ den Lebensstandard der Arbeiter auf ein kaum mehr ertragbares Minimum absinken und förderte wesentlich ihre Bereitschaft zu revolutionären Aktionen.

Einzelne Unternehmer wie Friedrich Harkort und Friedrich Krupps Sohn Alfred (1812–1887) versuchten – teils aus einer Art patriarchalischer Fürsorgepflicht heraus – das Elend unter ihrer Arbeiterschaft einzugrenzen, indem sie Werkswohnungen, Werkschulen, Altersversorgungen u. ä. für ihre Arbeiter errichteten. Da sie zum einen aber nicht an die Wurzel des Übels, den niedrigen Löhnen, etwas zu verändern gedachten, zum anderen dazu neigten, ihre Arbeiter politisch zu bevormunden, hatten diese Unternehmungen keine weitreichenden Folgen.

Durch die Industrielle Revolution hindurch rettete sich ein Teil des in Heimarbeit betriebenen Textilgewerbes durch das Umschwenken auf die häusliche Fertigung von Konfektion und der dazugehörigen Accessoires, wie Kunstblumen, Talmi usw. Diese Gruppe innerhalb der Arbeiterschaft war fast durchweg von Frauen besetzt. Die dortigen Ausbeutungsverhältnisse waren z. T. grotesk, öffneten der Willkür in Bezahlung und Arbeitshetze Tür und Tor und wurden moralisch durch Abhängigkeitspyramiden belastet, die sich in einigen Branchen bis in die soziale Marktwirtschaft fortsetzten.

Der wirtschaftliche Aufschwung der fünfziger Jahre beseitigte zwar die größte Not, brachte aber keinen fühlbaren Anstieg im Lebensstandard. Die Arbeitszeit blieb lang, die Löhne stagnierten, Arbeitsunfälle häuften sich. Erst in den sechziger Jahren stiegen die Reallöhne, die tägliche Arbeitszeit ging auf 9 bis 12 Stunden herunter, die steigende Zahl der Maschinen verlangte immer mehr qualifizierte und besser bezahlte Arbeiter, die intensivere Ausnutzung der Maschinen sorgte für das Verschwinden der Kinderarbeit aus den Fabriken und besseren Arbeitsschutz.

Zu dieser Zeit hatte die Arbeiterschaft bereits erkannt, daß sie als Masse auch eine Kraft war, um soziale Forderungen durchzusetzen. Auch der Staat konnte vor dieser neuen gesellschaftlichen Kraft nicht mehr völlig die Augen verschließen. So erließen die Behörden seit den fünfziger Jahren Gesetze zum Arbeiterschutz, die wenigstens die schlimmsten Auswüchse beseitigten. Abwehrmaßnahmen bzw. Revolten von Arbeitern gegen die weitere Verschlechterung ihres schon niedrigen Lebensstandards gab es schon in den Kindertagen der Industriellen Revolution.

In den Anfangsjahrzehnten der Industriellen Revolution war das Verhältnis zwischen dem Unternehmer und seinen Arbeitern noch sehr stark in einen patriarchalischen Rahmen gestellt, wie man es aus der Werkstatt des Handwerksmeisters kannte. Produktionsstätte, Experimentierwerkstatt, Büro und Wohnsitz des Arbeitgebers lagen – wie hier bei der Fa. Dreyse und Collenbusch, Mechanische Werkstätten in Sömmerda (Thüringen) um 1840 – noch unmittelbar beisammen, und der Unternehmer hatte täglichen Kontakt zur Produktion und den Produzierenden. (Berlin, Museum für Deutsche Geschichte)

Sie verknüpften sich zumeist mit dem Widerstand gegen die Einführung von Maschinen. Aber wenn von 1819 bis 1823 in Chemnitzer Kattundruckereien noch Jahr für Jahr gegen den Übergang zur Maschinenarbeit gestreikt wurde, so streikten die böhmischen und Berliner Kattundrucker 1844 bereits als Fabrikarbeiter gegen Lohnkürzungen. Der spektakuläre Streik der Berliner Kattundrucker im August 1844 führte zur Aufnahme von drei Paragraphen in die Preußische Gewerbeordnung von 1845, die für Streik Gefängnis bis zu einem Jahr und für die Bildung von Arbeiter- und Gesellenverbindungen ohne polizeiliche Erlaubnis bis zu 50 Taler Geldstrafe oder vier Wochen Gefängnis androhten.

Während der Krisen in den vierziger Jahren gründeten, als sich abzeichnete, daß Arbeiter, Proletarier und Pauper miteinander identisch zu werden drohten, örtliche Behörden hier und da Bildungs- und Geselligkeitsvereine für Arbeiter und Handwerksgesellen, was dann auch von bürgerlichen Organisationen aufgenommen und weitergeführt wurde. Dahinter stand die Überlegung, den bedauerten Arbeitern die Chance zum Aufstieg durch Weiterqualifikation zu geben. Von den Initiatoren wurde dabei allerdings oft übersehen, daß viele Arbeiter körperlich und seelisch zu erschöpft waren, um nach einem langen Arbeitstag dieses Angebot noch wahrzunehmen. Dennoch hatten diese Vereine Zulauf. Zu den bedeutendsten gehörten die katholischen Kolping-Vereine. Gegründet von dem ehemaligen Schuhmacher und später zum katholischen Geistlichen geweihten Adolf Kolping (1813–1865), zählten sie um 1865 etwa 60 000 Mitglieder. Weitere 13 000 waren zu dieser Zeit in anderen Arbeiterbildungsvereinen Mitglied. Diese Vereine boten trotz des Verbotes der Arbeiter- und Gesellenverbindungen 1845 einem Kern proletarisierter Gesellen die Möglichkeit, unterhalb der behördlichen und bildungsbürgerlichen Belehrung Debatten über politische und soziale Angelegenheiten zu führen. Denn es waren Handwerksgesellen, die sich aus dem Bewußtsein einer nicht vorhandenen Perspektive selbst als Arbeiter verstanden, die die ersten Organisationen einer sich abzeichnenden Arbeiterbewegung trugen. Ihre Gesellenherbergen, die als Unterstützungs- und Sterbekasse fungierende Gesellenlade, ihre traditionelle Wanderung verschafften ihnen Rückhalt und ein erweitertes Weltbild.

Utopische Vorstellungen von einer Gesellschaft ohne Pauperismus mittels sozialer Gleichheit, Aufhebung des individuellen Gewinnstrebens als Ziel der Produktion, Gütergemeinschaft und allgemeiner Brüderlichkeit formten sich unter deutschen Arbeitern zuerst aus den Kontakten demokratischer Intellektueller aus der Bewegung von 1830–1832 mit wandernden oder emigrierten Gesellen in der Schweiz, in Paris und London. Dem wenige hundert Anhänger zählenden Geheimbund kam eine spezielle Untersuchungskommission des Bundestages auf die Spur, die jedoch den sozialen Inhalt übersah und allein revolutionäre politische Umtriebe im Blickfeld hatte. Doktrinär wurde diese erste politische

Mit dem Fortschreiten der Industriellen Revolution und nach ihrem Abschluß prägten Großunternehmen das Gesicht der Industrie, und die in ihr tätigen Arbeiter wurden für Unternehmer und Betriebsleitung zu anonymen Massen. Trotz einiger überzeugender Beispiele betrieblicher Sozialnetze und Sozialpakete als Basis eines an den Betrieb gebundenen Korpsgeistes waren sich doch im Ergebnis der Industriellen Revolution Arbeitgeber und Arbeitnehmer total entfremdet.

Manifest

der

Kommunistischen Partei.

Veröffentlicht im Februar 1848.

Proletarier aller Länder vereinigt euch.

London.

Gedruckt in der Office der „Bildungs-Gesellschaft für Arbeiter"
von J. E. Burghard
46, Liverpool Street, Bishopsgate.

Die am Vorabend der Revolution 1848/49 erschienene Programmschrift der ersten politischen deutschen Arbeiterorganisation – in den dreißiger Jahren als „Bund der Gerechten" entstanden, seit Sommer 1847 „Bund der Kommunisten" – war das deutlichste radikale Pendant zu den liberalen und demokratischen Programmaussagen zu einem Wandel in Deutschland, wie sie im Herbst 1847 vorgelegt worden waren. Sie war im Auftrag des „Bundes der Kommunisten" von den Philosophen und Nationalökonomen Karl Marx und Friedrich Engels verfaßt worden, die mit sezierender Schärfe Errungenschaften wie Gebrechen der Industriellen Revolution beim Namen nannten und auf eine Zukunft setzten, in der durch die politische Macht der Arbeiter eine Gesellschaft der Gleichberechtigung und sozialen Harmonie zu errichten wäre.

deutsche Arbeiterorganisation erst durch ihre enge Verquickung mit den seit 1844 befreundeten sozialkritischen Ökonomen Karl Marx (1818–1883) und Friedrich Engels, die diesem 1847 so benannten „Bund der Kommunisten" sein Programm schrieben, das „Kommunistische Manifest". Es definierte die sich formierende Industriegesellschaft als die kapitalistische Endzeit einer in Klassen getrennten Gesellschaft, sah den Industriekapitalismus sich in kurzer Zeit auf die Existenz der zwei Klassen Kapitalisten und Proletarier reduzieren und sagte den auf revolutionärem Wege errungenen Sieg der Proletarier über den Kapitalismus mit all dessen Elend und Ungerechtigkeiten voraus; auf den Trümmern der alten Welt würden die Arbeiter dann eine Gesellschaft errichten, die Boden, Rohstoffe, Produktionsstätten und Arbeitskraft in Gemeineigentum nähme und eine Assoziation freier Menschen entstehen ließe – eine sozialistisch-kommunistische Gesellschaft. Dieses Programm erschien zwar am unmittelbaren Vorabend der Revolution 1848/49, spielte aber in der Revolution keine Rolle. Erst zwei Jahrzehnte später sollte es eine bis dahin ungeahnte Bedeutung als geistig-programmatische Plattform für die Formierung einer Arbeiterpartei bekommen. An der Revolution von 1848 war die Arbeiterschaft als Verbündeter des Bürgertums soweit beteiligt, wie dies zur Verteidigung ihrer eigenen

Unbeeinflußt von den Ideen des „Manifestes der Kommunistischen Partei" entstand 1848 sehr schnell eine elementare Arbeiterbewegung, die die von der Revolution erkämpfte Versammlungs- und Vereinigungsfreiheit für sich nutzte, um Arbeitervereine zu schaffen, Lohnforderungen vorzulegen und Maßnahmen gegen Arbeitslosigkeit zu verlangen. Wo sie ihre Anliegen bei den Behörden gar mit Demonstrationen unterstrichen, versetzten sie diese in Angst und Schrecken und ließen auch das der Revolution durchaus geneigte Bürgertum nach den konservativen Machtorganen rufen. (Berlin, Museum für Deutsche Geschichte)

Der im Mai 1863 in Leipzig gegründete Allgemeine Deutsche Arbeiterverein (ADAV) umfaßte zwar zunächst nur 1000 Mitglieder im ganzen Deutschen Bund, war aber doch die erste deutsche Partei, die spezifisch formulierte Arbeiterinteressen verkündete. Die Struktur dieses Vereins war allerdings ganz auf Ferdinand Lassalle zugeschnitten, der diktatorische Vollmachten besaß und die Vorsitzenden der einzelnen Gemeinden (Mitgliedschaften) als seine Bevollmächtigten ernannte. Nach Lassalles frühem Tod trieb diese auf den alle überragenden Präsidenten zugeschnittene Organisationsform den ADAV immer wieder in Krisen. (Berlin, Museum für Deutsche Geschichte)

Die 1875 erfolgte organisatorische Verschmelzung von Lassalleanern und marxistischen Eisenachern brachte unter den Spitzen sozialistischer Ideologen manche Irritationen wegen theoretischer Unklarheiten über den künftigen Weg. Die breite Masse der Mitgliedschaft interessierten solche Debatten nicht. Sie integrierte sich in der praktischen Arbeit vor Ort und vereinte z.B. in dem massenhaft verbreiteten „proletarischen Haussegen" ein Zitat aus dem Bundeslied der Lassalleaner mit dem Porträt des unumstrittenen Hauptes der Marxisten, dem heimlichen „Gegenkaiser" von Millionen Arbeitern, August Bebel. (Berlin, Museum für Deutsche Geschichte)

Der keineswegs von Sozialdemokraten eingeleitete, wiewohl von ihnen unterstützte Massenstreik von 100 000 deutschen Bergarbeitern im Ruhrgebiet, aber auch an der Saar, in Sachsen und Schlesien vom Mai 1889 richtete sich auf Lohnerhöhungen, Acht-Stunden-Schicht und Abschaffung der Lohnabzüge zum Zwecke der Bestrafung von Arbeitern. Die bisher der sozialistischen Bewegung distanziert gegenüberstehenden Bergarbeiter rückten durch den Streik näher an die verfolgte Sozialdemokratie und demonstrierten dadurch unübersehbar, daß das Sozialistengesetz ein totaler Mißerfolg geworden war. (Gemälde von Robert Koehler; Privatbesitz)

Interessen erforderlich war. Es gelang ihr, neben der Koalitionsfreiheit auch Lohnerhöhungen und Arbeitszeitverkürzungen durchzusetzen. Aus zunächst lokalen, dann regionalen Quellen gespeist, entstanden teilweise in Konkurrenz zueinander im Sommer 1848 auf zwei Arbeiterkongressen in Berlin und Frankfurt/Main zwei Komitees zur Koordinierung der deutschen Arbeitervereine; beide einigten sich im Januar 1849 auf eine gemeinsame Zentrale in Leipzig, die für Ende Mai einen Kongreß zur Gründung eines allgemeinen deutschen Arbeiterverbandes einberufen sollte. Infolge der turbulenten Ereignisse zwischen Revolution und Konterrevolution kam der Kongreß jedoch nicht mehr zustande. Der von Berlin ausgegangene Antrag an die Nationalversammlung, ein Recht auf Arbeit in die Grundrechte des deutschen Volkes aufzunehmen, war dort lediglich ohne weitere Konsequenzen diskutiert worden. Trotz des Versuches, den Dachverband der lokal-regionalen Arbeiterorganisationen mit ihren etwa 20 000 Mitgliedern durch betonte politische Abstinenz zu retten, wurde dieser seit 1850 rigoros verfolgt, unterdrückt und schließlich 1854 durch Beschluß des Deutschen Bundes grundsätzlich verboten. Das betraf auch zwei 1848 entstandene nationale Branchengewerkschaften: die der Buchdrucker und die der Arbeiter in Zigarrenmanufakturen. Mit dem Aufschwung der Nationalbewegung ab 1859 regte sich auch wieder die Arbeiterbewegung. Örtliche Gewerkschaften formierten sich zu nationalen Organisationen. Voran gingen wieder, wie 1848, Zigarrenarbeiter und Buchdrucker, die 1865 bzw. 1866 ihren nationalen Verband gründeten. 1867 folgten die Schneider, 1868 die Zimmerleute und 1869 die Textilarbeiter. Parallel dazu politisierten sich manche der behördlich oder liberal geführten Bildungsvereine. Einer davon, „Vorwärts" in Leipzig, regte 1862 einen deutschen Arbeiterkongreß an und bat den als kämpferischen Demokraten, streitbaren Juristen und geistvollen Schriftsteller bekannten Ferdinand Lassalle (1825–1864) um ein Programm. Der legte ein suggestives Konzept praktischer politischer Nahziele und eines visionären Fernzieles vor – einer genossenschaftlichen, Gemeineigentum besitzenden Leistungsgesellschaft ohne Schmarotzer. Der Weg dorthin führe über die Organisierung der Produktion in Produktivassoziationen, die könnten jedoch nicht durch die mühsam gesparten Groschen der Arbeiter-Produzenten entstehen, sondern nur durch großzügige Finanzhilfe des Staates. Der Weg zu dieser Staatshilfe öffne sich durch parlamentarische Mehrheiten, und die seien durch die Arbeiter nur zu erringen über das gleiche Wahlrecht. Um es zu erringen, müßten die Arbeiter ihre eigene Partei besitzen. Die überzeugende Geschlossenheit der Beweisführung bewirkte die Annahme der Lassalleschen Gedanken als Programm des 1863 gegründeten Allgemeinen Deutschen Arbeiter-Vereins (ADAV) und die Wahl Lassalles zu dessen Präsidenten, der allerdings bereits 1864 in einem Pistolenduell fiel. In Anlehnung an 1848, als sich die Arbeiterbewegung zur Unterscheidung von der allein als politischer Demokratie angestrebten bürgerlichen Zielvorstellung zu einer Sozial-Demokratie bekannt hatte, nannte sich die neue politische Bewegung sozialdemokratisch. Zahlenmäßig blieb der ADAV mit 7000 Mitgliedern jedoch recht gering, erreichte aber bei den Wahlen zum Norddeutschen Reichstag 1867 immerhin, daß zwei seiner Vertreter in den Norddeutschen Reichstag als Abgeordnete einzogen. Zur führenden Persönlichkeit der sozialistisch orientierten Arbeiterbewegung stieg in der Mitte der sechziger Jahre der Leipziger Drechsler

Die Verfolgungen während des Sozialistengesetzes konnten den Optimismus der Sozialdemokraten nicht brechen. Die Grafiken des Engländers Walter Crane (1845-1915) drücken sozialistische Zukunftserwartungen prägnant aus.

August Bebel auf. In der demokratischen Alternativbewegung gegen die preußische Eroberung Deutschlands rückte er von der auf Bismarck einschwenkenden, auch vom ADAV getragenen Nationalbewegung ab. Von Wilhelm Liebknecht (1826-1900), einem persönlichen Freund von Marx und Engels, wurde er mit deren Gedanken vertraut gemacht und akzeptierte deren Weltsicht, wie sie 1848 im „Manifest der Kommunistischen Partei" dargelegt worden war. Auf dieser geistigen Basis, die der Arbeiterklasse ihre unabweisliche Pflicht ins Stammbuch schrieb, die kapitalistische Ausbeuterherrschaft durch die proletarische Revolution zu stürzen, gründeten Bebel und Liebknecht 1869 in Eisenach aus abgespaltenen Mitgliedern des ADAV, linken Mitgliedern der Arbeiterbildungsvereine und Gewerkschaftern die Sozialdemokratische Arbeiterpartei (SDAP), die mit ihren beiden Parteigründern - sie waren 1867 für die Sächsische Volkspartei gewählt worden - auch sofort im Reichstag vertreten war. Dort traten beide 1870 gegen den Krieg und besonders gegen die Annexion Elsaß-Lothringens auf, wofür sie - wie übrigens andere Führer der Partei auch - noch während des Krieges hinter Gitter gebracht wurden; 1872 nachträglich des Hochverrats angeklagt, verschwanden Bebel und Liebknecht für weitere zwei Jahre hinter Festungsmauern.

Inzwischen hatte die Reichseinigung die wichtigsten Streitpunkte zwischen ADAV und SDAP bezüglich der praktischen Politik überflüssig werden lassen. Nachdem bei den Reichstagswahlen 1874 die Eisenacher sechs und die Lassalleaner nur drei Mandate hatten erringen können, ergriffen letztere die Initiative zu einem Zusammenschluß, der 1875 in Gotha stattfand und die Sozialistische Arbeiterpartei Deutschlands aus der Taufe hob. Mit 34 000 Mitgliedern war die Sozialistische Arbeiterpartei damals die stärkste Arbeiterpartei der Welt. Mit fast 10% aller Stimmen schnitt sie bei den Reichstagswahlen 1877 als viertstärkste Partei ab. Durch das Sozialistengesetz vom Oktober 1878 versuchte Bismarck zunächst, diese neue politische Kraft zu unterdrücken. Während die Partei sich nicht mehr betätigen durfte, blieben die sozialdemokratischen Abgeordneten jedoch weiterhin im Reichstag vertreten. Um der Arbeiterbewegung auch in ihren berechtigten sozialen Forderungen die Spitze zu nehmen, aber auch aus einem gewissen moralischen Verständnis heraus, daß der Staat auch seine Einwohner schützen müsse, erließ Bismarck in den folgenden Jahren die Gesetze zur Kranken-, Unfall- und Alters- und Invalidenversicherung, was innerhalb der Sozialdemokraten zu heftigen Diskussionen führte, ob und wieweit dieser Besänftigungsversuch mitzutragen sei.

Trotz aller Unterdrückungsmaßnahmen zeigte sich in den achtziger Jahren, daß die Arbeiterschaft weiterhin die Sozialdemokraten als ihre Interessenvertreter ansah. Noch unter dem Ausnahmegesetz konnte die Sozialdemokratie 1883 in Berlin erstmals die Hürden des preußischen Dreiklassenwahlrechts überwinden und fünf Abgeordnete in die Stadtverordnetenversammlung entsenden. Als im Mai 1889 100 000 Ruhrbergarbeiter streikten, was in der Öffentlichkeit mit Sympathie verfolgt wurde, empfing selbst Kaiser Wilhelm II. (1859-1941, Ks. 1888) eine Streikabordnung. Auch wenn dies wohl eher eine gegen Bismarck gerichtete Geste war und der politische Kurs des Kaisers sich sehr bald gegen die Sozialdemokratie und ihre Gewerkschaften richtete, so war doch deutlich geworden, daß die primitive Vorstellung, hinter jeder sozialen Unruhe steckten die vaterlandslosen Aufhetzer der Sozialdemokratie, vor dem Leben nicht standhielt. Das Sozialistengesetz, gegen das sich bereits wiederholt Linksliberale und Abgeordnete der Zentrumspartei gewandt hatten, wurde 1890 aufgehoben.

Die Sozialdemokratie konstituierte sich nun wieder legal als Sozialdemokratische Partei Deutschlands (SPD), zeigte aber gewisse Formen dogmatischer Erstarrung und wollte vor allem die erstarkte Gewerkschaftsbewegung nicht angemessen einbeziehen, was zu heftigen Spannungen innerhalb der Partei führte. 1891 gab sie sich ein Programm, das im theoretischen Teil mit den Grundgedanken des Kommunistischen Manifests im Gleichklang stand, obgleich doch die vor fast einem halben Jahrhundert prognostizierte Polarisierung der gesellschaftlichen Umwelt in immer weniger Kapitalisten und immer mehr verarmte Proletarier sichtbar bis dato nicht eingetreten war. Es dauerte dann auch nur bis zur Jahrhundertwende, bis jüngere Parteiintellektuelle die Endzeiterwartung in Frage stellten und öffentlich für eine pragmatische, an der Gewerkschaftsstrategie orientierte Reformpolitik plädierten, die den seiner Klasse bewußten und ihr verbundenen Arbeiter in die bestehende, zweifellos vielfach zu verbessernde Gesellschaft als Mitgestalter einband.

Die Wilhelminische Ära

Innenpolitik zwischen großer Erwartung und engem Traditionalismus

Am 9. März 1888 starb Kaiser Wilhelm I. knapp 91jährig. 17 Jahre hatte er als Monarch das Deutsche Reich repräsentiert. Im Herzen preußischer König geblieben, hatte der damals 73jährige 1871 dieses Amt ungern übernommen, denn er befürchtete, daß Preußen sein eigenständiges Profil in einem geeinten Nationalstaat verlöre. Nachdem er sich von Bismarck hatte überzeugen lassen, daß nicht Preußen in Deutschland aufgehen, sondern Preußen in Deutschland die bestimmende Rolle ausüben würde, überließ er politische Strategien und Entscheidungen seinem Kanzler und hielt sich weitgehend aus der Reichspolitik heraus, auch wenn er Unternehmungen wie dem Kulturkampf skeptisch gegenüberstand. Die Liberalen hatten notgedrungen die konstitutionelle Monarchie als den staatsrechtlichen Rahmen für den Nationalstaat akzeptiert, weil die parlamentarische Monarchie nicht zu haben gewesen war. Sowohl der Reichstag als auch die Länderparlamente besaßen nur ein eingeschränktes Mitspracherecht. Bei der Besetzung der Ministerposten hatten sie keinen rechtlichen Einfluß, denn diese wurden direkt vom Kaiser bzw. für die Länder vom jeweiligen Fürsten ernannt und waren auch nur diesen rechenschaftspflichtig. So richtete sich die Hoffnung der Liberalen auf den Nachfolger Wilhelms I., den Kronprinzen Friedrich Wilhelm, der als weniger konservativ als sein Vater galt. Aber als dieser im März 1888 endlich als Friedrich III. den Thron bestieg, war der neue Kaiser bereits ein sterbenskranker Mann. Er herrschte nur 99 Tage, und es bleibt fraglich, ob er Schritte in Richtung parlamentarische Monarchie unternommen hätte, zumal er Bismarck als Reichskanzler beibehielt.

Nachfolger Friedrichs III. wurde dessen Sohn Wilhelm II. Vom Vater als unreif bezeichnet und mit der Mutter in fortdauerndem Konflikt, betonte der junge Kaiser seine Eigenständigkeit und sein monarchisches Bewußtsein als Herrscher von Gottes Gnaden. Bismarck war sehr daran gelegen gewesen, den jungen Wilhelm als künftigen Kronprinzen und Thronnachfolger mit Selbstbewußtsein auszustatten und für die Durchsetzung seines eigenen Standpunktes zu motivieren. Er hatte dabei nicht bedacht, daß ein junger Monarch mit dieser Einstellung sich auch nur mit Unwillen dem unumschränkten Walten des Kanzlers fügen würde.

Prinz Wilhelm hatte Kontakt zu dem Kreis um den Hofprediger Adolf Stoecker (1835–1909) gefunden, der 1878 eine Christlich-Soziale Partei gegründet hatte, die aus einem konservativ-patriarchalischen Geist heraus arbeiterfreundliche Sozialpolitik verfolgen und so der Sozialdemokratie das Wasser abgraben wollte. Wenn dies zwar in der Arbeiterschaft keinen Widerhall gefunden hatte, so hatte doch der junge Prinz diese Ideen aufgenommen. Er wollte nun gern als sozialer Volkskaiser in die Geschichte eingehen. Im Februar 1890 kündigte er öffentlich ein sozialpolitisches Programm an, das zahlreiche Forderungen der Arbeiterschaft berücksichtigte.

An seinem 18. Geburtstag am 27. Januar 1877 wurde Prinz Wilhelm – der spätere Kaiser Wilhelm II. – durch seinen Großvater Kaiser Wilhelm I. und in Anwesenheit seines kronprinzlichen Vaters in den 1812 gestifteten preußischen Johanniterorden aufgenommen, dem die hohenzollernschen Monarchen ebenso wie der preußische Hochadel traditionell anzugehören pflegten. Die enge Bindung des jungen Prinzen an seinen Großvater, die im Kontrast zu dem kühlen Verhältnis gegenüber seinen maßvoll liberalen Eltern stand, führte dazu, daß Wilhelm II. an der Vorliebe seines Großvaters für militärisches und zeremonielles Gepräge Geschmack fand. Als Kaiser bemühte sich Wilhelm II. lange Zeit, wenn auch vergeblich, für seinen Großvater, den er als Reichsgründer ansah, den Beinamen „der Große" einzuführen. (Gouache von Emil Doepler d.J.; Berlin, Sammlung Werner des Johanniterordens)

Bismarck sah darin allerdings nur eine Stärkung der Sozialdemokratie, die im Januar 1890 schon den Triumph erlebt hatte, daß der Reichstag das Sozialistengesetz nicht mehr verlängerte. Bismarcks Befürchtungen traten auch weitgehend ein, denn die kaiserlichen Sozialversprechungen verhinderten nicht, daß die Sozialdemokraten bei den Reichstagswahlen am 20. Februar 1890 mit 1,5 Millionen Stimmen erstmals die wählerstärkste Partei stellten und die Bismarck stützenden Parteien ihre Mehrheit verloren. Bismarck brachte nun die Idee eines Staatsstreichs ins Gespräch, um die Sozialdemokraten auszuschalten. Da das Reich – so konstruierte er – als ein Bund von Fürsten und den drei Senaten der Freien Städte gegründet worden sei, könnten diese auch den Bund wieder auflösen und neu, aber dann ohne Reichstag nach allgemeinem, gleichen Wahlrecht, konstituieren. Daß die Parlamente der Gründungsstaaten die Gründungs- bzw. Beitrittsverträge ratifiziert hatten, ignorierte er dabei. Wilhelm II. lehnte jedoch diese Vorgehensweise ab. Weitere Streitfragen zwischen dem jungen Kaiser und dem 75jährigen Reichskanzler führten dann zum endgültigen Bruch. Wilhelm II. machte Bismarck Mitte März 1890 nachdrücklich klar, daß er dessen Demissionierung erwarte. Am 18. März bat Bismarck daraufhin um seine Entlassung, die ihm der Kaiser am 20. März auch nur zu gern gewährte.

Wilhelm II. legte großen Wert darauf, sein „persönliches Regiment" in die Politik einzubringen, aber dieses individuelle Engagement lief streng in den Grenzen seines Gesellschaftsverständnisses ab, das in Adel und Militär die tragenden Säulen der Nation sah. Noch 1909 waren in Preußen von 12 Oberpräsidenten 11, von 36 Regierungspräsidenten 25 adlig, und beim deutschen Landheer stellte noch 1913 der Adel 87% der Stabsoffiziere in der Kavallerie. Bei der Artillerie und der Marine allerdings, wo technische Kenntnisse vonnöten waren, waren es weit weniger als die Hälfte. Seine Stellung als Oberster Kriegsherr betonte Wilhelm II. stets, wobei er sich bedenkenlos im Ton vergriff und „seinen" Soldaten Parolen mit auf den Weg gab wie „Verwandte, Brüder, ja Eltern" niederzuschießen, wenn sie zum Gegner gehörten, oder „Pardon wird nicht gegeben, Gefangene werden nicht gemacht!"

Allzuviel blieb von den sozialpolitischen Versprechungen des Februar 1890 nicht übrig. Eine internationale Arbeitsschutzkonferenz in Berlin brachte keine Ergebnisse. Eine Ergänzung der Gewerbeordnung begrenzte aber den Arbeitstag für Frauen und Jugendliche, verbot Fabrikarbeit von Kindern und setzte in Städten mit über 20000 Einwohnern zur Klärung von Streitigkeiten Gewerbegerichte ein, zu denen auch Arbeitervertreter als Beisitzer berufen wurden. Das war nicht viel, aber auch nicht wenig, denn damit war zugleich eine staatliche Anerkennung der immer stärker werdenden Gewerkschaften als Vertreter der Arbeitnehmer verbunden. Das war auch nötig, denn 1890 hatten die sozialdemokratischen Branchengewerkschaften eine zentralisierende Generalkommission geschaffen, um gemeinsam ihre Interessen durchzusetzen. Das Zentrum sah sich, wollte es nicht die katholischen Arbeiter den Sozialdemokraten überlassen, 1894 zur Gründung christlicher Gewerkschaften veranlaßt. Daß man die Forderungen der Arbeiterschaft nicht einfach übergehen durfte, zeigten die zahlreichen Streikkämpfe, die an Größe und Ausdehnung zunahmen. 1891 streikten 38500 Arbeiter, 1896 waren es fast 130000.

Eine Wirtschaftskrise in den frühen neunziger Jahren veranlaßte Reichskanzler Leo von Caprivi (1831–1899), der Bismarcks Nachfolger geworden war, Handelsverträge mit ost- und südeuropäischen Agrarexportländern abzuschließen. Zu dem mit Rußland geschlossenen Vertrag 1894 gehörte auch die Senkung der Einfuhrzölle für Agrarprodukte, wodurch vorübergehend das Bündnis von Schwerindustrie und Großagrariertum einen Stoß erhielt. Während der 1893 gegründete, von ostelbischen Großagrariern

Durch einen verkürzten linken Arm mit einem leichten Körperschaden behaftet, glich Wilhelm II. diesen kaum sichtbaren Makel durch forsches Auftreten und hochtönenden Wortschwall aus. Da er in Uniform den linken Arm auf Leibgurt oder Degen aufstützen konnte, bevorzugte er in fast jeder Lebenslage militärische Kleidung. Dabei zeigte er sich nicht im schlichten Uniformrock wie seine Vorfahren, sondern trat viel lieber in voller militärischer Gala auf.

Daß Bismarck fast auf den Tag genau zu seinem 75. Geburtstag seine Entlassung erhielt, erschien Zeitgenossen im Reich als ein schwer entschuldbarer menschlicher Affront des Kaisers gegen den großen Politiker. Im Ausland aber sah man in erster Linie, daß mit Bismarck der mehr oder weniger prinzipientreue Verfechter einer deutschen Ausgleichspolitik in Mitteleuropa abtrat und der künftige außenpolitische Kurs des Deutschen Reiches manche Überraschung bieten könnte. Die Karikatur „Dropping the Pilot" aus dem Londoner „Punch" macht die Fragen deutlich, die in Europa nun auftauchten: Würde der ihm nachblickende junge Kapitän mit der Kaiserkrone das Staatsschiff ohne den alten bewährten Lotsen auf verläßlichem Kurs halten können?

Wilhelms II. Ambitionen auf den Titel eines sozialen Volkskaisers zerschellten bald an den Realitäten sozialer Unzulänglichkeiten, die mit Worthülsen nicht zu harmonisieren waren. Im Zentrum seiner Hauptstadt, selbst in unmittelbarer Umgebung des kaiserlichen Schlosses, tobten Arbeitslose im Februar 1892 an etlichen Tagen ihren Unmut über mangelnde Beschäftigung, hohe Lebensmittelpreise und die protzende Zurschaustellung von Luxus aus.

beherrschte „Bund der Landwirte" diese Politik heftig bekämpfte, begrüßte der seit 1876 bestehende „Zentralverband deutscher Industrieller" diesen Schritt, da sich die Exportbedingungen für die Industrie verbesserten. Die Senkung der Agrarzölle im Interesse der großstädtischen Verbraucher wies wesentlich in die Zukunft: Erstmals stimmten im Reichstag die Sozialdemokraten für eine Regierungsvorlage.

Wilhelm II. und die Konservativen konnte dies Verhalten der Sozialdemokraten allerdings nicht milder stimmen – sie galten weiterhin als Reichsfeinde und vaterlandslose Gesellen. Ein neuer Anstieg ihrer Mandate bei den Reichstagswahlen 1893 und der von einem Anarchisten verübte Mord an dem französischen Präsidenten 1894 regten Wilhelm an, rigorose Strafgesetzverschärfungen vorbereiten zu lassen. Die trug Reichskanzler Caprivi nicht mit, und das „persönliche Regiment" hatte für einen solchen Fall eine treffliche Lösung parat: Caprivi wurde kurzerhand entlassen! Sein Nachfolger wurde der greise Chlodwig zu Hohenlohe-Schillingsfürst (1819–1901), der 1870 als bayerischer Ministerpräsident vom bayerischen Landtag wegen seiner extremen Preußenfreundlichkeit gestürzt worden war. Seine Regierungszeit als Reichskanzler eröffnete er mit dem Einbringen der von Wilhelm II. gewünschten „Umsturzvorlage", in der schon für die Absicht eines Umsturzes der Staatsordnung Zuchthaus, für Aufreizung zum Klassenhaß sowie für Beschimpfungen von Religion, Monarchie, Ehe, Familie und Eigentum Gefängnis vorgesehen war. Dieser Vorstoß gegen grundlegende liberale und demokratische Wertvorstellungen von Redefreiheit scheiterte jedoch an den heftigen Protesten, die sowohl aus den Reihen des Bildungsbürgertums als auch aus denen der Arbeiterschaft kamen. Der Gesetzentwurf wurde im Mai 1895 vom Reichstag nicht angenommen.

In Preußen allerdings wurde nun nicht mit einem Reichsgesetz, aber mit polizeilicher Willkür eine regelrechte Terrorwelle gegen Sozialdemokraten und Gewerkschafter gestartet. Neben einer diffamierenden Propaganda wurden ihre Versammlungen von der Polizei überwacht, häufig auch unter fadenscheinigen Vorwänden verboten oder aufgehoben. Eine gesetzliche Neuauflage des Sozialistengesetzes von 1878 lehnten Zentrum, liberale und polnische Abgeordnete des preußischen Parlamentes jedoch 1897 ab, weil sie befürchteten, daß die geforderte Erweiterung der Kompetenzen von Polizei und Geheimpolizei sich auch gegen sie selbst richten könnten. Dagegen hatten sie 1898 nichts gegen ein Gesetz einzuwenden, das in Preußen Sozialisten den Weg in eine Professur verschloß.

Dem von Hohenlohe eingeleiteten Versuch, den Bruch zwischen Schwerindustrie und Großagrariertum wieder zu kitten und diesem Bündnis durch Umwerben des Mittelstandes eine verbreiterte Basis zur Ausgrenzung der Arbeiterbewegung zu verschaffen, erteilte Wilhelm II. im Jahre 1897 mit einer spektakulären programmatischen Rede die öffentliche Weihe, in der „Schutz der nationalen Arbeit aller produktiven Stände, Kräftigung eines gesunden Mittelstandes, Niederwerfung jeden Umsturzes" als Ziel deutscher Innenpolitik ausgewiesen wurden. Dennoch fand ein neuer Vorstoß der Reichsregierung im Reichstag, durch ein Reichsgesetz die Gewerkschaften bei Streikkämpfen zu treffen und ein mit Zuchthaus drohendes Sonderstrafrecht für Arbeiter zu schaffen, nur die Unterstützung der Konservativen. Liberale, Zentrum und Demokraten lehnten die „Zuchthausvorlage", die eine Verletzung des Prinzips der Rechtsgleichheit dargestellt hätte, ab. Enttäuscht über das Scheitern seiner Sammlungspolitik trat der 81jährige Hohenlohe – aus Altersgründen – 1900 zurück.

Das Scheitern der „Zuchthausvorlage" gab wieder jenem Flügel in der kaiserlichen Umgebung Auftrieb, der auf einen staatlichen Anschub für eine den modernen Verhältnissen einer Industriegesellschaft entsprechende Sozialgesetzgebung setzte. Hauptträger dieser Politik war seit 1899 der Staatssekretär für das Innere, Arthur von Posadowsky (1845–1932). Er setzte im Jahre 1900 die Erweiterung der Unfallversicherung durch, schaffte 1901 verschiedene Möglichkeiten, aus Reichsmitteln den Bau von Arbeiterwohnungen mitzufinanzieren, machte 1902 die Gewerbegerichte obligatorisch, verlängerte 1903 die Krankenversicherung und erweiterte das Verbot für Kinderarbeit auch auf die Heimindustrie. Darüber hinaus hob er 1899 das 1849 erlassene Verbot auf, demzufolge politische Vereine sich nicht überlokal miteinander verbinden durften, und setzte 1906 durch, daß die Reichstagsabgeordneten Anwesenheitsgelder erhielten, so daß die Diskriminierung jener Mandatsträger endete, die mangels eigenen Vermögens auf Unterstützungsgelder ihrer Wähler angewiesen waren. Posadowsky leitete auch ein reichseinheitliches Vereinsrecht ein, das wesentlich liberaler als die in den Bundesstaaten gültigen, meist in der Reaktionsperiode nach 1849 entstandenen war. Erstmals wurde damit auch Frauen die Teilnahme an politischen Vereinen und Versammlungen gestattet. Es wurde allerdings erst nach 1908 verabschiedet, als Posadowsky, der sich an dem sozialen Programm des Zentrums orientiert hatte, schon gestürzt worden war.

Das Zentrum hatte 1906 gemeinsam mit den Sozialdemokraten im Reichstag die fragwürdige deutsche Kolonialpolitik angegriffen, die brutale Kriegsführung der deutschen Kolonialtruppen gegen aufständische Eingeborene in Deutsch-Ostafrika, Deutsch-Südwestafrika und Kamerun angeprangert und Steuerforderungen zur Finanzierung der Kolonien zu Fall gebracht. Dadurch rückte das Zentrum für die Machthaber des Kaiserreichs plötzlich wieder – wie zu Bismarcks Zeiten – zusammen mit den Sozialdemokraten auf die Bank der „Reichsfeinde". Der Reichstag wurde aufgelöst, und man ging propagandistisch gegen die „Reichsfeinde" vor. Für das Zentrum hatte dies keine größeren Folgen, es verbesserte bei den Reichstagswahlen 1907 sogar seine Posi-

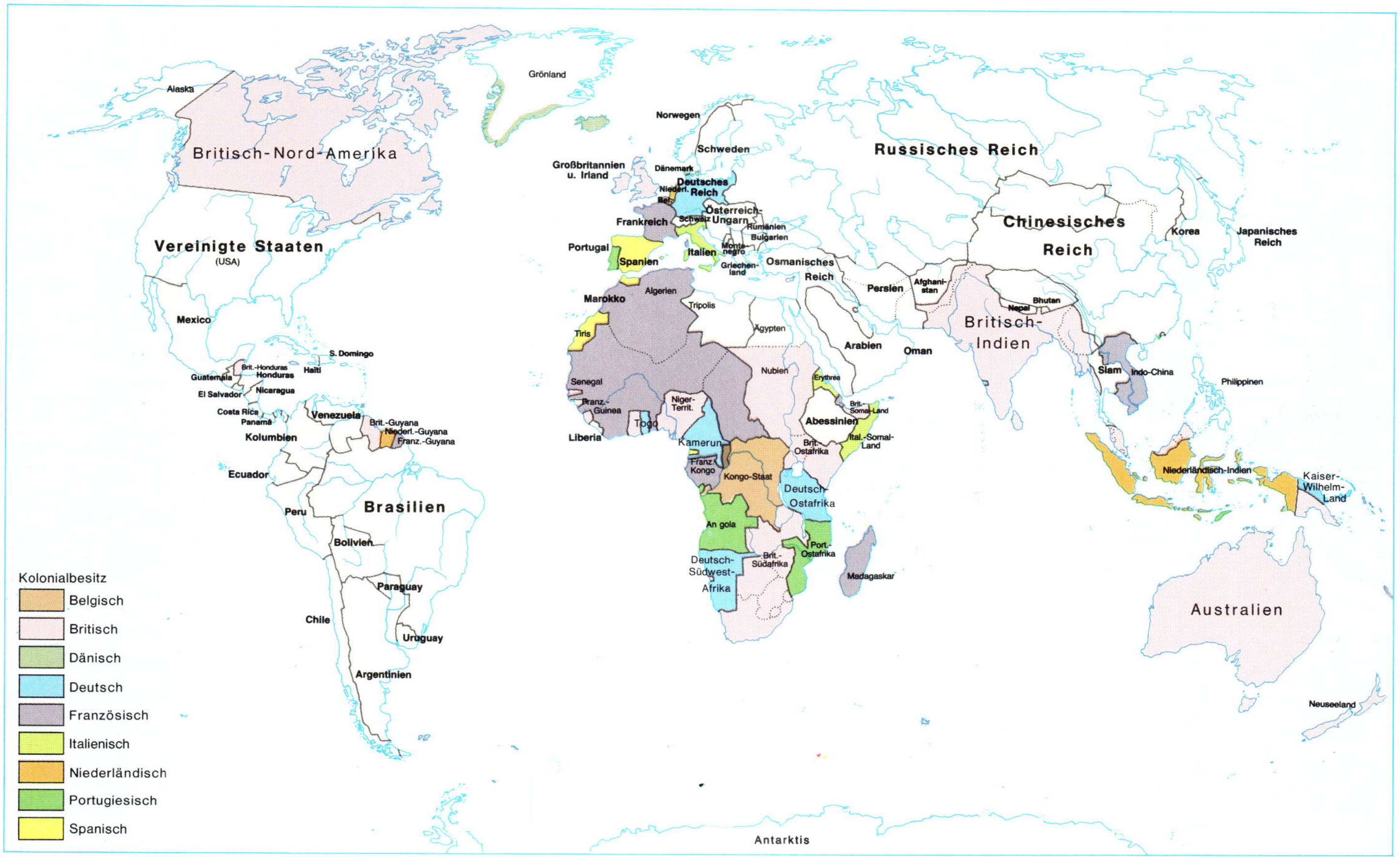

tion um 5 Abgeordnete und zog mit 105 Abgeordneten in den neuen Reichstag. Die SPD hingegen mußte trotz gewachsener Stimmenzahl wegen der für sie ungünstigen Wahlkreisaufteilung einen Rückgang ihrer Reichstagsabgeordneten von 83 auf 41 hinnehmen.

Spätestens seit den neunziger Jahren des 19. Jahrhunderts war das deutsche Nationalgefühl zu einem übersteigerten, kritiklosen Nationalismus entartet, der, von konservativen Kreisen geschürt, in breiten Bevölkerungsschichten ein offenes Ohr fand. Man meinte, Deutschland müsse nun Weltmachtpolitik betreiben, sei es, daß Deutschland seine Grenzen zu Lasten der Nachbarstaaten ausdehne, sei es durch die Eroberung von Kolonien. Verwöhnt durch die erfolgreichen Einigungskriege, sah man in militärischen Aktionen das richtige Mittel zu diesem Zweck. Die Jahrestage der Schlacht von Sedan 1895 und der Kaiserkrönung 1896 sowie der 100. Geburtstag von Wilhelm I. 1897 wurden zum Anlaß genommen, der Welt diesen militanten deutschen Nationalismus vorzuführen. Als Erklärung für den deutschen Drang, „dabei" zu sein, war jene Ideologie zur Hand, die eine Überlegenheit der Deutschen infolge der Überlegenheit der deutschen Kultur postulierte. Auch bei den Studentenverbindungen fiel diese Geisteshaltung auf fruchtbaren Boden, so daß teilweise eine national-chauvinistische Einstellung gerade von einer Schicht angenommen wurde, die bald die juristische und

Das gegen Ende des 19. Jahrhunderts zunehmende Interesse an den deutschen Kolonien, u. a. Deutsch-Ostafrika (Tansania), Deutsch-Südwestafrika (Namibia), Kaiser-Wilhelm-Land (Neuguinea), steht vor allem für die zu dieser Zeit aufkommenden Strömungen im Reich, Deutschland müsse, wie andere europäische Großmächte, Weltmachtpolitik betreiben. Die deutschen Überseegebiete waren in Wirklichkeit allerdings nur Vorzeigeobjekte, die weder als Absatzmarkt oder Rohstofflieferant noch als Auswanderungsgebiet größere Bedeutung hatten.

Ab 1904 mußten erstmals reguläre Truppen aus dem Heimatland in eine Kolonie verlegt werden, weil die dortige Schutztruppe der aufständischen Eingeborenen nicht Herr wurde. Heimkehrende Verwundete und Missionare berichteten, wie die deutschen Kulturträger dort mancherorts hausten. Die meisten Bürger glaubten jedoch lieber der Propaganda vom „Platz an der Sonne" und empfanden die Kolonien als Bestätigung deutscher Weltmacht. Selbst für Werbezwecke wurden die fragwürdigen Erfolge in den Kolonien eingesetzt, wie das Sammelbildchen über den Herero-Aufstand beweist.

höher dotierte administrative Elite der Nation sein sollte Die bereits 1882 gegründete Deutsche Kolonialgesellschaft, der seit 1891 bestehende Alldeutsche Verband, der 1898 entstandene Flottenverein und der Wehrverein von 1912 setzten sich vehement – verbunden mit einer aus heutiger Sicht peinlichen Überheblichkeit – für eine nationalistische Weltmachtpolitik ein und unterstützten lautstark die wilhelminische Politik. Der lautstarke Hurrapatriotismus der über das ganze Reich verbreiteten Kriegervereine bot der nationalistischen Propagandakampagne eine Massenbasis, die das zivile Gegenstück zum allerorts durchscheinenden Militärstaat abgab, in dem der Mensch erst als Staatsbürger vorhanden war, wenn er seine militärische Dienstpflicht absolviert hatte, und wo erst der Titel des Reserveoffiziers dem Bürgerlichen die Türen zu einflußreichen Gesellschaftskreisen öffnete.

Nach den von der Regierung erzwungenen Reichstagswahlen 1907 schien der seit 1900 amtierende Reichskanzler Bernhard von Bülow (1849–1929) erstmals eine solide Basis im Reichstag zu haben. Dies wollte er im Reichstag zu einer umfassenden Finanzreform nutzen, um das Kaiserreich aus den finanziellen Nöten zu befreien, die ihm die forcierte Rüstung ständig auferlegte. Aber da polterte ihm Wilhelm II. dazwischen: Im Oktober 1908 gab er der Londoner Zeitung „Daily Telegraph“ ein Interview, in dem er absolut einseitig interpretierte Vorgänge deutscher und internationaler Diplomatie aus den Jahren vor der Jahrhundertwende preisgab und sich den Engländern als ihr Lehrmeister in der Kriegsführung präsentierte. Das entsprach dem kaiserlichen „Ich“, aber es diffamierte die deutsche Außenpolitik. Die Empörung war also allgemein – nicht nur im Ausland, sondern auch im Reich. Zwar hatte Wilhelm II. Bülow den Interview-Text zugeleitet, aber dieser hatte ihn nicht selbst überprüft. Vom Reichstag als verantwortlicher Politiker zur Rede gestellt, wagte selbst Bülow keine Verteidigung des kaiserlichen Vorgehens, sondern empfahl dem Kaiser nur, künftig Zurückhaltung zu versprechen. Bülows zaghaftes Vorgehen entzog ihm und der von ihm vertretenen Politik das Vertrauen des Reichstags, auch der Kaiser stand nicht mehr hinter ihm. Seine Finanzvorlage wurde vom Reichstag – aus unterschiedlichen Motiven – nicht angenommen, und Bülow reichte daraufhin den Abschied ein.

Eine Folge dieser Daily-Telegraph-Affäre war auch, daß sich ein Jahr später drei linksliberale Splittergruppen zur Fortschrittlichen Volkspartei zusammenschlossen, die bereit war, mit den Sozialdemokraten – und, wenn irgend möglich, auch mit dem Zentrum – gemeinsam für eine parlamentarische Regierungsform zu kämpfen.

Die Erinnerung an die militärische Lösung der anstehenden Frage des deutschen Nationalstaates begleitete das wilhelminische Kaiserreich wie ein nie abzustreifender Schatten. Militär und militärisches Gehabe durchwoben die Gesellschaft, und für die Reputation des Zivilisten war die Antwort auf die Frage, wo und wie er „gedient“ habe, oft genug wichtiger als die nach seinen zivilen Kenntnissen.

Die Vereine ehemaliger Teilnehmer der Einigungskriege 1864–1871 bildeten das organisatorische Fundament für Gedenkfeiern, auf denen man einstiger militärischer Erfolge mit markigen Reden gedachte und sie der Jugend als Rezept für Aufstieg, Achtung und Größe vermittelte. Auch die als Träger der Nationalbewegung entstandenen Sänger-, Schützen- und Turnerschaften gliederten sich nahtlos in den Hurrapatriotismus der Kriegervereine ein.

Das neue Köpenicker Stadt-Wappen

Der Stellenwert von Uniform und militärischem Gehabe im Deutschen Reich, ihr Vorrang vor Sachkompetenz und zivilen Instanzen wurde schlaglichtartig beleuchtet durch das Gaunerstück des Zuchthäuslers Wilhelm Voigt (1849–1922), der am 16. Oktober 1906 in einer unvollständigen Hauptmannsuniform 10 feldmarschmäßig ausgerüstete Soldaten von der Straße weg zu seiner Verfügung befahl, in Köpenick bei Berlin das Rathaus besetzte, den Bürgermeister verhaftete, den Polizeichef herumkommandierte, die Stadtkasse mit über 4000 Mark beschlagnahmte und verschwand. Die Entlarvung der alltäglichen Devotion vor „des Kaisers Rock“ durch Voigt, der als „Hauptmann von Köpenick“ in die Geschichte eingegangen ist, löste weltweit Lachsalven aus.

Reichskanzler Bülows Freude über die im 1907 gewählten Reichstag vorhandene solide Mehrheit von Konservativen, Liberalen und Freisinnigen, die seine Politik stützten, wurde jäh gebremst durch den kaiserlichen außenpolitischen Alleingang in dem Interview für den „Daily Telegraph" vom 28. Oktober 1908. Denn im Reichstag machten Liberale und Freisinnige bei der Debatte am 8. November kaum ein Hehl daraus, daß solche Fehlleistungen von Kaiser und Hofclique nur möglich seien, weil das Reich kein parlamentarisches System kenne. Da der Reichstag verfassungsgemäß kaum Einfluß auf die Regierung und ihre Politik nehmen konnte, setzten die parlamentarisch gesonnenen Parteien nun auf öffentliche Kundgebungen. Die „Daily Telegraph"-Affäre brachte ihnen erstmals die Genugtuung, daß das Parlament selbst den Kaiser hatte zurechtweisen können.

Des neuen Reichskanzlers Bethmann Hollweg zaghafte Versuche, an dem 1849 im Hochgefühl des Sieges über die Revolution diktierten preußischen Dreiklassenwahlrecht kosmetische Verbesserungen vorzunehmen, riefen in Preußen von Februar bis April 1910 eine wahre Flut von Kundgebungen und Demonstrationen für ein allgemeines, gleiches und direktes Wahlrecht hervor. Organisator und Träger der Bewegung war hauptsächlich die Sozialdemokratie, der sich aber auch linksliberale und freisinnige Kräfte zur Seite stellten.

Äußerst belastend für jeden Fortschritt in Richtung auf ein etwas demokratischeres Regierungssystem im Wilhelminischen Kaiserreich waren die Beschränkungen im Wahlrecht, die in den einzelnen Bundesstaaten üblich waren, allen voran Preußen, das zwei Drittel der deutschen Reichsbevölkerung umfaßte. Dort herrschte indirektes Dreiklassenwahlrecht auch noch unter den Bedingungen einer urbanen Industriegesellschaft. Theobald von Bethmann Hollweg (1856–1921), der Bülows Nachfolge antrat, hatte eine preußische Verwaltungslaufbahn hinter sich und war von 1907 bis 1909 preußischer Innenminister gewesen. Er wußte um die drängende Problematik einer Änderung des preußischen Wahlrechts. Angesichts des konservativen Widerstands wagte er aber nicht, gleiches, direktes Wahlrecht – wie zum Reichstag – vorzuschlagen, sondern lediglich den Fortfall des indirekten Wahlganges über Wahlmänner und die Erweiterung der ersten und zweiten Wählerklasse durch Einbeziehung zwar niedrig steuernder, aber geistig qualifizierter Staatsbürger – sogenannter „Kulturträger". Zu letzteren zählte der Gesetzentwurf allerdings nicht nur Professoren und Künstler, sondern auch ehemalige Unteroffiziere, was die Reform von vornherein recht fragwürdig machte. Obgleich von gewaltigen Massendemonstrationen für eine Wahlrechtsreform begleitet, scheiterte der Versuch einer zaghaften Reform preußischer Unantastbarkeiten. Die Quittung für das mutlose Zurückweichen vor den Konservativen erhielt Bethmann Hollweg bei den Reichstagswahlen im Januar 1912: Mit 4,25 Millionen Stimmen erhielten die Sozialdemokraten, unterstützt von linksliberalen Wählern, die der SPD ihre Stimme gaben, nicht nur 110 Abgeordnete, sondern auch wesentlich mehr Stimmen als Nationalliberale und Zentrum zusammen. Der sozialdemokratische Wahlerfolg führte die bürgerlichen Parteien und die Konservativen wieder enger zusammen, da sie in diesem Wahlerfolg eine Bedrohung des bestehenden Systems sahen. Industrielle, handwerkliche und agrarische Interessenverbände schlossen sich zum „Kartell der schaffenden Stände" zusammen, das sich vehement gegen ein weiteres Ausbreiten der Sozialdemokratie richtete. Schon Zeitgenossen tauften dieses Bündnis spöttisch in „Kartell der raffenden Hände" um.

Die Reichstagswahlen vom Januar 1912 kamen einem politischen Erdrutsch gleich: Die Sozialdemokraten entsandten 110 Abgeordnete in den Reichstag.

Während des sogenannten Boxeraufstandes in China 1900/01 formierten die Großmächte in aller Eile eine gemeinsame Eingreiftruppe. Bei der Verabschiedung des deutschen Kontingents am 27. Juli 1900 in Bremerhaven vergriff sich Wilhelm II. wieder einmal entschieden im Ton, indem er sein Expeditionskorps aufforderte, in China solchen Eindruck zu hinterlassen, wie ihn die Hunnen einst in Europa hinterlassen hätten. Den außen- und kolonialpolitischen Ambitionen am Kaiserhof und im Auswärtigen Amt kam es natürlich sehr entgegen, daß sich die deutsche Truppe bei der internationalen Aktion zur Niederwerfung des Aufstandes so sehr bewährte, daß das Kommando „The Germans to the Front!" zum geflügelten Wort wurde.

Nur bei einer Gelegenheit konnten sich Kaiserhof und Reichsregierung immer noch der Unterstützung fast aller Parteien und Interessenverbände sicher sein, nämlich dann, wenn es um des Reiches „schimmernde Wehr" ging. Wie bei früheren Gelegenheiten bewilligte auch im Sommer 1913 der Reichstag die erheblichen Mittel für eine Verstärkung des Landheeres. Dennoch war selbst das Ansehen des Militärs nicht mehr ungetrübt. Als es im Dezember 1913 zu einer Amtsanmaßung von Offizieren gegenüber Zivilisten im elsässischen Zabern kam, vor die sich der Reichskanzler schützend stellte, sprach der Reichstag offen seine Mißbilligung aus.

Außenpolitik als Weltmachtpolitik

Im letzten Jahrzehnt des 19. Jahrhunderts trat Deutschland in die Periode der Hochindustrialisierung ein. Bis 1914 erreichte es den zweiten Platz in der Welt sowohl in der Industrieproduktion (hinter den USA) wie im Außenhandel (hinter Großbritannien). In den neuen Industriezweigen Chemie und Elektrotechnik besaß das Reich eine absolute Vormachtstellung außerhalb der USA. Es war nur natürlich, daß das deutsche Industrie- und Bankkapital mit dieser Wirtschaftskraft im Rücken auf auswärtige Märkte drängte, um Waren zu exportieren und Geld anzulegen. Der eigentlich für die deutsche Wirtschaft vor der Tür liegende ideale Markt war Rußland. Aber 1887 hatten die Großagrarier erreicht, daß Bismarck den deutschen Banken Kredite für Rußland verbot. Hintergedanke war dabei die Sorge, daß deutsches Kapital für den Bau russischer Eisenbahnen verwandt würde, die russisches Getreide billig auf den deutschen Markt transportieren könnten. In die entstehende Lücke sprangen französische Banken und ermöglichten der französischen Politik so eine Annäherung an Rußland, die 1893 zunächst im Abschluß eines französisch-russischen Militärbündnisses gipfelte. Rußland mußte sich um so mehr vor den Kopf gestoßen fühlen, als trotz mehrerer russischer Offerten die 1890 fällige Erneuerung des deutsch-russischen Rückversicherungsvertrages verweigert und Bismarcks Entlassung offiziell mit Differenzen begründet wurde, die er mit Wilhelm II. über den Vertrag gehabt habe.

Da war also seit 1893 jene alptraumhafte Koalition der großen Nachbarn im Osten und im Westen, die Bismarck unbedingt hatte vermeiden wollen. Als alternativer Bündnispartner bot sich nun England an, und 1890 wurde auch gleich unterstrichen, wie gut man mit den Briten Politik machen könne. Die winzige, aber strategisch wichtige Insel Helgoland wurde von London gegen einen Teil der deutschen Schutzgebiete in Ostafrika eingetauscht. Dies traf auf heftigen Widerspruch bei nationalistisch eingestellten Intellektuellen, Beamten und Industriellen, die 1891 den Alldeutschen Verband gründeten, der seine wesentlichste Aufgabe in der Propaganda für eine deutsche Vormachtstellung in Europa und in der Welt sah.

Die deutschen Kolonien waren in Wirklichkeit nur Vorzeigeobjekte des Reiches, das Großmachtgeltung beanspruchte. Weder als Absatzmarkt oder Rohstofflieferant noch als Auswanderungsgebiet waren sie von Bedeutung. Dennoch schaute die deutsche Politik, je länger die neunziger Jahre währten, immerfort nach weiteren Kolonien aus. 1897 wurde die Bucht von Kiautschou in Nordostchina okkupiert, 1898 mit London über eine Aufteilung der portugiesischen Kolonien verhandelt, 1899 der pazifische Restbestand des spanischen Kolonialreiches – die Karolinen- und Marianeninseln – gekauft und die samoanische Inselgruppe mit den USA geteilt. Anfang 1896 provozierte Wilhelm II. eine ernste Verstimmung bei der britischen Regierung, als er dem Präsidenten der Buren-Republik Transvaal in Südafrika in einem Telegramm zum Sieg der Buren über einen Haufen englischer Abenteurer gratulierte, die die Republik überfallen hatten, und zu erkennen gab, daß das Deutsche Reich den Buren gegen künftige Bedrohung zur Seite stehen werde. Die britische Regierung sah die Buren-Republik aber als Teil ihres Empire an und erblickte in dieser Depesche eine Einmischung in innere Angelegenheiten.

Den nächsten Affront gegen England leistete sich Wilhelm II. Ende 1898 auf seiner Orientreise, auf der er erklärte, alle Mohammedaner der Welt könnten in ihm einen Freund sehen. Angesichts der Tatsache, daß nicht nur unzählige Mohammedaner in englischen Kolonien lebten, sondern britische Truppen gerade im Sudan den Aufstand fanatischer Anhänger einer mohammedanischen Sekte niederschlugen, wurden diese Äußerungen in England als Provokation empfunden. Auch verfolgten die Engländer aufmerksam, wie sich deutsches Kapital, deutsche Militärbeobachter und deutsche Ingenieure zunehmend in der Türkei aufhielten und mit dem Bau einer Eisenbahnlinie von Südosteuropa bis Bagdad dem Indien vorgelagerten Persischen Golf näherkamen, was England als Bedrohung empfand. Entgegen propagandistischen Geschreis des Alldeutschen Verbandes fand sich aber für die Bagdad-Bahn schließlich 1913 ein Kompromiß, der bewies, daß bei gutem Willen beider Seiten durchaus beiderseitige Interessen gewahrt bleiben konnten. Die Deutschen sollten die Bahn bis Bagdad bauen, den Rest bis zum Golf-Hafen Basra die Engländer. Der Ausbruch des Ersten Weltkrieges verhinderte den Abschluß dieses Abkommens.

Wollte man als Kontinentalmacht England zum Bündnispartner gewinnen, mußte man ebenso vernünftig wie bei der Bagdad-Bahn vorgehen und keinesfalls die englische Vorherrschaft zur See in Frage stellen. Genau das aber begann 1898 mit dem deutschen Flottenrüstungsprogramm. 1897 war im Reichstag durch den Leiter des Auswärtigen Amtes Bülow – dem späteren Reichskanzler – bereits das Wort gefallen, das die Wendung von Bismarcks Europapolitik zu einer dezidierten Weltmachtpolitik deutlich machte: Die Zeit sei vorbei, da der Deutsche seinen Nachbarn Erde und Meer überlasse und sich selbst nur den Himmel reserviere – jetzt verlange er auch seinen Platz an der Sonne! Die verstreuten deutschen Kolonialgebiete in Ostasien und dem pazifischen Raum sollten als Stützpunkte einer weltweit operierenden Kriegsflotte dienen, mit der das Reich in die Weltpolitik als Machtfaktor eingreifen wollte. Deutschlands Zukunft liege auf dem Wasser – so umschrieb Wilhelm II. diese Politik.

Selbst nach dem ersten Flottenrüstungsprogramm, das im März 1898 den Reichstag passierte, war ein Bündnis mit England noch nicht unmöglich geworden. Im April 1898 bot der britische Kolonialminister Chamberlain (1836-1914) im vertraulichen Gespräch mit dem deutschen Botschafter ein Bündnis an, auf das die deutsche Regierung in Verkennung der machtpolitischen Konstellationen nicht einging. Aber beim Burenkrieg, als England 1899-1902 die beiden halbsouveränen Buren-Republiken mit Krieg überzog und seinem Kolonialreich einverleibte, wurde offiziell keine Kritik oder Stellungnahme geäußert, um die Engländer nicht wieder zu verärgern. Die Bündnisgespräche mit England gingen weiter – immer in der Annahme, London sei auf Berlin angewiesen –, und im Oktober 1900 einigten sich beide Mächte sogar auf ein gemeinsames Auftreten in China, um dessen Unabhängigkeit und somit seinen offenen Markt zu erhalten. Schon ein halbes Jahr später, als man sich in Berlin auf die Verlängerung des Dreibundes mit Österreich-Ungarn und Italien vorbereitete, glaubte man, England den Anschluß an den Dreibund anbieten zu können, aber das war den Briten zu prekär, weil sie dadurch unmittelbar in die Balkanquerelen hineingezogen worden wären. 1904 mußte das Auswärtige Amt dann überrascht feststellen, daß England und Frankreich sich näher gekommen waren, sich über ihre kolonialen Interessen geeinigt hatten und dieses neue Verhältnis offiziell durch eine „Entente cordiale“ (herzliches Einvernehmen) besiegelten. Die außenpolitische Konstellation für das Reich hatte sich erneut verschlechtert.

Der deutsche Generalstabschef Alfred von Schlieffen (1833-1913) arbeitete unter dem Eindruck dieser Entwicklungen ein Strategiepapier für einen künftigen Zweifrontenkrieg aus, den das Reich angesichts des russisch-französischen Bündnisses sicher einst zu führen hätte. Der Schlieffen-Plan sah vor, zunächst alle Kräfte gegen Frankreich zu wenden, dies in einem Blitzkrieg zu schlagen, inzwischen an der Ostfront hinhaltend zu kämpfen und erst nach dem Sieg im Westen mit voller Kraft Rußland anzugreifen. In diesem Plan wurde ohne weiteres in Kauf genommen, daß der Angriff gegen Frankreich durch Belgien führen müsse, dessen Neutralität seit 1831 von den europäischen Großmächten garantiert war. Der Plan wies jedoch von vornherein erhebliche Konstruktionsfehler auf. Zum einen ging man davon aus, daß England die Verletzung der belgischen Neutralität widerstandslos hinnehmen würde, zum anderen meinte man, daß die russischen Armeen schwach und schwerfällig aufmarschieren und lange Zeit nicht offensiv sein würden. Außerdem beinhaltete er, daß im Falle eines militärischen Konflikts mit Rußland das Reich automatisch Frankreich den Krieg erklären mußte. Dennoch bestimmte der Schlieffen-Plan – mit einigen Abänderungen – bis zum Ausbruch des Ersten Weltkrieges die strategische Linie des deutschen Generalstabs, ohne daß es zu einer Abstimmung mit der Marine oder dem Auswärtigen Amt über flankierende Maßnahmen gekommen wäre.

1905 schien allerdings ein militärischer Konflikt mit Rußland unwahrscheinlicher denn je. Durch die russische Niederlage im russisch-japanischen Krieg 1904/05 war die russische Armee geschwächt. Darüber hinaus war es 1905 zu einer Revolution gekommen, die Rußland aufs tiefste erschütterte. Im Juli 1905 traf Wilhelm II. mit Zar Nikolaus II. im finnischen Björko zusammen, und sie einigten sich auf einen Nichtangriffs- und Beistandspakt, den der Zar auch Frankreich vorlegen sollte. Das russisch-französische Bündnis war aber bereits so fest, daß die russischen Außenpolitiker den Pakt nur gültig werden lassen wollten, wenn der Beistandsfall bei einem deutsch-französischen Krieg nicht gültig sein sollte: Damit war das Abkommen hinfällig.

Im Herbst 1898 gab Wilhelm II. mit einer Orientreise einen eklatanten Auftakt für den künftigen Stil deutscher Außenpolitik. Wilhelm spielte sich als Schutzherr des Osmanischen Reiches auf, das teilweise schon im Blickfeld von Briten und Russen lag, und bezeichnete sich als Patron der Mohammedaner in aller Welt. Die während der Reise mit dem Sultan ausgehandelte deutsche Vorzugsstellung beim Eisenbahnbau in der Türkei bediente zwar die Expansionsinteressen der deutschen Industrie, aber sie verquickte die deutsche Politik zusätzlich zu den Implikationen des Dreibundes mit den türkisch-slawischen Gegensätzen auf dem Balkan.

Der Übergang zu einer deutschen Weltmachtpolitik in den neunziger Jahren war direkt gekoppelt mit einer immensen deutschen Flottenrüstung, die ab 1898 mit „Flottenprogrammen" systematisiert wurde und Unsummen verschlang. Ging es zunächst um Linienschiffe und Kreuzer, wurden nach den Erfahrungen des russisch-japanischen Krieges 1905/06 große, schwergepanzerte Schlachtschiffe gebaut, und zwar von 1908–1911 zwölf und von 1912–1917 weitere 15. Wilhelm II. protegierte die Flottenrüstung persönlich, hintertrieb Verhandlungen über englische Angebote zur gegenseitigen Rüstungsbegrenzung und badete im Erfolgsgefühl bei der jährlichen Flottenparade, die er in der Kieler Bucht von Bord seiner Yacht „Hohenzollern" aus abzunehmen pflegte. Um die gewaltigen Schlachtschiffe der Serie ab 1908 schnell zwischen Nord- und Ostsee verlegen zu können, wurde eigens der Nord-Ostsee-Kanal ausgebaut.

Der russische Vorbehalt war gerade 1905 mehr als berechtigt, denn das Reich demonstrierte wieder einmal Entschlossenheit, der Welt zu beweisen, wie es seinen „Platz an der Sonne" einzunehmen gedenke. Frankreich hatte durch französische Finanz- und Verwaltungsfachleute erheblichen Einfluß in Marokko gewonnen, den ihm Deutschland nun streitig machen wollte. Wilhelm II. erschien demonstrativ beim marokkanischen Sultan in Tanger und brachte eine internationale Marokko-Konferenz ins Gespräch, die Anfang 1906 auch zustande kam, aber Frankreichs weiteres Engagement in Marokko nicht verhindern konnte. Im Mai 1906 wurde daraufhin ein neues Flottenprogramm verabschiedet, das das von 1900 erheblich ausweitete und sich auf Schlachtschiffe konzentrierte, die den englischen – und den französischen – Linienschiffen weit überlegen waren. Als Frankreich 1911 Marokko zum französischen Protektorat erklärte, war dann die erste Reaktion Berlins, das Kanonenboot „Panther" und den Kleinen Kreuzer „Berlin" in den marokkanischen Hafen Agadir zu beordern, um den Franzosen territoriale Ansprüche des Reiches zu demonstrieren. Da sich aber England deutlich an die Seite Frankreichs stellte, zog sich das Auswärtige Amt auf ein schon zuvor von Frankreich unterbreitetes Ausgleichsangebot – Landabtretungen in Kamerun – zurück, so daß die Krise beigelegt werden konnte. Das Reich war aber weiter in eine zunehmende politische Isolation geraten.

Nach der Marokko-Konferenz von 1906 führten die deutschen Außenpolitiker, unter Beibehaltung des Flottenprogramms, weiterhin Verhandlungen mit London, um die englische Bereitschaft zu einer Annäherung beider Staaten auszuloten. Reichskanzler Bülow fühlte 1908 in dieser Richtung vor und war bereit, den deutschen Flottenbau zu verlangsamen. Da zeigte sich aber machtvoll das Defizit des wilhelminischen Staatsaufbaus: Die Chefs von General- und Admiralstab waren nicht an die Entscheidungen des Reichskanzlers gebunden, sondern sie verkehrten direkt mit dem Kaiser. Der für die Marine verantwortliche Staatssekretär Admiral von Tirpitz (1849–1930), der das ganze Flottenprogramm initiiert hatte und eisern vorantrieb, konnte Wilhelm II. überzeugen, Bülows Initiative zu Fall zu bringen. Der Flottenausbau ging weiter. Ein Versuch von Bülow und dem britischen Kriegsminister Richard Haldane (1856–1928), 1912 das Wettrüsten zu beenden und einen deutsch-englischen Nichtangriffspakt abzuschließen, führte nun – mit vierjähriger Verspätung – zu dem deutschen Angebot, die Flottenrüstung zu verlangsamen. Der englischen Regierung war das zu wenig, und die Verhandlungen über ein vernünftiges deutsch-englisches Verhältnis zerschlugen sich endgültig, als Tirpitz im April 1912 im Reichstag die Annahme eines erweiterten Flottenrüstungsprogramms durchsetzte.

War die Chance einer Verständigung mit England damit endgültig vertan, so war auch die erneute Verlängerung des Dreibundes ein fragwürdiger Erfolg. Italien hatte schon 1904 insgeheim erklärt, im Falle eines Angriffs auf Frankreich neutral bleiben zu wollen, so daß nur noch Österreich-Ungarn einen zuverlässigen Bündnispartner darstellte. Diese enge Bindung zwischen Berlin und Wien verstrickte das Reich aber automatisch in die österreichisch-ungarischen Probleme. Österreich-Ungarn hatte 1908 die beiden osmanischen Provinzen Bosnien und Herzegowina, in denen es seit 1878 militärische Besatzungsrechte wahrnahm, seinem Staatsgebiet einverleibt. Damit hatte die Doppelmonarchie ihren slawischen Nationalitätenproblemen eine erweiterte Dimension verliehen – Tschechen, Slowaken, Polen dachten zwar auch zunehmend an nationale Selbstbestimmung, aber für sie bestand noch kein Staat, dem sie sich hätten anschließen können. Anders lag es bei den serbokroatisch sprechenden Südslawen, die das unabhängige Serbien als ihr eigentliches Mutterland betrachteten. Serbien protestierte dann auch heftig gegen die Einverleibung der südslawischen Brüder in Bosnien und der Herzegowina als Untertanen des österreichischen Kaisers und rief nach der Hilfe Rußlands. Das war allerdings nach der tiefen Krise 1905 viel zu schwach für militärische Demonstrationen und war froh, auf einen deutschen Vermittlungsvorschlag eingehen zu können, der die Annexion bestehen ließ, ihr aber einen völkerrechtlichen Anstrich verlieh.

Kaiser, Kanzler und Generalstabschef hatten aber aus Berlin nach Wien signalisiert, daß sie bei einem russischen Eingreifen an der Seite Serbiens zum Krieg gegen Rußland bereit seien. Dies Angebot stärkte vor allem dem österreichischen Generalstab den Rücken, der nun ohne weiteres zu einem Krieg gegen Serbien bereit war, um Österreich-Ungarns südslawische Staatsbürger unter Kontrolle zu halten. Als im Herbst 1912 die christlichen Balkanstaaten das Osmanische Reich mit Krieg überzogen und fast das gesamte europäische Territorium der Türkei eroberten, vergrößerte sich Serbien erheblich und drängte zur Adriaküste. Wien wollte das mit allen Mitteln verhindern, führte eine Teilmobilmachung durch und drohte Serbien offen mit Krieg.

Der neuralgische Punkt aller Bündnissysteme trat jetzt offen zutage: der Gegensatz der Doppelmonarchie zu Serbien berührte Bündnisimplikationen aller kontinentaleuropäischen Großmächte. Konnte dieser neuralgische Punkt nicht entschärft werden, bot er jederzeit Anlaß zum europäischen Kontinentalkrieg. Noch einmal konnte die Krise durch englische und deutsche

Der im Oktober 1912 von den christlichen Balkanstaaten gegen das Osmanische Reich entfesselte Balkankrieg hätte leicht in einen gesamteuropäischen Krieg der Großmächte umschlagen können, wenn nicht – halbherzig und mit mancher Sabotage vermischt, wie die zeitgenössische Karikatur der deutschen Satirezeitschrift „Simplicissimus" andeutet – die Großmächte selbst wegen sich überlagernder und durchkreuzender Interessenlagen auf einen zeitweiligen Kompromiß gesetzt hätten, der insbesondere die großserbischen Nationalisten unbefriedigt ließ und die nächste Krise schon vorprogrammierte.

Vermittlungen auf friedlichem Wege beigelegt werden. Der Balkan blieb jedoch ein Krisenherd. England und Frankreich versicherten Rußland nachdrücklich, daß sie im Falle eines Krieges gegen Deutschland auf der russischen Seite stehen würden. Wilhelm II., seine Politiker und sein Generalstab kamen spätestens Ende 1912 zu der Überzeugung, daß ein Krieg unvermeidlich sei und daß es um so besser für das deutsche Reich sei, je eher er beginne. Die Rüstungsanstrengungen wurden erheblich vorangetrieben: Im Frühsommer 1914 hatte das deutsche Landheer eine Stärke von 748 000 Mann, das waren etwa 2,25 % der männlichen Reichsbevölkerung vom Säugling bis zum Greis.

Während der neuerlichen Balkankrise 1908, die mit der Annexion Bosniens und der Herzegowina durch Wien ausbrach, gingen der deutsche Generalstab, der Reichskanzler und der Kaiser so weit, der österreichischen Kriegspartei zu versichern, daß das Deutsche Reich seinem Bündnispartner Österreich-Ungarn bei jedem militärischen Vorgehen gegen Serbien Rückendeckung gegenüber Rußland geben werde. Diese gefährliche Zusage blieb allerdings der Öffentlichkeit verborgen – ihr wurden mit Bülows Wort von der Deutschen „Nibelungentreue" moralische Kategorien vorgegaukelt.

Der Erste Weltkrieg

Am 28. Juni 1914 wurde der österreichisch-ungarische Thronfolger Franz Ferdinand (1863–1914) zusammen mit seiner Frau in der bosnischen Hauptstadt Sarajewo erschossen. Franz Ferdinand war für einen südslawischen Teilstaat mit dem Zentrum Agram innerhalb der Doppelmonarchie eingetreten, was vielleicht das Nationalitätenproblem entschärft hätte und so keineswegs in den Interessen Serbiens lag. Daher lag die Vermutung, die sich später auch bestätigte, nahe, daß serbische Drahtzieher hinter dem Attentäter und seinen Mithelfern standen. Wilhelm II. ließ durch seinen Kanzler in Wien mitteilen, man könne sich dort auf seine Bündnistreue verlassen. Mit dieser Zusicherung im Rücken stellte Wien nun an Belgrad Forderungen, die dessen staatliche Souveränität erheblich beeinträchtigt hätten und daher nur bedingt angenommen wurden. Am 28. Juli erklärte die Doppelmonarchie Serbien den Krieg. Daraufhin antwortete Rußland am 29. Juli mit einer Teilmobilmachung. Am

1. August folgte, in völliger Unterschätzung der russischen Rüstung, die deutsche Kriegserklärung an Rußland und zwei Tage später, entsprechend dem Schlieffen-Plan, die an Frankreich. Bis heute sind sich die Historiker uneinig über die ausschlaggebenden Motive für den Eintritt Deutschlands in diesen Krieg. Eine Erklärung ist, daß Deutschland es generell auf einen Krieg anlegte und in diesem Konflikt gezielt eine geeignete Möglichkeit sah, die französisch-russische „Umklammerung" zu zerbrechen und gleichzeitig damit von innenpolitischen Problemen abzulenken. Eine andere ist, daß Deutschland durch seine unheilvollen Bündnisverpflichtungen an die österreichisch-ungarische Kriegspartei gekettet war, die dem schleichenden Zerfall des Vielvölkerstaats durch einen spektakulären Sieg wenigstens über Serbien begegnen wollte. Auf alle Fälle zeigte sich in den letzten Tagen vor Kriegsausbruch noch einmal deutlich das unheilvolle Nebeneinander von politischer und militärischer Führung. Während der Reichskanzler sich bis zuletzt noch bemühte, Verhandlungen aufzunehmen, drängte der deutsche Generalstabschef seinen österreichischen Kollegen zur Generalmobilmachung. Kaiser Wilhelm II., der nach der Reichsverfassung allein über Krieg und Frieden zu entscheiden hatte, zeigte sich in dieser Situation völlig überfordert und überließ den Militärs die Führung, die ihrerseits keinerlei verfassungsmäßige Verpflichtungen hatten, sich mit den Politikern abzustimmen.

In der Öffentlichkeit wurde der Eindruck vermittelt, es handele sich um einen reinen Verteidigungskrieg – hauptsächlich gegen das zaristische Rußland –, und in der Erwartung eines kurzen, erfolgreichen Krieges wie 1870/71 war der übergroße Teil der Bevölkerung von dem Kriegsausbruch begeistert. Die Kriegssituation lenkte zunächst auch, wie zu erwarten gewesen war, von den bestehenden innenpolitischen Spannungen ab. Ein führender Funktionär aus dem rechten sozialdemokratischen Spektrum, Albert Südekum (1871–1944), hatte dem Reichskanzler bereits am 29. Juli versichert, von der SPD sei keine Aktion gegen den Krieg zu erwarten. Am 2. August beschloß die Vorständekonferenz der Gewerkschaften, die Mobilmachung zu unterstützen und für die Dauer des Krieges alle Lohnkämpfe abzusetzen. Als am 4. August der Reichstag die Erklärung des Reichskanzlers anhörte und über die Bewilligung der Kriegskredite zu beschließen hatte, da votierte er einstimmig für den Krieg. Auch die Sozialdemokraten konnten sich dem Druck der öffentlichen Meinung nicht entziehen. Die Sozialdemokratie lasse in der Stunde der Gefahr das Vaterland nicht im Stich, erklärte der sozialdemokratische Parteivorsitzende unter dem Beifall der Abgeordneten.

Tags zuvor war die Kriegserklärung an Frankreich bereits ausgesprochen und entsprechend dem Schlieffen-Plan das neutrale Luxemburg besetzt und der Einmarsch in das neutrale Belgien begonnen worden. Darauf trat auch England in den Krieg ein. Die strategische Planung des deutschen Generalstabs erwies sich innerhalb weniger Wochen als völlige Fehlkalkulation. Zwar gelang innerhalb von vier Wochen ein relativ schneller Vormarsch durch Belgien und Nordfrankreich fast bis vor die Tore von Paris, aber die Offensivkraft des russischen Feldheeres war sträflich unterschätzt worden. Zwei russische Armeen marschierten in Ostpreußen ein und drohten, die ganze Provinz zu überrennen. Die österreichisch-ungarische Armee erwies sich als zur Offensive ungeeignet und konnte kaum russische Truppen binden. Also wurden vom deutschen Westheer Kräfte abgezogen, die zwar Ende August den russischen Angriff in der Schlacht bei Tannenberg zerschlugen und die Russen zurückdrängten, aber bei der Offensive auf Paris fehlten. Italien hatte sich schon am 3. August von seinen Dreibund-Verpflichtungen verabschiedet, so daß die Franzosen alle verfügbaren Truppen gegen die Deutschen werfen konnten. Unerwartet schnell war auch eine englische Truppe in Frankreich eingetroffen, die Anfang September die beiden deutschen Angriffsspitzen teilte und im Verein mit einem französischen Flankenangriff die Deutschen zum Rückzug zwang. Der Krieg ging vom Bewegungs- zum Stellungskrieg über; die Blitzkriegsstrategie des Schlieffen-Plans war ge-

Nach der auch für die deutsche Politik überraschenden österreichisch-ungarischen Kriegserklärung an Serbien am 28. Juli 1914 liefen die Ereignisse wie ein Uhrwerk ab: Rußland als Serbiens Verbündeter befahl am 30. Juli die allgemeine Mobilmachung. Am 31. Juli mittags verlangte die deutsche Regierung vom Zaren, seine Mobilmachung rückgängig zu machen. Am frühen Nachmittag wurde offiziell in Berlin der „Zustand drohender Kriegsgefahr" erklärt, der die exekutive Gewalt auf das Militär übertrug. Eine spontane Sympathiekundgebung vieler Zehntausender vor der kaiserlichen Residenz im Berliner Schloß tobte vor Begeisterung. Noch war für die russische Antwort 18 Stunden Zeit, doch Wilhelm II. verkündete der jubelnden Masse bereits: „Neider überall zwingen uns zu gerechter Verteidigung. Man drückt uns das Schwert in die Hand." Erst 24 Stunden später erfolgte die deutsche Kriegserklärung an Rußland, begleitet von der innenpolitischen Propaganda, es ginge nun um die Rettung europäischer Kultur vor dem asiatischen Despotismus der Zarenclique.

scheitert, ein Ende des als kurz gedachten Krieges nicht in Sicht. Im Westen erstarrte die Front, sie konnte auch nicht mehr in Bewegung gebracht werden, als das deutsche Heer und als Reaktion darauf dann auch die Alliierten seit April 1915 Giftgas einsetzten, was nur zur Brutalisierung des Krieges beitrug. Der Krieg auf dem westlichen Schauplatz wurde mehr und mehr zur Materialschlacht, die ungeheure Menschenverluste forderte, aber kaum militärische Erfolge brachte. Im Osten standen russischen Offensiven gegen den österreichisch-ungarischen Frontabschnitt deutsche Entlastungs- und Gegenoffensiven im Mittel- und Nordabschnitt gegenüber, die zwar erheblichen Territorialgewinn, aber nie die entscheidende Umfassung der russischen Hauptkräfte und deren Vernichtung brachten. Im Mai 1915 erklärte Italien Österreich-Ungarn den Krieg. Auch die daraufhin in den Alpen entstehende Front erstarrte in kürzester Zeit. Nur auf dem Balkan veränderte sich das Kräfteverhältnis bis Ende 1916 entscheidend zugunsten der beiden Mittelmächte Deutschland und Österreich-Ungarn. Im Herbst 1914 trat die Türkei, ein Jahr später Bulgarien auf deren Seite. Im Herbst 1915 wurde Serbien völlig überrannt und besetzt. Im August 1916 begann der Angriff auf Rumänien, das den Alliierten beigetreten war. Er endete mit der Einnahme der rumänischen Hauptstadt Bukarest im Dezember 1916.

Auch die dem deutschen Volk so teuer gewordene Hochseeflotte erwies sich als Fehlinvestition. Das deutsche Ostasiengeschwader wurde auf seinem Heimatkurs im Dezember 1914 im Südatlantik von überlegenen englischen Einheiten vollständig vernichtet. Als die heimatliche Hochseeflotte zur Durchbrechung der seit November 1914 gegen die deutschen Küsten verhängten englischen Blockade erstmals einen großen Vorstoß in den Nordatlantik wagte, traf sie am 31. Mai 1916

Nach den Erfahrungen zweier Weltkriege kann die enorme Kriegsbegeisterung vom August 1914 heute nur noch makaber wirken. Aber die jahrzehntelange Traditionslinie ewig wiederholter Feiern zu Ehren einst errungener glänzender Siege hatte der Bevölkerung quer durch alle Klassen und Schichten nachhaltig nationalistischen Hochmut eingebleut, der jetzt in Großsprecherei und Übermut zum Ausdruck kam. Man stellte sich voll und ganz auf einen frisch-fröhlichen Krieg ein.

Der für die deutsche Westfront seit Herbst 1914 typische Stellungskrieg beruhte auf dem strategischen Vorteil des Verteidigers, der mit hoher Feuerkraft in einem festen Graben- und Unterstandssystem standhalten konnte. Seit 1915 war der Krieg zusätzlich brutalisiert durch die zuerst von den Deutschen eingeführte Verwendung von Giftgasen, die zu Verätzungen, Erblindungen, Erstickungen und Lungentod führten.

Der Krieg begann zunächst als Bewegungskrieg in der noch von 1870/71 bekannten Art infanteristischer Zusammenstöße bis hin zum Kampf Mann gegen Mann. Als im Oktober/November in Westflandern anstürmende deutsche Infanterie mit unsagbar hohen Verlusten vor gut ausgebauten Stellungen mit feuerkräftigen Maschinengewehren abgewiesen wurde, brach sich die Erkenntnis Bahn, daß ein gänzlich neuer Typ des Krieges abzusehen sei.

Die deutsche Hochseeflotte bescherte der kriegsbegeisterten Öffentlichkeit zunächst einen kaum erwarteten Seesieg, als das deutsche Ostasiengeschwader am 1. November 1914 vor der chilenischen Küste zwei britische Panzerkreuzer versenkte. Aber am 8. Dezember wurde dasselbe Geschwader bei den Falkland-Inseln von einem britischen Verband gestellt und vernichtet. Um mit diesem Schock fertig zu werden, präsentierte sich das deutsche Publikum selbsterfundene Legenden, wie die von dem letzten überlebenden Matrosen des Kleinen Kreuzers „Leipzig", der mit erhobener Reichskriegsflagge in den Fluten versunken sein sollte. Ein erstes Seegefecht in der Nordsee am 24. Januar 1915 endete dann ebenfalls mit einer deutschen Niederlage.

im Skagerrak auf einen starken englischen Kampfverband, dem sie zwar schwere Verluste zufügte, der ihr aber den Nordkurs verlegte und sie so in die deutschen Kriegshäfen zurückzwang, wo sie für den Rest des Krieges vor Anker lag. Einige Erfolge brachten die erstmals unter Kriegsbedingungen eingesetzten Unterseeboote. Tirpitz forderte daraufhin den unbeschränkten U-Boot-Krieg um England, von dem auch die zivile Schiffahrt betroffen gewesen wäre. Die Versenkung neutraler Passagierschiffe 1915, darunter auch des britischen Dampfers „Lusitania", wobei auch 139 Amerikaner ums Leben kamen, löste energische Proteste der USA aus, die androhten, auf der Seite der Alliierten in den Krieg einzutreten. Tirpitz wurde daraufhin entlassen.

Nach dem Scheitern der Blitzkriegsstrategie trat sehr bald das Problem an die deutsche Außenpolitik heran, für welche Ziele denn der Krieg geführt werden solle. Als 1914 noch während der deutschen Offensive an der Westfront ein amerikanischer Friedensvermittler Frankreichs Bereitschaft zu einem Sonderfrieden signalisierte, der den Stand vor dem 1. August 1914 anbot – also französischen Verzicht auf Elsaß-Lothringen – und Kriegsentschädigung für das Reich in Aussicht stellte, wurde dies zurückgewiesen. Allgemein plädierte auch die deutsche Bevölkerung in nationaler Selbstüberschätzung für einen Siegfrieden. Der im August 1914 erreichte nationale Konsens, der sich in einer irrationalen Kriegsbegeisterung äußerte und alle innenpolitischen Diskrepanzen weggewischt zu haben schien – „Ich kenne keine Parteien mehr, ich kenne nur noch Deutsche!" hatte es in der kaiserlichen Botschaft geheißen –, trübte den Blick für die reale außenpolitische Macht des Deutschen Reiches – ein Land, das wirtschaftlich stark war, aber doch immer seine europäische Mittellage bedenken mußte. Die konnte man natürlich auch offensiv verstehen, wenn man Deutschland als Führungsmacht zwischen Flandern und Schwarzem Meer, Adria und Finnischem Meerbusen sah – eine „Mitteleuropa-Konzeption", die 1915 dann auch von einem Reichstagsabgeordneten verkündet und allenthalben mit Applaus bedacht wurde. Ebenfalls 1915 legten die sechs größten deutschen Wirtschaftsverbände eine Kriegszieldenkschrift vor, der sich 1341 Professoren, Beamte und Industrielle namentlich anschlossen. Darin wurden die Annexion Belgiens, ein großes deutsches Kolonialreich, erhebliche territoriale Erweiterungen des Reichsgebietes im Westen wie im Osten – dort u.a. auch das Baltikum – verlangt. Nur schwach erhob sich in einer Gegenerklärung die Stimme namhafter Wissenschaftler, u.a. von Max Planck (1858–1947) und dem noch ziemlich unbekannten Albert Einstein (1879–1955). Anhaltspunkte für deutsche territoriale Kriegsziele gaben die Verfahrensweisen in dem völlig besetzten Polen und dem zu neun Zehnteln besetzten Belgien; im November 1916 wurde ein Königreich Polen unter deutscher Aufsicht proklamiert und Belgien in einen flämischen und einen wallonischen Verwaltungsbezirk geteilt. Erst danach erfolgte im Dezember 1916 ein Friedensangebot der Mittelmächte, das ohne konkrete Bedingungen allgemein von Frieden und Aussöhnung sprach, gleichzeitig aber im Falle einer Ablehnung mit einem verschärften Krieg drohte. Die Allierten lehnten ab. Erst im Januar 1917 verkündeten sie ihre Zielvorstellungen, und da zeigte sich, daß die beiderseitigen Kriegsziele absolut unvereinbar waren. Neben anderen Forderungen, die die Autonomie der Völker Österreich-Ungarns betrafen, verlangten die Alliierten die Rückgabe Polens an Rußland, die Wiederherstellung Belgiens und Serbiens, die Herausgabe Elsaß-Lothringens an Frankreich sowie faktische Zerschlagung des Osmanischen Reiches in seine arabischen, türkischen, kurdischen und griechischen Bestandteile.

Die deutschen Militärs forderten nun den unbeschränkten U-Boot-Krieg, der am 31. Januar 1917

Nach der Reichsverfassung war der Kaiser „Oberster Kriegsherr". Im Verlauf des Weltkrieges hielt sich Wilhelm II. als „Kriegsherr" aber völlig zurück und verzichtete auch darauf, sich bei den zahlreichen Siegesfeiern in einer der über einhundert Prachtuniformen zu präsentieren, deren Besitz man ihm nachsagte. Auch die Chefattila eines Generalfeldmarschalls vom Leibgardehusarenregiment – geschmückt mit dem Schwarzen Adlerorden am Schulterband, dem Bruststern des Schwarzen Adlerordens, dem Großkreuz des Roten Adlerordens, dem Pour le Mérite und dem Leinenkreuz der preußischen Johanniter –, in der er etwa 1910 geglänzt hatte, blieb während des Krieges im Schrank. (Berlin, Museum für Deutsche Geschichte)

Erst wenige Jahre vor dem Ersten Weltkrieg hatten die Menschen gelernt, mit motorgetriebenen Flugzeugen zu fliegen. Schon in seiner Anfangszeit von Militärs aufmerksam beobachtet, gewann das Motorflugzeug im Ersten Weltkrieg als Aufklärer und Artilleriebeobachter, später auch zum Bombenabwerfen strategische Bedeutung. Ab 1916 gehörten Luftkämpfe zum grausamen Kriegsalltag. Konstruktionsmäßig, in Wendigkeit und Feuergeschwindigkeit waren die deutschen Fokker-Jagdmaschinen den französischen Farmans und englischen Spades weit überlegen, aber 1918 machte sich die zahlenmäßige Überlegenheit der alliierten Luftmacht zunehmend zum Nachteil der deutschen Streitkräfte bemerkbar.

Die erstmals in einem Seekrieg eingesetzten U-Boote brachten einige spektakuläre Erfolge mit der Versenkung feindlicher Großkampfschiffe und zeitweilig ernst zu nehmenden Behinderungen der britischen Seeschiffahrt. Der unbeschränkte U-Boot-Krieg, der im britischen Blockadegebiet die Versenkung von Handelsschiffen ohne Vorwarnung vorsah, wurde aber auf amerikanische Drohungen hin mehrmals eingeschränkt, aufgehoben bzw. verschoben. Erst im Januar 1917 wurde er dann trotz aller Warnungen der USA verkündet.

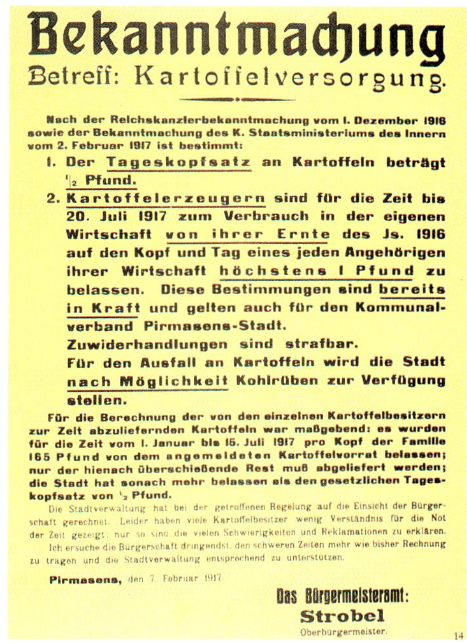

Bekanntmachung

Betreff: Kartoffelversorgung.

Nach der Reichskanzlerbekanntmachung vom 1. Dezember 1916 sowie der Bekanntmachung des K. Staatsministeriums des Innern vom 2. Februar 1917 ist bestimmt:

1. Der Tageskopfsatz an Kartoffeln beträgt ½ Pfund.
2. Kartoffelerzeugern sind für die Zeit bis 20. Juli 1917 zum Verbrauch in der eigenen Wirtschaft von ihrer Ernte des Js. 1916 auf den Kopf und Tag eines jeden Angehörigen ihrer Wirtschaft höchstens 1 Pfund zu belassen. Diese Bestimmungen sind bereits in Kraft und gelten auch für den Kommunalverband Pirmasens-Stadt.

Zuwiderhandlungen sind strafbar.

Für den Ausfall an Kartoffeln wird die Stadt nach Möglichkeit Kohlrüben zur Verfügung stellen.

Für die Berechnung der von den einzelnen Kartoffelbesitzern zur Zeit abzuliefernden Kartoffeln war maßgebend: es wurden für die Zeit vom 1. Januar bis 15. Juli 1917 pro Kopf der Familie 165 Pfund von dem angemeldeten Kartoffelvorrat belassen; nur der hienach überschießende Rest muß abgeliefert werden; die Stadt hat sonach mehr belassen als den gesetzlichen Tageskopfsatz von ½ Pfund.

Die Stadtverwaltung hat bei der getroffenen Regelung auf die Einsicht der Bürgerschaft gerechnet. Leider haben viele Kartoffelbesitzer wenig Verständnis für die Not der Zeit gezeigt; nur so sind die vielen Schwierigkeiten und Reklamationen zu erklären.

Ich ersuche die Bürgerschaft dringendst, den schweren Zeiten mehr wie bisher Rechnung zu tragen und die Stadtverwaltung entsprechend zu unterstützen.

Pirmasens, den 7. Februar 1917.

Das Bürgermeisteramt:
Strobel
Oberbürgermeister.

14

auch erklärt wurde. Die USA brachen daraufhin sofort die diplomatischen Beziehungen zum Reich ab. Den Krieg erklärten sie ihm allerdings erst am 6. April. Ausschlaggebendes Motiv für den amerikanischen Kriegseintritt war eine Revolution in Rußland, die Anfang März 1917 die Zarenherrschaft weggefegt hatte und das Kräfteverhältnis zwischen den kriegführenden Parteien zuungunsten der Alliierten entscheidend zu verändern drohte.

In Deutschland verschlechterte sich die Versorgungslage seit Herbst 1916 drastisch, und im Verein mit den erschreckenden Verlusten – bis Ende 1916 über 1 Million Gefallene – machte sich eine deutliche Kriegsmüdigkeit in der Bevölkerung bemerkbar. Schon im Dezember 1914 hatte erstmals ein sozialdemokratischer Reichstagsabgeordneter vom äußersten linken Flügel der Partei, Karl Liebknecht (1871–1919), im Parlament gegen die Kriegskredite gestimmt, und im März 1915 hatten 31 weitere Fraktionskollegen dem Krieg ihre Stimme verweigert. Aus Fraktion und Partei ausgeschlossen, gründeten sie Anfang April 1917 eine Unabhängige Sozialdemokratische Partei (USPD), die sich offen gegen den Krieg wandte. Anläßlich der Beratung neuer Kriegskredite im Juli 1917 trug erstmals auch das Zentrum der wachsenden Friedenssehnsucht im Volk Rechnung und artikulierte sich gegen die militärische Führung. Mit den Stimmen der Sozialdemokratie beider Fraktionen, Fortschritt und Zentrum fand sich eine Mehrheit im Reichstag, die am 19. Juli 1917 eine Resolution für einen Frieden ohne Annexionen und Kontributionen durchbringen konnte. Als jedoch der Papst im August in Anknüpfung an die Reichstagsresolution einen Friedensvorschlag unterbreitete, war die deutsche Politik nicht bereit, sich deutlich für die Wiederherstellung eines unabhängigen Belgiens zu erklären; solange die Machtverhältnisse im Reich nicht geändert waren, blieben Bekenntnisse zu einer Vernunftpolitik nur mündliche Bekenntnisse.

Seit Herbst 1916 machten sich die britische Seeblockade und der Mangel an Arbeitskräften in der Landwirtschaft in einer fühlbaren Verschlechterung der Versorgungslage bemerkbar. Die schlechte Kartoffelernte des Jahres 1916 läutete einen Hungerwinter ein, der als „Kohlrübenwinter" 1916/17 in trauriger Erinnerung blieb. Kohlrüben dienten u.a. auch als Grundstoff für Marmelade und Ersatzkaffee. Im folgenden Winter 1917/18 forderte die erste der Medizin bekannte Virusgrippewelle in Europa unter der hungergeschwächten Bevölkerung Hunderttausende von Opfern.

Die im August 1916 vom Kaiser berufene neue Oberste Heeresleitung (OHL) konnte nach den Erfahrungen der großen Materialschlachten vom Sommer 1916 bei Verdun und an der Somme davon ausgehen, daß der Krieg im Westen als Materialschlacht weitergeführt werden müsse, bei der die kämpferischen Qualitäten der Soldaten nicht mehr ausschlaggebender Faktor waren. Ludendorff initiierte ein gigantisches Rüstungsprogramm, das aber aus propagandistischen Gründen den Namen des zum Symbol deutscher Soldatentüchtigkeit hochstilisierten 69jährigen Hindenburg erhielt. Der Kaiser, auf diesem weitverbreiteten Propagandafoto angeblich in Beratung mit seiner OHL, trat im Bewußtsein der Bevölkerung zusehends hinter Hindenburg zurück.

Das Ende des Kaiserreichs

Entgegen seiner großsprecherisch-überheblichen Art hatte sich Wilhelm II., obwohl er „Oberster Kriegsherr" war, seit Kriegsausbruch aus den militärischen Entscheidungen herausgehalten. Nach der vom deutschen Oberkommando von Februar bis Juli 1916 betriebenen Offensive gegen die Festung Verdun, die keinerlei strategischen Gewinn, dafür aber fast 300 000 Mann deutsche Verluste gebracht hatte, wurde im August 1916 eine neue Oberste Heeresleitung berufen. Generalstabschef wurde Paul von Hindenburg (1847–1934) und Generalquartiermeister Erich Ludendorff (1865–1937), die beide im August 1914 die Russen in Ostpreußen geschlagen hatten. War Hindenburg eher eine Symbolfigur – der Retter von Tannenberg –, so war Ludendorff die eigentliche Seele der neuen militärischen Führung, der sich nicht scheute, in Angelegenheiten der politischen Reichsleitung einzugreifen.

Ein erweitertes Rüstungsprogramm mit der Mobilisierung aller Arbeitskräfte sollte die allmählich sichtbare materielle Unterlegenheit der Mittelmächte kompensieren; Arbeitszwang für alle Männer von 16 bis 60 war eine der dabei anfallenden Maßnahmen. Um es durch Arbeitsstreitigkeiten nicht zu Störungen der Produktion kommen zu lassen, wurden gesetzlich in allen Betrieben mit mehr als 50 Personen Belegschaft Arbeiterausschüsse eingeführt, womit sich eine langjährige Forderung der Gewerkschaften erfüllte. Diese Maßnahme vermochte aber nicht im Frühjahr 1917 Hungerstreiks in vielen deutschen Großstädten zu verhindern.

Um die wachsenden innenpolitischen Spannungen zu entschärfen, hatte Wilhelm II. auf Anraten seines Reichskanzlers Ostern 1917 die Aufhebung des Dreiklassenwahlrechts nach Kriegsende angekündigt. Damit kam die seit Kriegsbeginn ruhende Diskussion über eine mögliche Verfassungsänderung wieder in Gang. Die Parteien der Friedensresolution und zeitweise auch die Nationalliberalen begannen, gemeinsam über eine Parlamentarisierung des Reiches zu beraten. Nicht länger sollte die Reichsregierung nur dem Kaiser verantwortlich sein, und künftig sollten auch Parlamentarier Regierungsämter übernehmen dürfen. Eine verfassungsrechtliche Änderung, die dem Reichstag mehr Mitspracherecht einräumte, aber auch mehr Verantwortung aufbürdete, wurde jedoch erst in der letzten Phase des Krieges vollzogen, als die Niederlage bereits deutlich absehbar war und es nur noch um die Frage ging, in welcher Form Deutschland sich für besiegt erklären sollte.

Im Juli 1917 setzte die Oberste Heeresleitung aber zunächst einmal durch, daß Bethmann Hollweg zurücktrat, der mit seiner Politik eines inneren Ausgleichs und außenpolitischen Friedensbemühungen nicht ihren Interessen entsprach. Sein Nachfolger wurde der völlig unbekannte preußische Verwaltungsbeamte Georg Michaelis (1857–1936), der sich als gefügiges Werkzeug der Obersten Heeresleitung erwies. Im Reichstag fand er nie die notwendige Mehrheit und wurde im November 1917 durch den alten bayerischen Ministerpräsidenten und Philosophieprofessor Georg von Hertling (1843–1919) ersetzt. Unter diesem erhielten zwar erstmals auch Parlamentarier Posten in der Regierung, aber im großen und ganzen vertrat auch er die Politik der Obersten Heeresleitung. Unterstützung fand die Oberste Heeresleitung auch durch die im August 1917 als Antwort auf die Friedensresolution des Reichstags gegründete Deutsche Vaterlandspartei, die sich als außerparlamentarische Agitationsgruppe zur Weiterführung des Krieges bis zu einem Siegfrieden betrachtete. Erster Vorsitzender der Deutschen Vaterlandspartei war der entlassene Großadmiral von Tirpitz.

Inzwischen war in Rußland die Oktoberrevolution ausgebrochen, und die Bolschewisten hatten die Macht übernommen. Diese waren nicht an einer Fortsetzung des Krieges interessiert und signalisierten die Bereitschaft zu einem Frieden. Ein Waffenstillstand ließ Anfang Dezember 1917 die Kämpfe an der russischen Front enden, und in Brest-Litowsk begannen noch im selben Monat die Friedensverhandlungen. Die russische Armee löste sich von selbst auf. Im Bewußtsein ihrer Überlegenheit legten die Mittelmächte weitgreifende territoriale Forderungen auf den Tisch, worauf die russische Delegation die Verhandlungen abbrach. Ludendorff startete daraufhin erneut eine Offensive und ließ das Baltikum besetzen. Im Süden drangen deutsche Einheiten durch die Ukraine bis zum Kaukasus vor. Die russische Räterepublik sah sich daraufhin gezwungen, Anfang März 1918 den Frieden von Brest-Litowsk zu unterzeichnen, der die Loslösung der baltischen Staaten sowie die Selbständigkeit Finnlands und der Ukraine vorsah. Im Januar 1918 kam es infolge der schlechten Ernährungslage und der Kriegsmüdigkeit zu einem Massenstreik der Munitionsarbeiter. Zwar gelang es prominenten sozialdemokratischen Führern und den Gewerkschaften, den Streik nach einer Woche zu beenden, aber die meisten Anführer dieses Streiks wurden an die Front geschickt, wo sie nun erst recht gegen den Krieg argumentierten. Darüber hinaus waren während des Streiks Vertrauensleute der Metallarbeitergewerkschaft in die Streikkomitees gewählt worden, die auch nach Streikende miteinander in Verbindung blieben. Auch wenn dieser Streik und seine Folgen keine direkten Auswirkungen auf den Kriegsablauf hatten, so diente er später konservativen Kreisen u.a. als Anlaß für die „Dolchstoßlegende", die nach dem Krieg vor allem von den Militärs in Umlauf gebracht wurde, um den Linken die Schuld am verlorenen Krieg zuzuweisen.

Die bolschewistische Machtergreifung in Rußland im November 1917 war getragen gewesen von der alles überwuchernden Friedenssehnsucht der russischen Massen. Die neue russische Räteregierung bot auch sofort allen kriegführenden Staaten Friedensverhandlungen an. Auf das Angebot reagierten allerdings nur die Mittelmächte, die die komplette Ohnmacht Räterußlands bei den vom 20. Dezember 1917 bis 9. Februar 1918 währenden Friedensverhandlungen in Brest-Litowsk in herrischer Manier ausnutzten. Bolschewistischen Ausweichmanövern begegnete die OHL mit einer neuen deutschen Offensive, die innerhalb von sechs Tagen zur Annahme der Friedensbedingungen führte. Der am 3. März 1918 unterzeichnete Frieden von Brest-Litowsk war allerdings ein derartiger Diktatfrieden, daß er den Befürwortern eines Verständigungsfriedens im alliierten Lager jeden Boden entzog, denn der wilhelminische Militärstaat demonstrierte mit Brest-Litowsk überdeutlich, wie sein Umgang mit Unterlegenen auszusehen pflegte. Der Frieden von Bukarest am 7. Mai 1918 zwischen den Mittelmächten und Rumänien hinterließ denselben Eindruck.

Trotz der überschäumenden Kriegsbegeisterung im Sommer 1914 gab es doch auch immer eine Minderheit, die den Krieg verurteilte und für einen baldigen Frieden ohne Sieger und Besiegte eintrat. Rückgrat dieser Bewegung, die mit wachsender Dauer des Krieges und seinen schrecklichen Folgen immer mehr an Unterstützung gewann, war der linke Flügel der internationalen sozialistischen Arbeiterbewegung. Er glaubte nicht an eine Verschmelzung der sonst gegensätzlichen Interessen von Großindustrie, Großagrariern und Bankiers mit denen der Masse des arbeitenden Volkes im Angesicht des von allen kriegführenden Seiten beschworenen Verteidigungskrieges und erinnerte an die traditionellen Werte der Arbeiterbewegung, die der völkermordende Weltkrieg nicht einfach weggewischt haben konnte.

Das Reich finanzierte die gewaltigen Kriegskosten nicht über Steuern, sondern über Staatsanleihen. Die sichere Gewißheit, daß nach dem Siegfrieden die unterlegenen Gegner die Kriegsschulden und Anleihezinsen zahlen würden, veranlaßte jeden halbwegs vermögenden Deutschen, Kriegsanleihepapiere zu erwerben. Die 8. Kriegsanleihe vom Frühjahr 1918 brachte ein Rekordergebnis ein, das in großem Maßstab propagandistisch ausgewertet wurde. Wirklich schien nach Brest-Litowsk der deutsche Sieg näher und gewisser denn je, und dieses Gefühl motivierte zum Kauf der Anleihepapiere. Aber andererseits war 1918 die Konsumgüterdecke praktisch verschwunden und der Notenumlauf seit 1914 verzehnfacht, so daß das Rekordergebnis der 8. Kriegsanleihe nicht verwundern mußte.

Durch den Frieden von Brest-Litowsk von der Notwendigkeit eines Zweifrontenkrieges befreit, versuchte die Oberste Heeresleitung nun, im Westen die Entscheidung zu erzwingen. Von März bis Juni 1918 trugen die deutschen Armeen im Rahmen einer allgemeinen Frühjahrsoffensive im Westen vier begrenzte Offensiven vor, die erhebliche Geländegewinne, aber keine strategischen Vorteile brachten. Die Truppen waren viel zu erschöpft und das Material zu verschlissen, um in diesen Offensiven über Anfangserfolge hinauszukommen. Trotz unmenschlicher Strapazen und hohen Blutzolles des Feldheeres brachten Frühjahr und Frühsommer 1918 an der Westfront keine Wende. Der letzte große Angriff an der Marne Mitte Juli stieß direkt in eine französische Bereitstellung. Der Gegenstoß riß die deutsche

Front weit auf, in die nun kampferfahrene französische Divisionen, frische, gut trainierte Amerikaner – die deutschen U-Boote hatten die Verschiffung von 1 Million amerikanischer Soldaten über den Atlantik nicht einmal behindern können – und von 450 Tanks unterstützte Engländer strömten. Der Krieg geriet wieder in Bewegung: Deutscher Rückzug war angesagt.

Ludendorff forderte nun von den Politikern, den Krieg als verloren anzusehen und politische Maßnahmen einzuleiten, um möglichst billig aus ihm herauszukommen. Am 26. September verlangte er die sofortige Einleitung von Waffenstillstandsverhandlungen, nachdem er noch im Juli die Ablösung des Chefs des Auswärtigen Amtes durchgesetzt hatte, nur weil dieser sich auf die Friedensresolution des Vorjahres bezogen hatte. Jetzt besann sich die deutsche Politik auf jene 14 Punkte, die US-Präsident Woodrow Wilson (1856–1924) im Januar 1918 als seine Kriegsziele verkündet hatte: Neben denen, die die Alliierten schon ein Jahr zuvor vorgelegt hatten, wurden nun noch die Freiheit der Meere, gleiche Handelsbeziehungen, eine „unparteiische" Regelung der Kolonialfragen und ein Völkerbund genannt. Da Rußland als alliierter Bundesgenosse nach der bolschewistischen Revolution ausgeschieden war, war nicht mehr von einer Rückgabe Polens an Rußland die Rede, sondern nun wurde ein polnischer Staat in den Grenzen der polnischen Nation mit Zugang zum Meer gefordert. Es gab jedoch in diesen 14 Punkten nichts, was als völkerrechtliche Verbindlichkeit für künftige Friedensverhandlungen hätte beschworen werden können. Dennoch wurde die deutsche Bitte um Waffenstillstand am 14. Oktober 1918 unter ausdrücklicher Berufung auf seine „Punkte" direkt an US-Präsident Wilson gerichtet. Deutschlands Verbündete waren inzwischen alle dem Zusammenbruch nahe. Bulgarien und die Türkei hatten bereits im September bzw. Mitte Oktober um Waffenstillstand gebeten, die Doppelmonarchie Österreich-Ungarn zeigte deutliche Zerfallserscheinungen und löste sich schließlich am 28. Oktober 1918 auf. Das Reich stand allein.

Um besser als legitimierter Verhandlungspartner auftreten zu können, wurde in aller Eile ein liberaler, als Anhänger eines Verständigungsfriedens bekannter Reichskanzler berufen, Prinz Max von Baden (1867–1929), der seinerseits die vorgefundene Regierung um Vertreter erweiterte, die ihm die Parteien der Friedensresolution benannten. So gelangten auch zwei Sozialdemokraten als Staatssekretäre in ein deutsches Ministeramt, der Vorsitzende der SPD-Reichstagsfraktion, Philipp Scheidemann (1865–1939), und der stellvertretende Vorsitzende der freien Gewerkschaften, Gustav Bauer (1870–1944). Am 26. Oktober beschloß der Reichstag mit den Stimmen der drei Parteien der Friedensresolution und denen der Nationalliberalen, die Reichsverfassung wesentlich in Richtung auf eine parlamentarisch-demokratische Monarchie zu verändern. Vier Tage später setzte Wilhelm II. die Reform in Kraft, die u. a. den Reichskanzler an das Vertrauen des Reichstags band. Ein Grund für diese Verfassungsänderung war die amerikanische Antwort auf das deutsche Waffenstillstandsangebot vom 23. Oktober 1918 gewesen, die deutlich sowohl die Parlamentarisierung als auch die Abdankung des Kaisers verlangte.

Die von den USA übermittelte alliierte Antwort riß die Militärs noch einmal aus ihrem Entschluß, den Krieg möglichst schnell zu beenden. Die Oberste Heeresleitung plädierte nun für eine Fortsetzung des Krieges und Kampf bis zum Untergang. Als Ludendorff mit dieser selbstmörderischen Idee bei der Reichsregierung nicht durchkam, entzog er sich jeder weiteren Verantwortung durch Rückzug ins Privatleben. Der Admiralstab griff jedoch Ludendorffs Idee auf und gab Befehl, die Flotte zu einem Vorstoß auf die britische Küste auslaufen zu lassen. Die Matrosen konnten hierin jedoch keinen Sinn mehr erkennen und meuterten.

In Wilhelmshaven rissen die Heizer am 30. Oktober die Feuer aus den Kesseln der Schlachtschiffe. Schnell sprang die Bewegung auf Kiel über, wo ein Arbeiter- und Matrosenrat am 4. November die Macht übernahm. Innerhalb weniger Tage breitete sich die revolutionäre Bewegung auf alle Industriegebiete aus. Revolutionäre Matrosen fuhren mit fahrplanmäßigen Zügen durch ganz West-, Mittel- und Süddeutschland. Sie traten an die Spitze großer Massendemonstrationen, die

zumeist von den Obleuten der im Munitionsarbeiterstreik 1918 gebildeten Arbeiterausschüsse in den Rüstungsbetrieben organisiert waren. Auch an der Front war die Zuverlässigkeit der kämpfenden Truppen nicht mehr garantiert. Der Unmut der Aufständischen konzentrierte sich, da Ludendorff sich zurückgezogen hatte und Hindenburg noch immer als „Vaterfigur" galt, auf den Kaiser und die deutschen Fürsten, die bis zum 8. November reihenweise abdankten. Am 9. November erreichte die revolutionäre Welle Berlin, wo ein Generalstreik ausbrach. Während etwa 300 000 Demonstranten durch Berlin zogen, gab Max von Baden aus eigenem Entschluß den Thronverzicht Wilhelms II. – der sich weigerte, von selbst abzudanken – bekannt und übertrug das Amt des Reichskanzlers Friedrich Ebert. In den Nachmittagsstunden wurde dann die Republik gleich zweimal ausgerufen: Gegen 14 Uhr rief Scheidemann aus einem Fenster des Reichstagsgebäudes die „Freie Deutsche Republik" aus, zwei Stunden später verkündete Karl Liebknecht von einem Balkon des Berliner Schlosses aus die „Sozialistische Republik". Der Kaiser floh im Morgengrauen des folgenden Tages in die Niederlande. Zwei Tage später, am 11. November, unterzeichnete die deutsche Waffenstillstandskommission in Compiègne die harten Bedingungen der Alliierten. Kein höherer Offizier war von der Obersten Heeresleitung entsandt worden, damit das „Ehrenschild" der Armee rein bleibe. Der Krieg war beendet, das Wilhelminische Kaiserreich wie morsches Gebälk zerbrochen.

Englische Konstrukteure entwickelten ein den Erfordernissen des Stellungskrieges entsprechendes gepanzertes Motorfahrzeug, das Schützengräben überwinden und die MG-Nester niederkämpfen sollte. Unter seinem Codenamen „Tank" wurde es bald weltbekannt. Erstmals im Sommer 1916 an der Somme eingesetzt, blieben die Tanks wegen ihres isolierten Vorgehens noch ohne Erfolg. Bei der ersten Tankschlacht der Weltgeschichte vor Cambrai am 20. November 1917 rissen 378 massiert eingesetzte Tanks die deutsche Stellung auf, wurden aber abgeschnitten und zum erheblichen Teil vernichtet bzw. erbeutet. Am 8. August 1918 jedoch, dem „schwarzen Tag" des deutschen Heeres, durchbrachen 450 Tanks im Verein mit Infanterie und nachfolgender Kavallerie östlich von Amiens die deutsche Front und zerschlugen sieben deutsche Divisionen. Das Gesetz militärischen Handelns ging nun voll auf die Alliierten über, die deutsche Niederlage war nur noch eine Frage der Zeit.

Die Novemberrevolution riß in wenigen Tagen das äußere Gepränge des wilhelminischen Kaiserreichs weg. Die revolutionäre Welle, die seit dem 3. November 1918 durch Deutschland rollte, forderte sichtbare Ergebnisse der Ungeduld, mit dem alten System Schluß zu machen. So rückten überall zuerst die fürstlichen Oberhäupter der deutschen Bundesstaaten ins Visier der Revolution, und der Ruf nach ihrer Abdankung wurde allgemein. Die Ausrufung der Republik in München am 7. November 1918 leitete einen regelrechten Dammbruch ein, der Königs-, Großherzogs-, Herzogs- und Fürstenkronen von den Köpfen der deutschen Bundesfürsten fegte. Schon 1887 hatte Friedrich Engels vorausgesagt, daß, wenn es zu einem gesamteuropäischen Krieg kommen werde, nach dessen Ende niemand mehr sich die Mühe machen werde, eine der zahlreichen auf der Straße liegenden Kronen aufzuheben, um sie aufzusetzen. Seine Prophezeiung war am Ende des Ersten Weltkrieges Wirklichkeit geworden.

Die Weimarer Republik

Räterepublik oder parlamentarische Demokratie?

Die Welle des Aufruhrs hatte in wenigen Tagen die Beschlüsse des Reichstags zugunsten einer parlamentarischen Monarchie gegenstandslos gemacht. Die sich überschlagenden Ereignisse hatten auch die Führer der Sozialdemokratie überrascht. Die SPD gab später zu, Scheidemann habe die „Freie Deutsche Republik" nur ausgerufen, um dem die Straße beherrschenden, radikalen Flügel der Arbeiterbewegung die Forderung nach dem Sturz der Monarchie nicht allein zu überlassen.

Die Proklamation der Republik hatte nicht verhindert, daß zwei Stunden später von Karl Liebknecht als Vertreter des radikalen Flügels die „Sozialistische Republik" ausgerufen worden war. Liebknecht stand an der Spitze der extrem radikalen Gruppe „Spartakus", einer Minderheit in der USPD, die das Programm der russischen bolschewistischen Revolution auf ihre Fahnen geschrieben hatte. Um nicht die junge Republik von vornherein durch eine Zersplitterung der neuen linken Führungskräfte zu gefährden, bezog Ebert, der noch am 9. November 1918 eine neue Regierung, den „Rat der Volksbeauftragten", gebildet hatte, neben drei Mitgliedern der SPD auch drei der USPD ein.

Die Führung der USPD stand keineswegs unkritisch dem diktatorischen Regime im Räterußland gegenüber, setzte aber doch auf eine entschiedene Veränderung der Machtstrukturen in Deutschland. Zu ihren Zielen gehörte die Zerschlagung der militärischen, administrativen und juristischen Strukturen des bis vor kurzem kaiserlichen Machtapparates. Sie wollte die Vorherrschaft des Großkapitals in der Schwerindustrie und die des Großgrundbesitzes in Ostelbien beseitigen und das Bildungsmonopol der besitzenden Schichten aufheben. Zur Verwirklichung

Max von Baden, der letzte kaiserliche Reichskanzler, übergab am Mittag des 9. November sein Amt an den SPD-Vorsitzenden Friedrich Ebert. Der trat aber schon am Nachmittag desselben Tages an die USPD heran, gemeinsam mit der SPD eine Revolutionsregierung zu bilden, die paritätisch aus den Vertretern beider sozialistischer Parteien bestehen solle. Am Abend stellte diese sich als „Rat der Volksbeauftragten" vor, so daß sie sich einerseits schon in der Benennung von allen bisherigen Regierungen abhob und andererseits zu verstehen gab, daß sie sich nicht als die definitive Regierung des Deutschen Reiches in seiner künftigen republikanischen Staatsform verstehe. Den Massen schien das Zusammengehen von SPD und USPD im obersten Machtorgan sinnvoll, denn mit dem Ende des Krieges schien auch der zur Abspaltung der USPD führende Streit innerhalb der Sozialdemokraten über den richtigen Weg zur Beendigung des Krieges überflüssig geworden zu sein.

In der Arbeiterschaft eine weithin populäre Führerfigur war Friedrich Ebert, der aus der Gewerkschaftsbewegung kam. Wegen seiner Reformerposition inmitten der Revolution war Ebert auch für weite Kreise des liberaleren Bürgertums akzeptabel, so daß er als erster deutscher Reichspräsident aus der Nationalversammlung hervorging. Die deutschen Konservativen verachteten den einstigen Sattlergesellen dagegen als Emporkömmling und ließen Ebert, trotz seiner pragmatisch orientierten Politik, diese Verachtung bei jeder Gelegenheit spüren. (Gemälde von Johann Marx; Heidelberg, Friedrich-Ebert-Gedenkstätte)

Metallgeld war schon im Weltkrieg knapp geworden und wurde nach Kriegsende regelrecht gehortet. Kommunen durften deshalb Notgeldscheine ausgeben. Diese Möglichkeit wurde entgegen der ursprünglichen Absicht teilweise auch zu Spekulationszwecken genutzt. Dieser Notgeldschein der Stadt Eisenberg nordwestlich von Gera erinnerte 1921 an die Tatsache, daß mit dem Kriegsende im November 1918 die Lebensmittelnotlage nicht behoben war. Die alliierte Seeblockade bestand weiter, und erst im März 1919 durfte das erste amerikanische Lebensmittelschiff einen deutschen Hafen anlaufen.

dieser Zielvorstellungen hielten die Unabhängigen Sozialdemokraten die Räterepublik für den geeigneten Weg, in der zwar eine Art Basis-Demokratie herrschen sollte, aber zugleich auch die Trennung zwischen Legislative und Exekutive beseitigt gewesen wäre. Eine geschlossene Konzeption für Weg, Ziel und Zweck der Räte und ihre Integration in den Staat lag jedoch nicht vor und fand sich auch später nicht.

Die Sozialdemokraten traten dagegen von Anfang an entschieden für die parlamentarische Republik ein und wandten sich gegen jene Kräfte, die diese von links her zu bedrohen schienen. Überragende Persönlichkeit im Rat der Volksbeauftragten war bei aller formalen Gleichberechtigung der Mitglieder der SPD-Vorsitzende Friedrich Ebert (1871–1925), der die Ressorts Inneres und Militär übernommen hatte und in der Reichskanzlei residierte. Aus der Gewerkschaftsbewegung kommend, gehörte Ebert zu jenem pragmatisch orientierten Flügel der Sozialdemokraten, der die kapitalistische Industriegesellschaft akzeptiert hatte und nun die Integration des sozialpolitisch abgesicherten Arbeiters in eine demokratisch organisierte Gesellschaft anstrebte. Seine Politik war auf die unmittelbaren Bedürfnisse der arbeitenden Menschen ausgerichtet und nicht auf visionäre Vorstellungen von einem sozialistischen Zukunftsstaat. Der Verlauf der bolschewistischen Revolution in Rußland bestärkte Ebert und seine Parteifreunde darin, ein Ausufern der Revolution in Deutschland unter allen Umständen zu verhindern und diese möglichst schnell in geordnete Bahnen zu lenken. Wichtigster Schritt mußte zunächst die Beendigung des Krieges sein. Zwei Tage nach ihrem Amtsantritt unterzeichnete die Revolutionsregierung den Waffenstillstand. Die deutsche Unterschrift leistete – ein Novum in der Geschichte von Waffenstillständen – nicht ein Militär, sondern der zivile Staatssekretär Matthias Erzberger (1875–1921), ein Zentrumspolitiker, der 1917 wesentlich an der Friedensresolution des Reichstags beteiligt gewesen war. Das Zugeständnis, dem Militär die Verantwortung für die militärische Niederlage abzunehmen, sollte die junge Republik noch schwer zu stehen kommen, denn in den folgenden Jahren erwuchs daraus der Vorwurf rechter Kräfte, sie hätten mit der Unterzeichnung des Waffenstillstandes Deutschland verraten und den Alliierten ausgeliefert. Ebert selbst trug seinen Teil dazu bei, als er am 10. Dezember nach Berlin zurückkehrende Gardetruppen empfing und ihnen dabei versicherte, kein Feind habe sie überwunden.

Ohne Wissen der anderen Volksbeauftragten telefonierte Ebert Nacht für Nacht auf einer direkten Leitung mit Ludendorffs Nachfolger in der Obersten Heeresleitung, Wilhelm Groener (1867–1939), um durch Absprachen einen geordneten Rückmarsch des Feldheeres zu sichern. Gleichzeitig wurde aber auf Grund dieser Absprachen das Offizierskorps nicht aufgelöst, sondern sollte im Falle eines drohenden Angriffs von links die junge Republik verteidigen.

Zunächst aber war das wesentliche Ziel der kriegsmüden Massen erreicht – als Friedensbewegung war die Novemberrevolution jedenfalls in kürzester Frist von Erfolg gekrönt. Das Interesse der Millionen von Menschen, die in der ersten Novemberdekade 1918 auf den Straßen gewesen waren, an der Revolution schwand, und die Bewältigung des Alltags, der beschwerlich genug war, rückte wieder in den Vordergrund. Kriegsende und Revolution hatten noch zu einer Verschlechterung der Lebensmittelversorgung beigetragen, so daß Unterernährung weit verbreitet war. Die Zwangsbewirtschaftung mußte fortgeführt werden und lief nur sehr langsam aus. Für die aus dem Krieg zurückkehrenden Soldaten galt es, Arbeitsplätze zu schaffen in einer Wirtschaft, die vier Jahre lang auf Rüstung ausgerichtet gewesen war und nun kurz vor dem Kol-

laps stand, denn Geld für Investitionen, um die Produktion wieder umzustellen, fehlte weitgehend. Dazu kam, daß die Alliierten ihre Blockade auch nach Kriegsende nicht eingestellt hatten, so daß wichtige Rohstoffe und Lebensmittel fehlten.

Am 10. November legte der Rat der Volksbeauftragten als provisorisches oberstes Machtorgan in Deutschland sein Regierungsprogramm vor. Der seit dem 1. August 1914 herrschende Belagerungszustand wurde mit sofortiger Wirkung aufgehoben, Vereins-, Versammlungs-, Presse- und Religionsfreiheit verkündet, eine Amnestie für politische Straftaten ausgesprochen, das Hilfsdienstgesetz von 1916 beseitigt und die Gesindeordnungen ersatzlos gestrichen. Versprochen wurden u.a. die Einführung des Acht-Stunden-Tages, Arbeitslosenunterstützung und neue Arbeitsschutzbestimmungen. Frauen erhielten nun auch aktives und passives Wahlrecht, das Verhältniswahlrecht wurde eingeführt und das Wahlalter auf 20 Jahre herabgesetzt. Außerdem kündigten die Volksbeauftragten die baldige Wahl zu einer Nationalversammlung an.

Am selben Tag entstand neben dem Rat der Volksbeauftragten in Berlin ein 28köpfiger Vollzugsrat der Berliner Arbeiter- und Soldatenräte,

Das Ende des Krieges bedeutete nicht das Ende all des Elends, das er verursacht hatte. Fast 2 Millionen gefallene Soldaten fehlten in den Familien als Ernährer, und ein großer Prozentsatz der über 4 Millionen Verwundeten war arbeitsunfähig. Während die Kriegskrüppel auf der Seite der Sieger aus Reparationsleistungen materiell halbwegs versorgt wurden, konnten sie im Reich von ihren knappen Renten kaum leben. Ihre miserablen Lebensumstände legten sie nur allzuoft nicht dem kriegführenden Kaiserreich, sondern der rentenverknappenden Republik zur Last.

der eine Räterepublik forderte, aber zunächst den Rat der Volksbeauftragten als provisorische Regierung anerkannte. Auf die Ankündigung von Wahlen zu einer Nationalversammlung, was seinen Vorstellungen von einer Räterepublik widersprach, reagierte der Vollzugsrat am 23. November mit der Ausschreibung von Wahlen für einen Volksrätekongreß. Darauf setzte der Rat der Volksbeauftragten eine Woche später die Wahlen zur Nationalversammlung auf den Februar fest. Klärung in den Wirrwarr brachte erst der Reichsrätekongreß in Berlin vom 16.-21. Dezember 1918, auf dem von 489 Delegierten über 60% Sozialdemokraten waren. Der Kongreß wählte zwar einen Zentralrat der Arbeiter- und Soldatenräte für ganz Deutschland, beschränkte aber dessen Aufgabe auf die Kontrolle künftiger parlamentarischer Institutionen und sprach sich mit 344 gegen 98 Stimmen für Wahlen zu einer Deutschen Nationalversammlung am 19. Januar 1919 aus. Die Weichen für die parlamentarische Demokratie waren damit gestellt.

Die drei USPD-Vertreter traten daraufhin aus dem Rat der Volksbeauftragten aus und wurden durch zwei Sozialdemokraten ersetzt. Einer davon, Gustav Noske (1868-1946), trat dafür ein, die zum bewaffneten Aufstand entschlosse-

Gustav Noske (links), am 29. Dezember 1918 zum Volksbeauftragten für Wehrfragen berufen, setzte nach dem Versagen kriegsmüder Einheiten des Frontheeres bei ihrem Einsatz gegen die Berliner Revolutionsgarde „Volksmarinedivision" am Heiligabend 1918 militärische Einheiten aus Freiwilligen ein, ohne von diesen ein ausdrückliches Bekenntnis zur Republik zu verlangen. Am 6. Januar 1919 übernahm er den Oberbefehl über die Militäraktion gegen die linksradikale Aufstandsbewegung in Berlin mit der Bemerkung: „Einer muß der Bluthund werden – ich scheue die Verantwortung nicht!"

Am Abend des 5. Januar 1919 wurde von einem Aktionsausschuß radikaler Linker in Berlin die Losung zum Generalstreik und zum Sturz des Rates der Volksbeauftragten ausgegeben. In der folgenden Nacht wurden daraufhin im Berliner Zeitungsviertel etliche Redaktionen und Druckhäuser von Aufständischen besetzt. Das Zentralblatt der SPD, „Vorwärts", erschien vom 6. bis 11. Januar 1919 als „Organ der revolutionären Arbeiterschaft Groß-Berlins". Die etwa 500 Besatzer des „Vorwärts"-Gebäudes mußten am 11. Januar vor den mit Artillerieunterstützung angreifenden Freikorps kapitulieren. Dutzende der Unterlegenen, darunter ihre Parlamentäre, wurden von den berauschten Siegern ermordet. Am nächsten Tag eroberten Noskes Scharen auch die stärkste Bastion des Aktionsausschusses, das Berliner Polizeipräsidium.

nen Linksradikalen in Berlin auszuschalten. Um über eigene Truppen zu verfügen, setzte die Revolutionsregierung nun auf rasch organisierte Freiwilligenverbände, die Freikorps. Diese entstanden überwiegend aus kaisertreuen Offizieren, Berufssoldaten und jugendlichen Abenteurern. Als Noske den Berliner Polizeipräsidenten Emil Eichhorn (1863–1925), ein USPD-Mitglied, absetzen ließ, wollten Spartakisten und Linkssozialisten den Rat der Volksbeauftragten stürzen. Daraufhin griffen Regierungstruppen und Freikorps ein und räumten das Zeitungsviertel, wo sich die Spartakisten verschanzt hatten. In den Tagen vom 8.–14. Januar 1919 wurde die bewaffnete Revolte blutig niedergeschlagen. Zu den Opfern gehörten auch die beiden führenden Persönlichkeiten der am Jahresende 1918 aus radikalen marxistischen Linksgruppen hervorgegangenen Kommunistischen Partei Deutschlands (KPD), Karl Liebknecht und die geistvolle Marxistin Rosa Luxemburg (geb. 1871). Sie wurden von Freikorpsmitgliedern am 15. Januar kaltblütig umgebracht. Der Mord an den beiden Führern der KPD wurde in der Folgezeit juristisch nur unzureichend verfolgt, obwohl die Mörder bekannt waren, denn neben dem Militär war auch die Justiz von Anfang an den linksradikalen Kräften gegenüber feindselig eingestellt.

Auch in den anderen Teilen Deutschlands gingen Freikorps so erfolgreich gegen aufständische Linke vor, daß am 19. Januar die Nationalversammlung gewählt werden konnte. Die traditionellen Parteien des Reichstags hatten sich noch im November 1918 neu formiert. Dabei wurde mit dem Attribut „Volkspartei" verschwenderisch umgegangen: Die Konservativen schufen die Deutsch-Nationale Volkspartei (DNVP), die Nationalliberalen die Deutsche Volkspartei (DVP), der bayerische Ableger des politischen Katholizismus die Bayerische Volkspartei (BVP), während das Zentrum seinen bewährten Namen beibehielt. Der Fortschritt sammelte sich in der Deutschen Demokratischen Partei (DDP); die Sozialdemokratie verwandte nun auch erstmals die Abkürzung SPD. Bei den Wahlen zur National-

Ein großer Teil der auf Sozialismus eingeschworenen Arbeiterschaft warf den SPD-Repräsentanten Verrat an den früher gepredigten Idealen vor. Nicht nur in den Zuchthäusern, in denen von ehemals kaiserlichen Richtern, die nun in der Weimarer Republik Recht sprachen, verurteilte Arbeiter wegen ihrer Revolutionstaten saßen, sondern auch in Arbeiterwohngebieten fiel diese Ansicht vom Versagen der SPD in der krisenhaften Entwicklung der ersten Nachkriegsjahre auf fruchtbaren Boden und ergänzte so das konservative Schlagwort von den „Novemberverbrechern" durch das linksradikale von den „Novemberverrätern".

In der hitzigen Debatte zwischen SPD und USPD, ob im Ergebnis der Revolution eine Nationalversammlung aus allgemeinen Wahlen oder ein Rätekongreß aus Arbeiter- und Soldaten-Delegierten-Wahlen die künftigen Geschicke des Reiches legitimiert entscheiden solle, spielte das Unbehagen an den Zuständen im bürgerkriegsgeschüttelten Räterußland eine emotional gewichtige Rolle. Wer die Idee einer Nationalversammlung angriff, mußte nach vordergründiger Propaganda notgedrungen Anarchie im Auge haben, und die würde notwendig zur Hungersnot führen – so wie es in Rußland derzeit gerade vorgeführt wurde.

versammlung erhielten die drei Parteien der Friedensresolution vom Juli 1917 – SPD, Zentrum und DDP – zusammen 72,6 %, davon die SPD allein 37,9 %, der Stimmen.

Wegen der noch nicht völlig beruhigten Lage in Berlin trat die Nationalversammlung am 6. Februar 1919 in der thüringischen Stadt Weimar zusammen. Weimar war aber auch mit Bedacht gewählt worden, um der Weltöffentlichkeit kurz nach dem Völkermorden des Weltkrieges symbolisch ins Gedächtnis zu rufen, daß es auch ein Deutschland der Dichter und Denker gab. Die erste demokratisch legitimierte, parlamentarisch gewählte Regierung in Deutschland wurde am 13. Februar 1919 entsprechend den Wahlergebnissen aus Vertretern von SPD, DDP und Zentrum gebildet, deren Fraktionen sich zur Weimarer Koalition zusammengeschlossen hatten. Erster Regierungschef dieser Koalition als Ministerpräsident wurde Philipp Scheidemann, der im Oktober 1918 noch in die Reichsregierung eingetreten war, um verantwortungsvoll das unselige Erbe der Obersten Heeresleitung zu übernehmen. Friedrich Ebert übernahm das Amt des Staatsoberhauptes als Reichspräsident. Am 31. Juli wurde nach langen und intensiven Debatten die Verfassung verabschiedet. Das Schwergewicht des Staatsaufbaus lag bei der Legislative, also dem Reichstag, zu dessen Kompetenzen neben der Gesetzgebung und der Bewilligung des Staatshaushaltes nun auch die Ratifizierung von Staatsverträgen gehörte. Kanzler und Regierung waren an sein Vertrauen gebunden und konnten durch ein Mißtrauensvotum gestürzt werden. Die überkommene föderale Gliederung des Reiches wurde beibehalten, obgleich zunächst auch ein Entwurf für die Auflösung Preußens in seine einzelnen Provinzen vorlag; es war die SPD mit ihrem sicheren Wählerpotential in den preußischen Industriegebieten, die sich diese politische Domäne als Rückhalt für ihre Reichspolitik nicht nehmen lassen wollte. Der Reichsrat, in dem die 25 Einzelländer ihre Vertretungen hatten, hatte eine geringere Bedeutung als der Reichstag. Elemente direkter Demokratie waren durch Volksbegehren und Volksentscheid eingebaut: Schon ein Zehntel der Stimmberechtigten konnte im Volksbegehren einen Gesetzentwurf einbringen und, falls der Reichstag diesen ablehnte, einen Volksentscheid verlangen.

Scharfe Auseinandersetzungen gab es um die staatsrechtliche Legitimierung des Staatsoberhauptes. Nach langen Diskussionen entschied man sich, den Reichspräsidenten, der mit erheblichen Machtbefugnissen ausgestattet war, nicht vom Reichstag, sondern direkt vom Volk wählen zu lassen. Der Präsident konnte nach Artikel 48 der Verfassung Ausnahmegewalt einsetzen, wenn ein Land seine Pflichten gegen das Reich verletzte oder im Reich anderweitig Ordnung und Sicherheit gefährdet waren, und dann Notverordnungen verabschieden, die allerdings vom Reichstag gebilligt werden mußten. Da er zugleich den Oberbefehl über die Reichswehr innehatte, Minister ernennen und entlassen und den Reichstag auflösen konnte, war die Weima-

Fast genau 70 Jahre nach der Agonie der ersten Deutschen Nationalversammlung trat am 6. Februar 1919 wieder eine Deutsche Nationalversammlung zusammen, die als Ergebnis einer im ersten Anlauf siegreichen Revolution gewählt worden war. Der Tagungsort Weimar – und nicht Frankfurt/Main mit seiner Paulskirche von 1848/49, das ja auch im Bereich der Möglichkeiten gelegen hätte – war mit Bezug auf Weimars Rolle als Klassikerstadt gewählt: Eine deutsche Republik, die dort begründet wurde, sollte nachdrücklich als gewollter Gegenpol zu jenem vorher gewesenen Kaiserreich verstanden werden, das seinen ersten Kaiser auf fremdem, militärisch besetztem Boden hatte ausrufen lassen.

Die Unterzeichnung des Friedens, mit dem Deutschland einen völkerrechtlichen Schlußstrich unter den Ersten Weltkrieg ziehen konnte, erfolgte am 28. Juni 1919 und war von den Alliierten absichtlich in jenen Spiegelsaal des Schlosses von Versailles gelegt worden, der am 18. Januar 1871 Schauplatz der Ausrufung des Deutschen Kaisers gewesen war. Reichsaußenminister Hermann Müller (1876–1931) setzte seine Unterschrift unter das Friedensdokument in Gegenwart der Staats- bzw. Regierungschefs der „Vier Großen" der Alliierten – Italien, USA, Frankreich, Großbritannien. Der Versailler Friede war nicht wesentlich besser als der von Brest-Litowsk – maßlos in seiner Zielsetzung, den Besiegten zu demütigen und auszuplündern. Staatsmännische Weitsicht, die sich auf ein zukünftig so notwendiges europäisches Gleichgewichts- und Sicherheitssystem eingestellt hätte, war in Versailles weitestgehend nicht gefragt gewesen. Der US-Senat ratifizierte den Versailler Frieden daher auch nicht und setzte dafür den Separatfrieden von Berlin vom 25. August 1921 zwischen den USA und dem Deutschen Reich durch. (Gemälde von William Open; London, Imperial War Museum)

rer Verfassung ganz eindeutig darauf angelegt, einen auf Parlamentarismus eingeschworenen Demokraten an der Spitze des Reiches zu haben. Allerdings entstanden die fast diktatorischen Befugnisse des Reichspräsidenten aus der konkreten Situation heraus, in der sich Deutschland zur Zeit dieser Debatten und Festlegungen befand, denn separatistische Gefahren der unterschiedlichsten Art lauerten an vielen Ecken und Enden des Deutschen Reiches.

Für die persönlichen Grundrechte der Deutschen legte die Weimarer Verfassung einen umfangreichen Katalog vor, der im Vergleich zu denen von 1849 deutlich zeigte, daß die Industriegesellschaft kompliziertere Existenzfragen bereithielt als die überschaubare Welt des 19. Jahrhundert-Liberalismus. In offener Anknüpfung an die Nationalbewegung des 19. Jahrhunderts wurde deren schwarz-rot-goldene Trikolore zu den Nationalfarben der deutschen Republik gewählt.

Versailles und die Folgen

Seit dem 18. Januar 1919 tagten in Paris die Repräsentanten der Alliierten zur Vorbereitung der Friedensverträge mit den Staaten des Mittelmächte-Blocks. Vertreter der unterlegenen Staaten wurden nicht hinzugezogen. Am 7. Mai 1919 wurden den deutschen Vertretern die Friedensbedingungen mitgeteilt und am 16. Mai der ausformulierte Vertragstext übergeben. Diskussionen darüber wurden von den Alliierten kategorisch abgelehnt, statt dessen ultimativ die Vertragsunterzeichnung binnen sieben Tagen verlangt. Daß Deutschland aus dem verlorenen Krieg nicht ungeschoren davonkommen würde, war den deutschen Politikern, die ab Oktober 1918 das Kriegsende abzuwickeln hatten, völlig klar gewesen. Das in Wilsons 14 Punkten beschworene Selbstbestimmungsrecht und die Aufrichtung eines unabhängigen Polen in den Grenzen polnischen Volkstums mit Zugang zum Meer ließ wenig Illusionen über die deutsche Ostgrenze. Auch über Elsaß-Lothringen war nicht zu diskutieren. Aber der Friedensvertrag diktierte dann auch noch die Abtretung Oberschlesiens und großer Teile Westpreußens an Polen, des Hultschiner Ländchens in Schlesien an die neu entstandene Tschechoslowakei, des Memelgebietes an die Alliierten, Danzigs als Freie Stadt an den Völkerbund, des Saargebietes faktisch an Frankreich, des

Grenzkreises Eupen-Malmedy an Belgien, der deutschen Kolonien an England, Frankreich, Japan und Australien. Abstimmungen über die Zugehörigkeit zum Reich waren für Schleswig, das südliche Ostpreußen und das östliche Westpreußen vorgesehen, desgleichen für das Saargebiet, dort aber erst nach 15 Jahren. Daß auch Oberschlesien zu den Abstimmungsgebieten geschlagen wurde, war der einzige Erfolg, den die Reichsregierung bei ihren schriftlichen Gegenvorschlägen verbuchen konnte. Deutschland wurde durch den Vertrag untersagt, Tanks, militärische Flugzeuge, U-Boote, schwere Kreuzer und schwere Artillerie zu unterhalten. Die Wehrpflicht wurde aufgehoben und das stehende Heer auf 100 000 Mann begrenzt. Die linksrheinischen Gebiete wurden entmilitarisiert und unter alliierte Besetzung gestellt, je nach Zonen für fünf, zehn und fünfzehn Jahre. Deutschland mußte der Pflicht zur Zahlung von Reparationen und der Lieferung von Kohle zustimmen, ohne daß deren Höhe zunächst festgelegt war. Es verlor fast seine gesamte Handelsflotte und einen großen Teil seines öffentlichen und privaten Vermögens im Ausland, nicht nur in den Staaten der Siegerallianz, sondern selbst in neutralen Staaten.

Mit diesem Vertrag mußte Deutschland die Alleinschuld am Krieg anerkennen, was angesichts des Forschungsstandes bei der Aufarbeitung der Archive moralisch zumindest fragwürdig war und von vielen Deutschen als Zumessung einer Kollektivschuld empfunden wurde. Ausdrücklich wurde die Vereinigung mit Deutsch-Österreich verboten. Daran änderten auch Volksabstimmungen in einzelnen österreichischen Bundesländern nichts, die sich mit 98-99% für den Anschluß an Deutschland aussprachen. Deutlich kam in der deutschen Geschichte wieder einmal zum Tragen, daß Fragen nach Groß- und Kleindeutschland, deutsche Einheit, Zweiheit oder Vielheit in Europa von Konstellationen im welt- und europapolitischen Kräfteverhältnis, besonders dem der Großmächte, abhängig waren. Alle Empörung in Deutschland über diese als ungerecht betrachteten harten Bedingungen konnte nicht die Tatsache aus der Welt schaffen, daß es so gut wie keinen Verhandlungsspielraum auf deutscher Seite gab. Militärischer Widerstand war nach der weitgehenden Entwaffnung durch den Waffenstillstand nicht mehr zu leisten, und die Alliierten drohten unverblümt über diplomatische Kanäle mit der Besetzung des Landes. Scheidemann trat mit seiner Regierung als Demonstration gegen den Vertrag drei Tage vor Ablauf des alliierten Ultimatums zurück. Aber schon am nächsten Tage wählte die Weimarer Koalition ein neues Kabinett, das am darauffolgenden Tag von einer von links bis zur Mitte reichenden Mehrheit der Nationalversammlung zur Unterzeichnung ermächtigt wurde. Der Theaterdonner der Rechtsparteien über die angebliche Kapitulation überdeckte geschickt, daß sie weder Verantwortung für den im Oktober 1918 hinterlassenen Scherbenhaufen tragen wollten noch ein Lösungskonzept vorlegen konnten. Im Spiegelsaal des Schlosses zu Versailles – absichtlich dort, wo 1871 der erste Hohenzollern-Kaiser proklamiert worden war – mußten die deutschen Vertreter am 28. Juni 1919 ihre Unterschrift unter dieses Friedensdokument setzen.

Das aus dem Zerfall von Österreich-Ungarn hervorgegangene Deutsch-Österreich hatte schon am 12. November 1918 durch seine Parlamentsabgeordneten den Anschluß an das Deutsche Reich verkündet. Es wurden aber keine revolutionär bedingten und revolutionär legitimierten Tatsachen geschaffen, sondern auf eine abgestimmte völkerrechtliche Regelung im künftigen Friedensvertrag gebaut, weil ja US-Präsident Wilson bei seinen 14 Punkten für eine künftige Friedensordnung das Selbstbestimmungsrecht der Völker obenangestellt hatte. Nun verbot der Versailler Friede – wie auch der ihm entsprechende von St. Germain mit Österreich – ausdrücklich die Vereinigung. Einzelne österreichische Bundesländer führten dennoch Volksabstimmungen über Anschlußwünsche durch: Vorarlberg votierte mit 80,6% für den Anschluß an die Schweiz, Tirol mit 99% und Salzburg mit 98% für den an Deutschland. Die Siegermächte nahmen diese Äußerung zur Verwirklichung des Selbstbestimmungsrechtes von Menschen deutscher Zunge jedoch ungerührt zur Kenntnis.

Die angesetzten Volksabstimmungen brachten, außer in Nordschleswig, überall Mehrheiten für den Verbleib im Reich – dennoch wurde auf französische Intervention hin 1921 Oberschlesien so geteilt, daß der kleinere, aber industriell leistungsfähigere Ostteil an Polen kam. Insgesamt verlor Deutschland ein Siebentel seines Territoriums und ein Zehntel seiner Bevölkerung. Gravierender war die Frage, wieviel und wie lange Kriegsentschädigung in Geld und Sachwerten zu leisten sein würde. Die Reparationskonferenzen in den ersten Monaten des Jahres 1920 nannten Summen in Höhe von Hunderten von Milliarden Goldmark, was die Reichsregierung nicht anerkannte und Gegenrechnungen aufmachte. Schließlich, im Mai 1921, wurden ultimativ 132 Milliarden gefordert, zahlbar in 2 Mrd. pro Jahr plus 25% des jährlichen Wertes deutschen Exports. Bei einer Ablehnung des Ultimatums drohten die Sieger mit der Besetzung des Ruhrgebietes und der Wiederaufnahme der im Weltkrieg erfolgreich geübten Blockade von Lebensmittellieferungen nach Deutschland. Die deutsche Außenpolitik setzte unter diesen Zwängen auf Erfüllung der Forderungen. Dennoch rückten mehrmals Franzosen und Belgier in rechtsrheinische Gebiete ein. So wurde im Januar 1923 unter dem Vorwand ungenügender Reparations-Kohlelieferungen das ganze Ruhrgebiet besetzt. Die Bevölkerung leistete passiven Widerstand, was von der Besatzungsmacht mit großer Härte beantwortet wurde. Nach einem Dreivierteljahr mußte der von der Reichsregierung finanzierte passive Widerstand aus Geldmangel abgebrochen werden. Aber in den USA waren inzwischen immer lauter Stimmen erhoben worden, die die Auspowerung Deutschlands mit großer Sorge

sahen, weil sie einen daraus erstarkenden Linksradikalismus befürchteten. Irritationen dieser Art bestärkte der Vertrag von Rapallo. Ohne Rücksicht auf den weitverbreiteten Antibolschewismus hatten deutsche Außenpolitiker im April 1922 in Rapallo bei Genua mit dem anderen „outcast" der Weltpolitik, Rußland, gegenseitige Anerkennung, Verzicht auf Entschädigungsforderungen und Meistbegünstigung in den Wirtschaftsbeziehungen vereinbart. Damit hatte Deutschland seine internationale Isolierung durchbrochen.

Am 11. Januar 1923 rückten französische Truppen in das Ruhrgebiet ein. In dem völkerrechtswidrig besetzten Territorium lagen 72 % der deutschen Steinkohlenförderung und 53 % der deutschen Stahlproduktion. Die Reichsregierung forderte die dortige Bevölkerung zum „passiven Widerstand" auf, der zu fast 100 % befolgt wurde: Deutsche rührten keinen Finger für die Besatzer und legten damit das gesamte Wirtschaftsleben lahm. Die französischen Militärbehörden glaubten, das Problem in Herrenmanier lösen zu können, und setzten unbedenklich Gewalt ein: Es hagelte Verhaftungen vom Krupp-Direktor bis zum Stahlarbeiter, und bewaffneter Truppeneinsatz gegen streikende deutsche Arbeiter forderte über 100 Todesopfer. Am 26. September 1923 rief die Reichsregierung zur Beendigung des „passiven Widerstands" auf, denn das Reich war wirtschaftlich am Ende. Die englische und amerikanische Diplomatie hatte inzwischen ohnehin Signale gegeben, daß man in London und Washington eine französische Annexion des Ruhrgebiets nicht hinnehmen werde.

Ende 1923 bat die Reichsregierung nach vorherigen Absprachen mit der Alliierten Reparationskommission um Prüfung der Reparationsfrage. Eine Kommission unter dem US-Finanzexperten Charles C. Dawes (1865–1951) legte einen Plan vor, der der deutschen Wirtschaft durch hohe Kredite Modernisierung ermöglichte und damit Reparationszahlungen sichern sollte. Der im Sommer 1924 angenommene Dawes-Plan nannte keine endgültige Summe für die Höhe der Reparationen. Seine überwältigende Annahme im Reichstag schuf auch im Ausland Vertrauen und gab Anlaß zur Durchsetzung der Räumung des Ruhrgebiets und eines Teils des Rheinlands von fremder Besatzung im Jahr 1925.

Ende 1923 war Gustav Stresemann (1878–1929) zum Außenminister ernannt worden. Seine Politik war bestimmt von den Zielen: Lösung der Reparationsfrage, internationale Gleichberechtigung Deutschlands durch Aufnahme in den Völkerbund und Offenhalten einer Möglichkeit zur Korrektur der deutsch-polnischen Grenze, um die territoriale Trennung Ostpreußens vom Reich durch den polnischen Zugang zur Ostsee (den „Polnischen Korridor") zu überwinden. Um das zu erreichen, bedurfte es eines besseren Verhältnisses zu Frankreich, was ihm Ende 1925 durch den Locarno-Pakt gelang, in dem das Reich erstmals seit Versailles als gleichberechtigter Abkommenspartner neben Belgien, Frankreich, Großbritannien und Italien auftrat. Die deutsch-belgische und die deutsch-französische Grenze wurden anerkannt – die deutsche Ostgrenze zu Polen und Litauen wurde jedoch nicht angesprochen. Im September 1926 erreichte Stresemann die Aufnahme des Deutschen Reiches in den Völkerbund. Es spricht für die wiedererlangte Position Deutschlands, daß es sogleich auch einen Sitz im Völkerbundsrat, einem der obersten Organe des Bundes, erhielt. Das machte sich auch bald bezahlt, denn schon im März 1927 faßte der Völkerbund den Beschluß, daß Frankreich sein Militär aus dem Saargebiet abzuziehen habe, weil der Völkerbund dort die Souveränität ausübe. Der Völkerbund wußte allerdings offiziell nichts von den geheimen Zusätzen des deutsch-russischen Freundschaftsvertrags, der im Sommer 1926 geschlossen worden war. Dieser Vertrag sah eine Zusammenarbeit zwischen den deutschen und den sowjetischen Militärs vor und ermöglichte der Reichswehr, in den Weiten Rußlands mit Panzern zu üben sowie in Deutschland entwickelte Typen von Kriegsflugzeugen zu testen.

Anfang 1927 beendete die Interalliierte Militärkommission ihre Tätigkeit, die dem Versailler Vertrag entsprechend in Berlin residiert hatte, mit der Aufgabe, Deutschlands Abrüstungsverpflichtungen zu überwachen. Wieder war ein Stückchen Einschränkung an Souveränität abgebaut.

Von den deutschen Rechten als „Erfüllungspolitiker" abgekanzelt, brachte es die Reichsregierung doch im Laufe des Jahres 1924 fertig, auch unter den französischen Politikern Ansprechpartner zu finden, und so wurde im Ergebnis vernunftbeherrschter Gespräche in der zweiten Julihälfte 1925 das Ruhrgebiet von Franzosen und Belgiern geräumt. Da das Ruhrgebiet innerhalb der 50 km breiten Zone östlich des Rheins lag, die laut Vertrag von Versailles ohne deutsches Militär zu sein hatte, rückten zum Zeichen der wiedergewonnenen deutschen Souveränität über das geräumte Gebiet – wie hier in Essen – deutsche Polizeiformationen ein.

Als nächstes Ziel wurde die Abschaffung der ausländischen, durch die Reparationskommission wahrgenommenen Kontrolle der Reichsfinanzen ins Auge gefaßt. Eine neue Reparationskonferenz 1929 nahm den Plan des Amerikaners Owen D. Young (1874 – 1962) an, der 121 Mrd. Mark Reparationen in weiteren 60 Jahren bis 1979 zu zahlen auferlegte, dafür aber die Räumung des noch besetzten Rheinlands bis Mitte 1930 und die Aufhebung der Finanzkontrolle zusagte. Der Young-Plan war in Deutschland heftig umstritten, zumal sich seit 1929 erste Anzeichen der von den USA ausgehenden Weltwirtschaftskrise bemerkbar machten. Stresemann starb inmitten der Diskussionen plötzlich am 3. Oktober 1929. Die Verknüpfung von Räumung des Rheinlands und Annahme des Young-Plans ließ dem Reichstag schließlich nur die Wahl, dem Young-Plan zuzustimmen. Bis Ende Juni 1930 wurde Deutschland so besatzungsfrei.

Wenn die deutsche Außenpolitik aber im Bewußtsein der vollen Gleichberechtigung unter den Mächten nun versuchte, bestimmte neuralgische Punkte des Versailler Friedens revidieren zu lassen, dann stieß sie urplötzlich wieder auf Siegermanieren. Als die desolate Wirtschaftslage Österreichs Anfang 1931 durch eine deutsch-österreichische Zollunion erleichtert und natürlich damit ein engeres Aneinanderrücken der 1919 an der Vereinigung gehinderten beiden deutschsprachigen Staaten bewirkt werden sollte, legte Frankreich sein Veto ein. Der deutsche Versuch, die Angelegenheit vor dem Internationalen Gerichtshof in Den Haag doch sanktionieren zu lassen, endete mit einem Urteil gegen die Zollunion als unvereinbar mit dem Versailler Vertrag.

Etwa zur gleichen Zeit, im Sommer 1931, rückten die USA vom Young-Plan ab. Der Plan hatte vorausgesetzt, daß der Welthandel stetig steige, und das genaue Gegenteil war der Fall; US-Präsident Hoover (1874 – 1964) machte klar, daß inmitten der großen Depression nicht noch nicht-wirtschaftliche Schulden gezahlt werden konnten, was alle anderen Regierungen außer der französischen auch akzeptierten. Die deutsche Außenpolitik verlangte nun angesichts ihrer wirtschaftlichen Notlage – Ende 1931 zählte Deutschland 5,6 Millionen Arbeitslose – die Streichung aller noch ausstehenden Reparationen. Aufgrund der überall katastrophalen Wirtschaftslage stimmten die Reparationsempfänger zu, so daß am 9. Juli 1932 ein Schlußstrich unter die das Reich belastende Reparationsfrage gezogen werden konnte. Deutschland mußte sich lediglich dazu verpflichten, 1935 eine einmalige Restzahlung von 3 Mrd. Mark zu leisten, was aber, als es 1935 so weit war, in gegenseitiger Übereinstimmung in Vergessenheit geraten war.

Genau ein halbes Jahr später erkannten England, Frankreich und Italien im Prinzip an, daß die Deutschland in Versailles auferlegten Rüstungsbeschränkungen – dort deklariert als Beginn einer allgemeinen Abrüstung – nicht zur internationalen Abrüstung geführt hatten und dem Deutschen Reich daher gleiche Rechte in der Rüstung zuzugestehen seien. Über die Alleinschuld Deutschlands am Weltkrieg wurde schon einige Zeit recht zurückhaltend gesprochen. Insgesamt konnte die Außenpolitik der Weimarer Republik, oft von innen her geschwächt, eine recht stolze Bilanz ziehen.

Mit der Konferenz von Locarno vom 5. bis 16. Oktober 1925, auf der Deutschland gleichberechtigt mit Frankreich, Großbritannien, Italien, Belgien, Polen und der Tschechoslowakei über mitteleuropäische Friedenssicherungen verhandelte, hatte die Weimarer Republik bereits sechs Jahre nach Versailles den Durchbruch zur wieder ernst genommenen europäischen Großmacht geschafft. Gleichberechtigt saßen Reichskanzler Luther (1879–1962) (4) und Reichsaußenminister Stresemann (5), der zähe Architekt erfolgreicher Weimarer Außenpolitik, in Locarno mit am Verhandlungstisch.

Krisenjahre einer jungen Republik

In den ersten fünf Jahren der Weimarer Republik war es keineswegs sicher gewesen, ob sie in den von Versailles umrissenen Grenzen bestehen bleiben, noch ob die parlamentarische Demokratie im Reich beibehalten würde. Im ersten Halbjahr 1919 gab es sowohl in Bremen als auch seit April in Bayern eine Räterepublik, die beide militärisch niedergeworfen wurden. Die am 27. Februar per Gesetz eingerichtete Reichswehr sowie Freikorps gingen jedoch nicht nur in Bremen und Bayern äußerst brutal vor, sondern auch andernorts, wie beispielsweise im März in östlichen Vororten Berlins. Allmählich wurde aufmerksamen Beobachtern bewußt, daß sich bei diesen Militäraktionen, die vorgeblich dem Schutz der Republik dienten, auch ein Potential republikfeindlicher Elemente zusammenfand, das zu einer Gefahr für die demokratisch-republikanische Ordnung der Weimarer Republik heranwuchs. Am 13. März 1920 marschierten putschende Freikorps unter der kaiserlichen Reichskriegsflagge in das Berliner Regierungsviertel ein, erklärten die Reichsregierung kurzerhand für abgesetzt sowie die Nationalversammlung für aufgelöst und setzten den ultrakonservativen Monarchisten Wolfgang Kapp (1858–1922) als Reichskanzler ein. Als Reichswehrminister Noske nun den Chef des „Truppenamts", General von Seeckt (1866–1936), zum Einschreiten gegen die Putschisten aufforderte, erklärte der ihm grob, Reichswehr schieße nicht auf Reichswehr, und weigerte sich, einzugreifen. Reichspräsident und Reichsregierung blieb nichts anderes übrig, als zu fliehen. Beendet wurde der Kapp-Putsch dann durch einen machtvollen – von der SPD initiierten – Generalstreik, der konsequent von der Arbeiterschaft, aber auch vom Bürgertum durchgeführt wurde.

Inzwischen hatten mancherorts Linksradikale, die die Reichsverfassung ablehnten, versucht, eigene Machtorgane zu schaffen. Zur Niederschlagung der Bedrohung von links setzte Noske in der Nähe von Berlin und im Ruhrgebiet militärische Einheiten ein, die zum Teil zu den Putschisten gehört hatten. Als es dabei auch noch zu brutalen Exzessen kam, wurde Noske entlassen. Als Noskes Nachfolger ernannte Reichspräsident Ebert gerade den Mann zum Oberbefehlshaber der Reichswehr, der sich am 13. März geweigert hatte, die Republik gegen den Putsch zu schützen – General von Seeckt.

Unter Seeckts Organisation gelang es, den Übergang zu dem von Versailles geforderten 100 000-Mann-Berufsheer zu vollziehen; nicht ohne sein Wissen blieben aber auch etliche Zehntausende der überzähligen 300 000 Mann als „Schwarze Reichswehr" auf ostelbischen Gütern versteckt. Andere traten in die neu aufgebaute kasernierte Sicherheitspolizei ein, die zunächst von den Alliierten als Verletzung des Versailler Vertrags angesehen, dann aber doch gebilligt wurde, nachdem sie einen im März 1921 von der KPD angezettelten Aufstand im mitteldeutschen Industrierevier in zehntägigen Kämpfen erfolgreich niederschlug.

Die im Dezember 1918 gegründete Kommunistische Partei Deutschlands (KPD) war Ende 1920 durch den Beitritt des linken Flügels der USPD zu einer Massenpartei geworden, in der sich die linken Kräfte, die die Republik ablehnten, sammelten. Schon bei den Wahlen zum ersten Reichstag im Juni 1920 hatte sich die politische Enttäuschung der sozialistisch orientierten Arbeiterschaft bemerkbar gemacht. Der Stimmenanteil der SPD sank von 37,9 auf 21,6 %, die Parteien der

Nach dem überwältigenden Vertrauensvotum der Wähler für die Parteien der Friedensresolution von 1917 in den Wahlen zur Nationalversammlung brachten schon die ersten ordentlichen Reichstagswahlen im Juni 1920 deutlich zum Ausdruck, welche Ernüchterung bei den Wählern eingezogen war. Daß der jungen Republik nicht nur von der radikalen Linken – wie im Januar 1919 nur zu gern geglaubt –, sondern auch von der extremen Rechten Gefahr drohe, war inzwischen bitteres Erfahrungsgut geworden. Das Wahlplakat der zur „Weimarer Koalition" gehörenden DDP vom Mai 1920 benannte mit prophetischer Hellsicht die latente Gefahr, in der die Weimarer Republik seit ihrer Existenz schwebte, sofern die sie tragenden politischen Kräfte nicht geschlossen auftraten.

Der Kapp-Putsch, den konterrevolutionäre Freikorps im März 1920 gegen die Regierung der „Weimarer Koalition" führten, war ein Putsch kaisertreuer Politiker und Militärs gegen die Weimarer Republik. Aber die Rechnung der Putschisten unter dem ultrakonservativen Wolfgang Kapp ging nicht auf; denn wenn auch ihre Kohorten das Berliner Regierungsviertel besetzten und auf dem Wilhelmplatz nahe dem Reichspräsidenten-Palais und der Reichskanzlei lagerten, zwang sie ein machtvoller Generalstreik nach vier Tagen zum sang- und klanglosen Abtreten.

Weimarer Koalition mußten zusammen mit 47,8% vorliebnehmen. Neben den Stimmenverlusten aus der Arbeiterschaft kamen noch die aus dem kleinbürgerlichen Wählerpotential hinzu, die ihre Stimme rechten, der Republik feindlich gegenüberstehenden Parteien gaben. Schon kündigte sich die Kalamität der Weimarer Republik andeutungsweise an: Links wie rechts gewannen die radikalen politischen Kräfte an Gewicht. Die wechselnden Kabinette der nächsten Jahre, durchweg unter bürgerlichen Politikern, entbehrten oft genug der parlamentarischen Mehrheit - keine günstige Konstellation für eine parlamentarische Demokratie.

Separatisten zielten mancherorts auf die territoriale Substanz der Republik: 1919 stellten Sorben in der Lausitz fest, daß ihr Gebiet als das eines slawischsprachigen Volkes eigentlich zur Tschechoslowakei gehöre; im Rheinland förderten französische und belgische Besatzungsbehörden eifrig Bestrebungen zur Abspaltung einer Rheinischen Republik. In drei Aufständen zwischen August 1919 und Mai 1921 versuchten polnische Nationalisten, ganz Oberschlesien an Polen anzuschließen; der dritte Aufstand, in den auch aus der regulären polnischen Armee beurlaubte Soldaten verwickelt waren, zeichnete sich durch besondere Brutalität auf beiden Seiten aus und endete mit einem Sieg eines insgeheim von der Reichswehr unterstützten deutschen Freikorps am 23. Mai 1921 am Annaberg. Mißtrauisch mußte immer auf Bayern geblickt werden, wo seit dem Kapp-Putsch eine stark rechtsgerichtete Regierung eigene paramilitärische Strukturen aufbaute und 1922 Teile der Reichsgesetzlichkeit einfach nicht akzeptierte. Im Zusammenhang mit der Ruhrbesetzung 1923, die einen raschen Währungsverfall im Gefolge hatte, unterstützten rheinische Politiker - u. a. der Kölner Oberbürgermeister Konrad Adenauer (1876 - 1967) - den Gedanken eines gesonderten rheinischen Wirtschaftsgebietes mit eigener Währung in enger Anlehnung an Frankreich. Noch weiter gingen Separatisten, die im Oktober 1923 unter französischen Fittichen eine Rheinische und eine Pfälzer Republik proklamierten. Während Adenauers Plänen die Einführung der stabilen Rentenmark ein Ende bereitete, scheiterten die offenen Separatisten am Widerstand der empörten Bevölkerung.

Politische Morde waren in den ersten Jahren der Weimarer Republik - in der teils bürgerkriegsähnlichen Atmosphäre - durch Rechts- und Linksradikale ein häufiges Phänomen. Die Verunglimpfung führender Vertreter der Regierung als Novemberverbrecher und Erfüllungspolitiker, die von breiten Kreisen der Konservativen und Nationalen, begleitet von einem primitiven Antisemitismus, gepflegt wurde, ermutigte Rechtsradikale zu Attentaten auf prominente Politiker. Hatten 1919 mit dem bayerischen Ministerpräsidenten Kurt Eisner (1867 - 1919) und dem USPD-Vorsitzenden Hugo Haase noch ausgewiesene Linke auf der Abschußliste gestanden, so war es 1920 der Zentrumsabgeordnete Matthias Erzberger, der am 11. November 1918 den Waffenstillstand unterzeichnet hatte und nun als Finanzminister amtierte, der Ziel eines Attentats wurde. Erzberger überlebte zwar den Mordanschlag, mußte aber erleben, daß der Attentäter von konservativen Richtern unter Zubilligung ideeller Motive nur zu 18 Monaten Gefängnis verurteilt wurde - ein Freibrief für künftige Mordbuben, die es sich dann auch nicht nehmen ließen, Erzberger im August 1921 kaltblütig zu erschießen. Im Juni 1922 eskalierte der politische Mord schließlich in dem tödlichen Attentat auf den Außenminister Walter Rathenau (1867 - 1922), einem Vertreter der Schwerindustrie und Hochfinanz, der im Weltkrieg die deutsche Rohstoffwirtschaft organisiert hatte und entscheidend an dem Vertrag von Rapallo 1922 beteiligt gewesen war. Nach Meinung der Rechtsextremisten lud er das „Verbrechen" auf sich, als „Erfüllungspolitiker" Spielraum für die deutsche Wirtschaft aushandeln zu wollen und zusätzlich auch noch „Jude" zu sein. „Der Feind steht rechts", konstatierte Reichskanzler Joseph Wirth (1879 - 1956), ein Zentrumspolitiker, im Reichstag gegenüber den Deutschnationalen, deren führende Repräsentanten offen Mordhetze gegen Rathenau betrieben hatten.

Als Reaktion auf den Kapp-Putsch bewaffneten sich in vielen Industriegebieten die Arbeiter. Im Ruhrgebiet entstand eine regelrechte „Rote Ruhrarmee" von 50 000 bis 100 000 Mann, die die Putschisten vertrieb und laut nach der seit 1918 versprochenen Sozialisierung von Kohle und Stahl verlangte. Mit einer Mischung von politischen Intrigen, sozialer Demagogie und brutalem Freikorpseinsatz gelang es den vereinten Anstrengungen von preußischer und Reichsregierung, den bedrohlichen Präzedenzfall einer militärischen Machtdemonstration des linken Radikalismus zu beseitigen.

Frankreichs Hoffnungen auf die Annexion des linksrheinischen Deutschland waren in Versailles am britischen und amerikanischen Einspruch gescheitert. Um so lebhafter setzte Paris nun auf den rheinischen Separatismus, der aus der traditionellen Aversion der Rheinländer gegen das protestantische, ostelbische Preußen heraus auf einen rheinischen Freistaat zielte. Ein Flügel dieser Bewegung wollte den rheinischen Freistaat allerdings trotz enger Bindungen an Frankreich innerhalb des Reiches belassen, ein anderer wollte komplette Trennung. Zum ersteren gehörte der Kölner Oberbürgermeister Konrad Adenauer, ein prominenter Zentrumspolitiker, der 1919 und 1923 in dieser Richtung aktiv wurde, ohne sich allerdings so stark zu exponieren wie der andere Flügel, der im Oktober/November 1923 eine „Rheinische" und eine „Pfälzer Republik" proklamierte, die von den Bewohnern der betreffenden Gebiete aber entschieden abgelehnt wurde.

Ein verfassungsänderndes „Gesetz zum Schutze der Republik" passierte Reichstag und Reichsrat, allerdings bereits in derart verwässerter Form, daß sein Zweck – die Eindämmung republikfeindlicher Aktivitäten – nicht mehr zu erkennen war. Das Verbot der paramilitärischen deutschnationalen Hilfstruppe „Stahlhelm" hielt nur ein halbes Jahr vor und wurde bei Beginn des passiven Widerstands gegen die Ruhrbesetzung im Interesse nationaler Eintracht aufgehoben. Der eigens geschaffene Staatsgerichtshof trat praktisch nie in Funktion, und die aus dem Kaiserreich übernommenen Richter des Reichsgerichts fällten in der Regel Freisprüche in solchen politischen Prozessen, in denen jemand angeklagt war, weil er die Republik als „Saustaat" oder seine Beamten als „Judenpack" beschimpft hatte.

Die durch die Kriegsausgaben bereits in Gang gesetzte Inflation beschleunigte sich nach Kriegsende erheblich, weil zur Deckung der immensen Kosten für den Übergang in die Friedenswirtschaft nur das Rotieren der Notenpresse übrig blieb. Bis Ende 1922 war die Inflation aber noch halbwegs unter Kontrolle. 1923 brachte dann die regierungsoffizielle Finanzierung des „passiven Widerstands" an der Ruhr die Inflation zu unvorstellbarer Rasanz: Hatte 1 Dollar im Januar 1923 den Gegenwert von 1800 Mark, so waren es im November 4,2 Billionen (= 4 200 000 000 000) Mark!

Das Jahr 1923 wurde zum extremen Krisenjahr der deutschen Nachkriegsperiode. Die Finanzierung des passiven Widerstands gegen die französische und belgische Ruhrintervention durch das Reich ließ die schleichende Inflation, die die Mark seit dem Kriege aushöhlte, in rasenden Galopp übergehen: Der Wert des Dollars stieg von 1800 Mark im Januar auf 4,2 Billionen Mark Mitte November! Das hektische Emporschnellen der Preise seit dem Frühsommer führte zum sozialen Absturz weiter Kreise in den mittleren und unteren Bevölkerungsschichten. Dies im Verein mit der nationalen Empörung über die Ruhrbesetzung brachte dem Links- wie dem Rechtsradikalismus Massenzulauf, und gelegentlich berührten sich die politischen Extreme sogar. Mitte August 1923 wurde durch mehrere Mißtrauensanträge im Reichstag die Bürgerblock-Regierung gestürzt. Eine Reichsregierung der Großen Koalition von der SPD bis zur DVP unter dem führenden Kopf Stresemann stellte Ende September den passiven Widerstand im Ruhrgebiet ein und bewog den Reichspräsidenten, auf der Basis des Verfassungsartikels 48 den Ausnahmezustand im ganzen Reich zu verhängen. Darauf gestützt gelang es, einen Putsch der „Schwarzen Reichswehr" am 1. Oktober innerhalb von wenigen Stunden zu zerschlagen. Allerdings wurde die Gelegenheit auch gleich genutzt, um Ende Oktober Sachsen und Thüringen, wo seit Anfang Oktober 1923 der Reichsregierung mißliebige Koalitionsregierungen von linken Sozialdemokraten und Kommunisten bestanden, von der Reichswehr besetzen zu lassen, diese Regierungen kurzerhand zu beseitigen und durch Reichskommissare zu ersetzen. In Bayern kam es am 9. November 1923 zu einem Putschversuch. Rechtsradikale Kräfte unter Führung von Adolf Hitler (1889–1945) und Erich Ludendorff wollten die Macht an sich reißen. Führende Politiker, darunter der ehemalige bayeri-

Als Retter aus der Not standen schon seit 1919 etliche Heilsbringer bereit. Einer von ihnen war der zunächst in München, dann in Bayern bekannte Führer der 1919 gegründeten und 1920 so selbstbenannten Nationalsozialistischen Deutschen Arbeiterpartei (NSDAP), Adolf Hitler (1889–1945). Gebürtiger Österreicher, hatte er sein Zeichentalent an der Wiener Kunstakademie für ein Architekturstudium nutzen wollen, war aber zweimal wegen Nichteignung abgewiesen worden und hatte am Rande der Asozialität gelebt. 1913 nach München übergesiedelt, war er 1914 bei Kriegsausbruch in ein bayerisches Infanterieregiment als Freiwilliger eingetreten. Im Erlebnis der Frontkameradschaft hatte er erstmals ein Sozialisationsgefühl erfahren. Als mitreißender Redner, der mit einfachen Stereotypen hantierte, die aus brennendem Haß auf Juden, Linke, Liberale und „Novemberverbrecher" geboren waren, rückte er 1921 an die Spitze der NSDAP. Im Herbst 1923 hatte die NSDAP in Bayern ca. 50 000 Mitglieder. Finanziert wurden sie und ihre paramilitärische Hilfstruppe SA von betuchten Gönnern aus Münchner Salons, seit 1922 auch von einem prominenten Ruhrindustriellen.

sche Ministerpräsident Gustav von Kahr (1862 - 1934), den die bayerische Regierung Anfang November als Generalstaatskommissar mit der ausführenden Gewalt beauftragt hatte, sowie der Chef der bayerischen Reichswehr, General von Lossow (1868 - 1938), und der bayerische Polizeikommandeur Oberst von Seisser (1874 - 1973) hatten ursprünglich mit den Putschisten sympathisiert. Der bayerische „Marsch auf Berlin" von Reichswehr, Sicherheitspolizei und schnell verfügbaren Freikorps war schon vorprogrammiert, als sich Hitler, der Führer der in Bayern rund 50 000 Mitglieder zählenden NSDAP, am Abend des 8. November an die Spitze des Unternehmens setzen wollte, um nichts weniger als Reichskanzler zu werden. In letzter Minute sprangen Kahr und Lossow, denen ob der Zusammensetzung der NSDAP doch erhebliche Bedenken gekommen waren, ab und ließen den sich an der Feldherrnhalle in München formierenden NSDAP-Marsch durch die Sicherheitspolizei unter Schußwaffeneinsatz stoppen: Der Marsch endete in wilder Flucht und mit 16 Toten auf der Seite der Putschisten, drei Toten auf der Seite der Polizei. Erstmals war beim Hitler-Putsch klargeworden, daß es nicht nur auf der linken Seite des politischen Spektrums einen tiefen, teilweise bewaffnet ausgetragenen Gegensatz zwischen reformerischen und radikalen Sozialisten gab, sondern auch auf der rechten Seite einen Gegensatz zwischen konservativen und revolutionären Nationalisten. Jener Flügel, der seinen internen Gegensatz zuerst zu überbrücken vermochte, würde in Deutschland einen gewaltigen politischen Rang einnehmen können.

Eine Woche nach den Schüssen in München begann mit dem Umtausch des Papiergeldes der Inflation gegen die neue Rentenmark auf der Basis 1 Billion Papiermark zu 1 Rentenmark die erhoffte Stabilisierung der deutschen Währung. Die wiedergewonnene Kaufkraft erarbeiteten Geldes brachte fast schlagartig auch eine relative Stabilisierung des innenpolitischen Lebens.

Nach der blutigen Niederwerfung der Münchner Räterepublik im Mai 1919 waren in Bayern eindeutig rechte Kräfte ans Ruder gekommen. Monarchistische, konservative und nationalistische Politik hatte in Bayern breiten Spielraum, und sie war begleitet von einer Reihe paramilitärischer Verbände, die ihren Ursprung auf die Mobilisierung von Bürgern und Bauern gegen die Münchner Räterepublik zurückführten. Zur im Kaiserreich üblichen Gedenkfeier für die Schlacht von Sedan 1871 fanden sich daher nicht zufällig am 2. September 1923 erstmals seit 1918 diese Kräfte wieder in aller Öffentlichkeit in Bayern zusammen. Der „Deutsche Tag" in Nürnberg, bei dem auch Hitler und Ludendorff anwesend waren, sah den Auftritt straff organisierter paramilitärischer Verbände – auch solcher der NSDAP –, die durchaus für einen „Marsch auf Berlin" in Frage kamen.

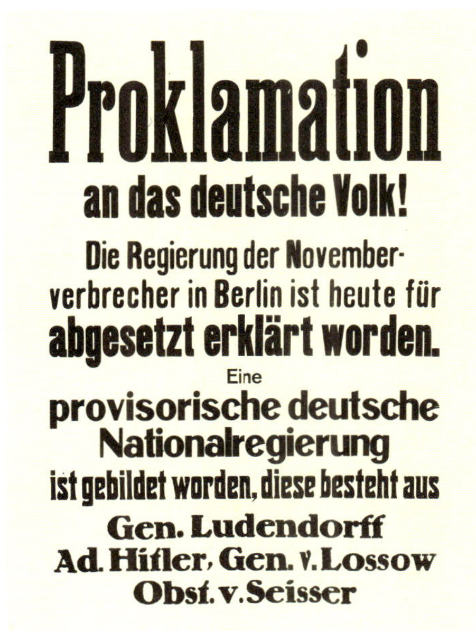

Als dieses Plakat in den Morgenstunden des 9. November 1923 in Münchens Straßen geklebt wurde, schien Hitlers Coup vom Vorabend geglückt zu sein und die Befehlshaberschaft der offiziellen bewaffneten Macht in Bayern – Reichswehr und Landespolizei – an der Seite der putschenden Hitler-Partei NSDAP für einen „Marsch auf Berlin" bereitzustehen. Zwei Stunden später war der Traum ausgeträumt: Die konservativen bayerischen Politiker lösten sich von dem aussichtslosen Abenteuer und wiesen die Putschisten, deren Vorhaben von Lossow und von Seisser am Vorabend unter Zwang zugestimmt hatten, in letzter Minute ab.

60

Zerbrechliche Stabilität

Nach der Inflation und infolge des durch den Dawes-Plan organisierten ausländischen Kreditzustroms lief die deutsche Wirtschaft in der Mitte der zwanziger Jahre wieder auf vollen Touren und überraschte die Welt mit hoher Produktivität und einigen spektakulären technischen Glanzleistungen wie der ersten Atlantiküberquerung mit einem Luftschiff im Oktober 1924. Die Kommunen wurden wieder zahlungskräftig und begannen vielerorts, in den Wohnungsbau zu investieren. Der Lebensstandard hob sich wieder. Allerdings war es nur eine wirtschaftliche Scheinblüte auf Pump, wie sich in den ausgehenden zwanziger Jahren zeigen sollte, als die Weltwirtschaftskrise auch auf Deutschland übergriff. Trotz der wirtschaftlichen Konsolidierung seit 1923 blieben viele aus dem Kleinbürgertum und Bürgertum unzufrieden. Diese Gruppen, die durch ihre Investitionen in die nun wertlosen Kriegsanleihen und die Inflation wirtschaftlich ruiniert waren und sich dadurch gesellschaftlich degradiert sahen, machten die Gründungsparteien und die politische Führung der jungen Republik dafür verantwortlich, daß sie ihre Ersparnisse verloren hatten. Die Unzufriedenheit schlug sich deutlich in den Reichstagswahlen von 1924 nieder: Die Deutschnationalen erhielten nun rund 26 % der Stimmen, 1920 waren es nur 15 % gewesen. Neu im Weimarer Parteienspektrum waren die Deutschvölkischen, die den Antisemitismus auf ihre Fahnen geschrieben hatten und auf Anhieb 6,5 % der Wählerstimmen bekamen. Das politische Leben hatte 1923 derart viel Gewalt gegen die Republik gesehen und dabei allerlei paramilitärische Organisationen von kommunistischen Hundertschaften bis hin zu den Schlägertrupps der SA im Einsatz erlebt, daß

Die von der Reichsbank unter dem Reichswährungskommissar Hjalmar Schacht (1877–1970) im Herbst 1923 vorbereitete und im November desselben Jahres vollzogene Umstellung der Papiermark auf die Rentenmark, mit der die Inflation abrupt beendet wurde, empfand die Mehrzahl der Bevölkerung wie ein Wunder. Die unendliche Flut von Inflationsbanknoten hatte seither nur noch Erinnerungswert, aber die leidvollen Erfahrungen des Jahres 1923 sensibilisierten die verschreckten Volksmassen noch über Jahrzehnte.

Hindenburg hatte quasi regierungsamtlich schon 1919 ausgerechnet vor einem Untersuchungsausschuß des Reichstags erklärt, das eigentlich unbesiegte deutsche Feldheer an der Westfront sei durch die Novemberrevolution von einem „Dolchstoß in den Rücken“ getroffen worden. Seither geisterte die allen Tatsachen widersprechende Dolchstoßlegende durch die politische Landschaft der Weimarer Republik, derzufolge der erhoffte Siegfrieden nahe gewesen wäre, hätte nicht die Revolution ihn verhindert. Diese Geschichtsverfälschung wurde auch von der DNVP weidlich genutzt, um die republiktragenden Kräfte zu verleumden.

es nun an der Zeit schien, eine republiktreue Selbstschutzorganisation ins Leben zu rufen. Die Parteien der Weimarer Koalition unterstützten daher die Gründung des Reichsbanners Schwarz-Rot-Gold als Bund republikanischer Kriegsteilnehmer, dem schon im Sommer 1924 700 000 Mitglieder angehörten – ein demokratisches Massenreservoir, das, richtig eingesetzt, den Farben der Republik schon Rückhalt verschaffen konnte. Doch was nutzte der geballte demokratische gute Wille, wenn die parlamentarische Republik zuließ, daß zwar der Kaiser ging, aber seine Generäle und Richter blieben? Als ein rechter Redakteur den Reichspräsidenten einen Landesverräter nannte, weil er im Januar 1918 in der Streikleitung des Munitionsarbeiterstreiks mitgewirkt hatte, stellte Ebert Strafantrag wegen Beleidigung. Der im Dezember 1924 vor einem Magdeburger Gericht geführte Prozeß hatte dann zwar das Ergebnis, daß der Beleidiger zu einer geringfügigen Geldstrafe verurteilt wurde, aber die Urteilsbegründung betonte ausdrücklich, im strafrechtlichen Sinne habe Ebert – der zwei Söhne im Weltkrieg verloren hatte – 1918 wirklich Landesverrat betrieben. Dieses Urteil fiel, als Hitler – im April 1924 wegen Hochverrats zu fünf Jahren Festungshaft verurteilt – wegen des bevorstehenden Weihnachtsfestes von einem anderen deutschen Gericht begnadigt wurde. Ebert, aufs tiefste getroffen, verschob eine notwendige Blinddarmoperation immer wieder, bis es zu spät war. Er starb am 28. Februar 1925.

Erstmals trat nun die Weimarer Verfassung hinsichtlich der Wahl des Reichspräsidenten in Kraft. Zur ersten Runde am 28. März traten die Kandidaten der Linken getrennt neben denen des Zentrums und der Rechten an. Keiner erreichte die absolute Mehrheit. Daraufhin präsentierten die Rechtsparteien gemeinsam den erzkonservativen Generalfeldmarschall Hindenburg als Kandidaten, der von der noch immer ihrem Kaiser nachtrauernden, konservativen Bevölkerung auch als „Ersatzkaiser" akzeptiert wurde. Das Vorhaben der Rechtsparteien wäre dennoch nicht gelungen, wenn nicht Kommunismus und bayerische Eigenbrötlerei zu einer Zersplitterung der Stimmen gegen Hindenburg geführt hätten. Die KPD verzichtete nicht auf ihren Vorsitzenden Ernst Thälmann (1886–1944) als Kandidaten – Thälmann hatte 1923 einen KPD-Aufstand in Hamburg geleitet und wurde in der KPD gezielt als charismatische Figur hochstilisiert –, und die katholische BVP rückte von dem Zentrumspolitiker Wilhelm Marx (1863–1946) als Kandidaten ab und empfahl ihren etwa 1 Million Stammwählern, den Protestanten Hindenburg zu wählen. So erhielt dieser beim zweiten Wahlgang am 26. April 14,6 Millionen Stimmen, Marx 13,75 und Thälmann ganze 1,9 Millionen.

Im Juni 1926 kam es zum erstenmal zu einem in der Verfassung vorgesehenen Volksentscheid, als die in der Novemberrevolution enteigneten Fürsten ihr Vermögen zurückforderten. SPD und KPD mobilisierten darauf 14,5 Millionen Stimmen, d. h. 36,4 % der Wahlberechtigten, die sich für ein Gesetz zur entschädigungslosen Enteignung der Fürsten aussprachen. Mit diesen 36,4 % kam das Gesetz über die Fürstenenteignung zwar nicht durch, aber es hatte sich deutlich gezeigt, daß SPD und KPD bei gemeinsamem Vorgehen mit einer beträchtlichen Stimmenzahl rechnen konnten. Dennoch war es das letzte Mal, daß sich SPD und KPD während des Bestehens der Weimarer Republik zusammenfanden und gemeinsam handelten. Das lag zum größten Teil an der der KPD 1928 aufgepfropften These Stalins (1879–1953), die Sozialdemokratie sei als „Sozialfaschismus" der gefährlichste Gegner der Kommunisten, da sie die Arbeitermassen bürgerlich verseuche, von den Kommunisten fernhielte und damit der proletarischen Revolution als Haupthindernis im Wege stehe. Es lag aber auch an der Parteiführung der SPD, die sich selbst in den Augen vieler SPD-Mitglieder unglaubwürdig machte. So agitierte die SPD bei den Reichstagswahlen 1928 heftig gegen die kostspielige Aufrüstung des Militärs, stimmte im Reichstag dann aber für den Bau eines hochmodernen Panzerkreuzers mit dem ausgefeiltesten, aber auch teuersten Feuerleitsystem der Welt. Der Versuch der KPD, nun ein Volksbegehren gegen den Bau des Panzerkreuzers zu initiieren, vertiefte die Kluft zwischen den beiden Linksparteien, führte aber auch innerhalb der SPD zur Verärgerung, als mit diesem Volksbegehren sympathisierende Mitglieder von der Parteiführung angewiesen wurden,

Bei den Reichspräsidentenwahlen 1925 holte die Rechte als Integrationsfigur aller an den alten Zeiten hängenden Schichten die Vaterfigur des Weltkriegs – Hindenburg – hervor und präsentierte ihn als „Ersatzkaiser". Der 72jährige Feldmarschall stand noch immer – ungeachtet des katastrophalen Verlaufs des Ersten Weltkriegs – im Glorienschein seiner 1914 errungenen Siege über die Russen.

Offenkundigen Wahlbetrug honorierten auch die Wähler in der Weimarer Republik nicht, sondern entzogen den Verantwortlichen ihre Stimme. Vor den Reichstagswahlen 1928 hatte die SPD versprochen, den beabsichtigten kostenaufwendigen Bau eines neuartigen Muster-Panzerkreuzers zu verhindern und das eingesparte Geld in den Wohnungsbau fließen zu lassen. Als Wahlsieger mit dem Reichskanzlerposten ausgestattet, stimmte die SPD dann, entgegen ihres Wahlversprechens, für den Bau des Panzerkreuzers. Bei den nächsten Reichstagswahlen – 1930 – sank ihr Stimmenanteil prompt von 29,8 % auf 24,5 %.

Der im Sommer 1929 vorgelegte Young-Plan zur Regelung der auf Grund des Versailler Friedens zu erbringenden deutschen Reparationsverpflichtungen wurde in Deutschland fast zeitgleich mit dem amerikanischen Börsenkrach bekannt und ließ die Wut über die Zumutung, angesichts einer absehbaren Rezession noch weitere 59 Jahre Reparationen zu zahlen, hohe Wellen schlagen. Da aber die weitere Räumung des Rheinlandes von französischer Besatzung an den Plan gekoppelt war, akzeptierte ihn die Reichsregierung schließlich am 21. August 1929. Dem rechten Parteienspektrum im Reichstag gab das allerdings die Chance, mit nationalen Gefühlen gefällige Parteipropaganda zu betreiben und durch Volksbegehren und Volksentscheid gegen den Young-Plan gegen die Republik zu hetzen. Initiator des Volksbegehrens gegen den Young-Plan war „Der Stahlhelm, Bund der Frontsoldaten" gewesen, der der paramilitärische Flügel der monarchistischen Deutschnationalen war. In der schließlich ergebnislosen Kampagne konnte sich allerdings die NSDAP erheblich profilieren.

es nicht zu unterstützen. Noch stärker wurden die Differenzen zwischen KPD und SPD, als der sozialdemokratische Polizeipräsident von Berlin, Zörgiebel (1878 – 1961), Polizei gegen eine verbotene Demonstration zum 1. Mai 1929 einsetzte. Bilanz der darauf folgenden zweitägigen Kämpfe in Berliner Arbeiterbezirken waren 31 Tote und eine hohe Anzahl von Verletzten. Nach diesen Straßenschlachten verbot die Regierung noch im gleichen Monat den von der KPD 1924 gegründeten Roten Frontkämpferbund (RFB) im ganzen Reich, der mit etwa 100 000 Mitgliedern eine gut trainierte und disziplinierte Truppe darstellte.

Die 1924 gegründete Wehrorganisation der KPD, der Rote Frontkämpferbund (RFB), demonstrierte jährlich zu Pfingsten in Berlin auf Reichstreffen ihre Stärke, die letztendlich nicht für den Erhalt der Republik, sondern für deren Ersetzung durch eine Räterepublik gedacht war. 1927 und 1928 betrug die Anzahl der Teilnehmer jeweils mehr als 100 000, und die „Kommunistische Internationale" konnte notieren, daß den Kommunisten außerhalb der Sowjetunion nirgendwo solche wirkungsvollen Machtdemonstrationen gelangen wie in Deutschland.

Schon drei Wochen später machte eine andere paramilitärische Organisation lauthals von sich reden – der „Stahlhelm". Als Sprachrohr der Deutschnationalen hetzte er gegen den Young-Plan und forderte einen Volksentscheid. Die NSDAP, die seit Hitlers Entlassung aus der Festungshaft keine große Rolle gespielt hatte (bei den Reichstagswahlen 1928 erhielt sie 2,6 % der Wählerstimmen), hängte sich sofort an die „Stahlhelm"-Initiative an. Im Kampf gegen die „Erfüllungspolitik" erstand wieder die Einheit der Rechten wie zu Beginn der zwanziger Jahre, um nationalistische Leidenschaften aufzuputschen und die durch den Krieg und dessen Folgen sozial Abgestiegenen zu motivieren. Schlagworte wie „Sau-Staat", „Novemberverbrecher-Paradies" usw. erlebten eine neue Blüte. Die Hetzkampagne fand auch begeisterte Anhänger auf dem Lande, sowohl bei ostelbischen Grundbesitzern als auch bei norddeutschen Bauern, die seit 1928 mit Steuerstreiks und Solidaraktionen gegen die seit der Inflation wachsende Zahl von Pfändungen und Zwangsverkäufen protestierten. Zwar brachte der Volksentscheid gegen den Young-Plan nicht die erforderlichen Stimmen, aber fast 6 Millionen Wähler waren doch mobilisiert worden. Die immer fühlbarer werdende Wirtschaftskrise im Verein mit der Agitation gegen den Young-Plan brachte der NSDAP kurz vor dem Volksentscheid bei Gemeindewahlen in Norddeutschland und Landtagswahlen in Thüringen am 8. Dezember 1929 erste größere Wahlerfolge. In Thüringen war sie daraufhin ab Januar 1930 an der Landesregierung beteiligt. Von der NSDAP wurde diese Regierungsbeteiligung als ein Schritt zum Aufbruch der Nation in eine neue Zeit propagiert. Es war allerdings ein bedenkliches Zeichen, daß eine Partei, die gegen die Republik geputscht hatte, einen ihrer Vertreter auf einer Ministerbank feiern konnte. Das parlamentarische System war damit jedoch noch nicht erschüttert. Aber als Ende März 1930 die aus den Reichstags-

Das Programm der NSDAP war auf ein ganz einfaches Grundmuster zugeschnitten. Die Schuld an den unerquicklichen Zuständen, mit denen man sich im Nachkriegsdeutschland herumschlagen mußte, hatte das System der Novemberverbrecher und das internationale Judentum! Der nationalsozialistische Antisemitismus unterschied sich qualitativ von jedem früheren Antisemitismus dadurch, daß er sich nicht die jüdische Religion, sondern die undefinierbare jüdische „Rasse" zum Zielpunkt wählte. Die Entwurzelten, die durch den Krieg und die Kriegsfolgen sozial Abgestiegenen, die von dumpfer Wut gegen Kriegs- und Inflationsgewinnler, Börsenjobber und Spekulanten erfüllten Mittelschichten waren für solche primitiven Botschaften mehr als zugänglich. Das im Februar 1920 veröffentlichte Programm dieser Partei wurde 1927 von Gottfried Feder (1883–1941), der schon vor Hitler Mitglied der NSDAP war, kommentiert. Dabei ging es vor allem um eine Präzisierung des Begriffs „Sozialismus", wobei in Hinblick auf bürgerliche Ansprechpartner klargestellt wurde, daß die NSDAP selbstverständlich auf dem Boden des Privateigentums stehe.

wahlen von 1928 hervorgegangene Regierung der von SPD bis DVP reichenden Großen Koalition unter dem sozialdemokratischen Reichskanzler Hermann Müller (1876–1931) über einen an sich nebensächlichen Streit – eine geringfügige Erhöhung der Beiträge zur Arbeitslosenversicherung – zerbrach, blieb zwischen der moderaten Linken und der moderaten Rechten keine parlamentarische Basis mehr für eine mehrheitlich im Reichstag getragene Regierung. Die parlamentarische Demokratie wurde daraufhin zunächst von der Präsidialdemokratie abgelöst.

Selbstmord einer Republik

Am 30. März 1930 ernannte der Reichspräsident den Zentrumspolitiker Heinrich Brüning (1885–1970) zum Reichskanzler. Erstmals in der Geschichte der Weimarer Republik war die Ernennung des Reichskanzlers nicht das Ergebnis von Koalitionsverhandlungen im Reichstag, sondern von der Präsidialkanzlei bestimmt worden. Bereits um die Jahreswende 1929/30 hatte der Chef des Truppenamts, General Kurt von Schleicher (1882–1934), bei Brüning angefragt, ob er vielleicht bereit sei, eine Reichsregierung ohne Rücksicht auf die Mehrheitsverhältnisse im Reichstag zu führen. Brüning war seit 1918 Zentrumsmitglied, wo er zum Gewerkschaftsflügel zählte; 1929 hatte er den Fraktionsvorsitz des Zentrums im Reichstag übernommen. In seiner Antrittsrede vor dem Reichstag stellte Brüning gleich klar, daß er für seine Regierung einen Auftrag des Reichspräsidenten habe und nicht an eine Koalition gebunden sei; komme er mit seinem Programm im Reichstag nicht durch, werde er ihn auflösen. Dem Parlamentarismus war damit bereits der Kampf angesagt, wenngleich sich dieser Kampf auch nach Brünings Verständnis noch auf dem Boden der Weimarer Verfassung abspielen sollte.

Die internationale Wirtschaftskrise hatte inzwischen auch Deutschland voll erfaßt, und die Arbeitslosenzahlen stiegen sprunghaft. Die Reichsfinanzen waren aber durch die hohe Staatsverschuldung und die Reparationszahlungen so zerrüttet, daß sich die Regierung nur durch Steuererhöhungen und Einkommenskürzungen zu helfen wußte. Staatlich finanzierte Arbeitsbeschaffungsmaßnahmen zur Behebung der Arbeitslosigkeit standen überhaupt nicht zur Diskussion, denn die Zeit der Inflation stand noch zu lebhaft vor Augen, und eine der Sorgen der Regierung war auch ein möglicher erneuter Währungsverfall. Die geplanten Steuererhöhungen und Einkommenskürzungen wurden im Juli vom Reichstag abgelehnt, und Brüning verkündete sie daraufhin im Rahmen einer Notverordnung, die verfassungsgemäß vom Reichstag bestätigt werden mußte. Am 16. Juli fiel sie dort erwartungsgemäß durch, worauf Brüning den Reichstag auflöste. Bis zu den Neuwahlen am 14. September regierte er mittels Notverordnungen.

Standen 1930 den 52 vom Reichstag verabschiedeten Gesetzen nur fünf Notverordnungen gegenüber, so war das Verhältnis 1931 schon 19 Gesetze zu 41 Notverordnungen, 1932 eins von fünf Gesetzen zu 60 Notverordnungen. Parallel dazu wurde

Die SPD-geführte letzte Regierung der Weimarer Republik, die auf einer sicheren Parlamentsmehrheit basierte, zerbrach am 27. März 1930 an Finanzfragen und Parteienegoismus. Die darauffolgende Regierung unter dem Zentrumspolitiker Brüning war von vornherein eine Minderheitsregierung, und Brüning ließ bei seinem ersten Auftreten als Reichskanzler vor dem Reichstag am 1. April 1930 keine Zweifel daran, daß er sein Regierungsprogramm des knappen Geldes auch ohne parlamentarische Zustimmung durchführen werde. Damit waren die Weichen von der parlamentarischen Demokratie zur Präsidialdemokratie gestellt.

Brünings Deflationspolitik und die zunehmend fühlbaren Folgen der schweren Weltwirtschaftskrise ließen die Arbeitslosenzahlen seit 1930 in die Höhe schnellen: von 3,3 Millionen Beschäftigungslosen im März auf 4 Millionen zum Jahresende, auf 5 Millionen im Herbst 1931 und 6 Millionen zu Jahresbeginn 1932. Dabei wurde Langzeitarbeitslosigkeit zur Alltäglichkeit, und sie griff bis weit hinein in den Mittelstand, wo Hoffnungslosigkeit, Enttäuschung und kalte Wut auf das „System" sich kontinuierlich verdichteten.

Arbeitslosigkeit war das Problem Nr. 1 Anfang der dreißiger Jahre in Deutschland, von der auch die stetig wachsenden Schlangen vor den Arbeitsämtern, die auch die schmale Arbeitslosenunterstützung auszahlten, zeugten. In ihrer Verzweiflung waren die Arbeitslosen leicht geneigt, die wirtschaftlichen Probleme der Regierung anzulasten und jedem Demagogen ihre Stimme zu geben, der eine positive Veränderung der Verhältnisse – auch um den Preis der Beseitigung der Demokratie – versprach. Das Foto vom März 1932 aus Hannover dokumentiert auch das populärste Fortbewegungsmittel des damaligen arbeitslosen Deutschen: das Verkehrstarife sparende Fahrrad.

die Rolle des Reichstags immer mehr zurückgedrängt. 1930 fanden 94 Sitzungen statt, 1931 41 und 1932 13. Immer öfter vertagte sich der Reichstag für Wochen und Monate: Zwischen Ende März 1931 und Ende Februar 1932 war das Plenum nur drei Tage in Funktion!

Von April bis Juni 1930 tolerierte die SPD Brünings Politik durch Stimmenthaltung. Eine Abspaltung der Altkonservativen von den Deutschnationalen gab Brüning zudem die Chance, auch die nicht-nationalistischen Konservativen in seine Unterstützungsfront einzubauen, und die Stimmen des Zentrums waren ihm sowieso gewiß, so daß er sich von den Reichstagswahlen im September 1930 eine breitere Basis im Reichstag erhoffen konnte. Statt dessen brachten die Wahlen Einbußen für die SPD und Gewinne für die KPD, die erwartete Stabilität bei Zentrum und BVP, den erhofften entscheidenden Einbruch bei den Deutschnationalen – allerdings nicht zugunsten der Altkonservativen, die ganze vier Mandate errangen, sondern zugunsten der NSDAP, die mit 18,3% der Stimmen als zweitstärkste Partei abschnitt und die Zahl ihrer Abgeordneten von vorher 12 auf nunmehr 107 erhöhte. An der NSDAP führte künftig keine Überlegung zur deutschen Innenpolitik mehr vorbei. Erste Reaktionen fielen aber sehr unterschiedlich aus: Während Brüning Anfang Oktober mit Hitler Kontakt aufnahm, um die Haltung der NSDAP zu einer Tolerierung seiner Politik auszuloten – und eine herrische Absage empfing, da die NSDAP im Hochgefühl ihres Erfolgs schon jetzt auf Alleinherrschaft setzte, um dem ganzen „System" ein Ende zu bereiten –, gründete das Reichsbanner in Vorahnung der künftig verstärkten SA-Aktivitäten besondere Schutzformationen, unmittelbar gefolgt von dem verbotenen RFB, der sich als „Kampfbund gegen den Faschismus" einen neuen Namen gab und auf Wohngebietsstaffeln und Betriebswehren umorganisierte. Daß es künftig auf deutschen Straßen militanter zugehen würde, unterstrich der Stahlhelm gleich nach der Wahlniederlage der Deutschnationalen mit einer großen Parade von 100 000 Mann in Koblenz.

Die Folgen der internationalen Wirtschaftskrise und die Reparationszahlungen konnten nur noch mühsam durch die Aufnahme ausländischer Kredite ausgeglichen werden. Als im Frühjahr 1931 die Reparationsfrage wieder in Bewegung kam und sich abzeichnete, daß sie zugunsten Deutschlands geregelt würde, zog das Ausland – vor allem Frankreich – im Sommer die bislang großzügig gewährten kurzfristigen Kredite schlagartig ab, was eine Bankenkrise zur Folge hatte. Selbst die Großbanken erklärten sich zahlungsunfähig. Dies führte zu einer weiteren Verschärfung der Arbeitslosigkeit.

Die Zahl der Arbeitslosen überschritt im August 1931 die Vier-, im November die Fünf-Millionen-Grenze. Im Durchschnitt hatte jeder von ihnen mit einer Arbeitslosenunterstützung von 81 Mark im Monat auszukommen. Daß unter solchen

Der vom KPD-Vorsitzenden Thälmann 1929 ausgegebenen Losung, daß der Faschismus überall dort geschlagen werden müsse, wo man ihn antreffe, wurde von Hitler mit einer „Gegenterror"-Argumentation begegnet. Seit 1930 nahm daher die Atmosphäre bürgerkriegsähnlichen Umgangs politischer Gegner immer schärfere Konturen an, und die NSDAP stilisierte den schlagenden und prügelnden SA-Mann der NSDAP-Sturmabteilungen geradezu zur Neuauflage des Weltkriegsfrontsoldaten hoch.

Die am 11./12. Oktober 1931 in Bad Harzburg veranstaltete Demonstration der Eintracht verschiedener Flügel der republikfeindlichen Rechten, bei der die DNVP mit ihrem „Stahlhelm", die NSDAP mit ihrer SA und verschiedene Gruppen militärischer Traditionsverbände aufmarschierten, signalisierte den Aufbruch der Rechten zur Eroberung der Macht in der SPD-Hochburg Preußen und im Reich. Daß die paramilitärischen Verbände dabei so sichtbar in den Vordergrund gestellt wurden, ließ die gleichzeitige Behauptung, dies Ziel wolle man durch die Wahlurnen erreichen, recht fragwürdig erscheinen.

Umständen viele den Weg zur SA fanden, war nicht erstaunlich, denn aus unerfindlichen Gründen – später stellte sich heraus, daß Teile der Schwerindustrie großzügige Spenden zufließen ließen – gab es die SA-Uniform für Pfennige und Verpflegung oft genug umsonst. Das Jahr 1931 war dann auch ausgefüllt mit blutigen Zwischenfällen politischen Charakters. Brüning trug dem Rechnung, indem er im Oktober 1931 den Reichswehrminister Wilhelm Groener zugleich zum Innenminister machte.

Die Attraktivität der äußerst militant auftretenden NSDAP für breite Kreise der Wählerschaft seit Beginn der Wirtschaftskrise veranlaßte die DNVP, ihren konservativen Nationalismus schärfer zu profilieren. Mit der Übernahme des Parteivorsitzes durch Alfred Hugenberg (1865 - 1951), Vertrauensmann der Industrie und Inhaber eines Zeitungsimperiums, war 1928 die agrarisch-konservative Komponente in der DNVP geschwächt worden. Nach dem schmerzhaften Schock vom September 1930 setzte Hugenberg auf eine Überwindung der Distanz zwischen seiner bürgerlichen konservativ-nationalistischen Partei und dem pöbelhaften Nationalsozialismus, um eine verbreiterte Rechtsfront zu erhalten. Im Oktober 1931 war es dann soweit: Demonstrativ bekundeten DNVP und NSDAP ihr Einvernehmen in Harzburg – die „Harzburger Front".

Um das republiktreue Potential in der Bevölkerung zu mobilisieren, gründeten die sozialdemokratisch orientierten Gewerkschafts-, Angestellten-, Beamten- und Sportbünde gemeinsam mit SPD und Reichsbanner im Dezember die „Eiserne Front", die ausdrücklich für die Überwindung der faschistischen (zeitgenössisch ein verbreitetes Synonym für nationalsozialistisch) Gefahr eintrat. Auch Hindenburg machte aus seiner Reserviertheit gegenüber der NSDAP und ihren Kampfmethoden keinen Hehl. Nach den großen Erfolgen der NSDAP bei Landtagswahlen im Jahre 1931 wollten Hitler und sein Gefolgsmann Hermann Göring (1893 - 1946) im November mit Hindenburg verhandeln, aber der Reichspräsident lehnte es unter Hinweis auf die Morde und Überfälle der letzten Zeit ab, sie zu empfangen. Im Sommer 1931 versuchte die NSDAP durch ein Volksbegehren, den preußischen Landtag zu stürzen, wo seit der Gründung der Republik die Weimarer Koalition eine stabile Mehrheit hatte und die SPD noch immer die einflußreichste Partei war. Der Volksentscheid erbrachte zwar nicht die notwendige Mehrheit, aber immerhin stimmten 36,8 % der Wähler dafür, wobei die NSDAP auch Schützenhilfe von der aus Moskau entsprechend angewiesenen KPD bekam, die eher bereit war, zusammen mit einer – als Republikgegner ausgewiesenen – rechtsextremistischen Partei beim Sturz des parlamentarischen Systems zu wirken, als die SPD zu unterstützen.

Da im April 1932 Hindenburgs Amtsperiode als Reichspräsident ablief, standen neue Präsidentschaftswahlen an. Von den bürgerlichen Parteien wurde erneut Hindenburg als Kandidat aufgestellt. Die NSDAP meldete im Februar Hitlers Kandidatur an, während die KPD wieder Thälmann präsentierte. Der 84jährige Hindenburg erhielt am 10. April im 2. Wahlgang 53 % der Stimmen, Hitler 36,8 %, Thälmann 10,2 %. Für Hindenburg hatte notgedrungen auch die SPD gestimmt, da er noch das kleinste Übel von den drei Kandidaten war. Aber nur knapp konnten die republiktragenden Parteien noch eine Mehrheit erreichen, das links- und rechtsextremistische Wählerpotential hatte erneut deutlich zugenommen. Seine Abneigung gegen die NSDAP war ein wesentliches Motiv für Hindenburgs erneute Kandidatur gewesen. So hatte er erklärt, er stelle sich nur zur Verfügung, um einem Parteimann, der der Vertreter einseitiger und extremer Anschauungen sei, den Weg in das höchste Reichsamt zu verwehren. Drei Tage nach seiner Wahl zum Reichspräsidenten unterzeichnete er dann auch eine Verordnung Brünings, die die SA im ganzen Reich verbot; allerdings fragte Hindenburg dabei offen an, warum denn nicht auch das Reichsbanner verboten werde, worauf dessen Führung die Reichsbanner-Schutzformationen auflöste. Weniger Abneigung gegenüber der NSDAP zeigte die Reichswehrführung. Reichswehrminister Groener und General von Schleicher hatten schon Anfang Januar 1932 Kontakte zu Hitler aufgenommen. Nun, nach der verordneten Beschneidung der Aktivität seiner Prätorianergarde, offerierte Schleicher Hitler ein Tauschgeschäft: Das SA-Verbot könne ja wieder fallen, wenn die NSDAP eine stark rechts orientierte Reichsregierung toleriere. Eine Rechtsregierung war mit einem profilierten Zentrumspolitiker aber kaum zu arrangieren. Schleicher kam nun auf einen alten Kriegskameraden, den er als Strohmann der drahtziehenden Reichswehrführung für geeignet hielt: Franz von Papen (1879 - 1969), von Schleicher „Fränzchen" genannt, der nicht einmal Mitglied des Reichstags, sondern nur Zentrumsabgeordneter im Preußischen Landtag war. Papen war bereit, die vorgesehene Rolle zu spielen, versicherte sich aber vorher bei Hitler der stillschweigenden Unterstützung durch die NSDAP. Die wurde ihm zugesagt, wenn er das SA-Verbot aufhebe und neue Reichstagswahlen ausschreibe, bei denen die NSDAP erheblichen Stimmengewinn erwartete. Nun mußte nur noch Brüning gestürzt werden. Das besorgten Mitverschworene Schleichers in Hindenburgs Umgebung, die dem vergreisten Reichspräsidenten einredeten, Brünings Programm der Aufsiedlung überschuldeter ostelbischer Rittergüter durch zu Bauern werdende Landarbeiter sei reiner „Agrar-Bolschewismus". Am 30. Mai erwirkte Hindenburg Brünings Rücktritt und ernannte am 1. Juni Papen zu dessen Nachfolger.

Franz von Papen gab seine Regierungserklärung nicht vor dem Parlament, sondern im Rundfunk bekannt: Auflösung des Reichstags, Abschaffung

des bisherigen Wohlfahrtsstaates durch starke Beschneidung von Unterstützungen und Renten sowie höhere Besteuerung von Arbeitern, Angestellten und Gewerbetreibenden – das alles aber garniert mit Versprechungen hinsichtlich Arbeitsbeschaffungsmaßnahmen. In seiner Regierung waren unter den elf Ministern nur drei bürgerliche Fachleute; es wurde daher als „Kabinett der Barone" bezeichnet. Von seiner Partei als Verräter an Brüning geächtet, trennte sich Papen schon am 3. Juni durch Austritt vom Zentrum. Am 17. Juni hob er wie versprochen das Verbot der inzwischen 400 000 Mann zählenden SA auf und öffnete damit die Schleusen für einen Sommer voller bürgerkriegsähnlicher Zustände. Höhepunkt war der Zusammenstoß zwischen SA und RFB am 17. Juli im damals noch zu Preußen gehörenden Altona. Dieser Altonaer Blutsonntag forderte allein 17 Tote und gab Papen einen Vorwand, sein Vorhaben zu realisieren, wie zu Zeiten des Kaiserreichs das Amt des Reichskanzlers mit dem des preußischen Ministerpräsidenten zu vereinen. Im Hintergrund stand allerdings, daß Preußen noch immer von einer SPD-Regierung geführt wurde, auch wenn die „Harzburger Front" dort seit den Landtagswahlen im April 1932 mehr als ein Drittel der Abgeordneten stellte und eigentlich damit gerechnet hatte, das Amt des Ministerpräsidenten besetzen zu können. Mit der Behauptung, der sozialdemokratische preußische Innenminister Carl Severing (1875–1952) sei bereit, mit den Kommunisten gemeinsam gegen die SA vorzugehen, wurde Hindenburg eine Notverordnung zur Wiederherstellung der Ordnung in Preußen abgeluchst. Nun kam Altona gerade recht: Am 20. Juli setzte Papen die preußische Regierung ab und bestellte sich selbst zum Reichskommissar. Die Reaktion der SPD auf diesen „Preußen-Schlag" war mehr als enttäuschend, sie leistete keinen aktiven Widerstand, sondern beschränkte sich auf eine Verfassungsklage beim Reichsgericht. Das hatte aber schon ausgangs der zwanziger Jahre den „Staatsnotstand" als normsetzenden Faktor in Verfassungsangelegenheiten erfunden und fand im Oktober die Absetzung der preußischen Regierung durchaus rechtens.

Die Reichstagswahl vom 31. Juli 1932 brachte für die extreme Linke und die extreme Rechte einen Stimmenanteil von zusammen 52 %. Das alte französische Bonmot, daß die Extreme sich berühren, hatten sie schon zu Beginn der zwanziger Jahre deutlich gemacht, als beide bei Reichstagswahlen in der jungen Republik das parlamentarische System zur Hauptzielscheibe ihrer Angriffe gemacht hatten. Und jetzt, da die NS-Rechte mehr Stimmen auf sich vereinte als beide verfeindeten Arbeiterparteien zusammen, sprach die KPD noch immer von ihrer Vision eines künftigen Sowjet-Deutschland und die NSDAP von ihrer Pflicht, den „artfremden" Parlamentarismus zu beseitigen.

In dieser Bürgerkriegs- und Staatsstreichatmosphäre fanden am 31. Juli die Reichstagswahlen statt. Die NSDAP erhielt 37,4 % und die KPD, die ebensowenig zu einer konstruktiven Zusammenarbeit mit den bürgerlichen Parteien im Reichstag bereit war, 14,2 %. Damit hatten die antiparlamentarisch eingestellten Parteien im Reichstag eine Mehrheit erhalten, die eine effektive Arbeit dieser Institution von vornherein unmöglich machte. Die SPD hatte zehn Reichstagsmandate eingebüßt. Die bürgerliche Mitte war – bis auf das Zentrum, das sogar einen Stimmengewinn verzeichnete – praktisch weggeschmolzen. Viele ihrer Wähler waren zur NSDAP gewechselt.

Zwei Tage später loteten führende Zentrumsvertreter bei der NSDAP die Möglichkeit einer schwarz-braunen Koalition aus und boten ihr Einverständnis mit einem Reichskanzler aus den Reihen der NSDAP an, sofern dieser Hindenburgs Vertrauen besäße. Hindenburg lehnte es jedoch ab, die Regierungsgewalt der NSDAP zu übertragen. Papen blieb Reichskanzler und regierte weiter mit Notverordnungen, u. a. auch im Hinblick auf sein Wirtschaftsprogramm, das im Gegensatz zu dem seines Vorgängers auf staatliche Investitionen sowie Prämien und Steuervergütungen für Arbeitsplatzbeschaffung setzte. Am 4. September, als der Reichstag zu seiner ersten Arbeitssitzung zusammentrat, lag ein KPD-Antrag auf Aufhebung einer Notverordnung vor. Die Abstimmung ergab 42 Stimmen für Papen, 510 gegen ihn: Nur die Deutschnationalen standen hinter ihm. Papen löste daraufhin den Reichstag auf und schrieb für den 6. November 1932 Neuwahlen aus.

Die Wahlen am 6. November brachten zwar der NSDAP einen Stimmenrückgang um 4,3 % auf 33,1 %, aber der Stimmenanteil der KPD stieg dafür auf 16,9 %. Die Mittelparteien hatten weitere Stimmenverluste zu verzeichnen, während die DNVP einen leichten Wählerzuwachs erhielt. Eine regierungsfähige Mehrheit im Reichstag war damit wieder nicht zustande gekommen.

Papen plädierte dafür, den Reichstag überhaupt abzuschaffen. Das nutzte Schleicher, der zum Reichswehrminister ernannt worden war, aus, um gegen Papen beim Reichspräsidenten zu intrigie-

8 Uhr-Abendblatt
National-Zeitung

85. Jahrg. Berlin, Freitag, 18. November 1932 Nr. 271 Einzelnummer 20 Pfennig

Hindenburg gegen Hitlers Forderung!

Der Reichspräsident will wieder ein Präsidialkabinett haben!

Wer nun?

Die Parteiführer-Empfänge beim Reichspräsidenten haben heute begonnen

Der Weg zur Entwirrung der Krise, den der Reichspräsident heute mit dem Empfang der Führer der Deutschnationalen, des Zentrums und der Deutschen Volkspartei beschritten hat, ist gewiß zeitraubender und umständlicher als die Gewaltlösung, die von gewissen radikalen Feinden des Parlamentarismus angeraten wurde. Am Ende dieses Weges steht aber immerhin die Chance einer gewissen Erleichterung der innerdeutschen Spannungen. Hindenburg wird den Parteiführern mitteilen, daß er an dem Gedanken eines Präsidialkabinetts unbedingt festhält, im übrigen aber bereit ist, die Vorschläge der Politiker entgegenzunehmen und danach seine Entscheidung über die Modalitäten des neuen Präsidialkabinetts zu fällen.

Von den Parteiführern hat sich Herr Hugenberg, der als Erster heute vormittag empfangen wurde, natürlich für das reine Präsidialsystem begeistert; er hat dem Reichspräsidenten Vorschläge gemacht, die eine wirksame Mitarbeit des Parlaments an der Regierungstätigkeit zumindest nicht erleichtern sollen. Das Ideal der Deutschnationalen ist ja eine kaum getarnte Diktatur, die den Einfluß und die Kontrolle der anderen Parteien über die Regierung möglichst weitgehend ausschaltet. — Der Zentrumsführer Kaas legt zweifellos dem Reichspräsidenten ein Programm vor, das eine der Verfassung entsprechende und die Rechte des Parlaments achtende Lösung der Krise enthält. Die Haltung des volksparteilichen Führers Dr. Dingeldey, der nachmittags beim Reichspräsidenten erscheint, dürfte dagegen im großen und ganzen der Hugenbergs entsprechen, nur in den Wirtschaftsfragen wird er sich von dem agrarischen Kurs der Deutschnationalen distanzieren.

Morgen werden der Chef der Bayerischen Volkspartei, Staatsrat Schäffer und Adolf Hitler bei Hindenburg erscheinen. Die Bayerische Volkspartei legt, genau wie das Zentrum, Wert auf die Mitwirkung des Reichstags und auf die Vermeidung von politischen und wirtschaftspolitischen Experimenten.

Hitler will alles!

Hitler hat in seinem Abschiedsbrief an Papen vier Bedingungen für Verhandlungen mit dem inzwischen zurückgetretenen Kabinett aufgestellt. Er hat die politischen und wirtschaftlichen Maßnahmen des Kabinetts Papen abgelehnt; sollte er auf diesem Standpunkt beharren, so würde er eine Einbeziehung seiner Partei in die neue Regierungsfront unmöglich machen; denn der Reichspräsident wird an dem Grundgedanken der von ihm erlassenen wirtschaftlichen Notverordnungen nur dann etwas ändern lassen, wenn man ihm unter Garantie bessere Vorschläge vorlegen könnte. Es bedarf keines Wortes, daß die nationalsozialistischen „Wirtschaftspolitiker“ und „Volkswirte“ dazu nicht geeignet sind.

Während die zum Reichspräsidenten berufenen Führer der anderen Parteien vermutlich zunächst keinen Kanzlerkandidaten vorschlagen, dies viel-

Fortsetzung auf der 2. Seite

Die nächste, bitte ...

Welche schöne Zigarre sollen wir nun rauchen?

Erlass Hindenburgs über Preussen!

Die preussischen Minister bekommen wieder Amtsräume und Hilfspersonal

Ausführlicher Bericht im Innern des Blattes.

ren; er versicherte Hindenburg, er selbst werde, mit der Reichswehr im Rücken, eine parlamentarische Mehrheit zur Billigung von Notverordnungen zusammenbringen. Dabei rechnete er mit der Unterstützung des NSDAP-Organisationsleiters Gregor Strasser (1892 – 1934), der den antikapitalistischen Flügel der NSDAP repräsentierte, und mit der, der sozialdemokratischen Gewerkschaften und des Gewerkschaftsflügels des Zentrums, wenn er die gesamte Regierungspolitik auf die Senkung der Arbeitslosigkeit konzentrierte. Schleicher setzte dabei ein Gutachten ein, nach dem Reichswehr und Polizei unmöglich einem Ansturm des Links- und Rechtsextremismus zugleich begegnen könnten – man müsse beide Fronten wenigstens zum Teil durch Regierungsmitverantwortung neutralisieren. So wurde Papen am 2. Dezember 1932 abberufen und Schleicher an seiner Stelle Reichskanzler. Der hatte tatsächlich nur einen Punkt in seinem Regierungsprogramm: Arbeitsbeschaffung für die 6 Millionen Arbeitslosen! Nur fand er nicht die erhoffte Unterstützung bei den von ihm ins Auge gefaßten Kräften: Die Gewerkschaften befürchteten, daß die von Papen praktizierte autoritäre Präsidialherrschaft nun in eine autoritäre Militärherrschaft übergehen könnte. Hitler wollte selbst an die Macht und verdrängte den resignierenden Strasser aus dessen gesamten Parteiämtern. Auch der linke Flügel des Zentrums hielt sich bedeckt. Schleicher stand allein.

Die Agonie der Weimarer Republik füllte sich an mit Intrigen und persönlichen Einwirkungen auf einen überforderten Reichspräsidenten. Der Reichstag war zur Staffage verkümmert, nachdem der Parlamentarismus Schritt für Schritt demontiert worden war. Papen wirkte nun gezielt hinter den Kulissen. Im Hause eines Kölner Bankiers traf der ehemalige Reichskanzler am 4. Januar 1933 mit Hitler zusammen und schlug diesem vor, auf Hindenburg einzuwirken und für eine Beteiligung der NSDAP an einer extrem rechten Reichsregierung zu sorgen,

Bei 6,3 Millionen Arbeitslosen und Hunderttausenden ruinierter Selbständiger war das NS-Plakat zu den Novemberwahlen 1932 von dem NSDAP-Grafiker Mjölnir (eigentlich Hans Schweitzer) gut geeignet, das Wahlverhalten verzweifelter Menschen zu beeinflussen. Dennoch sank die Zahl der NSDAP-Stimmen um über 2 Millionen. Offenbar glaubten die NS-Wähler allmählich nicht mehr so recht an die oftmals vollmundig verkündete bevorstehende „Machtergreifung“.

Papens Rücktritt am 17. November 1932 wurde schon nicht mehr als Sensation aufgenommen: Da aus Brünings Präsidialdemokratie mit Papen bereits eine Präsidialdiktatur geworden war, war es eigentlich egal, wen der Reichspräsident (bzw. die hinter dem 85jährigen stehende Clique) als nächsten Kanzler ins Rennen schickte. Die zeitgenössische Karikatur offeriert den einstigen Reichsbankpräsidenten Schacht, den prominenten Vertreter der christlichen Gewerkschaften Stegerwald, den kommissarischen preußischen Innenminister Bracht, den einstigen Reichswehrminister Geßler und den früheren Reichspreiskommissar Goerdeler zur Auswahl für den nächsten Kandidaten, der ausgebrannt werden kann.

Das Kabinett der „Nationalen Konzentration" demonstrierte dem deutschen Volk und der Welt noch am Tage seiner Berufung den neuen Stil der Regierung und wer künftig in Deutschland das Sagen haben werde: Am Abend marschierten die paramilitärischen Gefolgschaften der Kabinettsparteien NSDAP und DNVP in langen Kolonnen durch das Brandenburger Tor und brachten Hitler mit einem Fackelzug ihre Ovationen dar, die er in seiner nunmehrigen Doppelfunktion als Reichskanzler und Oberster SA-Chef in der traditionsreichen Wilhelmstraße entgegennahm. 13 Jahre zuvor waren die Kapp-Putschisten auf gleichem Wege einmarschiert, um der Republik den Garaus zu machen, waren aber am Volkswiderstand gescheitert – jetzt rückten die zur Zerstörung der Republik entschlossenen politischen Kräfte der Rechten sogar auf der Basis der Legalität ein, die ihnen die Republik selbst geboten hatte.

sofern an deren Spitze Papen und Hitler stünden. Die anhaltend kritische Lage der NSDAP ließ Hitler offenbar konziliant werden und ihn auf eine Koalitionsmöglichkeit mit Papen und den Deutschnationalen eingehen. Das wurde nun in geschickter Form Hindenburg beigebracht, dem andererseits Schleicher inzwischen gestehen mußte, daß er bei der nächsten Reichstagssitzung am 1. Februar 1933 mit einem Mißtrauensvotum rechnen müsse und daher den Reichstag auflösen und die fälligen Neuwahlen lange hinauszögern wolle. Hitler legte hingegen fest umrissene Pläne für ein nach außen hin ganz legales Vorgehen zur Entmachtung des Parlaments vor, als er ein von Papen arrangiertes Gespräch mit Hindenburgs Sohn Oskar (1883–1960) führen konnte: ein vom Reichstag gebilligtes Ermächtigungsgesetz.

Zwar war der Reichspräsident schon für die neue Rechtsregierung Papen-Hitler gewonnen, aber er zögerte noch immer, Hitler, dem er weiter mißtraute, zum Reichskanzler zu ernennen. Schließlich lockte Papen ihm die Zustimmung ab durch den Vorschlag, die Regierungsbeteiligung der NSDAP neben dem Reichskanzlerposten auf zwei Ministerposten zu beschränken. Daraufhin zwang Hindenburg Schleicher, am 28. Januar seinen Rücktritt einzureichen. Um zu verhindern, daß Schleicher die Reichswehr gegen eine Kanzlerschaft Hitlers mobilisieren könne, wurde in der Nacht zum 30. Januar 1933 der NSDAP-freundliche General Werner von Blomberg (1878–1946) zum Reichswehrminister berufen. Erst etliche Stunden später wurde dann, am Mittag des 30. Januar 1933, die neue Regierung unter Hitler von Reichspräsident Hindenburg vereidigt. Der DNVP-Vorsitzende Hugenberg war darin ebenso vertreten wie der Stahlhelm-Führer Seldte (1882–1947) – die „Harzburger Front" hatte ihre Regierung. Das Kabinett der „Nationalen Konzentration" verzichtete darauf, sich überhaupt dem Reichstag noch zu präsentieren; er wurde durch eine Notverordnung vom 1. Februar aufgelöst und Neuwahlen auf den 5. März festgesetzt. Die NSDAP war auf nach außen hin legale Weise in die Lage versetzt, die Republik zu vernichten, nachdem man die parlamentarische Demokratie seit 1930 systematisch ausgehöhlt hatte.

Das Dritte Reich (1933 - 1945)

Die „Machtergreifung"

Die Slogans, mit denen die Regierung in den Wahlkampf zu den neuen Reichstagswahlen ging, waren auf zwei Themen reduziert: Gegen den Marxismus! Für die nationale Erhebung des deutschen Volkes! Begleitet und unterstützt war diese Wahlpropaganda der NSDAP, die von dem Berliner Gauleiter der NSDAP, Joseph Goebbels (1897 - 1945), organisiert wurde, durch das Zusammenwirken staatlich-polizeilicher Maßnahmen mit brutalem Straßenterror. Am 2. Februar begann diese Welle mit dem Verbot aller Demonstrationen der Kommunisten in Preußen und anderen norddeutschen Ländern. Auch eine Kundgebung der SPD im traditionellen Berliner Lustgarten wurde verboten. Am 4. Februar, als es nun wahrlich zu spät war, wurde im Preußischen Landtag erst- und letztmals ein Zeichen gesetzt, wie auf parlamentarischem Wege dem Bündnis der Konservativen und revolutionär-populistischen Rechten zu begegnen gewesen wäre: Den von NSDAP und DNVP eingebrachten Antrag, der Landtag solle sich selbst auflösen, lehnten die Abgeordneten von KPD, SPD, Zentrum und Staatspartei (so hieß die DDP seit 1930) gemeinsam und mit Mehrheit ab. Das war aber nicht mehr als ein letztes Aufbäumen, denn mit einer Notverordnung zur Herstellung geordneter Regierungsverhältnisse in Preußen wurde schon einen Tag später auch das Schicksal des Landtages entschieden. Einen Tag zuvor war mit der Notverordnung „Zum Schutz des deutschen Volkes" das ganze Reich unter Ausnahmezustand gestellt worden, wodurch auch Eingriffe in die Presse- und Versammlungsfreiheit eine Rechtsgrundlage erhielten. SA-Trupps überfielen Parteilokale der Arbeiterparteien und Büros der Gewerkschaften. Mitglieder und profilierte Repräsentanten der Arbeiterbewegung wurden schon gleich nach dem 1. Februar 1933 verfolgt und mißhandelt.

Am 17. Februar verkündete Göring als preußischer Innenminister einen Schießerlaß, der es der Polizei zur Pflicht machte, SA und Stahlhelm bei ihrem Wahleinsatz mit der Waffe zu unterstützen. Eine Woche später bildete Göring eine preußische Hilfspolizei von 50 000 Mann aus SA- und Stahlhelm-Mitgliedern, deren Parteilichkeit gegenüber politisch Andersdenkenden und -handelnden, mit denen sie im Vorjahr bei Saalschlachten massiv aneinandergeraten waren, leicht vorstellbar ist.

Der Brand des Reichstagsgebäudes ist bis in die Gegenwart noch Gegenstand wissenschaftlicher Dispute und nicht völlig aufgeklärt. Man weiß mit Gewißheit, daß Hitler seit 1930 davon träumte, daß ein kommunistischer Aufstand ausbräche und die Reichsregierung die NSDAP und ihre SA zu Hilfe riefe, damit er dann mit einem Schein von Legalität sein Terrorregime installieren könne. Mit dem Reichstagsbrand als angeblichem Signal für einen kommunistischen Aufstand, für den selbst die Spur eines Beweises nie erbracht werden konnte, war nun aber eine Begründung für den innenpolitischen Terror gegeben. Zugleich konnte man im Ausland, wofür auch mehrere nationalsozialistische Broschüren verfaßt wurden, zumindest bei den dortigen Konservativen mit einiger Aussicht auf Glaubwürdigkeit argumentieren, eine kommunistische Machtübernahme sei angesagt gewesen und müsse mit allen Mitteln erstickt werden. Geschickt wurde die bei allen europäischen Regierungen latent vorhandene antikommunistische Grundeinstellung von den Nationalsozialisten benutzt, um die brutalen Menschenrechtsverletzungen während der „Nationalen Erhebung" als notwendige Maßnahmen zur Rettung der Zivilisation tolerieren zu lassen.

Am Abend des 27. Februar schlugen plötzlich Flammen aus dem Dach des Reichstagsgebäudes in Berlin. Göring erschien in erstaunlich kurzer Zeit am Brandort und verkündete sofort, dies sei das Werk der Kommunisten, und gab damit den Startschuß zur organisierten Jagd auf kommunistische Funktionäre. Noch in der Brandnacht wurden allein in Berlin 1500, im ganzen Reich rd. 10 000 Personen verhaftet, zumeist Kommunisten, aber auch Sozialdemokraten und einige prominente linke Intellektuelle. Zugleich wurde die gesamte kommunistische und ein Großteil der sozialdemokratischen Presse verboten. Schon am 28. Februar errichtete die Notverordnung „Zum Schutz von Volk und Staat" ein notdürftig legalisiertes Terrorregime. Wesentliche Grundrechte der Weimarer Verfassung wurden außer Kraft gesetzt – Presse-, Vereins- und Versammlungsfreiheit, Postgeheimnis, Unverletzlichkeit von Wohnung und Eigentum –, und für Taten, die als aktiver Widerstand gegen die Verordnung auszulegen waren, wurde die Todesstrafe angedroht. Damit war die Verfassung praktisch nur noch ein Fetzen Papier. Als erste Konsequenz aus der Notverordnung vom 28. Februar schossen nun allerorts Folterkeller aus dem Boden, wo die SA – bei weitem nicht nur in ihrer Funktion als Hilfspolizei – politische Gegner hinschleppte, viehisch quälte und sogar ermordete.

Das rasche Handeln und die schnelle Vorlage der Notverordnungen begründen den Verdacht, daß der Reichstagsbrand von den Nationalsozialisten selbst gelegt wurde oder zumindest von ihnen initiiert wurde. Tatsächlich war der niederländische Kommunist Marinus van der Lubbe (1909 - 1934) am Brandort aufgegriffen worden, jedoch erwies sich van der Lubbe als geistig labiler und leicht zu manipulierender Einzelgänger. Görings Versuch, in einem Schauprozeß vor dem Reichsgerichtshof, der von September bis Dezember 1933 dauerte, ein kommunistisches Komplott nachzuweisen, scheiterte kläglich. Sowohl der mitangeklagte Vorsitzende der Reichstagsfraktion der KPD, Ernst Torgler (1893 - 1963), als auch der bulgarische „Berufsrevolutionär" Georgi Dimitroff (1882 - 1949) wurden freigesprochen, lediglich van der Lubbe wurde zum Tode verurteilt. Zu diesem Zeitpunkt waren die Reichstagswahlen vom 5. März schon längst vorbei, die in der durch den Reichstagsbrand angeheizten Terror-

atmosphäre verlaufen waren. Bei einer noch nie erreichten Wahlbeteiligung von 88,7% konnte die NSDAP gegenüber ihrem Spitzenergebnis vom Juli 1932 zwar dreieinhalb Millionen Wähler hinzugewinnen und damit 43,9% der Wähler hinter sich bringen, aber sie bedurfte doch noch des Koalitionspartners DNVP, der 8% der Stimmen erhalten hatte, um die Mehrheit im Reichstag zu erringen. Von 647 Abgeordneten stellte die Regierungskoalition 340. Durch die Annullierung der 81 Mandate der KPD, die Kommunisten hatten trotz aller Hetze immerhin noch 4,85 Millionen Stimmen erreicht, stärkte die Regierungskoalition noch ihre Position im Reichstag. Theoretisch war so eine tragfähige Mehrheit für eine parlamentarische Regierungsform zustande gekommen, aber Hitler, Papen und Hugenberg waren daran nicht interessiert, sondern nur noch an einem letzten legal erscheinenden Schritt zur Errichtung einer „nationalen" Diktatur, der der Reichstag durch das „Ermächtigungsgesetz" seine Weihe geben sollte.

Zunächst wurden die deutschen Länder ihrer parlamentarisch getragenen Regierungen beraubt und überall Reichsstatthalter zur Übernahme der Regierungsgeschäfte eingesetzt. Der Reichsführer der 1925 gegründeten Schutzstaffeln zur persönlichen Sicherheit der NSDAP-Führer (SS), Heinrich Himmler (1900–1945), seit dem 9. März 1933 Polizeipräsident von München, teilte am 22. März der Weltöffentlichkeit offiziell mit, daß in Dachau bei München ein Konzentrationslager zur Sammlung und Verwahrung von „Schutzhäftlingen" eingerichtet worden sei. Damit bekamen die Folterkeller der SA nun einen verbindlichen Namen. Neben Kommunisten fanden sich dort nach dem 5. März auch zunehmend Sozialdemokraten und deren Sympathisanten aus Reichsbanner und „Eiserner Front", die nach den Wahlen länderweise verboten wurden. Am 21. März trat der neugewählte Reichstag zu seiner Eröffnungssitzung nicht in Berlin, sondern in der Garnisonskirche von Potsdam zusammen und bot der Welt ein bestens inszeniertes Schauspiel der Verschmelzung von preußisch geprägtem Konservatismus und Hitler-geprägtem Revolutionismus. Vom Datum bis zu den Uniformen war der ganze Tag auf tiefgreifende Emotionen abgestimmt.

Die Eröffnung des neugewählten Reichstags am 21. März 1933 verwies auf die des Ersten Reichstags des wilhelminischen Kaiserreichs vor exakt 62 Jahren. Aber auch die Wahl des Ortes sprach Bände: Die „Nationale Erhebung" setzte sich deutlichst von Weimar ab und siedelte sich dort an, wo der friderizianische Militärstaat allgegenwärtig war. Der greise Reichspräsident in der Uniform des kaiserlichen Generalfeldmarschalls als „Ersatzkaiser" und der neue „Volkskanzler", der als Gefreiter in der Fronttruppe des Weltkriegs gekämpft hatte, symbolisierten mit ihrem Händedruck in der Potsdamer Garnisonskirche im Angesicht von Reichswehr, „Stahlhelm"- und SA-Verbänden das bewußte Anknüpfen an Werte, die das 1918 versunkene Kaiserreich geprägt hatten und die nun durch die Symbiose von Konservatismus und revolutionsverbrämtem Populismus ihre Wiederbelebung erfahren sollten.

Zwei Tage später trat der Reichstag in Berlin zu seiner ersten Arbeitssitzung zusammen. Da das Reichstagsgebäude durch den Brand unbenutzbar geworden war, versammelte man sich in dem gegenüberliegenden Gebäude der Kroll-Oper. Vorgelegt wurden dem Gremium zusammen mit der Regierungserklärung der Entwurf eines „Gesetzes zur Behebung der Not von Volk und Reich", der der Regierung für vier Jahre die Vollmacht erteilte, legislative und exekutive Gewalt vereint auszuüben, auch der Verfassung nicht entsprechende Gesetze zu erlassen und internationale Verträge abzuschließen. Dieses Ermächtigungsgesetz mußte, weil verfassungsändernd, den Reichstag mit Zweidrittelmehrheit passieren. Tatsächlich stimmten alle bürgerlichen Fraktionen, zum Teil einfach eingeschüchtert, für das Gesetz. Dagegen stimmte nur die SPD-Fraktion, von deren 120 Abgeordneten nur 96 anwesend sein konnten, da 24 bereits verhaftet oder auf der Flucht waren. Der Parteivorsitzende Otto Wels (1873–1939) hielt eine mutige Rede, worin er die Herrschaft der „Harzburger Front" dem Rechtsbewußtsein des Volkes gegenüberstellte und auf letzteres als normensetzende politische Macht verwies, an die die SPD immer wieder appellieren werde.

Hitlers moderate Töne in seiner außenpolitischen Grundsatzerklärung vom 17. Mai 1933 wurden weithin mit Skepsis aufgenommen, und die linksliberale US-Zeitschrift „The Nation" kommentierte dann auch in einer Karikatur den Gegensatz zwischen Hitlers Friedensrede und dem rasanten Mitgliederzuwachs der SA, die im Ausland mit Vorliebe genauso gesehen wurde, wie sie ihr Stabschef Ernst Roehm allzugern profiliert hätte: als millionenstarke Milizarmee neben dem zahlenmäßig kleinen Berufsheer, das die Reichswehr darstellte.

So gesittet wie auf diesem für die Auslandspresse gestellten Foto im KZ Oranienburg bei Berlin ging es in den Konzentrationslagern, die die SA nach ihrem Belieben eingerichtet hatte, keineswegs zu – schon gar nicht bei Einlieferungen! Hier werden bekannte Sozialdemokraten, die gerade im KZ eintreffen, von ihren Folterknechten in Augenschein genommen. Es handelte sich dabei (v. l. n. r.) um Ernst Heilmann (1881-1940), dem Vorsitzenden der SPD-Fraktion im Preußischen Landtag, um Friedrich Ebert jun. (1894-1979), Reichsbanner-Führer sowie um vier prominente Angestellte des Reichsrundfunks. Ernst Heilmann, der sich durch mutiges Auftreten gegen die NSDAP im Preußischen Landtag den besonderen Haß der NS-Gewaltigen zugezogen hatte, blieb für den Rest seines Lebens hinter Stacheldraht und verstarb 1940, von Strapazen und Drangsalierungen entkräftet, im KZ Buchenwald.

Mit der Verabschiedung des Ermächtigungsgesetzes hatte der Reichstag seine Schuldigkeit getan. Er wurde nur noch einmal zusammengerufen, um am 17. Mai eine Hitler-Erklärung zur deutschen Außenpolitik anzuhören und anschließend – eine Neuheit im deutschen Parlamentsleben – durch Erheben von den Plätzen seine Zustimmung zu deklarieren. Nicht ganz ohne Verwunderung registrierte man dabei im In- und Ausland, daß auch die noch an der Sitzung teilnehmenden 65 SPD-Abgeordneten sich erhoben.

Das brachte die schwelende Krise in der Partei über ihr taktisches Verhalten zu der seit dem Ermächtigungsgesetz allseits legalisierten Diktatur zum offenen Ausbruch. Die SPD ging anfangs von der Erfahrung des Bismarckschen Sozialistengesetzes aus und richtete sich zwar auf ein Verbot der Organisation, aber eine weiterbestehende Möglichkeit parlamentarischen Wirkens ein. Um das Parteiverbot zu verzögern, wurde – forciert durch Gewaltandrohungen von seiten Görings – nationaler Konsens demonstriert, indem Wels seinen Platz im Büro der Sozialistischen Arbeiter-Internationale aufgab und Mitglieder des Parteivorstandes bei ausländischen Bruderparteien daraufhinwirkten, Angriffe auf die Hitler-Papen-Hugenberg-Regierung einzustellen. Vorsichtshalber sandte der Parteivorstand Anfang Mai aber einige seiner Mitglieder ins Ausland, um dort eine Auslandsstelle einzurichten, die auch emigrierenden Parteigenossen helfen könne. Daraufhin wurde am 9. Mai das Vermögen der SPD beschlagnahmt. Während die im Reich verbliebenen Spitzenrepräsentanten auf Nachgiebigkeit und Anpassung setzten, forderten die ins Ausland gegangenen Widerstand. Zu einer Zuspitzung kam es, als sich die nach Prag Emigrierten am 2. Juni zum Parteivorstand der SPD deklarierten, worauf sich der in Berlin verbliebene Rest-Vorstand sofort als alleiniger Vorstand erklärte. Um nationalsozialistischem Druck zu entgehen, verkündete der Berliner Parteivorstand zugleich auch den Austritt der SPD aus der Sozialistischen Arbeiter-Internationale und verdrängte schließlich Funktionäre jüdischer Herkunft aus seinen Reihen. Das half aber alles nichts. Nachdem die KPD seit Ende Februar bereits unterdrückt worden war, wurde am 22. Juni 1933 die SPD förmlich verboten. Am 2. Mai waren bereits die Führer der Gewerkschaften inhaftiert und die Gewerkschaftshäuser beschlagnahmt worden. Am 10. Mai wurden dann alle Gewerkschaften in die neue nationalsozialistische Einheitsorganisation „Deutsche Arbeitsfront“ (DAF) überführt – sie waren damit „gleichgeschaltet“.

Das Wort „Gleichschaltung“ hatte im Frühjahr und Sommer 1933 Hochkonjunktur. Es beinhaltete die Einebnung von Ländern, Institutionen, Organisationen und spitzte sich seit April zu auf die Umwandlung der vorhandenen – häufig politisch bedingten – Vielfalt zu einer NSDAP-Gliederung unter der Leitung von NSDAP-Kommissaren. Die so entstehenden Organisationsgebilde schmückten sich dann mit dem Beinamen Nationalsozialistisch (NS). In die neuen Organisationen brauchten die neuen Mitglieder nicht erst einzutreten wie in die NSDAP oder die SA, sondern sie wurden durch ihre frühere Mitgliedschaft in Verein oder Verband automatisch Mitglieder eines NS-Vereins oder einer NS-Gemeinschaft. Da der angestrebte totale Staat auch die totale Erfassung der Staatsbürger vorsah, mußte er konsequenterweise alle außerhalb von NS-Organisationen liegenden Freiräume liquidieren. Dies gelang bis zum Ende des NS-Regimes zwar nicht in der gewünschten Totalität, und es blieben immer noch Nischen für Individuen oder kleine Gruppen, aber was sich in irgendeiner Form hätte politisch äußern können, wurde systematisch eingeebnet.

Als sich die DNVP am 27. Juni 1933 selbst auflöste, erhielten deren Abgeordnete in den NSDAP-Fraktionen auf Reichs-, Länder- und Gemeindeebene einen entsprechenden Posten. Das Konzept der Konservativen, die NSDAP in einer Koalition mit Verantwortung belasten und auf diese Weise zähmen zu können, war schmählich zusammengebrochen. Am Vortag war Hugenberg auf Druck der NSDAP von seinen Ämtern als Ernährungs- und Wirtschaftsminister zurückgetreten und durch zwei NSDAP-Minister ersetzt worden. Im Laufe einer Woche lösten sich nach der DNVP auch alle anderen bürgerlichen Reichstagsparteien selbst auf, ohne aber wie die DNVP durch entsprechende politische Posten belohnt zu werden. Am 6. Juli verkündete Hitler daraufhin vor seinen Reichsstatthaltern das Ende der „Nationalsozialistischen Revolution“. Die Vollendung des totalen Staates nähere sich, und jeder Versuch, diesen Zustand zu verändern, müsse wie Hochverrat behandelt werden. In der Kabinettsitzung am 14. Juli, die 43 Tagesordnungspunkte behandelte, wurde dann auch ein Gesetz gegen die Neubildung von Parteien verabschiedet, das die Einparteienherr-

Das NS-Reich stellte nach der nationalsozialistischen Propaganda in gewisser Weise eine erheblich verbesserte Weiterführung des alten Reichsgedankens dar. Man scheute sich nicht, auch Höhepunkte der Geschichte des „Heiligen Römischen Reiches Deutscher Nation" als direkte Wegbereiter für das nun kommende Tausendjährige Reich unter dem Hakenkreuz zu vereinnahmen. So sollte auch die Darstellung von Hitler als Ritter auf die Traditionen aus dem alten Deutschen Reich verweisen.

schaft festschrieb. Die NS-Bewegung hatte damit ihr Ziel, mit dem System der Weimarer Republik Schluß zu machen, endgültig erreicht.

Die NSDAP war nun in Zugzwang, neue Zielvorstellungen zu verkünden, denn mit einer Begrenzung der „Revolution" auf ein politisches Ziel stand sie mit leeren Händen vor jenen ihrer Aktivisten, die aus neidvollen sozialen Motiven gegen Bonzen, Raffer und Prasser für ein nationalsozialistisches Deutschland gekämpft hatten. Als nächstes Ziel forderte Hitler nun, die Nation durch die Erziehung und totale Erfassung ihrer Einzelglieder zu einer Masse zu verschmelzen, die er und seine getreuesten Anhänger für die Realisierung ihrer Weltsicht benötigten. In seiner Rede auf dem NSDAP-Parteitag in Nürnberg am 1. September 1933 sprach Hitler dann auch offiziell von dem nationalsozialistischen Deutschland als dem „Dritten Reich" der Deutschen. Damit griff er auf konservative Theorien der zwanziger Jahre zurück, die im Heiligen Römischen Reich das Erste, im Hohenzollern-Kaiserreich das Zweite und in einem zukünftigen nicht-parlamentarischen, nicht-liberalen, nicht-demokratischen Deutschland das Dritte Reich sahen. Die Zeit der Weimarer Republik wurde als dazwischen liegende „System"-Zeit abgewertet. Für Hitler war das nun voll im Besitz der Macht befindliche NS-Regime die Garantie dafür, daß dieses Dritte Reich – wie das Erste – ein tausendjähriges Reich der Deutschen sein werde.

Der NS-Führerstaat

Eine auch dem Ausland zu repräsentierende Zustimmung der deutschen Bevölkerung zu der seit Februar 1933 verfolgten Politik erzielten die Nationalsozialisten im November 1933 durch eine Volksabstimmung. Am 14. Oktober 1933 hatte Deutschland die Genfer Abrüstungskonferenz verlassen und war gleichzeitig aus dem Völkerbund ausgetreten, beides Maßnahmen, die bei der Bevölkerung auf Sympathie trafen, denn die Diskriminierung von Deutschland durch den Vertrag von Versailles und seine Folgen waren nicht vergessen und die schlechten Erinnerungen daran wurden noch kräftig von den Nationalsozialisten geschürt. Noch am gleichen Tag löste der Reichspräsident aber auch den Reichstag auf und schrieb Neuwahlen für den 12. November aus. Der Wahlzettel für diese Wahl enthielt nur noch von der NSDAP aufgestellte Kandidaten und war mit der Frage verknüpft, ob der Wähler den Austritt aus dem Völkerbund billige; tat er das, wählte er damit zugleich auch die Kandidaten in den Reichstag. Die Volksabstimmung mit gleichzeitiger Billigung der „Liste des Führers" brachte eine Wahlbeteiligung von 95,2% und 92,2% Ja-Stimmen. Neben der von der Bevölkerung bejahten Außenpolitik wirkte sich für die Nationalsozialisten auch der spürbare Rückgang der Arbeitslosenzahlen aus, die im Laufe des Jahres 1933 von über 6 auf 3,7 Millionen sanken – wenngleich das auslösende Moment dazu weniger ökonomische Wundertaten der NSDAP waren als das Abklingen der Weltwirtschaftskrise und das Greifen von Arbeitsbeschaffungsplänen, die in der Endphase der Weimarer Republik ausgearbeitet worden waren.

Der neue Reichstag diente allerdings nur noch dazu, am 30. Januar 1934, dem ersten Jahrestag von Hitlers Kanzlerschaft, einem Gesetz zuzustimmen, das das föderalistische Prinzip beseitigte, indem die Ländervertretungen aufgelöst, die Länderregierungen der Reichsregierung unterstellt und die Hoheitsrechte der Länder auf das Reich übertragen wurden. Auch staatsrechtlich war somit der NS-Einheitsstaat legitimiert, in dem nur noch der Wille der NSDAP – und das

Breiten Rückhalt beim Volk für ihre Politik demonstrierte die NSDAP durch einen geschickten Schachzug, den sie sich beim Bonapartismus Napoleons III. abgesehen hatte, wo die Herausforderung der Massen zu einer plebiszitären Zustimmung oder Ablehnung erstmals gewagt wurde, aber immer an vordergründige, die Zustimmung geradezu provozierende Fragestellungen gebunden gewesen war. Erstmals wurde diese Methode vom NS-Regime am 12. November 1933 praktiziert, als über Deutschlands Austritt aus dem Völkerbund abgestimmt wurde. Von 45 Millionen Wählern blieben zwar fast 2 Millionen den Urnen fern und knapp 3 Millionen stimmten mit „Nein", aber 40,6 Millionen billigten in dieser propagandistisch gut vorbereiteten Abstimmung die NS-Politik, die der Einfachheit halber mit Hitler identifiziert wurde.

Schon die Regierung unter Papen hatte Ideen entwickelt, zur Bekämpfung der hohen Arbeitslosigkeit gewaltige öffentliche Bauvorhaben in Gang zu setzen, und dabei auch Pläne zum Bau von Autobahnen ausgearbeitet. Das NS-Regime holte diese Pläne dann nur noch aus der Schublade und wies sie als selbsterdachte Arbeitsbeschaffungsmaßnahmen aus. Der auf effektvolle Auftritte spezialisierte Hitler gab am 23. September 1933 bei Frankfurt/Main mit einem „Ersten Spatenstich" den symbolischen Auftakt zum Bau, der bis zum Kriegsausbruch im Jahre 1939 zu über 3 000 km Autobahnen führte.

war letztlich der Wille Hitlers – galt. Schon im September 1933 war mit der Reichskulturkammer das gesamte kulturelle Leben in staatliche Normen eingebunden worden. Gleich nach dem 30. Januar 1934 wurden alle monarchistischen Verbände unterdrückt. Ihnen folgten im Sommer 1935 die Traditionsverbände der kaiserlichen Armee und der Freikorps, im Oktober 1935 die Deutsche Burschenschaft und dann die endgültige Überführung des Stahlhelms in die SA.

Die katholische Kirche schloß am 2. Juli 1933 das schon im Vorjahr unter Papen vorbereitete Reichskonkordat zwischen Deutschland und dem Vatikan ab, das gegen die Garantie des katholischen Eigentums und des ungestörten Gottesdienstes den politischen Klerikalismus im Reich ausdrücklich verbot. Schon Ende März 1933 hatte die Fuldaer Bischofskonferenz als höchstes Koordinierungsorgan des deutschen Katholizismus den Gläubigen freigestellt, sich in der oder für die NSDAP zu betätigen. Zwei Jahre nach dem Abschluß des Konkordats lief allerdings im Frühsommer 1935 eine Prozeßwelle gegen Klosterangehörige an, denn das 1933 zugestandene Verbot des politischen Klerikalismus gab den Nationalsozialisten das Instrument in die Hand, jeden geistlich motivierten Widerstand von Katholiken gegen die NS-Brutalitäten zu kriminalisieren. Im April 1937 standen 70 Vertreter katholischer Jugendverbände und Geistliche vor Gericht, denen als Mitglieder eines Friedensbundes deutscher Katholiken vorgeworfen wurde, die Politik des Reiches zu untergraben. Dem Reichskonkordat widersprach ausdrücklich die 1937 einsetzende Gleichschaltung der katholischen Jugendorganisationen. Die Fronleichnamsprozessionen im Mai 1937 nahmen daraufhin in den katholischen Hochburgen den Charakter von Massendemonstrationen an. Im Hintergrund stand die Enzyklika „Mit brennender Sorge" von Papst Pius XI. (1857–1939, P. 1922), die die ständige Verletzung des Konkordats und die Unterdrükkung der Katholiken im Reich ungeschminkt anprangerte; sie durfte zwar in Deutschland nicht gedruckt und publiziert werden, aber ihre Verkündung von den Kanzeln war nicht zu verhindern. Pius XI. starb jedoch im Februar 1939. Sein Nachfolger Pius XII. (1876–1958) hatte als Staatssekretär seines Vorgängers das Reichskonkordat ausgehandelt und war davor von 1920–1929 Nuntius in Deutschland gewesen. Er stand als entschiedener Antikommunist dem Faschismus nicht unfreundlich gegenüber und konnte von den gegen den NS-Führerstaat opponierenden Katholiken nicht als Rückendeckung angesehen werden. Seither war die katholische Verweigerung gegenüber den Realitäten des Dritten Reiches in den Individualbereich gerückt.

Da der Nationalsozialismus im deutschen Protestantismus nie einen prinzipiellen Gegner hatte, sondern im rechten Spektrum der Weimarer Republik eher Berührungspunkte anzutreffen waren, gab es zunächst von dieser Seite keinen ernsthaften Widerstand. Im Verlauf der nationalen Erhebung vom Frühjahr 1933 kam dann auch sehr schnell in den evangelischen Landeskirchen jener Drang zum Durchbruch, sich in einer Reichskirche zu vereinen. Im Mai 1933 wurde der Hitler-Papen-Hugenberg-Regierung dann auch folgerichtig ein Reichsbischof präsentiert, der aber von der Regierung abgelehnt wurde. Darauf wählte die erste deutsche Nationalsynode in Wittenberg im September 1933 einen ehemaligen Wehrkreispfarrer, Ludwig Müller (1883–1945), zum Reichsbischof.

Während der Vorbereitung auf die Reichssynode entstand durch die Initiative des Pfarrers Martin Niemöller (1892–1984), der im Weltkrieg U-Boot-Kommandant und seit 1925 NSDAP-Wähler gewesen war, in Berlin-Dahlem ein Pfarrernotbund, der der NS-Unterwanderung des protestantischen Christentums mit festen Prinzipien entgegentrat. Während die Landesbischöfe im Januar 1934 dem NS-Führerstaat eine Art Treueerklärung abgaben und die evangelischen

Die SA, beim Machtantritt der NSDAP etwa 700 000 Mann stark, wuchs bis zum Frühsommer 1934 auf eine paramilitärische Truppe von mehreren Millionen an, der nach der Ausschaltung ihrer politischen Gegner allmählich ihre Sinnbestimmung als Bürgerkriegsarmee abhanden kam. Stark durchsetzt von proletarischen und lumpenproletarischen Elementen, begann die SA nach einer „zweiten Revolution" gegen Reiche, Raffer und Prasser zu murren. Bei den häufigen SA-Appellen wurde diese Unzufriedenheit gelegentlich vernehmlich, und Hitler machte dem mit dem Massenmord an SA-Führern am 30. Juni 1934 ein Ende. Hier stehen der SS-Chef Himmler und sein Stellvertreter Seidel-Dittmarsch noch einträchtig mit SA-Stabschef Roehm und dem Berliner SA-Chef Ernst (hinter Seidel-Dittmarsch) bei einer SA-Parade beisammen, wenige Monate später wurden auch die beiden SA-Größen nach dem angeblichen Roehm-Putsch aus dem Wege geräumt – ermordet von SS-Chargen.

Jugendbünde der HJ überführt wurden, postulierte die aus dem Notbund hervorgehende „Bekennende Kirche" im Herbst 1934 ein kirchliches Notrecht gegen die Reichskirchenleitung. Sie warf ihr vor, sich durch rassistische Maximen von den Grundlagen des Christentums entfernt zu haben, und bildete eine eigene Kirchenleitung, die sie zum rechtmäßigen protestantischen Kirchenregiment im Reich erklärte. Da sich nicht wenige evangelische Pfarrer der „Bekennenden Kirche" anschlossen, verpuffte die Wahl des Reichsbischofs, so daß das NS-Regime 1935 mit der Einsetzung eines Reichskirchenministers den offenen staatlichen Zugriff auf die protestantische Kirche organisierte. Niemöller wurde verhaftet und im Februar 1938 zu Festungshaft verurteilt, verschwand dann aber bis 1945 im KZ. Andere Pfarrer der „Bekennenden Kirche", wie Paul Schneider (1898–1939), wurden im KZ ermordet. Ihrer führenden Köpfe beraubt, fror die „Bekennende Kirche" ihre offene Opposition ausgangs der dreißiger Jahre ein, blieb aber ein Gegner des Regimes. Einige Mitglieder wie Dietrich Bonhoeffer (1906–1945) standen dann in Verbindung zum Kreisauer Kreis und verloren nach dem 20. Juli 1944 ihr Leben.

Im Hochsommer 1934 war das baldige Ableben Hindenburgs zu erwarten. Gestützt auf das Ermächtigungsgesetz beschloß die Reichsregierung am 1. August die Vereinigung der Ämter von Reichskanzler und Reichspräsident. Als Hindenburg am folgenden Tag starb, wurde sofort die Reichswehr – die auf die Verfassung vereidigt war, in der der Reichspräsident als ihr Oberbefehlshaber fungierte – auf den „Führer und Reichskanzler" vereidigt. Eine Volksabstimmung über die Zusammenlegung der beiden höchsten Staatsämter erbrachte fast 90 % Ja-Stimmen. Aber auch mit diesem Votum im Rücken blieb Hitler in bezug auf das Militär zunächst noch auf dem Boden der Tatsachen, die er seit dem 30. Januar 1933 nüchtern berechnet hatte. Wenn überhaupt eine Kraft in Deutschland der NS-Herrschaft gefährlich werden konnte, so war es die Reichswehr. Daher hatte er noch während der „Nationalen Erhebung" und der „Nationalsozialistischen Revolution" darauf bestanden, Militär und Partei zu trennen. Hitler brachte die Differenzierung zwischen der braunen Bewegung und dem Heer auf die griffige Unterscheidung, letzteres sei der Waffenträger, erstere der politisch gestaltende Willensträger der Nation. In den höheren Rängen der SA fühlte man sich jedoch zum Teil um hohe Posten in Staat, Wirtschaft und Reichswehr betrogen. Auch unter den alten SA-Kämpfern waren viele nicht mit dem von Hitler verkündeten Ende der „Revolution" einverstanden.

Im ersten Halbjahr 1934 verdichteten sich Anzeichen, daß die inzwischen drei Millionen zählende SA unter ihrem Stabschef Ernst Roehm (1887–1934) zumindest in Teilen von einer zweiten Revolution träumte; als Minimalprogramm schwebte Roehm die Umwandlung der SA zum alleinigen Waffenträger in Form einer Miliz vor. Hitler, der in Roehm einen seiner ganz wenigen Duzfreunde besaß, warnte nur wenig verblümt mehrmals vor solchen Hoffnungen: Reichsheer und Reichsmarine waren als Kaderstamm für eine gewaltige Militärmaschinerie, die der NS-Führerstaat zur Durchsetzung seiner außenpolitischen Ziele aufbauen wollte, unersetzlich. Schließlich wurde nach einem im Kreise um Himmler ausgearbeiteten Szenarium am 30. Juni 1934 ein vernichtender Schlag gegen die SA-Führer geführt, bei dem sich die SS mit Unterstützung der Reichswehr als Henkersknecht hervortat. Bis zum 2. Juli fand eine Welle von Verhaftungen und Erschießungen ohne Gerichtsverfahren statt. Insgesamt wurden in dieser Zeit etwa 1000 Personen aus dem Weg geräumt, die der NSDAP im Wege standen, die teilweise nichts mit der SA zu tun hatten. Neben Roehm und seinen Paladinen in der SA wurden auf diese Weise auch der ehemalige bayerische Staatskommissar von Kahr sowie Hitlers Vorgänger im Kanzleramt, General von Schleicher, der entmachtete Gregor Strasser und der Leiter der Katholischen Aktion, Erich Klausener (1885–1934), ermordet. Proteste aus der Öffentlichkeit unterblieben weitgehend. Die Reichswehrgeneralität legte lediglich auf eine Ehrenerklärung für Schleicher Wert, dessen Ermordung in seinem eigenen Haus in Berlin-Lichterfelde als Irrtum akzeptiert wurde. Die ganze Aktion wurde nachträglich als rechtens wegen Staatsnotstand legalisiert und die Version in Umlauf gesetzt, ein Putsch der SA – ein „Roehm-Putsch" – habe bevorgestanden. Allerdings gab es auch bei breiten Bevölkerungskreisen ein Gefühl der Befriedigung über die Niederwerfung der Emporkömmlinge und Schlagetots in der SA, wobei Roehm zusätzlich durch seine Homosexualität diskreditiert war.

Entscheidend gestärkt aus dem 30. Juni 1934 ging die SS hervor, die der SA sicher an Subtilität überlegen war, aber an Brutalität in nichts nachstand. Bis dahin formal noch der SA-Führung unterstellt, wurde sie am 20. Juli 1934 Hitler direkt unterstellt. Himmler, der Reichsführer der SS, war schon seit April 1934 faktisch der Chef der Politischen Polizei in ganz Deutschland und betrieb die Verschmelzung der beiden ihm untergeordneten Institutionen. Der Sicherheitsdienst der SS (SD) betrieb die Ermittlung der politi-

schen Gegner, die staatliche Geheime Staatspolizei (Gestapo) deren Bekämpfung. Die Konzentrationslager wurden nach ihrer reichsweiten Zusammenlegung in sieben Hauptlager von SS-Totenkopfverbänden bewacht, und in Berlin und einigen anderen Städten gab es kasernierte bewaffnete SS-Einheiten, die sogenannten SS-Verfügungstruppen, deren Anzahl und Einsatzgebiete aber zunächst noch vom hartnäckigen Widerstand des Militärs begrenzt wurden. Im Sommer 1936 wurde Himmler dann auch Oberster Befehlshaber der deutschen Polizei, wobei durch den Titel „Reichsführer SS und Chef der Deutschen Polizei" auch äußerlich klargestellt wurde, wer die bestimmende Kraft in der Polizei war. Diese teilte sich nun in die Ordnungspolizei und die Sicherheitspolizei, wobei letztere Kriminalpolizei und Gestapo umfaßte und bald in einen alles gesellschaftliche Leben durchdringenden Apparat ausuferte.

Daß der SA nach dem angeblichen Roehm-Putsch das Rückgrat gebrochen war, brachte wenigstens ein Ende für die 1933 willkürlich von der SA aus dem Boden gestampften Konzentrationslager. Viele kleine Folterkeller wurden aufgelöst und statt dessen mehrere größere Konzentrationslager geschaffen, in denen die SS, der diese Lager unterstellt waren, daran ging, die Arbeitskraft der Häftlinge systematisch in Steinbrüchen, Kies- und Tongruben zu verwerten. Ein eigener SS-Konzern, das Wirtschafts- und Verwaltungshauptamt der SS, leitete das riesige Unternehmen und scheute sich nicht, in seinem Firmenbriefkopf die vielen Deutschen geläufigen Namen der größten Konzentrationslager als „Niederlassungen" auszuweisen.

Die den NS-Führerstaat bekämpfende Opposition ging von Jahr zu Jahr zurück. Ihre Aktivisten wurden durch die Sicherheitspolizei ausgeschaltet. Darüber hinaus arrangierte sich aber auch ein großer Teil der Bevölkerung mit der NS-Herrschaft. Die Arbeiterparteien SPD und KPD glaubten noch bis 1934 bzw. 1935, die von der NSDAP getäuschten Massen zum Sturz des NS-Regimes bewegen zu können, was aber am Desinteresse der Arbeiterschaft und am Zugriff der Staatsmacht scheiterte. Die KPD blutete bei ihrem Versuch, im Untergrund zu kämpfen, regelrecht aus. Bis Oktober 1935 waren in etwa 5400 Prozessen über 20 000 Oppositionelle verurteilt worden; dabei waren von der KPD 48 Funktionäre hingerichtet, 29 weitere zum Tode verurteilt, 397 erschlagen, 21 zu lebenslangem Zuchthaus und weitere 860 mit fast 4000 Jahren Haft bestraft worden. Die SPD, die in den ersten Jahren des NS-Regimes noch erhebliche Mengen propagandistischen Schriftgutes nach Deutschland eingeschleust hatte, beschränkte sich nach 1936 auf das Sammeln von Stimmungsberichten und war damit besser gegen den Krisen-Romantizismus gewappnet, mit dem die KPD ständig neue Zeichen für nicht mehr überwindbare Schwierigkeiten des NS-Führerstaates ausmachte.

Das Nachlassen der Arbeitslosigkeit, das Wiedergewinnen eines festen Einkommens und die fühlbare Steigerung der Kaufkraft, die bescheidene soziale Absicherung besonders der Niedrigverdiener sowie das von der DAF organisierte erschwingliche Freizeitangebot „Kraft durch Freude" im Verein mit einer immer wieder lauthals betonten Würdigung der körperlichen Arbeit ließen ab 1937 – als die Arbeitslosenmarke unter die Millionengrenze sank – den Konsens der Arbeiter mit dem NS-Führerstaat deutlich wachsen. Dennoch stand unter den Abteilungen der Gestapo zu Beginn des Jahres 1938 die zum Problemkreis „Kommunismus und andere marxistische Gruppen" zählende Abteilung nach wie vor ganz obenan. Seit 1936 war die Gestapo offiziell bevollmächtigt, selbständig und ohne die Chance einer juristischen Nachprüfung der jeweiligen Anordnung Schutzhaft zu verhängen – also jeden von ihr ins Blickfeld Genommenen ins KZ zu schicken.

In seiner Konsequenz konnte der totale Staat auf die Dauer auch das Militär nicht als selbständigen Faktor tolerieren. Mit Hilfe Görings, der als Oberbefehlshaber der Luftwaffe mit dem Heer um strategische Materialien und Industriekapazität bei der Aufrüstung konkurrierte, wurden am 6. Februar 1938 der Reichskriegsminister von

Trotz großartiger demagogischer Gesten und der unbekümmerten Usurpation von Traditionen und Symbolen der deutschen Arbeiterbewegung stieß das NS-Regime innerhalb der Arbeiterschaft zunächst verbreitet auf Ablehnung. Die während der „Nationalen Erhebung" ablaufenden Betriebsrätewahlen 1933 brachten den NS-Vertretern kaum ein Viertel der Stimmen, und als 1934 in der „Deutschen Arbeitsfront" (DAF), der NS-Nachfolgeorganisation der verbotenen Gewerkschaften, „Vertrauensleute" gewählt wurden, erhielt die NS-Einheitsliste kaum 50%. 1935 war das Ergebnis noch magerer, so daß die DAF-Führung auf weitere Wahlen verzichtete. Aber der überzeugende Rückgang der Arbeitslosenzahlen (Mitte 1933: 4,8 Millionen; Mitte 1936: 1,6 Millionen) wirkte naturgemäß auch in der Arbeiterschaft und verstärkte dort die Akzeptanz des „Dritten Reiches".

Ein beim italienischen Faschismus abgeguecktes Kultur- und Freizeitwerk, das die DAF trug die Organisation „Kraft durch Freude", sorgte für billige Theater- und Varieté-Karten, Wochenendausflüge und Ferienaufenthalte für Arbeiter. Das soziale und kulturelle Umwerben der deutschen Arbeiter gipfelte in der Indienststellung von „Kraft-durch-Freude"-Luxusschiffen für Hochseereisen, die im Mittel- und Nordmeer kreuzten. Allerdings zeigte eine Analyse der DAF-Führung nach einiger Zeit, daß kaum Arbeiter, sondern zumeist höhere Angestellte in den Genuß dieser billigen Seereisen kamen.

Blomberg und der Oberbefehlshaber des Heeres, Generaloberst von Fritsch (1880–1939), abgesetzt. Ein Nachfolger für Blomberg wurde nicht benannt, sondern Hitler schuf ein Oberkommando der Wehrmacht (OKW), das ihm direkt unterstand. An die Spitze des OKW trat mit General Wilhelm Keitel (1882–1946) ein NSDAP-Anhänger, der mit Hitler durch dick und dünn zu gehen gewillt war. Zugleich wurde auch der schon seit Papens Kanzlerschaft im Amt befindliche parteilose Außenminister Konstantin von Neurath (1873–1956) durch Joachim von Ribbentrop (1893–1946) ersetzt. Franz von Papen hatte bereits nach dem „Roehm-Putsch" als Vizekanzler seinen Abschied eingereicht und war als Botschafter nach Wien gegangen. Seit 1938 fanden auch keine Arbeitssitzungen der Regierung mehr statt. Hitler besprach Notwendiges jeweils mit den einzelnen Ressortministern. Der allerletzte Schritt zum NS-Absolutismus wurde dann aber doch erst im neuen Weltkrieg getan: Am 26. April 1942 proklamierte sich Hitler zum Obersten Gerichtsherrn des Dritten Reiches.

Arier und Nicht-Arier, Volksgemeinschaft und Volksschädlinge

Der Auf- und Ausbau des Dritten Reiches beruhte der NS-Propaganda zufolge auf der Verwirklichung einer in sich geschlossenen Weltsicht: der nationalsozialistischen Weltanschauung. Diese NS-Ideologie brachte keine eigenen Gedanken hervor, sondern summierte seit der zweiten Hälfte des 19. Jahrhunderts im deutschen Geistesleben formulierte Weltsichten, denen allen eins gemeinsam war: Sie lehnten Liberalismus, Parlamentarismus und Demokratie ab und reagierten auf die mit der Industriegesellschaft entstehenden Probleme mit phantastischen Gegenentwürfen, die sie aber als wissenschaftliche Erkenntnisse deklarierten. Eine bestimmende Achse dieser obskuren Welterklärungsmuster war der seit dem Mittelalter existierende Antisemitismus, der aber in einer Zeit zunehmender Säkularisation des Geisteslebens sein christlich-religiöses Gewand verließ, sich in eine naturwissenschaftliche Toga hüllte und als Angriffspunkt nicht die mosaische Religion, sondern die jüdische Rasse fand. Im 19. Jahrhundert war, angeregt durch Darwins Erkenntnisse, eine fragwürdige Rassenlehre aufgekommen, die die Menschheit in höhere und niedere Rassen einteilte.

Bereits im wilhelminischen Reich hingen auch Persönlichkeiten in Kultur und Wissenschaft solchen Theorien an und boten ein Bewertungsraster an, in dem das deutsche Volk als eine seit der Germanenzeit konsistente Rassengemeinschaft gefeiert wurde, ausgezeichnet durch seine Zugehörigkeit zu einer hochwertigen „arischen" oder „deutschen" Rasse. Am untersten Ende dieses Bewertungsrasters stand nach der völkischen Ideologie die schlechthin böse jüdische Rasse, die sich in den gesunden deutschen Volkskörper eingenistet habe und ihn zu verderben drohe. In Anlehnung an das marxistische Erklärungsmuster „Klassenkampf" wurde vom „Rassenkampf" gesprochen. Für das Scheitern des deutschen Weltmachtstrebens und die Leiden in den schweren Kriegs- und Nachkriegsjahren präsentierte die völkische Bewegung als Sündenbock die Juden, die angeblich durch eine internationale Verschwörung nach der Weltherrschaft strebten, wobei ihnen die „hochwertige" deutsche Rasse besonders hinderlich sei. Berechtigte Zweifel an der Rassereinheit der Bevölkerung in Deutschland, das seit Jahrhunderten ein Einwanderungsland war, wurden unterdrückt.

Dazu kam die völkische Forderung, daß das deutsche „Herrenvolk" als „Volk ohne Raum" für die volle Entfaltung seiner schöpferischen Kräfte unbedingt expandieren müsse, sonst könne es

Wer dem Juden vertraut
geht erbarmungslos zu Grunde

Die Völker nicht, der Jude will den Krieg
Die Völker bluten um des Juden Sieg

Die schmutzige antisemitische Propaganda, die sich schon im letzten Viertel des 19. Jahrhunderts im deutschen Sprachgebiet eingenistet hatte, eskalierte in der amtlichen Darstellung der NS-Größen zu einer jüdischen Weltverschwörung, die die Errichtung der jüdischen Weltherrschaft plane und gezielt die Völker aufeinanderhetze und Kriege anzettele. Damit wurde zugleich ins Kalkül gezogen, daß der von der Erinnerung an die Entbehrungen des Weltkriegs bedrückten und keineswegs kriegswilligen Bevölkerungsmehrheit im Falle des Kriegsausbruchs sofort ein Schuldiger präsentiert werden konnte: „der" Jude!

Der Nationalsozialismus stand den Ergebnissen der Industriellen Revolution mit Skepsis gegenüber, polemisierte gegen die zunehmende Verstädterung und heroisierte die bodenständige, „rassereine" Bauernfamilie, die dann auch zum vorzüglichsten Gegenstand der NS-Kunst wurde: In ihr konnten Familienidyllen blonder und hochgewachsener Menschen gar nicht idyllisch genug sein. Tatsächlich blieb die NS-Siedlungspolitik jedoch in den Anfängen stecken, während die Forcierung der Rüstungsindustrie gerade eine weitere Verstädterung mit sich brachte.

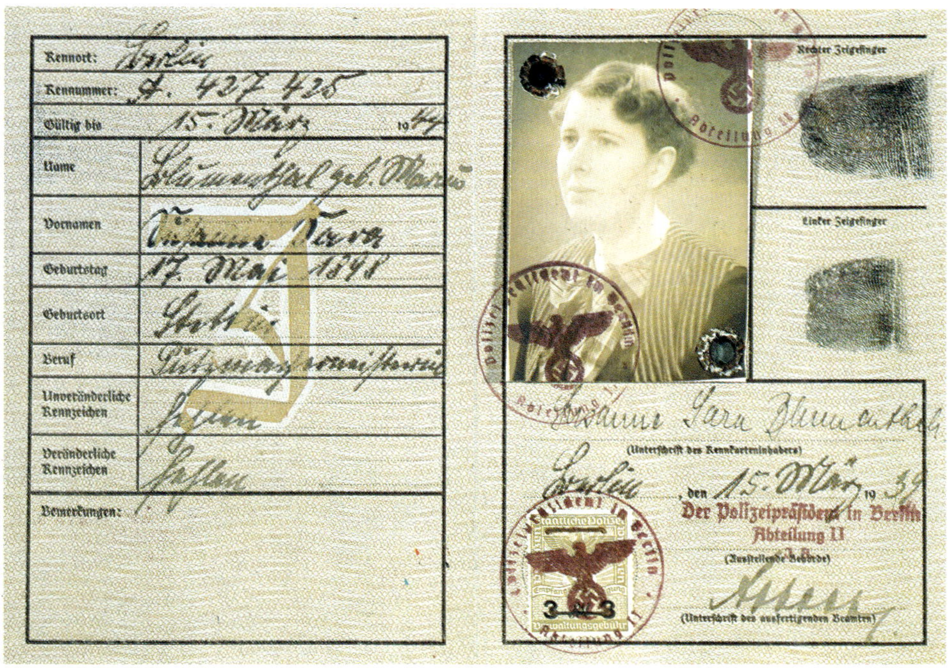

Auf dem „Reichsparteitag der Freiheit" in Nürnberg verkündete Hitler im September 1935 die gesetzliche Ausgliederung der Juden aus dem deutschen Volk. Der Reichstag gab dem am 15. September Gesetzeskraft. Eine Flut von Durchführungsverordnungen entzog den jüdischen Bürgern Stück für Stück ihre Lebensgrundlage. Noch war der Rückgriff auf den mittelalterlichen Judenstern nicht unmittelbar aktuell – das kam erst sechs Jahre später – aber mit einem deutlich sichtbaren „J" im Personalausweis und den amtlich zudiktierten zusätzlichen Vornamen Sara für weibliche und Israel für männliche jüdische Bürger war die Ausgrenzung aus der rassisch „hochwertigen und blutreinen deutschen Volksgemeinschaft" sichtbar vollzogen.

auf die Dauer nicht überleben. Für die notwendigen Eroberungen müsse das deutsche Volk eine verschworene Gemeinschaft voll kämpferischen Willens sein – eine Volksgemeinschaft, geprägt durch Rasse, Blutsbande und Liebe zum heimischen Boden. So abstrus diese Thesen auch anmuten, so fanden sie doch in den zwanziger und ganz besonders in den dreißiger Jahren zahlreiche Anhänger, wobei sich vor allem der Antisemitismus mit seiner Sündenbockfunktion hervorragend bewährte.

Zunächst hielt sich die NSDAP nach der Machtübernahme im Hinblick auf ihre außenpolitischen Ziele gegenüber dem Ausland zurück. Zwar hatte Hitler 1924 in seiner Programmschrift „Mein Kampf" sehr deutlich Osteuropa und besonders die russischen Weiten als anzustrebenden deutschen Siedlungsraum benannt, aber offiziell war dies kein Thema der Propaganda. Der Reichswehrgeneralität hatte Hitler jedoch schon am 3. Februar 1933 dargelegt, daß das Militär künftig, ohne irgendwelche innenpolitischen Einflüsse berücksichtigen zu müssen, ungehindert Aufrüstung und Kriegsvorbereitung zur künftigen Eroberung von „Lebensraum" im Osten betreiben könne. Teil dieser Aufrüstung sei auch die entsprechende moralische Stärkung des Wehrwillens mit allen Mitteln.

Der bereits vor dem 30. Januar 1933 ständig gepredigte primitive Antisemitismus hingegen durfte jetzt die Zügel schießen lassen: SA-Schläger kühlten ihr Mütchen vielerorts an jüdischen Bürgern und deren Eigentum. Darauf folgende scharfe Reaktionen aus dem Ausland in Form von Zeitungsartikeln und Protesten über die Behandlung jüdischer Bürger wurden als jüdische Hetze ausgegeben, der mit einem „Judenboykott" zu begegnen sei. Am 1. April 1933 zogen SA-Wachen vor jüdischen Geschäften und Büros auf, um die Bevölkerung zu bewegen, jüdische Kaufleute, Ärzte, Rechtsanwälte und Künstler zu meiden. Ein Teil der Bevölkerung befolgte die Aufforderung. Die Verdrängung der Juden aus Wirtschaft und Gesellschaft hatte begonnen. Um seinen Antisemitismus als Staatsdoktrin durchzusetzen, benutzte das NS-Regime die Legislative. Noch 1933 wurden Gesetze verabschiedet, die für Beamte, Hochschullehrer, Redakteure den Arier-Paragraphen einführten, d. h. Nicht-Arier – also

Juden – aus diesen Berufen ausschlossen. Den in der Weimarer Republik zur deutschen Staatsbürgerschaft gelangten Juden wurde diese wieder aberkannt. 1934 wurde jüdischen Studenten die Möglichkeit genommen, medizinische und juristische Examen abzulegen. Jüdische Künstler wurden entlassen, jüdische Autoren nicht mehr verlegt, jüdische Komponisten nicht mehr gespielt. 1935 fand die antisemitische Gesetzgebung ihren Höhepunkt in den sogenannten „Nürnberger Gesetzen", die die Juden insgesamt vom Säugling bis zum Greis betrafen und sie staatsoffiziell zu einer menschlich und moralisch minderwertigen Gruppe stempelten. Nicht-Arier waren danach nicht länger Reichsbürger, sondern nur noch Staatsangehörige, d. h. Bürger ohne Bürgerrechte. Die Eheschließung zwischen Ariern und Nicht-Ariern wurde verboten und selbst sexuelle Beziehungen zwischen ihnen unter strenge Strafe gestellt: „Rassenschande" konnte ein Todesurteil einbringen. Es paßte dazu, daß in einem Atemzuge mit den Nürnberger Gesetzen das Reichsflaggengesetz die NSDAP-Hakenkreuzfahne zur alleinigen deutschen Nationalflagge bestimmte. Als Flankenschutz für die schmutzigen Gesetze wurde zudem eine bodenlos menschenverachtende Agitation inszeniert. Die Absicht, die deutschen Juden aus dem Land zu vertreiben, trug rasch Früchte. 1933 verließen allein 37 000 deutsche Juden das Land. Von den 500 000 deutschen Juden konnten bis 1940 noch über 200 000 emigrieren. Die Mehrzahl mußte dabei ihr Eigentum zurücklassen, das sie unter dem Zwang der Verhältnisse zu Schleuderpreisen abgeben mußte.

Eine weitere Eskalation stellte die Nacht vom 9. zum 10. November 1938 dar. Der Mordanschlag eines jüdischen Jugendlichen auf einen deutschen Diplomaten in Paris wurde Auslöser für ein reichsweites Judenpogrom, das von der NS-Führung kaltblütig organisiert und fast durchweg von der SA veranstaltet wurde. Hunderte von Synagogen gingen in Flammen auf, jüdische Geschäfte wurden geplündert, zahlreiche Juden getötet oder verletzt, mindestens 20 000 in KZ's geschleppt. Anschließend wurde den jüdischen Staatsangehörigen noch eine sofortige Sondersteuer von einer Milliarde Reichsmark auferlegt zur Beseitigung des von den Schlägerkommandos hinterlassenen Scherbenhaufens.

Neue Durchführungsverordnungen zu den Nürnberger Gesetzen verfügten nach der „Reichskristallnacht", wie die Nationalsozialisten stolz dieses Pogrom nannten, einen Judenbann. Jüdische Bürger durften keine Kinos, Theater, Museen, Konzerte, Bäder, Sportstätten mehr besuchen und keine Kraftfahrzeuge halten. Alles jüdische Eigentum in Wirtschaft, Gewerbe und Landwirtschaft mußte an Arier übergeben werden, wobei der Wert der Immobilien und Einrichtungen weit unter dem tatsächlichen taxiert wurde. Wie einst offen vom „Kriegsgewinnler" gesprochen wurde, zog nun das Wort „Arisierungsgewinnler" in den deutschen Sprachschatz ein. Nicht gerade ausdrücklich, aber doch deutlich genug für jeden, der hören wollte, waren nun aus der Richtung der NS-Führung auch öffentlich Töne zu hören, die eine Vernichtung der in Deutschland verbliebenen Juden ankündigten.

Eine andere Gruppe von Nicht-Ariern waren die Zigeuner. Da sie im allgemeinen ohnehin als unterprivilegiert galten, sah der Rassismus zunächst eher gutmütig-verächtlich auf sie herab. Da ihr Nomadenleben aber der im NS-Führerstaat als Ideal vorherrschenden Totalüberwachung entgegenstand, wurden sie seit 1936 auf ihnen zugewiesenen Standplätzen konzentriert, dort scharf observiert und bei kleineren kriminellen Delikten ohne gerichtliche Umschweife in ein KZ gebracht. Später wurden sie dann doch der gleichen Vernichtung wie die Juden ausgesetzt.

Die große überwiegende Mehrheit aller Deutschen gehörte nach der nationalsozialistischen Doktrin der von germanischen Werten geprägten Volksgemeinschaft an, die die innere Zerrissenheit in einander fremd oder gar feindlich gegen-

Zum Programm einer klassenübergreifenden „Volksgemeinschaft" gehörte es selbstverständlich auch, Einkommensschwache und Bedürftige zu unterstützen und ihnen das Gefühl zu geben, sozial aufgewertet zu werden. Diese Aufgabe erfüllte die NS-Volkswohlfahrt (NSV). Um den herkömmlichen Suppenküchen den Beigeschmack des Arme-Leute-Milieus zu nehmen, initiierte die NSV den Eintopf-Sonntag – je einen Sonntag pro Monat von Oktober bis März, an dem vorgeblich Hoch wie Niedrig gleichermaßen auf Vorsuppe, Braten und Dessert verzichtete und es volksgemeinschaftlich beim Eintopfessen beließ.

In Anknüpfung an schon in der Weimarer Republik existierende freiwillige Einrichtungen baute die NSDAP einen „Reichsarbeitsdienst“ (RAD) auf, der mit Gesetz vom 25. Juni 1935 für alle männlichen Deutschen zwischen 18 und 25 Jahren eine sechsmonatige Arbeitspflicht in militärisch organisierten Einheiten verordnete, bei der mit dem Spaten hantiert werden mußte: Rodung, Deich- und Wegebau, Entwässerung. Das Zusammenwürfeln junger Männer unterschiedlicher sozialer Herkunft bei gemeinsamer körperlicher Arbeit zielte auf den Erziehungseffekt, „Volksgemeinschaft“ vor Ort erlebbar zu machen. Es hatte darüber hinaus den erwünschten Nebeneffekt, den Arbeitsmarkt zu entlasten und quasi Arbeitskräfte zum Nulltarif zu erhalten.

überstehende Klassen überwunden hatte und in einem schon bei den Germanen gepflogenen Führer-Gefolgschaft-Verhältnis das Dritte Reich gestaltete. Die Gefolgschaft hatte den Führer bedingungslos bei der Verwirklichung seiner Pläne zu unterstützen, während der Führer aus seiner Verantwortung heraus einen sozialen Mindeststandard für die Gemeinschaft zu sichern hatte: Arbeit, Kindergeld, Mutterschutz, Wohnraum, Urlaub. Sozial Bedürftigen widmete sich die NS-Volkswohlfahrt, und die Pfundspende (das Einsammeln von Lebensmitteln) und das Winterhilfswerk (das Sammeln von Geld) sorgten für die Beschaffung der dazu notwendigen Mittel, ohne den Staatshaushalt zu belasten.

Durch die hohen Ausgaben für die Rüstung, mit der die angekündigte Wehrhaftmachung rigoros betrieben wurde, war der Staatshaushalt hoch belastet. Da die mit der Kriegsvorbereitung unmittelbar verbundene Wirtschaftspolitik, stets von Devisenknappheit geplagt, auf die Abkoppelung Deutschlands vom Weltmarkt und eine möglichst weitgehende Selbstversorgung zielte, blieb das Konsumgüterangebot bescheiden. Der NSDAP ging es aber nicht anders als allen Bewegungen, die mit dem Anspruch auf eine radikale Umwälzung der alten Verhältnisse antreten und diesen Anspruch dann realisieren müssen. Sie stehen ständig unter dem Zwang, die neuen Verhältnisse besser zu gestalten als die alten und dort, wo das nicht gelingt, solche Verbesserungen wenigstens herbeizureden. Sämtliche Kritik wurde als „Miesmacherei“ diffamiert. „Miesmacher“ galten als „Schädlinge an der Volksgemeinschaft“ und waren zu bestrafen. Dafür gab es die Politische Polizei, die – nach den Worten eines ihrer Verantwortlichen – den politischen Gesundheitszustand des deutschen Volkskörpers sorgfältig überwachte und als Zerstörungskeime erkannte Faktoren beseitigte.

Ein Disziplinierungsmittel war auch mit der zunehmenden Rüstung gegeben. Ein in der Weimarer Republik latent vorhandenes Protestpotential – jüngere Arbeitslose – verschwand von der Straße: teilweise durch Beschäftigung in der Rüstungsindustrie, teilweise durch Einführung des obligatorischen Reichsarbeitsdienstes sowie durch die im März 1935 verkündete Wiedereinführung der Wehrpflicht mit zunächst ein-, ab Herbst 1936 zweijährigem Militärdienst. Bereits den Kindern und Heranwachsenden wurde in der Hitlerjugend und im BDM (Bund Deutscher Mädel) der unbedingte Gehorsam gegenüber dem Führer eingedrillt. Pazifisten und querdenkende Humanisten wurden als unbequeme Kritiker mundtot gemacht, entsprechende Literatur neben den jüdischen Werken verboten. In dem nationalsozialistischen Weltbild von der rassestolzen Volksgemeinschaft hatten Asoziale und Kriminelle, aber auch Homosexuelle keinen Platz. Während die Zahl der politischen Häftlinge in den Konzentrationslagern Ende 1936 auf etwa 10 000 zurückging, füllten sich die Lager mehr und mehr mit Menschen, die von ordentlichen Gerichten mangels juristischer Grundlage nicht belangt werden konnten. Schon 1933 war angeordnet worden, daß Rückfalltäter nach Strafverbüßung in Sicherheitsverwahrung zu nehmen seien. Anfang 1937 befahl Himmler die Festnahme und Überführung ins KZ von 2000 Gewohnheitsverbrechern, Anfang 1938 die reichsweite Einvernahme von „Arbeitsscheuen“ zwecks Überstellung in ein KZ und im Sommer 1938 die KZ-Einweisung von einmal straffällig gewesenen Tippelbrüdern, Zuhältern, wiederholt bestraften Raufbolden und rückfälligen Wilddieben. Diskriminierende Maßnahmen unter dem Vorwand rassenhygienischer Überlegungen waren schon zu Beginn des NS-Führerstaates in Gesetze eingegangen. Am 14. Juli 1933 war von der Reichsregierung ein Gesetz zur Verhütung erbkranken Nachwuchses verabschiedet worden, d. h. der Zwangssterilisation von Geisteskranken. Den Nürnberger Gesetzen folgte einen Monat später ein Gesetz, das sich der Erbgesundheit des deutschen Volkes widmete und eine fühlbare Kampagne gegen „lebensunwertes Leben“ auslöste. 1939 setzte dann die Ermordung von Geisteskranken ein, die jedoch auf Grund von Protesten aus der Kirche abgebrochen wurde. Bei dieser Vernichtungsaktion war gezielt der Einsatz von Gas als Vernichtungsmittel erprobt worden.

Außenpolitik trügerischer Erfolge

Die Außenpolitik des Dritten Reiches orientierte sich zunächst an der weiteren Revision des Versailler Vertrages. Die von der Weimarer Republik bereits erzielten Erfolge, wie 1932 die Lösung der Reparationsfrage und die zugestandene Rüstungsgleichheit, deren Ausführung aber in die Zeit der Herrschaft der NSDAP fielen, wurden nun durch die agile NS-Propaganda als Erfolge der „Nationalsozialistischen Revolution“ ausgeschlachtet. Dabei blieb dezent unerwähnt, daß die Außenpolitik auch im Dritten Reich zunächst noch über viele Jahre von altgedienten Beamten des Auswärtigen Amtes realisiert wurde. Grundsätzlich wurde die bisherige Außenpolitik fortgesetzt, und so war der erste außenpolitische Akt des Dritten Reiches ausgerechnet – bei aller antibolschewistischen Propaganda – die ausstehende Ratifizierung der fälligen Verlängerung des Neutralitätsvertrages von 1926 mit der Sowjetunion.

Auch in seiner außenpolitischen Grundsatzerklärung vor dem Reichstag am 17. Mai 1933 beschränkte sich Hitler auf äußerst moderate Töne. Als Wirtschaftsminister Hugenberg auf der Londoner Weltwirtschaftskonferenz im Juni 1933 Grenzverschiebungen im Osten und die Rückgabe von Kolonien forderte, wurde er sofort zurückgepfiffen, um deutsche Friedenswilligkeit vorzutäuschen. Zugleich wurde die Angelegenheit genutzt, das DNVP-Mitglied Hugenberg aus der Regierung zu entfernen. Doch zeigte der wie ein Paukenschlag empfundene Austritt des Dritten Reiches im Oktober 1933 aus dem Völkerbund wegen angeblicher Diskriminierung deutlich, daß sich das NS-Regime nicht in die Normen einer internationalen Vertragsgemeinschaft einbinden lassen wollte.

Für die Weltöffentlichkeit überraschend erfolgte im Januar 1934 ein Nichtangriffspakt mit Polen, obwohl die Revision der deutschen Ostgrenzen schon zur Zeit der Weimarer Republik auf dem außenpolitischen Programm gestanden hatte und gerade ein halbes Jahr zuvor wieder lauthals von Hugenberg gefordert worden war. Für Hitler waren bei diesem Schritt zwei Überlegungen von Gewicht: Er nahm Polens Haupt-

Einen ersten großen außenpolitischen Erfolg vor der Weltöffentlichkeit verbuchte das Dritte Reich mit der Abstimmung im Saargebiet am 13. Januar 1935. Dem Versailler Vertrag entsprechend war das hochindustrialisierte Saargebiet 15 Jahre lang von Frankreich in dessen Wirtschaft einbezogen gewesen und durfte nun nach Ablauf der Frist über seine staatliche Zugehörigkeit entscheiden. Trotz einer massiven Propaganda der Linksparteien für einen Verbleib unter der Völkerbundverwaltung und verbreiteter Kenntnis über die Zustände im NS-Regime stimmten 90,8 % der Wähler für den Anschluß an Deutschland. Die offizielle Übergabe an die Reichsregierung wurde am 1. März vollzogen, aber schon Tage vorher wurden in Vorbereitung auf Hitlers Auftritt SA-Einheiten herantransportiert.

verbündetem Frankreich ein Druckmittel aus der Hand, und er öffnete Perspektiven, in dem traditionell rußlandfeindlichen und streng antikommunistischen Polen einen Verbündeten für einen Krieg gegen die Sowjetunion zu finden, denn die fixe Idee von der Eroberung von „Lebensraum" in den russischen Weiten war von Hitler keineswegs ad acta gelegt worden. Die deutsch-polnische Grenzfrage war daher zunächst zurückzustellen und sollte erst nach dem Sieg über Rußland aufgerollt werden.

Der Wiederanschluß des Saargebietes – bei der fälligen Volksabstimmung in dem Mandatsgebiet des Völkerbundes am 13. Januar 1935 gab es über 90 % Ja-Stimmen für die Rückkehr nach Deutschland – wurde entsprechend von der NS-Propaganda ausgewalzt und als Bestätigung der NS-Politik deklariert, was auch das Ausland beeindruckte. Als in Deutschland am 9. März 1935 die Existenz einer Luftwaffe und sechs Tage später die Wiedereinführung der allgemeinen Wehrpflicht – beides nach den Bestimmungen des Versailler Vertrags verboten – bekanntgegeben wurden, war eine gemeinsam von Frankreich, Großbritannien und Italien verfaßte Protestnote die einzige Antwort. Dabei hatte Hitlers Ankündigung, die Reichswehr in eine Wehrmacht von 36 Divisionen – rd. 500 000 Mann – umwandeln zu wollen, selbst bei der deutschen Generalität Erstaunen ausgelöst, denn sie traute der vom Weltmarkt weitestgehend abgekoppelten – „autarken" – deutschen Industrie die Aufrüstung eines so großen Heeres nach den modernsten Bewaffnungs- und Motorisierungsmaßstäben nicht zu.

Im März 1935 war die Dienstzeit der Wehrpflichtigen auf ein Jahr festgesetzt worden, aber schon im August 1936 wurde sie auf zwei Jahre verlängert. Bei einer Aufstockung des Militärs von 100 000 auf 800 000 Mann entstand naturgemäß ein gewaltiger Bedarf an Offizieren und Unteroffizieren, der zunächst bestens durch den Personalbestand der Reichswehr abgedeckt werden konnte. Darüber hinaus wurden nun Bildung und Erziehung von Kindern und Jugendlichen verstärkt auf vormilitärische Ausbildung ausgerichtet: „Wehrertüchtigung" im Kinder-, Jugend- und Mannesalter sollte für militärtaugliche Deutsche sorgen und war auf eine Atmosphäre steter Wehrbereitschaft abgestimmt, mit der das angeblich – wieder einmal! – von Neidern eingekreiste Reich sich allein Respekt verschaffen könne.

Trotz des alliierten Protestes gegen die deutsche Wiederbewaffnung kam bereits zwei Monate später ein deutsch-englisches Flottenabkommen zustande, das Deutschland gestattete, seine Kriegsflotte bis zu 35 % der britischen Flottenstärke auszubauen. Schon Ende 1935 verbesserte sich auch das Verhältnis zu Italien, das nach seinem brutalen Überfall auf Äthiopien Völkerbund-Sanktionen ausgesetzt war, die das Dritte Reich durch Kohle-, Stahl- und Waffenlieferungen ausglich. Auf die neue freundschaftliche Beziehung zum faschistischen Diktator Benito Mussolini (1883–1945) gestützt, ließ Hitler im März 1936 Wehrmachtteile in das nach dem Versailler Vertrag entmilitarisierte Rheinland einmarschieren. Im Sommer 1934 war ein Putsch der österreichischen NSDAP, um in Österreich an die Macht zu kommen, in wenigen Stunden zusammengebrochen. Ein militärisches Eingreifen des Dritten Reiches hatte angesichts des schnellen Aufmarsches italienischer Divisionen am Brenner-Paß unterbleiben müssen. Allerdings war der österreichische Bundeskanzler Dollfuß (1892–1934) dabei von den Nationalsozialisten umgebracht worden. Seinen Nachfolger, Karl von Schuschnigg (1897–1977), setzte Hitler im Juli 1936 unter Druck. Schuschnigg, dem die italienische Rückendeckung der Vorjahre fehlte, mußte sich auf die Zusage Hitlers hin, sich nicht in die inneren Angelegenheiten der Alpenrepublik einzumischen, verpflichten, österreichische Politik als die eines zweiten deutschen Staates zu betreiben. Da aber in Österreich seit 1934 die parlamentarisch-demokratische Republik durch einen klerikalen Ständestaat ersetzt worden war und das traditionelle großdeutsche Element ungebrochen weiterlebte, gab es dort kaum Proteste gegen dieses Abkommen. Die als Achse Berlin – Rom bezeichnete deutsch-italienische Abstimmung im Oktober 1936 über die Politik im Donau- und Balkanraum machte den Wiener Politikern vollends deutlich, daß von italienischer Seite keine Unterstützung gegen Deutschland zu erwarten war. Durch die Verlängerung des Militärdienstes auf zwei Jahre verfügte Deutschland mittlerweile über eine Wehrmacht von 800 000 Mann. Ende 1937 faßte Hitler nun entschlossen den Krieg gegen die Sowjetunion ins Auge, der Siedlungsraum und Rohstoffgebiete bringen sollte. Dieser Krieg sollte spätestens 1943 ausgelöst und blitzschnell geführt werden, denn nur bis 1943 war für die Wehrmacht in Europa ein Rüstungsvorsprung anzunehmen, und für einen langen Krieg reichte das deutsche Wirtschaftspotential – wie der Erste Weltkrieg gelehrt hatte – nicht aus. Als Hitler am 5. November 1937 seine Terminvorstellungen im engsten Kreis vor den Befehlshabern der Wehrmacht und dem Reichsaußenminister entwickelte, nannte er als Nahziel die Zerschlagung der Tschechoslowakei. Ihre Vernichtung schien als Auftakt zu einem Großangriff auf Osteuropa unabdingbar. Nur als taktischer Flankenschutz tauchte dabei ein vorheriger Anschluß Österreichs an das Dritte Reich auf, wobei der oberste Repräsentant des Nationalsozialismus nicht ein Wort an das Nationalproblem des 19. Jahrhunderts – Großdeutschland oder Kleindeutschland – verschwendete.

Schuschnigg wurde im Februar 1938 gezwungen, der Aufnahme eines extrem großdeutsch orientierten Politikers in seine Bundesregierung zuzustimmen; dieser – Arthur Seyß-Inquart (1892–1946) – stürzte am 11. März 1938 Schuschnigg und bat dann in einem Telegramm um die Hilfe des Dritten Reiches. Tags darauf marschierte die Wehrmacht in Österreich ein.

Waren zunächst wegen Österreich die außenpolitischen Beziehungen der ideologisch verwandten Regimes im nationalsozialistischen Deutschland und im faschistischen Italien eher kühl gewesen, so wurden sie durch die NS-Rückendeckung der italienischen Aggression gegen Äthiopien 1935 und die Komplizenschaft im Spanischen Bürgerkrieg seit Sommer 1936 immer enger. Ein spektakulärer Höhepunkt bei der Zurschaustellung des deutsch-italienischen Bündnisses war Mussolinis Staatsbesuch in Berlin vom 25. bis 29. September 1937, bei dem durch pomphaftes Auftreten uniformierter Repräsentanten beider Staaten der Welt die Wehrhaftigkeit der zwei „jungen" Nationen vorgeführt wurde, die bei der „alten" Welt ihre Ansprüche auf Teilhabe anmeldeten.

Statt aber auf Widerstand zu stoßen, wurden die Truppen mit jubelnder Begeisterung empfangen: Unabhängig von unterschiedlichen politischen Überzeugungen fühlten die Österreicher sich offenbar wie zwanzig Jahre zuvor als Deutsche, für die die staatliche Einheit mit den Brüdern und Schwestern in dem größeren deutschen Staat genau solche Attraktivität besaß wie das Gefühl, aus dem Schattendasein eines Kleinstaates in die Sonne einer Großmacht gelangt zu sein. „Ein Volk – ein Reich – ein Führer!" wurde der jubelnd akzeptierte Slogan, unter dem im April 1938 99,7% der österreichischen Wähler in einer Volksabstimmung ihr „Ja" für einen Anschluß an das Dritte Reich gaben. Die prompt nach dem 12. März 1938 einsetzenden Drangsalierungen und Verfolgungen von Juden und Oppositionellen störten nur wenige angesichts des nun auch in der Ostmark – so wurde Österreich amtlich seit 1938 genannt, um den an Selbständigkeit erinnernden Namen vergessen zu machen – möglichen Geborgenseins in der nationalsozialistischen „Volksgemeinschaft".

Da sich das Nationalgefühl im Falle Österreichs als ein so durchschlagendes Mittel erwiesen hatte, wurde diese Strategie nun auch gegen die Tschechoslowakei ins Auge gefaßt. Dort gab es in den Grenzgebieten ein überwiegend deutschsprachiges Siedlungsgebiet mit 3½ Millionen Bewohnern. Angesichts der Nationalitätenpolitik der Prager Regierung und dem Nationalstolz des tschechischen Bildungs- und Besitzbürgertums fühlten sich diese „Sudetendeutschen" diskriminiert und unterstützten aus Protest die Sudetendeutsche Partei (SdP). Die SdP wurde von Hitler 1938 veranlaßt, unerfüllbare Forderungen an die Prager Regierung zu stellen und eine Atmosphäre psychischen – und später sogar bewaffneten – Terrors zu schaffen, um die Prager Behörden zum

Mit der italienischen Rückendeckung konnte nun der gebürtige Österreicher Hitler an den Anschluß seines Geburtslandes an das Reich gehen. Im März 1938 wurde in einer abgestimmten politisch-militärischen Blitzaktion der österreichischen Selbständigkeit über Nacht ein Ende bereitet. Der Jubel der übergroßen Mehrheit der Österreicher darüber, daß ihre gesamtdeutschen Träume der Jahre 1918 bis 1920 nun wahr wurden, war groß und entlud sich in gewaltigen Dankkundgebungen. Die Westmächte protestierten nicht einmal. Das bestätigte dem deutschen Volke nur allzu vordergründig die doch offenbar mit den Händen zu greifende Richtigkeit von Hitlers Politik, derzufolge ein wehrhaftes Reich alles das erreichen könne, was man einem militärisch weit unterlegenen versagt hatte.

Erhebliches Prestige gewann das Dritte Reich durch den glanzvollen Verlauf der XI. Olympischen Sommerspiele in Berlin vom 1. bis 16. August 1936. Schon die Olympischen Spiele von 1916 waren an Berlin vergeben worden, dann aber dem Weltkrieg zum Opfer gefallen. 1931 hatte das IOC dann als freundliche Geste die Spiele von 1936 an Berlin vergeben. Das NS-Regime erkannte seit den ersten Tagen seiner Machtausübung die ihm damit zugefallene Chance für eine äußerst wirkungsvolle Selbstdarstellung. Perfekt organisiert und in eine wohlbedachte liberale, weltoffene Atmosphäre getaucht, ernteten die Olympischen Spiele 1936 weltweit nur Lob. Daß aber Deutschland mit 33 Gold-, 36 Silber- und 30 Bronzemedaillen als erfolgreichste Sportnation abschnitt, hatten selbst die NS-Größen nicht vorhersehen können.

strengen Einschreiten zu veranlassen und damit einen Anlaß zum militärischen Eingreifen zu geben. Der Plan funktionierte gut und heizte die Atmosphäre an. Der Krieg schien unvermeidlich, und Hitler setzte den 1. Oktober als Angriffstermin fest. Führende Militärs fürchteten, dies werde einen europäischen Krieg auslösen, dem das Dritte Reich zu der Zeit noch nicht gewachsen war und der daher mit einer deutschen Katastrophe enden werde. Während Ludwig Beck (1884 - 1944) aus Protest gegen die Kriegspläne im August 1938 von seinem Amt als Chef des Generalstabs zurücktrat, spielte sein Nachfolger Franz Halder (1884 - 1972) mit dem Gedanken an einen Staatsstreich. Es wurde ein Plan entworfen, Hitler bei Kriegsbeginn zu verhaften. Aber es kam gar nicht zum Kriege. Die SdP und das NS-Regime hatten die Forderungen an Prag mit dem Selbstbestimmungsrecht der Völker begründet, und die konservative britische Regierung nahm dies auf. Sie sandte einen Bevollmächtigten in das Sudetengebiet, der dort die Verhältnisse überprüfen sollte. Sein Bericht bewog London dann zum Druck auf Prag, die sudetendeutschen Gebiete an das Dritte Reich abzutreten. Ende September legten die Regierungschefs Frankreichs, Großbritanniens, Italiens und des Dritten Reiches, ohne Prag überhaupt zu konsultieren, in München den Anschluß der deutschsprachigen Randgebiete fest. Der tschechoslowakische Reststaat wurde nun von London und Paris garantiert, was aber Ungarn und Polen nicht davon abhielt, sich auch noch Gebiete anzueignen.

Hitler ließ sich zwar für seinen außenpolitischen Erfolg feiern, war aber äußerst unzufrieden, denn nach seinen Plänen hatte er auch noch Böhmen und Mähren annektieren wollen. Er konnte also das Münchener Abkommen nicht als ausrei-

Hitlers größter diplomatischer Erfolg während seiner Hasardeur-Außenpolitik zwischen seinem Machtantritt 1933 und dem von ihm befohlenen Kriegsausbruch 1939 war die Münchener Konferenz vom 29. September 1938, bei der die Westmächte vor den deutschen Drohungen zurückwichen. Sie lösten die vom NS-Regime provozierte deutsch-tschechoslowakische Krise zu Lasten der mit ihnen verbündeten Tschechoslowakei und belohnten damit den Fast-Aggressor. Die Hauptakteure nach der Unterzeichnung des Dokuments, das der Tschechoslowakei ihre überwiegend deutschbewohnten Grenzgebiete abnahm, ohne sie überhaupt an den Verhandlungen zu beteiligen, waren: (v. l. n. r.) der englische Premierminister Neville Chamberlain (1869-1940); der französische Ministerpräsident Edouard Daladier (1884-1970); Hitler, Mussolini und Mussolinis Schwiegersohn, der italienische Außenminister Galeazzo Ciano (1903-1944).

chenden Sieg ansehen. Das auf der Anerkennung des Selbstbestimmungsrechts beruhende Nachgeben der Londoner und Pariser Regierungen interpretierte er als prinzipielle Schwäche, die ihm freie Hand für das ursprüngliche Ziel von 1938 gäbe. Unter Ausnutzung des starken slowakischen Separatismus und mit brutalstem Druck auf den tschechoslowakischen Präsidenten erreichte er dessen Zustimmung zu einem deutschen Protektorat über Böhmen und Mähren. Am 16. März 1939 präsentierte sich Hitler seinen Truppen auf der Prager Burg.

Aus der Komplizenschaft bei der Zerstückelung der Tschechoslowakei schien sich der NS-Außenpolitik die Chance einer erneuten Annäherung an Polen zu bieten, um die in Polen vorhandenen antirussischen und antibolschewistischen Ressentiments für einen gemeinsamen Krieg gegen den Osten zu nutzen. Vorsichtige Sondierungen ergaben allerdings eine deutliche Absage der polnischen Regierung. Die polnische Führungsschicht – in der Regel Militärs – überschätzte die Rolle Polens zwischen den beiden benachbarten Großmächten gewaltig und wollte hinter keiner der beiden als Juniorpartner zurückstehen. So nahm sich Hitler nach der Tschechoslowakei Polen vor und stellte bereits eine Woche nach seinem Auftritt in Prag territoriale Forderungen an Polen. Nach der Verletzung des Münchener Abkommens durch die Errichtung des Protektorats Böhmen und Mähren war aber bei den Westmächten die Schmerzgrenze einer nachgiebigen Politik gegenüber den Hegemonialansprüchen des Dritten Reiches endgültig erreicht. Frankreich und England gaben eine Garantieerklärung für die staatliche Existenz Polens. Allerdings tolerierten die beiden Westmächte noch im März 1939 die Annexion des politisch und territorial unbedeutenden Memellandes.

Aus Hitlers Perspektive wurde England mit der Garantieerklärung für die staatliche Existenz Polens zum deutschen Feind, weil es sich gegen seine Expansionsgelüste im Osten stellte. Hitler vollzog die psychologisch notwendigen Schritte zur geistigen Vorbereitung des deutschen Volkes mit Konsequenz. Im April 1939 kündigte er sowohl den deutsch-polnischen Nichtangriffsvertrag als auch das deutsch-englische Flottenabkommen. Versuche der Westmächte, dem deutschen Expansionskurs eine große Militärkoalition London-Paris-Warschau-Moskau entgegenzusetzen, führten zu monatelangen Verhandlungen englisch-französischer Militärs mit Vertretern der Roten Armee. Da jedoch Polen jede militärische Zusammenarbeit mit der Sowjetunion ablehnte, blieben diese Gespräche ergebnislos.

Statt dessen war Moskau, das gerade im Fernen Osten in einen Grenzkonflikt mit Japan verwickelt war und durch ein Überrennen Polens durch

die deutschen Armeen einen Zweifrontenkrieg befürchtete, bereit, durch einen Nichtangriffspakt die Beziehungen zum Dritten Reich zu verbessern und sich damit zugleich auch einen Anteil an der eventuell anfallenden polnischen Beute zu sichern. Am 23. August 1939 wurde im Vorfeld eines seit Juni in allen Einzelheiten geplanten Überfalls auf Polen in Moskau der Hitler-Stalin-Pakt unterzeichnet, der über den veröffentlichten Text einer gegenseitigen Verpflichtung zum Nicht-Angriff hinaus insgeheim eine Aufteilung Osteuropas in eine deutsche und eine sowjetische Interessenzone vorsah, wobei Deutschland der Donauraum und der Sowjetunion das Baltikum zufallen sollte.

Die Antwort auf den Hitler-Stalin-Pakt folgte unmittelbar. Zwei Tage nach dessen Unterzeichnung wurde ein britisch-polnischer Bündnisvertrag abgeschlossen. Das hielt Hitler noch einmal von dem für den 26. August 1939 angesetzten Angriff auf Polen zurück. Bestimmte kriegsorganisatorische Maßnahmen wie die reichsweite Ausgabe von Lebensmittelkarten liefen jedoch bereits an. Die NS-Propaganda bereitete schon seit Wochen systematisch auf eine militärische Lösung gegenüber dem östlichen Nachbarn vor. Aufgebauschte Berichte über tatsächliche Bedrängungen und Greuelmärchen über erfundene Grausamkeiten gegenüber der deutschen Minderheit in Polen wurden in Rundfunk und Presse verbreitet. Allerdings wollte die Volksseele nicht kochen: Die Menschen waren bedrückt und offensichtlich kriegsunlustig – gerade gedachte man ja des 25. Jahrestages des Weltkriegsausbruchs! So kam es denn auch nirgends zu Jubelausbrüchen, als Hitler am Vormittag des 1. September 1939 vor dem Reichstag erklärte, Polen habe am Vortag deutsches Territorium angegriffen – tatsächlich hatten SS-Männer in polnischen Uniformen einen grenznahen deutschen Rundfunksender besetzt und einen als Polen ausstaffierten KZ-Häftling erschossen am Ort zurückgelassen! – und seit 4.45 Uhr werde nun zurückgeschossen.

Den großen diplomatischen Erfolg von München trat Hitler noch vor Ablauf eines halben Jahres mit Füßen. Trotz der in München gegebenen Garantie für den Bestand der verkleinerten Tschechoslowakei zerschlug er, unterstützt von slowakischen Separatisten, den Mehrvölkerstaat und stellte die tschechischsprachigen Landesteile unter deutsches Protektorat. Der Einmarsch der Wehrmacht in Prag inmitten der ohnmächtigen Verzweiflung der ihrer nationalen Unabhängigkeit beraubten Tschechen signalisierte der Weltöffentlichkeit, daß die NS-Politik offensichtlich nicht bei der Revision des durchaus umstrittenen Versailler Friedensvertrags stehenbleiben wollte.

Angesichts des brutalen Vorgehens des Dritten Reiches gegen die Tschechen beeilte sich der deutsche Kleinstaat-Nachbar Litauen, das völkerrechtswidrig 1923 von ihm annektierte Memelgebiet an Deutschland zurückzugeben. Nach dem Wiederanschluß am 22. März 1939 wurde in Siegerlaune der Name einer Hauptstraße Memels sofort geändert: Während litauischer Herrschaft hatte sie den Namen des litauischen Staatspräsidenten Antanas Smetona (1874–1944) erhalten und schmückte sich nun mit dem des „Führers und Reichskanzlers".

Die deutsche Bevölkerung begegnete dem Kriegsbeginn am 1. September 1939 mit Skepsis. Die erfolgreichen, jeweils nur wenige Wochen dauernden Offensiven, die zur Niederwerfung Polens, Norwegens, der Niederlande, Belgiens und schließlich Frankreichs geführt hatten, belebten den nationalen Enthusiasmus für den so offensichtlich siegreichen Krieg bis zum Sommer 1940 erheblich, so daß das zu diesem Zeitpunkt entstandene offizielle Propagandaplakat schon die Meinung der Mehrheit aller Deutschen zum Ausdruck brachte. Dennoch verstummten nie die Stimmen, die bange in Erinnerung brachten, daß sich Deutschland im Ersten Weltkrieg bekanntlich „totgesiegt“ habe…

Nach dem Münchener Abkommen signalisierte Stalin auf einem Parteitag der sowjetischen Kommunisten im März 1939 Moskauer Überlegungen, sich mit dem Dritten Reich zu arrangieren. Diese Signale griff das NS-Regime im August 1939 auf, während die Vorbereitungen für den Angriff auf Polen auf vollen Touren liefen. In kürzester Frist verständigte man sich mit dem Kreml über einen Nichtangriffspakt, dessen eigentliche Bedeutung aber in dem geheimen Zusatzabkommen lag, das die Aufteilung Polens regelte und in Osteuropa gegenseitig zu respektierende Einflußsphären absteckte. Reichsaußenminister Joachim von Ribbentrop (1893–1946) unterzeichnete diesen Vertrag am 23. August 1939.

Der Zweite Weltkrieg

Der deutsche Überfall auf Polen erfolgte ohne formelle Kriegserklärung – eine Methode, der sich Japan bereits 1931 und 1937 gegen China, Italien 1935 gegen Äthiopien bedient hatten. Die deutsche Offensive, gleichzeitig von Norden, Westen und Süden vorgetragen, traf die Polen in der Phase der Generalmobilmachung und gab ihnen keine Chance für einen geordneten Aufmarsch. Die schwache polnische Luftwaffe wurde bereits am ersten Kriegstag ausgeschaltet, was eine unangefochtene deutsche Luftherrschaft sicherte. Der polnische Generalstab hatte die Modernisierung seiner Armee sträflich vernachlässigt, und so konnte alle soldatische Tapferkeit nicht die Überlegenheit der teilmotorisierten deutschen Truppen mit ihren hochbeweglichen gepanzerten Verbänden ausgleichen – schon die Grenzschlachten endeten mit polnischen Katastrophen. Da für diplomatische Vermittlungsgespräche keine Zeit bis zu einem deutschen Sieg blieb, forderten am 3. September London und Paris ultimativ einen sofortigen Rückzug der Wehrmacht hinter die deutschen Grenzen. Hitler war zwar das Risiko einer Einmischung der Westmächte bewußt gewesen, aber er hatte gehofft, daß sie sich wie 1938 letztendlich aus dem Konflikt heraushalten würden. Mit den eintreffenden Kriegserklärungen aus Paris und London weitete sich der deutsch-polnische Konflikt zu einem europäischen Krieg aus, wobei die kurz zuvor noch als „verjudeter asiatischer Hauptfeind Nr. 1“ beschimpfte Sowjetunion zunächst auf der deutschen Seite stand. Die rassistische NS-Propaganda schaltete dann auch blitzschnell um auf die Diskreditierung des „vernegerten“ dekadenten Frankreich und des „verjudeten“ plutokratischen England.

Der Feldzug in Polen nahm ungeachtet des französischen und englischen Kriegseintritts den geplanten Verlauf. Am 17. September waren die polnischen Feldarmeen zerschlagen, die Festungen Warschau und Modlin und die stark befestigte Halbinsel Hela kapitulierten bis zum 1. Oktober. Seit dem 17. September rückte die Rote Armee in Ostpolen ein und traf schon einen Tag später in Brest-Litowsk auf die Wehrmacht, was mit einer gemeinsamen Parade gefeiert wurde. Am 28. September einigten sich die Partner des Hitler-Stalin-Paktes auf einen Grenz- und Freundschaftsvertrag, in dessen Folge Polen von der Landkarte verschwand und die neue deutsch-sowjetische Grenze etwa den Flüssen Bober – Narew – Bug – San folgte. Danzig, Westpreußen, Posen, Ostoberschlesien und das nördlich Warschau liegende Masowien kamen direkt zum Reichsgebiet. Das restliche Polen wurde als „Generalgouvernement“ ohne Bezug zu einem Volks- oder Landschaftsnamen deutscher Verwaltung unterstellt und als Arbeitskräfte- und Lebensmittelreservoir sowie als Aufnahmegebiet für deportierte Polen und ghettoisierte Juden verwaltet. Gleichzeitig wurde Himmler zum Reichskommissar für die Festigung des deutschen Volkstums eingesetzt und eine gerichtsunabhängige besondere SS- und Polizeijustiz eingeführt.

Die planmäßig anlaufende Ausrottung der polnischen Intelligenz durch die SS zeigte deutlich, wie der neugewonnene „Lebensraum“ genutzt werden sollte: die Deutschen als „Herrenvolk“ und die Slawen als versklavte „Untermenschen“. Im Winter wurden dann im Generalgouvernement Millionen polnischer Juden in Ghettos gepfercht und etwa eine halbe Million Polen aus den neuen Reichsgauen dorthin deportiert. Doch setzte im

Bei der Siegesparade in Warschau am 5. Oktober 1939 konnten sich Hitler, die NS-Größen und die deutsche Generalität am stolzen Erfolg ihres „Blitzkriegs“ in Polen berauschen. Das Kommandeursbanner eines polnischen Schützenregiments, das Hitler als Souvenir überreicht wurde, entstammte offenbar der Beute aus der Kesselschlacht bei Kutno Mitte September, die von der NS-Propaganda in maßloser Übertreibung als der größte Schlachtensieg seit der Vernichtungsschlacht von Cannae im Jahre 216 v. Chr. gefeiert wurde, als der Karthager-Feldherr Hannibal die Römer niedergeschlagen hatte. Diese leichtfertige Propaganda übersah in ihrem lärmenden Getue die Lehre der Geschichte, daß Karthago nach langem Kriegsverlauf schließlich doch den bei Cannae besiegten Römern unterlegen war.

Gegensatz zu der These vom „Volk ohne Raum" keineswegs ein Siedlerstrom aus dem angeblich so drangvoll überbevölkerten alten Reichsgebiet in die neuen Reichsgaue ein, sondern diese wurden durch Balten-, Galizien- und Bessarabiendeutsche besiedelt, die entsprechend den Abmachungen mit den Sowjets den sowjetischen Machtbereich zu verlassen hatten.

Währenddessen saßen sich an der Westfront die Gegner an der deutsch-französischen Grenze in gut ausgebauten Bunkerstellungen untätig gegenüber. Die Westmächte wußten, daß sie in der Modernisierung ihrer Ausrüstung – besonders bei Panzern und Flugzeugen – dem Dritten Reich nachstanden, und setzten auf Zeitgewinn. Hitler drängte, Frankreich anzugreifen und es in einem Blitzfeldzug ähnlich dem gegen Polen niederzuringen. Die Terminplanung für diese Offensive wurde allerdings mehr als zwei Dutzend mal verschoben. Unterdessen stieß im April 1940 ein Überraschungsangriff auf Dänemark und Norwegen zur Sicherung des Transportweges für das kriegsentscheidende nordschwedische Eisenerz zwar zunächst auf britische Gegenwehr, endete aber nach kurzen und heftigen Kämpfen in Mittel- und Nordnorwegen mit dem englischen Rückzug.

Der am 10. Mai begonnene Großangriff gegen Frankreich durch die neutralen Staaten Niederlande, Belgien und Luxemburg beruhte im Grundansatz wieder auf dem Schlieffen-Plan. Durch die höhere Marschgeschwindigkeit der Angriffsspitzen (Panzer), den Einsatz brückensichernder Luftlandekräfte (Fallschirmjäger) und die wirksame Bekämpfung heraneilender gegnerischer Reserven aus der Luft (Sturzkampfbomber) besaß dieser Plan nun allerdings erheblich größere Schlagkraft. Die Niederlande wurden in fünf Tagen, Belgien in 18 Tagen, Frankreich in sechs Wochen erobert und ein englisches Expeditionskorps mit erheblichen Verlusten aus Nordfrankreich vertrieben. In Compiègne, wo am 11. November 1918 die junge deutsche Republik den Waffenstillstand hatte unterzeichnen müssen, diktierte Hitler am 22. Juni 1940 den Franzosen seine Bedingungen. Nord- und Mittelfrankreich sowie die gesamte französische Atlantikküste wurden der deutschen Militärverwaltung unterstellt. Als den französischen Streitkräften das Rückgrat bereits gebrochen war, hatte auch der Achsenpartner Italien – obgleich Mussolini mehrmals beteuert hatte, sein Land sei vor 1942/43 nicht zum Kriege gerüstet – den Westmächten den Krieg erklärt. Die Blitzkriege und Blitzsiege in Polen, Norwegen und im Westen blieben nicht ohne Einfluß auf die Stimmung der Bevölkerung: Die im August/September 1939 verbreitete Furcht vor einer Wiederholung des Debakels von 1914–1918 wich nun doch dem Stolz über die militärischen Erfolge des Reiches. Selbst die extrem mißtrauische Gestapo stellte im Frühsommer 1940 fest, daß bei den früher kommunistisch oder sozialdemokratisch eingestellten Arbeitern keine gegnerische Tätigkeit mehr zu bemerken sei. Als Hitler am 6. Juli 1940 mit in Frankreich siegreichen Truppen in Berlin eintraf, begrüßte ihn ein zwar organisierter, aber aus dem Herzen kommender Jubel. Der von der Bevölkerung und ebenso im neutralen Ausland erwartete Schritt, Europa den Frieden wiederzugeben, wurde am 19. Juli mit einem Friedensangebot an England getan. Da aber selbst eine reduzierte Wiederherstellung Polens sowie die Rück-

Der große militärische Erfolg des deutschen Feldzugs gegen Frankreich im Mai/Juni 1940 wurde von dem nationalsozialistischen Regime propagandistisch gezielt als Revanche für 1918 ausgeschlachtet: In demselben Salonwagen im Wald von Compiègne, in dem das besiegte Deutsche Reich am 11. November 1918 seine Niederlage im Ersten Weltkrieg hatte eingestehen und die harten alliierten Waffenstillstandsbedingungen hatte annehmen müssen, ließ Hitler nun am 22. Juni 1940 den geschlagenen Franzosen den von ihm diktierten Waffenstillstand zur Unterzeichnung vorlegen. Vor dem Salonwagen erwarten die Ankunft der Franzosen (v. l. n. r.) Reichsaußenminister von Ribbentrop, der Chef des Oberkommandos der Wehrmacht Wilhelm Keitel, der Oberbefehlshaber der Luftwaffe Hermann Göring, Hitler-Stellvertreter Rudolf Heß (1894-1987), Hitler, der Oberbefehlshaber des Heeres Walter von Brauchitsch (1881-1948) und, durch Hitler verdeckt, der Oberbefehlshaber der Kriegsmarine Erich Raeder (1876-1960).

Die leidvollen Erfahrungen, die viele Millionen Deutsche in Konsequenz des Zweiten Weltkriegs als Wandernde und Flüchtlinge auf den Landstraßen Europas machen mußten, leitete das NS-Regime selbst planmäßig ein mit den großen Umsiedlertrecks, mit denen eine halbe Million deutschsprachiger Menschen aus dem Baltikum, den ostpolnischen Landesteilen Galizien und Wolhynien sowie den rumänischen Provinzen Bessarabien und Bukowina 1939 bis 1941 in die neuen östlichen Reichsgaue geschleust wurde, um dort eine durchgehende deutsche Besiedlung durchzusetzen. Opfer dieser NS-Volkstumspolitik wurden besonders die bäuerlichen Umsiedler, denen einfach ein polnischer Bauernhof zugewiesen wurde, auf dem der ehemalige polnische Besitzer allenfalls als Knecht verbleiben durfte. Die ob solcher Verfahrensweise angestaute Wut der Polen entlud sich oft genug nach dem Verschwinden der deutschen Herrschaftsstrukturen Anfang 1945 in Brutalitäten gegen die einstigen Umsiedler, soweit diese es nicht rechtzeitig geschafft hatten, erneut mit einem Treck in Richtung Westen zu ziehen.

Die erstrebte deutsche Luftherrschaft über England kam trotz massiven Einsatzes der Luftwaffe nicht zustande. Allein im August und September 1940 gingen 1244 deutsche Flugzeuge verloren. Daraufhin konzentrierte sich die Luftwaffe auf nächtliche Bombenangriffe gegen englische Industriegebiete und Wohnviertel, was bis November 1940 40 000 englische Zivilisten das Leben kostete und von der deutschen Propaganda noch als stolzer Erfolg gefeiert wurde. Die hochmütige Haltung eskalierte in der NS-offiziellen Beweihräucherung dieser Art von Kriegsführung aus der Luft. Während noch im Sommer 1941 die „Große deutsche Kunstausstellung" mit einem Gemälde „Bomben auf England" protzte, war die deutsche Luftoffensive im Westen bereits wegen hoher Verluste abgeblasen worden.

gabe Elsaß-Lothringens in diesem Angebot ausgeschlossen wurden, wurde Hitlers Friedensrede in London nicht ernst genommen.

Um Großbritannien auszuschalten, wurde nun ein Landeunternehmen in England geplant. Wegen der großen Übermacht der britischen Flotte nannten aber die Stäbe in Marine und Heer eine deutsche Luftherrschaft über dem Ärmelkanal und Südengland als Vorbedingung für eine deutsche Landung. So begann Mitte August 1940 die Luftschlacht über England, in der die deutsche Luftwaffe sowohl die englische Luftabwehr niederkämpfen als auch zusätzlich die Rüstungsproduktion ausschalten und die Bevölkerung demoralisieren wollte. Durch den Einsatz von Radar waren die Engländer allerdings in kürzester Zeit in der Lage, ihre zahlenmäßige Unterlegenheit bei den Jagdflugzeugen auszugleichen und den deutschen Jagdgeschwadern fast das Doppelte ihrer eigenen Verluste zuzufügen. Die Luftschlacht über England endete mit einem deutschen Fiasko, und das Landeunternehmen wurde aufgegeben. Auch der ebenfalls im August 1940 gestartete Versuch, England durch einen uneingeschränkten U-Boot-Krieg auf breiter Basis in die Knie zu zwingen, konnte das Ziel nicht erreichen, denn auch im U-Boot-Krieg brachte Radar der deutschen Seite hohe Verluste ein.

Um das britische Weltreich doch noch zum Frieden zu zwingen, sollte nun Indien bedroht werden. Zu diesem Zweck wurde im September 1940 in Berlin ein Dreimächtepakt zwischen Deutschland, Italien und Japan abgeschlossen, der Zusammenarbeit gegen britische und – erstmals ins Spiel gebrachte – amerikanische Vorherrschaftspläne umriß. Japan war dabei an einer Expansion im ostasiatischen Raum interessiert. Obwohl alle drei Signatarmächte strikt antikommunistisch waren, wurde doch jede Bezugnahme auf die Sowjetunion ausgeklammert, denn Hitler hegte damals den Plan, auch die Sowjetunion in den Pakt einzubeziehen und so einen europäisch-asiatischen Mächteblock gegen Großbritannien zu schaffen. Mitte November wurde mit dem sowjetischen Außenminister Wjatscheslaw Molotow (1890–1986) darüber verhandelt, aber Moskau ließ sich nicht vor diesen Karren spannen und forderte statt dessen die Aufgabe deutscher Positionen auf dem Balkan und an den Ostseeausgängen.

Das Dritte Reich war zu diesem Zeitpunkt hochgerüstet und besaß kriegserfahrene und sieggewohnte Armeen. Darüber hinaus stand ihm ein Großteil des europäischen Rüstungspotentials zur Verfügung, und auch mit englischen Offensivoperationen gegen den Kontinent war auf lange Zeit nicht zu rechnen. Hitler ließ nun den „eigentlichen" Krieg gegen die Sowjetunion vorbereiten. Gleich nach seinem Friedensangebot an London hatte Hitler Ende Juli 1940 bereits den Befehl für eine entsprechende Planung erteilt. Am 18. Dezember erfolgte die OKW-Weisung für den „Fall Barbarossa", der einen Blitzkrieg zur Gewinnung von „Lebensraum" bis zur Linie Archangelsk – Wolga – Kaspisches Meer vorsah. Als Termin für den Beginn war der 15. Mai 1941 vorgesehen.

Ende März war jedoch in Jugoslawien die mit den Achsenmächten sympathisierende Regierung gestürzt worden, und die neue Regierung suchte Verbindung mit Rußland und England aufzunehmen. In einem dreiwöchigen Feldzug wurde daher zunächst Jugoslawien und im selben Zug das seit Oktober 1940 mit Italien im Krieg liegende Griechenland niedergeworfen. So an der gesamten Balkanflanke im Rücken frei, traten am 22. Juni 1941 – wieder ohne Kriegserklärung – 153 deutsche Divisionen zum Überfall auf die Sowjetunion an. Beteiligt waren nicht nur deutsche, sondern auch finnische, ungarische, rumänische und italienische Truppen sowie Freiwillige aus Ländern unter deutscher Besetzung.

Daß es sich bei dem Krieg gegen Rußland um einen Krieg neuen Typs handelte, um einen „Weltanschauungskrieg", in dem es keine Rücksicht auf das Völkerrecht zu nehmen gälte, hatte Hitler hohen Wehrmachtskommandeuren schon vor Beginn der Kampfhandlungen erklärt. Verstöße gegen die seit 1907 gültige Haager Landkriegsordnung – die ein Minimum zivilisierter Normen im Umgang mit Kriegsgefangenen und der Bevölkerung besetzter Gebiete festschrieb – waren schon seit 1939 auf ehemals polnischem Territorium gang und gäbe. Nun wurde die Feldzugsplanung gleich mit verbrecherischen Anweisungen gekoppelt. Befehle legten schon im vorhinein fest, daß für Kriegsverbrechen im Krieg gegen den Bolschewismus keine Gerichtsverfahren eingeleitet würden und daß die Politischen Kommissäre (eine Kategorie sowjetischer Offiziere) sofort nach Gefangennahme zu erschießen seien. Die NS-Rasse- und Volkstumsplaner faßten darüber hinaus Maßnahmen ins Auge, mit denen man die einheimische Bevölkerung der zu erobernden Gebiete um rund 50 Millionen vermindern könne. Nach dem Muster schon in Polen „bewährter" Sonderkommandos wurden eigens vier Sondereinsatzgruppen von SS und Polizei formiert, um Massenerschießungen unter der jüdischen Bevölkerung durchzuführen. 1941/42 wurden insgesamt 2,2 Millionen sowjetische Juden auf diese Weise ermordet.

„Barbarossa" schien zunächst planmäßig anzulaufen. In großen Stoßkeilen drangen die deutschen Armeen schnell vor, umfaßten bedeutende Sowjet-Gruppierungen und vernichteten sie in Kesselschlachten. Millionen von Rotarmisten fielen als Kriegsgefangene in deutsche Hand. Infolge schlechter Unterbringung und mangelhafter Ernährung überlebten von den 5,7 Millionen sowjetischen Soldaten in deutscher Kriegsgefangenschaft nur 2,4 Millionen den Krieg. Im Mittelabschnitt mit seinen ausgedehnten Waldgebieten konnten die deutschen Kesselzangen jedoch nie

Der Aufmarsch für das Unternehmen „Barbarossa" gegen die Sowjetunion vollzog sich im Frühjahr 1941 in großem Maßstab. Mitte Juni standen an der deutsch-sowjetischen Grenze 119 Infanterie-, 15 motorisierte und 19 Panzerdivisionen mit 3 648 Panzern und Sturmgeschützen zum Angriff bereit. Die Bewegungen und Geräusche deutscher gepanzerter Fahrzeuge mußten notgedrungen auf der sowjetischen Seite wahrgenommen werden. Sowjetspione, deutsche Überläufer und die Londoner Regierung warnten die Moskauer Machthaber vor einem bevorstehenden deutschen Überfall. Stalin jedoch, wie sein Widerpart Hitler von der eigenen Unfehlbarkeit überzeugt, verwies alle Warnungen in das Reich böswilliger Spekulationen und intriganter Provokationen. Am 22. Juni 1941 überschritten die deutschen Truppen die sowjetische Grenze, der Krieg war in eine neue Phase getreten.

Nach der Terminplanung von „Barbarossa" sollte bis zum Oktober die sowjetische Militärmacht komplett vernichtet sein und dann – wie im Februar 1918 auf keinen Widerstand mehr treffend – bis zu einer Linie Weißes Meer – Wolga – Kaspisches Meer marschiert werden. Aber schon im September warnte das Oberkommando der Wehrmacht, man müsse damit rechnen, 1941 nicht mehr das Ziel einer kompletten Zerschlagung der sowjetischen Widerstandskraft zu erreichen. Trotzdem verkündete Hitler Anfang Oktober, der Feind im Osten sei bereits geschlagen und werde sich nie wieder erheben. Zwei Monate später zwangen großangelegte Gegenoffensiven der Sowjets die Wehrmacht zu Rückzügen über 150 bis 450 km. Die Front war überhaupt nur wieder zu stabilisieren, weil die deutschen Fronttruppen Übermenschliches leisteten, indem sie bei klirrender Kälte in ihren Sommeruniformen aushielten und Erfrierungen in Kauf nahmen. Einen Winterfeldzug hatte die deutsche Generalstabsplanung überhaupt nicht vorgesehen, und so war auch lange keine Winterkleidung für die mehr als 2,5 Millionen deutschen Soldaten der Ostfront verfügbar.

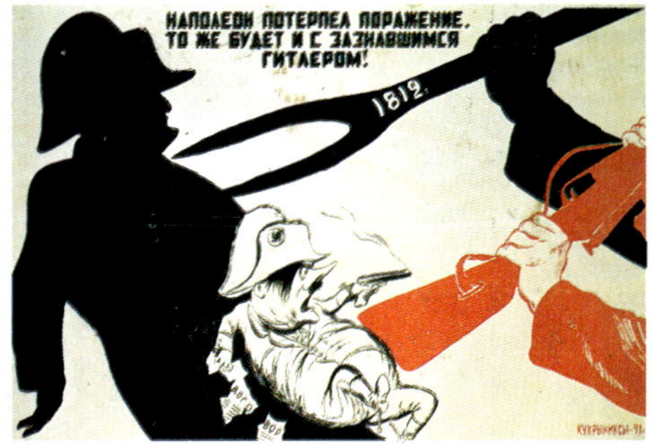

Die sowjetische Führung schwenkte, um die Bevölkerung für den Verteidigungskrieg zu motivieren, von der seit 1917 verfolgten Linie eines historischen Auftrags zur Verbreitung der Weltrevolution sehr schnell und wirksam um auf die vielen Invasoren, die im Lauf der russischen Geschichte jedesmal zu guter Letzt vertrieben worden waren. In Erinnerung an den Vaterländischen Krieg gegen Napoleon 1812 wurde der jetzige „Großer Vaterländischer Krieg" genannt und Napoleons Debakel in den russischen Weiten beschworen: „Napoleon hat seine Niederlage erlitten. Ebenso wird es dem eingebildeten Hitler ergehen", prophezeite im Spätsommer 1941 ein Sowjetplakat. Daß der Schatten von Napoleons Schicksal in Rußland auch in den Gefühlen vieler Deutscher präsent war, mußte sich übrigens sogar NS-Propagandachef Goebbels eingestehen.

vollständig geschlossen werden, so daß sich die gegnerischen Kräfte immer wieder dem Zugriff entziehen und zu neuem Widerstand formieren konnten. Der von Hitler beschworene angebliche „Koloß auf tönernen Füßen" zerfiel keinesfalls, sondern entpuppte sich als äußerst zäher Verteidiger der Heimaterde. In der Hauptstoßrichtung auf Moskau traten erhebliche Verzögerungen ein. Trotz anhaltender großer Raumgewinne – bis November war die ganze Ukraine mit ihrem industriellen Herzen, dem Donezbecken, in deutscher Hand – ging die strategische Planung nicht auf. Der Zeitplan des OKW war Ende November völlig durcheinandergeraten.

In blinder Siegesgewißheit war kein Winterkrieg eingeplant worden, so daß die Fronttruppen nun bei Einbruch des Winters weitgehend ohne Winterausrüstung dastanden. Gegen sie traten nun an der Mittel- und Südfront sibirische Divisionen an, die die Wehrmacht zu einem katastrophalen – weil nie geprobten – Rückzug zwangen. Doch stabilisierte sich die Front wieder, und nach der Abwehr ungeschickter Sowjetoffensiven an der Südfront gewann die Wehrmacht sogar die strategische Initiative zurück und begann Ende Juni 1942 – nun allerdings nur noch im Südabschnitt – erneut umfassende Angriffsoperationen, die sie bis weit in den Kaukasus und bei Stalingrad bis an den Unterlauf der Wolga führten. Die überdehnte Front war aber ständig von punktuellen sowjetischen Offensiven bedroht, die durchaus in der Lage waren, entsprechend der deutschen Strategie vom Vorjahr riesige Kesselschlachten ins Auge zu fassen, denn Feuerkraft und Panzerpotential der Roten Armee hatten seit 1941 enorm zugenommen.

Tatsächlich schloß mit Wintereinbruch 1942 die Rote Armee bei Stalingrad 380 000 deutsche Soldaten ein und vernichtete den Kessel bis Anfang Februar 1943. Auf breiter Front brach der deutsche Südabschnitt völlig zusammen und konnte nur noch mit Mühe vor dem Donez-Becken wieder aufgebaut werden. Von Juni 1941 bis Februar 1943 verlor die Wehrmacht an der Ostfront ca. eine Million an Toten und Schwerverwundeten. „Barbarossa" erwies sich als gigantische Fehlplanung: Aus dem „Weltanschauungskrieg" zur Gewinnung von „Lebensraum" war ein Verteidigungskrieg geworden. Und zwar an allen Fronten, denn seit Februar 1941 kämpfte ein deut-

Das Gebiet der Achsenmächte – die seit 1936 geläufige Bezeichnung für das Deutsche Reich und Italien sowie später auch für alle anderen mit dem nationalsozialistischen Deutschland verbündeten Staaten – reichte 1939 bereits bis nach Nordafrika. Im Verlauf der nächsten Jahre verbündeten sich die Balkanstaaten Ungarn, Rumänien und Bulgarien mit den diktatorischen Machthabern in Deutschland und Italien. Bis 1942 erweiterte die Achse Berlin-Rom ihre Gebiete durch brutale militärische Überfälle auf Nachbarländer, wie z. B. Polen und Frankreich, erheblich. Doch das verlustreiche Scheitern der Deutschen Wehrmacht bei Stalingrad im Februar 1943 und die Kapitulation deutscher und italienischer Truppen bei Tunis im Mai 1943 wendeten das Blatt gegen die Achsenmächte. Plötzlich waren sie nicht mehr in der Rolle des Angreifers, sondern in der des Verteidigers.

Unter brennender Hitze und Sandstürmen litten die Soldaten des Deutschen Afrikakorps, die im italienischen Nordafrika mit wechselndem Erfolg gegen die Briten kämpften. Auch sie mußten sich von November 1941 bis Januar 1942 Hunderte von Kilometern zurückziehen, konnten aber unter dem legendären „Wüstenfuchs" Erwin Rommel (1891-1944) mit einem überraschenden Gegenschlag noch einmal bis 100 km vor Alexandria gelangen. Zwischen November 1942 und Mai 1943 erlagen sie jedoch endgültig der britisch-amerikanischen Übermacht.

Die fühlbaren Menschenverluste an den Fronten und die forcierte Ausdehnung der Rüstungsproduktion führten zu einem spürbaren Arbeitskräftemangel bei der Fertigung von Kriegsmaterial. Während die Zahl deutscher Arbeitnehmer kontinuierlich sank, stieg die der ausländischen stetig an. Allerdings waren das fast durchweg Zwangsarbeiter, die in den besetzten Ostgebieten sogar durch regelrechte Razzien rekrutiert worden waren. Zwischen Mai 1940 und Mai 1944 stieg ihre Zahl von 1,2 auf 7,1 Millionen, darunter über 2 Millionen Kriegsgefangene, die

entsprechend der Genfer Konvention allerdings nur in der Landwirtschaft eingesetzt waren. Von den verbleibenden 5 Millionen waren nur 4 % freiwillig gekommen. Während west- und südeuropäischen Fremdarbeitern eine Kennzeichnung erspart blieb, hatten Polen und Sowjetbürger ein „P" bzw. „OST" an ihrer Kleidung zu tragen, und da diese latent der Sabotage deutscher Rüstungsanstrengungen verdächtigt wurden, drohten ihnen bei Ausschußproduktion schwere Strafen bis zur Verschleppung in ein KZ.

sches Korps auch im italienischen Nordafrika, um dem dort vor der Niederlage stehenden Bundesgenossen Italien Unterstützung zu bieten. Wechselvolle Kämpfe brachten das deutsche Afrikakorps im Juni 1942 bis 100 km vor Alexandria und ließen den Suez-Kanal als strategischen Zielpunkt möglich erscheinen. Aber eine britische Gegenoffensive im November 1942 machte diesen Plan zunichte und endete erst mit der Kapitulation von einer Viertelmillion deutscher und italienischer Soldaten im Mai 1943 bei Tunis: Das Kapitel „Afrikakorps" war damit geschlossen.

Im Seekrieg schnellten die deutschen U-Boot-Verluste in die Höhe, und die Neubautonnage übertraf die von Deutschen versenkte Tonnage seit 1942 um ein Vielfaches. In maßloser Verblendung und Selbstüberheblichkeit hatte Hitler vier Tage nach Beginn des Krieges im Pazifik durch den japanischen Angriff auf Pearl Harbor am 7. Dezember 1941 den USA den Krieg erklärt und damit den Einsatz amerikanischer Kriegsschiffe und Jagdbomber im U-Boot-Krieg sowie den Einsatz von USA-Bombergeschwadern im Luftkrieg provoziert. Erfolge waren seit Ende 1942 nur noch in der Rüstung zu verzeichnen, denn dort stieg die Produktionskurve infolge verbesserter Organisation und Konzentration und des rücksichtslosen Einsatzes von Millionen von Zwangsarbeitern. Diese waren überwiegend in kasernierter Form untergebracht, aber auch zum Teil in den für die Rüstungsindustrie arbeitenden Konzentrationslagern eingesperrt.

Parallel mit dieser Mobilisierung menschlicher Arbeitskraft für den Krieg wurden Millionen von Menschen ermordet im Zeichen der „Endlösung der Judenfrage für Europa", die Hitler mit seinen engsten Paladinen im Laufe des Jahres 1941 beschlossen hatte. Seit Sommer 1941 wurde eine ganze Kette von Vernichtungslagern auf polnischem Territorium gebaut, von denen dem Lager bei Auschwitz zwischen Kattowitz und Krakau eine Zentralfunktion zukam. Seit Oktober 1941 wurden die noch im Dritten Reich lebenden Juden, die seit September 1941 einen Davidstern mit der Inschrift „Jude" an ihrer Kleidung tragen mußten, nach und nach in diese Lager deportiert. Im Januar 1942 wurde die millionenfache Ausrottung einer bestimmten Gattung von Menschen während einer Konferenz in Berlin-Wannsee in nüchternes Beamtendeutsch gebracht und das Zusammenwirken aller beteiligten Ressorts vom Reichsfinanzministerium bis zur Reichsbahn aufeinander abgestimmt. Die Perfektion deutscher Organisation im Verein mit selbstverständlicher deutscher Disziplin und einem unübertroffenen Rassenwahn führten dann zur Ermordung der Juden im Herrschaftsgebiet des Dritten Reiches in bisher unvorstellbarer Dimension. Neben den von deutschen Exekutionskommandos Hingemordeten auf sowjetischem Territorium fielen von November 1941 bis November 1944 etwa vier Millionen Juden und Zehntausende von Zigeunern den Gaskammern zum Opfer.

Das Ende des Dritten Reiches

Seit Beginn des Jahres 1943 konnten die Achsenmächte und ihre Verbündeten – auch Japan im pazifischen Raum – keine nachhaltigen militärischen Erfolge mehr verbuchen. Goebbels propagierte nun die „Festung Europa", die gegen den „jüdisch-asiatischen Bolschewismus" und die „von Juden beherrschte anglo-amerikanische Plu-

Der seit Anfang 1942 anlaufende „Holocaust" entzieht sich in seiner Motivation logischem Denkvermögen. Hier gingen Antisemitismus, Rassenwahn, Diktatur und deutsches Organisationstalent eine katastrophale Verbindung ein, die Millionen von Menschen das Leben kostete. In den Vernichtungslagern wurde nicht nur die Vergasung durchgeführt, sondern die körperlich kräftigen Juden wurden zu Zwangsarbeiten herangezogen. So wurde z. B. an der Bahnsteigrampe von Auschwitz-Birkenau nach der Ankunft jedes Zuges mit potentiellen Gaskammeropfern jeweils erst „selektiert", ob jemand noch für die Rüstungsindustrie geeignet war. Bei negativem Urteil – was beispielsweise automatisch bei Kindern und Alten erfolgte – wurde sofort der Weg in die Gaskammer gewiesen, bei positivem wurde „Vernichtung durch Arbeit" ins Auge gefaßt.

Zu Kriegsbeginn hatte der Hitler-Intimus Göring als Oberbefehlshaber der Luftwaffe großsprecherisch erklärt, er wolle „Meyer" heißen, wenn auch nur eine einzige feindliche Bombe auf Deutschland falle. Im Winter 1941/42 begann die britische Fernbomberflotte mit ihren Angriffen auf Ziele in deutschen Städten, worin die NS-Propaganda nun „Bombenterror" entdeckte. Während die deutsche Bevölkerung bitter über „Meyer" spottete und sich an ein Leben mit Verdunklung und Luftschutzkeller gewöhnen mußte, entwickelte der britische Premierminister Winston Churchill (1874–1965) das Konzept, die deutsche Bevölkerung durch Flächenbombardements auf dichtbesiedelte Wohngebiete zu demoralisieren und gegen die NS-Führung aufzubringen. Das am grünen Tisch ausgeklügelte Konzept schlug fehl, kostete aber 600 000 deutsche Zivilisten das Leben.

Nach der Niederlage von Stalingrad stellte das NS-Regime das deutsche Volk auf härtere Zeiten auch an der „Heimatfront" ein. Im Februar 1943 erklärte Goebbels auf einer sorgfältig inszenierten Propagandaveranstaltung den „Totalen Krieg". Der Rüstungsausstoß ging tatsächlich bedeutend in die Höhe, und die Zahl der zur Wehrmacht Einberufenen wuchs innerhalb eines Jahres von 9,4 auf 11,2 Millionen. Aber das Anlaufen des „Totalen Krieges" fiel mit dem Beginn von Tagesangriffen alliierter Bomberflotten gegen deutsche Städte zusammen, und so gewann der „Totale Krieg" unversehens für viele Deutsche die Bedeutung, daß er die Verwandlung ihrer Stadt in eine „Frontstadt" bewirkt habe. Der gleiche Graphiker, der 1932 das Plakat „Hitler – Unsere letzte Hoffnung" gezeichnet hatte, Mjölnir, unterstützte nun zeichnerisch den „Totalen Krieg".

tokratie" zu verteidigen sei. Aber die Festung Europa hatte kein Dach. Alliierte Bomberflotten flogen seit Sommer 1942 ständig schwere Angriffe gegen deutsche und italienische Städte, trafen neuralgische Punkte der Rüstungsindustrie und legten auch Wohnviertel in Schutt und Asche. Ab Sommer 1943, als die US-Bomberflotten in geschlossenen Verbänden flogen, zeigte sich schnell die Unterlegenheit der deutschen Luftabwehr.

In etlichen besetzten Gebieten entwickelten sich Untergrundbewegungen, die vorwiegend Verkehrsverbindungen lahmlegten. Am stärksten waren die Partisanen in den eroberten sowjetischen Gebieten und in Jugoslawien. Aber auch in Griechenland und seit 1943 in Frankreich machten sie den Deutschen schwer zu schaffen. Seit Sommer 1943 beherrschten die alliierten Briten und Amerikaner das Mittelmeer, und nach der alliierten Landung auf Sizilien im Juli 1943 wurde Mussolini gestürzt. Anfang September schied Italien aus der Achse aus. Daraufhin wurde die Apenninenhalbinsel erst recht zum Kriegsschauplatz zwischen der Wehrmacht und den alliierten Verbänden.

Ein letzter Offensivversuch an der Ostfront bei Kursk im Juli 1943 endete mit einer totalen Niederlage. Die Wehrmacht mußte sich bis an den Dnjepr zurückziehen. Zur Jahreswende 1943/44 war ein großer Teil der Ukraine, bis April 1944 die ganze Ukraine verloren. Mit der Landung alliierter Truppen am 6. Juni 1944 in der Normandie weitete sich der Zweifrontenlandkrieg im Osten und Süden zu einem Dreifrontenkrieg aus. Zwar waren angesichts einer drohenden Landung der Alliierten an der Atlantikküste in Frankreich und Belgien 59 Wehrmachtdivisionen bereitgestellt worden, aber gegen die alliierte Luftherrschaft reichten diese 59 Divisionen nicht aus. Am 31. Juli stießen die amerikanischen und britischen Truppen von dem alliierten Brückenkopf in der Normandie aus nach Frankreich vor und wandten sich in Richtung Deutschland.

Spätestens der Kriegsverlauf und die NS-Greueltaten hatten viele in Deutschland an der Rechtmäßigkeit der NS-Herrschaft zweifeln lassen. Hinzu kam nun die Überzeugung, daß dieser Krieg nicht zu gewinnen sei. Auch wenn das NS-Regime zunehmend an Prestige verlor, so war doch offener Widerspruch lebensgefährlich und kaum möglich. Gegen spektakuläre Einzelak-

Der Zusammenbruch der deutschen Ostfront an Memel und Weichsel im Januar 1945 öffnete die deutschen Ostprovinzen dem Zugriff der Roten Armee. Zu Millionen flohen die Menschen vor der befürchteten Brutalität der Rotarmisten, die sich bis zu 3 000 km durch ihr eigenes, beim deutschen Rückzug systematisch zerstörtes Land vorgekämpft hatten und nicht ohne Grund Rache schworen. Im eisigen Winter strömten Flüchtlingstrecks gen Westen, blieben aber oft stecken, gaben entkräftet auf oder kamen im Feuer des Bewegungskrieges um. 1,5 Millionen Flüchtlinge konnten über die Ostsee evakuiert werden, etwa die gleiche Anzahl erreichte über Land die Oder, aber wahrscheinlich Hunderttausende fanden ein unbekanntes Grab in Schnee und Eis.

tionen wie die einiger tapferer Münchener Studenten, die im Februar 1943 in Flugblättern gegen das sinnlose Verheizen deutscher Soldaten protestierten, war die Gestapo viel zu übermächtig – die Studenten landeten auf dem Schafott. Auch Kontakte verschiedener Widerstandsgruppen untereinander waren kaum möglich.

Nach den Niederlagen vor Moskau im Winter 1941/42 begannen konservative Offiziere, Diplomaten und Beamte unterschiedlichster politischer Richtung eine vorsichtige Zusammenarbeit mit dem Ziel, das NS-Regime zu stürzen. Um überhaupt Erfolg haben zu können, mußte eine auch im Militär verankerte Verschwörerorganisation aufgebaut werden, die im geeigneten Moment die Macht in die Hand nehmen konnte. Haupt der militärischen Verschwörung wurde Henning von Tresckow (1902–1944), Stabschef im Stab der Heeresgruppe Mitte. Er und seine Vertrauten gingen davon aus, daß zunächst Hitler von Deutschen selbst beseitigt werden müsse, um überhaupt wieder von den Alliierten als Verhandlungspartner für eine Kapitulation akzeptiert zu werden.

Seit Januar 1943 war die von den Alliierten erhobene Forderung nach einer bedingungslosen deutschen Kapitulation als einzig mögliches Kriegsende bekannt. Zwei Bombenattentatsversuche gegen Hitler im März 1943 mißlangen, blieben aber unentdeckt. Die Kriegslage verschlechterte sich für Deutschland weiterhin. Um eine völlige Katastrophe von Deutschland abzuwenden, setzten die Verschwörer die Operation „Walküre" an. Am 20. Juli 1944 ergab sich für Claus Graf Schenk von Stauffenberg (1907–1944) die Gelegenheit, im Besprechungsraum des Hauptquartiers eine Zeitbombe dicht neben Hitler zu plazieren. Überzeugt von Hitlers Tod, lösten die Verschwörer im Oberkommando des Heeres „Walküre" aus. Aber Hitler überstand die Explosion und konnte Gegenkräfte mobilisieren. Der Umsturzversuch brach innerhalb weniger Stunden zusammen. Das Strafgericht des NS-Führerstaates über Verschwörer, Eingeweihte, Mitwisser und Mitdenker glich einer Toberei: Etwa 5000 Menschen wurden exekutiert, Tausende wanderten auf bloßen Verdacht ins KZ, Familienmitglieder wurden in „Sippenhaft" genommen und auch viele andere als Oppositionelle Eingestufte bei dieser Gelegenheit beseitigt.

Die Katastrophe war nun nicht mehr aufzuhalten. Die militärischen Kommandeure waren voll auf die Befolgung der von den NS-Größen verkündeten Durchhalteparolen eingeschworen. Widerspruch und Zweifel am „Endsieg" durch Soldaten oder Zivilisten wurden mit dem Tod bestraft. Dem alliierten Bombenkrieg – immer stärker mit Flächenbombardements geführt – hatte die deutsche Luftwaffe nichts entgegenzusetzen. Im Oktober 1944 erreichten die Alliierten Deutschland bei Aachen, gleichzeitig überschritten Rotarmisten die deutsche Grenze in Ostpreußen. Von Ende August bis Mitte September 1944 lösten sich Rumänien, Bulgarien und Finnland aus der Bundesgenossenschaft mit dem Dritten Reich. Ein ungarischer Versuch, Mitte Oktober denselben Weg zu beschreiten, konnte nur mit Mühe durch die Besetzung Budapests verhindert werden. Im Spätherbst mußte fast der gesamte Balkan aufgegeben werden. Ein verzweifelter Versuch, Mitte Dezember unter Aufbietung aller Reserven durch eine Offensive in den Ardennen die englischen und amerikanischen Armeen zu trennen und einzeln zurückzuschlagen, blieb im Hagel amerikanischer Bomben und wegen Treibstoffmangels stecken. Er mußte endgültig aufgegeben und Panzerverbände eiligst nach Osten verlegt werden, als eine sowjetische Winteroffensive Mitte Januar 1945 die deutsche Verteidigungslinie an der Weichsel zerriß und die gesamte Ostfront zum Einsturz brachte. Nun lernte auch das deutsche Volk das Flüchtlingselend am eigenen Leibe kennen. Millionen flüchteten vor der Roten Armee bei Eis, Schnee und bitterer Kälte nach Westen, sei es per Schiff oder zu Fuß. Tausende

Ausgelaugt, skeptisch und von zwei Jahren zermürbender Rückzugserfahrungen entnervt, oft in banger Sorge um das Schicksal der Angehörigen, hielten die deutschen „Landser" selbst 1945 noch zumeist pflichtgetreu weiter an der Front aus, auch wenn sie von Verteidigungsstellung zu Verteidigungsstellung zurückfallen mußten. An der Ostfront war ein zusätzlicher Beweggrund zum Durchhalten die Furcht, daß die deutsche Besatzungspolitik, wie sie in Polen, Rußland und der Ukraine praktiziert worden war, nun ihr gesteigertes Pendant in einer rotarmistischen Besatzungspolitik finden würde. Dazu allerdings trat die Hoffnung, daß an der pausenlosen NS-Propaganda von den den Kriegsverlauf wendenden deutschen Wunderwaffen doch ein Fünkchen Wahrheit sei.

Die Agonie des Dritten Reichs trieb ihrem Höhepunkt zu, als Sowjets und Alliierte sich am 25. April 1945 an der Elbe bei Torgau die Hände reichen konnten. Die letzte wahnwitzige Hoffnung der NS-Führung, die stets erhoffte, aber nie eingetretene Aufspaltung der Koalition von Westmächten und Sowjetunion gegen den NS-Staat werde unausweichlich eintreten, wenn sich deren Armeen begegneten, zerplatzte wie eine Seifenblase. Unstimmigkeiten, die bei Politikern und in Generalstäben der Koalition Keime des späteren „Kalten Krieges" andeuteten, wurden von den Frontstäben und Fronttruppen gar nicht aufgenommen. Sie schwebten im Erfolgsrausch, den Krieg nun – als Sieger – zu beenden.

Am Abend des 30. April 1945 hißten sowjetische Infanteristen auf der noch umkämpften schwerbefestigten Reichstagsruine in Berlin die Fahne ihres Landes. Wenige Stunden zuvor hatte Hitler im nur 800 m entfernten Tiefbunker der Neuen Reichskanzlei Selbstmord begangen. Der Krieg war an seinen Ausgangspunkt zurückgekehrt, denn die Flammen des Reichstagsgebäudes hatten 1933 zum Vorwand gedient, jene terroristische Gesetzgebung in Gang zu setzen, mit der die „Nationale Erhebung" zur „Nationalsozialistischen Revolution" fortschreiten, das Dritte Reich schaffen und das deutsche Volk in einen verbrecherischen Krieg stürzen konnte. Die Fahne der Sowjetunion als Siegesbanner über Berlin verkündete unübersehbar, daß das hochmütige Unterfangen, die kommunistische Sowjetunion durch den Plan „Barbarossa" verschwinden zu lassen, in das genaue Gegenteil umgeschlagen war und daß über lange Zeit über die Geschicke des deutschen Volkes in Moskau mitentschieden werden würde.

erlagen den Strapazen oder feindlichem Beschuß. Zusätzlich klinkten die alliierten Luftflotten über den mit Flüchtlingen vollgestopften Städten ihre Bombenteppiche aus – am verheerendsten am 13./14. Februar über Dresden, das in Schutt und Asche versank. Andere Großstädte – wie Breslau, Danzig, Königsberg – wurden vom deutschen Militär zu Festungen erklärt und völlig zerstört.

Ab September 1944 wurde der „Volkssturm", bestehend aus halbwüchsigen Knaben, Greisen und Invaliden, aufgestellt. Die mangelnde Ausbildung und schlechte Bewaffnung ließ ihn nicht einmal in Verteidigungslinien wirksam werden. In dem sich abzeichnenden chaotischen Ende sank auch die Moral der kämpfenden Truppen. Desertionen und Überlaufen zum Feind mehrten sich. Fliegende Standgerichte sollten dem mit drakonischen Strafen entgegenwirken. Ihnen fielen noch 7000 deutsche Soldaten zum Opfer, die erschossen oder erhängt wurden, obwohl das Kriegsende nur noch eine Frage der Zeit war.

Am 19. März befahl Hitler die konsequente Anwendung der Taktik der verbrannten Erde im eigenen Land. Einwände, daß damit dem deutschen Volk jede Existenzgrundlage entzogen werde, hatte er schon vorher mit der Antwort zurückgewiesen, wenn der Krieg verlorenginge, habe sich das deutsche Volk als derart schwach erwiesen, daß es gar nicht verdiene, weiter zu existieren! Außerdem seien dann sowieso nur noch die Minderwertigen übrig, denn die Guten seien im Kampf gefallen. Aus Angst, Gewohnheit oder aus einem unbelehrbaren Glauben an den von Goebbels verkündeten Endsieg folgten die meisten Deutschen weiterhin dem NS-Motto „Führer befiehl – wir folgen Dir!", hielten in den immer dünner werdenden Verteidigungslinien aus, bewachten die etwa 600 000 KZ-Häftlinge, überwachten die 7,6 Millionen ausländischen Zwangsarbeiter und versuchten weiterhin, die Rüstungsindustrie aufrechtzuerhalten. Auch die NS-Justiz arbeitete mit ganzer Kraft weiter, und die brutale Tötungsmaschinerie in den offiziellen Hinrichtungsstätten wurde fast bis zum letzten Tag des NS-Führerstaates in Gang gehalten. Die Zahl der fast 12 000 juristisch angeordneten Hinrichtungen von 1933 bis Ende 1944 stieg bis April 1945 noch einmal merklich an.

Im März kam die Ostfront auf der Linie Oder-Neiße-Riesengebirge noch einmal zum Halten. Dafür brach die Westfront Ende März völlig zusammen und brachte die Alliierten im April auf die Elbe-Mulde-Linie. Eine letzte sowjetische Offensive kesselte am 25. April Berlin ein und führte am selben Tag an der Elbe zum Zusammentreffen mit amerikanischen Truppen. Hitler beging am 30. April im Tiefbunker unter der Reichskanzlei Selbstmord. Goebbels folgte ihm am nächsten Tag. Nach einer Reihe von Teilkapitulationen wurde am 7. Mai im alliierten Hauptquartier in Reims im Beisein eines sowjetischen Vertreters, am 8. Mai in der sowjetischen Befehlszentrale in Berlin-Karlshorst im Beisein hochrangiger Vertreter aller vier Hauptmächte – USA, Sowjetunion, Großbritannien, Frankreich – die bedingungslose Kapitulation der deutschen Streitkräfte unterzeichnet. Der Krieg, vom NS-Regime aus Größenwahnsinn zur Eroberung von „Lebensraum" und Weltmachtstellung für die deutsche Nation ausgelöst und im Februar 1943 von Goebbels noch als „totaler Krieg" mit der Weihe eines unverzichtbaren Lebenskampfes versehen, endete in einer totalen Katastrophe.

Deutsche Zonen, deutsche Länder, deutsche Staaten

Die letzte Reichsregierung

Die bedingungslose Kapitulation am 8. Mai 1945 bedeutete das Kriegsende für Deutschland, aber noch nicht das Ende des Deutschen Reiches. In seinem Testament hatte Hitler seine Nachfolge zu regeln versucht, indem er das Amt des Reichsoberhaupts, des Reichspräsidenten, von dem des Regierungschefs, des Reichskanzlers, trennte. Präsident wurde nach Hitlers letztem Willen der Oberbefehlshaber der Kriegsmarine, Großadmiral Karl Dönitz (1891–1980), der, auch ohne der NSDAP anzugehören, als besonders loyal galt. Joseph Goebbels, der Propagandaminister und Berliner Gauleiter, war als Kanzler vorgesehen, folgte aber mit seiner Familie Hitler in den selbstgewählten Tod. Für Dönitz bedeutete dies eine Entlastung, da er erkannt hatte, daß seine „Regierung" – mit hochrangigen Nationalsozialisten besetzt – kein Gesprächspartner für die Alliierten sein würde. Der schon seit 1932 amtierende Reichsfinanzminister Lutz Graf Schwerin von Krosigk (1887–1977) erhielt daher den Posten eines Leiters der Geschäftsführenden Reichsregierung. Zwar stellte sich Dönitz in einer Rundfunkrede noch als Staatsoberhaupt vor, aber dieser Staat bestand schon nicht mehr. Von einer Marinekaserne in Flensburg-Mürwik aus meinte diese „Regierung", noch Verwaltungsaufgaben ausüben und Politik betreiben zu können.

Dabei spielte die Hoffnung eine Rolle, es werde zu einem Konflikt zwischen den Alliierten kommen, in dem dann Deutschland wählen könne, auf wessen Seite es trete. Während die älteren Offiziere und die Kabinettsangehörigen meinten, man solle sich den Westmächten anschließen, trat eine Reihe jüngerer Offiziere dafür ein, mit der Sowjetunion und der Roten Armee zusammenzugehen. Bei solchen Überlegungen dürfte eine Rolle gespielt haben, daß die Spannungen zwischen den Kriegsalliierten zunahmen und der britische Premierminister Winston Churchill das Vorgehen der Sowjets in Osteuropa sehr kritisch beurteilte. Die „Regierung Dönitz" übersah, daß ihr nur zur Vereinfachung der Ausübung von Hoheitsfunktionen durch die Alliierten bestimmte Aufgaben zur Wahrung der Ordnung überlassen worden waren. Es gehörte zu den traurigen Kapiteln unmittelbarer deutscher Nachkriegsgeschichte, daß selbst nach der bedingungslosen Kapitulation in Gefangenenlagern noch Kriegsgerichtsurteile ausgesprochen und Todesurteile vollstreckt worden sind, um die Disziplinvorschriften der Flensburger „Regierung" einzuhalten.

Die Zahl der deutschen Soldaten, die sich 1945 in Kriegsgefangenschaft befunden haben, ist nicht mit Sicherheit zu bestimmen. Während sich im westlichen Gewahrsam etwa 7,7 Millionen befanden, sollen es in osteuropäischen Ländern etwa 3,3 Millionen gewesen sein. Ein Unsicherheitsfaktor ist hier die Zahl der Gefangenen, die von der UdSSR in ihren Siegesberichten gemeldet worden war. In der Weite des Landes, in den riesigen Wäldern und weiten Morasten sind mit Sicherheit viele deutsche Soldaten zugrunde gegangen, nach denen später gesucht worden ist. Hinzu kamen Gerüchte, teils durch Wunschträume der Angehörigen, teils aber wohl auch aus politischen Erwägungen, es gäbe geheime Schweigelager, in denen deutsche Soldaten gefangengehalten würden. Mit Sicherheit kann gesagt werden, daß die Lebens- und Arbeitsbedingungen in den Lagern der UdSSR und anderer ost- und südosteuropäischer Länder sich auf die Überlebenschancen der Gefangenen nur nachteilig auswirken konnten. Jede Kritik hieran muß aber auch berücksichtigen, daß die Länder von Deutschland überfallen worden waren, daß sie unter deutscher Besatzung zu leiden gehabt hatten und daß das Schicksal gerade sowjetischer Kriegsgefangener zumindest ähnlich schwer gewesen ist. Die Zustände in den Kriegsgefangenenlagern der Westmächte, soweit sie 1945 in Westdeutschland errichtet worden waren, sind häufig menschenunwürdig gewesen. Die Zahl der Toten in diesen Lagern läßt sich kaum rekonstruieren. Auch hier gilt, daß die Handlungen durch die Einstellung zum nationalsozialistischen Deutschland geprägt waren und die Entdeckung von KZ's die Ablehnung nur noch zu steigern vermochte. Kriegsgefangene sind zu Schwer- und Schwerstarbeiten herangezogen worden, z. B. im Wiederaufbau wie auch in Bergwerken. Ihre Versorgung lag häufig genug unter der der Bevölkerung. Während in Großbritannien und den USA langsam eine Normalisierung eintrat, waren die

„Die Welt tobt im Siegestaumel. Die Berliner grübeln, wo sie etwas zu essen finden", berichtete die Berliner Journalistin Ruth Andreas-Friedrich am 8. Mai 1945. Auch in den anderen Städten Deutschlands sah es kaum anders aus. Tatsächlich dürften sich nur die wenigsten Deutschen, falls sie es überhaupt erfuhren, denn Zeitungen gab es schon längst nicht mehr und vielerorts war auch das Stromnetz zusammengebrochen, so daß auch der Radioempfang nicht möglich war, für die Kapitulation und die neue Reichsregierung interessiert haben. Für sie hatte der Krieg schon in den letzten Aprilwochen geendet, sobald die alliierten Truppen ihren Wohnsitz erreicht hatten. Die Folge war allerdings meistens gewesen, daß in den ersten Wochen der Besatzungszeit das Chaos des Krieges durch das Chaos der Besatzung abgelöst worden war. Lebensmittelversorgung und Verkehr brachen nun restlos zusammen, und jeder versuchte irgendwie, in den meist nur noch einem Schutthaufen gleichenden Städten – hier Frankfurt – zu überleben.

Über zehn Millionen deutsche Soldaten waren in Kriegsgefangenschaft geraten, davon über drei Millionen in sowjetische. Während die Überlebenden der westalliierten Kriegsgefangenenlager bis 1948 wieder nach Hause zurückkehren durften, hielten die Sowjets ihre deutschen Kriegsgefangenen noch länger zurück. Dazu kam, daß gerade von der ehemaligen deutschen Ostfront eine besonders hohe Zahl Vermißtenmeldungen vorlag. Viele Frauen fuhren deshalb in die Durchgangslager für die aus sowjetischer Kriegsgefangenschaft kommenden Soldaten – hier Friedland –, um die Zurückgekehrten häufig mit Hilfe von selbstverfaßten „Steckbriefen" zu befragen, ob sie etwas über den Verbleib der vermißten Ehemänner, Väter, Söhne oder Freunde wüßten.

Vom 20. November 1945 bis zum 1. Oktober 1946 führten die alliierten Militärs in Nürnberg einen Prozeß gegen NS-Größen wie Göring, Heß, v. Ribbentrop, Dönitz, v. Neurath u.a., der mit 12 Todesurteilen, Haftstrafen zwischen 10 Jahren und lebenslänglich und drei Freisprüchen endete. Während beispielsweise Göring und Ribbentrop zum Tode verurteilt wurden, erhielt Dönitz nur 10 Jahre Gefängnis und der „Stellvertreter des Führers" Heß lebenslänglich. Gerade das Schicksal von Heß zeigte aber auch die Fragwürdigkeit dieser Strafzumessungen, denn während die anderen zu Gefängnisstrafen Verurteilten alle wieder – teilweise sogar vorzeitig – freigelassen wurden, wurde Heß – zuletzt als einziger Insasse des Kriegsverbrechergefängnisses in Berlin-Spandau – von den Alliierten weiter gefangengehalten, bis er schließlich 1987 als 93jähriger seinem Leben freiwillig ein Ende setzte.

Bedingungen für deutsche Gefangene in Frankreich lange Zeit schwer. Leichter hatten es Wissenschaftler, die von den verschiedenen alliierten Staaten als Experten für Weiterentwicklung von Waffensystemen angeworben wurden. Ähnlich stand es um ehemalige Anhänger des Nationalsozialismus, die sich bereit erklärten, bei der Fahndung nach gesuchten Kriegsverbrechern und nationalsozialistischen Prominenten Hilfe zu leisten. Die Mehrzahl der Kriegsgefangenen kehrte einer Vereinbarung der Außenminister der vier Großmächte gemäß bis 1948 zurück. Die Sowjetunion hielt im Gegensatz zu diesem Abkommen Gefangene noch bis 1951 fest. Nicht betroffen von dieser Regelung waren alle, die zu Kriegsverbrechern erklärt und deswegen verurteilt worden waren. Ihre Zahl betrug in der UdSSR durch automatische Verurteilungen viele Tausend. Die Überlebenden sind nach den Moskauer Verhandlungen Konrad Adenauers (1876-1967) im Jahr 1955 freigelassen worden.

Das „Großdeutsche Reich" hatte bereits im April 1945 sein Ende gefunden, als auch die Westalliierten den von den Sowjets eingesetzten Sozialisten Karl Renner (1870-1950) als österreichischen Bundeskanzler anerkannten. Österreich, dessen Wiederherstellung die Alliierten bereits während des Krieges beschlossen hatten, blieb damit eine Aufteilung wie Deutschland erspart, auch wenn es dort gleichfalls eine Einteilung in Besatzungszonen gegeben hat. Das eigentliche Ende des Deutschen Reiches kam am 23. Mai 1945. Da die Alliierten die „Regierung Dönitz" nicht mehr benötigten und auch über deren Versuche, einen Keil zwischen die Siegermächte zu treiben, verärgert waren, wurde sie in demütigender Weise gefangengesetzt. Für die Wahrnehmung von Hoheitsaufgaben bestand damit ein staatsrechtliches Vakuum. Nur nach juristischer Theorie bestand das Deutsche Reich weiter, praktisch hatte es aufgehört zu existieren. Mit Selbstverständlichkeit übernahmen die Alliierten auch die Rechtsfunktionen und begannen, die Verbrechen der Nationalsozialisten zu ahnden. Schon 1945 fanden erste Gerichtsverfahren wie der Bergen-Belsen-Prozeß oder der Hadamar-Prozeß statt. Das einzige gemeinsame Verfahren der vier Kriegsalliierten war der Nürnberger Prozeß gegen die Hauptkriegsverbrecher von Mitte November 1945 bis Anfang Oktober 1946. Er endete mit 12 Todesurteilen, Haftstrafen von zehn Jahren bis zu lebenslänglich und drei Frei-

Am 5. Juni 1945 präsentierten sich die vier alliierten Militäroberbefehlshaber (v. l. n. r.) Montgomery (Großbritannien), Eisenhower (USA), Shukov (UdSSR) und de Lattre de Tassigny (Frankreich) der Presse, nachdem sie gemeinsam die „Erklärung in Anbetracht der Niederlage Deutschlands und der Übernahme der obersten Regierungsgewalt hinsichtlich Deutschlands“ unterzeichnet hatten, die die Aufteilung Deutschlands in vier Besatzungszonen beinhaltete. Als oberste Machtbehörde in Deutschland wurde ein Alliierter Kontrollrat gebildet. Einen Sonderstatus erhielt Berlin, das auf dem Gebiet der sowjetischen Besatzungszone lag, aber als gemeinsamer Sitz des Alliierten Kontrollrates keiner Besatzungsmacht zugewiesen, sondern in vier Sektoren aufgeteilt wurde.

sprüchen. Der moralische Anspruch, auf der Basis dieses Prozesses eine gültige Norm für das Verhalten der Völker untereinander auch in Konfliktsituationen gefunden zu haben, ist nicht aufrecht zu erhalten gewesen. Bereits während des Verfahrens zeigten sich nicht nur Unterschiede zwischen der Rechtsauffassung der Westmächte und der der UdSSR, deren Vertreter die Freisprüche ablehnte, sondern auch in der Bewertung historischer Ereignisse. So verschärften sich die Spannungen unter den Alliierten, als die Bemühungen der sowjetischen Seite scheiterten, die Vereinbarungen des Hitler-Stalin-Paktes als Fälschung hinzustellen oder die Ermordung polnischer Offiziere bei Katyn den Deutschen anzulasten. In Nürnberg haben vor US-Militärgerichten bis 1949 noch weitere Prozesse gegen Diplomaten, Industrielle, Ärzte, hohe SS-Angehörige usw. stattgefunden, und ebenso kam es zu Prozessen in den anderen Zonen. Militärs und Verwaltungsbeamte, die in den von Deutschland besetzten Ländern Verbrechen beschuldigt wurden, sind zu Gerichtsverfahren dorthin ausgeliefert worden.

Die Besatzungszeit

Kein Zweifel bestand bei den Alliierten, daß das Selbstbestimmungsrecht der Völker, wie es in der Atlantik-Charta Roosevelts und Churchills 1941 verkündet worden war, auf Deutschland keine Anwendung finden würde. Die alliierten Kriegskonferenzen der alliierten Regierungschefs und ihrer Außenminister hatten sich ausführlich mit dem Schicksal Nachkriegsdeutschlands beschäftigt und entsprechende Planungen vorbereiten lassen. Zu einer traurigen Berühmtheit gelangte der Plan des US-Finanzministers Henry Morgenthau jr., der die schärfsten Tendenzen alliierter Absichten zusammengefaßt hatte und vorschlug – gegen scharfen Protest aus anderen Ressorts –, Deutschlands Industrialisierung rückgängig und es zu einem Agrarland zu machen. Das Territorium sollte in mehrere Staaten aufgeteilt werden. Unter dem Druck ihrer Regierungen und Parlamente distanzierten sich Roosevelt und Churchill, die zunächst zugestimmt hatten, von diesem Papier, das durch eine Indiskretion öffentlich bekanntgeworden war. Einzelheiten sind später in der alliierten Besatzungspraxis wieder aufgetaucht, da sie ohnehin den Absichten entsprachen, wie mit Deutschland und den Deutschen umzugehen sei. In den Kriegskonferenzen in Teheran und in Jalta auf der Krim ist die Besatzungsverwaltung Deutschlands in Zonen vorbereitet worden. Da die UdSSR Frankreich nicht als vollgültigen Kriegspartner ansah, waren zunächst drei nach Bevölkerungszahl und Größe möglichst gleiche Zonen vorgesehen. Die USA und Großbritannien haben später aus ihren Zonenanteilen Gebiete den Franzosen überlassen. Bei dieser Aufteilung waren die Gebiete östlich von Oder und Neiße schon nicht mehr berücksichtigt worden, da sie nach alliierter Auffassung unter polnische Verwaltung gestellt werden sollten und einen Ersatz für die Landstriche darstellten, die auf Grund des Hitler-Stalin-Paktes unter sowjetische Hoheit gelangt waren.

Am 5. Juni 1945 unterzeichneten die vier alliierten Militärbefehlshaber in Deutschland eine „Vier-Mächte-Erklärung“, in der sie die Zonenaufteilung verkündeten. Die Alliierten Oberbefehlshaber in Deutschland bildeten gemeinsam den Alliierten Kontrollrat, der gemeinsame Beschlüsse für Deutschland und seine Bevölkerung fassen sollte. Den Deutschen wurden auferlegt, die alliierten Anweisungen – gleichgültig in welcher Weise sie erfolgen würden – unbedingt zu befolgen und sämtliche politischen, wirtschaftlich-finanziellen und militärischen Forderungen zu erfüllen. Für Berlin, das in vier alliierte Sektoren aufgegliedert war, bestand eine gemeinsame Alliierte Kommandantur. Von den Gemeinsam-

In den westlichen Zonen wurde Kurt Schumacher schnell unbestrittener Führer der SPD. Der ehemalige Reichstagsabgeordnete, der fast die gesamte Zeit der Herrschaft der Nationalsozialisten im Konzentrationslager verbracht hatte, prägte entschieden das Profil der SPD in den Nachkriegsjahren, die damals noch viel von dem gesellschaftlichen Kampfgeist der Weimarer Republik zeigte und sich traditionell als Arbeiterpartei verstand. Gestützt auf seine Privatsekretärin Annemarie Renger (geb. 1919) unterhält sich Schumacher hier mit Erich Ollenhauer (1901–1963), der 1933 nach Prag und dann nach London emigriert, 1946 nach Deutschland zurückgekommen war, im gleichen Jahr noch das Amt des stellvertretenden Vorsitzenden der SPD übernommen hatte und nach Schumachers Tod 1952 dessen Nachfolger wurde. Annemarie Renger, Schumachers Privatsekretärin und Stütze von 1945–1952, machte dann noch eine erstaunliche politische Karriere. Bereits 1953 Mitglied des Bundestags, wurde sie 1972 als erste Frau in der bundesrepublikanischen Geschichte Präsident des Bundestags.

keiten des Kontrollrates und der Berliner Kommandantur abgesehen war jeder alliierte Befehlshaber allein verantwortlich und in seinen Bestimmungen maßgebend für die von ihm kontrollierte Zone.

Es war die Auffassung der Alliierten gewesen, Deutsche zunächst nur zu Verwaltungsaufgaben heranzuziehen, aber keine politische Tätigkeit zuzulassen. Hinzu kam die Auffassung, daß gegenüber den Besiegten Distanz zu halten sei. Die Folge war, daß antifaschistische Ausschüsse, die sich in zahlreichen Orten bildeten, ihre politische und Verwaltungsarbeit wieder einstellen mußten. Statt dessen stützten sich die Alliierten für ihre Aufgaben auf die Listen mit Namen zuverlässig erscheinender Personen, die ihnen entweder von Emigranten zur Verfügung gestellt worden waren oder die sie von unverdächtig erscheinenden Institutionen wie den Kirchen erhielten. Dabei war es unvermeidlich, daß die Militärbehörden gelegentlich auch Personen beschäftigten, die dem nationalsozialistischen Regime freiwillig und mit Freuden gedient hatten. An Parteineugründungen war zunächst noch nicht gedacht worden. Diese Haltung wurde jedoch von der Sowjetischen Militäradministration (SMAD), die am 10. Juni 1945 für ihre Zone die Erlaubnis zur Gründung von Parteien aussprach, nicht lange geteilt. Hier war der Boden von drei Emigrantengruppen bereitet worden, die kurz vor der Kapitulation Berlins bereits eingeflogen worden waren. Am bekanntesten wurde die „Gruppe Ulbricht“ unter der Leitung des ehemaligen kommunistischen Reichstagsabgeordneten Walter Ulbricht (1893-1973), die sich um den Aufbau der Verwaltung im Großraum Berlin zu kümmern hatte. Dabei war es das Prinzip, daß alle demokratischen Kräfte zu beteiligen waren. In Städten, in denen Kommunisten bereits den Posten des Bürgermeisters und andere Positionen besetzt hatten, wurden sie abgelöst. Allerdings wurde auch darauf geachtet, daß die Stellvertreter, die Leiter der Personalverwaltungen und -abteilungen sowie die Verantwortlichen für Ordnungs- bzw. Polizeiaufgaben Kommunisten waren oder ihnen nahestanden. Während in Berlin noch im Juni die Sozialdemokraten, die Liberaldemokraten und die Christdemokraten Parteien begründeten, so daß im großen und ganzen das alte Parteienspektrum mit Ausnahme der Ultrakonservativen und der Rechtsradikalen wieder bestand, dauerte es in den Westzonen bis zum Spätsommer, bevor wieder Parteien offiziell zugelassen wurden. Allerdings hatten sich auch hier schon politische Zirkel zusammengetan und zunächst örtlich, dann regional Gruppierungen gebildet, die bis zu den Namen hin den politischen Parteien in der Sowjetischen Besatzungszone glichen, aber keinesfalls diesen einen Führungsanspruch zubilligten. Hierbei hat durchaus die Sorge eine Rolle gespielt, diese Parteien könnten sich in weitgehender Abhängigkeit von der SMAD befinden. Bei den Sozialdemokraten der Westzonen war es Kurt Schumacher (1895-1952), der nachdrücklich

Im Gegensatz zu den meisten Politikern der neuzugelassenen Parteien hatten die nun führenden Köpfe der KPD – darunter Wilhelm Pieck und Walter Ulbricht – die Zeit des Dritten Reiches in Moskau verbracht. Gezielt waren sie dort für eine kommunistische Machtübernahme vorbereitet worden, die auf zunächst scheindemokratischem Wege vollzogen werden sollte, indem geschulte deutsche Kommunisten in führende Positionen in Verwaltung, Wirtschaft und Politik geschleust werden sollten. Um die Position der Kommunisten zu stärken, wurde ab November 1945 von den Sowjets die Vereinigung von SPD und KPD gefördert, der sich anfänglich auch der Vorsitzende der SPD in Berlin, Otto Grotewohl, widersetzte. Während die Westzonen-SPD ihren Widerstand gegen diese Vereinigung fortsetzte und der Berliner SPD jeglichen Führungsanspruch absprach, beugte sich Grotewohl dem Druck der Kommunisten und gab sich schließlich für die Vereinigung von SPD und KPD zur Sozialistischen Einheitspartei Deutschlands (SED) in der sowjetischen Besatzungszone her. Am 22. April 1946 fand – bestens inszeniert – der Händedruck zwischen Otto Grotewohl und Wilhelm Pieck im Berliner Admiralspalast statt, der das Ende der SPD in der SBZ bedeutete. Für die Wahlen im Oktober 1946 warb dann die SED u.a. mit diesem Plakat.

Führender Kopf der CDU war der ehemalige Zentrumspolitiker Konrad Adenauer, der im Frühjahr 1946 zum Vorsitzenden der CDU in der britischen Besatzungszone gewählt wurde. Im Gegensatz zu Schumacher, der bis zu seinem Tod entschieden für ein geeintes Deutschland eintrat, setzte Adenauer von vornherein auf eine enge Zusammenarbeit mit den Westmächten, wobei er bewußt das Risiko einer politischen Spaltung Deutschlands in Kauf nahm. Adenauer knüpfte hierbei an eine politische Haltung an, die er 1923 bereits als Kölner Oberbürgermeister gezeigt hatte, wobei ihm als gebürtigem Rheinländer die in dieser Region traditionell verbreitete Abneigung gegenüber Preußen, die zu der Meinung führte, aus Berlin könne sowieso nichts Gutes kommen, vielleicht die Entscheidung erleichtert haben dürfte, die größtenteils preußischen Gebiete östlich der Elbe aufzugeben und einer kommunistischen Herrschaft anheimfallen zu lassen.

der Berliner Sozialdemokratie unter Otto Grotewohl (1894–1964) das Recht absprach, die gesamte Partei zu repräsentieren. Die Vorstellung, daß eine einzige sozialistische Partei gegründet oder doch eine enge Zusammenarbeit mit den Kommunisten gesucht werden solle, stieß bei Schumacher, aber ebenso bei den emigrierten Sozialdemokraten auf nachdrückliche Ablehnung. In der Sowjetischen Besatzungszone verhielten sich die Kommunisten zunächst zurückhaltend, und erst gegen Jahresende begannen sie zunehmend mit Hilfe der SMAD Druck auf die Sozialdemokraten auszuüben, damit es zu einem Zusammenschluß beider Parteien komme. Die Gleichberechtigung der Sozialdemokraten ging in der im April 1946 durch Zusammenschluß entstandenen Sozialistischen Einheitspartei (SED) nach kurzer Zeit verloren. Schumacher konnte sich mit seiner Haltung für die Westzonen bestätigt sehen. Allerdings ist auch zu beachten, daß die sozialdemokratische Führung in der Sowjetischen Besatzungszone (SBZ) nicht über Persönlichkeiten verfügte, wie sie die Sozialdemokraten in Westdeutschland in den eigenen Reihen hatten bzw. die aus der Emigration zu ihnen zurückkehrten. Ganz anders verhielt es sich bei den Kommunisten. Zwar achteten die Besatzungsbehörden im Westen darauf, daß in allen Kommunal- und Regionalverwaltungen auch Kommunisten vertreten waren, die als die entschiedensten Gegner des Nationalsozialismus betrachtet wurden, doch mit den zunehmenden Differenzen zwischen Ost und West sank ihre Bedeutung. Allzu sehr schienen sie sich auf die Weisungen aus Moskau und ihre enge Verbindung zur SED auszurichten. In den Jahren großer materieller Schwierigkeiten bis etwa zur Währungsreform 1948 verfügten die westdeutschen Kommunisten über einen gewissen Anhang, der jedoch unter dem Eindruck der Nachrichten kommunistischer Politik in Ost- und Südosteuropa sowie in der SBZ abnahm. Die Spitzenfunktionäre der KPD in den Westzonen verfügten nicht über eine Überzeugungskraft, die diese Meldungen hätte ausgleichen können; sie hatten aber auch nicht eine Besatzungsmacht hinter sich, die ihnen in schwierigen Momenten zu Hilfe gekommen wäre. In der SBZ war seit 1946 – d.h. seit dem Zusammenschluß der SED – kein Zweifel, daß die Entwicklung sich nach den Vorstellungen und dem Vorbild der UdSSR ausrichten werde. Zwar lag die kommunistisch ausgerichtete Führung nominell in den Händen von Wilhelm Pieck (1876–1960), neben dem Otto Grotewohl bereits unscheinbar wirkte. Die tatsächliche Ausrichtung jedoch lag in den Händen Ulbrichts, dem es stets gelang, sich den Verhältnissen so anzupassen, wie das in Moskau erwartet wurde, und der jede abweichende Meinung auch aus den eigenen Reihen mit Gewalt brach und alle opponierenden Stimmen zum Schweigen brachte. Angehörige der Sozialdemokratie sind aus diesen Gründen in größerer Zahl verhaftet und in Straflager gebracht worden. Ein deutscher Eigenweg war verboten, die SED als Partei eines „neuen Typs" war völlig auf die KPdSU ausgerichtet und empfing von ihr ihre Weisungen. Diese Anpassung ging so weit, daß im Lauf der folgenden Jahrzehnte die SED sowjetischer als ihr Vorbild aufzutreten versucht war.

Bei der CDU der Westzonen, die formal getrennte Organisationen waren, bestand die Sorge, daß die CDU der SBZ unter dem Einfluß der SMAD stehe. Eine 1947 gebildete interzonale Arbeitsgemeinschaft, der auch die bayerische Schwesterpartei Christlich Soziale Union angehörte, hatte daher keine Bedeutung gewinnen können. Vor allem der eigentliche Lenker der CDU-Parteigeschicke, Konrad Adenauer, ließ keinen Zweifel an seinem Mißtrauen gegenüber den Vorsitzenden der ostzonalen CDU, da sie der Enteignung des Großgrundbesitzes und der wirtschaftlichen Großunternehmen im Prinzip zugestimmt hatten. Selbst der Umstand, daß die ersten Vorsitzenden unter dem Druck der sowjetischen Besatzungsbehörden ihre Ämter niederlegen mußten und in den Westen flohen, hat an dem Argwohn nichts zu ändern vermocht. Daß Jakob Kaiser (1888–1961) Deutschland eine Brückenfunktion zwischen Ost und West zugedacht hatte, vergaß ihm der völlig auf eine enge Verbindung mit dem Westen ausgerichtete Adenauer nie. Das liberale Experiment einer Demokratischen Partei Deutschlands, deren Vorsitzende Wilhelm Külz (1875–1948) für die SBZ-LDPD und Theodor Heuss (1884–1963) für die Westzonen-FDP gewesen sind, bestand nur für kurze Zeit. Die Bereitschaft der LDPD, sich politischen Richtlinien der SED anzupassen, um politisch zu überleben, führte zu einem von der Westorganisation forcierten Bruch. Das bedeutet, daß schon vor der Gründung der beiden deutschen Staaten die parteipolitischen Brücken weitgehend unterbrochen waren. Einzelne weitere Parteigründungen im Westen, wie das wiederentstandene Zentrum, die auf Niedersachsen ausgerichtete Niedersächsische Landespartei – später als Deutsche Partei für Konservative kurzfristig ein Sammelpunkt – oder früherem Autonomismus und Separatismus anhängende Rheinische Parteien, haben kaum eine lange Lebensdauer oder politische Wirkung besessen.

In der SBZ entstanden im April und Mai 1948 noch die Demokratische Bauernpartei Deutschlands als Interessenpartei für die in der Landwirtschaft Tätigen und die Nationaldemokratische Partei Deutschlands, die das Ziel zu verfolgen hatte, ehemalige Berufssoldaten und kleinere und mittlere Nationalsozialisten an sich zu ziehen. Beiden Parteien war zugedacht, die führende Rolle der SED in dem mittlerweile von allen SBZ-Parteien gebildeten Block zu unterstützen. Gleichgültig, ob die Parteien in der SBZ oder den Westzonen entstanden, sie waren von der Zulassung der Besatzungsmächte abhängig, denen sie Parteiprogramme und Organisationsstrukturen vorzulegen hatten.

Die Orientierung bei Parteigründungen war häufig mitbestimmt von der Erinnerung an die Weimarer Republik als erstem Versuch einer demokratisch-parlamentarischen Republik und an ihr Scheitern. Da mit Ausnahme der „Gruppe Ulbricht“ Emigranten anfänglich erhebliche Schwierigkeiten hatten, nach Deutschland zurückzukehren, oder doch nur vereinzelt als politische Berater und Kulturoffiziere zum Einsatz gelangten, sind die Nachkriegsparteien im wesentlichen deutsche Eigengründungen gewesen. Daran mag es auch gelegen haben, daß sie ebensowenig wie die Parteien, in deren Tradition sie standen, wirkliche Kompromißfähigkeit zu entwickeln vermochten und ihre ideologischen Barrieren nicht überschreiten konnten. Hinzu kam der zwischen den Westmächten und der UdSSR ausbrechende Konflikt, der die Differenzen zwischen östlichen und westlichen Parteien in dem in Zonen gegliederten Deutschland begünstigte.

Da die UdSSR besonders schwer unter den Kriegshandlungen und der deutschen Besatzung gelitten hatte, nahm sie für sich in Anspruch, durch die vollständige Demontage von Industrieunternehmen oder den Abbau von Gleisen die eigene Wirtschaft und Infrastruktur wiederaufzubauen. Die Höhe der Schäden in der UdSSR war in Jalta von Stalin mit 10 Milliarden Dollar angegeben worden, aber die ersten Betriebsübernahmen wurden trotz westlicher Proteste nicht als Reparationen, sondern als Siegestrophäen ausgegeben und nicht in Rechnung für die deutschen Wiedergutmachungen gestellt.

Vom 17. Juni bis 2. August 1945 fand in Potsdam eine Konferenz der Alliierten statt, an der Stalin, der amerikanische Präsident Truman und der englische Premierminister Churchill – mitten während der Konferenz durch Attlee ersetzt – teilnahmen, in der die Regelung für das künftige Schicksal Nachkriegsdeutschlands getroffen werden sollte. Das am 2. August verkündete Potsdamer Abkommen, das von einer Wirtschaftseinheit Deutschlands ausging, gelangte durch die Verschärfung des Kalten Krieges jedoch nicht zur vollen Geltung.

Die Potsdamer Konferenz

Die heranwachsende Kluft zwischen der SBZ und den westlichen Zonen war im Jahr 1945 noch nicht so deutlich zu erkennen, doch hatte sich der britische Premier Winston Churchill bereits kritisch über das Vorgehen der UdSSR in den von ihren Truppen besetzten europäischen Gebieten ausgelassen, und diese Haltung war auch von US-Präsident Franklin D. Roosevelt (1882–1945) kurz vor seinem Tod geteilt worden. Am 17. Juli 1945 traten die Repräsentanten der Siegermächte – allerdings ohne Frankreich – zusammen: für die UdSSR Stalin, für die USA Roosevelts Amtsnachfolger, der noch weithin unbekannte Harry S. Truman (1884–1972), und für Großbritannien Churchill, der nach der Wahlniederlage der Konservativen noch im Juli von dem Labour-Politiker Clement Attlee (1883–1967) abgelöst wurde. Im Vordergrund der Konferenz stand die künftige Behandlung der deutschen Frage. Kein Zweifel bestand daran, daß die vier „D“ durchgesetzt werden sollten: Demokratisierung, Demilitarisierung, Denazifizierung und Dezentralisierung. Auf diese Weise sollte erreicht werden, daß „Deutschland niemals mehr seine Nachbarn oder den Frieden in der Welt“ bedrohe. Gleichzeitig waren Voraussetzungen dafür zu schaffen, daß die Deutschen auf einer demokratischen und friedlichen Basis wieder ihren Platz in der Völkergemeinschaft einnehmen würden. In diesem Zusammenhang ist das alliierte Vorgehen gegen Kriegsverbrecher und die Forderung nach Entnazifizierung zu sehen. Besondere Aufmerksamkeit richteten die großen Drei auf die Erneuerung des Justiz- und des Erziehungswesens in Deutschland. Als Anspruch betrachteten sie die Übernahme deutschen Auslandsvermögens sowie die

Aufteilung der deutschen Kriegs- und Handelsflotte. Ferner einigten sie sich darauf, daß Deutschland Reparationen zu zahlen habe, was aber bald einen Streitpunkt darstellte. Er konnte dadurch gelöst werden, daß die UdSSR Lieferungen aus der laufenden Produktion ihrer Zone für sich und Polen als Entschädigung deklarierte. Außerdem beabsichtigte sie, 25% der Industriedemontagen der Westzonen zu übernehmen, und zwar 10% ohne und 15% mit Lebensmittellieferungen als Gegenleistung. Hier waren jedoch die ostelbischen Produktionen völlig falsch eingeschätzt worden; und das nicht zuletzt deshalb, weil die Gebiete östlich von Oder und Lausitzer Neiße unter polnischer Verwaltung standen. Diese Gebiete wurden zudem von Polen als Staatsgebiet betrachtet. Für Ostpreußen war eine Teilung vorgesehen, bei der der östliche Teil mit Königsberg an die Sowjetunion, der westliche an Polen gelangte. Aus diesen Gebieten und ebenso aus Polen, der Tschechoslowakei und Ungarn wurde die deutsche Bevölkerung ausgewiesen. Gleiches geschah zum großen Teil den deutschen Minderheiten in Südosteuropa. Einzelne Gruppen – besonders in der UdSSR – waren bereits während des Krieges in entfernte Gebiete deportiert worden, oder sie wurden beim Einmarsch der Roten Armee, soweit sie zuvor nicht schon geflohen waren, verschleppt oder in Lagern gefangengehalten. Das Schicksal dieser Menschen, die überwiegend an den politischen Entwicklungen keinen direkten Anteil und kaum einen Einfluß auf politische Entscheidungen besessen hatten, ist sehr schwer gewesen. Die Leidenszeit in Lagern mit Schwerstarbeit und psychischer wie physischer Bedrohung hat bei den Westmächten ebenso Empörung ausgelöst wie die Abtransporte in Güterwaggons während des Winters 1945/46. Die Kritik an diesen Vorgängen muß sich allerdings entgegenhalten lassen, daß die Aktionen der ost- und südosteuropäischen Völker aus ihren Erfahrungen mit Deutschen während des Kriegs und mit Deutschen als Besatzungsmacht erwachsen sind.

Im Zusammenhang mit der durch die Potsdamer Konferenz eingeleiteten Aussiedlung waren auf dem Gebiet des restlichen Deutschlands zusammen mit den Flüchtlingen und Vertriebenen aus den letzten Kriegsmonaten etwa 12,5 Millionen Menschen zusätzlich unterzubringen. Daß dies gelang und im Lauf von wenigen Jahren auch eine wirkliche Integration stattgefunden hat, ist im nachhinein ein Beleg dafür, daß die nationalsozialistische These vom „Volk ohne Raum" falsch gewesen ist. Die Potsdamer Konferenz, deren Ergebnisse im Potsdamer Abkommen vom 2. August 1945 zusammengefaßt wurden, ging von Deutschland als einem einheitlichen Wirtschaftsgebiet aus. Doch als die erwarteten Lebensmittellieferungen aus der SBZ ausblieben, unterbrach der amerikanische Militärgouverneur Lucius D. Clay (1897–1978) die Lieferungen aus der amerikanischen Zone, und nur bis zum August 1946 reichte ein Abkommen, das einen Güteraustausch zwischen der britischen und der sowjetischen Zone praktizierte, d. h. Eisen und Stahl gegen Braunkohle und Holz.

Auf der Potsdamer Konferenz war der polnischen Regierung das Recht zugesprochen worden, alle Deutschen aus den Polen zugesprochenen deutschen Ostgebieten auszuweisen, was diese auch recht gründlich tat. Die polnischen Aktionen ähnelten hierbei nicht wenig der deutschen Vorgehensweise während des Krieges. Innerhalb kürzester Frist mußten die Deutschen ihre Heimat verlassen und durften nur wenig Eigentum mitnehmen. Viele der Vertriebenen ließen sich in den Gebieten zwischen Oder und Elbe nieder, andere zogen weiter in die westlichen Zonen, um dem sowjetischen Einfluß zu entgehen. Die große Zahl von Flüchtlingen stellte die daniederliegende Wirtschaft vor enorme Anforderungen. Wurden sie zunächst in Notlagern untergebracht, so gelang es doch der bundesdeutschen Wirtschaft in den fünfziger Jahren, über 10 Millionen Menschen zusätzlich in die Bundesrepublik zu integrieren.

Eine selbständige deutsche Verwaltung konnte es nicht geben, aber die Besatzungsmächte hatten in ihren Zonen Länderregierungen eingesetzt, die in der ersten Zeit als Allparteienregierungen Verwaltungsobliegenheiten im Auftrag der Besatzung zu erfüllen hatten. In Potsdam war beschlossen worden, die deutsche Verwaltung von oben, d. h. von regionaler Ebene, nach unten, d. h. bis zu den Kommunen, zu reorganisieren. Im Vorgriff hierauf entstand in der SBZ die Ein-

Obwohl gerade das Ruhrgebiet seiner wirtschaftlichen Bedeutung wegen im Blickfeld aller Alliierten lag, wurden auch dort der arbeitenden Bevölkerung nur unzureichend Lebensmittel zugeteilt, weshalb es 1946 zu Hungerdemonstrationen – hier in Dortmund – kam.

richtung der „Deutschen Zentralverwaltungen", die für diese Zone Aufgaben in der Wirtschafts-, Verkehrs-, Erziehungs- und Justizverwaltung wahrzunehmen hatte. Ihrer Konstruktion nach waren die Zentralverwaltungen für ganz Deutschland gedacht gewesen, und in dieser ursprünglichen Funktion besaßen sie auch Weisungsrechte gegenüber den Ländern in der sowjetischen Zone, die sie bis 1949 beibehielten, d. h. bis sie nach Gründung der DDR in den Ministerien des Staates aufgingen. In der US-Zone ließen die Amerikaner einen Länderrat entstehen, der aus einer informellen Kontaktnahme der Ministerpräsidenten hervorging und seinen Sitz in Stuttgart hatte. Während diesem Länderrat wirklich politische Koordinierungsaufgaben eingeräumt waren, hatte in der britischen Zone der später entstehende Zonenbeirat nur Beratungsaufgaben; die Zentralämter hatten im Auftrag der Militärbehörde wirtschaftliche Aufgaben zu erfüllen. Aus Begegnungen zwischen Angehörigen des Länderrats und des Zonenbeirats entstanden übergreifende Kontakte, die von der amerikanischen und der britischen Besatzungsmacht 1947 politisch zum Entstehen der Bizone genutzt wurden. Ihrem Prinzip entsprechend, keine deutsche Zusammenarbeit zuzulassen, bestanden zwischen den Ländern der französischen Zone keine Beziehungen untereinander, und sie hatten auch keine „offiziellen" Kontakte zu anderen Zonen.

Eine wirtschaftliche Gemeinschaftsverwaltung der amerikanischen und der britischen Zone war allein wegen der katastrophalen Versorgungslage erforderlich. Zeitweise konnten im Ruhrgebiet nur Lebensmittel mit einem Kalorienwert von unter 1000 pro Tag ausgegeben werden. In begrenztem Umfang kamen Hilfslieferungen aus Großbritannien, wo auch eine Knappheit an Versorgungsgütern bestand, und aus Amerika; Frankreich war dazu kaum in der Lage.

In den Westzonen wurde im Gegensatz zur SBZ von einer Neuordnung der Wirtschaft abgesehen. Dort war bereits im Jahr 1945 mit der Begründung, daß die Großagrarier und das Großkapital wesentliche Träger und Helfer des Nationalsozialismus gewesen seien, eine Bodenreform und die Auflösung der Großbetriebe bzw. ihre Überführung in Staatsbesitz eingeleitet worden. Nachdem eine Volksbefragung hierzu in Sachsen eine Zustimmung von mehr als 75 % ergeben hatte, wurde dies kurzerhand auch für die anderen Länder als maßgeblich angesehen, die daraufhin entsprechende Bestimmungen erließen. Durch die Bodenreform, bei der allerdings auch alte Herrensitze und Schlösser abgerissen worden sind, gelangten Arbeiter und auch Flüchtlinge zu Besitz. Soweit sie ihn nicht hielten, kam ihr Land in die Hand von Gemeinden und Ländern und bildete den Grundstock für die Landwirtschaftlichen Produktionsgenossenschaften (LPG). Die enteigneten Großbetriebe der Wirtschaft wurden nach und nach zusammengefaßt und 1948 länderübergreifend unter der Führung der zentralen Wirtschaftsgremien der SBZ zu Volkseigenen Betrieben (VEB) erklärt.

Um die Versorgungslage nicht weiter zu verschlechtern und weil die begründete Meinung bestand, kleine Landwirtschaften seien kaum in der Lage, genügend Nahrungsmittel zu produzieren, unterblieb auf alliierte Weisungen hin im Westen eine Bodenreform, obwohl dies einige Länder vorgesehen hatten. Die Entflechtung der Wirtschaftskonzerne lag hier in den Händen deutscher Treuhänder, aber diese ging nur langsam voran, und auch eine Zerschlagung der Großbetriebe lag nicht im Interesse der Westmächte. Allerdings haben sie bis in die Jahre nach Gründung der Bundesrepublik Demontagemaßnahmen durchgeführt und zum Teil gegen die protestierenden Arbeiter, die um ihre Arbeitsplätze fürchteten, mit Gewalt durchgesetzt. Nicht immer sind die demontierten Fabrikteile bei ihren neuen Besitzern, die sie als Reparationen erhielten, nutzbar gewesen. Da auch für die UdSSR Probleme mit Transport und Aufstellung demontierter Industrien entstanden, verzichtete sie seit 1947 auf weiteren Abbau und beließ die Betriebe als Sowjetische Aktiengesellschaften (SAG) an Ort und Stelle. Die produzierten Güter gingen zwar in die Sowjetunion, aber die deutschen Arbeitskräfte hatten ihre Beschäftigung.

Bei den Ländern in den einzelnen Zonen wurde der Versuch unternommen, traditionelle Strukturen dann zu erhalten, wenn dadurch nicht der Kern zu einem Großstaat entstand; während also z. B. Bayern – ohne die Pfalz – fortbestand, entstanden aus den preußischen Provinzen einzelne Länder. Im Frühjahr 1947 wurde Preußen offiziell für aufgelöst erklärt. Die Alliierten vollzogen damit einen Schritt, der in Reichsreformüberlegungen bereits während der Jahre der Weimarer Republik diskutiert worden war und zu dem bereits Papens „Preußenschlag" 1932 Vorarbeit geleistet hatte. Einzelne Gebiete wurden neu zusammengefaßt, so daß kleinere Länder in größeren aufgingen: z. B. Schaumburg-Lippe in Niedersachsen und Lippe in Nordrhein-Westfalen. Dieses Land, das aus der Provinz Westfalen und Teilen der Rheinprovinz entstanden war, enthielt auch das Ruhrgebiet. Sowohl Franzosen wie Sowjets hatten Anspruch auf Beteiligung an der Kontrolle des Ruhrgebiets erhoben. Die Einbeziehung in das neue Land ermöglichte der englischen Besatzungsbehörde, dies erst einmal zu verhindern. Mit dem Ruhrgebiet brachten sie damit einen wichtigen Wirtschaftsdistrikt in die Bizone ein, die am 2. Januar 1947 als Vereinigtes Wirtschaftsgebiet offiziell entstand. Die Vorbereitungen hatten bereits im Sommer 1946 begon-

Da es überall an Männern zum Zupacken fehlte, erließ der Alliierte Kontrollrat am 14. Januar 1946 ein Gesetz, das den Kommunen erlaubte, Frauen für Enttrümmerungsarbeiten zu verpflichten. Eine Legion von Trümmerfrauen räumte mit primitivsten Hilfsmitteln die Ruinen ab und bereitete jeden halbwegs heil gebliebenen Ziegelstein zur Wiederverwendung vor.

Die Ernährungslage der deutschen Bevölkerung blieb zunächst bedenklich. Eine Alliierte Kommission der Westmächte stellte beispielsweise bei einer im August 1946 durchgeführten Reihenuntersuchung an Hamburger Schulkindern erhebliche Unterernährung fest. Auch in den anderen Städten Deutschlands sah es nicht besser aus.

nen. Politisch wurde dieses Gebilde durch die Stuttgarter Rede des US-Außenministers James F. Byrnes (1879–1972) vom 6. September 1946 unterstützt, der nicht nur die weitere Präsenz amerikanischer Truppen in Europa ankündigte, sondern verstärkte deutsche Wirtschaftsleistungen in eigener Verantwortung forderte, die dann auch politische Konsequenzen haben werde. Ein weiterer Schritt, der von den Ministerpräsidenten der amerikanischen und britischen Zone ausging, war der Vorschlag, aus den Länderchefs aller Zonen einen Nationalrat zu bilden, dem mit Vertretern der Landtage ein Volksrat zur Seite gestellt werden könne.

Bizone, Trizone, Berlin

Die Versorgungslage des Winters 1946/47 steigerte die Notsituation in allen Zonen, so daß der Schwarzmarkt, obwohl er polizeilich verfolgt wurde, blühte. Die Kategorien der Lebensmittelkarten, durch die Kinder und Schwerarbeiter besonders begünstigt wurden, hatten zur Folge, daß Alte und Kranke besonders litten. In den Kindergärten und Schulen führten alle Besatzungsmächte aus ihren Beständen Speisungen durch. Hilfspakete aus dem Ausland waren begehrte und dringend benötigte Güter. Um verstärkt deutsche Verantwortung auch in ihrer Zone hervorzurufen, rief die SMAD die Deutsche Wirtschaftskommission ins Leben, die wirtschaftliche Lenkungsfunktionen für das gesamte Territorium besaß. Aber die Entwicklung in der SBZ war völlig auf sich selbst und die eigene Leistungskraft beschränkt. Ausgelaugte Arbeiter an alten und veraltenden Maschinen bemühten sich, eine Produktion zu erhalten und in Gang zu setzen, die sowohl den sowjetischen Erwartungen wie den deutschen Bedürfnissen entsprechen sollte. Dagegen erhielten die Westzonen einen wichtigen Anschub von außen. Präsident Truman hatte im März 1947 allen Ländern, die sich vom Kommunismus bzw. sowjetischer Expansion bedroht fühlten, materielle Hilfe angeboten. Sie kam auch den drei westlichen Zonen Deutschlands zugute, damit sie nicht kommunistischer Propaganda erlägen. Da die Außenministerkonferenz der vier Besatzungsmächte in Moskau im März und April 1947 gescheitert war, begannen die amerikanischen und britischen Besatzungsbehörden unter Betonung der lediglich wirtschaftlichen Aufgaben eine Bizonenverwaltung zu entwickeln: Die Leitung lag bei Wirtschaftsdirektoren, die zur Beratung den Exekutivrat aus Angehörigen der Länderregierungen neben sich hatten und ihre Aktionen vor dem Wirtschaftsrat mit 52 Vertretern der Länderparlamente verantworten mußten. Der Sitz dieser Institutionen war in Frankfurt, wo sich auch das Hauptquartier der

Am 3. April 1948 verabschiedete der amerikanische Kongreß ein Hilfsprogramm für Europa, den sogenannten Marshallplan – benannt nach seinem Initiator G. C. Marshall, einem amerikanischen General und Politiker –, der neben Warenlieferungen auch Kredite enthielt und der auch in den westdeutschen Besatzungszonen Anwendung fand. Auf sowjetische Anweisung hin durfte die SBZ allerdings keine Hilfen aus dem Marshallplan annehmen, da man – wohl zu Recht – befürchtete, daß die Amerikaner durch die finanzielle Hintertür Einfluß in den sowjetisch besetzten Gebieten gewinnen wollten. Dadurch wurde aber die wirtschaftliche Spaltung Deutschlands noch weiter vertieft.

US-Besatzungstruppen befand. Es war unübersehbar, daß bei zunehmenden Spannungen zwischen Ost und West Deutschland sowohl eine wirtschaftliche als auch politische Teilung drohte.

Unter diesen Umständen und nach langwierigen Vorbereitungen lud der bayerische Ministerpräsident Hans Ehard (1887–1980) die Ministerpräsidenten aus allen vier Zonen nach München ein. Angesichts der differierenden politischen Vorstellungen, wobei die Ministerpräsidenten durchaus die Ansichten ihrer Besatzungsmacht zu beachten hatten, war die Begegnung von Anfang an heikel, und sie scheiterte bereits während der Vorgespräche vor Konferenzbeginn. Sowjetische Auffassung war, von Parteien die politischen Fragen diskutieren zu lassen, während Amerikaner und Briten dafür eintraten, Wirtschaftsprobleme behandeln zu lassen. Bereits die Außenminister hatten deshalb in Moskau keine Einigung erzielen können. Nun traten die Ministerpräsidenten zusammen, um am 4. Juni die Tagesordnung zu klären. Für die westzonalen Ministerpräsidenten, die der SPD angehörten, kam erschwerend hinzu, daß ihnen Kurt Schumacher praktisch politische Gespräche mit Ministerpräsidenten, die der SED angehörten, untersagt hatte. Den Ministerpräsidenten der französischen Zone war von ihrer Besatzungsbehörde jegliche politische Äußerung verboten worden. Damit war einem Kompromiß jede Basis entzogen. Die sowjetzonalen Regierungschefs brachen noch am 4. Juni die Unterredungen ab. Die westzonalen Länderchefs besprachen in den kommenden drei Tagen einige Versorgungsfragen, die allerdings insgesamt betrachtet doch nur sekundäre Bedeutung besaßen. Die Unfähigkeit beider Seiten, miteinander über Hindernisse hinweg ein Gespräch zu führen, trieb den Westen und den Osten Deutschlands weiter auseinander. Schuld daran waren nicht allein die alliierten Weisungen, sondern die bereits tiefgehenden beiderseitigen ideologischen Vorbehalte sowie politisches Mißtrauen. Es sollten mehr als vierzig Jahre vergehen, bis wieder die Ministerpräsidenten aller deutschen Länder sich an einem Tisch versammeln konnten. Der Kalte Krieg hatte nun auch Deutschland ergriffen.

Während im Westen Amerikaner und Briten für einen weiteren Ausbau des vereinigten Wirtschaftsgebietes sorgten und in diesem Zusammenhang auch an eine Sanierung der Währung dachten – ein Thema, das auch die SMAD beschäftigte –, wurde in der SBZ ein Volkskongreß geplant, der die weitere politische Entwicklung zum Thema haben sollte. Wenn also eine politische Normalisierung trotz aller Gegensätzlichkeiten in allen Teilen Deutschlands vorbereitet wurde, dann lag das auch daran, daß im Grunde der Nationalsozialismus kein echtes Problem mehr darstellte. Neben den alliierten Prozessen hatten auch deutsche Verfahren gegen Nationalsozialisten, sogenannte Spruchkammerverfahren, stattgefunden. Diese Entnazifizierung betraf vor allem die kleinen Nationalsozialisten, während für die wichtigeren weiteres Material zusammengestellt werden sollte. Da sich in allen Zonen ein unangenehmes Denunziantentum verbreitete und der Eindruck vorherrschte, die Kleinen würden bestraft, während die Großen laufengelassen würden, bestand weitgehend die Auffassung, daß diese Vorgehensweise ungeeignet sei. Hinzu kam, daß mit allen möglichen Mitteln die Angeklagten sich um Entlastungszeugen und -material bemühten und daher überwiegend als „Mitläufer" eingestuft wurden. Immerhin hatte dieses Vorgehen aber zur Folge, daß wenigstens für die Phase der Vorbereitung politischer Neugestaltung in Deutschland ehemalige Nationalsozialisten weitgehend von einer Beteiligung ausgeschaltet waren. Und dies war eine gesamtdeutsche Erscheinung.

Eine spürbare Verbesserung der Versorgungsverhältnisse war bis 1948 nicht eingetreten, so daß der Direktor der Wirtschaftsverwaltung in der Bizone, Johannes Semler (1898–1973), sich beschwerte, aus den USA werde lediglich Hühnerfutter nach Deutschland geliefert. Mehl aus Mais war ungewohnt und wurde zunächst nur schwer vertragen. Die empörten Amerikaner sorgten für die Entlassung Semlers, an dessen Stelle der parteilose Nürnberger Wirtschaftsprofessor Ludwig Erhard (1897–1977) trat. Seit 1948 dann begannen die amerikanischen Hilfsgelder, die nach dem Außenminister George Marshall (1880–1959) benannt waren (Marshallplan), zu fließen und der westzonalen Wirtschaft Auftrieb zu geben. Die sowjetische Führung hatte für alle Gebiete und Staaten, die unter ihrer Kontrolle standen, ein Verbot ausgesprochen, Gelder aus dem Marshallplan anzunehmen. Die SBZ konnte also daraus keine Hilfe annehmen, während der westdeutsche Wiederaufbau begann. Er wurde dadurch unterstützt, daß am 19. Juni 1948 in den Westzonen die Währungsreform durchgeführt wurde, mit der die Reichsmark ihren Wert als amtliches Zahlungsmittel verlor und alle Ersparnisse abgewertet wurden. Das neue Geld war in den USA gedruckt und heimlich nach Deutschland transportiert worden, um durch die plötzliche Einwechselung Spekulationen zu verhindern. Zu einer Absprache mit den Sowjets war es jedoch nicht gekommen. Sie reagierten empört, daß ohne ihr Einverständnis die Deutsche Mark auch in Berlins Westsektoren ausgegeben wurde, da sie befürchteten, daß einerseits die neue Währung Einfluß auf die Verhältnisse der SBZ nehmen könne, daß aber andererseits dieses Gebiet mit alter Reichsmark überflutet werde. Den

Am 20. Juni 1948 wurde in den westdeutschen Zonen eine neue Währung eingeführt. Als die D-Mark aber auch in den westlichen Sektoren von Berlin ausgegeben werden sollte, verlangten die Sowjets, daß ganz Berlin in den Währungsbereich der am 23. Juni 1948 eingeführten Ostmark einbezogen werden sollte, was die westlichen Alliierten verweigerten.

sowjetischen Versuch, die eine Woche später für die SBZ erfolgende Währungsreform auch für die Westsektoren als verbindlich zu erklären, wiesen nun wieder die westlichen Militärkommandanten zurück. Da sie auch die Auskunft über die Ergebnisse einer Konferenz westeuropäischer Minister in London im April und Mai 1948 verweigerten, brach der sowjetische Militärgouverneur den Kontakt zu den westlichen Militärkommandanten ab. Das war das Ende der Alliierten Kommandantur; der Kontrollrat hatte bereits seit März nicht mehr getagt. Unmittelbar danach fand in Warschau eine Sechsmächtekonferenz der Sowjetunion und ihrer Verbündeten statt, auf der beschlossen wurde, einen westdeutschen Staat, der sich immer deutlicher abzeichnete, zu verhindern. Einen Versuch hierzu stellte die Berliner Blockade dar, mit der vom 24. Juni an der Zugang zu den Westsektoren aus „technischen" Gründen geschlossen wurde. Der Bevölkerung wurde eröffnet, sie könne im Ostsektor der Stadt gegen Registrierung Lebensmittel erhalten und auch zum Umland bestand ein gewisser Zugang, so daß „Deutsche Mark" ins Gebiet der „Deutschen Mark der Deutschen Notenbank" gelangte.

Tatsächlich haben nur rund 140000 Berliner von den Möglichkeiten des Ostsektors Gebrauch gemacht, d. h. deutlich weniger als 10% der Bevölkerung. Mit Strom- und Gasrationierungen konnte die Energiebeschränkung überwunden werden. Hinzu kam der zunehmende Einsatz westalliierter Flugzeuge, die als „Rosinenbomber" sämtliche Versorgungsmittel in die Westsektoren brachten. Das für unmöglich Gehaltene, die elfmonatige Zulieferung aus der Luft, gelang. Zugleich aber erkannten die USA, daß sie ihre Truppen in Europa und speziell in Deutschland verstärken mußten, um weiteren Einschüchterungsversuchen entgegentreten zu können. Kurzfristige Erwägungen, militärisch die Stärke des Westens deutlich zu demonstrieren, wurden nicht in die Tat umgesetzt.

Die Verhärtung der politischen Verhältnisse wirkte sich auch auf die Stadt Berlin aus. Die SED richtete heftige Angriffe gegen den Magistrat und griff Mitglieder der Behörde und des Abgeordnetenhauses schließlich tätlich an. SED-Funktionäre beschlossen die Absetzung des Magistrats und wählten Fritz Ebert (1894–1979) zum Oberbürgermeister. Allerdings war seine Tätigkeit auf den sowjetischen Sektor begrenzt. Die West-Berliner Militärkommandanten bestätigten die Amtsführung des bisherigen Magistrats, der nun im Schöneberger Rathaus amtierte. Im Dezember wählten die West-Berliner und riefen damit Ernst Reuter (1889–1953) ins Amt, den die Sowjets bisher abgelehnt hatten. Die Teilung der Stadt war vollzogen. Der milde Winter 1948/49 begünstigte die Wirksamkeit der Luftbrücke, während Reuter mit propagandistischem Geschick die Bedeutung Berlins für Deutschland und Europa hervorhob. Für die Mehrheit der Berliner, die die Luftbrücke in ihrer Stadt bewußt miterlebt hatten, galten die Westalliierten als Freunde und Helfer. Das Beharrungsvermögen der West-Berliner zahlte sich aus. Nach längeren Verhandlungen zwischen dem amerikanischen und dem sowjetischen UNO-Vertreter beende-

Am 24. Juni 1948 blockierten die Sowjets sämtliche Zufahrtswege nach Berlin. Da die westlichen Alliierten bei all den Regelungen über die Zonen und Sektoren versäumt hatten, sich den Zugang über den Landweg nach Berlin von den Sowjets garantieren zu lassen, blieben nur noch drei zugesicherte Luftkorridore, die nun auf Initiative von General Clay hin unermüdlich für die Versorgung des durch die Blockade abgeschnittenen West-Berlins über die Luft genutzt wurden. Am 12. Mai 1949 gaben die Sowjets die Blockade auf, da sie sich als nicht erfolgreich erwiesen hatte. Sie hatte nur bewirkt, daß Berlin als „Frontstadt" Europas gegen den Kommunismus in den Blickwinkel der Weltöffentlichkeit geraten war, und die westlichen Alliierten – nun schon aus Prinzip – nicht bereit waren, irgendwelche Ansprüche auf Berlin und seinen Sonderstatus aufzugeben. Auch die Überlegungen der Sowjets, West-Berlin als Faustpfand gegen die Gründung der Bundesrepublik einzusetzen, waren hinfällig geworden, denn am 8. Mai war das Grundgesetz verkündet worden.

Am 1. September 1948 begann die Verfassungsgebende Versammlung, die sich Parlamentarischer Rat genannt hatte, in Bonn mit den Beratungen über eine künftige Verfassung. Der Parlamentarische Rat umfaßte 65 Mitglieder, die von den 11 Länderparlamenten gewählt worden waren. Die SPD und die CDU/CSU besaßen je 27 Abgeordnete, die FDP 5 und Deutsche Partei (DP), Zentrum und KPD je zwei. Weitere fünf Abgeordnete aus Berlin hatten wegen des Sonderstatus dieser Stadt nur beratende Stimme.

ten die Sowjets am 12. Mai 1949 die Berliner Blockade, die die Teilung Berlins und der Zonen in zwei unterschiedliche Lager unterstrichen hat. Seit der Währungsreform und unter dem Eindruck der europäischen Hilfsleistungen der USA, die ihnen sonst nicht im vollen Umfang zuteil geworden wären, hatten die Franzosen ihre bisherige Deutschlandpolitik aufgegeben. Die drei Westzonen waren zu einem Wirtschaftsgebiet zusammengeschlossen worden, an dessen Spitze ein Oberdirektor stand, der einem Verwaltungsrat – den ehemaligen Verwaltungsämtern – präsidierte. Ihm zur Seite stand als Ersatzparlament der Wirtschaftsrat mit finanziellen und steuerlichen Befugnissen. Da die Sozialdemokraten nicht die gewünschten Ämter erhalten hatten, zogen sie sich in die Opposition zurück, während die CDU in Zusammenarbeit mit der FDP die Positionen im Verwaltungsrat einnahm. Beide Parteien nahmen seither für sich in Anspruch, die Voraussetzungen für den westdeutschen Wiederaufstieg in die Wege geleitet zu haben. Während sich auf diese Weise auch die westdeutsche Eigenstaatlichkeit herausbildete, war die SPD von den zentralen Machthebeln entfernt, und erst knapp zwei Jahrzehnte später gelang es ihr, Regierungsfunktionen oberhalb der Länderebene zu erlangen. Zunächst hing ihr an, wie in der Weimarer Republik vor allem Oppositionspartei zu sein. Mit ihren planwirtschaftlichen Vorstellungen und dem Verlangen nach sozialistischen Wirtschaftsreformen stand die Partei in unversöhnlichem Gegensatz zu dem Prinzip der freien sozialen Marktwirtschaft, die von Ludwig Erhard praktiziert wurde und der Haltung der Mehrheit der Westdeutschen entgegenkam.

Vom Parlamentarischen Rat zum Bundestag

Die Londoner Außenministerkonferenz hatte Anfang Juni 1948 festgestellt, es liege im europäischen Interesse, in Deutschland Grundlagen für eine freie und demokratische Staatsform zu schaffen, die dann die Wiederherstellung der derzeit zerrissenen deutschen Einheit herbeiführen könne. Zwar hatte es in allen Zonen und bei allen Parteien seit 1946 Diskussionen über die zukünftige deutsche Verfassung gegeben, nun aber teilten die alliierten Militärkommandanten der drei Westmächte den Länderchefs ihrer Zonen und dem West-Berliner Bürgermeister am 1. Juli 1948 mit, daß die Länder aus ihren Landtagen für den 1. September eine verfassungsgebende Versammlung berufen sollten. In einem weiteren Dokument wurden die Ministerpräsidenten aufgefordert, die Ländergrenzen zu überprüfen, und in einem dritten wurde ein Besatzungsstatut, d. h. die rechtliche Grundlegung weiterer Besatzungstätigkeit, angekündigt. Die Ministerpräsidenten waren nicht nur über die Art erstaunt, wie über deutsche Belange ohne Rücksprache entschieden wurde, sondern fürchteten außerdem, daß die alliierten Forderungen in eine dauerhafte Ost-West-Teilung führen würden, da eine nachträgliche Zustimmung sowjetzonaler Institutionen zu Beschlüssen eines westdeutschen Gremiums nicht zu erwarten war. Die eigenen Vorstellungen der politischen Kräfte in der SBZ waren inzwischen durch die Volkskongreß-Bewegung bekannt geworden. Die westdeutschen Regierungschefs bestanden daher darauf, daß unter allen Umständen nur ein Provisorium zu schaffen sei, sei es in der staatlichen Konstruktion oder seiner staatsrechtlichen Grundlage, die daher keine Verfassung, sondern ein Grundgesetz sein solle. Vor allem aber eine Volksabstimmung über Staat und Verfassung lehnten sie entschieden ab.

Doch gerade hierauf bestanden zunächst die westlichen Besatzungsmächte. In intensiven Verhandlungen am 21. und 22. Juli 1948 verständigte man sich zwischen Westalliierten und Ministerpräsidenten auf einen aus den Landtagen gewählten Parlamentarischen Rat, der als vorläufige Verfassung ein Grundgesetz schaffen solle. Über dessen Billigung durch Parlamente oder Volk kam noch keine Übereinstimmung zustande. Doch auch so nahm der Parlamentarische Rat mit 65 Abgeordneten aus den Landtagen als stimmberechtigten und 5 Berliner Abgeordneten als beratenden Mitgliedern am 1. September seine Tätigkeit auf. Ort der Beratungen war die rheinische Universitätsstadt Bonn, die sich als Kompromiß zwischen verschiedenen Bewerbungen angeboten hatte. Vorsitzender des Parlamentarischen Rates wurde der CDU-Vorsitzende der Britischen Zone Konrad Adenauer, der damit in der Bevölkerung zusätzliche Bekanntheit erwarb. Auch die Vorsitzenden der anderen damals großen Parteien gehörten dem Rat an: so Kurt Schumacher für die SPD, Theodor Heuss (1884–1963) für die FDP, Max Reimann (1898–1977) für die KPD. Es gehört zu den Besonderheiten der deutschen Nachkriegsgeschichte, daß bei allen Differenzen doch weitgehend darin Übereinstimmung bestand, eine Wiederholung für das Aufsteigen einer Partei wie der NSDAP zu verhindern. Aus verschiedenen Vorentwürfen entwickelte der Parlamentarische Rat seine Vorstellungen einer neuen staatlichen Ordnung Deutschlands.

Hier spielte weniger die Vorläufigkeit der Bestimmungen eine Rolle, über die man sich doch weit-

Am 8. Mai 1949 nahm der Parlamentarische Rat in dritter Lesung das Grundgesetz mit 53 Stimmen gegen 12 Stimmen an. Zu den Gegnern gehörte auch die KPD, deren Vorsitzender Max Reimann (1. Reihe links) bei der Abstimmung die Hand nicht erhob. Zunächst auch für Berlin verkündet, mußte auf Einspruch der Alliierten eingeräumt werden, daß das Grundgesetz nicht für Berlin gelte und Berlin kein Bestandteil der neugegründeten Bundesrepublik war. Artikel 23 sicherte die Möglichkeit, daß Teile Deutschlands, die zu dieser Zeit am Beitritt zur Bundesrepublik gehindert waren, später beitreten könnten.

gehend einig war, als die Verteilung der Aufgaben zwischen Zentralregierung, d. h. der Bundesrepublik, und den einzelnen Ländern. Insbesondere in Frankreich bestand weiterhin die Sorge, daß eine politisch wie wirtschaftlich unbequeme Macht entstehen könne. Und auch Amerikaner und Briten sahen ihre Erwartungen nicht erfüllt. Daraus entwickelte sich im März 1949 eine schwere Krise, in deren Zusammenhang die Sozialdemokraten sogar eine Zustimmung zum Entwurf des Grundgesetzes verweigern wollten, falls die westalliierten Einmischungen nicht eingestellt würden. Dagegen suchte die CDU einen Kompromiß zu erreichen. Im Hintergrund stand zweifellos, daß der amerikanische Militärgouverneur befürchtete, eine zentrale Finanzverwaltung könne von den Sozialdemokraten, die von vielen und sich selbst als künftig entscheidende politische Partei eingeschätzt wurden, zur Wandlung der gesellschaftlichen und wirtschaftlichen Strukturen benutzt werden. Konflikte zwischen CDU und SPD über ihre Haltung zu den Alliierten und deren Einstellung zum künftigen deutschen Weststaat waren durch diese Zusammenhänge vorprogrammiert.

In diesen Krisenwochen ging fast die Tatsache unter, daß in der SBZ ein eigener Verfassungsentwurf erarbeitet worden war und Wahlen ausgeschrieben wurden. Die Zweistaatigkeit wurde damit immer unverhüllter. Nur waren die Westzonen, die bisher zumeist schneller vorangegangen waren, jetzt etwas ins Hintertreffen geraten. Eine Beschleunigung trat dadurch ein, daß die Washingtoner Außenministerkonferenz Anfang April 1949 im Anschluß an die Gründung der NATO Entgegenkommen erklärte. Ein entsprechendes Schreiben verzögerten die Militärgouverneure bis Ende April; doch am 8. Mai 1949 – Kapitulationstag und Tag des endgültigen nationalsozialistischen Zusammenbruchs – nahmen im Parlamentarischen Rat die 53 Abgeordneten von CDU, SPD und FDP das Grundgesetz an, während die 12 Vertreter von CSU, LDPD, Zentrum und KPD dagegen votierten. Vier Tage später – gleichzeitig fand die Berlin-Blockade ihr Ende – stimmten die Militärgouverneure zu, die nun die Grundsätze der Demokratie und der Rechtsstaatlichkeit in der provisorischen Verfassung hervorhoben. Nachdem die Länderparlamente – mit Ausnahme des bayerischen Landtags, dessen Mehrheit ihre föderalistischen Vorstellungen nicht genügend berücksichtigt sah – das Grundgesetz angenommen hatten, wurde es am 23. Mai 1949 verkündet. Vertreter der Alliierten waren anwesend und ebenso des Wirtschaftsrates.

Dessen Mitglieder, insbesondere der Oberdirektor Hermann Pünder (1888–1976), hatten sich als Regierung empfunden und weitere Beschäftigung bzw. Übernahme in das neue Kabinett erwartet. Doch ihre Ämter verschwanden. Nicht Frankfurt, sondern, nach einem undurchsichtigen Handel, an dem Konrad Adenauer nicht unbeteiligt war, Bonn, der Sitz des Parlamentarischen Rates, wurde zur Bundeshauptstadt bestimmt. Wiederum wurde – und sicher weitestgehend ehrlich – von einem Provisorium gesprochen. Es war damals nicht zu ahnen, daß das „Provisorium" Bonn vierzig Jahre später zu einer wirklichen Konkurrenz für die ehemalige „Reichshauptstadt" Berlin werden könne.

Für den 23. August waren in dem nun Bundesrepublik geheißenen westlichen Teil Deutschlands Wahlen ausgeschrieben. Der Wahlkampf – mit Entschiedenheit von allen Parteien geführt – umfaßte alle Felder der Politik. Besonders engagiert wurde über Fragen der Wirtschaftspolitik gestritten. Hier zahlte sich für die CDU ihr Engagement im Wirtschaftsrat aus. Gemeinsam mit der Schwesterpartei CSU errang sie 139 Sitze, d. h. acht mehr als die bitter enttäuschte Sozialdemokratie. Um eine Koalitionsregierung bilden zu können, sicherte Adenauer der FDP zu, ihren Vorsitzenden Heuss zum Bundespräsidenten wählen zu lassen. Dies Versprechen fiel um so leichter, da der auch von CDU-Politikern geschätzte Bremer Senatspräsident Wilhelm Kaisen (1887–1979), ein Sozialdemokrat, sich nicht für eine Kandidatur zur Verfügung stellte. Als sich am 7. September 1949 der Bundestag konstituierte, war Paul

Am 20. September stellte der fünf Tage zuvor mit nur einer Stimme Mehrheit zum Bundeskanzler gewählte Adenauer sein Kabinett aus Mitgliedern der CDU, CSU, FDP und DP vor, dem u.a. auch Jakob Kaiser (2. v.r. in der ersten Reihe), der ehemalige Vorsitzende der Ost-CDU, angehörte, der das Amt des Ministers für gesamtdeutsche Angelegenheiten erhalten hatte.

Löbe (1875-1967), der langjährige sozialdemokratische Reichstagspräsident in der Weimarer Republik, Alterspräsident. Als Vertreter der stärksten Fraktion – der Unionsparteien – erhielt Erich Köhler (1892-1958) das Amt des Bundestagspräsidenten. Am 12. September wählte die Abgeordnetenmehrheit der Bundesversammlung, d.h. der Mitglieder des Bundestages und einer gleich großen Zahl von Landtagsabgeordneten, Theodor Heuss zum Bundespräsidenten. Die Sozialdemokraten, die Kurt Schumacher aufgestellt hatten, waren derart enttäuscht, daß sie die Gratulation verweigerten. Auch wenn die Beziehung zwischen Heuss und den Sozialdemokraten sehr bald freundlich wurde, zeigt dies doch eine grundsätzliche Konfrontation zwischen Regierungsparteien und Opposition, die für die Anfangsjahre der Bundesrepublik charakteristisch gewesen ist und der SPD in den Augen der Bevölkerungsmehrheit mehr schadete als nützte.

Wie erwartet, wurde am 15. September Adenauer zum ersten Bundeskanzler gewählt und stellte am 20. September sein Kabinett vor, dem neun Mitglieder der Union, drei der FDP und ein Mitglied der Deutschen Partei angehörten. Noch gab es kein Außenministerium, und als dies 1951 gebildet werden konnte, übernahm Adenauer bis 1953 seine Leitung. Die Bundesrepublik bestand nun mit ihren politischen Körperschaften (die Länder hatten im Bundesrat eine eigene Kammer erhalten) und beanspruchte für alle Deutschen, auch für die, die derzeit an freier Meinungsäußerung gehindert seien, zu sprechen. Sie hatte damit für das „Provisorium" Bundesrepublik den Alleinvertretungsanspruch erhoben. Damit bestritt sie auch den politischen Gruppierungen in der SBZ das Recht, für dieses Gebiet verbindliche Entscheidungen zu treffen oder im Namen aller Deutschen sprechen zu können. Dennoch gingen die Parteien der Bundesrepublik – mit Ausnahme der KPD, die auf die Linie der SED eingeschworen war – davon aus, daß das Grundgesetz seine Gültigkeit verlieren werde, wenn eine neue Verfassung vom ganzen Volk in freier Entscheidung beschlossen worden sei, d.h., daß daran auch der östliche Teil Deutschlands, damals zumeist Mitteldeutschland genannt, beteiligt sein werde. Dagegen erhob allerdings das politische Instrument der SBZ, der 3. Volkskongreß, Einspruch, der sich gleichfalls als Sprecher der Deutschen verstand.

Vom Volkskongreß zur Volkskammer

Nach der Gründung der SED hatte diese Partei – auch wenn für sie die Landtagswahlen vom Oktober 1946 gegenüber den Gemeindewahlen vom September einen Stimmenverlust von nahezu 10 Prozent ergaben – gegenüber den anderen politischen Parteien, mit denen sie in einem politischen Block verbunden war, den Führungsanspruch erhoben und durchgesetzt. Dabei half ihr, daß auch Massenorganisationen wie die Freie Deutsche Jugend (FDJ), der Freie Deutsche Gewerkschaftsbund (FDGB), die Bauernhilfe, der Kulturbund und die Frauenausschüsse eigene Kandidaten aufstellten, dann aber mit der SED zusammenstimmten. Nur dadurch ergab sich bei den Landtagswahlen eine Mehrheit für die SED über die gesamte SBZ. Tatsächlich hatten CDU und LDPD zusammen 49,1 Prozent der Stimmen erhalten, die SED 47,5 und die Massenorganisationen 3,4 Prozent. Berlin als Viermächtestadt war nicht beteiligt.

Grundlage aller Zukunftsplanungen für einen deutschen Staat war in der SBZ ein von der SED bereits 1946 vorgelegter Verfassungsentwurf, in dem zwar Grundrechte, wie die Freizügigkeit, festgelegt waren, der aber von einer Gewaltenteilung zwischen Regierung, Parlament und Gericht absah und statt dessen dem Parlament – und damit indirekt dessen Mehrheitspartei – die stärkste Entscheidungs- und Ausführungsbefugnis zusprach. Begründet wurde dies mit der konsequent demokratischen Ausrichtung und der Verankerung der Staatsgewalt im Volk. Nach diesem Entwurf, der frühzeitig auch für die Länder der SBZ richtungsweisend wurde, sollte der neue Staat „Deutsche Demokratische Republik" heißen. Dieser Entwurf war auch Grundlage des ersten Volkskongresses, zu dem die Blockparteien in allen Zonen eingeladen hatten und der der Londoner Außenministerkonferenz die deutschen Vorstellungen unterbreiten sollte. Die entsandten Delegierten sind allerdings nicht angehört worden. Während in der SBZ diesem Volkskongreß weite Zustimmung zuteil geworden ist, wobei die LDPD sich ihm leichter anschloß als die CDU, deren Vorsitzende Ernst Lemmer (1898-1970) und Jakob Kaiser erst zum Rücktritt veranlaßt werden mußten, war die Haltung in den Westzonen zurückhaltender; allein die KPD bekannte sich rückhaltlos zum Volkskongreß. Es läßt sich fragen, ob eine starke Beteiligung aus dem Westen nicht angebracht gewesen wäre, aber die Kenntnisse, die inzwischen über politische Vorgehensweisen in der SBZ gesammelt worden waren, schreckten ab, und außerdem bestand die Ansicht, daß die alliierten Außenminister kaum einem mehr oder minder zufällig zusammengesetzten Volkskongreß und seinen Beschlüssen große Bedeutung beimessen würden. Von 2225 Delegierten kamen dann auch – von Parteien und Massenorganisationen entsandt und nicht vom Volk oder den Landtagen gewählt – 1761 aus der SBZ (davon 605 SED, 440 Massenorganisationen) und 464 aus den Westzonen (davon 244 KPD).

Ein zweiter Volkskongreß wurde im März 1948 einberufen, um einen Volksrat zu bilden. Ihm

Obwohl sich immer deutlicher das Auseinanderdriften der SBZ und der westlichen Zonen zeigte, kamen gerade aus der Ostzone immer wieder Appelle, es nicht zur Spaltung kommen zu lassen.

sollten 400 Mitglieder angehören; doch trotz des betont gesamtdeutschen Charakters waren in ihm nur 100 Plätze für Einwohner der drei Westzonen vorgesehen. Die Führung lag allein in den Händen von drei SBZ-Politikern, Wilhelm Pieck als SED-, Wilhelm Külz als FDP- und Otto Nuschke (1883–1957) als CDU-Vorsitzendem. Dieser Volksrat hatte den Auftrag, als eine Art gesamtdeutsches Vorparlament eine Verfassung auf der Basis des SED-Entwurfs von 1946 zu entwerfen und ein gesamtdeutsches Volksbegehren über die deutsche Einheit in Gang zu setzen. Der Versuch, dies auch in den Westzonen durchzuführen, scheiterte an Verboten der Westalliierten und der Länder. Ohnehin hatte die Volkskongreßbewegung im Westen Deutschlands inzwischen weitgehende Ablehnung und einen Bruch zwischen ost- und westdeutschen Unionsparteien und Liberalen herbeigeführt. Auch in der westdeutschen Arbeiterschaft konnte die Aktion aus der SBZ keine große Zustimmung finden. Trotz aller Kritik an dem Entstehen einer sozialen Marktwirtschaft mit kapitalistischen Wirtschaftsprinzipien waren langsame Ansätze zu einem Aufschwung zu verzeichnen. Trotz Demontagen in Westdeutschland schienen sich die Besatzungsmächte um eine gewisse Zurückhaltung zu bemühen, und die Gewerkschaftsbewegung war in der Lage, sich frei zu äußern, Kritik zu üben und Tarifforderungen zu erheben, während in der SBZ die Gewerkschaft unter der Leitung der SED stand und Aufseher über Arbeitsleistung und Produktionsförderung wurde. Hinzu kamen die Verbote, am System der UdSSR Kritik zu üben oder sich nachteilig über die KPdSU auszulassen. Schließlich war auch der Eindruck nicht zu beseitigen, daß die Wirtschafts- und Lebensmittelverhältnisse in der SBZ stagnierten. In dem, was künftig „Wettbewerb der Systeme“ heißen sollte, lag die SBZ zurück. Zudem schien erstmals Unruhe in die Staaten Osteuropas zu geraten. Zwar waren die Staaten des Ostens unter sowjetischer Kontrolle, und im Frühsommer 1948 war auf dem Weg eines kalten Staatsstreichs die Tschechoslowakei eine Volksrepublik geworden, aber parallel hierzu hatte das Jugoslawien Titos (1892–1980) gegenüber der Sowjetunion eine derartige Selbständigkeit entwickelt und seine Kontakte zum Westen zu vertiefen begonnen, daß es aus der Kominform, dem Bund der moskautreuen kommunistischen Parteien, ausgeschlossen und einer Wirtschaftsblokkade östlicher Staaten ausgesetzt wurde.

Nach der Verkündung des Grundgesetzes in Bonn riefen die Blockparteien der SBZ im Mai 1949 zur Wahl des 3. Volkskongresses nach dem Prinzip der Einheitsliste auf. Damit stand von vornherein die Stimmenverteilung fest: 35 % für SED und FDGB, 20 % für Massenorganisationen, jeweils 15 % für CDU und LDPD und ebenso jeweils 7,5 % für die inzwischen ins Leben gerufenen Hilfsparteien DBD und NDPD. Verbunden mit der Kongreßwahl war die Frage nach der Bereitschaft zu deutscher Einheit und gerechtem Frieden. Zustimmung hierzu bedeutete gleichzeitig Wahl der Blockparteien. Das Auftreten politischer Polizei verfehlte gegenüber Kritikern seine Wirkung nicht. Da dennoch das Ergebnis nicht überzeugte, wurden Stimmenthaltungen den Ja-Stimmen hinzugezählt. Auf diese Weise kam es in der SBZ einschließlich Ost-Berlins zu einer Wahlbeteiligung von über 95 %. Von den abgegebenen Stimmen waren über 860 000 ungültig und 4 080 000 (=33,9 %) lauteten „Nein“; als „Ja“ wurden 7 944 000 (=66,1 %) gezählt. Dieser Kongreß von 2016 Delegierten (616 aus dem Westen) bildete wiederum einen Volksrat, von dessen 330 Abgeordneten 210 aus den Reihen der SED und der Massenorganisationen kamen, die damit beinahe eine verfassungsgebende Mehrheit besaßen, die anderen Blockparteien teilten sich quotenmäßig das letzte Drittel. Obwohl damit alle Mög-

Für den 15./16. Mai 1949 wurden für die SBZ und Ostberlin Wahlen zu einem 3. Deutschen Volkskongreß ausgeschrieben. Nach einem in Deutschland schon zwischen 1933 und 1938 angewandten Muster waren das plebiszitäre Wahlen, in denen die Abstimmung über die Kandidaten auf dem Wahlzettel mit einem „Ja" oder „Nein" zu einer Suggestivfeststellung verknüpft war. Die Frage hieß in diesem Fall „Ich bin für die Einheit Deutschlands und einen gerechten Friedensvertrag". Obwohl trotz dieses eigenartigen Wahlmodus nur 61,7% der Wähler mit „Ja" stimmten, galt dieses Ergebnis als Legitimation des 3. Deutschen Volkskongresses, der am 29./30. Mai in Berlin zusammentrat. Er nahm die Verfassung der Deutschen Demokratischen Republik an und wählte aus seinen Reihen einen 330 Mitglieder starken Deutschen Volksrat, der noch einmal die Verfassung bestätigte. Im Laufe des Sommers 1949 betätigte sich der Volksrat durch die Arbeit seiner Ausschüsse schon recht unverblümt als die zentrale Volksvertretung der SBZ. An diesem Volkskongreß nahmen bereits fast alle teil, die später in der DDR Rang und Namen haben sollten, wie zum Beispiel Erich Honecker und Margot Feist, seine spätere Frau – hier im Gespräch mit Otto Grotewohl.

Auf seiner 9. Tagung am 7. Oktober 1949 setzte der Volksrat die Verfassung der Deutschen Demokratischen Republik in Kraft, konstituierte sich als Provisorische Volkskammer und beauftragte Otto Grotewohl mit der Regierungsbildung. Am 11. Oktober wurde Wilhelm Pieck zum Staatspräsidenten ernannt und die Gründung mit Massenkundgebungen in Ost-Berlin gefeiert.

lichkeiten zu sofortigem weiteren Handeln gegeben waren, hielt sich der Volksrat zurück, bis im September 1949 die Bundesrepublik politisch handlungsfähig geworden war. Nun trat der Volksrat mit der Forderung auf, Deutschland als einheitlichen, friedlichen und demokratischen Staat wiederentstehen zu lassen. Hierzu sei eine nationale Selbsthilfe erforderlich. Am 7. Oktober 1949 beschloß der Volksrat, sich in eine provisorische Volkskammer umzuwandeln, die Verfassung in Kraft zu setzen und eine Regierung zu bilden. Die SMAD stimmte diesen Beschlüssen zu. Otto Grotewohl bildete ein vierzehnköpfiges Kabinett mit sechs Mitgliedern der SED, vier Parteilosen, drei Angehörigen der CDU, zwei Mitgliedern der LDPD und je einem aus DBD und NDPD. Einen Tag nach der Wahl Piecks zum Präsidenten stimmte die Volkskammer auch dem Kabinett der nunmehrigen Deutschen Demokratischen Republik zu. Die bisherige SMAD wandelte sich in eine Sowjetische Kontrollkommission um. Außerdem wurde die Souveränität der DDR bekanntgegeben, die in den nächsten Tagen diplomatische Beziehungen zu anderen Ländern unter kommunistischer Führung aufnahm, zunächst am 15. Oktober zur UdSSR. Damit war die DDR der Bundesrepublik voraus, die noch keine diplomatischen Vertretungen errichten konnte.

Seit dem 7. Oktober 1949, dem Gründungstag der DDR, bestanden auf deutschem Boden zwei Staaten und eine geteilte Stadt, deren westliche Bevölkerung nur Vertreter mit beratender Stimme in den Bundestag entsenden konnte. Beide Staaten beanspruchten, für alle Deutschen zu sprechen, und beide verkündeten, selbst wirklich demokratisch und friedliebend zu sein, während der andere Staat in Abhängigkeit von der bisherigen Besatzung stehe und Unfrieden in Europa und der Welt verbreiten werde. Zugleich gingen aber beide Staaten zumindest formal davon aus, daß eine deutsche Einheit anzustreben sei. In der Bundesrepublik allerdings teilte eine Mehrheit die Meinung der Regierungsparteien, daß diese Einheit nicht zum Preis wachsenden Einflusses der Kommunisten bzw. der Sowjetunion zu gewinnen sei, sondern daß sich zunächst eine enge Anbindung an die Westmächte empfehle.

Vier Jahrzehnte zweimal Deutschland

Der Weg zur Souveränität

Die beiden deutschen Staaten bemühten sich, in dem Staatensystem, dem sie sich zugehörig fühlten, als zuverlässig zu gelten. Das hieß aber auch, daß die Erklärungen von Einheit und Friedenswilligkeit gegenseitig in Frage gestellt wurden. Hinzu kam, daß alle Versuche der DDR-Repräsentanten, mit der Regierung der Bundesrepublik ins Gespräch zu kommen, auf Ablehnung stießen. Denn die Sprecher der DDR galten als nicht durch Wahlen legitimiert. Daran änderten auch die Wahlen vom 15. Oktober 1950 nichts, weil für Volkskammer, Land- und Kreistage sowie Gemeindevertretungen nur Einheitslisten nach gleichen Regeln wie für den 3. Volkskongreß 1949 aufgestellt worden waren und die Stimmabgabe in aller Öffentlichkeit stattfand. Nachdrücklich ist auch dahin gewirkt worden, daß Haus- und Wohnblockgemeinschaften möglichst geschlossen zur Wahl gingen. So kam zwar eine Beteiligung von 98,4% und 99,7% Ja-Stimmen für die Einheitsliste zustande, aber gerade diese Ziffern begründeten den westlichen Vorwurf staatlichen Drucks auf die Bevölkerung. Das Anfang Februar 1950 gebildete Ministerium für Staatssicherheit unter Wilhelm Zaisser (1893–1958) schuf eine politische Polizei, die in den folgenden Jahren eine totale Überwachung einleitete.

Nachdem sich die westdeutschen Zonen zu einem deutschen Staat konstituiert hatten, präsentierte sich die neue Regierung unter Bundeskanzler Adenauer am 21. September bei den Alliierten und erhielt das neue Besatzungsstatut, das an diesem Tage in Kraft trat. Die Militärgouverneure wurden durch die Alliierte Hohe Kommission abgelöst, die ihren Sitz auf dem Petersberg bei Bonn hatte. Diese Kommission war nun das oberste Organ der drei Westmächte für die Bundesrepublik Deutschland und die Westsektoren Berlins. Die Alliierten übertrugen Bund und Ländern die Gewalt in Gesetzgebung, Gesetzesvollzug und Rechtsprechung, behielten sich jedoch auch in diesen Bereichen noch die Kontrolle sowie die Zuständigkeit in militärischen und außenpolitischen Fragen vor. Bereits zwei Monate später, am 22. November 1949, gestattete die Alliierte Kommission im Petersberger Abkommen der Bundesrepublik, konsularische Beziehungen zu anderen westlichen Staaten aufzunehmen und internationalen Organisationen beizutreten. Erste Schritte zu einer westdeutschen Souveränität waren getan.

Auch für die sowjetisch besetzte Zone ergaben sich aus der Gründung der DDR rechtliche Konsequenzen. Bereits am 10. Oktober 1949 wurde die Sowjetische Militäradministration (SMAD) aufgelöst und durch die Sowjetische Kontrollkommission (SKK) ersetzt. Gleichzeitig wurden der DDR-Regierung sämtliche bisher von den Sowjetorganisationen ausgeübten Verwaltungsbefugnisse übertragen. Bereits eine Woche nach der Proklamation der DDR nahm die Sowjetunion diplomatische Beziehungen zur DDR auf, weitere sozialistische Länder folgten diesem Beispiel.

Die wirtschaftlichen Verhältnisse der DDR lagen hinter denen der Bundesrepublik zurück. Lange vor der Gründung beider Staaten hatte der SPD-Vorsitzende Schumacher gemeint, gute soziale und wirtschaftliche Bedingungen seien die beste Werbung für die politischen Verhältnisse im Westen. Diese Auffassung, Magnet-Theorie genannt, erwies sich als richtig. Zwar verwies Ende 1952 das Innenministerium der DDR darauf, daß in den letzten zwei Jahren nahezu 34000 Menschen aus der Bundesrepublik und West-Berlin in die DDR übergesiedelt seien, aber das war wenig gegenüber den seit 1949 aus der DDR in die Bundesrepublik gekommenen 670000 Personen. Diese Zahlen steigerten sich für die DDR bis zum 13. August 1961 zu einer Negativbilanz von 2747000 Menschen. Politische Meinungsfreiheit bestand unter der Kontrolle des Staatssicherheitsdienstes nicht mehr; abweichende Meinungen konnten zu Prozessen wegen Staatsgefährdung und Sabotage führen. Aufmerksamen Beobachtern entging jedoch nicht, daß es in der DDR Möglichkeiten gerade für Kinder aus Arbeiter- und Bauernfamilien gab, die im Westen bisher keine entsprechende Förderung erfuhren. Auch Frauen erhielten verbesserte Bildungs- und Aufstiegschancen. Für Kinder wurden Horte als Tagesstätten eingerichtet.

Wenngleich dies keinesfalls überall galt, war damit aber auch eine über die Jahrzehnte zunehmende politische Einflußmöglichkeit gegeben, die durch die starke Position der „Freien Deutschen Jugend" (FDJ) mit ihrer Kinderorganisation „Junge Pioniere" als staatlichem Jugendverband noch zu vertiefen war. Dieser offizielle Jugendverband, der nach dem Vorbild der sowjetischen Komsomolzen ausgerichtet wurde, duldete keine anderen Jugendgruppen neben sich und erschwerte noch dazu die Arbeit der kirchlichen Einrichtungen gegenüber Jugendlichen. In diesem Zusammenhang ist auch zu beachten, daß die Kirchen nicht in das atheistische Weltbild der DDR einzufügen waren.

Das führte letztlich dazu, daß die theologischen Fakultäten an den Universitäten aufgelöst wurden und den philosophischen Fakultäten die Ausbildung künftiger Geistlicher neben den Predigerseminaren oblag. Es ist nicht zu verkennen, daß hier eine Trennung von Staat und Kirche vollzogen worden ist, die dann durchaus diskutabel hätte sein können, wenn sie nicht als autoritäre Maßnahme und wiederum orientiert am sowjetischen Vorbild vollzogen worden wäre. Ausgerechnet die Kirchen wurden jedoch so zu einem Hort der Opposition und boten den Gegnern des Staatssystems der DDR eine gewisse Zuflucht. Es mußten nahezu vier Jahrzehnte vergehen, bis zu erkennen war, daß sich die Staatsorgane der DDR mit Erpressung und Bestechung Zugang auch in diese Räume verschafft hatten. Dieses Zwangssystem war anfänglich sicher noch nicht zu erkennen.

Entsprechend dem Vorbild anderer totalitärer Systeme, sei es nun Faschismus, Nationalsozialismus oder Stalinismus, wurde in der DDR von Anfang an darauf geachtet, die Kinder möglichst früh in staatlichen Organisationen zu erfassen und entsprechend den staatlich verordneten Leitbildern zu staatskonformen Menschen zu erziehen.

Kritiker westlichen Lebensstils, der zunehmend durch die bereitwillige Aufnahme amerikanischer Gewohnheiten in Konsum und Kultur geprägt wurde, die gegen die Dominanz eines wirtschaftlichen Kapitalismus waren, auch wenn er sich soziale Marktwirtschaft nannte und bemüht war, staatliche Sozialverantwortung neben die Erwartung individueller Eigenverantwortlichkeit und -leistung zu rücken, meinten, daß der sozialistische deutsche Ost-Staat die besseren Zukunftsaussichten besäße. Sie wandten sich auch gegen die enge Anbindung der Bundesrepublik an westliche Systeme und verurteilten scharf das Bestreben, wieder eine deutsche Armee zu gründen. Beunruhigung löste gleichfalls aus, daß im deutschen West-Staat nach und nach wieder Personen Funktionen übernahmen, die bereits dem NS-Staat gedient hatten. Freilich ist dabei häufig übersehen worden, daß gleichfalls in der DDR Anhänger des NS-Staates Beschäftigung fanden mit der Begründung, daß sie sich vollkommen gewandelt hätten und ihre

Vergangenheit bereuten, so bei den in Stalingrad in Gefangenschaft geratenen Militärs Friedrich Paulus (1890–1957) und Vinzenz Schmidt, die zum Aufbau der Nationalen Volksarmee (NVA) beitrugen. Mit gewissem Unbehagen wurde allerdings im Westen Deutschlands festgestellt, daß sich insgesamt die Zahl der ehemaligen Funktionsträger nationalsozialistischer Zeit in der Bundesrepublik weitaus größer ausnahm. Zum besonderen Ärgernis wurde Hans Globke (1898–1973), seit 1950 Ministerialdirektor und von 1953 bis 1963 Staatssekretär im Bundeskanzleramt, da er zu den Mitautoren des offiziellen Kommentars der Nürnberger Rassegesetzgebung gehört hatte. Es lag damit nahe, eher in der DDR propagandistisch den antifaschistischen Friedensstaat herauszustellen, der auf Intellektuelle wie Bert Brecht (1898–1956) oder Stefan Heym (geb. 1913), auf Ernst Bloch (1885–1977) und Heinrich Mann (1871–1953) anziehender wirkte als die Bundesrepublik. Manche haben später auch die Entwicklung der DDR mit Kritik verfolgt und gerieten in derartige Schwierigkeiten, daß sie sich entschlossen, in den Westen zu gehen. Sie mußten erleben, wie ihre Werke in der DDR nicht gedruckt, sondern verboten wurden. Zwar ist es in der Bundesrepublik nie zu einer Nazifizierung gekommen, wie dies von östlicher Propaganda vorgeworfen worden ist, aber bei wachsender Abwehr östlicher Politik und ihrer Einflußnahme begann eine grundsätzliche Ablehnung gegen alles, was mit dem Kommunismus in Verbindung zu bringen war. Dies konnte dann dahin ausufern, daß dem Sozialdemokraten Herbert Wehner (1906–1989) zum Vorwurf gemacht wurde, daß er bis in die Kriegsjahre Mitglied der KPD gewesen sei. Der nachträglich von Adenauer ohne Entschuldigung zurückgenommene Vorwurf, zwei Abgeordnete der SPD seien insgeheim Vertrauensleute der SED, trug 1953 zur erneuten sozialdemokratischen Wahlniederlage bei. Von beiden Seiten waren damit die Fronten verhärtet worden. Der Umstand, daß die DDR am 6. Juli 1950 die Oder-Neiße-Linie zur Friedensgrenze erklärt hatte, reichte wiederum der Bundesregierung, um vom DDR-Kabinett angebotene Gespräche für einen Gesamtdeutschen Konstituierenden Rat abzuweisen. Diese politischen Differenzen verhinderten jedoch nicht, daß im Berliner Abkommen vom September 1954 eine Regelung über die Wirtschaftsbeziehungen zwischen der Bundesrepublik und der DDR erreicht wurde, die für die Zukunft den innerdeutschen Handel regelte.

Neben der eigenen Tüchtigkeit hatten die Westdeutschen ihren wirtschaftlichen Aufstieg aber auch der wachsenden Integration in die westliche Staatenwelt zu verdanken. Waren die Unterstützungen aus dem Marshallplan der Auftakt gewesen, so war die Bundesrepublik bereits am 19. März 1951 eines der Gründungsmitglieder der Europäischen Gemeinschaft für Kohle und Stahl (Montanunion), einem Vorläufer der EWG. Am 2. Mai wurde die Bundesrepublik Mitglied des 1949 gegründeten Europarates.

Adenauer hatte bereits im Oktober 1949 das Alleinvertretungsrecht der Bundesrepublik für alle Deutschen formuliert, und dies war von den Westmächten angenommen worden. Der wirtschaftliche Aufstieg der Bundesrepublik nach der Währungsreform hatte auch dazu geführt, daß ein Konsumnachholbedarf entwickelt wurde, der an die Stelle der Hinwendung zu kulturellem Leben die Konzentration auf Äußerlichkeiten der Lebensformen rückte. Die Mehrheit der Bundesrepublikaner richtete dabei den Blick starr auf den Westen, da alles, was aus dem Osten an Nachrichten herübergelangte, anzeigte, daß es dort noch lange dauern werde, bis ähnliche Lebensbedingungen erreicht sein würden. Einen kurzen Einbruch in diese Konsumbegeisterung brachte der Ausbruch des Koreakrieges (1950–1953), der sofort zu einer Einschränkung von Rohstoffen führte, die sich negativ auf die westdeutsche Produktion auswirkte. Dann aber kam die Stunde der deutschen Schwerindustrie, die nun gebraucht wurde, um Grundmaterialien für die Rüstungsproduktion herzustellen. Es gelang ihr, alle Einschränkungen, die ihr auferlegt worden waren, nach und nach abzuwerfen. Das seit der Währungsreform eingeleitete Wirtschaftswunder kam zur vollen Blüte. Die zu Beginn der Bundesrepublik noch relativ hohen Arbeitslosenzahlen begannen rasch abzubröckeln, sie rutschten 1956 unter die Grenze von 1 Million, d.h. der Zustand der Vollbeschäftigung war erreicht. Der Bedarf an Arbeitskräften konnte bis zum Sommer 1961 weitgehend durch Flüchtlinge aus der DDR gedeckt werden, die in die westliche Produktion eingegliedert wurden. Zwar war der wirtschaftliche Auftrieb mit einer steuerlichen Begünstigung von Investitionen beschleunigt worden, aber parallel hierzu war die Notwendigkeit erkannt worden, die Arbeitnehmer durch eine entsprechende Agrargesetzgebung mit einer Begrenzung der Lebensmittelpreise von Lohnforderungen abzuhalten. In der Schwerindustrie wurde ihnen Mitbestimmung eingeräumt.

Dennoch kann nicht von einer vollständigen Ruhe in der Bundesrepublik gesprochen werden. Auch wenn Konrad Adenauer in der Lage war, seine politischen Vorstellungen durchzusetzen, und seine einsamen Entscheidungen weiterhin den Regierungsstil der Ära bezeichneten, die seinen Namen trägt, so gab es doch Widerspruch, der bis in das Kabinett reichte. Insbesondere das Angebot, einen Wehrbeitrag zu leisten, der der Verteidigung der Bundesrepublik dienen solle, wurde mit Unbehagen aufgenommen. Die Schrecken des Zweiten Weltkrieges waren noch nicht vergessen, und die Wirkungen der amerikanischen Atombomben auf Hiroshima und Nagasaki hatten gezeigt, welche Formen einer künftigen militärischen Auseinandersetzung zu erwarten waren. Aus der Überzeugung, daß es nie wieder zu deutscher Aufrüstung und deutschem Militarismus kommen dürfe, legte Bundesinnenminister Gustav Heinemann (1899–1976) im Oktober 1950 sein Amt nieder und begann, sich der Friedensarbeit zu widmen. Nach seinem Austritt aus der CDU und Gründung einer eigenen Partei, die eine gesamtdeutsche Lösung auf friedlichem Wege anstrebte, aber keine große Resonanz fand, trat er 1957 der SPD bei und kehrte in den Bundestag zurück. Ein vergleichbares eigenständiges Verhalten stellte in den Adenauerjahren der Bundesrepublik den Ausnahmefall dar.

Internationale Bewunderung erregte das deutsche „Wirtschaftswunder". Innerhalb weniger Jahre hatte sich die Bundesrepublik von den Kriegsfolgen erholt und konnte wieder eine blühende Wirtschaft vorweisen, die teilweise erfolgreicher war als die einiger Siegermächte.

Die Ablehnung einer neuen Wehrmacht konnte sich nicht gegen die Bundestagsmehrheit durchsetzen, die Anfang 1952 beschloß, in Verbindung mit den Westmächten einen deutschen Verteidigungsbeitrag zu leisten. Einer der Gründe für das bundesrepublikanische Vorgehen war der Ausbau der Polizei in der DDR zur Kasernierten Volkspolizei, in der, wie sich nachträglich herausstellte, zu Recht die Basis für eine künftige Armee gesehen wurde. Der bundesdeutsche Grenzschutz, der schon 1951 als Sicherung der Zonengrenze geschaffen worden war, behielt demgegenüber primär seinen Polizeistatus.

In der DDR waren inzwischen – ähnlich wie auch in der Bundesrepublik – die Rationierungen für Produkte des täglichen Bedarfs und insbesondere für Lebensmittel weitestgehend aufgehoben worden. Dennoch blieben ständige Versorgungsengpässe, die die Lebensbedingungen in der DDR bis zu ihrem Ende geprägt haben. Mit dem 1961 durch das Gesetzbuch der Arbeit (GBA) abgelösten Gesetz der Arbeit wurden 1951 zwar Rechte und Pflichten der Arbeitnehmer festgelegt und sogar das Recht auf Arbeit und gleichen Lohn für gleiche Arbeit garantiert – ein Grundsatz, der vor allem für die Frauen in der Bundesrepublik noch über Jahrzehnte eine von den Gewerkschaften verfochtene Forderung blieb –, aber neben diesen sozialen Aussagen und Gleichstellungen stand die Aufsicht durch Staatspartei und FDGB. Die Einhaltung des Fünfjahresplans in den einzelnen Wirtschaftsbereichen und Produktionszweigen war zwingend. Hochangesetzte Normen waren im Regelfall nicht zu erfüllen und wurden bei der Feststellung der tatsächlichen Leistungen geschönt, um doch noch nach außen die Erfüllung der Planziffern behaupten zu können.

Während sich in der Bundesrepublik eine neue Freiheit des geistigen Lebens ausbreiten konnte und die Meinungspluralität nur begrenzte Einschränkungen erfuhr, d. h. nationalsozialistische Äußerungen waren verboten, und radikalmarxistische Meinungen stießen auf Ablehnung und schließlich auch auf Verfolgung durch Bundes- und Landesverfassungsschutz, wenn sie zum Umsturz der gesellschaftlichen Verhältnisse aufriefen, bestimmten in der DDR in wachsendem Maße die ideologischen und kulturellen Beschlüsse und Meinungen des Zentralkomitees der SED und die Positionen der UdSSR als Vorbild das Kulturleben. Bis 1953 wirkte dabei die stalinistische Form der Politik der UdSSR in die DDR hinein, und der Personenkult ergriff auch den ostdeutschen Staat. Die FDJ unter ihrem Vorsitzenden Erich Honecker (geb. 1912) richtete im Auftrag Stalins 1951 in Ost-Berlin die dritten „Weltfestspiele der Jugend und Studenten" aus, die die Friedenshaltung der DDR und des Ostblocks betonen sollten. Zugleich fanden aber Schauprozesse gegen Schüler und andere statt, die der Sabotage und Republikfeindlichkeit angeklagt waren; dabei kam es auch zu Todesurteilen, die vollstreckt wurden. In allen Fällen, in denen gegen die Angeklagten der Vorwurf des „Terrorismus" erhoben wurde, standen diese Anklagen im Zusammenhang mit Beschuldigungen gegen die Bundesrepublik und die Westmächte, Straftaten gegen den Bestand der DDR heraufbe-

Die DDR versuchte ihre Bevölkerung vor allem dadurch zu höheren Leistungen zu motivieren, daß sie ihr immer wieder einhämmerte, sie arbeite für einen völlig neuen Staat, der keine Verbindung mehr mit den Ausbeutersystemen der früheren deutschen Geschichte habe, sondern etwas völlig Neues darstelle. Es komme auf den Willen und die Mitarbeit aller an, ob und wie sich dieser Arbeiter- und Bauernstaat in der Zukunft entfalten könne.

In der DDR trieb der von der Sowjetunion verordnete Stalin-Kult die eigenartigsten Blüten – hier ein Brikett mit der Aufschrift „Es lebe Stalin". Nur zu deutlich zeigte die DDR-Regierung auch schon äußerlich, egal bei welchem Anlaß, seien es nun Weltjugendfestspiele, Denkmalseinweihungen etc., wessen Marionette sie war. Unter diesen Umständen verwunderte es nicht, daß dieser Staat nicht nur von der bundesrepublikanischen Regierung, sondern auch von vielen Westdeutschen nicht ernstgenommen und als Gesprächspartner nicht akzeptiert wurde.

schworen und unterstützt zu haben. Die nichtkommunistischen Parteien waren mit der SED und den Massenorganisationen in der Nationalen Front zusammengeschlossen. Es war ihre Aufgabe, die gemeinsamen, aber von der SED als Führungspartei geprägten Beschlüsse für den sozialistischen Aufbau des Staates, ihren Parteiangehörigen und Wählern zu interpretieren. Damit war die DDR zwar nominell ein Mehrparteienstaat, hatte jedoch einem echten Pluralismus staatssichernde Schranken vorgeschoben.

Demgegenüber bestand in der Bundesrepublik die Möglichkeit, unterschiedliche Auffassungen zu diskutieren, wobei die Schärfe der Auseinandersetzungen gelegentlich in der Bevölkerung, die sich zunehmenden Wohlstandes erfreute, auf Ablehnung stieß. Die Patriarchenrolle Adenauers, die er mit Geschick ausnutzte, wurde ihm allzu gern zugebilligt. Die Opposition hatte es schwer, gegen ihn und Wirtschaftsminister Erhardt zu polemisieren, da der wirtschaftliche Erfolg und die Einbettung in die westliche Politik Sicherheit und Sicherung der Lebensverhältnisse versprachen. Als daher Anfang 1952 von Moskau das Angebot an die Westmächte erging, mit einer zunächst zu bildenden gesamtdeutschen Regierung, in der die DDR paritätisch vertreten sein sollte, einen Friedensvertrag zu schließen, der eine Neutralität Deutschlands nach finnischem Vorbild anstreben sollte, stieß das bei der Bundesregierung und den Westmächten auf vehemente Ablehnung. In einer Gegennote verlangten sie zunächst freie Wahlen in beiden Teilen Deutschlands. Während Adenauer in der „Stalinnote" ein Vorgehen gegen die westdeutsche Politik erblickte und befürchtete, die Westmächte könnten sich bei einer Zustimmung von der Bundesrepublik distanzieren, verlangte die SPD vergeblich, sich wenigstens prüfend mit der Note auseinanderzusetzen. Bis in die Gegenwart ist umstritten, ob 1952 eine Chance für eine frühe Wiedervereinigung vertan worden ist oder ob in dem Vorstoß des Kreml nur das Bemühen um eine weitere stalinistisch-sowjetische Expansion verborgen lag. Da die Überprüfung unterblieb, ist keine sichere Aussage über die Auswirkung von Verhandlungen zu treffen. Unmittelbare Folgen der westlichen Haltung waren die Errichtung einer 5 km breiten Sperrzone an der Grenze zwischen beiden Staaten und der Beschluß der SED über die Richtlinien für den planmäßigen Aufbau des Sozialismus. Damit waren der Ausbau der Schwerindustrie und eine Agrarreform mit dem Ziel, landwirtschaftliche Produktionsgenossenschaften (LPG) zu bilden, verbunden. Außerdem war der Klassenkampf verschärft zu betreiben, um Bürgertum und Kirchen in ihre Schranken innerhalb eines sozialistischen Staates zu weisen. Auch der von der SED seit ihrer Gründung verfochtene demokratische Zentralismus kam jetzt zur

Als Antwort auf den am 26. Mai 1952 von den Alliierten unterzeichneten Deutschlandvertrag, der der Bundesrepublik weitgehende Souveränität gewähren sollte, und die geplante Gründung der EVG schloß die DDR am 26. Mai 1952 ihre Grenzen zur Bundesrepublik. Westdeutsche und Westberliner brauchten von nun an eine Aufenthaltsgenehmigung, wenn sie in das Gebiet der DDR reisen wollten. Eine Sonderregelung galt nur für Berlin. Zwar waren auch hier die Grenzen zwischen den Westsektoren und dem Umland geschlossen worden, aber noch bestand auf Grund des Sonderstatus der Viermächtestadt weiterhin ungehinderter Zugang zum Ostsektor. Diese Grenzabsperrung wurde auch nicht wieder aufgehoben, als das französische Parlament 1954 den EVG-Vertrag nicht ratifizierte, wodurch auch der Deutschlandvertrag von 1952 nicht rechtsgültig wurde.

Durchführung und beendete damit auch ein Stück historischer Tradition. Die fünf Länder der DDR, die aus alten Ländern oder preußischen Provinzen entstanden waren (Sachsen, Thüringen, Sachsen-Anhalt, Brandenburg und Mecklenburg), wurden aufgelöst. An ihre Stelle traten 14 Bezirke, von der Regierung in Pankow strikt gelenkt mit Aufträgen an die Bezirksvorsitzenden, die an die Stelle der gewählten Ministerpräsidenten der Länder traten. Obwohl diese Bezirke über dreieinhalb Jahrzehnte bestanden, sind sie in der DDR nicht akzeptiert worden. Selbst dort, wo die Bezirksgrenzen wirtschaftliche Zusammengehörigkeit vereinfachten, ist ihr auferlegter Charakter als ein Negativum empfunden worden. Die Rückkehr der Länder nach dem Zusammenbruch der SED-Herrschaft kennzeichnet auch eine historische Tradition, die unterdrückt, aber nicht aufgegeben oder vergessen worden war. Gegen die Beschlüsse des Zentralkomitees der SED und der Regierung erschien eine Auflehnung wenig erfolgversprechend, und 1952 gab es zudem wichtigere Probleme. Die geplanten Arbeitsleistungen sollten erfüllt werden, um auf diese Weise den Lebensstandard zu erhöhen und um zu beweisen, daß auch die sozialistische Planwirtschaft eine reale Alternative zur kapitalistischen Wirtschaftsordnung darstellen könne.

1953, nach dem Tode Stalins, wurde eine Veränderung der bisherigen Lenkungsmethoden in der DDR erwartet. Die bisherige sowjetische Kontrollkommission erhielt den Rang einer Hochkommission und die diplomatische Vertretung die Aufgaben einer Botschaft. Damit verknüpften sich Hoffnungen auf geringere Interventionen. Zugleich war allerdings eine schärfere Wirtschaftskontrolle der DDR-Institutionen zu beobachten. Die Preise für Lebensmittel zogen an, und die Arbeitsnormen zur Erfüllung des Wirtschaftsplans wurden heraufgesetzt, ohne daß damit eine finanzielle Verbesserung verbunden gewesen wäre. Auch wenn das Politbüro der SED schnell einen Fehler erkannte und die Normen zurückschraubte, so hatte dennoch die Stimmung in der Arbeiterschaft bereits einen Tiefpunkt erreicht. Am 16. Juni 1953 begann sich von der Stalinallee aus, wo Bauarbeiter in den Streik traten, und von den Ostberliner Stahlwerken aus eine Welle der Arbeitsniederlegungen über das gesamte Gebiet der DDR zu verbreiten. Zweifellos stand am Anfang der zweitägigen politischen Bewegung, die am 17. Juni ihren Höhepunkt erreichte, die Unzufriedenheit mit den sozialen und wirtschaftlichen Verhältnissen, die Verärgerung, daß die Arbeiterschaft ausgerechnet in einem sich sozialistisch nennenden Staat keine Sprecher für ihre Forderungen besaß und nicht über ihre Situation und deren Verbesserung verhandeln durfte. Hinzu kamen jedoch auch politische Forderungen, die sich gegen die Sicherheitsbehörden richteten und in den Versuch von Gefangenenbefreiungen übergingen. Aus dem Protest gegen die Lebensverhältnisse war ein politischer Aufstand geworden, der in einzelnen

Standen zunächst wirtschaftliche Forderungen im Vordergrund, so wandten sich die Aufständischen am 17. Juni 1953 schnell auch Forderungen zu, die das politische System der DDR in Frage stellten. Ausgehend von Berlin sprang der Funke schnell auf andere Großstädte über. Ebenso wie in Ost-Berlin, wo russische Panzer den Aufstand erstickten, wurde er auch in den anderen Städten niedergeschlagen. Damit war für Jahrzehnte den kritischen Geistern in der DDR das Rückgrat gebrochen. Wer sich dem System nicht fügen wollte, zog es, solange es möglich war, vor, der DDR den Rücken zu kehren, und siedelte in die Bundesrepublik über.

Gebieten der DDR von unterschiedlicher Intensität war; doch von Berlin aus zeigte er der ganzen Welt das Aufbegehren gegen ein System, dessen Herrschaft zunehmend als Unrecht empfunden wurde. Zur Sicherung der kommunistischen Gewalt, aber auch zum Fortbestehen der SED-Herrschaft griff auf Bitten der Regierung sowjetisches Militär ein und schlug den Aufstand brutal nieder, der die Schwächen des Staates erstmals weithin offenkundig gemacht hatte.

Die Konsequenzen waren gering und zum Teil grotesk: So konnte Walter Ulbricht, dessen Stellung als Sekretär des Zentralkomitees der SED nach Stalins Tod gefährdet gewesen war, nun um so sicherer aus dem Hintergrund das politische und wirtschaftliche Geschehen lenken. Wirtschaftlich erfolgte das Zugeständnis an die Bevölkerung, daß im größeren Umfang für den Konsum produziert werden sollte und Unternehmen, die bis jetzt noch als sowjetische Aktiengesellschaften gearbeitet hatten, in Volkseigene Betriebe umgewandelt wurden. Da die DDR seit Herbst 1950 dem Rat für gegenseitige Wirtschaftshilfe angehörte, war ohnehin sichergestellt, daß die Produktionslieferungen, die im Ostblock benötigt wurden, weiter hergestellt würden. Politisch erfolgte eine Säuberung der oberen Partei- und Staatsinstanzen von Gegnern Ulbrichts und politisch-ideologischen Widersachern. Justizminister Max Fechner (1892–1973), der sich für das Streikrecht aussprach, wurde entlassen und verhaftet. CDU-Außenminister Georg Dertinger (1902–1968) wurde im folgenden Jahr unter dem Vorwurf des Verrats zu einer langjährigen Zuchthausstrafe verurteilt. Die UdSSR bemühte sich zugleich, die Eigenständigkeit der DDR zu betonen, und erklärte sie 1954 für souverän. Im gleichen Jahr brachten Volkskammerwahlen in üblicher Manier eine Zustimmung von 99,5% zur Einheitsliste. Die Souveränität der DDR beruhte auf der Bereitschaft, sich in den Ostblock fest einzubinden. Auch Persönlichkeiten, die dem nicht ablehnend gegenüberstanden, z. B. Bert Brecht, waren erschüttert über die Form, in der die Herrschaftskonsolidierung durchgesetzt wurde. Sie mußten erleben, daß selbst Kritik, die aus einer marxistischen Grundhaltung erwuchs, als feindlich und als Sabotage angesehen wurde. Gerade daß seit dem XX. Parteitag der KPdSU 1956 der Personenkult des Stalinismus verurteilt wurde, veranlaßte Ulbricht, noch schärfer die ideologische Linie der SED und ihre politische Vorrangstellung zu verfolgen. Eine Gruppe um den Philosophen Wolfgang Harich (geb. 1912), die eine abweichende Haltung einnahm, wurde deshalb zu Staatsfeinden erklärt und mit Zuchthaushaft bestraft. In der Weltöffentlichkeit wurde die DDR zunehmend isoliert. Mit Ausnahme des Ostblocks war die Mehrheit der Staatengemeinschaft eher bereit, dem Wirtschaftswunderland Bundesrepublik Deutschland die Alleinvertretung der Deutschen zuzugestehen.

Ständig ihre Friedensliebe betonend, begann die DDR mit dem gezielten Ausbau paramilitärischer Einheiten, die auch an den Paraden und Aufmärschen – hier am 1. Mai 1959 – teilnahmen, mit denen die Staatsführung ihre Stärke sowohl der eigenen Bevölkerung als auch dem Ausland demonstrieren wollte.

Nicht nur, daß die Bundesrepublik ein wichtiger Faktor in dem westlichen Militärbündnis geworden war, auch wirtschaftlich führte kein Weg mehr an ihr vorbei. Selbstverständlich gehörte sie daher zu den Gründungsmitgliedern der Europäischen Wirtschaftsgemeinschaft (EWG), die am 25. März 1957 in Rom aus der Taufe gehoben wurde. Gleichzeitig wurde auch die Europäische Atomgemeinschaft (EURATOM) gegründet. Beide internationale Verträge traten am 1. Januar 1958 in Kraft.

Die wesentlichen territorialen Änderungen in der Bundesrepublik waren – trotz heftigen Widerspruchs badischer Traditionalisten im Jahr 1952 – die Bildung des Landes Baden-Württemberg aus dem bisherigen Südwest-Staat und dem Land Württemberg sowie der dreijährige Eingliederungsprozeß des Saarlandes in die Bundesrepublik vom 1. Januar 1957 an. Eine Änderung des Grundgesetzes brachte gegen den erbitterten Widerstand der Sozialdemokraten Anfang 1954 das Gesetz über die Wehrhoheit der Bundesrepublik. Vorangegangen waren Verhandlungen zwischen der Bundesrepublik und den Westmächten, die die Truppenstationierung und -finanzierung sowie Fragen aus Kriegs- und Besatzungszeit regelten. Um den Eindruck zu vermeiden, daß die Bundesrepublik in die Fußstapfen eines preußischen Militarismus treten und gar expansive Schritte ergreifen werde bzw. sich nicht allein auf die Verteidigung beschränke, war vorgesehen, die Armee der Bundesrepublik, die Bundeswehr, zum Bestandteil einer multinationalen Europäischen Verteidigungsgemeinschaft (EVG) zu machen. Das scheiterte jedoch 1954 daran, daß in Frankreich die Stimmung gegen einen Souveränitätsverlust so stark war, daß in der Zweiten Kammer das Gesetz abgelehnt wurde. Da jedoch eine Neun-Mächte-Konferenz im Herbst 1954 den Beitritt der Bundesrepublik zur NATO beschloß, war auch für die weitere Zukunft die Einbindung der künftigen westdeutschen Truppen in ein System gesichert, das eigene militärische Maßnahmen verhindern würde. Die gleichzeitig von der Neun-Mächte-Konferenz beschlossene Souveränität der Bundesrepublik wurde im Mai 1955 – also später als für die DDR – verkündet. Trotz seiner Ablehnung der kommunistischen Staatenwelt reiste im gleichen Jahr Konrad Adenauer mit einer Delegation des Bundestages nach Moskau und vereinbarte die Aufnahme diplomatischer Beziehungen. Damit war die UdSSR der einzige Staat, der offizielle Kontakte zu beiden deutschen Staaten unterhielt. Weitaus wichtiger und für die deutsche Bevölkerung eine emotionale Erleichterung war die in Moskau erreichte Freilassung der immer noch in sowjetischen Lagern lebenden Deutschen. Bei dieser Freilassung stellte sich allerdings auch heraus, daß eine Reihe dieser Inhaftierten auf Grund von Denunziationen nach 1945 verhaftet oder aus politischen Gründen verschleppt worden war. Neben dieser Annäherung an die UdSSR ist der schon 1952 erfolgte Schritt gegenüber dem Staat Israel hervorzuheben: Die Bundesrepublik erklärte sich zu einer Wiedergutmachung durch Warenlieferungen im Wert von 3 Mrd. DM bereit.

Als eine gewisse Parallele zu diesem Schritt ist das Verbot der ersten neonazistischen Partei, der Sozialistischen Reichspartei (SRP), durch das Bundesverfassungsgericht zu sehen. Zwar stellten die Rechtsradikalen 1952 wie auch in späteren Jahren nur eine kleine Minderheit dar, aber allein die Tatsache, daß sich nur wenige Jahre nach dem Ende des NS-Staates diese Unbelehrbaren beleidigend über die Widersacher des Nationalsozialismus äußerten und dessen Ideen zu verteidigen begannen, war erschreckend. In den folgenden Jahrzehnten war nur dann ein schärferer Rechtsruck in der Bundesrepublik erkennbar, wenn wirtschaftliche Schwierigkeiten spürbar wurden. Weder die Nationaldemokratische Partei Deutschlands (NPD) noch die „Republikaner" haben es vermocht, sich zu etablieren, sondern brachen nach Anfangserfolgen in sich zusammen oder ergingen sich in internen Kämpfen. In der DDR wurde jede Rechtstendenz nachdrücklich bestritten; Vertreter entsprechender Anschauungen wurden verhaftet und später ausgewiesen oder auf dem Weg des Freikaufs in die Bundesrepublik abgeschoben. Die Masse der „Freigekauften" hatte mit dieser Gruppe nichts zu tun. So entstand allerdings ein heimlicher Rechtsradikalismus, der sich aus der Enttäuschung über die Lebensverhältnisse in einer blinden Abwehr all dessen, was mit Marxismus gleichzusetzen war, nährte. Die Unfähigkeit, mit rechtsradikalen Gruppen umzugehen, wurde erst nach dem 9. November 1989 durch randalierende Gruppen, die in ihrer zerstörerischen und fremdenfeindlichen Aggression außenpolitisch gefährlich sind, deutlich.

Die Wiederbewaffnung der Bundesrepublik löste in der Bevölkerung – nicht nur in linksorientierten Kreisen – heftige Debatten aus, über die sich aber die Bundesregierung hinwegsetzte, da sie eine verstärkte Integration der Bundesrepublik in das westliche Bündnissystem für notwendig erachtete.

Der fortdauernde wirtschaftliche Aufschwung der Bundesrepublik ermöglichte zwar – mit Hilfe des in den frühen fünfziger Jahren gesetzlich geregelten Lastenausgleichs – die soziale und ökonomische Integration von Flüchtlingen und Vertriebenen. Doch die Mehrheit von ihnen glaubte – gestützt auf Ausführungen von Parteien und Vertriebenenfunktionären – noch an eine Rückkehr in die verlorene Heimat. Gerade daß diese Gebiete jetzt kommunistisch beherrscht waren, veranlaßte Politiker und Funktionäre zu Reden mit einem Kreuzzugscharakter, der weder im Sinn bundesrepublikanischer Politik lag, noch die Zustimmung der westlichen Verbündeten fand. Am deutlichsten wurde dies durch die Haltung des französischen Präsidenten de Gaulle, der zwar mit Adenauer eine deutsch-französische Verständigung proklamierte, aber bei einem Polenbesuch das polnische Schlesien hochleben ließ. Deutlicher als vieles andere drückte dies – auch wenn es in der Bundesrepublik zunächst bestritten wurde – die Endgültigkeit der Grenze aus.

Die Fronten verhärten

Die Bundeswehr, die 1955 unter Verteidigungsminister Theodor Blank (1905–1972) entstanden war, stand von Anfang an im In- und Ausland unter kritischer Beobachtung. Dabei spielte weniger die bald erfolgende Einführung einer allgemeinen Wehrpflicht eine Rolle als die von Blanks Nachfolger Franz Josef Strauß (1915–1989) aufgestellte Forderung nach Atombewaffnung. Selbst der Umstand, daß die angesehensten deutschen Pysiker wie Otto Hahn und Carl Friedrich von Weizsäcker schwere Bedenken anmeldeten, beirrte Strauß in seiner vehement verteidigten Vorstellung nicht. Den Gruppen, die sich als Gegner von Atomwaffen und Militärdienst zusammenschlossen oder bei Ostermärschen demonstrierten, wurde vorgeworfen, entweder Kommunisten zu sein oder sich von ihnen benutzen zu lassen. Dabei unterstützten kommunistische Sympathisanten tatsächlich diese Richtung – wie auch später die Gegnerschaft gegen Atomkraftwerke –, ohne aber gegen Atomwaffenrüstung oder -energiegewinnung im Ostblock Protest einzulegen. Der Umstand, daß sowohl das Auftreten wie auch das Umfeld von Strauß zu Kritik Anlaß gab, führte zu heftigen Angriffen des politischen Magazins „Der Spiegel".

Nachfolger des ersten bundesdeutschen Verteidigungsministers wurde der CSU-Politiker Franz Josef Strauß – hier beim Herbstmanöver 1958. Er sorgte erneut für Unruhe und Demonstrationen, als er entschieden für die Einführung atomarer Waffen in der Bundeswehr plädierte.

Als dieses Magazin 1962 einen Artikel brachte, der die Verteidigungsfähigkeit der Bundeswehr in Zweifel zog, nutzte Strauß dies zu einer Polizeiaktion, bei der Angehörige der Redaktion im In- und Ausland unter dem Vorwurf des Landesverrats und möglicher Verbindungen zum Ostblock verhaftet wurden. Angesichts der seit 1958 schwelenden Berlin-Krise – die UdSSR hatte eine „Freie Stadt West-Berlin" auf dem Territorium der DDR gefordert – und des Mauerbaus von 1961 wogen die Vorwürfe schwer, aber sie fanden bei der Bevölkerungsmehrheit keinen Glauben, und auch juristisch ließen sich die erhobenen Vorwürfe nicht beweisen. Die Konsequenzen waren einmal der nun notwendige Rücktritt von Strauß und dann das Ausscheiden der FDP aus der Bundesregierung. So zeigte sich, daß die langjährige politische Macht der CDU/CSU keine Dauererscheinung sein mußte. Zwar hatten die Unionsparteien 1957 die absolute Mehrheit erhalten und allein regiert, aber massive Kritik am Stil Adenauers, der die Union verkörperte, wurde laut, als er 1959 zunächst das Amt des Bundespräsidenten anstrebte, dann aber ablehnte, da es nicht genügend politische Wirksamkeit zulasse. Heuss' Nachfolger Heinrich Lübke (1894-1972) war von biederer Redlichkeit, aber ohne das intellektuelle Format seines Vorgängers. Doch selbst er sah in der SPD einen möglichen Partner der CDU. Seit dem Tod Kurt Schumachers 1952 hatten die Sozialdemokraten eine Wandlung vollzogen, die sie von sozialistischen Positionen fortführte und mit dem Godesberger Programm von 1959 einer marktwirtschaftlichen Ordnung zustimmen ließ. Erneute Kritik an Adenauers Zögern in den Tagen des Mauerbaus im August 1961 hatte zur Folge, daß die Union bei den Wahlen im September die absolute Mehrheit verlor und erneut mit der FDP eine Koalition eingehen mußte. Als diese nach der Spiegelaffäre zu platzen schien, wurden erste Verhandlungen mit der SPD über eine Koalition Union/Sozialdemokraten geführt, die jedoch scheiterten. Noch einmal fanden sich CDU/CSU unter Adenauer mit der FDP zusammen, doch die Bedingung der Liberalen lautete, daß Adenauer nach zwei Jahren aus dem Amt scheiden müsse. Als dies 1963 tatsächlich geschah, bestand eine fest in den Westen integrierte Bundesrepublik. Allerdings erschwerte sie sich selbst dadurch ihre Stellung, daß sie die nach ihrem Formulierer Walter Hallstein (1901-1982), einem Staatssekretär im Auswärtigen Amt, benannte Doktrin vertrat, sie könne – mit Ausnahme der Sowjetunion – nur mit solchen Staaten diplomatische Kontakte pflegen, die nicht die DDR anerkennen würden. Daher war 1961 die Beziehung zu Jugoslawien abgebrochen worden.

Für die DDR dagegen kam es darauf an, nicht nur im Bereich des Comecon bzw. des Warschauer Paktes, sondern darüber hinaus auch in der Dritten Welt anerkannt zu werden. Erforderlich war dafür, im eigenen Land die Anpassung an das sowjetische System aufrechtzuerhalten. In dieser Anpassung war seit 1952 die Landwirtschaft kollektiviert worden, obwohl dies eine erhebliche Fluchtbewegung ausgelöst hatte. Aber mehr und mehr legte es die SED-Regierung darauf an, daß die DDR sich deutlich von der Bundesrepublik unterschied und den Charakter eines eigenständigen, unabhängigen Staates annahm (Juli 1958). Dies konnte nur mit Billigung der Sowjetunion geschehen, und so konzentrierte sich das Interesse der DDR völlig auf das sowjetische Beispiel. Ihre Bemühungen gipfelten schließlich darin, es ihm nicht nur gleichzutun, sondern es sogar noch zu übertreffen.

Obwohl die Bundeswehr in der DDR auf scharfe Kritik stieß, schuf sich auch die östliche deutsche Republik in der Nationalen Volksarmee (NVA) 1956 ihre eigene Truppe, für die auch bald die allgemeine Wehrpflicht eingeführt wurde. Während in der Bundesrepublik für Gegner des Wehrdienstes die Aussicht bestand, über ein – jahrelang nicht unproblematisches – Prüfungsverfahren doch zu erreichen, als Wehrdienstverweigerer aus Gewissensgründen anerkannt zu werden und Ersatzdienst zu leisten, war die einzige Abweichung in der DDR die Einrichtung von Baubataillonen, in denen die Verweigerer, uniformiert und an einer goldenen Schaufel an der Montur zu erkennen, Dienst ohne Waffen, aber doch milita-

Die DDR blieb in puncto Wiederbewaffnung nicht hinter der Bundesrepublik zurück und wandelte im Januar 1956 die – paramilitärische – Volkspolizei in die Nationale Volksarmee (NVA) um. Verteidigungsminister wurde Willi Stoph, der hier die Fahnenverleihung und Vereidigung des 1. Regiments der NVA vornimmt. Kurz nach der Gründung trat die NVA dem Warschauer Pakt bei, der im Mai 1955 als Gegenstück zur NATO in Warschau gegründet worden war.

risiert leisten mußten. Wenn in der Bundesrepublik das Schulwesen in traditionellen Formen bestehen blieb, auch wenn der Zustrom zu weiterführenden Schulen und anschließend zu Hochschulen ständig zunahm, so tendierten die Schulen der DDR zu einem polytechnischen Unterricht, der den Sinn haben sollte, die Schüler mit der Arbeitswelt vertraut zu machen und sie auf diesem Umweg auch in den Produktionsprozeß einzubeziehen. Überhaupt galt es, Kindern aus Nichtakademikerfamilien einen bevorzugten Platz bei der Zulassung zum Studium einzuräumen. Dennoch konnte sich aber die Führung des Staates dieses Nachwuchses nie restlos sicher sein, selbst wenn er FDJ und NVA durchlaufen

hatte. Auch wenn es nicht mehr zu eigentlichen Studentenunruhen gekommen ist, wie 1956 an der Humboldt-Universität in Ost-Berlin im Zusammenhang mit der polnischen Krise und dem ungarischen Aufstand, so bestand hier doch weiterhin ein Reservoir kritikbereiter und -fähiger Bürger, selbst wenn sie im Prinzip der Eigenstaatlichkeit der DDR zustimmten.

Zugleich war jedoch unverkennbar, daß die wirtschaftlichen Verhältnisse nicht mit der Planung übereinstimmten. In der Orientierung am Westen, dessen bessere Lage durch Radio und allmählich auch durchs Fernsehen bekannt wurde, lag eine prinzipielle Gefahr für die Ordnung der DDR, auch wenn die Grenze zur Bundesrepublik abgeriegelt und mit einem mehrere Kilometer breiten abgezäunten Streifen „gesichert" war, so bestand eine Übergangsmöglichkeit von Ost- nach West-Berlin, die ein immer stärker werdender Flüchtlingsstrom an Facharbeitern und Akademikern nutzte. Die Führung der DDR sah hierin ein Ausbluten, das den wirtschaftlichen Verfall beschleunigen müsse. Gestützt auf die Erwartung, daß nach der Begegnung des amerikanischen Präsidenten John F. Kennedy (1917–1963) mit dem sowjetischen Generalsekretär Nikita S. Chruschtschow (1894–1971) im Juni 1961 in Wien ein Konflikt der beiden Führungsmächte unwahrscheinlich sei, wurde in Pankow mit sowjetischer Zustimmung die gewaltsame Verhinderung der Fluchtmöglichkeit vorbereitet. Im Vorjahr war der Präsident der DDR, Wilhelm Pieck, gestorben, der zwar eine väterliche Ausstrahlung besessen, aber keine eigentliche politische Rolle zu spielen vermocht hatte. An die Stelle des Präsidentenamtes war ein Staatsrat getreten, dessen Vorsitzender Walter Ulbricht war, der damit endgültig aus dem Hintergrund ins politische Rampenlicht vorgetreten war. In Absprache mit Ulbricht lag die Organisation der Fluchtabwehr durch Errichtung einer Mauer um West-Berlin und weiterer Absperrungen an der westlichen DDR-Grenze bei dem langjährigen FDJ-Vorsitzenden und ZK-Sekretär Erich Honecker. Die Absperrungsmaßnahmen lösten heftige Reaktionen im Westen Deutschlands aus und schufen im Osten eine kurze Katastrophen-

Am 13. August 1961 begann die DDR, auch ihre Grenze zu West-Berlin hermetisch abzuriegeln und eine Mauer rund um West-Berlin zu bauen. Dem Mauerbau vorangegangen war eine entschiedene Stellungnahme des US-Präsidenten Kennedy am 25. Juli 1961, die sogenannten „Three Essentials", in denen er das Recht auf Anwesenheit der Alliierten in West-Berlin, das Recht auf freien Zugang nach West-Berlin und das Recht von West-Berlin, über Zukunft und Gesellschaftsform frei zu entscheiden, betonte. Der Ostsektor wurde dabei nicht erwähnt, was der Warschauer Pakt dahingehend interpretierte, daß er im Ostsektor freie Hand habe, und Anfang August 1961 der DDR die Zustimmung zum Mauerbau erteilte. Der brutale Willkürakt des Mauerbaus beendete, so makaber es klingen mag, die seit 1958 schwelende Zweite Berlin-Krise und leitete eine Entspannung zwischen den Supermächten zumindest in Europa ein. Hatte Chruschtschow im November 1958 die Entmilitarisierung West-Berlins und damit den Abzug der alliierten Truppen aus den Westsektoren gefordert, so akzeptierte er nun die Anwesenheit der Alliierten in West-Berlin. Die DDR fühlte sich erstmals sicher vor dem „Ausbluten" und erlebte in den nächsten Jahren auch wirklich eine Scheinkonsolidierung.

In West-Berlin fielen nach dem 13. August 1961 die Bodenpreise rapide, und man machte sich schon auf eine erneute Berlin-Blockade gefaßt, aber die Zufahrtswege wurden nicht gesperrt, und allmählich gewöhnten sich die West-Berliner an das Leben mit der Mauer, wenn auch viele – hauptsächlich aus beruflichen Gründen – die Stadt verließen, die nun nach dem Mauerbau endgültig wirtschaftlich ausblutete, weil sie von der bundesrepublikanischen Wirtschaft links liegengelassen wurde.

stimmung bei denen, die sich nun nicht mehr in den Westen begeben konnten. Die Sorge, daß durch die Mauer, die bald noch durch Schießanlagen und Minenstreifen zusätzliche Feindschaft zu erkennen gab, West-Berlin völlig isoliert und schließlich doch von der DDR vereinnahmt werden würde, wurde mit zwei spektakulären Maßnahmen der USA gemindert. Einmal setzte ein Truppenkonvoi seine Fahrt nach Berlin durch, und General Lucius D. Clay traf als persönlicher Beauftragter des Präsidenten in Deutschland ein, um die Verbundenheit auszudrücken. Vor allem aber kam Kennedy selbst nach Berlin und zeigte damit eine Freundschaft, die die Bürger Berlins bei Bundeskanzler Adenauer nicht sahen. Die zögerlichen Reaktionen Adenauers auf den Mauerbau standen in einem krassen Gegensatz zu der Aktivität des Regierenden West-

berliner Bürgermeisters Willy Brandt (geb. 1913), mit dessen Engagement die US-Initiativen verbunden waren. Wie in der Zeit der Luftbrücke 1948/49 fühlten sich die meisten Westberliner der amerikanischen „Schutzmacht" zu Dank verpflichtet, und Kennedys Berliner Rede mit dem berühmten Schlußsatz: „Ich bin ein Berliner!" schien das Band gegenseitiger Freundschaft noch enger zu knüpfen. Auch liegt hier eine der Ursachen für das spätere Unverständnis gerade älterer Berliner gegen antiamerikanische Äußerungen und Aktionen seit dem Ende der sechziger Jahre. Der Bau der Mauer symbolisierte für die ganze Welt das Vorhandensein zweier deutscher Staaten, die einander politisch ablehnend gegenüberstanden. Der im Zusammenhang mit dem Mauerbau stehende Abbruch normaler Kontakte hatte auch die Konsequenz, daß Familien auseinandergerissen wurden. Erst zehn Jahre später – 1971 – wurde es möglich, wieder Vereinbarungen über die Formen von Grenzübergang und Besuchsregelungen zu finden. Bis zu diesem Zeitpunkt hatte es zwar aus dem Westen Deutschlands Reisen in die DDR gegeben, aber hierfür waren seit 1968 Paß- und Visavorlagen erforderlich. Damit wurde die Abgrenzung gegenüber dem Westen zusätzlich unterstrichen und gleichzeitig die von der Sowjetunion garantierte territoriale Unverletzlichkeit herausgestellt.

Die DDR konnte nach dem Mauerbau zwei Erscheinungen beobachten: Einmal trat eine Besserung der wirtschaftlichen Verhältnisse ein, soweit dies im Rahmen des Comecon möglich war, und die Bevölkerung begann sich stärker als zuvor mit der DDR zu identifizieren. Wenn keine Freiheit möglich war, wollte man in der Unfreiheit die bestmöglichen Verhältnisse erreichen. Wenn es schon schwierig war, politische Identifikation zu erreichen, so zeichnete sich doch Stolz ab, daß vor allem auf dem sportlichen Sektor die Mannschaften der DDR in die Weltspitze aufrückten. Das peinliche Verfahren der offiziellen westdeutschen Rundfunk- und Fernsehanstalten, in den ersten Jahren bei DDR-Siegen Fahne und Hymne der DDR auszublenden und dies als Ton- und Bildstörung zu kaschieren, erregte schließlich nur Gelächter. Zugleich zeigte das allerdings auch die Hilf- und Sprachlosigkeit gegenüber einem Staatswesen, das es eigentlich nicht geben sollte und dessen Repräsentanten nicht als Gesprächspartner anerkannt wurden.

Die scheinbare Überwindung der wirtschaftlichen Krisen im Innern, die politische Scheinkonsolidierung hoben das Ansehen der DDR über den Rahmen des Ostblocks hinaus auch in der Dritten Welt, wohin sie in Konkurrenz zur Bundesrepublik wirtschaftliche Entwicklungshelfer

Die Haltung der Westmächte und der Bundesregierung blieb zunächst seltsam unbestimmt und für viele unverständlich. Es hagelte zwar verbale Proteste, aber der Mauerbau wurde hingenommen. Allerdings zeigten vor allem die Amerikaner demonstrativ ihre Präsenz in West-Berlin und ließen sogar Panzer am Check-Point Charlie auffahren. Gerade nach den vagen Reaktionen aus Bonn waren sich die Westberliner nur zu sehr bewußt, daß die Freiheit Berlins nur vom Engagement der Westmächte abhing, die nun eindeutig zu den Garanten der Westsektoren geworden waren. So wurde natürlich US-Präsident Kennedy umjubelt, als er auf einer Europareise im Juni 1963 auch einen Abstecher nach West-Berlin unternahm.

entsandte, sich aber auch an polizeilicher und militärischer Ausbildung beteiligte. Die zunehmende Anerkennung der DDR erschwerte für die Bundesrepublik die Aufrechterhaltung der „Hallstein-Doktrin" über den Abbruch der Beziehung zu Staaten, die die DDR anerkannten. Die Abschließung gegenüber dem Westen wurde von der Führung der ostdeutschen Republik dazu benutzt, das System des Sozialismus als verfassungsrechtliche und zugleich gesellschaftliche Grundlage dadurch zu befestigen, daß die Verfas-

Nach der Entmachtung Ulbrichts im Jahre 1971 wurde Erich Honecker Generalsekretär des ZK. In dieser Eigenschaft nahm er dann bereits am VIII. Parteitag der SED teil, der am 15. 6. 1971 in Ost-Berlin stattfand, wo er den Rechenschaftsbericht des ZK vortrug.

sung von 1949 im Jahr 1968 durch eine sozialistische abgelöst wurde, die alle bürgerlich-demokratischen Rechtsformen aufhob. Intern steigerte sich jedoch die Kritik ausgerechnet an Ulbricht, der das Bild einer sozialistischen Menschengemeinschaft entworfen hatte, dessen Realisierung selbst der sonstigen SED-Führung allzu unwahrscheinlich erschien. Reformwünsche, wie sie am nachdrücklichsten in der Tschechoslowakei 1968 zum Ausdruck gekommen waren, wurden in der DDR nicht zugelassen; dafür beteiligte sie sich an der Zerschlagung der politischen Reform in Prag. Dies weckte zwar den Eindruck unbedingter Zugehörigkeit und Einordnung in den Ostblock, aber Ulbrichts Politik löste zunehmenden Widerspruch aus, und zwar nicht nur wegen des Personenkults, den er mit sich treiben ließ, sondern auch weil in seiner Politik die Systemsicherung Vorrang vor dem Marxismus-Leninismus gefunden hatte, ohne daß damit die Rolle der DDR in der Staatenwelt verbessert wurde. Unter dem Druck des Zentralkomitees der SED und des Kreml, wo Leonid Breschnew (1906–1982) Generalsekretär der KPdSU war und auf die Anbindung der nichtsowjetischen Kommunisten achtete, wurde Ulbricht im Mai 1971 zum Rücktritt veranlaßt. Die Art und die Form dieses Staates in Entstehen und Darstellung war durch ihn stark geprägt worden.

In der Bundesrepublik war 1963 auf Konrad Adenauer der bisherige Wirtschaftsminister Ludwig Erhard gefolgt. Wie Adenauer befürchtet hatte, verstand es Erhard nicht, sich in Krisensituationen zu behaupten. Seine Maßhalteappelle an Arbeitnehmer und Gewerkschaften irritierten die Bürger des Wirtschaftswunderlandes. Auch daß dieser Kanzler im Landtagswahlkampf in Nordrhein-Westfalen intellektuelle Kritiker seiner Politik als „Pinscher" beschimpfte, brachte trotz einer 1965 erfolgreichen Bundestagswahl sein Ansehen ins Wanken. Hinzu kamen erhebliche außenpolitische Differenzen in der Koalition. Außenminister Gerhard Schröder (1910–1989) trat für enge Bindungen zur UdSSR ein, suchte aber gleichzeitig Kontakte zum Rumänien des vom Kreml abtrünnigen Nicolae Ceaușescu (1918–1989), während der CSU-Vorsitzende Franz Josef Strauß eine engere Anlehnung an Frankreich für angebracht hielt.

Dagegen wünschten die Freien Demokraten stärkere Beweglichkeit in der Ostpolitik, und das bedeutete Aufgabe der „Hallstein-Doktrin". Diese Notwendigkeit hatte sich bereits 1965 gezeigt, als nach der Aufnahme diplomatischer Beziehungen zwischen der Bundesrepublik und Israel die Masse der arabischen Staaten die DDR anerkannte und sich von der Bundesrepublik abwandte. Die zunehmende Spannung im Kabinett Erhard endete nach einem Konflikt über Haushaltsfragen mit dem Austritt der FDP-Minister. Dies war die Stunde der SPD. Ihr großer alter Mann, Herbert Wehner, hatte das Ziel der Regierungsbeteiligung längst angesteuert, und auch Bundespräsident Lübke war der Auffassung, daß in einer Krisensituation eine Große Koalition aus Union

Ludwig Erhard, Professor für Betriebswissenschaft und Nationalökonomie, gehörte zu den Männern der ersten Stunde. 1945/46 Minister für Handel und Gewerbe in Bayern, dann Vorsitzender der Sonderstelle Geld und Kredite in Bad Homburg, wo die Wirtschafts- und Währungsreformen für die westlichen Besatzungszonen vorbereitet wurden, wurde er im März 1948 Direktor der Verwaltung für Wirtschaft. Mit der Einführung der Währungsreform am 20. Juni 1948 erklärte Erhard die Zwangsbewirtschaftung für beendet und setzte in der Folgezeit sein Prinzip der sozialen Marktwirtschaft durch, das Grundlage der bundesdeutschen Wirtschaft wurde. Vom ersten Regierungskabinett Adenauer bis Oktober 1963 bekleidete Erhard das Amt des Wirtschaftsministers und ging als „Vater des Wirtschaftswunders" in die bundesdeutsche Geschichte ein. Wesentlich weniger erfolgreich war Erhard als Bundeskanzler. Im Dezember 1966 trat er von diesem Amt, das er seit Oktober 1963 innehatte, zurück.

und Sozialdemokratie angebracht sei. Im Dezember 1966 nahm diese Koalition mit Kurt Georg Kiesinger (1904–1988) als Kanzler und dem SPD-Vorsitzenden Willy Brandt als Vizekanzler und Außenminister die Arbeit auf. Im Bemühen, durch eine Zusammenarbeit von Arbeitnehmern und Arbeitgebern eine „konzertierte Aktion" zur Bekämpfung der Wirtschaftskrise durchzuführen, hatten Bundesfinanzminister Franz Josef Strauß und der sozialdemokratische Wirtschaftsminister Karl Schiller (geb. 1911) Erfolg. Zugleich wurde damit die Welle des Rechtsradikalismus, der in der Nationaldemokratischen Partei ein Sprachrohr gefunden hatte, gebrochen. Die Große Koalition hatte jedoch mit dem Anschein einer übergroßen Macht bei ihren Gegnern zu kämpfen. Zwar hatte das Gesetz zur Förderung von Sta-

Friseur
EISENWAREN
B·YW 988
B·UT 42

Seit der zweiten Hälfte der sechziger Jahre geschah es immer häufiger, daß vor allem jüngere Leute auf die Straße gingen und dort ihren Unmut über die bestehenden Verhältnisse kundtaten. Nicht nur innenpolitische Ereignisse wie etwa die Verabschiedung der Notstandsgesetze 1968 animierten dazu, sondern auch außenpolitische Ereignisse, die nicht unbedingt in direkter Verbindung mit der bundesrepublikanischen Politik standen, waren beliebte Demonstrationsanlässe. Getragen wurden diese Aktionen von einer extrem anti-amerikanischen Haltung, wobei sich diese Ablehnung jedoch nur auf die amerikanische Politik, nicht etwa auf den amerikanischen Lebensstil bezog, der weiterhin in vielem übernommen wurde. In den siebziger und achtziger Jahren verhärteten sich bei den Demonstrationen häufig die Fronten, und es kam zu Gewaltausbrüchen, die nur zu oft in sinnlose Zerstörungswut umschlugen.

Fahndungsplakat des Bundeskriminalamtes aus dem Jahre 1972, das die damals führenden Mitglieder der Rote-Armee-Fraktion (RAF) abbildet, die mit kriminellen Terroraktionen – zuerst gegen Sachen, dann auch gegen Menschen – den Boden des legitimen Protestes verlassen hatten.

bilität und Wachstum noch Zustimmung gefunden; aber größere Unruhe breitete sich bei linken Sozialdemokraten und bei zahlreichen Gruppierungen der jüngeren Generation aus, als für den Notstand des Staates ein Gesetz beschlossen wurde, das bestehende Grundrechte außer Kraft setzte, wenn dies zur Erhaltung von Sicherheit und Ordnung notwendig war. Daß dieses Gesetz fast genau ein Jahr nach schweren Auseinandersetzungen zwischen Polizei und Demonstranten gegen den Besuch des persischen Schahs in Berlin verabschiedet wurde, vertiefte noch die Ablehnung. Es bildeten sich verstärkt Gruppen, die aus einem marxistischen Politikverständnis heraus das politische System der Bundesrepublik ablehnten und den Sozialdemokraten vorwarfen, sich zu Werkzeugen imperialistischer Politik der USA und des internationalen Großkapitals zu machen. Da diese Gruppen sich häufig aus jungen Intellektuellen zusammensetzten, blieb der von ihnen gewünschte Dialog mit der „werktätigen" Bevölkerung überwiegend aus.

Eine Mehrheit der Bundesbürger hatte keinerlei Verständnis für die Ansichten dieser nachwachsenden Generation, die ihre Auseinandersetzungen mit bundesrepublikanischen Traditionen zunächst gegen Sachen, dann auch gegen Menschen zu richten begann. Von beiden Seiten wurde wenig beachtet, daß es sich um einen ausgesprochenen Generationskonflikt handelte, in dem sich Traditionswahrung des Geschaffenen und Forderung nach Weiterentwicklung einander immer unversöhnlicher gegenüberstanden. Gegenseitiges Unverständnis führte zu harten Polizeieinsätzen gegen Demonstranten und deren Empörung, nicht gehört zu werden. Es kennzeichnet die Situation, daß ein Gegner der „Studentenbewegung" deren weitbekannten Sprecher Rudi Dutschke (1940–1979) bei einem Attentat schwer verletzte. Noch bedenklicher war allerdings, daß linke Fanatiker versuchten, ihren Vorstellungen mit Terroraktionen Ansehen zu verschaffen. Kritik an amerikanischer Politik, die zur Zeit des Vietnamkrieges durchaus zutreffend sein mochte, verlor durch Gewaltaktionen an Gewicht. Brandanschläge, Entführungen und Morde haben den Weg dieser gewalttätigen Gruppen, die sich erst als Stadtguerillas ansahen, später als Rote-Armee-Fraktion (RAF) auftraten, gezeichnet. Erst nach der politischen Wende in der DDR stellte sich heraus, daß die RAF nicht nur mit anderen internationalen, vor allem arabischen Terrororganisationen zusammengearbeitet hatte, sondern daß sie auch vom Staatssicherheitsdienst der DDR unterstützt worden war, der sie mit neuen Papieren ausstattete und ihnen Unterschlupf gewährte. Die wechselnde Intensität der Anschläge auf Militärs, Politiker und Wirtschaftsverantwortliche hat bis in die Gegenwart zwar Erschrecken ausgelöst, aber die Erwartung, dadurch die Verhältnisse zu erschüttern, wurde nicht erfüllt.

Koalitionen im Westen

Die Bundestagswahl 1969 bestätigte eine Tendenz, die sich schon kurz zuvor bei der Wahl Gustav Heinemanns zum Bundespräsidenten abgezeichnet hatte. Sozialdemokraten und Freie Demokraten bildeten unter Brandt als Kanzler und Walter Scheel (geb. 1919) als Vizekanzler und Außenminister eine Koalition. Zwanzig Jahre nach Gründung der Bundesrepublik waren die Unionsparteien erstmals auf Bundesebene in die Opposition gedrängt. Die Zeit der sozialliberalen Koalition begann, die zwar die Außenpolitik flexibler zu gestalten verstand, als dies in den Vorjahren möglich gewesen war; aber in der Wirtschaftspolitik gelang es ihr nicht, die Konsequenzen einer weltweiten Rezession von der Bundesrepublik fernzuhalten. Zusätzlich geriet sie gerade durch ihre größere Flexibilität gegenüber dem Osten in die Gefahr einer wachsenden Distanz zu den westlichen Verbündeten, vor allem den USA. Im Vordergrund stand jedoch, daß trotz einer geringen Mehrheit im Bundestag die sozialliberale Koalition begann, der Ostpolitik und der innerdeutschen Politik neue Impulse zu geben. Das Prinzip des Brandt-Beraters Egon Bahr (geb. 1922), „Wandel durch Annäherung" zu erreichen, zeigte Erfolge. Allerdings traf diese Politik auf einen massiven Widerstand bei Funktionären von Vertriebenenorganisationen, die einsehen mußten, daß ihre Erwartungen hinsichtlich einer Rückkehr immer unerfüllbarer wurden. Allerdings gab es auch bei den Sozialdemokraten und den Liberalen Politiker, die den neuen Weg nicht einschlagen wollten und deshalb zur Union übertraten. Der Versuch, Brandt durch ein konstruktives Mißtrauensvotum zu stürzen, schlug fehl. Als bald danach die sozialliberale Koalition erneute Bundestagswahlen ausschreiben ließ, kehrte sie gestärkt in den Bundestag zurück. Bis dahin hatten Gespräche zwischen Brandt und dem Vorsitzenden des DDR-Ministerrats Willy Stoph (geb. 1914) in Erfurt und Kassel stattgefunden, bei denen Brandt faktisch die Anerkennung des anderen deutschen Staates vorweggenommen und dadurch eine Verbesserung der privaten Verbindungen zwischen West und Ost erreicht hatte. Hinzu kamen im August und Dezember 1970 Abkommen mit der UdSSR und Polen über Gewaltverzicht und Normalisierung der Beziehungen. Schließlich wurde damit die Grundlage geschaffen für Verhandlungen der vier Siegermächte des Zweiten Weltkriegs, bei denen die Zugehörigkeit West-Berlins zur Bundesrepublik, die bisher von der UdSSR und der DDR bestritten worden war, ausdrücklich festgestellt wurde. Einen zusätzlichen Beitrag zur Normalisierung leistete Brandt durch seine Ehrung der im Krieg von den Nationalsozialisten ermordeten Juden am Denkmal für das Warschauer

Am 21. Oktober 1969 wurde der SPD-Politiker Willy Brandt zum Bundeskanzler gewählt. Mit Brandt, der von 1957–1966 als Regierender Bürgermeister von West-Berlin und ab 1966 als Bundesaußenminister intensive Erfahrungen in der Ostpolitik hatte sammeln können, zog ein neuer Geist in den Bundestag ein unter der Devise „Wandel durch Annäherung". Prominentester Vertreter dieser neuen Politik war Egon Bahr, den sich Brandt aus Berlin mitgebracht hatte. Dort war Bahr Brandts Berater gewesen. Bahr wurde 1966 Sonderbotschafter und 1969 Staatssekretär im Bundeskanzleramt.

Die neue Ostpolitik Brandts stieß auf lebhaften Widerstand. Nicht nur die NPD wehrte sich gegen die eingeleitete Entspannungspolitik mit der Sowjetunion und vor allem mit Polen, wobei Brandt zwar nicht juristisch, aber de facto die Oder-Neiße-Linie als polnische Westgrenze anerkannt hatte, sondern auch die CDU wandte sich mit allen Mitteln gegen diese Ostpolitik und versuchte erfolglos, Brandt durch ein konstruktives Mißtrauensvotum zu stürzen. Die Regierung Brandt war auch bestrebt, im Rahmen der internationalen Entspannungspolitik die Beziehungen zur DDR zu verbessern. Bevor jedoch der Grundlagenvertrag 1972 unterzeichnet werden konnte, mußte hierfür zunächst von den Alliierten noch einmal die Berlin-Frage behandelt werden, was in dem Vier-Mächte-Abkommen über Berlin vom 3. September 1971 auch geschah. Die Berlin-Frage wurde zwar wiederum nicht gelöst, aber nochmals der Sonderstatus sowie der freie Zugang zu den Westsektoren von der Bundesrepublik aus festgeschrieben. Am 21. September 1972 wurde dann der Grundlagenvertrag unterzeichnet, der indirekt die Existenz der DDR anerkannte.

Auf internationaler Ebene wuchs die Bereitschaft, neben der Bundesrepublik auch die DDR als zweiten Staat auf deutschem Boden anzuerkennen. So wurden beide deutsche Staaten im September 1973 als 133. und 134. Mitgliedsstaat in die Vereinten Nationen aufgenommen. Am 26. September 1973 hielt Bundeskanzler Brandt vor der UNO eine Rede.

Auch bei der KSZE-Gipfelkonferenz in Helsinki im Juli 1975 saßen die Regierenden der Bundesrepublik, Bundeskanzler Helmut Schmidt, und der DDR, Generalsekretär des ZK Erich Honecker, als Vertreter der beiden deutschen Staaten am Konferenztisch gleichberechtigt nebeneinander.

Ghetto. Diese Betonung der Bereitschaft zu Frieden und Verständigung führte dazu, daß er 1971 den Friedensnobelpreis erhielt. Damit war auch vor der Weltöffentlichkeit zum Ausdruck gebracht worden, daß die Bundesrepublik bemüht war, eine Friedenspolitik zu betreiben. Wenn auch diese Haltung ebenso von der DDR betont wurde, so ging unter der Hand der Konkurrenzkampf beider deutscher Staaten um Anerkennung in der Staatengemeinschaft weiter. 1973 wurden beide Staaten in die UNO aufgenommen, das gegenseitige Mißtrauen war damit nicht ausgeräumt. Als 1974 in einer Phase erneuter Rezession und innerpolitischer Auseinandersetzungen – bis in die SPD hinein – der DDR-Agent Günter Guillaume im Kanzleramt entdeckt wurde, trat Brandt von seinem Posten zurück. Zwar blieb er noch Vorsitzender der SPD, aber es hatte sich gezeigt, daß die Bundesrepublik nun einen Kanzler benötigte, der auch in inneren Angelegenheiten und besonders bei der Behandlung der Arbeitslosigkeit Aktivität entwickeln würde. Von 1974 bis 1982 wurde Helmut Schmidt (geb. 1918) Brandts Nachfolger. Seine Absicht war es, gemeinsam mit Außenminister Hans-Dietrich Genscher (geb. 1927) die Ostpolitik fortzusetzen, aber zugleich die Kontakte zu den westlichen Verbündeten zu vertiefen.

1974 demonstrierte die Regierung der DDR endgültig die Zweistaatigkeit, wobei sie von einer entsprechenden Anerkennung einer DDR-Staatsangehörigkeit durch die Bundesrepublik ausging. Bezeichnend für die staatsrechtliche Position war, daß in der Verfassung der DDR die Kennzeichnung, es handele sich um einen Staat „deutscher Nation", gestrichen wurde und die DDR-Hymne nicht mehr gesungen werden durfte, da in ihr die Zeile „Deutschland, einig Vaterland" vorkam. Die ideologische Unterscheidung beider Staaten mit dem klassenkämpferischen Akzent einer kapitalistischen Bundesrepublik und einer friedliebend fortschrittlich-sozialistischen DDR trat in den Vordergrund. Selbst in der Bundesrepublik war die Tendenz, die Zweistaatigkeit als dauerhaft anzusehen, indes unverkennbar. Die Regierung Schmidt-Genscher hatte sich mit der Frage auseinanderzusetzen, die auch durch die Ölkrise 1973 akut geworden war, wie nämlich eine Sicherung des Energiebedarfs erreicht werden könnte, welche Schritte zur Überwindung der zunehmenden Arbeitslosigkeit einzuschlagen seien und wie die zunehmende Inflation einzudämmen sei. Hinzu kamen verstärkte Aktivitäten der politischen Terroristen, deren Auftreten von der Opposition als ein Schwächezeichen der Regierung ausgegeben wurde. In Wirklichkeit hat auch die christlich-liberale Koalition seit 1982 Anschläge der RAF zu verzeichnen gehabt, ohne der Täter immer habhaft zu werden. Auch außenpolitisch teilte die Opposition die Verständigungshaltung der Regierung nur mit Vorbehalten und hatte Bedenken gegen die Unterzeichnung der Schlußakte der Konferenz für Sicherheit und Zusammenarbeit in Europa (KSZE) in Helsinki 1975. Tatsächlich sollte damit das Spannungsverhältnis zwischen Ost und West abgebaut und erleicherte Bedingungen für die Lebensverhältnisse geschaffen werden. Statt dessen lag den Unionsparteien vor allem daran, den Sicherheitsbedürfnissen der Bevölkerung durch Aufrüstung bzw. durch Gleichstellung der Atombewaffnung mit dem Osten gerecht zu werden.

Seit dem Ende der siebziger und Beginn der achtziger Jahre erwuchs aus der Sorge über Raketenrüstung und Verstärkung des Atomwaffenpotentials eine Friedensbewegung, die sich auch gegen Atomenergie und für Umweltschutz einsetzte. In ihrer Mitgliedschaft war diese Gruppierung, die von linken Marxisten bis zu umweltbewußten Bürgerlichen reichte, recht uneinheitlich. Sie versuchte, durch basisdemokratische Maßnahmen Einfluß auf das politische Geschehen zu gewin-

Nachdem Bundeskanzler Helmut Schmidt nach einer heftigen Debatte im Bundestag durch ein konstruktives Mißtrauensvotum, bei dem auch einige Abgeordnete der SPD-Fraktion gegen Schmidt stimmten, gestürzt worden war, kam die CDU nach dreizehn Jahren wieder an die Regierung. Am 1. Oktober 1982 wurde der CDU-Vorsitzende Helmut Kohl als neuer Bundeskanzler vereidigt.

nen. Es hat lange gedauert, bis die Grünen nicht mehr nur als ein exotisches Ereignis angesehen wurden und erkannt worden war, daß zumindest ihre Umweltansichten gerechtfertigt waren. Immerhin gelang es ihnen, in Landesparlamente einzuziehen und bis 1990 im Bundestag vertreten zu sein. Bemühungen, mit ihren Aktivitäten auch in der DDR Fuß zu fassen, schlugen allerdings bis 1989 fehl. Als Unruhestifter und auf ihren Parteitagen oft unberechenbar sich selbst zerfleischend, haben im Lauf von anderthalb bis zwei Jahrzehnten die Grünen aber doch die Basis des nun auch von allen anderen Parteien erkannten Umweltbewußtseins erst geschaffen. Zugleich konzentrierten sie sich auf Unrechtshandlungen in aller Welt, auch dann, wenn sie in Osteuropa stattfanden. Dennoch hatten die traditionellen Parteien mit den Grünen Probleme, da sie vor allem in ihren ersten Jahren ohne Konzessionen und mit fundamentalistischer Rigorosität ihre Meinungen vertraten und dadurch insbesondere Jüngere an sich zogen. Betroffen davon war vor allem die SPD, die innerparteiliche Schwierigkeiten mit ihrer Haltung zur Nachrüstung hatte. Hinzu kamen die Konsequenzen der fortdauernden Krise der Weltwirtschaft, die sich in der Bundesrepublik in steigenden Arbeitslosenzahlen niederschlug. In dieser Situation zeigte sich, daß die wirtschaftliche und auch verteidigungspolitische Haltung der FDP eher der Union als der Sozialdemokratie zuneigte. Wachsende Spannungen über die politischen Positionen führten zum Bruch der Koalition. Ein Minderheitskabinett der SPD war nur für Tage lebensfähig, dann fand erneut ein konstruktives Mißtrauensvotum statt, das – diesmal erfolgreicher als 1972 – den CDU-Vorsitzenden Helmut Kohl (geb. 1930) ins Kanzleramt brachte. Die Koalition aus Union und Liberalen, die 1966 auf Bundesebene geplatzt war, bestand erneut.

Nach einer rechtlich durchaus bedenklichen Selbstauflösung des Bundestags – Union und FDP hatten sich praktisch selbst das Mißtrauen ausgesprochen – fanden Neuwahlen statt. Bei der Abstimmung zum neuen Bundestag im März 1983 erlangten CDU/CSU und FDP eine komfortable Mehrheit von zusammen über 55 %. Erstmals zogen die Grünen in den Bundestag ein. Die Koalitionsparteien setzten im Bundestag durch, daß US-Mittelstreckenraketen in der Bundesrepublik stationiert werden konnten. Die Mehrheit der Koalition war auch in der Bundesversammlung in der Lage, den bisherigen Regierenden Bürgermeister Berlins Richard von Weizsäcker (geb. 1920) zum Bundespräsidenten zu wählen. Wenn auch v. Weizsäcker als erstes CDU-Stadtoberhaupt in West-Berlin eine durchaus parteipolitisch gebundene Politik gegenüber der oppositionellen SPD getrieben hatte, so zeigte er alsbald als Staatsoberhaupt der Bundesrepublik eine geistig-politische Unabhängigkeit, die ihn auch in Konflikte mit der eigenen Partei brachte. Doch erstmals war mit v. Weizsäcker ein Politiker an die Spitze des Staates gelangt, mit dem sich auch Anhänger anderer politischer Richtungen zu identifizieren vermochten und der auch dem westlichen wie östlichen Ausland den Eindruck von einer gereiften, politisch konsolidierten und keinesfalls expansionswilligen Bundesrepublik zu vermitteln verstand.

Dieser Ausgleich war auch nach innen notwendig, da Skandale die Regierungspolitik erschütterten. Da war noch vor der Wahl v. Weizsäckers die Krise im Verteidigungsministerium, die dadurch entstand, daß Minister Manfred Wörner (geb. 1934) aufgrund undurchsichtiger Verdächtigungen und ungeprüfter Mitteilungen den stellvertretenden NATO-Oberbefehlshaber Günther Kießling (geb. 1925) aus der Bundeswehr entließ. (Dennoch war es dem Bundeskanzler wenige Jahre später möglich, Wörner als ersten Deutschen in das Amt des Generalsekretärs der NATO berufen zu lassen.) Weitere und anhaltende Unruhe verbreitete sich, als sich herausstellte, daß alle etablierten Parteien auf finanzpolitische Manipulationen nicht verzichtet hatten, um ihre Parteien mit Geldern unterschiedlicher Herkunft und ohne Zahlung von Steuern versorgen zu können. Während der Wirtschaftsminister Otto Graf Lambsdorff (geb. 1926) zurücktreten mußte, da er der Steuerhinterziehung angeklagt und später deshalb auch verurteilt wurde, mußte Bundestagspräsident Rainer Barzel sein Amt niederlegen, da er im Verdacht persönlicher Bereicherung stand. Wiederum war die – selbst betroffene – SPD nur begrenzt in der Lage, hieraus Gewinn zu ziehen, indem sie zwar im Saarland und in Nordrhein-Westfalen mit absoluter Mehrheit allein regieren konnte, aber Berlin nicht zurückgewann. In Hessen, einer alten Hochburg, vermochte sie sich nur noch begrenzt in einem Kabinett mit den Grünen zu halten; doch als Differenzen über Atomrechtsfragen entstanden, platzte die Koalition, und erstmals (aber nur bis 1991) stellte die CDU einen hessischen Ministerpräsidenten.

Für eine Weile schien damit die Stellung der Koalition ungefährdet, auch wenn dem Kanzler wiederholt der Vorwurf gemacht wurde, er umgehe Konflikte. Andererseits vermochte die Regierungskoalition durch ihre Mehrheiten in Bundestag und Bundesrat alle oppositionellen Vorschläge und Anträge beiseitezuschieben. Mit der Stimmung in der Bevölkerung war dies jedoch nicht zu vereinbaren. Bei der Bundestagswahl 1987 mußte die Union einen massiven Verlust von über 5 % hinnehmen, der allerdings durch Stimmengewinne der FDP so weit ausgeglichen wurde, daß eine erneute Koalition beider Parteien sichergestellt war. Zugleich hatte auch die oppositionelle Sozialdemokratie einen weiteren Stimmenrückgang hinnehmen müssen (von 38,2 auf 37,0 %). Unter diesen Umständen schien sich auf längere Zeit eine Stagnation der politischen Verhältnisse abzuzeichnen.

Revolution im Osten

Obwohl die Union mehrheitlich die Ostpolitik der sozialliberalen Koalition abgelehnt hatte, nahm sie daran keine Änderungen vor. Auch die unterkühlten Kontakte zur DDR erfuhren keine Verschlechterung, sondern durch Verhandlungen des bayerischen Ministerpräsidenten Franz Josef Strauß mit den Vertretern der DDR-Wirtschaftsstellen, unter ihnen Staatssekretär Alexander Schalck-Golodkowski (geb. 1932), wurde ihnen ein Milliardenkredit vermittelt, der die auch in der DDR kritische Wirtschaftslage neu beleben sollte. Diese Haltung von Strauß wirkte um so erstaunlicher, als gerade er bisher zu den schärfsten Kritikern der Bonner Ostpolitik gehört und Kritik an dem Vorgehen der DDR geübt hatte, die sich z. B. durch Einführung der Visapflicht als deutlich von der Bundesrepublik abgehobener Staat gezeigt hatte. Ein unmittelbarer Erfolg der Kreditvergabe war immerhin, daß von der DDR die Selbstschußanlagen an den Grenzen zur Bundesrepublik abgebaut wurden. Wie umfangreich dieses Sicherungsnetz der DDR gegen Republikflüchtlinge war, zeigt sich daran, daß erst im November 1984 die Arbeiten beendet waren. Selbst danach bestand für jeden Einwohner der DDR, der versuchte, sie zu verlassen, an den Grenzen höchste Lebensgefahr, da die Grenzeinheiten von Polizei und Armee den Befehl hatten, rücksichtslos von der Schußwaffe Gebrauch zu machen. Auch gegenüber Einwohnern der Bundesrepublik, die sich nicht strikt an das Gebot hielten, auf Transitstrecken keinen Kontakt zu Bewohnern der DDR aufzunehmen, gingen die Behörden der östlichen deutschen Republik mit entschiedener Härte vor.

Seit 1984 versuchten wiederholt einzelne DDR-Bürger und ganze Familien, in westliche diplomatische Vertretungen zu gelangen, um dort um Asyl und gesicherte Ausreise zu bitten. Verstärkte Bewachung der Gebäude, die ebensowenig völkerrechtlich zulässig war wie die Paßkontrollen bei Ein- und Ausgehenden, konnten nicht verhindern, daß sich solche Aktionen wiederholten. Als dies in Ost-Berlin immer schwieriger wurde, fanden diese Handlungen in anderen osteuropäischen Hauptstädten wie Prag statt, die auf Ferienreisen zu erreichen waren. Die Politik der DDR-Regierung und Staatspartei war in eine Zwickmühle geraten. Sie benötigte dringend Hilfe aus dem Westen, besonders aus der Bundesrepublik, um die immer ungünstiger werdenden wirtschaftlichen Zustände nach außen zu kaschieren. Zugleich drang sie auf eine weltweite Anerkennung, die ihr auch seit den Abkommen von 1972 zunehmend zuteil geworden war. Aber im Gegenzug drängten gerade Unterhändler aus der Bundesrepublik auf Erleichterungen im Personen- und Besuchsverkehr, auf Möglichkeiten für größere Menschengruppen, aus der DDR in den

Auch wenn die DDR-Propagandafotos noch in den achtziger Jahren eine – gut organisierte – Beliebtheit Honeckers vorspiegelten, so entsprach dies schon längst nicht mehr der Realität. Hoffnungen hatte es zunächst 1971 nach der Entmachtung Ulbrichts gegeben, denn Honecker hatte sehr wohl die Bedürfnisse der DDR-Bevölkerung zutreffend eingeschätzt und zunächst sowohl einen forcierten Wohnungsbau als auch eine verstärkte Belieferung der Bevölkerung mit Konsumgütern versprochen und auch angeordnet. Jedoch ging die DDR-Wirtschaft schon bald wieder wegen des stets akuten Devisenmangels dazu über, Konsumgüter für den westlichen, devisenbringenden Markt zu produzieren und die eigene Bevölkerung allenfalls mit Ausschußware zu beliefern. Auch innenpolitisch erstarrten die Fronten rasch wieder, erhoffte Liberalisierungen kamen nicht zustande, so daß auch Honecker schnell allen Kredit bei der Bevölkerung verloren hatte und sich erneut Resignation verbreitete.

Widerstand regte sich zunächst in Ost-Berlin und anderen Großstädten der DDR, wie z. B. in Leipzig. In der Provinz hingegen blieb vieles weitgehend beim alten, und die Herrschaft der SED war noch ungebrochen, wie die 1.-Mai-Feier in Görlitz 1989 nur zu deutlich zeigt.

Westen reisen zu können, und für verlängerte und häufigere Besuchsreisen. Als dies schließlich – wenn auch nur widerwillig und ständig mit dem Versuch einer Revision bzw. interner Behinderungen verbunden – eingeräumt wurde, kamen tatsächlich DDR-Bürger in größerer Zahl in die Bundesrepublik. Nicht mehr nur Rentner, sondern auch viel mehr jüngere Menschen erhielten eine Besuchserlaubnis und stellten daraufhin die besseren materiellen Lebensverhältnisse in der Bundesrepublik fest, erkannten die Möglichkeiten verstärkter Mobilität und freieren, unüberwachten Lebens und Denkens und forderten dies auch für sich. Das bedeutete aber keinesfalls sogleich eine generelle Ablehnung der DDR, sondern spiegelte die Erwartung wider, daß der westliche Lebensstil – zumindest mit seinen positiven Seiten – endlich auch hier Eingang finden solle.

Diese Forderung oder auch z. B. nur der Versuch, über die Grenze hinweg an Rockkonzerten teilzunehmen, stieß in der Führung der DDR entschieden auf Ablehnung und führte zum Einsatz von Polizei. So wie in vorhergehenden Jahren Gegner oder offene Kritiker des Regimes abgeschoben worden waren, wenn sie in ihrer Ablehnung nicht nachließen, so wehrte sich nun die DDR gegen erneut drohende Massenabwanderungen und begann, mit Drohungen und Strafmaßnahmen gegen diejenigen vorzugehen, die einen Antrag auf legale Ausreise stellten. Für Bürger, die in ihrem Staat bleiben wollten, stellte sich allerdings heraus, daß selbst Kritik an Umweltschäden bereits als Staatsgefährdung angesehen werden konnte und Proteste gegen die Ablagerung von Schadstoffen aus Westeuropa und der Bundesrepublik auf DDR-Müllkippen rigoros verboten waren.

Eine Änderung der Verhältnisse deutete sich nicht an. Die Wahlen zur Volkskammer brachten im Juni 1986 das übliche Ergebnis einer Zustimmung von über 99% zur Einheitsliste der Blockparteien. Die Lage wurde schließlich so kritisch, daß Anfang 1988 Demonstranten, die am Jahrestag der Ermordung Rosa Luxemburgs auf einem Transparent deren Satz: „Freiheit ist immer die Freiheit des Andersdenkenden" mit sich führten, verhaftet wurden. Wieder kam es zur gewaltsamen Abschiebung von eben diesen Andersdenkenden in die Bundesrepublik. Auch die Tatsache, daß der Chef des DDR-Spionageapparates Markus Wolf im Februar 1987 aus dem Ministerium

Die Aufbruchstimmung und der wachsende Mut zur Kritik in der DDR wären nicht möglich gewesen, wenn sich nicht vorher in der Sowjetunion erhebliche politische Veränderungen eingestellt hätten. Mit Michail Gorbatschow (Mitte) war hier eine neue Generation an die politische Führung gekommen, die, konfrontiert mit innenpolitischen und vor allem wirtschaftlichen Problemen, einen neuen Kurs einschlug, der „Perestroika" und „Glasnost" als Devisen nannte.

Die DDR-Führung unter Honecker wollte diese Neuerungen aus der Sowjetunion zunächst nicht wahrhaben und versuchte krampfhaft, den alten Stil fortzuführen. So blieb auch bis zum Ende der Ära Honecker das Militär der wichtigste Faktor der DDR, von dem die Wachen vor der ehemaligen „Neuen Wache" Unter den Linden in Berlin nur eine – von den Touristen gern bestaunte – Seite waren.

Hatten in den siebziger Jahren zunächst einzelne DDR-Bürger die Möglichkeit genutzt, Ausreiseanträge zu stellen, wodurch sie sich monatelangen Schikanen der DDR-Behörden aussetzen mußten, bevor sie dieses Land verlassen konnten, so stieg in den achtziger Jahren die Zahl der Ausreisewilligen drastisch an. Wiederholt versuchten nun auch DDR-Bürger, durch Flucht in ausländische Botschaften eine Ausreise zu erzwingen. Geradezu dramatische Ausmaße nahm die Ausreisebewegung im Sommer und Herbst 1989 an. Tausende von DDR-Bürgern verließen die DDR über Ungarn, das seine Grenzen zu Österreich geöffnet hatte. Andere – etwa 3500 – stürmten die deutsche Botschaft in Prag und weigerten sich, diese wieder zu verlassen. Provisorisch in Zeltstädten auf dem Botschaftsgelände untergebracht, durften sie in versiegelten Waggons durch das Territorium der DDR endlich in die Bundesrepublik fahren.

für Staatssicherheit ausgeschieden war, führte zu keiner Besinnung bei der Staatsführung, die immer engstirniger ihren Weg als den richtigen ansah. Eine Bestätigung mochte sie darin sehen, daß nach einem Besuch des Volkskammerpräsidenten Horst Sindermann 1986 in der Bundesrepublik im folgenden Jahr Erich Honecker einen offiziellen Staatsbesuch machte, zu dem er eine Einladung von Bundeskanzler Kohl erhalten hatte. Für die Theorie von den beiden deutschen Staaten war dies zweifellos der Höhepunkt. Das Staatsoberhaupt der DDR traf mit Richard von Weizsäcker, dem Bundespräsidenten, als gleichrangiger Gesprächspartner zusammen. Doch die Bemerkung Honeckers, daß Grenzen nicht nur trennen, sondern auch vereinen können, sowie eine bald darauf erfolgende umfangreiche Amnestie in der DDR und Erleichterungen im Postverkehr müssen im Rückblick als Versuche angesehen werden, die Stimmung in der Bevölkerung der DDR zu verbessern. Tatsächlich hatte sich für Führung und Staatspartei SED eine wesentliche Veränderung ergeben. Wenn sie sich bisher darauf hatte verlassen können, daß sie in der UdSSR einen sicheren Rückhalt besaß, dann hatte sich dies seit dem Tod Breschnews und den schnellen Wechseln im Generalsekretariat der KPdSU durch weitere Todesfälle geändert, besonders seit Michail Gorbatschow (geb. 1931) dies Amt innehatte und das Außenministerium von Eduard A. Schewardnadse (geb. 1928) geleitet wurde. Sie hatten die Notwendigkeit erkannt, die versteinerten politischen Richtlinien und Strukturen aufzulockern, um auf diese Weise die Lebensverhältnisse in der UdSSR und zugleich die Beziehungen zu den nichtkommunistischen Staaten zu verbessern. Die von Gorbatschow praktizierte Auflockerung der politischen Verhältnisse und deren größere Transparenz (Glasnost und Perestroika) irritierten in der DDR. Die Empörung über das Abrücken von bisherigen Leitlinien und das Eingestehen von Fehlern hatten ein Abrücken der DDR von der UdSSR zur Folge, so daß schließlich sogar das sowjetische Informationsmagazin „Sputnik" verboten wurde. Zwar wurden zu Be-

Letzte Machtdemonstration der alten SED-Führung war der vierzigste Jahrestag der DDR, wo neben Honecker auch Gorbatschow die Parade abnahm. In der folgenden Nacht kam es noch einmal zu Übergriffen und Mißhandlungen von DDR-Bürgern, die für Reformen demonstrierten. Danach gewannen reformerische Kräfte die Oberhand. Bereits am 10. September 1989 war das „Neue Forum" gegründet worden, die erste landesweite Oppositionsgruppe. Immer lauter wurden die Rufe nach Reformen und besonders grandios geriet die von Berliner Künstlern einberufene Protestdemonstration am 4. November 1989 in Berlin, wo auf der abschließenden Veranstaltung auf dem Alexanderplatz viele Prominente das Wort ergriffen.

ginn des Jahres 1989 noch einmal Verbesserungen für die Besuchsreisen in den Westen zugesagt und sogar ein Beschwerderecht gegen die Verweigerung von Ausreisen eingeräumt; doch der formale Charakter war unübersehbar. Hinzu kam der Eindruck der Bevölkerung, daß gegen den Verfall der Wirtschaft und gegen die immer größer werdende Wohnungsnot nichts unternommen werde.

Die Unterdrückung von Meinungsäußerungen und das rigorose Vorgehen des Staatssicherheitsdienstes (Stasi) gegen Menschen mit abweichender Haltung löste unter der Bevölkerung wachsenden Unmut bis in die Reihen der SED aus. Als bei Kommunalwahlen im Mai 1989 ein Ergebnis von 98,5 % für die Einheitslisten bekanntgegeben wurde, sprachen die Kirchen und die sich um sie sammelnde Opposition von Wahlfälschung. Tatsächlich konnte nach dem Zusammenbruch der DDR nachgewiesen werden, daß an vielen Orten die wirklichen Abstimmungsergebnisse manipuliert worden waren. Wenn die Erbitterung hierüber unverhüllt zum Ausdruck gelangte, dann wurde die wahre Haltung der SED-Führung vollkommen offensichtlich, als sie nach einem Massaker an opponierenden Studenten in Peking ihre Zustimmung und ihr Verständnis für das chinesische Vorgehen äußerte. Die Führung der DDR war wieder auf dem Stand der Ereignisse vom 17. Juni 1953 angelangt. Die häufigen Versuche, Kritiker als radikale Nationalisten, Chaoten oder Asoziale hinzustellen und zu diesem Zweck mit geballter Polizeimacht aufzutreten bzw. kirchliche Einrichtungen zu räumen oder auch nur zu durchsuchen, hatten nur noch eine bestätigende Wirkung. Anfang August, dem Beginn der Ferien in der DDR, setzte eine allgemeine Fluchtwelle ein, die Tausende von DDR-Bürgern nach Ungarn, Polen und in die Tschechoslowakei führte. Da die Republik Ungarn im Rahmen einer politischen Erneuerung den Grenzzaun zu Österreich abgebaut hatte, wurde ein erleichterter Fluchtweg erhofft. Die westdeutschen Botschaften in Prag und Warschau schienen weitere Zufluchtsorte zu sein, von denen aus eine Ausreise möglich war.

Trotz wütender Attacken Honeckers und anderer Vertreter von SED und Führung gegen die Flüchtlinge erkannte die Weltöffentlichkeit die echte Einstellung der Bevölkerung zur Führung der DDR im Jahr des vierzigsten Jahrestages der Republikgründung. Auch die mühsam errungene Erlaubnis zur Ausreise in den Westen über Österreich oder in geschlossenen Waggons durch das Gebiet der DDR in die Bundesrepublik konnte nicht mehr den Bestand des Staates retten. Politische Gruppen schlossen sich zusammen und beantragten ihre Anerkennung; insbesondere in Leipzig trafen montags immer größere Menschengruppen zusammen, um für Freiheit zu demonstrieren. Während Honecker zu Beginn der Jubiläumsfeiern noch verkündete, daß der sozialistische Staat DDR nicht zu stürzen sei, befand dieser sich bereits im völligen Zusammenbruch. Gorbatschows Versuch, die Führung der DDR zur Einsicht zu bewegen und ihr Demokratisierung und Transparenz bei politischem Handeln zu empfehlen, stieß auf Unverständnis, da anscheinend militärische Hilfe wie 1953 erwartet worden war. Gorbatschow, der bereits in den letzten Jahren für viele Jüngere in der DDR der Träger eines neuen Geistes war,

Am 9. November 1989 ging durch Rundfunk und Fernsehen die Nachricht, die DDR habe ihre Grenzen für DDR-Bürger geöffnet. Unklar war zunächst, wie lange diese Grenzöffnung, die völlig unerwartet kam und wohl auch Folge eines Verständigungsfehlers zwischen Grenzposten und Behörden gewesen war, anhalten würde. Euphorisch wurden die aus der DDR kommenden Bürger begrüßt, und Szenen unbeschreiblicher Wiedersehensfreude spielten sich an den Grenzübergängen und vor allem in Berlin ab, wo Berliner aus beiden Teilen der Stadt die Mauer vor dem Brandenburger Tor besetzten und die ganze Nacht hindurch feierten.

stellte nach seinen Unterredungen mit der DDR-Führung vor der internationalen Presse fest: „Wer zu spät kommt, den bestraft das Leben."

Unterdessen vergrößerten sich die Demonstrationen, so daß bisherige Eingriffe der Volkspolizei und Verhaftungen bzw. Bestrafungen allmählich seltener wurden. Mitte Oktober zogen bei der traditionellen Montagsdemonstration in Leipzig weit über 100 000 Menschen durch die Stadt. Die bisherigen Blockparteien lösten sich von der engen Bindung an die SED und verlangten freie Diskussionen über Reformen des Staates. Der gesundheitlich ohnehin angeschlagene Erich Honecker stand unter den Pressionen des Zentralkomitees der SED, dem es am 18. Oktober 1989 gelang, seinen Rücktritt herbeizuführen. An seine Stelle trat Egon Krenz (geb. 1937), der nun versuchte, die Politik der Wende als von der SED eingeleitet auszugeben. Eine Woche später wählte ihn die Volkskammer in einer erstmals offenen Wahl zum Staatsratsvorsitzenden. Der Dresdener Bezirkssekretär Hans Modrow (geb. 1928), der zu den parteiinternen Gegnern Honekkers zählte und von vielen DDR-Bürgern wie auch von westlichen Politikern als Hoffnungsträger angesehen wurde, übernahm das Amt des Ministerpräsidenten Mitte November 1989, nachdem bereits am 9. November die Grenzen zum Westen geöffnet worden waren. Inzwischen hatten Politbüro und Ministerium Fehler eingestanden und waren zurückgetreten. Vor allem aber waren die Grenzen nun frei, so daß sich ein breiter Strom von Ausreisewilligen und Besuchern in den Westen Berlins und in die Bundesrepublik ergoß. Dennoch bestand die allgemeine Auffassung, die DDR werde fortbestehen.

Die Veränderungsbereitschaft der DDR-Bevölkerung wurde gesehen und begrüßt; zugleich aber waren sich alle westdeutschen Parteien des Bundestages stillschweigend darin einig, daß eine staatliche Reform in der anderen Republik nur dann sinnvoll sei, wenn dadurch keine Menschen gefährdet würden. Zwar hatte Außenminister Genscher durch persönlichen Einsatz erreicht, daß im Herbst 1989 die DDR-Flüchtlinge die Reisemöglichkeit in den Westen erhielten; aber während der Unruhen um den vierzigsten Jahrestag der DDR hielten sich die Politiker der Bundesrepublik, die gleichfalls den vierzigsten Jahrestag der Westrepublik gefeiert hatte, zurück.

Es waren die Menschen in der DDR und Sprecher von neuen Gruppen wie „Demokratischer Aufbruch", „Demokratie Jetzt", „Neues Forum" oder der wiedergegründeten SPD, die den offenen Widerstand wagten und letztlich mit einer Revolution erfolgreich waren, nicht zuletzt, weil nach dem Auftreten Michail Gorbatschows ein Eingreifen der Sowjetunion als Schutzmacht der DDR ausgeschlossen war. Die Einstellung des Schießbefehls, die Demontage der Mauern und Grenzbefestigungen, die Freiheit im Verkehr zwischen Ost und West waren von der Bundesrepublik über Jahrzehnte mehr oder minder nachdrücklich eingefordert worden. Die Sozialdemokraten hatten sogar, um bessere Bedingungen für die Lebensverhältnisse der DDR-Bürger zu erreichen, die Bereitschaft zur völkerrechtlichen Anerkennung des anderen deutschen Staates zu signalisieren begonnen. Daß die Freiheiten eintraten und die Lebensverhältnisse in demokratischer Hinsicht sich zu bessern begannen, war das Werk der Bevölkerung in der DDR. Sie hatte sich friedlich aufgelehnt und hatte damit gewonnen. Es war die erste Revolution auf deutschem Boden mit dauerhaftem Erfolg, aber sie wandte sich auch nicht wie 1848 oder 1918 gegen rechte Kräfte, sondern gegen einen linksautoritären Staatsapparat, der politisch und sozial versagt hatte und auch den wirtschaftlichen Ansprüchen nicht hatte gerecht werden können.

Wieder ein Staat – Deutschland 1989–1990

Auf die Freude über die freie Fahrt von West nach Ost und – vor allem – von Ost nach West, auf die Feststellung, daß politische Häftlinge befreit wurden und Schuldige an den wirtschaftlichen Rückschlägen und besonders an der politischen Unterdrückung und den Ausdrucksformen der Unfreiheit aus der SED und ihren Gremien ausgeschlossen wurden, auf diese Zeichen eines grundlegenden politischen Wandels folgte die Besinnung und die Wahrnehmung der Realität. Und diese Wirklichkeit lautete: Die politisch und wirtschaftlich bankrotte DDR war nicht mehr allein lebensfähig, sie bot ihrer enttäuschten Bevölkerung keinerlei Zukunftsperspektiven mehr. Die Konsequenz war zunächst das Fortdauern der Ausreisen in den Westen, wo die Menschen aus der DDR in riesigen Lagern Notunterkünfte erhielten. Das Begrüßungsgeld, das bisher gezahlt worden war, konnte bald nicht mehr von den Kommunen aufgebracht werden, so daß die Zahlung zum Jahresende 1989 eingestellt wurde.

Am 9. November 1989 abends öffnete – völlig unerwartet – die DDR ihre Grenzen, und DDR-Bürger durften ohne Schwierigkeiten und Formalitäten in die Bundesrepublik reisen. Schon am nächsten Tag begannen die DDR-Behörden, weitere Grenzübergänge einzurichten. So wurde am 10. November auch die Glienicker Brücke, eine wichtige Verbindung zwischen Potsdam und Berlin, als Grenzübergang freigegeben. Endlich wurde diese Brücke, die von den DDR-Behörden im Kalten Krieg wie zum Hohn den Namen „Brücke der Einheit“ erhalten hatte und in der Weltöffentlichkeit vor allem als Austauschort von Spionen bekanntgeworden war, zu dem, was ihr DDR-Name sagte, zu einem Ort der Einheit. Allein an den ersten beiden Wochenenden nach dem 9. November nutzten fast vier Millionen DDR-Bürger die Gelegenheit zu einem Besuch in der Bundesrepublik. Häufig suchten sie dabei ihre westdeutschen Verwandten auf, zu denen bis dahin, wenn überhaupt, von ostdeutscher Seite her nur in Ausnahmefällen Besuchskontakt möglich gewesen war. Viele Verwandte sahen sich so erstmals nach dem Bau der Mauer, zu Beginn der sechziger Jahre, wieder. Allerdings waren die Reisemöglichkeiten noch recht einseitig, denn Westdeutsche und Westberliner benötigten noch immer ein Visum für die Einreise in die DDR und mußten zunächst auch noch den Zwangsumtausch entrichten. Erst zu Weihnachten fielen auch diese Beschränkungen, so daß nun auch die Einwohner der Bundesrepublik beginnen konnten, ohne Schwierigkeiten das unbekannte Land vor ihren Toren zu erforschen.

Andererseits begannen die Rufe nach einem einheitlichen Deutschland lautzuwerden. Noch gingen die Demonstrationen weiter, aber sie veränderten ihren Charakter. Sie gewannen mehr und mehr die Form von parteilichen Selbstdarstellungen, in denen die SED angegriffen wurde, und zwar auch von Angehörigen der Parteien, die bisher eng mit ihr zusammengearbeitet hatten. Die politische Wende hatte auch sie zu Änderungen ihrer Einstellung bewogen, und selbst Funktionäre der SED versicherten, immer nur das Beste gewollt zu haben und betrogen oder auch vom Staatssicherheitsdienst verfolgt worden zu sein. Die „Wendehälse" wurden oft verspottet, doch gelang es vielen unter ihnen, sich ihrer Positionen zu versichern. Tatsächlich war es auch zunächst einmal wichtig, daß die Unterlagen der Behörden erhalten blieben und die Stasi-Akten nicht vernichtet wurden. Bürgerkomitees schalteten sich zur Kontrolle ein. Die politischen Gruppen, die die große Wende in der DDR-Politik und damit in der „gesamtdeutschen" Politik eingeleitet hatten, drängten nun verstärkt auf Gespräche mit der Regierung. Mit dem „Runden Tisch" erreichten sie tatsächlich auch, daß Ministerpräsident Modrow mit ihnen die weiteren politischen Schritte beriet. An diesen Verhandlungen waren alle politischen Organisationen der DDR beteiligt, d.h. auch die Nachfolgepartei der SED, die PDS unter dem Anwalt Gregor Gysi (geb. 1948), der auch bisher schon Andersdenkende verteidigt hatte.

Die andauernde „Flucht" von DDR-Bewohnern in den Westen zeigte zunächst, daß nur geringes Vertrauen in einen Fortbestand freieren Lebens in der DDR bestand und daß zugleich die Hoffnung auf eine grundsätzliche Besserung der Lebensbedingungen nur gering war. Immerhin wurde in beiden Teilen Deutschlands von Politikern daran gedacht, eine Konföderation zu schaffen. Aus der UdSSR waren Äußerungen zu vernehmen, daß an eine Wiedervereinigung vorerst nicht zu denken sei, während die US-Regierung sie eindeutig befürwortete.

Es war in dieser Zeit für die Bonner Koalition ziemlich einfach, Weichen zu stellen: Bei Besuchen führender Politiker in der DDR, die jetzt ohne Schwierigkeiten stattfinden konnten, versicherten sie ihre Hilfsbereitschaft. Dabei konnte allerdings kaum ein Zweifel daran bestehen, daß sie damit bereits eine Form von Wahlkampf betrieben. Modrow hatte mit seiner Regierung, in die er Vertreter aller Parteien aufgenommen hatte, erkannt, daß allein durch Wahlen die Weichen für die weitere Entwicklung gestellt werden konnten. Da bereits klar war, daß viele Betriebe in einem direkten Konkurrenzkampf mit dem Westen nicht wettbewerbsfähig waren – und dies galt von der Schwerindustrie bis zu den LPGs –, setzten die Menschen der DDR ihre Hoffnung auf die Hilfe der Regierung in Bonn. Wenn zunächst noch bei einigen Politikern durch Gespräche mit bundesrepublikanischen Vertretern die Meinung

In der Silvesternacht 1989 fand ein großes Fest am Brandenburger Tor statt, das als gesamtdeutsches Fest empfunden und gefeiert und in diesem Sinne auch von den Rundfunk- und Fernsehanstalten als Silvesterprogramm übertragen wurde. Die Forderung nach einem vereinigten Deutschland war in den letzten Wochen gerade in der DDR-Bevölkerung immer lauter geworden, und es war nur noch eine Frage der Zeit, wann sich die beiden seit vierzig Jahren getrennten deutschen Staatshälften wieder zu einem Staat zusammenschließen könnten.

vorgeherrscht hatte, finanzielle Hilfe werde sofort geleistet, so zeichnete sich bald ab, daß die Zuwendungen erst nach den Neuwahlen einsetzen würden. Hierzu verband sich die CDU der DDR unter ihrem neuen Vorsitzenden Lothar de Maizière (geb. 1940) mit der rechtskonservativen, von der CSU unterstützten Deutschen Sozialen Union (DSU) und dem Demokratischen Aufbruch (DA) zu einem Wahlbündnis „Allianz für Deutschland". Praktisch wurde der Wahlkampf von allen Parteien in einer Weise geführt, als ob die Verbindung mit der Bundesrepublik bereits beschlossene Sache sei und keiner internationalen Zustimmung mehr bedürfe. Während die Liberalen vor allem den Außenminister der Bundesrepublik, Hans-Dietrich Genscher, herausstellten, profitierte die Allianz von der Stellung

Am 7. Dezember trat erstmals auf Einladung der Kirche der DDR im Hause ihres Sekretariats in Ost-Berlin der von ihr organisierte „Runde Tisch" aller Parteien und Bürgerbewegungen zusammen, der den politischen Gruppierungen die Chance bieten sollte, im Dialog mit den in der Regierung vertretenen Parteien verschiedene Sichtweisen auszutauschen und gemeinsam Lösungen der anstehenden Probleme zu suchen. Gleich in der ersten Sitzung einigte man sich auf den 6. Mai 1990 als Termin für freie Wahlen zur neuen Volkskammer. Trotz Dutzender von Sitzungen, hier die 13. am 2. Februar 1990, blieb die Arbeit des „Runden Tisches" jedoch ziemlich unergiebig. Zum einen gelang es der Regierung und der Opposition nicht, das Mißtrauen eines großen Teiles der Bevölkerung gegen ein in irgendeiner Form noch an die alten Strukturen des SED-Staates anknüpfendes Staatswesen zu beseitigen, obwohl der Führungsanspruch der SED bereits am 1. Dezember 1989 aus der Verfassung gestrichen worden war. Zum anderen verhandelte die DDR-Regierung bereits mit der Bundesregierung über den Weg der Wiedervereinigung. So hatten sich DDR-Ministerpräsident Modrow und Bundeskanzler Kohl am 19. Dezember 1989 darauf verständigt, daß die beiden deutschen Staaten eine Vertragsgemeinschaft bilden sollten, während sich die Bürgerrechtsbewegungen, die sich später zum Bündnis 90 zusammenschlossen, weitgehend für einen Fortbestand der DDR mit eigenem Profil einsetzten.

Kohls und des Finanzministers Theo Waigel von der CSU (geb. 1939). Der SPD hing dagegen der Sozialismus an und die Vereinigung mit der KPD zur SED 1946. Wie zumeist bei Revolutionen hatten die Gruppen, von denen der Wandel ausgegangen war, die ungünstigsten Aussichten, da sie erst spät beschlossen, sich als Parteien an den Wahlen zu beteiligen. Entgegen allen Umfragen ging die Allianz, die auch nachdrücklich die Einheit verlangt hatte, mit über 48 % der Stimmen und 193 Sitzen in der Volkskammer aus den Wahlen vom 18. März 1990 als Sieger hervor. Die SPD erreichte nur knapp 22 % und 87 Sitze, die PDS immerhin 16,3 % und 65 Sitze, die Liberalen 5,3 % und 21 Sitze. Die Regierung de Maizière bestand aus einer Großen Koalition, aus der die PDS allerdings ausgeschlossen war. Wesentliches Ziel dieses Kabinetts, das sich als nur verantwortlich für den Übergang ansah, war die baldige Zusammenführung von Bundesrepublik und DDR. Dieser Schritt wurde dadurch erleichtert, daß die Führung der UdSSR selbst die materiellen Schwierigkeiten des eigenen Landes feststellte und ansprach. Um hierfür Hilfe aus dem Westen zu erhalten, war es notwendig, die Konfronta-

Da sich immer deutlicher abzeichnete, daß die Bundesregierung erst nach Neuwahlen in der DDR zu finanzpolitischen Verhandlungen bereit war, einigte sich die Volkskammer am 29. Januar 1990 darauf, die Wahlen schon am 18. März abzuhalten. Für die Wahlen schlossen sich die CDU (Ost), der Demokratische Aufbruch (DA) und die Deutsche Soziale Union (DSU), eine Schwesterpartei der CSU, zur „Allianz für Deutschland" zusammen, die als wichtigsten Punkt in ihrem Wahlprogramm die Wiedervereinigung mit der Bundesrepublik nannte. Unterstützt wurde diese Allianz in ihrem Wahlkampf auch von der CDU in Westdeutschland, denn führende Politiker ließen es sich nicht nehmen, im März, als der Wahlkampf auf vollen Touren lief, in die DDR zu reisen und sich dort feiern zu lassen. So besuchte Bundeskanzler Helmut Kohl am 6. März Magdeburg, wo er, wie in allen anderen DDR-Städten auch, von einer begeisterten Menge empfangen wurde.

Wichtigste Voraussetzung für eine Wiedervereinigung Deutschlands war die Zustimmung der Alliierten. Hatten die USA Bundeskanzler Kohl im Februar 1990 ihre Unterstützung bei der Wiedervereinigung zugesagt, so hatte die Sowjetunion dies zunächst abgelehnt. Sie stimmte aber zu, an Gesprächen der Außenminister der Siegermächte des Zweiten Weltkriegs teilzunehmen, die am 4./5. Mai 1990 begannen und als „2 plus 4-Gespräche" in die Geschichte eingingen, denn neben den Außenministern der USA, der UdSSR, Frankreichs und Großbritanniens nahmen auch Bundesminister Hans-Dietrich Genscher und DDR-Außenminister Christoph Meckel teil. Ein Tag vor Beginn dieser Konferenz, am 3. Mai, hatte die Bundesrepublik endgültig die Oder-Neiße-Linie als polnische Westgrenze anerkannt, so daß ein wesentliches Hindernis für die Gespräche aus dem Weg geräumt waren. Vorbehalte machte zunächst noch die Sowjetunion geltend, die mit der Einbeziehung Gesamtdeutschlands in die NATO nicht einverstanden war, aber durch einen Besuch Kohls bei Gorbatschow am 15./16. Juli 1990 wurde eine Lösung gefunden. Am 17. Juli signalisierten die Alliierten, daß einer Wiedervereinigung nichts mehr im Wege stände und am 12. September unterzeichneten sie in Moskau den „Vertrag über die abschließende Regelung in bezug auf Deutschland", mit dem die seit der Deklaration vom 5. Juni 1945 beanspruchte Verantwortung der Vier Mächte für Deutschland endgültig wieder an die Deutschen zurückging.

tionen in der Welt zu beenden und gerade in Deutschland eine generelle Normalisierung herbeizuführen. Mit den Nachbarstaaten in Osteuropa konnten die Probleme, die bisher bestanden hatten, endgültig dadurch überwunden werden, daß – zum Ärger zahlreicher Flüchtlinge und auch Minderheitsangehöriger – die bestehenden Grenzen für endgültig erklärt wurden und entsprechende Abkommen, die auch den Charakter von Freundschaftsverträgen haben sollten, in Aussicht genommen wurden. Der Ruf „Wir sind ein Volk" der Demonstranten vom Ende 1989 wurde in internationalen Verhandlungen der vier Siegermächte des Zweiten Weltkriegs mit den beiden deutschen Regierungschefs – „2 plus 4-Gespräche" genannt – durchaus ernst genommen. Langsam war auch die Regierung der UdSSR bereit, deutsche Friedenswilligkeit anzuerkennen, und stellte ihre Bedenken gegen eine gesamtdeutsche NATO-Mitgliedschaft zurück. Am 12. September 1990 konnte der „Vertrag über die abschließende Regelung in bezug auf Deutschland" unterzeichnet werden, in dem unter Anerkennung des deutschen Selbstbestimmungsrechts die Einheit Deutschlands wiederhergestellt wurde, an die ein Jahr zuvor niemand ernsthaft zu denken gewagt hatte.

Der Weg in diese Einheit war und ist dornig. Bald zeichnete sich ab, daß westdeutsche Politiker, Wirtschaftler und andere begannen, gegenüber den Einwohnern der Noch-DDR als besserwissende Vormunde aufzutreten. Bereits in den Verhandlungen zwischen den Regierungsvertretern der Regierungen Kohl und de Maizière zeichneten sich wachsende Unterschiede in der Beurteilung des bisherigen ostdeutschen Staates ab: Seine Leistungen – auch im sozialen Bereich – wurden disqualifiziert, die wirtschaftlichen Bedingungen abgewertet. Auf der Folie bundesrepublikanischer Bedingungen konnten die Umstände, unter denen die DDR-Bevölkerung bisher gelebt hatte, nur negativ gesehen werden, aber die Eigenleistungen und die sozialen Absicherungen hatten für die Menschen der DDR ein soziales Netz der Sicherheiten geknüpft, auf das sie trotz der autoritären Staatspolitik stolz gewesen waren. Dennoch konnte es kein Zurück mehr geben. Zwar meinte der Kanzlerkandidat der SPD, Oskar Lafontaine (geb. 1943), der Vertrag, der zwischen der Bundesrepublik und der DDR am 31. August 1990 geschlossen worden war, sei unzureichend, aber damit schuf er nur Widerspruch bei einer Bevölkerung, die mehrheitlich für eine Einheit – anscheinend unter allen Bedingungen – eintrat. Dabei war unter dem Druck der Bundesregierung bereits eine Umbildung des Kabinetts de Maizière vorgenommen worden, wobei zwei SPD-Minister, an denen westdeutsche Kritik geübt worden war, ihre Posten verloren hatten. Die Souveränität hatte die DDR-Regierung schon vor der Vereinigung aufgegeben. Die Bedingungen des Beitritts zur Bundesrepublik und der Anerkennung des Grundgesetzes als gemeinsamer Verfassung für alte und neue Länder hatten zwar in der Volkskammer erbitterte Debatten ausgelöst, wobei auch das Wort vom „Anschluß der DDR" benutzt wurde. Wenn aber noch Möglichkeiten geschaffen werden sollten, die einen langsamen Anpassungsprozeß beider deutscher Territorien herbeiführten, dann war das nur über die staatlich-völkerrechtliche Zusammenführung möglich. Unter diesen Umständen kam auch die Volkskammer nicht daran vorbei, die Wahlbestimmungen der Bundesrepublik anzunehmen. Außerdem

Am 18. Mai 1990 unterzeichneten Bundesfinanzminister Theo Waigel und DDR-Finanzminister Walter Romberg den Vertrag über die Währungsunion. Ab 1. Juli 1990 galt auch innerhalb der DDR die D-Mark als alleingültige Währung, und die bestehenden Sparguthaben wurden im Verhältnis 1 : 2 umgetauscht.

Nachdem von den Alliierten für die Wiedervereinigung grünes Licht gegeben worden war, überschlugen sich die Ereignisse geradezu. Am 31. August 1990 unterzeichneten Bundesinnenminister Wolfgang Schäuble und DDR-Staatssekretär Günther Krause den zweiten Staatsvertrag über die Einheit Deutschlands. In 48 Artikeln und etwa 1000 Seiten Anlage regelte dieser Staatsvertrag den Beitritt der DDR zur Bundesrepublik laut Artikel 23 des Grundgesetzes. Am 20. September wurde er sowohl im Bundestag in Bonn als auch in der Volkskammer in Ost-Berlin angenommen, am 21. September passierte er den Bundesrat, und am 24. September unterzeichnete ihn Bundespräsident Richard v. Weizsäcker.

trat die DDR aus dem Warschauer Pakt aus, und der Viermächtestatus von Berlin endete. Nachdem auch der Bundestag den Einigungsvertrag ratifiziert hatte, trat die DDR am 3. Oktober 1990 der Bundesrepublik nach den Bestimmungen des Artikels 23 des Grundgesetzes bei. Die deutsche Einigung war verfassungsrechtlich vollzogen. Zugleich wurde dieser Tag zum „Tag der deutschen Einheit“ und zum Staatsfeiertag erklärt. Der 17. Juni, der bisher in Erinnerung an die Ereignisse des Jahres 1953 diese Bezeichnung getragen hatte, wurde wieder zu einem Arbeitstag erklärt. Die gelungene Revolution war wichtiger als der erfolglose Aufstand der Arbeiter. Für Helmut Kohl, dessen Ansehen in den Jahren seit der Bundestagswahl 1987 abgenommen hatte, war die deutsche Einigung der Höhepunkt seines bisherigen politischen Schaffens. Er ließ sich als Kanzler der Einheit feiern. Unter diesen Bedingungen war auch eine Wahl, wie sie zur Feststellung der politischen Mehrheiten erforderlich war, für Kohl kein großes Problem. Das Ansehen der SPD war – auch bedingt durch die Wahlergebnisse in der ehemaligen DDR und bei den Landtagswahlen in den fünf neuen Ländern am 14. Oktober – stark erschüttert. Bei den ersten gesamtdeutschen Wahlen sank sie auf 33,5 % bei 43,8 % für die Unionsparteien. Eigentlicher Wahlgewinner war die FDP, die erstmals wieder über 10 % gelangte und 11 % der Stimmen verzeichnete. Nur weil die Stimmen in den neuen Ländern getrennt ausgezählt wurden, gelangten auch die PDS und das „Bündnis 90/Grüne“ in den Bundestag. Die etablierten Parteien der alten Bundesrepublik hatten sich durchgesetzt und gaben auch für ihre Parteifreunde die Richtlinien. Die deutsche Einheit war durch eine gemeinsame Wahl eines Parlamentes aller Deutschen und im Wissen um eine Regierung erreicht. Es blieb und bleibt die Aufarbeitung der Vergangenheit und das Aneinandergewöhnen. Es besteht die Notwendigkeit fort, so schnell wie möglich die wirtschaftlichen Verhältnisse der neuen Bundesländer dem Niveau der alten westlichen anzupassen und die sozialen Bedingungen für alle gleich werden zu lassen. Es ist vor allem notwendig, ohne Hochmut und ohne Vorwürfe miteinander zu leben. Die Verantwortung, die die Einheit den Deutschen gebracht hat, ist von ihnen ohne nationale Überheblichkeit noch zu lernen und zu begreifen.

Staatsgrenze
Ländergrenze
Kiel Landeshauptstadt
Grenze zwischen der Bundesrep. Deutschland (einschl. Berlin-West) und der DDR bis 3.10.1990
Bezirksgrenze (bis 1990) auf dem Gebiet der ehemaligen DDR
DÄNEMARK
Flensburg
Schleswig-Holstein
Kiel
Lübeck
Mecklenburg-Vorpommern
Stralsund
Rostock
Schwerin
Neubrandenburg
Stettin
Hamburg
Bremerhvn.
Wilhelmshvn.
Bremen
Oldenburg
Groningen
NIEDER-LANDE
Niedersachsen
Berlin
POLEN
Potsdam
Frankfurt
Brandenburg
Hannover
Wolfsburg
Braunschweig
Salzgitter
Sachsen-Anhalt
Magdeburg
Dessau
Osnabrück
Münster
Bielefeld
Nordrhein-Westfalen
Bundesrepublik Deutschland
Essen
Dortmund
Bochum
Duisburg
Düsseldorf
Paderborn
Göttingen
Halle
Cottbus
Leipzig
Kassel
Eisenach
Erfurt
Jena
Thüringen
Suhl
Gera
Dresden
Sachsen
Chemnitz
Zwickau
Köln
Aachen
Bonn
Siegen
Hessen
Gießen
BELG.
Koblenz
Wiesbaden
Frankfurt
Rheinland-Pfalz
Mainz
Darmstadt
LUX.
Luxemburg
Trier
Worms
Ludwigshfn.
Mannheim
Saarland
Saarbrücken
Kaiserslt.
Heidelberg
Würzburg
Bamberg
Bayreuth
Erlangen
Nürnberg
Fürth
Prag
TSCHECHIEN
Pilsen
Heilbronn
Karlsruhe
Baden-Württemberg
Pforzheim
Stuttgart
Tübingen
Ulm
Regensburg
Ingolstadt
Bayern
Landshut
Straßburg
FRANKREICH
Augsburg
München
Linz
Freiburg
Salzburg
Kempten
Basel
Zürich
SCHWEIZ
Innsbruck
ÖSTERREICH

SCHEN VOLKE

Am 3. Oktober 1990 wurde der Beitritt der DDR zur Bundesrepublik vollzogen. Um Mitternacht wurde feierlich in Anwesenheit aller deutschen Spitzenpolitiker die deutsche Fahne vor dem Reichstag in Berlin gehißt, und Bundespräsident v. Weizsäcker stimmte die nun gesamtdeutsche Nationalhymne „Einigkeit und Recht und Freiheit...“ an. Weizsäcker hatte in seiner berühmten Rede zum 40. Jahrestag der Kapitulation am 8. Mai 1985 gesagt: „Wir haben die Zuversicht, daß der 8. Mai nicht das letzte Datum unserer Geschichte bleibt, das für alle Deutschen verbindlich ist!“ Er hatte recht behalten, der 3. Oktober 1990 markierte eine neue, glückliche Wende in der Geschichte der Deutschen.

Bildquellennachweis:
AKG/Bohr (21), AKG/Kopf (3), AKG/Lessing (25), AKG/Meya (1), AKG/Sewcz (2), Bundesbildstelle (15), Edition Leipzig (6), Frankfurter Allgemeine (9).

Alle anderen Vorlagen wurden vom Archiv für Kunst und Geschichte, Berlin, zur Verfügung gestellt.